가족이론

—— 기본 개념과 적용 ——

Katherine R. Allen · Angela C. Henderson 공저 | 정유진 · 유현경 · 정혜정 공역

FAMILY THEORIES
FOUNDATIONS AND APPLICATIONS

학지사

역자 서문

이 책은 가족학을 전공하거나 관련 현장 종사자들이 조금 더 쉽게 관련 이론을 이해하고 적용할 수 있도록 도움을 주기 위해 번역되었습니다. 가족학의 실천적 특성으로 인해 이론에 대한 관심은 현장 전문가나 학생들에게 상대적으로 적은 듯합니다. 하지만 이 책의 저자들이 이론을 '앱'으로 비유하고 있는 것처럼, 다양한 이론에 대한 지식은 우리가 삶 속에서 마주치는 크고 작은 사건들에 대한 해석의 틀과 문제를 해결할 수 있는 실마리를 제공해 줍니다. 그러나 가족학의 주요 이론들을 깊이 있으면서도 쉽게 설명한 교재를 찾기가 쉽지 않습니다. 그러던 차에 Katherine Allen 박사와 Angela Henderson 박사가 집필한 이 책의 원서를 접하게 되었습니다.

이 책은 이론에 대한 정의에서부터 출발하여 10개 가족학 이론의 역사와 기원, 주요 개념, 평가와 대안적 이론, 연구와 실천 현장에서의 적용을 간략하지만 체계적으로 정리하고 있습니다. 이와 더불어 이론을 이해하는 데 도움이 되는 다양한 멀티미디어 자료와 참고문헌, 그리고 각 장의 마지막에는 독자들이 이론을 적용해 볼 수 있는 질문들도 제시하고 있습니다. 이를 통해 독자들은 이론에 대한 깊이 있는 이해를 바탕으로 자신의 삶에 이론을 적용할 수 있는 능력도 키울 수 있으리라 생각합니다.

이 책은 가족학을 전공하고, 대학 현장에서 학생들을 가르치고 있는 세 명의 교수가 각자 선호하는 이론을 담당하여 번역하였습니다. 1, 3, 7, 9, 12장은 정유진 교수가, 2, 4, 5, 8장은 유현경 교수가, 6, 10, 11장은 정혜정 교수가 번역하였습니다. 그리고 역자들이 함께 고민한 결과, 다음의 몇 가지를 고려하여 작업하였습니다.

첫째, 이 책의 각 장에서 공통적으로 사용된 제목과 부제목은 통일하여 사용하였습니다. 그러나 본문에 나오는 용어들은 흐름에 맞게 다소 다르게 번역하였습니다. 또한 원문을 그대로 번역하여 어색한 경우에는 문장의 구조를 다소 변경하여 가능한 한 읽기 쉽도록 하였습니다.

둘째, 영문 인명과 관련하여 학자 또는 저자의 경우는 모두 영어 원문을 그대로 사용하였으나 사례 연구나 멀티미디어 자료 등에서 나오는 인명의 경우에는 한글로 번역하여 가독성을 높이고자 하였습니다.

셋째, '추천 참고도서 및 논문'에 제시된 도서 중 역자들이 검색했을 때 한글 번역본이 있는 경우 그 제목을 병기함으로써 독자들이 손쉽게 자료를 찾아볼 수 있도록 하였습니다. 그러나 학회지에 실린 논문의 경우 영어 원문을 그대로 수록하였습니다.

넷째, 각 장의 주요 개념은 원서의 편집과 동일하게 고딕체로 표시하였고, 이 용어와 정의는 책의 맨 뒤편에 가나다순으로 정리하여 다시 제시하였습니다. 또한 각 장의 참고문헌은 원서 순서 그대로 나열하였습니다.

이 책에서 제시된 다양한 상황과 멀티미디어, 도서 및 논문들은 이론을 이해하고 적용하는 능력을 키우는 데 도움이 되지만, 한국의 사회문화적 특성과 연관시키기 다소 어려운 면도 있습니다. 그러나 이 책에 각 이론의 핵심적인 개념과 내용이 잘 정리되어 있으므로 이를 바탕으로 독자 스스로 한국의 상황에 이를 어떻게 적용할 수 있을지 적극적으로 탐색해 보기를 기대합니다.

이 책을 완성하기까지 지원해 주신 사랑하는 분들과 출판과 편집을 위해 세심하게 배려해 주신 학지사 관계자 여러분께 감사드립니다.

역자 일동

차례

제2장 | 기능주의이론 • 47

제3장 | 갈등이론 • 83

제4장 | 상징적 상호작용이론 • 121

제5장 | 가족발달이론 • 159

제12장 | 결론 • 427

제1장

이론이란 무엇인가

당신은 아마도 '필요한 모든 앱이 존재합니다(There's an app for that)'라는 애플사의 슬로건이 귀에 익을 것입니다. 현대 사회에서 우리가 일을 할 때 스마트폰, 태블릿과 기타 전자 기기들이 더 효율적이고, 창조적이며, 기능을 잘할 수 있도록 도와주는 방식을 얘기하는 경우 이러한 슬로건을 주로 씁니다. 앱은 문제해결과 일상생활 및 친구, 가족, 사회 일정에 대해 다른 방식으로 생각할 수 있도록 도와줍니다. 또한 우리의 일상생활을 이해하기 위한 틀(framework)을 제공하며 관리 가능하고, 인식 가능한 형태의 모든 것을 입력할 수 있도록 도와줍니다.

왜 이론에 관련된 글을 전자제품에 대한 이야기로 시작하는지 궁금하게 여길 것입니다. 이론(theory)―또는 일련의 생각들―은 우리 주변의 세상을 이해하는 프레임, 즉 틀로서 기능합니다. 본문에서 우리가 기술하는 사회과학이론은 적용 가능하고, 시험 가능하며, 변화하는 사회에 맞추어 시대에 따른 수정도 가능합니다. 이 책은 학생으로서 여러분이 언젠가 일을 하면서 마주치게 될 문제들을 어떻게 바라보고 해결할 것인지에 대한 이해를 돕기 위해 가족에 대한 10개의 이론, 즉 세상을 바라보는 10개의 독특한 방법을 제시합니다. 이러한 이론은 실무자로서, 여러분이 돕게 될 가족의 역동성을 어떻게 이해할 것인지, 그리고 서비스를 제공하거나 정책에 대한 정보를 제공할 때, 또는 변화하는 가족역동성에 대한 연구를 할 때 어떻게 좋은 결정을 할 수 있을지에 대한 정보를 제시합니다. 예를 들어, 매우 다양한 노동자 계층 및 중산층 가족들의 가족 및 의료휴가법령(the Family and Medical Leave Act of 1993)의 접근성 향상을 위한 주정부의 정책 개발을 맡았다고 가정해 봅시다. 정책 개발자로서 재혼가족, 한부모가족, 연인관계(partnership), 조손가족 등과 같이 현대 사회에서 가족이 얼마나 다양한지를 보여 주는 인구학적 경향을 알아야 할 필요가 있습니다. 현대 사회는 다원적(pluralistic)입니다. 즉, 서로 다른 젠더(성), 인종-민족 집단, 종교, 성적 취향, 그리고 사회계층으로 이루어진 이질적인 인구로 구성되어 있습니다. 여러분의 대상자를 위해 이러한 각각의 특성이 서로 교차하면서 어떻게 장점과 단점을 만들어 내는지를 알아야 합니다. 노동계층 가족들이 여유가 없기 때문에 가족정책을 활용할 수 없게 하는 장벽들을 알고 있어야 합니다. 역사적 자료들을 파악하고 있어서 어떤 정책들이 성공적이었고, 성공적이지 않았는지를 알아야 합니다. 전형적인 생각에서 벗어나서 생각할 수 있어야 합니다. 다시 말해 현재 상태에 대한 의문을 제기할 때 오늘날 변화하는 가족들을 위해 새롭고 혁신적인 정책들을 개발할 수 있습니다. 정리하자면, 여러분은 이에 대한 '앱'이 필요합니다.

이 책에서 제시하는 바와 같이 이론이 바로 여러분의 '앱'입니다. 이론은 여러분이 앞선 시각으로 문제를 파악하고 해결할 수 있는 문제해결사, 지식을 갖춘 연구자, 효율적인 교육자, 프로그램 디렉터, 간호사, 사회복지사, 치료사가 될 수 있도록 도와줍니다. 어떠한 문제를 해결하는 일을 부여받았을 때 항상 이론적 사고를 활용하여 "그 문제를 해결하기 위한 이론이 있지!"라고 말하기를 바랍니다. 이론은 여러분이 비판적인 시각으로 문제를 바라보는 데 도움이 됩니다. 이론을 안다는 것은 여러분이 다양한 자료에 접근할 수 있음을 의미합니다. 즉, 사회적 제도와 사회적 불평등을 설명하는 데 도움이 되는 거시적 경향과 유형에 익숙해지게 됩니다. 이론적인 생각은 연구 관련 정보를 이론이 어떻게 제공하는지에 대해 익숙해짐을 의미하기도 합니다. 예를 들어, 혼인율, 출생률, 이혼율과 같은 사회 내 유형을 분석함으로써 거시적 수준(macro-level)에서 가족을 연구할 수 있고, 이를 통해 큰 범주의 행동패턴을 살펴볼 수 있습니다. 예를 들어, 어떻게 사회경제적 지위가 혼인유형(pattern), 출산, 이혼과 관련이 있는지, 즉 중상위층에 속하는 사람들은 노동계층에 속하는 사람들에 비해 결혼을 늦추는 것에 대해 알 수 있습니다. 이론적 관점을 통한 가족 연구는 현상을 더 가까이 분석함으로써 미시적 수준(micro-level)에서도 이루어질 수 있습니다. 예를 들어, 미시적 수준의 분석은 사회계층과 결혼에 대한 질문을 매우 다르게 묻게 됩니다. 큰 범주의 유형 대신에, 결혼의 의미가 서로 다른 사회계층 배경을 가진 사람들에게 어떻게 다른지를 파악하는 데 관심을 둘 수 있습니다. 또한 사회경제적 지위에 따라서 이상적인 배우자에 대한 인식이 어떻게 다른지를 탐색할 수도 있습니다. 시간의 경과에 따라 이상적 배우자상이 변화되어 왔는지? 성별에 따라 이상적인 배우자의 조건이 다른지? 동성애 또는 양성애 관계에서는 다른지 또는 같은지? 이론들은 실제로 가족을 위해 일하거나 가족을 연구할 때 여러 수준에서의, 상호교차적인 요인 하나하나를 이해하는 틀을 제공합니다.

사례 연구

　이 사례 연구의 대상자인 보메는 지난 5년 동안 미국에 거주 중인 이민 1세대 대학생이다. 8년 동안 태국에 있는 난민캠프에서 생활한 후 어머니와 세 명의 동생과 함께 난민신분으로 미국에 입국하였다. 미국에서 고등학교를 졸업한 후 사회복지사가 되어 언젠가 자신이 미국에 처음 와서 받은 많은 혜택을 돌려 줄 수 있기를 바라며 대학에 입학하였다. 어머니가 12시간 교대근무를 하므로 세 명의 동생은 보메에게 의지하고 있다.

　보메가 가족학 전공과정인 가족이론수업 수강 시 다른 수강생들에 대해 궁금해했다. 교수님은 다양한 가족이론수업을 이용하여 연구주제에 대한 답을 함께 찾아야 하는 팀 프로젝트를 위해 학생 5명씩 조를 구성하였다. 보메의 조원은 다양한 특성을 갖고 있었다. 간호학과 학생인 41세 메기는 자녀 세 명을 키우기 위해 대학을 휴학했었다. 세네카는 아동을 위한 텔레비전 프로그램 개발을 하고 싶은 22세의 미디어학 전공 학생이다. 나탈리는 20세의 초등교육학 전공생이며, 중년의 커티스는 결혼가족치료 분야에서 일하기를 원하는 전역한 참전병이다. 팀원들의 다양성으로 인해 보메는 어떻게 팀원들이 함께 프로젝트를 해 나갈지, 한 학기 동안 해야 할 과제를 수행하기 위해 공통점을 찾을 수 있을지 궁금해했다. 다른 스케줄과 학교 일 외에 해야 할 일 때문에 수업시간 이외에 만날 시간을 찾을 수 있을지? 서로 다른 전공과 직업목표 때문에, 연구문제에 대한 답을 제공하는 이론적 틀에 대해 동의를 할 수 있을지에 대한 의문이 들었다.

글상자 1-1 ｜ 이론 한눈에 보기

- 이론이라는 단어는 대부분 사람의 눈 위에 얇은 막을 씌운다. 이것이 다소 아이러니한 이유는 이론이라는 단어가 그리스어인 theoria, 즉 어디를 응시함이라는 뜻을 갖고 있기 때문이다. 이론은 단순히 말하면 개인이 갖고 있는 어떤 것이 어떻게 작동하는지에 대한 이해이다(Shoemaker, Tankard, & Lasorsa, 2004, pp. 5-6).

- 이론화는 몇 개의 조각만이 눈에 띄거나 일부만이 맞추어져 있는 퍼즐과 같다. 때로는 특히 전체적인 그림이 희미하거나 이를 포착하기 어려울 때 당혹스럽지만 퍼즐조각들을 맞추는 일은 즐거운 일이다(Bengtson et al., 2005, p. 5).
- 일상의 가족생활에서 상당한 시간과 에너지, 주의집중을 요구함에도 가족에 대한 이론화에서는 제대로 알려지지 않은 많은 활동이 있다······. 그 결과 공유된 의미와 상호 연관된 인식의 복합성과 다양성으로 가족생활을 보기보다는 많은 사람의 경험을 위주로 평균적인 것으로 보는 경향이 나타나게 되었다(Daly, 2003, p. 772).
- 어떠한 집단도 절대적인 진실을 발견하게 하는 이론을 가질 수는 없다. 나아가 어떠한 집단도 자신들의 이론이나 방법론을 다른 집단의 경험을 평가하는 일반적인 법칙으로 주장할 수 없다. 목소리를 내는 권력이 집단마다 상이하므로, 우세한 집단은 종속집단이 생산한 지식을 억누르는 기득권을 갖고 있다(Collins, 1990, p. 235).

가족이론과목을 수강하는 다른 학생들과 마찬가지로, 앞에서 언급한 전문직의 길로 진출할 사람들은 (사회복지사, 간호사, 텔레비전 프로그램 개발자, 초등학교 교사, 가족치료사) 가족역동을 학업과정의 일부로 고려해야 한다. 그러나 그들의 가족과의 상호작용과 가족에 대한 인식은 매우 다를 것이고, 이는 프로젝트를 완수하는 데 여러 어려움을 초래할 수 있다. 마지막으로, 각 학생의 가족에서의 성장이 가족을 바라보는 데 어떤 영향을 미칠 것인지에 관한 의문도 제기된다. 이 장에서 우리는 인식론(epistemologies)—또는 세상에 대한 질문에 개인이 답하는 경향—이 가족학 연구와 관련이 있으므로 이에 대해 탐색할 것이다. 여러분의 인식론은 왜 사람들이 이혼을 하는지와 같은 질문에 대한 접근 틀을 제공한다. 개인 삶에서의 경험과 신념에 따라 그 질문에 대한 답이 얼마나 다를지 생각해 보자. 이혼가정에서 성장했다면 잘못된 의사소통기술이나 경제적 어려움이 이혼의 원인이 되었다고 생각할 수 있다. 부모가 언어적으로 서로에 대해 심하게 비난한 경우에는 이혼을 축복으로 여길 수도 있다. 그러나 삶의 대부분 기간 동안 아버지 두 명이 자신의 고향인 미네소타주에서 법적으로 결혼한 부부로 인정받기 위해 싸워 왔을 경우에는 이혼은 생각할 수도 없는 일일 것이다. 상이한 삶의 경험들은 개인의 가족에 대한 관점에 기여한다. 더불어 각 학생의 전공이나 직업경로도 가족과 관련된 이슈를 어떻게 인지할 것인지에 영향을 미친다. 한 팀이 가족역동을 설명하는 이론에 대한 일치된 의견을 모으는 데 이러한 차이점이 장애물이 될 수 있을 거라고 생각할 수 있지만, 그 차이점들을 소중하게 인식하는 것이 중요하다. 각 개인이 각자의 경험과 학문적 초점을 갖고 있을 때, 서로 다른 전문 분야에 있는 사람들이 새롭게 가족을 볼 수 있도록 돕는 새로운 렌즈 또는 인식론이 생긴다.

인식론, 가정, 개념, 명제: 이론을 이루는 요소

이론을 이해하기 위해서는 먼저 어떻게 이론들이 생각을 설명하는 데 이용되는지를 알 필요가 있다. 과학적 이론은 인식론, 가정, 개념, 명제로 이루어진다. 이론을 구성하는 요소들은 이론을 확립하고 해체하는 데도 중요하다. [그림 1-1]은 어떻게 이러한 이론 구성 요소의 각 층을 피라미드처럼 생각해 볼 수 있는지를 보여 준다. 가장 아래층(인식론)에서부터 시작해서, 각 층은 이전의 층 위에 놓인다. 이론이 어떻게 가족을 설명하는지 이해하기 위해서는 각 요소를 제거할 수 있어야 하고, 각각의 층을 분석할 수 있어야 한다.

[그림 1-1] 이론을 구성하는 요소

인식론

피라미드의 바탕에는 인식론이 있다. 인식론은 이론가들이 가족학으로 끌고 온 준거의 전반적인 틀이다. 인식론은 (a) 안다는 것은 무엇인가? (b) 우리가 알고 있다고 생각하는 것을 어떻게 아는가? (c) 우리가 알고 있다고 생각하는 것이 얼마나 유용한가?(Bengtson et al., 2005)라는 질문에 대한 답이다. 모든 이론은 안내자 역할을 하는 인식론을 갖고 있다.

예를 들어, 실증주의 인식론(positivist epistemology)은 체계적인 연구 절차를 통해 가족에 대해 발견할 수 있는 객관적인 진리가 있음을 가정한다. 실증주의는 지식이 가치중립적이거나 가치판단적이지 않음을 제안하고 과학적 방법을 안내한다. 실증주의자들은 가족을 연구할 때 결혼기간, 초혼연령, 부부의 인종이나 민족성과 같은 변인들, 그리고 부부가 결혼한 지역과 종교적 정체성 등을 살펴봄으로써 이혼 연구에 접근할 것이다. 실증주의자의 관점에서 가족학 연구자들은 이혼을 누가, 무엇을, 어디서와 관련된 내용들로 설명할 수 있지만, 왜에 대해서는 설명하지 못할 수 있다. 실증주의이론들은 거시적 수준에서 현상을 예측하고 설명하는 데 유용하다.

한편, 해석학적 인식론(interpretive epistemology)은 지식을 주관적으로 보고, 어떻게 가족들이 자신들의 경험에 대한 의미를 만들어 가는지를 이해하는 데 목표를 둔다. 이러한 인식론 성향을 갖고 있는 가족 연구자들은 가족역동을 설명하는 데 있어 왜라는 질문에 더 관심을 두기 때문에 실증주의자들과는 다르다. 즉, 이혼에 대한 사실이나 통계에 대한 관심 대신, 해석학적 인식론자들은 이혼이 가족에게 미치는 영향에 대해 알기를 원할 것이다. 이혼은 상황에 따라 각각의 가족에게 매우 다른 의미를 지닐 수 있다. 어떤 가족들에게 이혼은 폭력적이고 건강하지 않은 관계의 종료를 의미한다. 다른 가족들에게 이혼은 상호 합의된, 부부 모두가 새로운 방향으로 나아가는 것을 상징할 수도 있다. 따라서 해석학적 인식론은 변화하고, 모든 사람에게 동일하지 않은 '진실'을 연구자들과 이론가들이 개념화할 수 있도록 해 준다. 이러한 성향은 가족마다, 그리고 가족 내 구성원들이 진실을 여러 개 가질 수 있도록 한다. 해석학적 이론들은 가족의 다차원적인 측면을 이해하고 각 가족과 개인들이 다르게 살고 있는 현실을 공감하게 하는 데 유용하다.

비판적 인식론(critical epistemology)은 무엇이 지식이 되는가 하는 것은 권력을 가진 사람들에 의해 정의되며 따라서 권력을 소유한 구성원들은 자신들의 정의를 타인에게 강요한다고 주장한다. 이러한 성향은 가족과 관련하여 무엇이 진실로 주장되는가에 대해 비판적이다. 예를 들어, 모든 가족은 자녀를 낳아야 한다는 가정에 비판적일 수 있다. 비판적 인식론 관점에서는 모든 사회 구성원이 가족이 되기를 원하지 않음을 주장한다. 비판적 이론가들은 또한 현실의 사회적 구성(social construction of reality)이 어떻게 정의되는지를 연구한다. 사회적 구성이란 사회의 권력을 가진 구성원들이 중요하고 가치 있다고 정의한 것들이다. 종종 사회적으로 형성된 진실들은 현존하는 사회적 구조와 불평등을 구체화하는 목적을 제공한다. 한 예로 이혼율이 증가하면 권력자들은 대중을 설득시키기 위한 메시지인 미사여구를 퍼뜨리기 시작할 수 있다. 이혼을 반대하는 수사(修辭, rhetoric)는 미국가족은 침체되어 있고, 미국의 미래는 위험에 처해 있음을 시사할 것이다. 이러한 수사는 이혼은 언제나 개인뿐 아니라 사회 전체에게 해를 미칠 수 있음을 시사하는 사회적 형성에 기초한다. 비판적 이론들은 모든 가족에게 사실이 아닌 현실의 사회적 형성으로서의 수사들을 조사한다. 비판적 이론은 이데올로기를 허물고 사회에서 주변화된 권력과 지위를 가진 사람들에게 의견을 낼 수 있게 하는 것이 중요함을 제안하는 데 유용하다.

가정

인식론의 차이로 인해 각 이론은 어떻게 세상이 작동하는가에 대한 특정한 가정을 갖고 있다. 가정은 학자들이 가족에 대해 진실이라고 믿는 생각들이다. 가정(assumptions)은 이론을 위한 시작점이다. 즉, 이론을 구성하는 데 있어 기틀을 마련하는, 당연하다고 생각되는 생각들이다. 각 이론의 가정은 독특하므로 특정한 사회적 세계를 연구하는 데 경향성을 제공한다. 예를 들어, 기능주의이론(제2장)은 모든 구성원에게 가족은 기능적임을 가정한다. 이 가정은 어떤 상호작용의 경우 가족구성원들에게 해를 끼칠 수도 있는 냉혹한 현실을 간과한다. 갈등이론(제3장)과 같은 이론들은 갈등이 우리가 사는 사회적 세상뿐 아니라 가족에 내재되어 있어 피할 수 없음을 가정한다. 이 두 이론은 매우 다른 가정을 갖고 있고, 이 가정들은 어떻게 각 이론이 적용되며 가족 형성과 역동을 설명하는 데 있어 사용되는지를 결정한다.

사회과학자들이 가족을 바라보고 이론화하는 방법은 시간이 지나면서 규범이 바꿰고 사회가 발전함에 따라 변화한다. 가정이 시간이 지남에 따라 어떻게 변하는가는 지난 한 세기 동안 법률 분야와 가족 안에서 여성들에 대한 인식을 고찰할 때 명확해진다. 예를 들면, 19세기 후반에 여성들이 법률 분야에 진출하기 위한 노력은 법학전문대학원 관계자들뿐 아니라 주 법원과 미국 대법원의 즉각적인 반응을 초래했다. 그 당시 젠더와 가족 이데올로기에 기반하여 여성들이 법학전문대학원 입학뿐 아니라 변호사 또는 판사로 일하는 것도 거부되었다. 일치된 의견으로 1869년에 쓰여진 대법원 판결문은 다음과 같다.

> 남성은 여성의 보호자 또는 방어자이거나 그런 역할을 해야 한다. 생물학적 여성에게 속하는 자연적이고 적절한 소심함과 세심함은 시민생활 직업의 많은 부분에서 맞지 않다. 세상의 법칙과 신성한 법령에서 세워진 가족이라는 제도는 여성성의 영역과 기능에 제대로 속하는 가정의 범위이다……. 여성의 중요한 운명과 의무는 아내와 어머니라는 고상하고 유순한 역할을 제대로 수행하는 것이다(Weisberg, 1977, p. 492).

1875년 위스콘신 대법원은 변호사가 되려고 시도한 여성이 자연의 질서에 반한 '반역죄'를 저질렀다는 판결문을 쓰면서 이 내용에 동의하였다(Weisberg, 1977, p. 493). 여성에 대한 이러한 시각은 법률 분야뿐 아니라 다른 전문 분야에서도 널리 수용되었다. 하버드 대학교의 한 외과의사는 여성들이 법률을 공부하는 것은 여성의 건강에 위협이 될 수 있어 생식을 할 수 없게 되고 이는 미국 미래에 위협이 되므로 허용하지 않아야 함에 대해 동의하면서 다음과 같이 이야기했다. "여성들이 힘든 지적 활동을 하는 것은 위험한 일이다. 이러한 활동은 여성의 생식기관 에너지를 두뇌로 분산시키고 여성과 자녀들의 건강을 해친다."(Clarke, 1873, p. 126)

어떤 남성들은 여성들이 법학전문대학원에 갈 수 있게 하는 것을 특정한 조건하에서만 지지하였다. 예일 대학교 법학전문대학원의 한 졸업생은 못생긴 여성이 법학 공부를 하는 것을 지지한다는 글을 입학처에 보냈다(Morello, 1982, p. 625).

이러한 관점은 확실히 가족을 연구하는 데 있어 더 이상 우리 방향성의 일부분이 아니다. 그러나 여성은 아동을 돌보는 일에 더 적합하다는 것과 같은 인식처럼 이런 관점의 일부분은 아마도 남아 있을 것이다. 이를 문화지체(cultural lag)라고 하며 이는 사회가 점진적으로 발전하지만 신념이나 가치관과 같은 문화적인 측면들은 변화하는 데 시간이 걸림을 의미한다. 여러분은 어떻게 생각하는가? 여전히 가족과 관련하여 여성이 남성과 다르다고 보는가? 젠더와 가족 연구에 대한 여러분의 개인적인 가정들은 무엇인가?

개념

개념(concepts)은 가정에 근거한 이론의 틀을 설명하는 데 사용되는 용어와 정의이다. 개념은 이론 설명에 필수적이다. 즉, 개념들은 이론을 만드는 데 사용되는 구성요소를 제공한다. 예를 들어, 구조기능주의이론들은 각 가족구성원과 연관 있는 일련의 기대들을 기술하기 위해 역할(roles)이라는 용어를 사용한다. 일반적으로 기능주의이론(제2장)에서는 남편으로 가정되는 가장은 가족 내에서 도구적 역할 또는 가족의 기본적 생존을 담보하는 데 필요한 과업들을 수행한다(Parsons, 1970). 가족은 모든 구성원에게 기능적이라는 가정에 근거해서 남편은 중요한 결정을 내리고, 명령을 하며 가족구성원들에게 권력을 행사한다. 이 예시에서 사용된 개념은 역할(roles)과 도구적(instrumental)이다. 이러한 개념들은 기능주의이론들이 모든 가족에게 적용된다는 가정에서부터 비롯된다.

가족이론에 사용되는 여러 중요한 개념이 있다. 어떤 경우, 같은 용어가 이론에 따라 다르게 정의되기도 한다. '갈등(conflict)'이라는 개념은 갈등이론(제3장)에서는 불가피한 것으로 정의되지만, 기능주의이론(제2장)에서는 일탈적인 것으로 정의된다. 이론가들이 세상을 어떻게 바라보고 가족역동을 설명하는가를 이해하기 위해 개념과 그 정의들은 다양한 이론에서 사용되므로 이에 대해 익숙해질 필요가 있다. 이론 뒤에 있는 가정을 설명하고 개념에 대한 정의를 내릴 수 있다면 가족현장과 연구에서 이론의 적용, 시험, 수정이 가능하다.

명제

명제(propositions)란 이론을 가족연구에 적용할 때 사용하는 가정과 개념에 근거한 서술문을 의미한다(Bengtson et al., 2005). 예를 들어, 사회교환이론(제7장)에서 비롯된 명제 중 하나는 남편의 수입수준은 이혼확률과 연관된다는 것이다. 명제는 가정으로 조작화된다(Babbie, 2013). 남편의 수입수준은 이혼확률과 관련 있다는 명제를 연구에서 가설로 다시 기술해 보면 "평균보다 많은 수입을 버는 남편은 평균보다 더 낮은 이혼율을 보인다"(Nye, 1979)가 될 수 있다. 가설은 명제를 경험적 형태로 다시 표현하고 연구자가 일어날 것으로 기대하는 변화의 방향을 구체화시킨다. 이때 명제는 연구 결과에 근거하여 지지될 수 있고 기각될 수도 있으며 또는 명제가 적용된 가족에 따라 적용이 가능하지 않다고 여겨질 수도 있다.

명제는 이론의 정점이다. 즉, 명제는 이론이 만들어지고 50년 후까지도 여전히 적절한지, 아니면 사회의 인구구조와 결혼유형에 따른 변화를 반영하기 위해 업데이트되어야 할 필요가 있는지를 알 수 있도록 해 준다. 따라서 이론은 연구에 정보를 제공하고 연구는 이론에 정보를 제공한다(Klein, 2005; Wallace, 1971). 과학은 귀납(관찰에서 시작해서 이론으로 옮겨 감)에서 연역(이론에서 시작하여 관찰로 옮겨 감)으로 가는 과정이며, 이는 반복적으로 이루어진다([그림 1-2] 참조). 지식을 축적하는 순환에 대해 생각할 수 있는 한 방법은 이론 확립을 회전하는 것으로 상상해 보는 것이다. 이론적 명제들은 과학적 조사(가설과 자료 수집)에 기여하고 이러한 결과들은 그 주제에 대한 지식 확장에 기여하게 된다. 이때 이론은 결과에 따라 확인 또는 업데이트되거나 수정된다.

명제는 이론을 시험 가능하게 만든다. 이는 각 이론은 세상이 어떻게 작동하는지에 대한 서술문, 또는 여기에서는 가족이 어떻게 작용하는지에 대한 서술문을 갖고 있음을 의미한다.

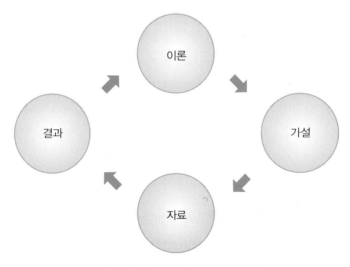

[그림 1-2] 과학적 과정과 이론 구축

이론 적용 시, 연구자로서 자료 수집을 위한 것인지 아니면 사회복지사로서 사례를 해석하기 위한 것인지에 따라 연구 대상 또는 사례 대상 가족에게 명제를 적용할 것이다. 명제를 적용한 결과에 따라 그 명제를 확인할 수도 또는 기각하고 더 나아가 그 이론을 재정비할 수도 있다. 기능주의이론(제2장)을 사용한 예시에서 살펴보자면 이 이론의 명제 중 하나는 가족구성원이 자신들의 역할 기대에서 벗어날 때 역기능이 발생한다는 것이다. 따라서 가족이 전체로서 다시 적절히 기능하기 위해서는 가족구성원들은 가족에 의해 정립된 역할 기대를 따르는 방법을 찾아내야 한다. 구조기능주의는 가족을 인체로 본다. 두뇌가 타협하는 경우 인체의 다른 부분도 타협하게 된다. 두뇌가 심장, 폐, 다른 주요한 기관에 메시지를 보낸다는 것이다. 구조기능주의자들은 뇌 손상 시 평형상태에 도달하기 위해 두뇌가 역할기대를 계속 수행할 수 있게 하기 위한 수정이 필요하다고 주장한다. 이와 유사하게 기능주의이론에 따르면 가족의 다른 구성원들이 무엇을, 언제, 어떻게 하는지를 알기 위해서는 남편 또는 가장은 도구적 역할을 수행해야 한다.

가족이란 무엇인가: 모든 이론에서의 공통된 가정

이 책은 여러 상이한 가족이론에 관한 책이지만 여기에서 다루는 모든 이론에 내포된 가족에 대한 몇 가지 가정이 있다. 이러한 가정들은 가족학 분야의 연구자와 이론가, 실무자들이 가족이 내부에서 어떻게 이루어지는지, 그리고 가족의 삶을 제한하는 더 거시적인 구조를 인식하고 있음을 반영한다.

발달에 대한 가정: 가족은 시간에 따라 변화한다

가족생애과정에 시간을 포함하는 것은 가족이론의 가장 중요한 기여 중 하나이다. 가족은 시간에 따라 지속적으로 변화하는, 상호의존적인 개인들로 이루어져 있다. 개인의 생애과정과 가족생활주기 모두에 대해 개념화하는 것은 가족이론화에 있어 중요하다. 예를 들면, 여러분의 생애 과정은 출생으로 시작해서 사망으로 끝난다. 이러한 점에서 생애과정은 선형적이다. 그러나 가족생애과정은 각 단계에서의 가족역할과 상호작용을 결국 새로운 구성원이 맡게 된다는 점에서 순환적이다. 한 개인은 나이가 들어 감에 따라 생애과정에서 다양한 지위를 갖게 된다(예: 자녀, 형제, 배우자, 부모, 사별자). 그러나 가족의 주기는 어떤 개인의 생애과정이 끝난 후에도 계속 이어진다. 보메의 사례를 다시 생각해 보자. 보메는 초기 성인기 생애과정단계에 있고 메기는 생애과정에서 중년기에 있으며 대학 진학 전인 자녀를 키우고 있다. 이 두 사람은 각자의 개인 생애과정(성인기 초기 vs. 중년기)뿐 아니라 가족생활주기에 속해 있다. 어머니가 일 때문에 부재할 때 동생들을 돌보고 있는 보메의 상황은 또래보다 가족생활주기에서 조금 더 앞서 나가게 한다. 실제로 보메와 메기는 다른 생애과정 단계에 있음에도 아이를 키우고 있다는 공통점을 공유하고 있다. 가족과 발달을 생각할 때 이와 같은 상호교차적인 경험 하나하나를 고려하는 것은 중요하다.

다양성에 대한 가정: 가족은 구성과 구조에서 다양하다

다음에서 설명하겠지만, 가족이라는 하나의 단일한 형태는 없다. 가족은 각 개인의 인종, 계층, 젠더, 성적취향, 연령, 국적 및 기타 특성의 교차성에 따라 여러 면에서 다르다. 가족 또한 이러한 특성들의 분류에 따라 달라진다(예: 흑인 가족, 부모가 레즈비언, 게이, 양성애자, 트렌스젠더 또는 퀴어인 가족, 무자녀 가족, 확대가족, 미혼성인 가족). 또한 가족 내에는 많은 구조적 다양성이 있다. 예를 들면, 가족은 세대 내 관계(예: 결혼한 부부, 성인 형제자매 관계)와 세대 간 관계(부모-자녀, 고모 또는 이모-조카, 조부모-손자녀)를 포함한다. 가족은 또한 가구 구조에 따라서도 달라진다. 부모 두 명과 그들의 자녀들로 이루어진 핵가족들에서조차 가족구성원들은 서로 다른 가구에서 거주할 수 있다. (a) 대학을 다니는 동안 집에서 나와 따로 아파트에 살고 있는 청년, (b) 서로 다른 지역에 근무해서 두 가구에서 떨어져 사는 결혼한 부부, (c) 더 나은 취업기회를 갖기 위해 타국으로 일을 하러 가고 자녀들은 모국에 남아 친척들에 의해 보살핌을 받는 양국가 가족(binational family)과 같은 예를 들 수 있다. 이러한 '다양성' 가정은 중요하다. 가족이론가들이 가족은 모두 같지 않다는 가정을 받아들이기 전에는 하나의 표준 모델에 근거하여 이론이 발전되었지만, 이는 현대 사회 가족들에게는 적합하지 않다.

체계성에 대한 가정: 가족은 체계이다

가족은 서로 연관되어 있는 개인들의 집합 그 이상이다. 가족은 상호 연관된 부분들로 구성되어 있으며 의사소통(과정)과 구성(구조)을 통해 삶들은 연결된다. 한 사람에게 어떤 사건이 일어나는 경우 가족체계의 모든 구성원은 영향을 받는다. 아버지가 새로운 직업을 갖게 되어 가족 전체가 다른 지역으로 이사하는 경우 자녀들은 전학을 가거나 새로운 친구를 찾아야 하므로 생활에 지장을 받을 수 있다. 부모들은 직장에서 스트레스를 받을 수 있고, 이러한 스트레스는 가족생활로 전이될 것이다. 한 가족에게 일어나는 일은 전체 가족체계에 영향을 미칠 수 있으므로 가족 전체는 그 부분의 합보다 더 크다. 이전 사례 연구에서 언급된 중년 퇴역병인 커티스가 이러한 체계적 가정의 한 예이다. 커티스는 2년 동안의 아프가니스탄 파병기간을 포함해 군대 복무를 하는 동안 대학에 다니는 것을 미루었다. 아프가니스탄에 있는 동안 주변에서 일어난 폭발사고로 인해 커티스는 부상을 당했고 이로 인해 신경계에 손상을 입었다. 폭발사고 3년 뒤 커티스는 고등학교 때 만난 첫사랑과 결혼했고 몇 년 후 딸을 갖게 되었다. 불행히도 폭발로 인한 신경계 손상은 발작을 유발했고 커티스는 병원에 입원하기도 하였다. 커티스는 재검사와 재진단을 받는 6개월 동안 운전을 할 수 없었다. 따라서 부인인 도나는 주중 매일 아침 5시에 어린 딸을 깨워 커티스가 직장에 가고 저녁 학교 강의를 수강할 수 있도록 기차역에 운전해서 데려다주고 매일 수업을 마치는 밤 9시에 데리러 가야 했다. 이는 한 가족구성원의 안녕이 어떻게 가족 전체 체계에 영향을 미치는지를 보여 주는 완벽한 예시이다.

과정에 대한 가정: 가족은 역동적이다

미시적 분석단위에서 가족은 정서적 영역이다(Daly, 2007). 가족구성원은 지속적으로 눈에 보이는, 또는 눈에 보이지 않는 방법으로 타인과 의사소통한다. 때로는 조화롭고, 때로는 갈등적이며, 때로는 조화와 갈등이 동시에 존재하기도 한다. 예를 들면, 가족은 서로를 돌보는 역동과 스스로를 챙기면서 돌봄 책임을 수행함에 있어 발생하는 상충된 욕구들 사이에 긴장의 장소이다(Dressel & Clark, 1990). 한 예로 보메는 청소년기에서 성인기로 가는 시기에 발생하는 발달적 과업을 수행하면서, 동시에 집에서는 그녀의 도움이 필요하기 때문에 동생들을 돌보는 양육자의 역할을 해야 한다. 거시적 분석단위에서 가족은 더 거시적인 사회적 체계에 영향을 주고 또한 영향을 받는다는 점에서 역동적이다. 가족은 인구학적, 경제적, 정치적 측면에서의 사회적 변화와 역사적 변화에 적응해 나가야 한다. 보메 가족은 전쟁과 박해에서 탈출하기 위해 미국으로 건너왔다. 도착 후 보메 가족은 여러 방면에서 적응해야 했는데 가장 눈에 띄는 것은 집산주의라기보다는 개인주의적인, 새로운 문화로의 적응이었다. 난민과 이민자 같은 사람들은 미국에 온 뒤에 유사한 거시적 수준의 문화적응을 여전히 경험한다.

　거시적 관점에서 법적 장벽은 특정한 이민자들이 미국으로 오는 것을 막기도 함을 염두에 두는 것 또한 중요하다. 19세기까지, 미국에는 아시아 국가, 남미와 라틴 국가, 남유럽 국가로부터의 이민자들의 수를 제한하는 할당제도가 있었다. 1965년에 「이민개혁법안(Immigration and Nationality Act)」이 통과되면서 인종이나 국적에 상관없이 이민자들에게 문호를 개방하였다(History.com, 2016). 가족은 거시적·사회적 힘이 새로운 도전과 기회를 만들어 낼 때 적응 또는 발전하기 위해 유연하고 적응적일 필요가 있다.

　대중매체는 가족이론가들에 의해 확립된 가정에 대한 이해를 돕는 예시들을 제시한다. [글상자 1-2]와 같이, TV 프로그램인 〈모던 패밀리〉는 이전에 제시했던 주요한 가정들, 즉 가족은 시간에 따라 변화하고, 구성과 구조에 있어서 다양하며, 체계적이고, 역동적임을 보여 준다.

글상자 1-2 **대중매체 속의 가족이론: 〈모던 패밀리(Mordern Families)〉**

〈모던 패밀리〉에서의 한 장면(2009).

〈모던 패밀리〉는 아버지인 제이를 중심으로 엮인 세 가족의 생활을 바탕으로 하는 미국 시트콤이다. 시트콤에서 제이는 이전 남자친구와의 사이에서 낳은 14세 아들(매니)이 있는 라틴계 여성인 글로리아와 두 번째 결혼을 한 상태이다. 그리고 이들 사이에 낳은 아들인 조가 있다. 이 핵가족은 혼합가족(blended family)의 대표적인 예이다.

제이의 딸인 클레어는 미국 사회의 전통적인 가족과 가장 유사한 핵가족을 이루고 있다. 클레어는 필 던피와 결혼해 세 자녀(헤일리, 알렉스, 루크)를 두고 있다. 한 에피소드에서 지방자치위원에 출마하여 선거운동을 하기도 하지만 클레어는 시트콤의 대부분에서 전업주부로 나온다. 또한 전통적인 여성적 성역할을 수행한다.

제이의 아들인 미첼은 파트너인 카메론과 함께 베트남에서 딸인 릴리를 입양하였다. 이 게이 아버지 가족은 다원적인 미국 사회의 예시이다. 즉, 현대가족은 다양하며 모든 가족에게 두루 쓰일 수 있는 모델은 드물다.

또한 이 텔레비전 연재물은 분석의 미시적 수준과 거시적 수준 모두를 보여 주는 좋은 예이다. 두 번째 시즌에서 시트콤은 게이커플인 카메론과 미첼 관계에서 신체적 접촉을 묘사하지 않았다는 이유에서 LGBT 공동체로부터 심하게 비판받았다. 이는 더 광의의, 거시적 수준의 경향을 보여 준다. 즉, 미국인들은 텔레비전에 나오는 게이커플에 대해 편안하게 느낄 뿐 아니라 이제 문화의 한 모습인 키스와 같은 신체적 접촉을 보기 원한다는 것이다. 이 시트콤 프로듀서들은 이에 대해 '키스'라는 타이틀을 가진 에피소드로 응답하였다.

미시적 분석수준을 보여 주는 가족역동은 시트콤에서 매우 많다. 제이는 처음에는 아들의 동성애성에 대해 불편해하고, 이는 아들과의 관계를 긴장시켰다. 미첼과 카메론이 파트너로서 그리고 아버지로서의 기대를 어떻게 중재해 나가는지를 보여 주는 예시들도 있었다. 또한 그들의 상호작용은 의미와 의사소통 유형의 중요성을 보여 준다.

마지막으로, 극을 이끄는 두 명의 여성이 전업주부임에 주목하는 것 또한 흥미롭다. 이러한 설정은 제이와 글로리아 사이에 마찰을 거의 일으키지 않지만 종종 던피 가족들에게는 해결해야 하는 문제로 제시된다. 필이 무력하게 느낄 때는 클레어가 가족 안에서 자신의 주장을 펼치는 때이다. 표면적으로는 필이 가장으로 보인다. 이는 현대 가족에서 일어나는 문화적 대화, 즉 때때로 역할 협상은 지속되고, 정서가 개입되며 표면적으로 보이는 것과 매우 다름을 보여 준다.

'가족' 대 가족들: 규범적 가족과 가족의 다양성

가족이론화 초기에서부터 학자들은 모든 가족 사이에서의 다양성보다는 유사성에 관심을 가져 왔다. 규범적 가족이 무엇인가에 대한 탐색은 가족이론가와 연구자, 그리고 실무자들에게 어떻게 전형적인 가족이 기능하는가에 대한 이해의 출발점과 기본선을 제공했다. 평균적인 또는 전형적인 가족으로부터의 출발은 학자들에게 가족을 연구하고 이해하는 지름길을 제시하였다. 이러한 지름길은 규범적 가족이라는 것에만 그 초점을 맞추도록 했다. 대문자 F로 시작하는 가족(The Family)에 대해 초점을 맞추는 것은 사회 구조 내 다른 많은 거시적 체계(예: 경제, 종교, 정치, 형사사법체계)에서 작동하는 체계로서의 가족들을 이론화하는 것을 용이하게 만들었다.

규범적 가족에 대한 가정은 19세기 분리된 영역의 개념, 즉 여성은 가정 내에서 가족구성원들의 정서를 돌보고 남성은 가정 밖의 일과 정치적 세계에 있다는 개념에서 비롯된다. 이 분야를 지배했던 초창기 가족이론 중 하나인 기능주의이론(제2장)의 용어로 표현하자면 여성들은 가족 내에서 표현적 역할을 수행하고 남성은 도구적 역할을 수행했다. 그리고 이러한 분리는 효율적이고 자연스럽게 여겨졌다. 이러한 규범적 모델은 현재 가족 연구자들이 '표준북미가족(Standard North American Family: SNAF)'(Smith, 1993)으로 지칭하는 것에 기초를 둔다. 모든 다른 가족 유형에 반하는 가족(the family)에 대한 가정은 (a) 가족의 효율적 기능을 위해 집중된 권력을 가진 가장이 필요하고, (b) 이 역할은 남성이 해야 하며, (c) 역할과 기대는 생애과정에서 안정적이고 변치 않아야 함을 포함한다.

흔히 말하는 것처럼 한 가족 형태가 모든 가족에게 맞는 것은 아니다. SNAF 모델은 한부모가족, LGBTQ 부모 가족, 무자녀 가족, 조손가족, 노인부모와 성인자녀, 생물학적 관련이 없이 선택한 또는 유사가족 구성원으로 이루어진 가족과 같은 다양성을 배제한다(Allen, 2000). Coontz(1992)와 동료들은 이 모델이 시대에 뒤처져 있고, 1950년대를 황금기로 낭만화할 때 빠지게 되는 과거에 대한 향수 함정(nostalgia trap)의 부산물이라고 비판해 왔다. 이러한 비판은 그 당시 제2차 세계대전 이후 경제가 호황이었다는 사실에 근거한다. 대부분의 가족은 충분한 경제적 안정성을 갖고 있었기 때문에 한 명의 가장(남성)만이 필요했다. 어머니들은 집에 있었다. 인권운동은 아직 시작되지 않았고, 유색인종 여성은 백인들을 위해 일하는 가사노동영역에 상대적으로 많이 종사하였다. 제대군인원호법(GI Bill)과 같은 정부 원조 프로그램과 저금리 주택대출은 젊은 중산층 가족들이 주택 소유를 할 수 있게 하기 위해 제정되었다.

현재는 이와 대조적으로 대부분의 가족이 경제적 안정성 유지를 위해 맞벌이를 해야 한다. 또한 대부분 일반적인 가족의 형태는 혼합가족(blended family)이다. 혼합가족은 전혼 자녀들을 포함한 가족을 의미한다(Sweeney, 2010). 오늘날 학자들은 가족은 매우 다양하고 배우자의 역할도 이전과 달리 고정적이지 않음을 인식하고 있다(Cherlin, 2004; Demo, Allen, & Fine, 2000). 따라서 가족은 필연적으로 역사적, 사회적 영향을 받는다. 사회가 변할 때 이론들 또한 효율성과 시기에 적절성을 유지할 수 있도록 변화해야 한다. 이러한 사회적 변화의 예로 동성 결혼의 합법화가 있다. 이처럼 거시적 수준의 변화는 필연적으로 LGBTQ 개인에 대한 보호와 이들에 대한 인식에 영향을 미친다. 또한 결혼, 이혼, 파트너십 역할과 관련된 의미 등 미시적 수준의 요인들에도 영향을 미친다. SNAF 모델에 근거한 이론은 모든 가족의 역동을 설명하기에 적절하지 않을 것이다.

규범적 모델은 최근 몇십 년 동안 비판을 받아 왔음에도 불구하고 모든 면을 감안해 보면 대중문화뿐 아니라 가족이론과 연구에서도 여전히 확고하게 자리를 잡고 있다(Allen, 2000; Bahr & Bahr, 2001; Cheal, 1991). 즉, 규범적이고 이상적인 것이 무엇인지 그리고 가족이 실제로 어때야 하는지에 대한 가정은 변화에 매우 저항적이다. 가족이 추구해야 하는, 또한 모든 가족이 평가받아야 하는 이상향에 대한 사회적 규범은 여전히 영향력이 있다. Pittman(1993)이 설명한 바와 같이 규범적 모델은 사그라졌을 수도 있지만 완전히 없어진 것은 아니다. 따라서 이러한 규범이 어떻게 발달되었고 왜 우리가 이를 무시할 수 없는지에 대한 이해는 중요하다. 최근 경향이 보여주는 것처럼 SNAF 모델은 모든 가족 또는 대부분의 가족에게 맞지 않는다. 그럼에도 이 모델의 영향력은 여전히 남아 있다.

SNAF 모델이 초기 가족이론 발전에 유용했음에도 불구하고, 모델의 내용은 북미(예: 미국과 캐나다)와 북유럽(영국)의 개인주의적 문화에 한정되어 있다. 그러나 이 책에서 강조하는 바와 같이 생각과 행동은 변화하므로 사회적 규범은 문화에 따라 다르고 시간에 따라서도 변화한다. SNAF와 관련된 또 하나의 중요한 개념은 Beck과 Beck-Gernsheim(2001)이 제안한 '가족 이후의 가족(post-familial family)'이다. 가족 이후의 가족이라는 개념은 부분적으로 타인을 보살피는 책임의식인 집산주의적인 관심사에서 개인의 자유가 일상생활에서 앞서는 개인주의적 관심사로의 세계적변화에 의한 것이다. 다시 말해, 타인을 위한 삶이 자신을 위한 삶을 살아가는 것으로 진화하는 주요한 사회적 경향이 존재한다. 이러한 개인화의 점진적인 과정은 개인의 자신을 위한 결정들이 가족 형성과 유지 가능성에 영향을 미치게 됨을 의미한다. 자신에 대한 책임감이 먼저인가? 아니면 배우자, 자녀, 연로해 가는 부모와 전통적으로 타인에게 도구적 지원과 표현적 지원을 받아야만 하는 다른 가족구성원들에 대한 책임감이 먼저인가에 대한 질문이 제기된다. 따라서 핵가족 가족구조가 사람들이 사는 규범적인 방법이라는 생각에 대한 비판은 북미와 서유럽, 호주, 그리고 현재전 세계에서 일어나고 있는 현상이다.

글로벌한 관점에서 이론이 현장에 정보를 제공하는 방법

교육자와 실무자, 가족정책입안자들이 개인 및 가족들과 일할 때 이론을 적용시킬수 있는 방법에는 여러 가지가 있다. 가장 먼저, 그리고 가장 중요한 것은 책을 읽고이론을 여러분의 앱으로 사용한 이후에 세상을 다원적인 방식으로 보았으면 한다. 즉, 일상이나 TV, 영화에서 가족역동을 보게 될 때 여러분의 그 앱이 자동적으로 켜질 것이고 훈련된 이론적 생각을 갖고 있으므로 보고 있는 가족역동을 더 잘 이해하게 될 것이다. 이론은 이러한 방법으로 모든 전문가의 실천에 정보를 제공한다. 어떤학문이나 직업을 선택하느냐에 관계없이 여러분의 이론 앱은 여러분과 함께할 것이고 여러 다른 이론적 관점에서 세상과 가족을 볼 수 있도록 도움을 줄 것이다. 여러분이 가족을 위해 일하고 가족에 대해 연구하는 전문가로서 할 수 있는 가장 중요한기여 중 하나는 유연성이므로 다양한 관점에서 세상과 가족을 바라보는 것은 중요하다. 여러분의 이론적 앱을 적용함으로써 현재의 변화뿐 아니라 과거의 자료(어떤 특정한 맥락에서는 어떤 것이 효율적이었고 어떤 것이 그렇지 않았는가 하는 것)를 모두 고려하여 변화하는 가족 모습에서 문제를 해결하기 위해 새로운 생각을 할 수 있다.

글상자 1-3 **결혼과 가족의 법적 정의의 국제적 비교**

국가마다 결혼, 이혼, 부모, 성(sex), 젠더의 정의는 다양하다. 다섯 개의 서로 다른 국가의 현행법 예시를 생각해 보자.

- 브라질 동성애자들은 법적으로 결혼할 수 있다(www.pewforum.org).
- 독일에서 젠더는 출생하면서 부여되어야만 하는 것은 아니다(www.wsj.com).
- 파키스탄 남성은 한 명 이상의 여성과 결혼할 수 있다(www.refworld.org).
- 필리핀에서 이혼은 불법이다(www.npr.org).
- 남아프리카 동성 커플은 함께 자녀를 입양할 수 있다(www.adoption.laws.com).

따라서 이 책의 각 장에서 집필자들은 어떻게 각 이론이 현장에서 활용될 수 있는지에 대해 구체적 제안을 하였다. 여성주의이론(제8장), 가족생태이론(제10장), 가족 스트레스와 회복탄력성이론(제11장) 등은 정책에 정보를 제공하는 데 도움이 된다. 가족체계이론(제6장), 상징적 상호작용이론(제4장)과 같은 이론들은 교사, 간호사, 사회복지사, 치료사가 효율적으로 학생, 내담자 및 환자와 더 효율적으로 일하는 것을 도울 수 있기 위해 어떻게 가족들이 의사소통해야 하는지를 이해하는 데 유용하다. 생애과정이론(제9장)과 가족발달이론(제5장)과 같은 이론은 자녀를 키우는 양육자와 조부모의 요구를 포함하여 서로 다른 생애주기 동안의 가족발달을 이해하는 데 유용하다.

더불어 이론은 거시적 관점과 미시적 관점에서 일상생활과 직장에서 마주하는 문제에 대한 틀을 제시한다. 다시 말해, 가족 내 미시적 수준의 상호작용뿐 아니라 거시적 수준의 영향을 알게 됨으로써 가족역동을 이해할 수 있다. 사회경제적 지위가 이에 대한 좋은 예시이다. 한 가족이 노동자 계층에 속하는 경우 임금노동자인 부모는 직장 복리후생제도에 포함되지 않은 퇴직 연금을 받기 어렵다. 따라서 이들은 사회보장연금이 특정한 연령 이후 유일한 안정적 수입원임을 알게 된다. 이 점은 부모뿐 아니라 향후 부모를 부양해야 할지도 모르는 자녀들에게도 긴장을 초래할 수 있다. 시간이 흐를수록 가족 내 권력 역동이 변화하고(미시적 수준의 상호작용), 한때 가족에서 강력한 지위에 있었던 부모들은 이제 재정적 지원을 받기 위해 자녀에게 의존하게 된다. 이러한 역동은 더 거시적인 영향력, 즉 사회 내 거시적 수준의 구조에 의해 영향을 받게 되는데, 때로 이러한 영향력은 가족의 통제를 벗어난다. 명확한 이론적 기초, 다시 말해 문제해결에 대한 앱을 갖고 있을 때 클라이언트, 학생, 환자들의 요구를 더 잘 충족시킬 수 있다. 또한 강력한 이론 앱은 이상적으로 현대 가족들의 요구를 충족시키기 위해 정책들이 어떤 방향으로 만들어지고 발전되어야 하는지에 대한 정보를 제공할 것이다.

이론 적용하기: 초국가적 돌봄노동의 사례

학생이 이론을 배우는 한 가지 방법은 같은 사회적 문제에 새로운 이론들을 하나씩 적용해 보는 것이다. 현대 가족 관련 이슈인 초국가적 돌봄을 몇 가지 이론의 개념과 가정을 사용하여 평가해 보려 한다. 이러한 시도는 서로 다른 이론적 관점에 적용 가능한 구체적이며 국제적인 예시들을 보여 줄 것이다.

초국가적 돌봄노동(transnational carework)은 부유한 국가 내 가족들을 위해 일하는 이주 여성을 묘사하는 데 사용되는 용어이다(Lutz, 2011). 가사 근로자들은 자녀 또는 노인 돌봄이나 전반적으로 집안을 유지하거나 요리 또는 심부름과 같은 특정한 일을 하기 위해 고용된다. 이것이 '초국가적' 문제인 이유는 대부분의 가사노동자가 이주 여성이기 때문이다. 이들 중 대부분은 개발 도상국인 필리핀, 스리랑카, 인도, 캐리비안 및 아프리카 지역 출신들이고, 미국, 홍콩, 타이완, 이스라엘, 중동 국가들과 같은 경제적으로 더 풍요로운 국가에서 살면서 일하고 있다. 돌봄노동자들은 자신들의 가정, 원가족, 배우자와 자녀들을 떠나 가사노동자, 유모 또는 요양사로 일하기 위해 타국으로 이주한다. 이는 어머니, 아버지, 심지어 가족이 무엇인지에 대한 서양적 생각에 도전하는 복잡하고 새로운 가족의 형태를 만들게 된다(Mahalingam, Balan, & Molina, 2009).

이론적 관점에서 어떻게 우리가 이러한 이슈를 평가할 것인가? 어떤 이론이 초국가적 돌봄노동을 이해하는 데 적합한가를 어떻게 평가하기 시작할 것인가? 먼저, 이 이슈를 미시적 관점에서 살펴볼 것인지 거시적 관점에서 평가할 것인지를 결정해야 한다. 초국가적 돌봄노동자들이 어떠한 방식으로 고용주 가족과 하나가 되어 가족의

일원으로 여겨지게 되는지를 조사한다면 미시적 수준 관점에서 이 이슈를 분석하게
될 것이다. 이 관점에서 돌봄노동자가 고용주 가족의 자녀와 보내는 시간과 부모와
보내는 시간을 살펴보고, 누가 그 노동자를 고용하는지, 자녀와 누가 시간을 보내는
지를 조사한 후 각 관계의 견고함과 유대감을 측정할 수 있다. 가족체계이론 관점은
이러한 형태의 분석을 하는 데 적절한 이론이다. 어떻게 돌봄노동자가 가사돌봄노동
을 규정하고 고국에 있는 자신의 자녀와 가족구성원들과의 관계를 유지하고 있는지
에 대한 질문을 할 수 있다.

반대로 초국가적 돌봄노동 현상을 이끄는 거시적 수준의 과정을 고려한다면 갈등
이론을 이용한 분석 틀을 시도해 볼 수 있다. 페미니즘의 제2물결은 부유한 국가의
더 많은 여성이 이전과 비교할 수 없는 수준으로 전문직을 추구할 수 있도록 한다.
그러나 부유한 사회의 자본주의 속성은 일부 사람들에게는 이익을 창조하지만 다른
사람들에게는 억압을 생산한다. 여성주의이론가들은 경제적으로 멀리 떨어져 있는
자신들의 자녀를 부양할 목적으로 월급을 모두 송금하면서 부유한 가족들을 위해 일
하는 이주여성에게 불이익을 창조하는 돌봄노동을 비판한다(Ungerson, 2006).

그러나 또 다른 거시적 수준 관점인 기능주의이론은 가족체계와 사회 체계가 평형
상태를 유지하도록 돌봄노동자들이 돕는 한, 초국가적 돌봄노동을 사회적 문제로 보
아서는 안 된다고 제안할 것이다. 체계의 각 부분은 전체의 전반적 기능에 기여할 필
요가 있다는 것이다. 돌봄노동자들은 고용주의 가정에서 표현적 과업을 수행하고 있
고, 이들은 고국에서 자신들의 자녀와 가족을 돌볼 누군가가 있다. 체계 내 각 구성
원은 목적이 있고, 각 구성원은 체계가 잘 운영되도록 자신들의 역할을 수행한다.

초국가적 돌봄노동의 예시를 통해 앞에서 적용된 각 이론이 상이한 인식론(실증주
의적, 해석학적, 비판적 인식론)을 갖고 있으며 이는 특정한 가정으로 이끄는 것을 알
수 있다. 기능주의이론 기저에 있는 실증주의적 인식론은 체계의 각 부분이 잘 작동
하는지 또는 그렇지 않은지에 관심이 있지만, 돌봄노동이 고용주 가족과 노동자의
원가족에 어떤 의미인지에 대한 관심은 없다. 따라서 기능주의자들은 각 역할이 수
행되고 체계들이 잘 작동하고 있다면 이러한 가족형태는 모든 구성원에게 기능적이
라는 가정을 세우게 된다. 이는 비판적 인식론을 취하면서 실증주의적 인식론이 표
방하는 주요 패러다임에 의문을 던지는 갈등이론 관점과 매우 다르다. 예를 들어, 갈
등이론가들은 먼저 유급 돌봄노동자들의 역할을 필요로 하는 자본주의 구조에 대해

의문을 제기한다. 여성주의이론가들 또한 어떻게 이러한 가족형태가 사회와 가족, 특권계층과 약자계층에게 모두 해로울 수 있는지를 살펴본다. 돌봄노동을 여성이 해야 한다고 가정되는 이유를 살펴보는 것이 그 예이다. 또한 이러한 젠더 역할의 사회적 구성은 남성들이 자녀의 양육에 참여할 수 있음에도 불구하고 이러한 감정을 왜 느낄 수 없게 하는가에 대한 의문도 가능하다. 또한 미국이나 멕시코와 같은 국가들에서보다 프랑스와 같은 유럽국가들에서 남성의 젠더 역할이 더 유연하고 유동적인 이유를 살펴볼 수도 있다. 이 책을 읽은 후에는 여러분의 앱을 이용해서 이와 같은 질문들에 대한 답변을 하는 것이 더 용이해질 것이다. 가족이론을 구성하는 서로 다른 인식론, 개념, 가정, 전제들에 대해 눈을 뜨게 될 것이다. 또한 이론이 어떻게 가족을 연구하고 가족과 함께 일하는 서로 다른 분야의 많은 전문가에게 활용 가능한지를 배울 수 있다. 보메와 팀원들처럼 이론화 과정에서 서로 다름을 활용하여 더 많은 것을 배울 수 있게 될 것이다.

이론에 대한 정의

앞서 제시했던 것과 같이 이 책의 저자들은 이론을 정의하는 방법이 많으며 이론이 무엇인가에 대한 정의는 시간에 따라 변화함을 인지하고 있다. 이러한 점을 염두에 두면서 이론에 대한 우리의 정의는 다음의 몇 가지 점을 포함한다. 이론은 현상을 기술하고, 해석하고, 설명하는 전략이다. 이론은 사람들이 특정한 상황에서 어떠한 행동을 왜 하는가와 같은 질문을 기술하는 데 도움을 준다. 예를 들어, 형제자매관계를 연구하는 연구자들은 부모들이 어떻게 가족 내에서 서로 다른 자녀들에 대한 편애를 보여 주는가를 기술하거나 왜 부모들이 그렇지 않다고 하지만 편애하는 모습을 보여 주는가라는 질문에 대한 답변을 찾기 위해서도 이론을 사용할 수 있다(Suitor, Gilligan, & Pillemer, 2013). 이론화(to theorize)란 이론을 새로 만들거나 수정할 때 거치는 작업이다. 우리는 또한 이론은 실제와 연관되어 있어야 한다고 생각한다. 다시 말해, 이론은 사람들이 일상생활에서 경험하는 문제를 이해하고 그 문제점을 다룰 수 있기 위한 선택권을 제공하는 방법이다. 다음으로 이론은 더 알 필요가 있는 특정한 상황 또는 경험들이 어떠하며 왜 그러한지를 해석할 때 도움을 주는 설득력 강한 이야기를 제공한다. 이 장 앞부분에서 말한 것처럼, 이론은 우리가 사회적 세계를 구성하는 사람, 과정, 관계를 관리할 수 있도록 도와주는 앱이다.

가족이론 평가에 대한 기준

이론을 정의하는 방법이 다양한 것처럼, 이론의 강점과 약점을 평가하는 방법 또한 다양하다. 이론에 대한 평가는 과정이다. 따라서 이론이 발생하고 관심을 끌게 된 역사적 맥락에서 이론을 살펴보는 것으로 시작해야 한다. 일단 이론을 맥락에서 보게 되면 명확성, 논리성, 관련성, 실제 적용점에 대해 더 잘 이해할 수 있다. 이론 평가 시 유용하다고 보는 주요한 기준은 다음과 같다(이 외에도 Bengtson et al., 2005; Doherty et al., 1993; Gubrium & Holstein, 1990; Sprey, 1990 and 2013; White, 2013 참조). 가족이론을 평가할 때 다음과 같은 질문을 스스로에게 해 볼 수 있다.

1. 이 이론이 연관이 있는가? 이 기준은 현재 여러분의 연구대상 또는 서비스 제공 대상 가족에 대한 그 이론의 적용 가능성을 의미한다. 이 이론이 여러분 대상에 적용 가능한가? 이 이론이 그 대상 가족에게는 맞지 않는, 가족에 대한 가정을 하고 있는가? 이 이론이 제한적인 인식론적 방향성에 근거하지는 않는가(예를 들어, 당신이 해석학적 이론이 필요할 때 그 이론은 실증주의적 속성을 지니고 있지는 않은가)?

2. 이 이론이 실용적인가? 가족이론은 반드시 실제 상황에서 해석 가능해야 한다. 가족을 연구하는 학문은 반드시 정책, 개입, 치료, 교육, 의료 관리, 정치적 활동을 통해 가족에게 직접적인 혜택을 제공해야 한다. 실용적인 시사점이 없다면 이론은 가족의 일상 현실에서 떨어진 채 학문의 상아탑 안에만 존재하는 것으로 비판받게 된다.

3. 이 이론이 논리적인가? 가족이론은 반드시 일관성이 있어야 한다. 가정, 개념, 전제들이 논리적으로 상호 연관되어 있어야 하며 이치에 맞는 설명적 모델에 적합해야 함을 의미한다.

4. 이 이론이 명확한가? 이론의 구성요소들은 분명하고 어떠한 것도 암묵적이지

않을 때 명확하다. 이론의 명확성을 평가할 때는 얼마나 빈틈이 없는지, 자세한
지를 고려해야 한다. 반대로 암묵적인, 즉 이면에 숨어 있거나 표현되어 있지
않은 이론의 구성요소들이 없는지를 살펴보아야 한다.

5. 이 이론이 체계적인가? 이론의 구성요소들은 체계적이어야 한다. 또는 서로 연
   관된 일련의 가정, 개념, 전제들로 표현되어 있어야 한다. 즉, 이론의 체계적 속
   성으로 인해 그 이론의 적용은 신뢰할 만한 결과를 산출한다는 확신을 갖고 있
   을 때 가족연구에 계속해서 적용할 수 있다.

6. 이 이론이 맥락과 관련이 있는가? 이 기준을 평가할 때 그 이론이 발달한 문화
   적 맥락을 주의 깊게 보아야 한다. 왜냐하면 모든 이론이 모든 가족에게 적합하
   지는 않기 때문이다. 그 이론이 다른 맥락에서 사용되거나 새로운 맥락에 적합
   하게 적용 가능한지를 살펴보아야 한다. 이 이론이 미국의 본토박이와 이민가
   족을 연구할 때 적절한가와 같은 질문을 예로 들 수 있다.

이 책의 구성

이 책은 총 10개의 가족이론을 인간발달 및 가족학, 심리학, 사회학 분야에서 발생
한 일반적인 시대 순에 따라 기술하고 있다. 대부분의 이론은 가족연구에서 적용되
기 전 사회학 분야에서 발전되어 왔으며 이에 대해 책 전반에서 언급하였다.

각 장은 사례 연구로 시작하는데 이는 구체적 상황을 설정하기 위해서 고안되었으
며 이를 통해 독자들이 의미 있는 방식으로 이론을 적용시키는 것이 가능하다. 사례
연구의 등장인물은 각 장 전체에서 주요 개념을 설명하기 위해 사용되었다. 또한 각
이론의 간략한 역사를 언급하여 사회역사적 맥락을 제시하였다. 이는 우리가 왜 각
이론의 가정들이 중요한지를 이해하는 데 도움을 준다. 한 예로, Parsons(1970)의 구
조기능주의는 20세기 중반 사회학에서 매우 대중적인 이론적 접근이었다. 이 이론은
대부분의 가족이 SNAF 모델이라는 사회적 기준을 따를 수 있다는 가정에 기초한다.
앞에서 논의된 바와 같이 미국 역사에서 1950년대는 매우 독특한 시대였고, 이러한
시대적 특성이 구조기능주의의 대중성에 기여하였다. 이후 이 이론은 1960년대 시
민평등운동과 여성해방운동이 가속도가 붙었던 시기 동안의 변화를 다룰 수 없음에

대해 비판받았다. 각 장의 역사와 기원에 대한 부분은 이러한 종류의 사회역사적 변화들과 어떻게 그 변화들이 각 이론의 가정과 틀에 기여했는지에 대해 자세히 설명한다.

각 장은 또한 주요 가정, 개념, 전제를 기술한다. 이 책이 강조하는 바는 예시의 사용이다. 이 책에서는 학생들에게 각 이론이 자신들의 삶에 적용 가능한지를 생각하도록 고안된 추가적 내용과 함께 대중문화에서 어떻게 그 이론이 적용 가능한지를 자세히 기술하였다. 각 이론은 또한 강점, 약점, 대안적인 적용점의 측면에서도 논의되었다. 더불어 미국 이외의 국가에서도 가족이론이 적절한지를 보여 주기 위해 국제적인 비교를 제시하였다.

이 책의 또 다른 강조점은 이론화, 연구, 현장에서의 적용점의 연계이다. 각 장은 현재 이론화 과정에 대한 내용을 담고 있다. 이러한 부분은 이론이 변화하는 과정, 이론을 확장하는 새로운 방법의 형성, 사회에서 개인과 가족의 변화하는 인구학적 특성에 대한 이론의 적용에 대한 최신의 관점을 제공한다. 그다음에는 이론과 연구의 긴밀한 관계를 기술하기 위해 이론을 적용한 실증적 연구의 예시가 제시된다. 이론적 전제에 대한 정보 제공에 있어 연구 용어와 개념, 유용성을 강조하기 위해 각 연구를 상세하게 서술하였다. 마지막으로, 가족과 일하는 실무자들과 이론에 대한 전문적 지식을 많이 갖추고 있는 사회복지사, 연구자, 프로그램 책임자, 교사, 의료 서비스 제공자, 가족학 전공자가 연계할 수 있는 방법을 생각해 볼 수 있도록 이론과 현장에서의 실천적인 면을 연결하였다. 각 장은 학생들이 내용들에 대해 더 생각해 볼 수 있는 질문과 자료들로 끝을 맺고, 멀티미디어 자료(예를 들면, 가족이론을 묘사하는 웹사이트, 영화, TV 프로그램)뿐 아니라 읽을 자료들도 포함하였다(웹사이트의 경우는 2016년 초의 자료이다).

가족이론에 대한 이 책을 파고들기 전에 당신만의 앱을 발전시키는 것은 시간과 인내심이 필요함을 염두에 두는 것이 중요하다. 어플리케이션이 현대 기술에서 작동하는 것과는 다르게 여러분이 하룻밤 사이에 경험 많은 가족이론가가 될 수는 없다. 여러분의 이론적 생각은 발전하는 데 시간이 걸리고 일단 그 생각이 발전하게 되면 모든 곳에서 가족이론을 보게 될 것이다. 이 책은 여러분만의 앱을 발전시키는 기초를 제공한다. 그리고 교재의 끝 부분에서는 제12장에서 다루게 될 이론적 지도를 보는 방법에 대해 잘 이해할 수 있게 된다. 이 책의 내용 및 서술 방법이 여러분이 직업과 관계없이 이론을 흥미롭게 보고, 가족을 이해하고 연구하며, 가족에게 서비스를 제공할 수 있는 유능한 이론적 사상가가 될 수 있도록 돕기를 희망한다.

추천 멀티미디어

www.stephaniecoontz.com

워싱턴주 올림피아에 위치한 에버그린 주립대학교 교수인 Stephanie Coontz의 웹사이트이다. Coontz는 주 관심사가 현대 가족인, 저명한 역사학자이자 강연자이며 수많은 미디어에 출연해 왔다.

이론 앱 활성화하기: Coontz의 웹사이트를 정독하고 가장 적합한 이론적 틀이 무엇인지를 생각해 보자. 또한 현장전문가, 교사, 연구자 중 Coontz를 가장 잘 표현하는 것은 무엇인가? Coontz에 대한 이러한 정체성뿐 아니라 여러분 자신이 원하는 직업들의 상호교차성을 생각해 보자. 여러분에게는 그 직업들이 어떻게 다르고 같은가?

www.ncfr.org

미니애폴리스에 있는 가족학 분야 전문단체인 가족관계협회 웹사이트이다. NCFR은 세 개의 주요 학회지 『Journal of Marriage and Families』, 『Family Relations』, 『Journal of Family Theory and Review』를 발행하는데 이 학회지들은 가족이론, 연구, 적용에 대한 최근의, 엄격한 기준에 적합한 아이디어를 포함한다. NCFR은 해마다 학회를 개최하는데 이론 구성 및 연구 방법(Theory Construction and Research Methodology: TCRM) 워크숍, 가족생활교육 자격 교부, 가족학 일자리 관련 정보, 각 주별 분과 및 학생 분과와 기타 가족이론화 및 연구에 대한 자원들이 포함된다.

이론 앱 활성화하기: Professional Resources 메뉴를 살펴보고 직업 센터와 관련 자료들에 익숙해져 보자. 자리가 주로 어디에 있는가? 어떠한 학력이 요구되는가? 여러분 자신의 직업적 흥미와 일치하는가? 이 웹페이지에 여러분이 가장 선호하는 목록을 넣어보자. 그것을 알기 전에 이러한 자원들이 필요할 것이다.

우리가 들려줄 이야기(Stories we tell, 2013)

이 영화는 캐나다인 영화배우이자 감독인 Sarah Polley가 만들었으며 영화제에서 수상한 다큐멘터리이다. 이 영화는 각색된 홈비디오와 가족 비밀의 얽히고 설킴을 알아내기 위해 Polley의 했던 가족들과 친구들과의 인터뷰를 통해 얻어진 기억을 활용한다. 사람들은 결혼, 혼외 정사, 친부모와 자녀, 계부모와 자녀의 유대, 형제자매 간 유대, 죽음, 세대를 거친 양가적이고 복잡한 관계들에 대한 자신들의 이야기를 한다. 더 강력한 메시지 중 하나는 다른 이론들처럼 가족구성원들은 유사한 사건에 대해 자신들만의 독특한 관점을 갖고 있다는 것이었다.

이론 앱 활성화하기: 이 다큐멘터리에 포함된다면 여러분의 가족 영화는 어떨까? 이 책에서 여러분은 의심할 바 없이 어떻게 그 가족 영화가 여러분 자신의 가족 경험 및 관계를 설명하는지를 생각하게 될 것이다. 화자가 누구냐에 따라 여러분 자신의 이야기 변화 유무를 생각해 보자.

밴티지 포인트(Vantage Point, 2008)

이 액션 영화는 서로 다른 8개의 관점에서 풀어 가는 미국 대통령 암살 시도에 관한 영화이다. 이 영화가 가족이론 연구에 유용한 이유는 어떻게 서로 다른 시점 또는 서로 다른 이론적 관점들이 실제로 무슨 일이 일어나는지에 대한 좀 더 전체적인 그림을 그리는 데 도움을 줄 수 있음을 보여 준다. 어떠한 관점도 완벽한 이야기를 나타낼 수는 없다. 대통령, TV 프로듀서, 비밀요원, 구경꾼, 테러리스트의 관점들 모두는 발생했던 사건들의 일부분을 보여 줌에도 전체적으로 모든 관점이 일단 드러나게 된다.

이론 앱 활성화하기: 우리가 들려줄 이야기와 비슷하게 이 영화는 같은 이야기에 대한 다른 관점을 보여 준다. 등장인물 중 한 명 또는 두 명을 선택해서 그들의 가정과 인식론을 찾아보자. 그들의 독특한 관점에서 볼 때 주위 세계를 설명하는 경향이 어떻게 비슷하고 다른가?

〈밴티지 포인트〉의 한 장면(2008)

추천 참고도서 및 논문

Bengtson, V. L., Acock, A. C., Aleen, K. R. Dilworth-Anderson, P., & Klein, D. M. (eds.)
Sourcebook of family theory and research (Thousand Oaks, CA: Sage, 2005). 10년
에서 15년마다 위에서 언급했던 가족관계협회는 가족이론에 대한 권위 있는 참고 서
적을 개정한다. 이는 NCFR의 이론 구성 및 연구 방법 워크숍과 연구 및 이론 분과가
함께해 오고 있다. 2005년에 출판된『Sourcebook』은 어떻게 이론이 연구논문과 임상
현장에 녹아드는지를 보여 줌으로써 가족학에 대한 독특한 접근을 택하고 있다. 각 장
마다 '결혼에 대한 이론화' '친밀한 관계에서의 공격성에 대한 이론화' '성인기 형제자매
관계 이론화와 연구'와 같은 실질적인 주제를 주고 서로 다른 관점에서 가족을 이해하
기 위해 어떻게 이론, 연구, 현장이 함께 작용하는지를 보여 준다.

Boss, P. G., Doherty, W. J., LaRossa, R., Schumm, W. R., & Steinmetz, S. K. (eds.)
Sourcebook of family theories and methods: A contextual approach (New York:
Plenum, 1993). 종종 '영원한 성경'으로 불리는 1993년판『Sourcebook』은 가족 현상
을 설명하는 고전적 이론과 새로 부상하는 이론을 살펴본 중요한 참고서적이다. 다양
한 이론이 처음으로 가족 분야에서 소개된 시대 순으로 조직되어 있어 독자들이 가족

이론의 진화하는 특성과 가족학자들이 시간에 따라 이론들을 시험하고 정비하기 위해 사용한 주요 요소들을 알 수 있게 한다. 각 장은 이론이 어떻게 연구에서 사용되는지 또는 현대 사회 가족의 변화하는 인구학적 특성과 경향을 반영하기 위해 수정되어 왔다. 『Sourcebook』은 가족이론을 좀 더 쉽게 아는 데 있어 훌륭한 참고서적이며 각 장은 입문서인 이 책에서의 설명을 보충하는 데 사용될 수 있다.

Coontz, S., *The way we really are: Coming to terms with America's changing families* (New York: Basic Books, 1997). 이 책에서 Coontz는 현대 시대 가족생활이 어떠한지를 자세히 기술함으로써 미국에서의 '전통적인' 가족에 대한 낭만화를 상세히 비판한다. Coontz는 19세기 가족들은 유례없는 수준에서 경제적 안정성을 경험한 반면, 현재 가족들은 매우 다른 사회문화적 맥락에서 살고 있으므로 현대 이후에 가족에 대한 모델을 제시하는 것은 불가능하지 않다면 어렵다고 주장한다. 향수라는 함정에 빠지지 않도록 유의하고 대신에 좀 더 역사적으로 객관적인 가족에 대한 정보에 초점을 두어야 함을 주장하면서 Coontz는 1950년대와 1960년 이후 가족들이 경험한 긍정적 변화와 부정적 변화를 동시에 강조하였다.

Flyvbjerg. B., *Making social science matter: Why social inquiry fails and how it can succeed again* (New York: Cambridge University Press, 2001). Flyvbjerg는 아리스토텔레스의 생각에 기반하여 앎의 세 가지 방법을 제시하였다. 그 방법은 에피스테메(분석적이며 과학적 지식), 테크네(기술적 지식, 노하우), 프로네시스(실용적인 지혜, 사리분별)이다. 이 책은 어떻게 이 세 가지 앎이 과학적 탐구에 필요한지를 설명한다. 또한 인문사회과학(가족학, 사회학, 인접학문)에서 자연과학을 모범으로 삼는 것을 비판한다. 인간 존재에서의 다양성과 복잡성의 속성을 이해하고 문제를 해결하고 삶을 향상시키는 것을 도와주기 위해 우리의 직관과 실용적 지식을 반드시 사용해야 하는 인문사회과학에서는 프로네시스가 필수적이라고 제안한다.

Sarkisian, N., and Gerstel, N., *Nuclear family values, extended family lives: The power of race, class and gender* (New York: Routledge, 2012). 이 얇은 책에서 저자들은 어떻게 가족이 인구학적 발달, 사회문제, 문화 변화에 대해 반응하면서 실제로 살아가고 의사소통하며 변화하는지를 기술하기 위해 전통적 가족이론과 최신의 가족이론을 모

두 활용하고 있다. Sarksian과 Gerstel은 가족 연구 전반에 지속적으로 스며들어 있는 표준북미가족(SNAF) 모델을 비판하고 가족은 이성애자 간의 결혼과 부모-자녀 관계라는 핵가족 구조보다 훨씬 더 다양함을 제시한다. 대부분의 사람에게 일상생활은 연세가 들어 가는 부모님, 성인 자녀, 형제자매, 이모 또는 고모, 삼촌, 사촌, 조부모, 유사가족과 같은 확대가족과의 관계로 이루어진다. 핵가족과 공동체 관계는 특히 인종, 계층, 젠더, 성적 지향 편견에 맞닥뜨리는 가족들에게는 필수적인 생존 전략이다. 이 책은 사전에 사회문제를 나타내는 가족구조와 관계의 범위를 살펴보고 가족이 생존하고 번영하는 것을 돕기 위해서는 결혼과 부모됨 이외에 것을 살펴보는 것이 매우 중요함을 주장한다.

생각해 볼 문제

● 토론 질문

1. 왜 이론은 가족과 개인 연구에 중요한가요?

2. 이 첫 장을 읽은 후 어떻게 이론에 대한 관점이 변화하였습니까?

3. 이 장에서 기술한 인식론(실증주의 인식론, 해석학적 인식론, 비판적 인식론)의 세 가지 유형을 비교해 봅시다. 어떻게 연구가 이론 앱을 사용하여 수행되는지를 고려해 봅시다. 이론의 안내 없이 어떻게 우리가 연구 문제를 고안하거나 또는 그 문제를 측정하기 위한 조사를 구성하나요?

4. 어떻게 연구가 이론에게 정보를 제공하나요? 가족학자들은 연구의 결과로 이론을 수정하거나 새로운 이론을 발전시키나요? 어떻게 이 과정이 이루어진다고 생각합니까?

5. 어떻게 현장 실무자들이 이론을 활용하는지 생각해 봅시다. 가족에게 서비스를 제공하는 현장 실무자로서 이론이 우리의 역할을 이해할 수 있도록 더 준비시킨다고 생각하는 것은 현실적인가요? 그 이유는 무엇인가요?

6. 여러분은 이론을 어떻게 정의하나요? 이 장에서 포함한 정의에 어떠한 정의를 덧붙이겠습니까?

● **개별 과제**

  가족에 대한 경험적 연구의 틀로 이론을 사용한 논문을 찾아봅시다. 그 연구는 이론의 어떠한 면을 활용하였나요? 다음으로 그 논문을 이론이 언급된 부분은 전부 건너뛰어서 이론은 생각하지 말고 다시 읽어 봅시다. 이론 없이도 이해되나요? 이론은 그 연구를 향상시키나요? 그 이유는 무엇일까요?

● **개인 반영 질문**

1. 이혼의 이유 다섯 개를 적어 봅시다. 개인 경험이나 실제 이야기를 사용할 수도 있습니다. 그 다섯 개의 이유를 잘 두었다가 이 책의 각 장을 읽으면서 다시 읽어 봅시다. 이 책을 다 읽을 때쯤, 경험에 이론을 덧붙일 수 있을 것입니다. 왜냐하면 그 경험에 대한 이론이 있기 때문입니다.

2. 여러분 가족과 SNAF 모델을 비교해 보면 어떠한가요? 가족에 대해 여러분이 잘 아는 것은 무엇인가요? SNAF와 다른 가족 유형 및 다른 국적을 가진 가족에 대한 가정을 자신의 경험과 비교·대조해 봅시다.

3. 여러분이 개인적으로 갖고 있는 가족에 대한 가정은 무엇인가요? 그 가정에 근거해서 가족들이 상호작용하고 운영되는 방식을 어떻게 설명할 것인가요? 가족 연구에 대한 여러분의 성향을 적어 보고, 1번 질문에서처럼 이를 잘 보관해 둡시다. 그리고 이 책의 각 장을 읽으면서 가족에 대한 여러분의 가정을 다시 살펴봅시다. 이를 마칠 때쯤 가족에 대한 여러분만의 이론을 쓸 수 있을지도 모릅니다.

4. 여러분이 성장한 가족에 대해 생각해 봅시다. 여러분의 현재 생식가족 또는 미래 생식가족(배우자, 자녀 등)에 대해 생각해 봅시다. 더 거시적인 사회적 변화가 생식가족과 비교했을 때 원가족에서의 존재에 대한 인식에 어떻게 영향을 미치나요?

5. 여러분이 가장 좋아하는 책, TV 프로그램, 또는 영화는 무엇인가요? 어떠한 이론이 각 인물의 행동을 설명하는 데 사용 가능할까요?

6. 일상생활에서 이론이라는 단어를 어떻게 사용하나요?

참고문헌

Allen, K. R. (2000). A conscious and inclusive family studies. *Journal of Marriage and the Family*, *62*, 4-17. doi: 10.1111/j.1741-3737.2000.00911.x.

Babbie, E. (2013). *The practice of social research* (13th edn). Belmont, CA: Wadsworth.

Bahr, H., & Bahr, K. S. (2001). Families and self-sacrifice: Alternative models and meanings for family theory. *Social Forces*, *79*, 1231-1258. doi: 10.1353/sof.2001.0030.

Beck, U., & Beck-Gernsheim, E. (2001). *Individualization: Institutionalized individualism and its social and political consequences*. London: Sage.

Bengtson, V. L., Acock, A. C., Allen, K. R., Dilworth-Anderson, P., & Klein, D. M. (2005). Theory and theorizing in family research: Puzzle building and puzzle solving. In V. L. Bengtson, A. C. Acock, K. R. Allen, P. Dilworth-Anderson, & D. M. Klein (eds.), *Sourcebook of family theory and research* (pp. 3-33). Thousand Oaks, CA: Sage.

Cheal, D. (1991). *Family and the state of theory*. Toronto: University of Toronto Press.

Cherlin, A. J. (2004). The deinstitutionalization of American marriage. *Journal of Marriage and Family*, *66*, 848-861. doi: 10.1111/j.0022-2445.2004.00058.x.

Clarke, E. H. (1873). *Sex in education: Or a fair chance for the girls*. Boston: Houghton Mifflin.

Collins, P. H. (1990). *Black feminist thought: Knowledge, consciousness, and the politics of empowerment*. Boston: Unwin Hyman.

Coontz, S. (1992). *The way we never were: American families and the nostalgia trap*. New York: Basic Books.

Daly, K. J. (2003). Family theory versus the theories families live by. *Journal of Marriage and Family*, *65*, 771-784. doi: 10.1111/j.1741-3737.2003.00771.x.

Daly, K. J. (2007). *Qualitative methods for family studies and human development*. Thousand Oaks, CA: Sage.

Demo, D. H., Allen, K. R., & Fine, M. A. (eds.) (2000). *Handbook of family diversity*. New York: Oxford University Press.

Doherty, W. J., Boss, P. G., LaRossa, R., Schumm, W. R., & Steinmetz, S. K. (1993).

Family theories and methods: A contextual approach. In P. Boss, W. Doherty, R. LaRossa, W. Schumm, & S. Steinmetz (eds.), *Sourcebook of family theories and methods: A contextual approach* (pp. 3-30). New York: Plenum Press.

Dressel, P., & Clark, A. (1990). A critical look at family care. *Journal of Marriage and the Family, 52*, 769-782. doi: 10.2307/352941.

Family and Medical Leave Act of 1993, 29 U.S.C. §2601-2654 (2006).

Gubrium, J. F., & Holstein, J. A. (1990). *What is family?* Mountain View, CA: Mayfield.

History.com (2016). *U.S. Immigration since 1965.* At www.history.com/topics/us-immigration-since-1965.

Klein, D. M. (2005). The cyclical process of science. In V. L. Bengtson, A. C. Acock, K. R. Allen, P. Dilworth-Anderson, & D. M. Klein (eds.), *Sourcebook of family theory and research* (pp. 17-18). Thousand Oaks, CA: Sage.

Lutz, H. (2011). *The new maids: Transnational women and the care economy.* New York: Zed Books.

Mahalingam, R., Balan, S., & Molina, K. M. (2009). Transnational intersectionality: A critical framework for theorizing motherhood. In S. A. Lloyd, A. L. Few, & K. R. Allen (eds.), *Handbook of feminist family studies* (pp. 69-80). Thousand Oaks, CA: Sage.

Morello, K. B. (1982). Women's entry into the legal profession. *American University Law Review, 32*, 623-626.

Nye, F. I. (1979). Choice, exchange, and the family. In W. R. Burr, R. Hill, F. I. Nye, & I. L. Reiss (eds.), *Contemporary theories about the family: General theories/ theoretical orientations* (vol. 2, pp. 1-41). New York: Free Press.

Parsons, T. (1970). *Social structure and personality.* New York: Free Press.

Pittman, J. F. (1993). Functionalism may be down, but it surely is not out: Another point of view for family therapists and policy analysts. In P. Boss, W. Doherty, R. LaRossa, W. Schumm, & S. Steinmetz (eds.), *Sourcebook of family theories and methods: A contextual approach* (pp. 218-221). New York: Plenum Press.

Schoemaker, P. J., Tankard, J. W., Jr, & Lasorsa, D. L. (2004). *How to build social science theories.* Thousand Oaks, CA: Sage.

Smith, D. E. (1993). The Standard North American Family: SNAF as an ideological code. *Journal of Family Issues, 14*, 50-65. doi: 10.1177/0192513X93014001005.

Sprey, J. (ed.) (1990). *Fashioning family theory: New approaches*. Newbury Park, CA: Sage.

Sprey, J. (2013). Extending the range of questioning in family studies through ideas from the exact sciences. *Journal of Family Theory and Review, 5*, 51-61. doi: 10.1111/jftr.12002.

Suitor, J. J., Gilligan, M., & Pillemer, K. (2013). Continuity and change in mothers' favoritism toward offspring in adulthood. *Journal of Marriage and Family, 75*, 1229-1247. doi: 10.1111/jomf.12067.

Sweeney, M. M. (2010). Remarriage and stepfamilies: Strategic sites for family scholarship in the 21st century. *Journal of Marriage and Family, 72*, 667-684. doi: 10.1111/j.1741-3737.2010.00724.x.

Ungerson, C. (2006). Gender, care, and the welfare state. In K. Davis, M. Evans, & J. Lorber (eds.), *Handbook of gender and women's studies* (pp. 272-286). Thousand Oaks, CA: Sage.

Wallace,W. L. (1971). *The logic of science in sociology*. Piscataway, NJ: Aldine Transaction.

Weisberg, D. K. (1977). Barred from the bar: Women and legal education in the United States 1870-1890. *Journal of Legal Education, 28*, 485-507.

White, J. M. (2013). The current status of theorizing about families. In G. W. Peterson & K. R. Bush (eds.), *Handbook of marriage and the family* (3rd edn, pp. 11-37). New York: Springer.

제2장
기능주의이론

하루 혹은 단지 몇 시간만이라도 휴대전화 없이 지낸 본 적이 있습니까? 휴대전화를 욕조에 떨어뜨렸거나, 수리를 할 수 없을 정도로 휴대전화 액정이 깨졌거나, 아니면 별다른 이유 없이 휴대전화가 켜지지 않을 수도 있습니다. 휴대전화가 없는 상황은 어떤가요? 친구나 가족이 보낸 중요한 문자를 볼 수가 없다고 생각해 보세요. 어떻게 그 사람들과 연락을 할까요? 휴대전화 없이 얼마나 오랫동안 견딜 수 있을까요? 꼭 참석했어야만 하는 행사를 가지 못하게 되거나, 새로운 사건 혹은 사진들을 볼 수 없는 끔찍한 일주일을 상상해 보도록 합시다. 타인에게 연락을 할 수 있는 대안이 있나요? 과연 당신은 사회 집단에 계속 연결되어 있을까요?

소위 말하는 기능주의이론(functionalist theory)은 부분 또는 전체 체계가 작동하지 않을 때 어떤 일이 발생하는지에 대해 알려 줍니다. 기능주의이론은 사회과학 기초 이론들 중 하나로, 사회를 유기체에 비유해 한 부분이 작동하지 않을 때 다른 부분들도 영향을 받는다는 점에 근거합니다. 만약, 당신의 폐가 충분한 산소를 공급받지 못한다면, 당신의 몸은 반응을 할 것이고, 어지럽거나 구역질이 날 것입니다. 즉, 한 부분의 기능이 전체 체계에 영향을 주는 것입니다. 또한 기능주의는 사회 통합의 건강한 수준이 사회의 정상적인 기능에 얼마나 중요한지를 보여 줍니다. 이 이론은 가족 내 개인이 '훈련받고 있는 시민(citizen-in-training)'에 대한 사회적 규범을 향상하고 강화하면서 어떻게 사회 통합의 건강한 수준을 유지해야 하는지를 고려합니다. 이 이론은 사회적 규범과 가족기능 간의 상호작용을 중요시하며, 가족구성원이 어떻게 전체 가족의 평형(equilibrium)에 기여할 수 있는지를 보여 줍니다. 덧붙여, 이 관점은 가정의 테두리를 뛰어넘어, 사회 기관으로서 가족이 전체 사회 기능에 중요하다는 것을 보여 줍니다.

이 장에서 우리는 기능주의이론의 역사와 사회 안에서 가족이 어떻게 기능하는지에 대한 이해를 도와줄 주요 개념들을 논할 것입니다. 가족학에 도입된 초기 이론의 하나로서 기능주의이론은 영향력을 발휘해 왔으나, 또 한편으로는 많은 비판을 받아 왔습니다(Kingsbury & Scanzoni, 1993). 오랫동안 지속된 이 두 가지 양상에 대해서 살펴볼 것입니다. 다양하고 복잡한 현대에 더 이상 적절하지 않다는 주장에도 불구하고, 이 이론의 지속적인 유용성에 대해 논할 것입니다. 기능주의에 대한 깊은 이해를 위해, 가족들이 어떻게 변화에 적응하는지, 전반적인 체계의 기능이 각각의 가족구성원에 의해 어떻게 영향을 받는지를 사례 연구를 통해 살펴보도록 합시다.

사례 연구

사례 연구의 대상인 케이시는 그녀의 부모가 첫딸 샤일라를 낳은 뒤 2년 뒤에 태어났다. 샤일라는 인형놀이를 함께하고 새로운 것을 가르칠 수 있는 여동생을 갖게 되어 매우 기뻤다. 유년시절을 거치며, 샤일라와 케이시의 사이는 매우 돈독했고, 부모님도 이 둘은 한몸이라는 농담을 하곤 했다. 잘 맞는 성격 덕에 자매는 거의 싸우지 않았다. 샤일라는 어린 나이치고는 꽤 성숙했으며, 여동생이 스스로의 감정을 잘 이해하도록 도와주었다. 인형 놀이를 30분 한 후, 그다음 30분 동안은 축구를 하면서 각자 원하는 놀이를 할 수 있다고 자세하게 설명하는 샤일라의 모습을 보면서 부모님은 샤일라를 대견하게 생각했다. 케이시는 샤일라가 세운 계획을 잘 따랐는데, 이는 대체로 그녀가 제일 좋아하는 축구로 놀이가 마무리되었기 때문이었다.

유년시절을 떠올려 보면, 언니와 자신이 얼마나 달랐는지 케이시는 항상 알고 있었다. 케이시는 자신이 여자아이 몸에 갇힌 남자아이라고 느꼈었고, 언니가 '수행'하게 하는 젠더 역할이 그녀와는 정반대라고 느꼈었다. 케이시는 남자아이처럼 느꼈다. 청소년이 되어 트랜스젠더에 대해 알게 되자, 그녀는 자신이 트랜스젠더라는 것을 깨달았다. 열다섯이 될 때까지 기다렸다가 케이시는 부모님과 언니에게 이 사실을 말했고, 다행스럽게도 그들은 케이시를 지지했다. 부모님은 그녀가 심리 상담을 받는 것과, '그녀'에서 '그'로 바뀌기 위한 호르몬 대체 치료 및 법적 성전환도 지원을 아끼지 않았다. 케이시는 이제 남자 이름인 카스바를 가진 사람이 되는 것이다. 샤일라는 여동생을 잃는다는 것이 슬펐고, 내적으로는 고통스러웠다. 친한 친구가 소개한 가족상담사에게 전 가족이 상담을 받았다. 시간이 지나면서, 샤일라는 카스바를 좀 더 받아들일 수 있게 되었고, 남동생을 가지게 되어 매우 기뻤는데, 특히 그 남동생이 평생 잘 알고 지내던 사람이라는 점에서 기뻤다. 부모님은 가족치료를 통해 값진 대화 방법을 배웠는데, 이러한 방법은 자신들의 결혼 및 다른 가족관계에도 영향을 미쳤다.

샤일라와 카스바의 유년시절과 놀이 시간을 매우 다른 형태의 두 가지 놀이에 배분했다는 점이 어떻게 그들의 관계에 영향을 미쳤을까를 생각해 보도록 하자. 이 점은 부모님들에게 평온한 '일상'을 선사했다. 어머니와 아버지는 자녀들의 놀이에 거의 개입하지 않아도 되었는데, 이는 가족이 전체 체계의 기능을 유지하는 데 기여했다. 또한 외부의 훈련된 전문가와 자격을 갖춘 상담가들로부터 도움을 받았다는 것이 얼마나 값진 것이었는지도 생각해 보자. 가족이 지원 없이 어떻게 이러한 상황을 견디어 낼 수 있었을까?

더불어, 고등학생으로서 카스바의 새로운 삶을 생각해 보자. 이제 소년이 된 결과는 어떤가? 카스바는 여자 축구팀에서 촉망받는 선수였고, 여전히 운동을 하고 싶어 한다. 이제 남자 축구팀에서 뛰고, 남자 탈의실을 사용할 수 있을까? 이 상황을 좀 더 넓게 생각해 보자. 여성으로 태어났으나 남성으로 자각하는 이 변화가 100년 전에는 받아들여졌을까? 기능주의이론은 안정을 유지하기 위해 변화에 반응하고 적응함으로써, 사회와 사회기관들이 세월에 따라 어떻게 변화하는지를 이해할 수 있도록 도와준다. 기능주의 시각으로 보면, 가족은 큰 사회적 규범과 상호작용하며, 가족구성원들을 위해 가족 내에서 기능을 실천한다. 기능주의이론자들은 사회 시스템의 전체 기능을 고려하지 않고는 사회를 이해하는 것이 불가능하며 사회의 가장 중요한 사회기관의 하나인 가족도 예외는 아니라고 주장한다.

기능주의이론이란

기능주의이론(functionalist theory)은 가족 내에서 가족이 작동하는 과정과 거시적으로 사회에 기여하는 과정 모두를 설명하기 위해서 사용된다. 기능주의는 오랜 역사를 가지고 있는데, 기업 혁명(the Industrial Revolution) 시기에 근대 사회와 연관된 문제들을 제시한 사회학의 아버지라 불리는 프랑스 학자인 Émile Durkheim으

로부터 시작했다(Appelrouth & Edles, 2011). 제1장에서 거론되었던, 미국 사회학자
인 Talcott Parsons(1951)는 훗날 크고 복합적인 사회 과정을 고려한 경제 부흥과 보
수적 가치 시기에 사회를 연구하기 위한 모델을 개발했다. 이 모델은 가족이 어떻게
기능(function)하는가 혹은 가족이 사회 기관으로 어떤 목적을 가지고 있는가, 그리고
가족이 변화에 어떻게 대응하느냐 등을 거시적으로 보고자 함이었다. 마지막으로,
Parsons의 제자였던 Robert Merton(1957)은 일탈과 문화적 목적에 대한 반응을 고
려해 기능주의를 발전시켰는데, 이는 어떻게 가족이 가족 내와 밖의 차이점에 대응
하는가를 이해하고자 할 때 유용하다고 할 수 있다.

역사와 기원

어떤 이론이든지, 적당한 역사적 상황 내에서 이론을 이해하는 것이 중요하다.
1893년 저서에서 Durkheim은 산업혁명 시기 동안 사회 연구를 위한 기능주의적 개
념들을 처음으로 소개했는데, 중대한 사회적 격변과 경제적 변화가 서유럽에서 일어
난 시기였다(Durkheim, 1984). 산업혁명 전, 대부분의 사람은 마을이나 작은 동네에
서 거주했고, 지역사회의 공급에 의존했다. 식량은 지역에서 생산되었고, 농작물은
근접한 지역사회에서만 재배되었다. 산업화가 농작물 생산을 대체하면서, 사람들은
도시로 이주하게 되었고 이는 경제 변화의 결과였다. 가족들은 가족의 기본 생계유
지를 위한 임금을 위해, 자신들의 노동력을 필요로 하는 직장을 찾아야만 했다. 따라
서 한때 생계유지를 위해 농작물 생산에 의존하며 자급자족적이었던 대다수의 가족
은 농경생활을 포기해야만 했고, 대신 직장을 찾기 위해 대도시로 이주했다(Giddens,
2002). 이는 사회생활에 영향을 미쳤을 뿐 아니라 내외적 가족기능에 영향을 끼쳤다
고 할 수 있다. 농경 기본 경제에서 시장 경제로의 전환은 더 이상 가축을 돌보거나
농사를 지을 가정 내 노동력(자녀)이 필요하지 않게 되었기 때문에, 가족 내 자녀수
는 줄어들었다. 대신, 새로운 경제 체계 속, 산업 국가 내 의무교육과 아동 노동력에
관한 법률이 실행될 때까지, 가족 전체가 공장에서 일하는 게 흔했다. 한 예로, 미국
에서 「노동 규준법(the Fair Labor Standards Acts)」은 최연소 아동 노동자의 최저 연령
을 남자는 16세 여자는 18세로 규정하였다(US Senate, 1937). 이러한 거시적 수준의
역사적 변화는 사회 내 가족구조와 기능에 확실히 영향을 미쳤다.

이 책의 다른 부분에서도 산업화에 대해서 읽게 될 텐데 이는 사회관계와 가족에 영향을 미친 큰 사건이기 때문이다. 그러나 각각의 이론가들이 산업혁명을 얼마나 다르게 이해하는지를 바로 알게 될 것이다. Marx(제3장)와 Durkheim은 산업화에 따른 문제점을 매우 다르게 정의했다. 우리는 사회가 어떻게 작동하는지에 대한 Durkheim의 시각을 먼저 논의하도록 하겠다.

글상자 2-1 기능주의이론 한눈에 보기

- 구조: 분석 단위의 구성 또는 가족
- 기능: 전체적 작동에 기여하는 제도 각 부분의 목적
- 기계적 유대: 유사성으로 결속된 사회
- 유기적 유대: 차이점으로 결속된 사회
- 표현적: 애정 표현, 돌봄, 걱정, 지지 등과 같이 여성적 성향을 나타내는 데 쓰임
- 기구적: 지도자 역할, 중요한 결정을 내리는 것, 물질적 필요를 충족시키는 등의 남성적 성향을 나타내는 데 쓰임
- 일탈: 규범에서 벗어나는 행위를 표현하는 용어
- 문화적 목적: 행동을 이끄는 사회적으로 용인되는 규범

중요 개념

Durkheim의 기능주의(functionalism). Émile Durkheim은 산업혁명 후 발생한 역동적 밀도(dynamic density)에 대해 우려하였다. 역동적 밀도란 제한된 지역 안에 거주하는 사람들의 수와 상호작용하는 사람들의 수를 의미한다. Durkheim은 기계적 연대에서 유기적 연대로의 변화라는 점에서 이를 문제로 보았다. 연대라는 개념은 기능주의자들이 사회 및 집단—예를 들어, 가족—이 '함께 연결된' 또는 집단 구성원들을 기능적 단위로 묶어 주는 과정이라고 할 수 있다. **기계적 연대(mechanical solidarity)**는 초기 사회, 즉 산업혁명 전의 사회에서 보인다. 초기 사회의 구성원들은 다방면에 걸쳐 박식했는데, 비슷한 일을 비슷한 책임감을 가지고 수행했다. 가족구성원들은 가족 생존뿐 아니라 마을 전체를 위해 필요한 일을 거의 다 맡아서 했다. 가장 혹은 아

버지가 성경에 따라 가족 내 교육을 담당하고, 아내와 아이들에게 도덕적·종교적 가르침을 주는 것이 보편적이었다. 또한 자신의 토지를 경작하고(대부분 지주의 땅을) 자가 소유의 건물이나 마을 건물 건축을 돕기도 했을 것이다. 대부분의 여성과 아동도 집안일을 했는데, 이는 오늘날 생각하는 것과는 다르다. 산업화 이전, 여성과 아동은 농사를 짓거나, 식수와 땔감을 구하고, 가축을 돌보는 등 전체 가족의 기능에 참여했다(Appelrouth & Edles, 2011). 이때의 사회 구성원들은 '팔방미인'이었다고 할 수 있다. 억압적 사회 규율 내에서, 일탈자에 대한 형벌은 신속하고 가혹했다. 범법자들은 전체 사회에 책임을 져야 했는데, 법적 일탈은 사회 전체의 응집력 혹은 연대에 대한 위협이었기 때문이다. 동시에, 이러한 사회 구성원들은 그들이 믿고 지키는 도덕적 상식, 즉 집합의식(collective conscience)에 기여했다[Durkheim, 1984(1893)]. 이 집합의식은 사회 구성원들을 책임감 있게 했으며 도덕성에 근거한 규칙과 규정을 이를 따르는 모든 사람에게 제공했다.

산업혁명 후 사회는 유기적 연대(organic solidarity), 즉 잘 명시된 노동 분업이 있는 사회의 특성을 지니고 있다. 이는 다방면에서 박식한 사람에서, 가족 안과 더 큰 공동체인 가족 밖에서 매우 특정한 업무를 담당하는 전문가로 변한 것이다[Durkheim, 1984(1893)]. 이러한 변화는 역동적 밀도 증가와 더불어 일어났다. 인간 상호작용의 양적 증가과 함께, 유사한 사람들이 비슷한 경험을 공유하는 것으로부터, 다른 업무에 종사하며 더욱 고립되고 다른 경험을 하는 사람들로 중대한 사회 변화가 있었다. 더 큰 이익을 위해 사회 구성원들이 협조했던 기계적 연대에 비해, 산업화 사회는 좀더 경쟁적인 게 현실이었다. 사회 내 혹은 도시 내 사람이 많을수록 경쟁은 증가했다. 또한 사회 구성원 간에 공유하는 도덕성의 부재로 인해 경쟁은 증가했다. 한 예로 모든 시민이 똑같은 가치관과 종교를 갖는다는 것은 실질적으로 불가능했다. 따라서 산업화 이전 집합적 양상의 사회는 경쟁과 차이점으로 대체되었다. 서로가 필요하기 때문에 의존했다. 예를 들면, 기계공은 운송업자나 광부의 일을 하지 않았다. Durkheim에 따르면, 직업은 매우 전문화되었고 이것이 새로운 사회를 형성하는 요소였다.

각각의 사회 내에서의 가족구조를 살펴보자. 농경 위주의 사회에서 가족구성원들은 전체 가족의 필요한 점에 중점을 두고, 형제들을 위해서 일을 하고, 부모님을 돕고 농경지를 돌봤다. 산업화된 사회에서는 가족구성원들이 제각각 흩어져 하루를 보냈다고 할 수 있는데, 아버지는 제조업자, 어머니는 방직공, 아이들은 굴뚝 청소부 혹은 하인이었다(아동 노동법이 제정되기 전까지는 대부분의 아이는 초등학교를 다니지 않았다). 이러한 가족구조는 가정과 가족의 기능성에 불가피한 영향을 미쳤다. 모든 가족구성원이 자신의 임금이 가족에게 중요한 기여를 하는지를 걱정하였지만, 산업화 이전 가족에 비하면, 그들의 일상생활은 서로 매우 달랐다.

사회와 가족이 어떻게 운영되는지를 보여 주는 이러한 거시적 사회 변화는 사회 규범과 사회 구성원 전체의 통합에 변화를 주었다. Durkheim에 따르면, 농경 사회처럼 도덕적 상식을 영유한다기보다는 개인에게 무엇이 좋은 것인가를 기반으로 판단하는 관점인 도덕적 개인주의(moral individualism)가 집합적 사고를 대체하였다. 다시 말해 역동적 밀도와 노동 분업이 모두 증가할 때, 이와 함께 연대하게 하는 양심(conscience)이 증가하지 않는다. 이는 결과적으로, 사회 통합(social integration) 수준 혹은 사람들의 사회 집단 결속 정도 차이에 영향을 끼쳤다. 기능주의자들에 의하면, 개인은 보통의 사회 통합 수준 또는 아주 높거나 아주 낮은 사회 통합 정도를 경험할 수 있다. 사회 통합은 연속성을 사용해서 가장 잘 설명할 수 있다([그림 2-1] 참조).

[그림 2-1] 사회 통합의 연속성

보통 수준의 사회 통합이 이상적이기는 하나, 개인들은 더 큰 사회에서 행동을 통제하는 규범들의 관점을 상실하면서 하나의 집단으로 지나치게 많이 통합되기도 한다. 한 가지 예를 들자면, 종교적 이단이다. 이단 추종자들은 이단 대표를 신으로 이상화하며 개인보다 자신들의 집단을 더 우선시하게 된다. 다른 한편으로는, 어떤 사회에도 속하지 않으며, 사회에서 동떨어져 외딴 곳에 살고 있는 사람들은 사회 통합의 매우 낮은 단계를 경험하며, 충동적으로 행동하거나 타인에 대한 무력을 가하기 쉽다. 불행히도, 우리 사회에서 이러한 행동들을 보기도 하는데, 학교 총격 사건이 한 예라고 할 수 있다. 우리는 총격 사건의 가해자가 자라 온 배경, 즉 그의 가족은 어떻게 침대 밑에 숨겨진 총기를 보지 못했을까 혹은 학교에서 괴롭힘을 당하지는 않았는가 궁금해하곤 한다. 이러한 질문 속에, 우리는 무심코 기능주의이론을 사용하는데, 기능장애 혹은 역기능(dysfunction) 또는 고장난 부분을 찾으려고 하기 때문이다. 저격자의 삶이 대체 어땠길래 이런 일을 벌였을까? 혹시 학생이 적절한 지도를 받지 못했었거나 사회적 유대가 없었던 '외톨이'는 아니었는지와 같은 사회 통합 수준에 대해 가설을 세운다. 그의 가족사, 교회 신자, 친척 관계에 대해서 물어보기도 한다. 우리는 자각하지 못한 채 이미 기능주의적 사고로 세계를 보고 있는 것이다.

Durkheim이 기능주의이론의 '아버지'라 여겨지기는 하나, 그 뒤를 따른 다른 이론가들도 그의 이론적 뼈대를 이용해 산업화 혁명이 지난 오랜 후 현대 사회에 응용했다. 이제 두 명의 현대 이론가들, Talcott Parsons와 Robert Merton, 그들의 기능주의이론의 적용, 그들이 소개한 새로운 개념들, 그리고 각각의 관점이 어떻게 가족연구에 더해졌는지 이야기해 보도록 하자.

Parsons의 관점: 구조적 기능주의(structural functionalism). 가족 내의 기능을 분석수준으로 주로 보았던 Durkheim과는 달리, Talcott Parsons(1951)는 사회가 어떻게 거시적 단계에서 역할을 수행하는지에 이론적 근거를 두었다. 즉, 그의 기능주의 모델은 사회 구조와 기능, 혹은 만들어진 사회 체계가 어떻게 도덕적 규정과 규범을 공유하고, 그것들이 어떻게 사회 구성원들에게까지 전달하는지를 고려했다. 이런 식으로 그는 Durkheim의 모델을 확장시켰는데, 몇몇의 거시적 수준의 체계들—문화적, 사회적, 그리고 인성 체계들—이 상호 의존하며 안정성의 유지를 돕는다고 제안하였다. 따라서 그의 모델은 구조적 기능주의(structural functionalism)로 가장 잘 설명된다. 그러나 이러한 체계들을 자세히 들여다보기 전에 이러한 이론적 개념들이 어떻게 출현하게 되었는지 역사적 상황을 살펴보는 것이 중요하다.

1930년부터 1970년까지, 기능적 구조주의는 미국 사회과학 내에서 매우 인기 있는 이론이었고(Appelrouth & Edles, 2011), 가족 연구학에 중요한 영향을 끼쳤다. 제1장에서 거론되었던 것처럼 1950년대는 '황금 시대'로 불리는데, 이는 제2차 세계대전 후 경제 호황과 대부분의 가정이 한 명의 생계 부양자만을 필요로 했기 때문이다(Coontz, 1992). 미국 내 문화적 규범은 엄마는 자녀와 집안에 머물고, 저임금 주택 대출처럼 정부 보조 프로그램들이 젊은 가족들의 경제적 안정성 유지를 도왔다. 이렇듯, Parsons의 모델은 중산층 백인 가족 또는 제1장에서 표준북미가족(Standard

North American Family: SNAF)으로 일컬어진 가족들을 위해 사회적 제도들이 잘 기능했던 역사적 시간과 장소에 자리 잡고 있다(Smith, 1993). 미국 흑인들의 시민 평등운동(The Civil Rights Movement)이 부상하기 시작했으나, 대부분의 경우 '표준'에 가까이 가는 것은 일부 가족들에게만 혹은 Parsons가 거론한 이들에게만 가능한 이야기였다.

따라서 Parsons(1951)의 모델이 가치와 규범의 공유가 순조로운 사회의 핵심이라는 생각에 근거한다고 해도 놀랍지 않다. 그러나 급격한 사회 변화 후, 사회 변화가 있는 동안과 그 이후의 사회를 통합하는 것이 무엇이었나를 설명했던 Durkheim과 대조적으로 Parsons는 큰 사회제도 안에서 어떻게 개인이 '적응'해 나가는지 그리고 그러한 제도들이 어떻게 상호작용하는지를 설명했다. Parsons는 개인들이 이미 존재하는 체계 내에 어떻게 제자리를 찾아가고, 이를 통해 사회가 어떻게 제 기능을 하는지를 발견하였다. 각각의 체계들을 차례로 분석해 보도록 하자.

첫 번째이면서 단연컨대 가장 중요한 것은 문화 체계(cultural system)이다. 문화 체계는 "행위자들의 선택을 안내하고 행위자들 사이의 상호작용 종류를 제한하는 가치, 규범, 그리고 상징"으로 구성되어 있다(Parsons & Shils, 1951, p. 55). 이 체계를 세상의 순리처럼 당연스럽다고 여겨지는 규범과 관념들로 생각해 보자. 즉, 이 체계는 사회를 지배하는, 수용 가능한 행동, 생각, 신념의 범위를 포함한다(Parsons et al., 1965). Parsons에 따르면, 우리의 문화는 사회에 존재하는 모든 사회적 제도들과 개인에게 수행하도록 허락된 모든 역할, 허락된 모든 선택, 개인의 선호와 취향까지도 결정한다! 신의 결정에 대해 생각해 보라. 매일 아침 어떤 옷을 입을지, 어떤 휴대전화를 살지, 어떤 대학을 갈지. 이러한 모든 것이 문화 체계로서, 우리가 속한 문화에 맞는 옷차림을 해야만 하고, 각자 휴대전화를 가져야 하며, 대부분의 청년이 대학에 간다고 우리는 짐작한다. 각각의 이러한 규범들은 보통 당연하다고 받아들여지며, 문화 속 대부분의 사람을 위한 '삶의 방식'이라고 여겨진다. 그러한 규범들이 우리의 문화 체계를 구성한다고 보며, 우리가 이러한 이상적 범주에 맞아 들어가고, 이미 존재하는 제도를 따라가는 한, 사회는 안정적이며 예견된 형태로 기능을 발휘한다. 문화적 제도는 다른 두 체계, 인성과 사회 체계에 영향을 미친다. 세 가지 체계의 관계는 [그림 2-2]를 보도록 하자.

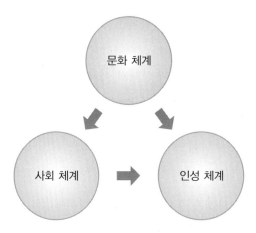

[그림 2-2] Parsons의 체계

　사회의 목표가 완성된 제도화와 규범 및 가치에 대한 순응이라는 주장 때문에 Parsons의 이론적 틀은 비판을 받아 왔음을 지적하는 것은 중요하다(Appelrouth & Edles, 2011). 규칙을 따르는 것이 각 체계의 이익이며 균형을 유지한다고 주장했으나 그의 모델은 사회 변화 혹은 세 가지 체계 안에서 부수적으로 양상되는 변화들의 가능성을 무시하지 않았다. 실질적으로 Parsons의 모델은 사회는 살아 있는 유기체와 같고 제도들은 계속해서 유동적이므로 시간이 지나면서 조절하고 변화함을 제안한다. 다시 말해 "완성되고 완벽한 제도화는 이상적이다. 이러한 사회제도의 역할 요구는 문화적 이상형을 보완하고 이 사회제도와 문화적 이상향 모두는 결과적으로 인성 체계의 요구를 충족한다"(Appelrouth & Edles, 2011, p. 355).

　Parsons는 이러한 점을 설명하기 위해 세대차이에 대해 기술했다. 보통 젊은 세대의 인생에 대한 관점 및 견해는 장년층의 관점 및 견해와 충돌하는데, 이는 제도 내 갈등을 초래할 수 있다. 이러한 갈등은 제도의 한 부분에게는 실용적일 수 있지만, 다른 부분들에게는 그렇지 않을 수 있다. 각각의 제도들은 다양한 하위체계(subsystems)로 구성되어 있기 때문에(예를 들어, 전체 미국 문화는 스포츠 하위 문화와 사냥 하위 문화를 포함한다), 하위 제도 간의 의견 충돌은 피할 수 없으나 그렇다고 해서 감당할 수 없는 것은 아니다. 실질적으로, 청년 문화의 한 기능은 "유아기 감정적 의존으로부터 성숙으로의 힘든 적응 과정을 완화"시키는 것이다(Parsons, 1943, p. 189). 시간이 지나면서 이러한 의견 충돌은 서서히 사회 변화를 이끌 수 있고 문화적 제도에도 영향을 미친다고 할 수 있다. Parsons와는 다르게 그의 제자인 Robert

Merton은 표준에서의 차이가 어떻게 사회 기능에 영향을 미치는가를 완벽하게 설명했다. Merton에 대해서는 이 장 후반부에 좀 더 자세하게 논의하도록 하자.

넓게 보면 Parsons의 제도를 사례 연구의 카스바에게 적용할 수 있다. 카스바 유년시기의 문화 체계는 그의 조부모 및 증조부모가 경험했던 것과는 매우 다르다. 카스바는 LGBTQ(lesbian, gay, bisexual, transgender or queer)에 대한 인식이 증가하고 수용하는 문화 속에서 성인이 되었다. 1970년대까지 미국 문화 체계는 동성애자를 진단 가능한 병으로 정의했다(Silverstein, 1991). 그러나 현대 사회에서 문화 체계는 변화에 적응하고 있으며 다른 '체계' 수준에까지 영향을 미치고 있다. 더 이상 대부분의 성전환자가 정신병을 가지고 있다고 여겨지지 않는다. 당신은 아마도 성전환을 한 사람을 알고 있을 것이다. 이것은 우리 문화의 한 부분이기도 하다. 〈TransAmerica〉 같은 할리우드 영화에서는 성전환한 인물을 그려 내기도 하고 (Bastian, Moran, & Dugan, 2005), Piper Kerman(2011)의 책을 토대로 한 텔레비전 드라마 〈Orange is the New Black〉 역시 그러하다. 이러한 모든 지표는 문화 체계가 사회적 변화에 적응을 한다는 것을 보여 주는데, 실질적으로 사회 변화는 사회 및 인격제도에도 영향을 미친다.

사회 체계는 문화 체계에 직접적으로 영향을 받는다. Parsons가 의미한 사회 제도를 이해하기 위해 사회제도가 아닌 것들부터 우선 살펴보자. 사회제도는 유형의 물질적 구조 내지는 교회 혹은 교육 제도 같은 사회 기관을 뜻하는 게 아니다. 이 개념은 좀 더 추상적이고 우리가 서로 어떻게 상호작용하는지를 상상해야만 한다. Parsons는 사회 체계(social systems)를 두 명 이상의 행위자들 사이에 상호작용 수준으로 정의하였는데 사회 체계에서 행위자들은 서로의 사고와 의도를 인지하며 이들의 상호작용은 공유하는 규범과 기대에 의해 좌우된다(Parsons & Shils, 1951). 다시 말해 매일 규칙적으로 하는 행동은 사회 체계의 부분이다. 우리는 은행에 들어가면서 무엇을 해야 하는지 안다. 은행 담당자를 만나고 은행 업무를 수행한 뒤 은행을 나선다. 우리는 은행 창구 뒤에 들어가서 돈을 인출하지 않고 다른 고객을 돕지도 않으며 창구에서 기다리면서 팔벌려 뛰기를 하지 않는다. 상호작용은 예상 가능하고 질서가 있으며, 우리가 의식을 하든 하지 않든 간에 더 큰 사회제도 내지는 상호작용 예상의 한 부분이다.

이러한 상호작용이 체계의 일부분이라 여겨지는 이유는 상호작용이 역할을 구성하기 때문이다(Parsons & Shils, 1951). 역할은 상호 보완적이며 상호작용을 위한 상세한 의무를 나타낸다. '교수'라는 역할에 따라 예상되는 것들이 있다. 이 과목의 교수를 생각해 보자. 그 교수는 고학력자이고 가족학과 이론에 전문성을 갖고 있으며 교수 역할을 이행할 것임을 알기 때문에 행동은 예상 범주에 있다. 여러분은 가족과 함께 가는 휴가에 교수를 초대하거나 교수에게 세탁물을 찾아올 것을 부탁하지 않을 것이다. 그러한 상호작용은 교수의 역할 범주 밖이며, 따라서 사회 체계의 부분이라고 할 수 없다.

Parsons의 세 번째 체계는 인성 체계(personality systems)인데, 이는 개인의 특성을 고려한다는 것이다. 그러나 인성 체계는 여전히 사회 구조 안에 포함되어 있으며, 개인의 특성 및 '자아', 즉 남들과 구별되는 점은 문화와 사회 체계 안에 제한되어 있다. 따라서 인성 체계는 Parsons가 말한 욕구성향(need-dispositions)에 의해 조직된다. 욕구성향은 감정, 인간 의지, 혹은 개성 표출에 의한 행동의 유형들이다. 취향, 선호, 의지와 같은 일상의 결정들은 이용 가능한 것이 무엇인지에 따라 제한된다. 이것이 가족에게 어떤 의미인지를 알기 위해, 카스바를 다시 살펴보자.

앞서 말한 것처럼, 현대 사회의 문화 체계는 카스바가 가족들에게 '커밍아웃'하는 것을 가능하게 한다. 사회 체계도 이러한 더 거시적인 규범의 영향을 받는다는 것은 의심할 바가 없다. LGBTQ 개인이 권리를 인정받고 존중받기 시작한 후부터 사회 상호작용이 어떻게 바뀌었는지를 고려해 보자. 무엇보다도 성전환자(transgender)라는 단어는 카스바의 자아 발견을 위해 존재한다. 사례 연구에서 카스바가 어렸을 때부터 자신이 다르다는 것과 청소년 시절 성전환자의 의미를 배웠을 때 그 명칭이 정확하게 자신을 표현함을 알았다. 자신에게 잘못이 있다고 여기거나 외로움을 느끼는 대신 인터넷을 통해 자신과 비슷한 사람들의 지지모임을 찾았고 그곳에서 소속감을 느낄 수 있었다. 이로 인해 커밍아웃은 물론, 호르몬 치료 및 개인 상담과 가족 집단 상담을 해 나가는 데 있어서 부모님의 도움을 받는 것 또한 더 용이했다. 이러한 자원들의 존재는 문화 체계가 큰 사회 변화에 적응해 나가는 증거로 보인다. 1960년대 다양한 사회 시민 평등 운동 이후, 사회는 새로운 하위체계들에 대응하고 그 체계들을 흡수하기 시작했는데, 이는 사회와 인성 수준의 상호작용을 재정립했다. Parsons가 물질적 공간과 장소를 특별히 거론하지는 않았으나, 자아정체로서의 '성전환자'라는 개념의 확립과 호르몬 치료가 가능해진 것, 그리고 가족과 개인 자아 적응을 위한 해결책으로 개인 및 집단 치료를 이끈 과정들은 통합적인 상호작용의 한 부분으로 주목할 만하다. 이는 사회가 새로운 하위문화를 문화 체계의 일부분으로 흡수하고 사회 체계 안에 있는 LGBTQ 개인들을 수용하며 도우려는 일치된 노력임을 의미한다. 이것은 한때 사회 '소외계층'이라고 여겨졌고 문화 체계에서 받아들여지지 않았던 사람들을 포용하려는 새로운 가능성을 열었다.

요컨대, 카스바가 인생의 다음 단계로 나아갈 때 각각의 체계들이 어떻게 협력하는지 알게 될 것이다. 결국 단기간 동안 그의 가족 하위체계가 혼란스러웠더라도, 그의 욕구성향은 충족되었다. 부모님, 친구, 교직원들은 '안전 지역 훈련(Safe Zone training)'을 접하게 되었으며, 이는 'LGBTQ 개인들을 문화적으로 적절히 도울 수 있는 직장, 학교 및 다른 사회 환경을 조성, 유지, 발달시키기' 위해 만들어졌다(Safe Zone Project, 2014). 어떤 대학을 갈지 결정할 때, 카스바는 어떤 학교가 LGBTQ에 우호적이며 포용적인지를 고려할 것이다. 어떤 전공을 결정할지, 어떤 동아리에 가입을 할지, 어떤 기숙사가 가장 편안한지 등이 모두 문화 체계에 의해 결정된다. 그가 경험하기를 바라는 상호작용, 즉 사회 체계(social system)는 대학 문화에 대해 카스바가 아는 것에 근거해서 어느 정도 예상할 수가 있어야 한다. 그리고 인성 체계(personality system) 혹은 그만의 독특한 일상, 어떤 사람에게 호감을 가지거나 누군가를 사귀는 것은 그에게 가능한 것이 무엇인지에 달려 있다. 그는 여전히 독특하지만 문화와 사회 체계들은 그의 성격에 확실히 영향을 미친다. 다른 시간, 다른 장소에, 다른 부모에게서 50년 전에 태어났다면, 카스바는 진정한 자신이 되지 못했을 것이다. 각각의 체계가 협력해 기능하면서 그의 삶에 영향을 끼쳤다.

체계 안에서 보게 되는 변화에 영향을 미치는 것 중 하나는 제도화이다. 제도화(institutionalization)는 큰 문화 체계의 일부가 사회의 기준이 되었을 때 발생한다. 즉, 깊숙이 뿌리내리고 식별 가능하며 오래 유지되어 온 전통을 의미한다. 한 예로, 대부분의 미국 사회에 존재하는 문화적 규범인 결혼을 통해 부부가 되는 법적 과정을 생각해 보라. 문화 체계가 사회 체계에 영향을 미치는 제도화를 볼 수 있다.

반면에 내면화(internalization)는 개인이 문화 표본을 고수하는 것으로 문화 규범이 우리의 욕구성향의 일부가 되고 우리의 대화 및 사고 양상이 되는 것이다. 전체를 아우르는 문화 체계이므로 우리는 행동을 제시하는 규범에 따라갈 수도 있고(예: 여러분이 결혼해야 한다는 기대), 우리는 이와 다르게 행동할 수도 있다. 우리가 공감하는 하위문화에 따라 다른 선택을 할 수 있는데, 문화 규범을 내면화했으므로 하위체계 내의 신호, 상징, 상호작용 등은 제2의 천성이 되거나 당연시된다. 문화 체계가 인성 체계에 영향을 미치는 것을 통해 내면화를 볼 수 있다. 결혼을 위한 현대적 선택권들을 고려해 보자. 어떤 연인은 안무 형식의 '플래시몹(flash mob)'을 결혼식이나 피로연에 포함하기도 한다. 이러한 새로운 형태에 참여하는 연인들은 여전히 문화 규범을 따라가고 있지만 자신들의 특별한 욕구성향을 충족시키기 위해, 자신들만의 노래, 춤, 장소 등을 선택한다.

'플래시몹(flash mob)'이 결혼식에서 받아들여지게 된 이유 중 하나는 우리가 어떻게 사회화되었는가 하는 것이다. 특정한 규범이 구속력이 있다고 여기면서 사회화 (socialization)가 이루어진다. 이는 인성 체계와 사회 체계 간의 상호작용 동안 발생한다. 부모님이나 사랑하는 사람들이 우리를 어떻게 양육하는가가 사회화를 결정한다. 예를 들어, 현대 문화에서는 자녀 양육에 있어 부모들이 취할 수 있는 몇 가지 선택이 있다. 어떤 부모들은 '헬리콥터 양육'방식을 선택하는데, 이러한 부모들은 10대와 청년 자녀들의 삶에 지대한 관심을 보이며 자녀들의 문제해결에 직접 발벗고 나선다. 이러한 양육방법은 자녀에게 실망을 경험할 기회조차 주지 않으며, 극도의 불안감과 우울증을 초래할 수 있기 때문에 연구자들과 전문가들은 이를 비판해 왔다 (LeMoyne & Buchanan, 2011; Schiffrin et al., 2014). 이러한 양육방식은 부모들이 선택할 수 있는 현대 문화 체계의 일부분이다. 현대 문화에서 부모들, 특히 어머니들은 '완벽한' 부모가 되도록 사회화되고(Hays, 1996), 이는 결국 자녀들의 사회화를 결정짓는다.

Parsons의 일반적인 개념들을 가족에 연계하여 설명하였고 지금부터는 그의 가장 잘 알려진 논문인, 「The kinship system of the contemporary United States」에 대해 살펴보자. 이 논문에서, Parsons(1943)는 모든 체계가 기능을 갖고 있으며 가족의 주된 기능은 자녀생산과 사회화임을 강조하였다. 오로지 한 형태의 가족만을 인정하고 규범에서 벗어난 가족형태를 역기능이라고 본 점은 심한 비판을 받는다. 전통적 성역할 강화를 통해 가족이 긍정적인 기능을 발휘하는 것이 이상적이라고 제시한 것 역시 비판을 받는다. Parsons는 여성들이 표현적 역할(expressive roles), 즉 체계를 위해 애정, 관심, 육아 및 협조적인 역할에 더 적합하다고 주장했기 때문이다. 따라서 남성이 도구적 역할(instrumental roles), 즉 지도자가 되고 중요한 결정을 내리며 체계도를 위해 물질적 욕구를 충족시키는 역할에 더 적합하다고 보았다. 본질적으로 가족이 기능수행을 제대로 한다면, 가족구조는 전통적 성의 구별에 따라 나뉘어야 한다. 인성 체계 내에서 개인의 욕구성향이 사회와 문화 체계 내에서 충족된다는 Parsons의 주장을 고려할 때 이것은 이해 가능하다. 개인은 필요한 것을 충족시키기 위한 선택을 하기 위해 사회와 문화 체계에 의지해야만 한다. 모든 체계와 하위체계들 간의 평형상태를 추구하기 위해 그 선택은 허용되고 인정받는 문화적 규범 안에 있어야만 한다.

Parsons의 구조적 기능주의 모델은 일탈 혹은 다름을 고려하지 않았다. 만약 존재하는 문화 체계(예: the SNAF)에 가족이 부합하지 않으면 문제로 간주되었다. 체계적 균형상태에 도달하기 위한 유일한 방법은 모든 이가 문화 내에서 이미 자리 잡은 수용될 만한 경계 내에 존재하는 것이다. 한 체계 내 변화들(예: 직업 전선에 나서기 위해 가정을 떠나는 어머니들)이 불가피하게 다른 체계들에 영향을 미칠 것이며 역기능을 초래할 것이라고 Parsons는 보았기 때문이다. 맞벌이 부부의 경우, 어떤 다른 체계들이 영향을 받을까? Parsons의 구조적 기능주의 관점에서 볼 때, 보육시설이 취업을 원하는 어머니의 욕구성향을 충족시키기 위해 어떻게 적응해야 하는지 분석해 볼 필요가 있다. 만약 대부분의 어머니가 취업 전선에 나가기로 한다면 체계들 간의 균형을 위해 다른 체계들 내의 큰 변화가 있어야만 할 것이다.

Parsons 이론의 틀이 구축된 역사적 맥락을 고려해 보면 그의 주장은 일리가 있다. 맞벌이 가구는 Parsons 이론이 체계화된 1940년대의 문화적 체계에 맞지 않았다. 문화 체계가 경제적·사회적 변화에 대해 적응한 뒤, 외부 사회제도로부터의 지지와 함께 문화적 규범의 일부가 되기 전까지 맞벌이 가구는 받아들여지지 않았다. 설령 주류 문화와는 다를지라도 사회가 어떻게 다양한 가족 형태를 더 큰 문화에 '맞추어' 나가며 변화하는지를 더 잘 이해하기 위해서 Merton의 구조적 기능주의이론을 살펴보도록 하자.

Merton의 구조적 기능주의(structural functionalism) 시각. Merton(1957)은 Parsons가 하버드 대학교에서 교수 초년기를 보냈을 때 그곳에서 사회학을 공부했다. 이러한 사실 때문에 Merton은 Parsons의 추상적 구조적 기능주의를 직접적으로 확대하며, 행위 설명을 하는 데 더 유용하고 실용적인 체제가 되도록 기여했다고 알려져 있다(Appelrouth & Edles, 2011). Merton은 체계의 한 부분에 기능적인 변화가 체계의 다른 부분에게는 역기능적인 변화를 일으킨다는 Parsons의 관점에 동의하지 않았다.

사실, Merton은 일탈이론으로 잘 알려져 있다. 일탈이론은 사회의 문화적 목표와 개인이 그 문화적 목표를 달성하기 위해 사용 가능한 수단이 분리될 때 긴장은 자연스러운 결과임을 제안한다. 예를 들어, Merton의 관점에서는 사회의 모든 구성원이 '이상적 가족'을 형성하기 위한 수단을 가지고 있지 않다. 따라서 Parsons가 밝힌 체계들과 하위체계들은 단순히 기능을 수행하고 평형을 유지하는 것 이상의 일을 한다. 이러한 일들은 긍정적인 방향으로 사회가 변화하는 데 기여하는 의도치 않은 결과를 생산하기도 한다.

Parsons와 같이 가족에 대해 구체적으로 논하지는 않았지만, Merton의 이론적 기여는 가족 연구에 확실히 적용될 수 있다. Merton은 각각의 체계, 즉 사회 체계(가족 포함)가 명시적 기능과 잠재적 기능을 모두 갖는다고 보았다. 명시적 기능(manifest function)들은 체계의 의도된 목표를 설명하는데, 예를 들어 형사상 법률제도는 범죄를 막기 위해 존재한다. 그러나 상호작용과 구조에 내장된 잠재적 기능들을 인정했고, 이러한 의도하지 않은 결과들 혹은 잠재적 기능들이 여전히 제도의 기능성에 기여를 한다는 것이다. 형사 제도의 잠재적 기능(latent functions)은 직업 창출이다. 경찰, 판사, 변호사, 교도관, 가석방 사무사관, 법원 기자 등은 고용 유지를 위해 범법자들에게 의존한다. 만약 어느 날 갑자기 모든 이가 범죄를 짓지 않는다면 과연 무슨 일이 벌어질지 생각해 본 적이 있는가? 경제에 미치는 효과를 상상해 보라.

가족 연구에 좀 더 근접한 예로 카스바를 떠올려 보자. 그가 그의 가족들에게 커밍아웃하기로 했을 때, 부모님들은 자녀를 지지하기 위해 도움을 찾았다. 카스바와 심리적 치료에 대해 논의했고 함께 받기로 결정했다. 치료의 명시적 기능은 가족이 변화에 대해 논의하고 적응을 돕기 위한 것이었다. 잠재적 기능은 치료 시간들을 통해 부모님들은 부부 생활에서 의사소통에 사용할 수 있는 많은 수단을 배웠다. 예를 들어, 그들은 직장 및 친구들과 사랑하는 이들과의 상호관계에서 좀 더 정서적이 되었다. 카스바의 변화와 치료의 잠재적 기능은 다른 체계에 긍정적 변화를 가져왔다.

기능적 구조주의에 대한 Merton의 또 다른 이론적 업적은 긴장이론(strain theory)이다. 긴장이론은 사회가 문화적 목적을 가지고 있다고 주장하며 모든 사회 구성원이 목적을 달성하거나 혹은 걸맞게 살아가도록 압력을 받는다고 보는데 이것은 긴장(strain)을 초래한다. 그러나 그러한 문화적 목표 달성에 있어 사회 구성원 모두가 표본을 따르는 것은 아니다. Merton은 이러한 개인들을 반항적이라고 정의했고, 문화적 목표에 반대하는 형태를 네 종류로 구분했다. 첫 번째인 혁신자들(innovators)은 문화적 목표를 수용하지만 획기적이거나 때로는 불법적인 수단을 이용해 목표를 이루는 사람들이다. 예를 들어, 자녀를 원하는 미혼 여성이 정자 기부를 받아 자신의 아이를 갖는 것이다.

두 번째는 의식주의자들(ritualists)로서 문화적 목표를 수용하지만 그저 '기계적으로 움직'일 뿐이다. 의식자들은 무관심하거나 침착한 것일 수도 있다. 결혼을 해서 자녀가 있지만 그 역할을 그리 즐거워하지 않는 부모를 예로 들 수 있다. 그녀 혹은 그는 하루하루를 살아갈 뿐이다. 비록 100% 몰입하지 않더라도, 천성적으로 가족을 떠나지 않고 '옳은 일'을 할 뿐이다. Merton은 의식주의자를 '틀에 박혀 있다.'라고 표현하기도 했다(Merton, 1938).

셋째로, 회피주의자들(retreaters)은 사회의 문화적 목표 및 목표 달성을 거부하는 사람들이다. 아미쉬(Amish)는 이 부류에 속한다고 할 수 있다. 그들은 전통적 기독교 원리를 따르며, 단순한 삶과 자급자족을 위해 현대 기술을 거부한다. 일반적으로 그들은 대중적 문화와 분리되어 있고자 하며 자신들의 학교를 세우고, 신체적 노동과 겸손함을 특징으로 한 농촌 생활을 영위한다(LancasterPA.com, 2016).

네 번째, 반항자들(rebels)은 회피자들과 비슷하나 그들은 새로운 사회 구조를 만드는 데 적극적이다. 이 범주는 '사회 구성원들 간에 새로운 목표와 방법의 구조화를 추구하는 전이적 반응'을 대표한다(Merton, 1938, p. 44). 따라서 반항자들은 새로운 가치를 추구하는 데 있어 일반적인 문화적 목표를 거부한다. 이 부분이 Parsons의 이론적 틀과 다른 큰 차이점이라고 할 수 있다. Parsons의 주장에 따르면 체계들은 오랜 시간에 걸쳐 환경적 변화에 적응한다고 보는 반면, Merton은 긴장이론을 이용해, 특히 반항자들의 경우를 들어 그 과정을 정의하고 설명한다. 실제로 미국의 인권운동이 Lisa Parks나 Martin Luther King, Jr. 같은 '반항아' 없이 진전이 있었겠는지를 생각해 보자.

Merton은 마지막 범주인 수용자들(conformists)을 반항적이라고 보지는 않았지만 문화적 목표를 수용하고 그 목표를 달성하기 위해 제도적 수단을 이용하는 이들을 언급할 필요가 있다. 문화적 체계와 하위체계 내에서 가치가 다양하지만, 수용자들은 '평균적' 부부 나이에 결혼하고 '평균적' 가족을 이뤄야 할 나이에 자녀를 낳는 이들로서, '평균적' 가족들의 부모 표본을 따라간다. 이 범주의 개인들은 다른 모든 사회 구성원들에 대항하는 규범자들이다(Ganong, Coleman, & Mapes, 1990).

기능주의이론에 대한 평가

기능주의이론의 강점

기능주의이론이 가족이론 중 보편적으로 가장 비판을 받기는 하지만 많은 다른 이론의 기반 역할을 해 왔으며 학자들이 인지하건 안 하건 오늘날 여전히 사용되고 있다. 기능주의이론은 현재 가족 실정에조차도 놀라울 정도로 잘 적용될 수 있음을 보여 주고 있다(Hughes, Sharrock, & Martin, 2003; White, 2013).

가족은 세계적 체계의 일부분이다. 기능주의이론은 어떻게 가족이 거시적으로 작동하는지 이해를 돕는 기본틀을 제시한다. 사회 체계를 포함하는 가족기능을 논하는 데 있어 이 이론은 통합된 틀을 제공함으로써 전 세계의 가족제도를 분석 가능하게 한다. 예를 들어, 모든 사회 및 문화는 양육과 유지, 사회적 지지, 성적 행동과 생식 행동의 규제를 위해 개인들이 어떻게 서로 의지하는지를 구체화하기 위한 가족체계 형태를 가지고 있다. 이처럼 기능주의이론은 글로벌한 구조, 즉 사회 조직의 가장 광범위한 수준에 가족체계를 비교하는 공통된 용어를 제공한다.

글상자 2-2 **대중문화 속 기능주의 이론: 〈빌리지(The Village)〉**

영화 〈빌리지(The Village)〉(2004)의 한 장면

이 영화는 19세기 초 작고 고립된 펜실베이니아의 한 마을에서 시작한다. 마을은 모든 사회 구성원이 비슷한 생각을 가지고 일탈은 공개적으로 혹독하게 처벌받는 기계적 연대 (mechanical solidarity)를 보이고 있다. 주요 인물 중 하나인 노아는 다른 마을 사람을 칼로 찌르게 되고, 그의 일탈은 그룹의 화합을 위협하므로 사회에서 제거된다.

영화 마지막에서, 또 다른 중요 인물인 아이비는 그녀의 사랑하는 루시우스를 위한 약을 구하기 위해 근처 마을로 떠난다. 아이비가 마을을 에워싼 숲을 가로지른 뒤, 높은 담을 오르면서 마을 전체가 그녀와 다른 아이들 모두에게 거짓말을 해 왔다는 것을 깨닫게 된다. 사실 마을은 19세기가 아니라 1970년대 아버지가 살해당했던 한 교수에 의해 설립되었다. 그는 애도 상담에서 다른 사람들을 만나게 되고 이들은 외부 세계의 위험으로부터 자신들의 후손을 지키기 위해 야생 보호 지역 안의 땅을 구입하게 되었다. 영화의 이 장면은 Merton의 회피주의 개념을 잘 설명해 주는데, 개인이 문화적 목표를 거부하고 스스로 사회로부터 고립되고자 하는 것이다. 어른들은 폭력이 난무하는 사회에서 사랑하는 사람을 잃을 수도 있다는 두려움에서 피하고자 마을을 세운 것이었다. 마지막으로, 명시적 기능과 잠재적 기능의 개념을 살펴볼 수 있다. 마을 설립의 명백한 기능은 사랑하는 이들을 현대 사회의 고통과 트라우마에서 구하는 것이었다. 그러나 고통, 질병, 외상에서 오는 불필요한 합병증에서 인류를 보호할 수 있는 현대적 의학의 이점을 누릴 수 없었기 때문에, 주민들은 고립의 잠재적 기능을 회피할 수 없었다.

중요한 사회 변화를 통해 가족이라는 제도는 지속된다. 기능주의이론은 '가족'이 사회를 구성하는 중요한 제도의 하나라고 전제한다. 다른 중요 제도들은 경제 제도, 정치 제도, 그리고 법률 제도이다. 즉, 모든 사회가 사회 유지를 위한 가장 효율적인 구성방법을 가지고 있다. 또한 모든 사회는 제도들의 기능을 변형시키는 전면적인 변화에 대응해야만 한다. 예를 들어, 기술적 혁명은 국가적 경계를 허물고 시간이 압축되는 사회 체계를 구축했다. 가족구성원들은 다른 나라에 거주하여도 인터넷을 통해 함께할 수 있다. 미국 텔레비전 프로그램은 전 세계에 방영되고, 그 반대이기도 하다. 뉴스 프로그램은 가족 라이프 스타일과 사회 분쟁을 가정 내로 가져오며 다양한 문화의 차이를 희석시킨다. 기능주의이론은 다른 제도들과 비교했을 때 친밀한 관계의 형성 및 운영 그리고, 세계 변화 아래 제도적 가족기능을 지속할 수 있는 특별한 방법을 살펴보도록 도와준다. 가족은 생식(reproduction), 섹슈얼리티(sexuality), 결혼, 양육과 노인부양 등 개인의 판단을 결정짓는 중요한 제도인가? 가족은 여전히 매우 중요하며, 전쟁 및 국제적인 분쟁 시 가족 분열이나 상실은 대단히 충격적이라는 것은 세계적으로 공통된 의견이다.

기능주의의 현대적 적용은 다양한 가족 형태를 설명한다. 문화적 제도 내 중요한 변화를 이끌어 내는 사회·역사적 변화를 설명하면서, 기능주의이론의 현대적 적응은 다양한 가족구조가 사회를 위해 기능적일 수 있다고 제시한다. 실제로 Merton은 반항적 가족 형태를 포함하기 위해 오리지널 모델을 수정했고 다양한 구조가 여전히 사회의 전반적 기능과 긍정적 변화에 기여할 수 있다고 제시했다. 예를 들어, 제2차 세계대전을 둘러싼 사회적 격변은 여성들이 가정 내 자신들의 자리를 떠나 해외 파병을 간 남성들을 '대체'하기 위해 직업전선에 뛰어들게 했다. 단기간 동안 문화적 제도는 여성에 대한 일반적인 역할을 재정의하였는데, 양육기관들이 직장여성의 자녀들을 돌보기 위해 시작되었고, 전쟁 후 여성들도 전업주부 이외에 다른 선택들이 있다는 것을 깨달았다. 시간이 흐르면서 주요 제도들의 필요에 부응함(예: 미국 군대 및 제조업)은 가족 및 여성들을 위한 긍정적인 사회 변화를 이끌었다.

기능주의이론의 약점

많은 학자가 기능주의이론을 비판해 왔다. 특히 갈등이론가들과(제3장) 페미니스트 이론가들은(제8장) 가족을 보편적이며 일반적인 구조로 기술한다든지 젠더 차이를 자연적인 사회적 질서로 보는 경직된 해석에 따라 가족 역할 분담의 타당성에 도전장을 내밀었다. 이러한 비판들은 다음과 같은 형태를 보일 수 있다.

구식이며 제한적인 범위의 관점. 발전적인 특성에도 불구하고, 일반적으로 기능주의이론은 가족구조 및 기능에 있어 '한 형태가 모두'를 설명하는 식의(Cheal, 1991, p. 6) '전근대적' 모델을 주장함으로 인해 비판을 받아 왔다. 기능주의 관점은 우리가 어떻게 가족생활을 하는지 그 다양성에 해를 끼친다. 즉, 젠더 역할을 이상화하고 단순화시키며 남자와 여자가 결혼과 가족관계에 있어 어떻게 상호작용을 하는지에 대한 경직된 시선을 강요한다. 20세기 중반의 미국 내 보편적인 가족에 대한 기능주의의 기본 관점은 오늘날 가족이 살아가는 모습의 다양성을 적절히 설명하지 못할 수 있다. 실제로 전 세계적으로 개개인들이 만나고 헤어지고, 자녀 양육 및 노인 부양을 하는지 무한대의 방법을 고려할 때 가족의 보편적 정의를 찾는다는 것은 적합치 않다. Scanzoni와 Marsiglio(1993)는 전통적인 기능주의이론의 단점을 제시했고 다양한 구조를 포함하기 위해 이론을 확대했다. 혈연 관계나 법적 결혼의 '구조'가 개개인을 가족으로 만드는 것이 아니다. 대신, 가족은 사회 집단의 형태로 혈연과 결혼이라는 두 가지의 방법을 통해 인간 간의 헌신과 돌봄 책임이 표현된 것이다.

사회 구조 내 불평등을 간과함. 기능주의이론은 젠더, 인종, 성적 성향 등 다른 형태의 사회계층화에 근거해 개개인이 다르게 그리고 불평등하게 다뤄진다는 것을 경시하는 경향을 보여 왔다. 페미니스트 사회학자인 Barrie Thorne은 기능주의이론의 세 가지 가정에 대해 비판했다. "자연적 혹은 생물학적 가족의 획일적인 이념 및 분석은 현가족 기능 및 역할을 동결시킨다."(1982, p. 3) 즉, 기능주의 관점은 문제아 자녀를 둔 어머니를 비난하고 가장인 남자에게 더 높은 지위를 부여하며 소수 민족 집단을 백인, 핵가족, 중산층 가족 형태로부터 일탈한 것으로 본다.

확대가족 제도를 무시함. 여러 세대와 세대 간의 관계를 연구하는 가족학자들은 원가족(즉, 두 세대)에 독점적으로 근거한 Parsons의 구조적 기능주의를 비판해 왔다. Vern Bengtson과 동료들의 예에서 보여 줬듯이, 가족 내 세대는 중요하다. 즉, 가족은 부모와 자녀를 넘어 구성된다. 형제관계는 인생에 중요한 부분이고, 부모 자녀 관계는 자녀의 출가 후에도 지속된다. 가족은 점점 더 여러 세대로 특정지어지고, 친족 관계는 사회적 지지의 중요한 원천이다(Bengtson, 2001; Sarkisian & Gerstel, 2012).

대안적 이론: 상징적 상호작용이론

이 장에서 우리는 중요한 개념, 기원, 배경, 그리고 현대적 적용, 즉 기능주의이론의 강점과 약점 등에 대해 기술하였다. 새로운 이론을 배울 때, 다른 이론과 비교하면서 차이점을 지목하는 것은 유용하다. 따라서 우리는 각 장마다 방금 배웠던 이론과 상반되는 추가 이론을 제시함으로써 언제라도 어떻게 '앱'을 바꿀 수 있는지 보여 주려고 한다.

상징적 상호작용이론(제4장)은 기능주의이론과 뚜렷한 차이를 보여 준다. 상징적 상호작용이론은 상징, 몸짓, 언어와 관계된 의미에 중점을 둔다. 이런 이유에서 미시적 이론으로 사용되고 이는 기능주의와는 대조적이다. 차이점을 살펴보기 위해, 미시적 이론을 이용해 어떻게 사례 연구(카스바/케이시)를 분석할 수 있는지 보자. 남자로 변하기 전, 그녀의 젠더 역할 수행과 현대 사회에서 남성/여성이라는 명명과 관계된 권력 등과 연관성, 케이시와 가족 간의 미시적(면 대 면) 단계의 상호관계를 살펴볼 수 있다. 흥미롭게도 기능주의(거시적 관점)와 상징적 상호작용(미시적 관점) 모두 어떻게 사회가 시간에 걸쳐 변화하는가를 고려한다. 기능주의이론은 어떻게 제도들이 변화하면서 사회 기능이 원활하게 이루어지는지에 중점을 두는 반면, 상징적 상호작용이론은 그러한 사회 변화가 어떻게 개개인들의 새로운 의미와 상징을 구성·재구성하도록 도와주는지에 좀 더 중점을 둔다. 이는 더 광범위한 사회운동이 새로운 자아, 역할을 가능케 하고 또 다른 가능성을 만들기 때문이다.

기능주의이론의 적용: 연구와 실천의 통합

우리는 역사적 기원, 주요 개념, 그리고 기능주의의 강점과 약점을 검토했는데, 이제 이 이론이 연구과 실행에 어떻게 쓰일 수 있는지를 알아보도록 하자. 그다음 어떻게 학자들이 이론을 연구에 적용하는지를 살펴보기 위해, 기능주의에 근거한 실증연구를 분석하도록 하자. 마지막으로, 어떻게 이론이 대학 내 정책 개발 실행에 쓰이는지 살펴보도록 하겠다.

기능주의이론의 현재

세대 간 가치 전달에 관한 획기적인 종단적 연구에 근거해, 사회노년학자들인 Bengtson, Biblarz와 Roberts(2002)는 (만약 가족이 중요하다면) 어떻게 가족이 개인의 삶에 중요한가라는 개념을 연구해 왔다. 시간에 걸친 세대 간 가족관계의 질과 개인 사회심리적 발달 간의 연결을 검토하는 방법으로 Vern Bengtson은 1970~1971년에 세대 종단적 연구(The Longitudinal Study of Generations: LSOG)를 시작했다. 초기 연구는 총 20,044명으로 구성된 300가족 이상을 조사하였고 각 가족으로부터 세 세대가 참여했다. 이는 가족을 구성원의 사회심리적 욕구 충족을 책임지는 거시적 제도로서 보는 구조적 기능주의 관점을 반영했다. 세대 종단적 연구의 가장 중요한 초기 기여 중 하나는 그들이 Parsons의 두 세대 간의 핵가족(nuclear family)에서 벗어나 세 세대(예: 조부모)를 추가한 것으로, 이는 인생 과정에 걸친 사회 역사적 사건들이 어떻게 차세대에 그리고 가족 가치 전달에 영향을 미치는지를 고려하기 위함이었다. 이는 오래된 기능주의이론과 생애과정(제9장)에 대한 새로운 아이디어가 융합되는 방법의 본보기라고 할 수 있다.

시간이 흘러 증손주가 가족구성원에 포함되었다. 4세대는 (세대 1): 1896년에서 1911년 사이에 태어난 조부모, (세대 2): 1916년에서 1931년 사이에 태어난 그들의 자녀, (세대 3): 1945년에서 1955년 사이에 태어난 손자손녀들, 그리고 (세대 4)는 1978년에서 1983년 사이에 태어난 그들의 증손주였다. 개인들은 여러 가지 질문을 받았다. 연구자들은 교육, 직업, 주거지, 수입, 민족성, 결혼상태 및 자녀 수 등 자세한 인적 정보를 수집했다. 이러한 자료는 시간에 걸쳐 가족들이 경제적 성취같은 열망을 어떻게 다음 세대에 전수하는지에 대한 이해를 도왔다. 그들은 또한 사회심리적 건강의 많은 부분을 평가했다. 예를 들어, "나는 다른 이들과 적어도 동등할 정도로 스스로 가치가 있다고 느낀다."와 같은 질문들은 자존감(self-esteem)을 측정했다. 마지막으로, 참여자들은 사회 정의, 경제적 안정, 우정, 애국심, 개인 자유 및 가족 간 충성심 등 인생 가치에 대해 순위를 매겼다.

세대 간 전수의 모든 부분을 평가 후, Bengtson과 동료들(2002)은 세대 간 가치의 놀라운 지속성을 발견했다. 대중매체 보도와는 달리, X세대(세대 4) 구성원들은 가족들로부터 분리되어 있지 않았다. 실제로 가족 연대에 대한 강한 지지가 관찰되었다. 또한 중요한 인구통계적 변화들이 시간에 걸쳐 가족을 변화시켰지만(예: 증가하는 이혼율) 가족들은 갈등 해결을 할 수 있었고 서로 관계를 지속해 왔다. 이 연구는 가족의 변화를 오랜 시간에 걸쳐 측정하는 것의 중요성을 보여 줬으며 가족에 대해 무엇이 지속되는지(즉, 기능적인지) 드러내 준다.

기능주의이론 적용 연구 현황

어떻게 가족들이 문화적 규범에 적응해 나가는지를 더 잘 이해하기 위해, 현대 가족학자들은 기능주의이론의 초기 원칙들에 기반을 두어 왔다. Kathryn Edin과 Maria Kefalas는 도시 내 저소득층 여성의 어머니상 규범을 연구했다. 기능주의이론 사용을 크게 거론하지는 않았지만 이 연구자들은 여성들이 혁신적인 수단을 통해 문화적 목표에(자녀를 가지는 것) 도달하고 순응하는 방법을 조사했다.

『내가 지킬 수 있는 약속: 저소득층 여성들에게 결혼보다 어머니기가 먼저인 이유 (Promises I can keep: Why poor women put motherhood before marriage)』라는 책에서, Edin과 Kefalas(2005)는 필라델피아 도시에 사는 다양한 인종과 민족성의 저소득층 여성들과 5년간 생활하고 일하면서 인터뷰를 실시했다. 저자들은 162명의 싱글맘들로부터 수집한 자료를 통해 사회계층이 여성들의 결혼에 대한 기대와 자녀를 가지는 것의 중요성에 어떠한 영향을 미치는지 보여 주었다. 이러한 여성들은 중요한 문화적 목표—아이를 가지는 것—를 받아들였고 추구했다는 점에서 Merton(1938)의 긴장이론(strain theory)을 반영하고 있다. 실제로 많은 여성은 자신들이 아이들을 원했고 임신 사실을 알았을 때 행복했다고 선뜻 인정했다. 또한 권위적인 남성에게 '소유' 되는 것이 두렵다고 했으며 어떤 이들은 이혼을 받아들이지 않았으므로 결혼을 하지 않았다고 했다. 여성들은 성공적인 커리어를 원하는 문화적 목표를 수용했으나 직업이 안정된 후에 자녀를 가지는 것에는 관심이 없었다. 이러한 양상은 아이를 가지기 위해 결혼을 하는 중산층 사람들의 가족관과는 반대되는 것이다.

따라서 문화적 목표는 같으나 도심 한가운데 빈민지역 여성들은 자녀를 갖은 채로 가족을 꾸린 후 직업을 갖고 그 이후 결혼의 순서를 밟는 경향이 있다. 이 연구는 어떻게 여성들이 장애물 앞에서도 문화적 목표를 성취하기 위해 획기적일 수 있는지 좋은 예를 보여 준다. 가족생활교육사와 실무자 그리고 정책입안자들은 왜 저소득층 여성들이 어머니기를 최우선시하는지를 알기 위해 이 연구를 주시해야만 할 것이다.

기능주의이론의 현장 적용

가족학자들이 기능주의이론을 가장 잘 활용할 수 있는 곳은 직장 내 정책 개발이다(Pittman, 1993). 병원, 대학교, 영리 추구 기업, 비정부 기관, 그리고 군대 등 몇 가지만 나열해 보아도 인사과는 많은 기관에 있다. 모든 인사 전문가는 직원들을 보호하기 위해 정책을 조정해 나가야 한다. LGBTQ 권리에 대한 문화적 인식 변화로 인해 몇몇 기관에서 모든 직원이 직장 내 타인을 존중할 수 있도록 돕는 교육 연수를 제공함은 전혀 놀라운 일이 아니다.

대중화된 프로그램의 한 예는 '안전 지역(Safe Zone)' 프로그램이다. 1992년, 볼 스테이트 대학교(Ball State University)의 레즈비언, 양성애자, 그리고 게이 학생회(이제 LGBTQA community)는 동성애 혐오증과 캠퍼스 내 LGBTQ 사람들에 대한 차별을 근절하기 위해 '안전 프로그램'을 개발했다(Safezone, 2016). 포용과 평등을 지지하는 이성애자들을 일컫는 '동맹자'라는 개념을 통해, 이 프로그램은 LGBTQ 공동체와 이성애자들 사이의 가교 역할을 한다. 이 프로그램은 1992년 이후 미국 전역으로 확산, 동성애 혐오에서 벗어나 안전하고 개방적이며 존중하는 대화를 증진시켜 왔다. 이 프로그램은 동성애자 권리 동맹을 뜻하는 아래위가 거꾸로 뒤집힌 분홍 삼각형 상징으로 알려져 있다. 대학 캠퍼스 내 인사전문가, 교직원, 학생들은 '안전 지역(safe zone)' 혹은 '안전한 장소(safe space)'에 대해 교육을 받았다. 캠퍼스 공동체 사람들은 두어 시간 되는 '안전 지역' 교육을 받도록 지원받았고, 이 교육은 참여자들이 LGBTQ 사람의 입장이 되어 보도록 하는 놀랄 만한 활동을 포함한다. 눈을 감은 채 서술자의 지시에 따라 이성애주의자들의 세계를 경험하는 것으로 이는 다양한 학과 대학 수업에 소개되었다(Henderson & Murdock, 2012).

LGBTQ 권리와 존중을 위한 이러한 실례들의 몇 가지 양상은 기능주의이론에 해당된다. 미리 거론했던 것처럼, 문화적 체계는 LGBTQ 권리를 인권에 대한 대중화된 대화 중 하나로 흡수해 왔다. 이는 사회적 체계로 확산되면서 사람들 사이의 상호작용을 재정의했다. 서술자가 안내하는 상상 활동 경험과 대학 강의실에서 동성애 혐오 언어를 상기하게 되는 것을 예로 들 수 있다. 이는 또한 개인의 욕구 성향이 인격 체계를 만나는 기회를 제공했는데, 이는 LGBTQ 문제를 인식함은 다른 사람들이 '커밍아웃'할 수 있는 안전한 자리를 제공할 수 있기 때문이다. 실질적으로 국가적 커밍아웃 데이(10월 11일)는 1988년에 시작되었는데, 공개적으로 LGBTQ 사회의 일원임을 밝힌 이들을 축하하기 위해 전 세계적으로 주목되는 사회 인식의 날이기도 하다(Stein, 2004). Merton의 긴장이론에 의하면, 선구자 역할을 한 사람들을 '반항아'라고 볼 수 있는데 그들은 적극적으로 옛 문화적 규범(동성애 혐오 및 차별)에 저항하고, 새로운 사회 규범 형성을 추구했기 때문이다. 결과적으로 사회 안에서 문화적 수준의 변화가 있었고 지속되고 있다.

결론

기능주의이론은 학자들과 실무자들이 이론을 개념적 수준을 넘어 실제에 사용할 수 있게 하는 중요한 개념들을 제공해 왔다. 시대에 뒤떨어진 이론으로 비판을 받고 그 적용에 한계가 있기는 하나, 기능주의이론은 여전히 가족학에 사용될 수 있다. 실질적으로 기능주의이론은 대다수 가족이론의 기본 토대로 간주되고 있다.

더구나, 어떻게 전 세계적으로 기능주의이론이 가족 연구에 쓰일 수 있는지를 강조하는 것은 중요하다. 유급 혹은 무급 출산휴가와 육아휴직 사용은 기능주의이론가들과 가족학자들에게 중요한 요소이기 때문에, [글상자 2-3]에서 우리는 각 국가에서 부모 휴가가 장려되거나 그렇지 못한 경우들을 살펴본다. 토론 및 숙고 질문들에 답하고 후기 연구 분야 등을 고려하는 데 있어, 이 이론의 세계적 적용을 고려해 보기를 권해 본다.

글상자 2-3 세계 출산휴가 및 육아휴직 정책 비교

새로 부모가 되는 사람들이 자녀 양육에 얼마만큼의 시간을 부여받는지는 나라마다 차이가 있다(Kamerman, 2000; Ray, Gornick, & Schmitt, 2009). 다음의 예를 보자.

- 미국: 1994년의 가족 병가 정책(Family and Medical Leave Act)에 따르면, 어머니는 출산휴가를 포함하여 12주의 무급 가족 휴가를 받을 수 있다.
- 노르웨이: 노르웨이 부모들은 80%의 임금을 받으며, 1년 동안 육아휴직을 받을 수 있다. 또는 다른 방법으로 임금의 100%를 받으면서 42주 동안의 휴가를 가질 수 있다. 부모들은 육아휴직을 낼 수 있고, 자녀들이 2세가 될 때까지 균일한 봉급을 받을 수 있다.

- 캐나다: 어머니들은 17주의 출산휴가를 받을 수 있고 35주의 육아휴직을 받을 수 있는데 첫 해에 부모가 한 명씩 사용하거나 함께 사용할 수 있다. 캐나다 부모들은 휴가 중 월급의 55%를 받을 수 있다.
- 일본: 어머니들은 58주(26주의 유급과 32주의 무급) 휴가를 받을 수 있다. 아버지들은 유급휴직을 받을 수 없다. 일본에서는 한 부모가 양쪽 육아휴직을 사용해야 하며 임금 차이를 고려할 때 아버지가 사용하는 것은 이득이 없다.
- 폴란드: 어머니들은 첫 자녀의 경우 16주 유급 출산휴가를 받고 그 후의 출산은 18주, 26주를 받는다. 싱글 부모인 경우, 36개월까지 일정한 금액의 봉급을 받을 수 있다.

추천 멀티미디어

www.feministmormonhousewives.org

이 웹사이트는 다양한 사회 문제를 다루는 블로그이며 '페미니스트 몰몬 주부들'에 의해 운영된다. 블로그 운영자들과 구독자들은 그들의 페미니스트 관점이 그들의 종교와 갈등을 일으키면서도 서로 보완하는지를 논의함으로써 공동체 의식과 연대감을 찾는다. 이 사이트는 어떻게 페미니스트 몰몬 주부들의 욕구성향이 온라인 공동체를 통해 충족되는지를 보여 주는 좋은 예이다. 더 나아가, 이 사이트는 일반적으로 보수적이고 가부장적인 문화가 시간에 걸쳐 어떻게 사회 변화에 적응해 나가는지를 보여 준다.

이론 앱 활성화하기: 이 웹사이트를 살펴본 뒤 어떻게 Durkheim, Parsons, 그리고 Merton이 각각 이 집단을 설명하는지를 비교하고 대조해 보자. 그들은 동의하는가 아니면 동의하지 않는가? 왜 그런가?

http://www.bountifulbaskets.org/

풍요로운 바구니(Bountiful Baskets)라는 웹사이트는 건강식품을 대형매장에서 구입하는 것을 대신하는 저렴한 먹거리 조합이다. 이 조합은 주 단위로 운영되는데, 가족들은 약 15불씩 모으고, 자원 봉사자들은 이 돈으로 생산자들로부터 식품과 빵을 매일 구매한다. 이 조합은 건강한 식생활과 식비 절약을 위해 가족들이 참여하는 많은 예 중 하나이다. 기능주의적 관점에서 볼 때 식품 구입은 겉으로 보여지는 것뿐만 아니라 그 기능도 달라지고 있다. Merton의 개념에 따르면, 이러한 조합에 참여하는 개인들은 혁신자들로 최신 추세인 건강한 식생활, 유기농 음식 등에 대응하지만 대형상점에서 구매하는 구매 규범에는 순응하지 않는 것이다.

이론 앱 활성화하기: 가족의 주요한 기능을 충족시키는 새로운 방법을 제시하고 있는 다른 웹사이트(또는 물품)를 찾아보자. 어떻게 이것이 전체 문화 변화와 가족 기대에 영향을 미치는가? 젠더 규범을 바꿀 것인가 또는 더 강화시킬 것인가?

베이비즈(Babies, 2009)

이 다큐멘터리는 전 세계의 네 아기를 동시에 추적하면서 생애 첫 일 년 동안 육아의 문화적 차이점에 대해 보여 준다. 마리는 두 부모 아래 매우 번잡한 도심인 일본 도쿄에서 키워진다. 하티는 샌프란시스코에서 살며 환경문제에 대한 의식이 있는 평등주의 부모가 키운다. 포니자오는 나미비아에서 부모님들과 여덟 명의 형제자매들과 산다. 포니자오는 힘바 부족의 일원이고 다른 가족들과 함께 작은 마을에서 산다. 바야는 몽골에서 형, 부모님과 함께 작은 가족 농장에서 자란다. 다큐멘터리는 일본과 미국처럼 서구화된 문화에서부터 나미비아와 몽골 같은 개발도상국처럼 다양한 문화 체계 아래 어떻게 가족이 '기능'을 수행하는가에 대한 차이점을 보여 준다.

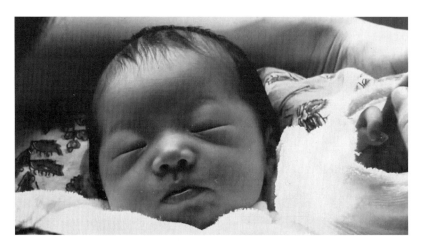

다큐멘터리 영화 〈베이비즈〉의 한 장면(2010)

이론 앱 활성화하기: Parsons가 제시한 문화적, 사회적, 그리고 개인적 체계들에 대해 네 국가를 비교하고 대조해 보자. 각각의 체계들은 전 세계의 아기들을 키우는 데 어떠한 영향을 미치는가?

브레이킹 배드(Breaking Bad, 2008~2013)

이 미국 TV 프로그램은 수술 불가능한 폐암 진단을 받은 고등학교 화학 선생님인 월터 화이트가 출현한다. 죽은 후에도 가족들의 생계를 보장하기 위해 월터는 마약을 제조하고 판매하는 범죄에 발을 들인다. 이 시리즈는 몇 가지 기능주의이론의 개념을 보여 주는데 가장 분명한 것은 혁신자로서 월터의 노력이다. 또한 이 시리즈에서 분명히 보여지는 것은 도덕적 개인주의 이념이다. 즉, 마약 제조와 판매를 하는 월터의 매우 특수한 직업은 장기적으로 가족 부양이라는 명예로운 이유에 근거할 수도 있으나 도덕적으로 흔들리는 상황에서도 계속 운영을 하는데 모든 행위가 항상 전체 사회에 이득이 되는 것은 아니다.

이론 앱 활성화하기: 이 드라마에서 Merton의 긴장 이론의 추가 증거를 찾을 수 있는지 보라. 월터 화이트의 '혁신자'로서의 명확한 묘사와 더불어, 의식주의자, 반항자, 회피주의자, 그리고 순응주의자의 예들도 보이는가?

TV 시리즈 〈브레이킹 배드〉의 한 장면(2008)

추천 참고도서 및 논문

Bernard, J., "The good provider role: Its rise and fall," *American Psychologist, 36* (1981), 1-12 (doi: 10.1037/0003-066X.36.1.1). 사회학에서 중요인물인 Jessie Bernard는 어떻게 결혼의 젠더화된 특성이 결혼을 남자와 여자에게 매우 다른 제도로 만드는가를 분석했다. 역사적으로 생계부양자로서 높아진 지위를 고려할 때 남자들은 결혼에서 경제적, 정서적, 건강적 혜택을 받는다. 그러나 다수의 남자를 고용해 오던 제조업과 산업화된 직업들의 붕괴를 보여 준 거시적 단계의 세계적인 경제 변화와 함께, '좋은 부양자'로서의 이상에 부합할 수 있는 남성들의 기회는 현저히 감소했다. 이 고전적 논문에서 Bernard는 남성들이 가족 내 특권을 계속 누릴 수 있는 기대를 무효화하는 경향을 분석한다.

Cherlin, A. J., *The marriage-go-round: The state of marriage and the family in America today* (New York: Vintage, 2009). 이 책에서 Cherlin은 결혼 및 가족 형성 방법에 있어 인구학적 변화를 마주하더라도 미국 사회내 결혼의 중요성이 지속됨에 대해 설명한다. 미국 사회에서 높은 동거, 이혼, 재혼율에도 불구하고, 결혼은 여전히 이상적인 사회적 지위로 간주되며 대부분의 미국인에게 궁극적 목표로 여겨진다. 그러나 사회변화는 누가 결혼을 할 수 있는지 또는 누구에게 결혼이 허용되는지에 관한 제약들을 야기해 왔다. 학업을 마치고 경력을 쌓을 때까지 결혼을 미룰 수 있는 중산층의 구성원들에게 결혼은 쉽게 가능하다. 반면에 가난한 사람들에게 결혼은 배우자와 경제적 자원의 부족을 고려할 때 실현 가능하지 않다. 근래까지 미국의 게이와 레즈비언 커플들은 법적 결혼을 할 수 없었다. 이러한 실질적인 법적 장애물에도 불구하고, 결혼은 성인 신분으로의 궁극적 통로로 보이고 가족의 본질적 기능중의 하나로서 그 중요성을 유지하고 있다.

Durkheim, E., 『에밀 뒤르켐의 자살론(Suicide: A study in sociology)』 trans. J. A. Spaulding and G. Simpson (New York: Free Press, 1951). 본래 19세기 후반에 쓰인 이 고전적 책에서 Durkheim은 자살의 발생을 사회 현상으로 분석했다. 그는 자살이 우울증과 불안증 등의 정신질환과 같은 정신병리학에만 관련이 있다는 개인적 관점을 비판했고 대신 사회가 어떻게 구성되어 있는지에 그 기반이 있다고 밝혔다. 1841년부터 1878년까지의 주요 유럽 국가(예: 프랑스, 러시아, 영국, 덴마크, 작센, 바이에른)의 자살률에 대해 문화비교 분석을 했다. 세 가지 형태의 자살을 발견했는데 모두 사회적 사건 그리고/혹은 문화적 요소들과 연관이 있었다. 아노미적 자살(anomic suicide)은 전쟁처럼 주요 사건이 발생했을 때 만연했는데 이는 인생의 사회적 구조를 분열시켰다. 이기적 자살(egoistic suicide)은 가족 형태와 문화적 양상에 따라 발생의 빈도가 상이했다. 예를 들어, 신교도들은 천주교인들보다 더 자살할 가능성이 있음을 발견했다. 마지막으로, 이타적 자살(altruistic suicide)은 여성들이 남편의 죽음을 겪은 후 자살을 하는 경우에서처럼 개인이 자신의 가족과 지역사회에 너무 강하게 결속되어 있을 때 발생했다.

Hawkins, A. J., Amato, P. R., & Kinghorn, A., "Are government-supported healthy marriage initiatives affecting family demographics? A state-level analysis," *Family Relations, 62* (2013), 501-513 (doi: 10.1111/fare.12009). 미국 연방정부의 사회복지 제도 변화를 겪으면서 미국 정부는 경제적으로 어려운 커플들의 결혼을 장려하고 빈곤층 여성들의 혼외 임신율을 낮추는 것을 목적으로 건전한 결혼하기(Healthy Marriage Initiative) 정책 아래 자금을 지원했다. 이 시도는 경제적 보조 삭감과 경제적으로 어려운 이들에게 핵가족이면서, 두 세대로 이루어진 가족에 대한 이상을 재성립함으로써 연방정부가 개인의 삶을 침범했으므로 논란을 유발했다. 이 논문에 보고된 연구는 건강한 이성 간의 결혼을 만들고 유지하기 위해 고안된 연방 정부 프로그램에 대한 첫 실험적 평가이다. 비록 결론에 다다르지 못했지만 연구 결과는 결혼 향상 프로그램의 잠재적인 긍정적 효과를 보여 준다. 이 논문은 또한 어떻게 정부 자금이 잘 운영되는지를 체계적으로 평가하는 방법을 제시한다.

Pruett, K. D., *Fatherneed: Why father care is as essential as mother care for your child* (New York: Broadway, 2000). 아동 정신의학자인 Pruett은 아동들의 삶에 아버지의 참여 중요성을 논한다. 그는 아버지와 어머니는 가족 내에서 다른 역할을 수행한다고 주장한다. 비록 아버지가 어머니의 역할이 가장 중요하다고 여길지라도 아버지의 역할은 긍정적 아동 발달에 필수적이다. 아버지기가 남성들의 행복에도 기여한다고 설명한다. Pruett은 아버지가 가족의 본질적인 의미를 규정하는 기능 중 하나를 수행하는 것은 필수적임을 강조하면서도 또한 문화마다 아버지의 역할이 다를 수 있음을 인정한다. 예를 들어, 그는 동성 결혼에 반대하는 사람들이 아버지기의 중요성에 관한 그의 관점을 오용함을 비판한다.

생각해 볼 문제

● 토론 질문

1. Parsons의 구조주의적 기능주의 모델은 1950년 경제 부흥기 미국에서 형성되었습니다. 이 모델을 현재의 중국 문화에 적용해 봅시다. 적용할 수 있을까요, 그렇지 않을까요? 그 이유에 대해서 생각해 봅시다.

2. Merton과 그의 스승인 Parsons가 어떻게 동성 결혼식 문제에 대해 생각했을지 비교하고 대조해 봅시다. 게이 결혼에 대한 Parsons의 설명은 어떻게 Merton의 설명과 다른가요? 각각 이론가로부터 적어도 두 개의 개념을 사용하십시오.

3. 약물 중독, 성매수, 절도 등 많은 행동은 사회 문제들로 정의되고 심지어 일탈로 보입니다. 어떤 점에서 기능주의이론가들은 이러한 행동들이 사회를 위해 '기능적'일 수 있다고 하겠습니까?

4. 미국과 다른 국가들의 어머니 그리고 아버지 육아휴직에 대한 예를 들었습니다. 우리가 설명했던 것들을 남미 국가의 정책과 비교해 봅시다.

5. 최근 몇 년간 이성 간 결혼을 자녀 양육을 위한 가장 기능적인 가족 형태로 정의해 온 것은 동거 가족 및 한부모가족과 같은 다양한 형태를 포함하도록 변화해 왔습니다. 우리가 기능적인 형태로 포함해야 하는 가족의 다른 형태들이 있는지 생각해 봅시다.

6. 이 책에서 기능주의이론과 가장 비슷한 이론은 어떤 것인가요? 어떤 이론이 가장 다른지를 설명해 봅시다.

● 개별 과제

근래에 전국적으로 많은 학교가 트랜스젠더 학생들의 요구를 이야기하고 있습니다. 위스콘신의 작은 농촌 마을에 있는 공립학교의 교육위원회 회장으로서 여러분의 업무는 다양한 의견을 고려하고 위원회 투표로 정책을 결정하는 것입니다. 정책 초안 작성 시 고려해야만 하는 문화적, 사회적, 그리고 인격 체계들은 어떤 것이 있을까요? 교육위원회가 트랜스젠더 학생들의 권리와 보호에 대해 부모들이 대립하는 사태를 어떻게 처리하겠습니까? 그들의 젠더 정체성에 따라 화장실 및 탈의실을 사용할지 아닌지, 그리고 남자로 성별화된 학생들이 남학생 운동팀에 그리고 여자로 성별화된 학생들이 여학생 운동팀에 참여할 수 있을지 등의 문제입니다. 다른 학교들은 어떻게 하고 있는지도 알아보도록 합시다.

● 개인 반영 질문

1. 본인의 가정 내에서 성역할은 어땠습니까? 전통적으로 나누어졌습니까? 혹은 평형(equilibrium)을 유지하기 위해 조정하였습니까?
2. 평형이 파괴되었을 때의 본인 가족을 생각해 보십시오. 무슨 일이 있었습니까? 누가 그리고 어떻게 역기능(dysfunction)을 처리했습니까?
3. 유기적 혹은 기계적 유대를 보이는 사회에서 자랐습니까? 어떤 면에서 그러한가요?
4. 본인 혹은 타인이 사회 통합 경험을 잘했거나 그러지 못했던 경우를 설명해 보십시오.
5. 본인이 성장한 문화적 제도는 부모님 혹은 조부모님과 어떻게 다른가요?
6. 다른 나라를 여행해 본 적이 있습니까? 혹은 다문화 배경의 친구나 학우가 있습니까? 다른 문화를 이해하고 진가를 알아 가기 위해, 본인의 자문화 지식에 어떻게 의존했습니까?

참고문헌

Appelrouth, S., & Edles, L. D. (2011). *Classical and contemporary sociological theory: Text and readings*. Los Angeles: Pine Forge Press.

Bastian, R., Moran, L., & Dugan, S. (prod.), and Tucker, D. (dir.) (2005). *Trans America*. Motion picture. IRC Films and The Weinstein Company.

Bengtson, V. L. (2001). Beyond the nuclear family: The increasing importance of multigenerational bonds (Burgess Award Lecture). *Journal of Marriage and Family*,

63, 1-16. doi: 10.1111/j.1741-3737.2001.00001.x.

Bengtson, V. L., Biblarz, T. J., & Roberts, R. E. L. (2002). *How families still matter: A longitudinal study of youth in two generations.* New York: Cambridge University Press.

Cheal, D. (1991). *Family and the state of theory.* Toronto: University of Toronto Press.

Coontz, S. (1992). *The way we never were: American families and the nostalgia trap.* New York: Basic Books.

Durkheim, E. (1984). *The division of labor in society.* New York: Free Press. (Originally published 1893.)

Edin, K., & Kefalas, M. (2005). *Promises I can keep: Why poor women put motherhood before marriage.* Los Angeles: University of California Press.

Ganong, L. H., Coleman, M., & Mapes, D. (1990). A metaanalytic review of family structure stereotypes. *Journal of Marriage and the Family, 52*, 287-297. doi: 10.2307/353026.

Giddens, A. (2002). *Capitalism and modern social theory: An analysis of the writings of Marx, Durkheim and Max Weber.* New York: Cambridge University Press.

Hays, S. (1996). *The cultural contradictions of motherhood.* New Haven: Yale University Press.

Henderson, A. C., & Murdock, J. L. (2012). Getting students beyond ideologies: Using heterosexist guided imagery in the classroom. *Innovative Higher Education, 37*, 185-198. doi: 10.1007/s10755-011-9198-4.

Hughes, J. A., Sharrock, W. W., & Martin, P. J. (2003). *Understanding classical sociology: Marx, Weber, Durkheim* (2nd edn). London: Sage.

Kamerman, S. B. (2000). Parental leave policies: An essential ingredient in early childhood education and care policies. *Society for Research in Child Development: Social Policy Report, 14*(2), 3-15.

Kerman, P. (2011). *Orange is the new black: My year in a women's prison.* New York: Random House.

Kingsbury, N., & Scanzoni, J. (1993). Structuralfunctionalism. In P. G. Boss, W. J. Doherty, R. LaRossa, W. R. Schumm, & S. K. Steinmetz (eds.), Sourcebook of family theories and methods: A contextual approach (pp. 195-217). New York:

Plenum Press.

LancasterPA.com (2016). Amish and the plain people. At www.LancasterPA.com/amish/.

LeMoyne, T., & Buchanan, T. (2011). Does "hovering" matter? Helicopter parenting and its effect on wellbeing. *Sociological Spectrum, 31,* 399-418. doi: 10.1080/02732173.2011.574038.

Merton, R. K. (1938). Social structure and anomie. *American Sociological Review, 3,* 672-682. doi: 10.2307/2084686.

Merton, R. K. (1957). Social theory and social structure. New York: Simon & Schuster.

Parsons, T. (1943). The kinship system of the contemporary United States. *American Anthropologist, 45,* 22-38. doi: 10.1525/aa.1943.45.1.02a00030.

Parsons, T. (1951). *The social system.* New York: Free Press.

Parsons, T. E., & Shils, E. A. (eds.) (1951). *Toward a general theory of action.* Cambridge, MA: Harvard University Press.

Parsons, T., Shils, E., Naegele, K. D., & Pitts, J. R. (eds.) (1965). *Theories of society: Foundations of modern sociological theory.* New York: Free Press.

Pittman, J. F. (1993). Functionalism may be down, but it surely is not out: Another point of view for family therapists and policy analysts. In P. G. Boss, W. J. Doherty, R. LaRossa, W. R. Schumm, & S. K. Steinmetz (eds.), *Sourcebook of family theories and methods: A contextual approach* (pp. 218-221). New York: Plenum Press.

Ray, R., Gornick, J. C., & Schmitt, J. (2009). *Parental leave policies in 21 countries: Assessing generosity and gender equality.* Washington, DC: Center for Economic and Policy Research. At www.cepr.net.

Safezone (2016). Safezone: Projects in support of the LGBTQA community. Ball State University. At cms.bsu.edu/campuslife/counselingcenter/additionalservices/safezone.

Safe Zone Project (2014). At www.thesafezoneproject.com.

Sarkisian, N., & Gerstel, N. (2012). *Nuclear family values, extended family lives: The power of race, class, and gender.* New York: Routledge.

Scanzoni, J., & Marsiglio, W. (1993). New action theory and contemporary families. *Journal of Family Issues, 14,* 105-132. doi: 10.1177/0192513X93014001009.

Schiffrin, H. H., Liss,M., Miles-McLean, H., Geary, K. A., Erchull, M. J., & Tashner, T. (2014). Helping or hovering? The effects of helicopter parenting on college students'well-being. *Journal of Child and Family Studies, 23,* 548-557. doi: 10.1007/210826-013-9716-3.

Silverstein, C. (1991). Psychological and medical treatments of homosexuality. In J. C. Gonsiorek & J. D.Weinrich (eds.), *Homosexuality: Research implications for public policy* (pp. 101-114). Newbury Park, CA: Sage.

Smith, D. E. (1993). The Standard North American Family: SNAF as an ideological code. *Journal of Family Issues, 14,* 50-65. doi: 10.1177/0192513X93014001005.

Stein, M. (ed.) (2004). *Encyclopedia of lesbian, gay, bisexual, and transgender history in America* (vol. 2). Farmington Hills,MI: Gale/Cengage Learning.

Thorne, B. (1982). Feminist rethinking of the family: An overview. In B. Thorne, with M. Yalom (eds.), *Rethinking the family: Some feminist questions* (pp. 1-24). New York: Longman.

US Senate (1937). Committee on Education and Labor and House Committee on Labor. *Joint hearings on the Fair Labor Standards Act of 1937.* Washington, DC: Government Printing Office.

White, J. M. (2013). The current status of theorizing about families. In G. W. Peterson & K. R. Bush (eds.), *Handbook of marriage and the family* (3rd edn, pp. 11-37). New York: Springer.

제3장
갈등이론

어렸을 때 커서 무엇이 되고 싶었는지를 생각해 봅시다. 초등학교 직업 체험의 날에 무엇이 되고 싶어 했고, 무슨 옷을 입었었나요? 대부분의 아이는 이와 관련된 질문에 무한한 상상력을 갖습니다. 남자아이는 프로 축구선수나 미국 대통령이 되기를 원할 수 있습니다. 왜 이러한 꿈이 대부분의 아이에게 현실이 되는 것이 가능치 않을까요? 모든 남자아이가 언젠가 미국 대통령이 되는 꿈을 이룰 수 있을까요? 사회계층이 우리의 출발점, 우리의 현재와 미래와 관련이 있습니까? 우리 유년시절의 꿈이 사회계층에 어떠한 영향을 받을까요?

갈등이론은 사회과학에서 가장 기본이 되는 이론 중 하나로 여겨지고 사회계층이 가족에게 어떠한 영향을 미치는지를 이해하는 데 유용한 틀을 가족학자들에게 제공합니다. 이 장에서는 갈등이론의 역사와 원리 및 주요 개념이 가족들이 마주하는 어려움을 이해하는 데 어떻게 사용될 수 있는지에 대해 논의합니다. 갈등이론은 가족의 제한적인(혹은 무제한적인) 접근성이 어떻게 매일매일의 어려움에 대처하는 능력에 영향을 미치는지에 대한 답을 찾는 데 도움을 줍니다. 갈등이론이 어떻게 작용하는지 잘 알기 위해 가족의 자원에 대한 접근이 모든 가족구성원에게 중요한지를 보여 주는 사례 연구에서부터 시작하도록 합시다.

사례 연구

사례 연구의 대상인 마리는 큰 꿈과 희망을 가진 대부분의 아이와 별 차이가 없었다. 5학년 때 직업체험의 날에 마리는 우주비행사가 되고 싶어 닐 암스트롱처럼 분장하였다. 마리는 대기권 밖으로 인류를 보낼 수 있다는 사실에 매료되었고 멀리 떨어진 지구를 뒤돌아보면서 우주에서 떠다닌다는 생각이 얼마나 멋진 것인지에 대한 환상을 품었다. 그리고 진짜로 닐 암스트롱과 같은 우주비행사가 될 수 있을 것이라고 생각했다.

고등학교 시절 마리는 우주비행사의 꿈을 갖는 것이 터무니 없는 생각임을 완전히 이해할 수는 없었다. 마리는 부모님이 동네 철물점을 운영하는 사우스다코타주 시골의 아주 작은 마을에서 평생을 살았다. 부모님은 마리와 두 아들을 부양하기 위해 하루 10시간씩 일주일에 6일 또는 7일을 일하셨다. 매주 목요일 밤 화물트럭으로 가게 물건이 배달될 때, 마리 가족은 물건을 모두 나르기 위해 가게에서 트럭 운전사와 만나야 했다. 정확히 언제 트럭이 도착할지 알 수 없었으므로 잠에서 깨서 그 주의 물건을 트럭에서 내리기 위해 가게에 와야 할 때를 알 수 있도록 부모님은 트럭 운전사에게 마을 외곽에 있는 집을 지나갈 때 경적을 울려 달라고 부탁했다. 트럭 운전사가 경적을 울리면 마리와 오빠들은 부모님의 오래된 소형 트럭을 타고 짐을 내리기 위해서 가게로 갔다. 마리의 어린 시절 주된 기억은 가게 일을 도와주는 일이다. 8세 때 트럭에서 기름통을 내려서 짐수레에 싣고 창고로 밀고 간 기억이 있다. 평생 동안 마리는 부모님의 철물점을 돕는 일을 해야 했으므로 아이들이 이러한 일을 하는 것이 평범한 일이라고 생각했다. 마리의 어린 시절 현실은 우주비행사가 되고 싶은 꿈과는 상반되었다. 왜 이 꿈은 현실이 될 가능성이 없는가? 왜 누구나 어른이 되었을 때 자신이 원하는 사람이 되는 것은 가능하지 않은가? 갈등이론은 부, 권력, 특권을 포함하는 부족한 자원에 대한 경쟁에서의 사회계층 간 차이를 이해하는 데 도움을 준다. 갈등이론가들은 사회가 구조화된 방식이 많은 사람의 희생으로 소수의 사람들에게 혜택을 주고 그 결과 대부분의 사람에게 출생 시 계층에서 벗어나는 것은 매우 어렵다고 주장한다.

갈등이론이란

갈등이론은 사회 내 가진 자와 가지지 못한 자들 간의 경쟁을 설명하는 데 사용된다. 이 이론은 부, 권력, 특권에 대한 가족의 접근성에서부터 가족 내 상속권과 부양 의무에 대한 갈등까지를 아우르는, 부족한 자원에 대한 두 집단 간의 갈등을 핵심적으로 이야기한다. 따라서 이 장에서는 권력 및 의사결정과 관련된 가족 내 차이점뿐 아니라 자원의 접근성과 사회구조에 기반한 가족 간의 차이점에 관한 갈등이론을 사용하여 미시적, 거시적 관점을 모두 제시할 것이다. 또한 어떻게 거시적 수준의 갈등, 즉 상이한 자본의 전수(transmission)가 미시적 수준의 상호작용, 즉 부모의 자녀양육 방식에 의해 강화되는지를 고려할 것이다.

역사와 기원

현대 사회의 부자와 가난한 사람 사이의 갈등을 아는 것은 꽤 쉬운 일임에도 불구하고 갈등이론은 지금과는 다른 시간과 장소인 산업혁명에서부터 발생하였고, 산업혁명은 주요한 사회적 동조와 경제적 변화가 유럽에서 일어났던 시기였다. 갈등이론의 아버지로 여겨지며 19세기 중반에 저술활동을 한 Karl Marx는 먼저 산업화가 노동자에게 미친 영향을 살펴보았다(Marx, 1977). 가족은 생계를 유지하기 위해 어떤 시기에는 주당 50~70시간 사이의 장시간 노동을 남성, 여성, 아동에게 하도록 했다. 도시의 인구성장이 기반시설에 비해 너무 급격하게 성장했으므로 대부분의 가족은 난방과 조명시설이 없는 비위생적인 조건의 임시주거공간에 거주하였다. Marx와 동료인 Friedrich Engels가 그 시대의 사회적, 경제적 조건을 이해하기 위해 갈등이론의 이론적 모델을 발전시킨 것은 이러한 경제적 시기 동안이었다. Marx와 Engels가 1848년에 출간한 『공산당 선언(The communist manifesto)』에 언급된 이 모델이 경제적 계층과 자원에 대한 투쟁을 기반으로 하는 것은 놀라운 일이 아니다.

사회를 이해하기 위한 갈등 접근은 불평등과 자원의 접근에 대한 현실적 경험에 기반을 두고 있지만 갈등이론은 마르크스가 사망한 이후에도 오랜 기간 동안 사회를 이해하는 틀로 사용되는 경우가 드물었고 특히 가족을 이해하는 데 이용되는 경우는 더 적었다. 마르크스주의자(Marxists)라고 불리는 Marx의 이론을 활용한 사회학자들은 소수인종(Blank, Knowles, & Prewitt, 1970), 형사체계(Quinney, 1970), 빈곤가족(Piven & Cloward, 1970)에게 미치는 자본주의의 영향을 비판하였다. 제2차 세계대전 후 경제가 호황을 이루었고 자본주의에 대한 비판은 또한 숭배대상이었던 미국의 사회제도와 핵심적인 문화가치에 대한 비판을 초래했으므로 1950년과 1960년대는 많은 사람이 마르크스주의자들을 급진적이라고 여겼다(Farrington & Chertok, 1993, p. 364). 갈등이론이 널리 사용되지 않았고 과학적으로 증명 가능한 전제가 없다는 주장으로 인해 대다수의 가족학자는 1960년대 후반에 이르러서야 갈등이론을 사용하기 시작하였다(Farrington & Chertok, 1993). 그 시점에서 Jetse Sprey(1969)와 같은 가족학자들은 가족 내 갈등은 피할 수 없으므로 갈등이론은 가족을 이해하는 데 있어 유용한 틀임을 주장하였다. 사회구조는 갈등을 일으킨다는 Marx의 전제와 유사하게 Sprey는 가족이라는 제도 자체가 갈등의 원인이 됨을 주장하였다. 가족구성원들은 상이한, 때로는 경쟁적인 관심사를 갖고 있고, 이는 그 집단의 모든 가족구성원에게 만족스러울 수 없다. 더불어 갈등은 가족구성원이 동일한 자원을 원하는 경우 그 자원의 공급이 한정된 경우에도 발생한다. 가족학자들은 실제로 현실과 과학적 연구 및 분석에 적용되기에는 너무 광범위한 이론이라고 비판받는 거시적 이론을 도입하여 미시적 수준의 가족연구에 적용하기 시작하였다.

글상자 3-1 **갈등이론 한눈에 보기**

사회와 가족구성원들은 한정된 자원에 대해 경쟁관계에 있다.

거시적 수준에서의 경쟁
- 가진 자(자본가)와 가지지 못한 자(노동자)들은 권력에 대해 투쟁함
- 노동자는 자본가들에게 노동력을 팔고 임금으로 돌려받음
- 노동자는 노동으로부터 소외됨

가족이 구성원들을 위해 생산하는 자본의 종류
- 경제적 자본: 재산, 토지, 수입
- 문화적 자본: 교육 수준, 취향 및 선호, 언어적 기술
- 사회적 자본: 사람 네트워크
- 상징적 자본: 특권, 유명세, 카리스마

미시적 수준에서의 경쟁
- 가족 내 갈등은 피할 수 없지만 긍정적일 수 있음

- 가족의 역동은 제로섬 게임임. 즉, 한 가족구성원이 이기면 다른 구성원은 지게 마련임

갈등 다루기
- 갈등 관리: 직접적으로 갈등을 다룸
- 갈등 해결: 갈등이 끝나고 해결점에 이름
- 동의: 안정의 상태 또는 경쟁적인 요구 간의 평형상태로 해결이나 관리에 이르기 위해 필수적임

주요 개념

갈등이론에 따르면, 사회는 한정된 자원에 대해 경쟁하는 집단으로 이루어진다. 이러한 집단, 또는 계층(classes)은 생산수단에 대한 관계로 정의된다. 지배계층 또는 부르주아(bourgeoisie)(예: 토지 소유자와 자본가)는 생산수단을 소유하고 있으며 노동계층, 즉 프롤레타리아(proletariat)는 노동력만을 소유하고 있으므로 이 노동력을 자본가 계층에 팔고 그 보상으로 임금을 받는다. 공장을 예로 들어 보면 소유주는 공장으로부터의 이익을 갖게 되고, 노동자는 공장에 자신의 노동력을 팔아서 임금을 번다. 갈등이론가들에 따르면 양측은 상호의존적이므로 이들의 생산수단과의 관계는 본질적으로 억압을 생성한다. 자본가(capitalists)들이 이익을 내기 위해서는 노동자들이 노동을 팔아야 하고 노동자들은 가족 부양을 위해 공장에서 일하는 대다수의 사람 중 한 명이 되는 것 이외에 다른 선택권이 거의 없다.

노동자는 임금이 필요하고 자본가는 노동자가 필요하므로 양측 모두가 이 관계에서 이익을 얻는 것처럼 보이기는 하지만 갈등이론은 이에 대한 문제점을 발견하였다. 자본가 체계의 양분은 단 두 개의 계층, 즉 재산 소유주와 재산을 소유하지 못한 노동자 계층만을 만들어 냈기 때문이다(Marxs, 1977). 따라서 노동자들은 자신의 노동력을 공장 소유주에게 팔고, 단지 보상으로 임금만을 받게 된다. 노동자는 자신의 자본을 형성하거나 부동산을 사거나 상위 사회계층으로 올라갈 수 있는 기회가 없다. Marx에 의하면 노동자는 자본주의 체계의 노예이다. 노동자는 최소한의 생활수준을 유지할 수 있을 만큼의 돈을 벌게 된다.

자본가 체계가 작동되는 방식 때문에 관계에서 단 한쪽만이 이익을 얻을 수 있다 ([그림 3-1] 참조). 자본의 주인들은 노동자들이 파는 노동력으로부터 직접적으로 이익을 얻는다. 예를 들어, 임금상승은 이익을 감소시키고, 임금감소는 이익을 증가시킨다. 이와 같이 보이지 않지만 강력한 힘이 갈등이론의 특징이다. 집단 간 갈등은 한쪽 이익에 의존하며 다른 쪽은 착취당한다.

[그림 3-1] 억압의 양면

노동자의 임금노동에 대한 의존성으로 인해 Marx는 소외는 피할 수 없는 것이라고 주장하였다. 노동자들은 자신들의 노동력의 산물로부터 소외된다. 즉, 더 이상 자신들이 생산한 상품을 통제하지 않는다. 이러한 개념을 역사적 맥락에서 살펴보자. 사람들이 농업을 떠나 공장에서의 상품 대량생산업으로 옮겨 가고 있는 시기 동안 Marx는 경제적 변화와 사회적 변화를 연구하였다. 제2장에서 설명한 바와 같이 산업화 이전에 농부들은 자신들이 생산한 상품, 즉 곡물과 긴밀히 연결되어 있다고 느꼈을 것이다. 예를 들면, 옥수수를 재배하는 모든 과정에 농부들은 참여하였다. 즉, 씨앗을 뿌리고 물을 주고 잡초를 뽑고 수확을 했다. 사랑하는 사람들과 공동체 구성원을 위해서 음식을 생산하는 것에 큰 기쁨을 느꼈던 농부들은 산업화 이후에 단지 완성되었다고 여기지 않는 것을 생산할 뿐 아니라 전체 생산과정에서 중요하지 않은 일부가 되었다(Ritzer, 2010).

마리의 어린 시절로 돌아가 보자. 마리가 부모님의 가게에서 일하는 것 이외에 자신만의 직업을 선택할 만큼 성장했을 때 최저임금을 벌기 위해 가까운 공장에서 일했다. 마리가 13세가 된 여름, 매일 아침 6시 45분에 일어나 자전거를 타고 공장으로 가서 생산 라인에서 다섯 시간 동안 일을 했다. 그 공장은 용접공들이 입는 가죽 재킷을 만들었고 마리는 생산 라인에 있는 다음 사람이 재킷에 단추를 튼튼하게 달 수 있게 1인치 길이의 끈을 자르는 일을 했다. 그녀의 일은 가위로 재킷에 달릴 1인치 길이의 끈을 자르는 것이 전부였다. 주문 수량이 많으면 마리와 동료들은 더 열심히 일해야 했다. 마리의 최저 임금은 더 많은 끈을 자른다고 해서 인상되지 않고 똑같았다. 단기간에 끝내야 할 주문 수량이 많은 경우 모든 노동자는 더 열심히 일했다. 노동자들에게는 이익이 없고 공장 소유주가 그들의 노동으로부터의 이익을 얻었다. 소유주는 임금을 지불하여 노동력을 샀고 마리는 그 임금을 벌기 위해 일을 하러 갔다. 마리는 재킷을 처음부터 끝까지 스스로 만들지 않았으며 입는다거나 사용하거나 입었던 옷을 꿰매지도 않았다. 마리는 자신의 노동으로부터 소외되었다. 즉, Marx에 따르면 기계의 부속물에 불과했다. 소외(alienation)는 노동자가 노동력의 산물로부터 제외될 때 발생한다. 즉, 노동자가 인간 특성의 결점을 커버할 만한 업무를 수행했을 때이다. 갈등이론가들은 인간의 본성을 낙관적으로 바라보므로 다시 말해 인간 존재가 그 잠재력이 무엇이든 잠재력의 최대치를 깨닫기를 바라므로 소외에 관심을 둔다. 그러나 자본주의는 우리가 운명적으로 해야 할 일과 우리가 커서 되기를 바라는 사람이 되는 것을 할 수 없게 한다. 경제 구조는 우리의 노동을 자본가들에게 팔아 돈을 벌 것을 요구하므로 우리의 잠재능력을 인식하지 못할 뿐 아니라 우리가 생산하는 제품들로부터 소외될 수밖에 없게 한다.

이런 점이 가족과 어떤 관련이 있는가? 가족이 기본적인 생활 수준을 유지하기 위해 경제에 의존한다. 또한 가족구성원은 비자발적이다. 즉, 부모나 형제를 선택하지 않고 태어날 때 어떤 사회계층에 속할지를 선택하지도 않는다. 따라서 가족갈등은 모든 개인이 경험한다. 우리는 모두 다른 사회계층의 구성원이고 다른 성장배경을 갖고 있으므로 가족 안팎에서 권력과 자원에 대한 다른 접근성을 갖고 있다.

[그림 3-2]의 불평등 트랙을 살펴보자. 거시적 단위의 분석을 사용해서 어떻게 사회적 현상이 다른 교육과 사회계층의 상호작용과 같은 전체적인 사회적 힘과 관련되어 있는지 알 수 있다. 이 렌즈를 통해 네 개의 라인은 각각 사회계층 사다리의 다른 발판을 나타낸다. 그림에서 안쪽 트랙에 있는 주자는 이점을 갖고 있다. 1레인은 다른 주자들이 갖고 있지 않은 아이비리그 학교에 대한 접근성과 눈에 띄는 경제적 이

점을 갖고 있는 내부자를 의미한다. 갈등이론 용어로 어떤 레인에 여러분이 서 있느냐에 따라 한정된 자원에 대한 경쟁은 더 어렵기도 하고 덜 어렵기도 할 것이다. 레인들은 서로 다른 사회계층을 나타낸다. 즉, 경기에 이기기 위한 자본 또는 자원과 능력 간에 직접적인 관계가 있음을 보여 준다.

(4레인)　　　　(3레인)　　　　(2레인)　　　　(1레인)

[그림 3-2] 불평등 트랙

출처: African Police Forum.

　1레인에 있는 사람들은 부유한 가정 출신이다. 이 사람은 멋지게 옷을 차려 입었는데, 정장을 맞춰 주는 재단사에게 접근 가능하다. 부모님 모두 아이비리그 학교를 다녔고 북동부 전역에 부동산을 소유하고 있다. 이 사람 역시 경영행정학위를 갖고 아이비리그 학교를 졸업했으며 졸업 후에는 아버지의 투자회사에 매니저 직급을 차지했다. 그림에서 이 사람은 레인 위에서 걸을 필요조차 없음을 알 수 있다. 다시 말해, 이 사람을 위해 앞에서 끌어 주는 사람들 위에 서 있다. 아마도 이 사람은 부르주아(자본가) 계층의 구성원일 것이다.

　2레인에 있는 사람은 일상 양복을 입고 있다. 학사학위를 갖고 있거나 또는 현재 석사학위 취득을 위해 공부하고 있을 수 있고, 2인자 계층에 속하는 지위를 유지하기 위해 가벼운 조깅을 하고 있다. 이 사람의 레인에는 장애물은 없지만 경기 동안 서류가방을 들고 뛰어야 한다. 아마도 언젠가 사회계층 사다리를 올라가기를 희망하며 은행지점의 중간 매니저직을 맡고 있을 것이다.

　3레인에 있는 사람은 레인에 몇 가지 장애물을 갖고 있다. 레인에 있는 큰 돌과 구명을 피하기 위해 땀을 흘리고 있다. 걸려 넘어져서 다치고, 경기에서 실격이 되지 않기 위해 많은 애를 쓰고 있다. 민소매와 반바지를 입고 있으며 1레인과 2레인에 있는 두 사람의 비해 머리카락 색이 검다. 검은 머리카락 색은 주류집단(백인)보다 특권이 없는 소수집단에 속함을 의미한다. 작업가방이 2레인에 있는 사람의 가방보다 더 큰 것을 볼 때 아마도 전기기술자이거나 유사한 일을 하는 사람일 것이다. 이 사람은 프롤레타리아(노동계층)나 중하위층 계층의 구성원일 것이다.

4레인에 있는 사람은 경기에 남아 있기 위해서 넘어야 할 장애물을 가장 많이 갖고 있다. 이 사람은 피부색이 검고, 서류가방이나 작업가방도 갖고 있지 않으며, 철조망과 장애물, 큰 돌을 넘어야 한다. 이 레인에는 장애물을 맞닥뜨리지 않고 뛸 수 있는 공간이 없다. 이 사람은 결승전에 도착하기 위해 경기 동안 훨씬 더 험난한 시간들을 보내게 되고 부상 없이 달리는 경우가 적다. 4레인에 있는 사람은 밭에서 나는 포도나 다른 농작물을 따기 위해 고용된, 특정한 계절에만 일하는 노동자일 가능성이 가장 크다. 제일 나은 경우는 가정부나 유모일 것이다(이러한 직업 종류의 젠더화된 속성은 여성주의이론을 다루는 제8장에서 자세히 논의된다). 확실히 이 사람은 프롤레타리아(노동계층)에 속한다.

우리가 본 바와 같이 네 개의 레인은 사회계층으로 분리되고, 자원에 대한 접근성은 이 사람들이 결승전에 도달하는 것을 돕거나 방해한다. 그러나 이 모든 네 개의 레인이 서로 어떻게 연관되어 있는지를 살펴보는 것 또한 중요하다. 각 레인에 있는 개인들은 계층화되어 있을 뿐 아니라 이들은 서로에게 의존적이다. 1레인에 있는 사람은 자신의 은행계좌를 관리해 주는 2레인에 있는 사람이 없으면 성공할 수 없을 것이다. 3레인에 있는 사람은 1레인에 있는 사람을 위해 끌어 주는 사람이다. 4레인에 있는 사람은 1레인에 있는 사람의 자녀들을 돌보고, 이는 1레인에 있는 사람의 아내가 적극적으로 자선행사에 참여하는 것을 가능하게 해 준다. 따라서 안쪽 트랙에 남기 위해서는 안쪽 레인들에 있는 사람들은 바깥쪽 레인에 있는 사람들(2, 3, 4레인)에게 의존한다. 1레인에 있는 사람은 노동력을 파는 다른 세 레인에 있는 사람들로부터 직접적인 혜택을 받는다. 이 사람은 사회구조로 인해 더 부유해지고, 옷을 더 잘 입게 되며, 보다 효율적으로 일을 하게 된다. 또한 계속 앞서 나가기 위해서 임금에 기댈 필요가 없다. 왜냐하면 이 사람은 자본가이기 때문이다. 만일 갑자기 실업자가 된다면, 이 사람이 투자했던 부와 부유한 가족이 이 사람의 안전망이 될 것이다. 다른 세 레인에 있는 사람들은 살아남기 위해서 취업, 즉 월급에 의존한다. 이 사람들은 자신들의 노동력의 산물로부터 직접적인 이익을 받지 않으므로 소외된다. 그 노동력의 산물은 오직 1레인에 있는 사람에게만 이익이 된다.

이제까지 갈등이론을 거시적 관점을 이용해서 가족과 연관시켜 논의하였다. 미시적 관점으로 관심을 돌리기 전에 레인들을 살펴보고 각 트랙 위에 있는 가족 안에서 벌어지고 있는 일을 살펴봄으로써 그 레인이 어떻게 유지되는지를 알아볼 필요가 있다. 불평등이 가족 내에서 보이지 않게 전수되는 방법을 분석함으로써 특권이 어떻게 재생산되는지를 살펴보는 것 또한 중요하다. 얼핏 보기에는 불평등을 경제적 수단으로만 기술할 수 있으나 사회학자인 Pierre Bourdieu(1990)는 불평등을 재생산하는 힘은 어떤 경우에는 보이지 않음을 제안하였다. Bourdieu에 따르면, 각 레인에 있는 개인은 가족이 구성원을 위해 생산하는 여러 종류의 자본에 대한 접근성을 갖고 있고 이것이 한 세대에서 다음 세대로 전수되는 이익을 구성한다. 이러한 이익은 단순히 같은 가족의 성을 갖는 것에서부터 격식 있는 저녁 파티에서의 적절한 에티켓을 배우는 것까지를 포함한다. Bourdieu가 서술한 네 가지 자본의 유형은 경제적 자본, 문화적 자본, 사회적 자본, 상징적 자본이다. 각 자본을 가족과 연결해서 살펴보면 다음과 같다.

경제적 자본(economic capital)은 개인이 통제하거나 소유한 물질적 자원, 즉 자본, 토지, 돈을 의미한다(Appelrouth & Edles, 2011). 이 자본을 Bourdieu는 손에 쥘 수 있는 또는 보거나 만질 수 있는 유일한 유형의 자본이라고 하였다. 경제적 자본은 다른 유형의 자본에 대한 접근성을 결정하는 기초가 된다. 예를 들어, 돈이 있으면 여행을 할 수 있다. 여행을 통해 세상을 보고 다양한 문화를 받아들이게 되므로 상류층 생활을 위한 취향을 발전시킬 수 있다. 경제적 자본은 사람들을 불평등 트랙에서 분리시키는 다른 유형의 자본과 긴밀히 관련되어 있는 특권이다.

문화적 자본(cultural capital)은 비물질적이므로 볼 수 없다. 이는 미적 취향, 언어기술, 지식, 전문성, 교육 수준을 의미한다. 음식, 음악, 예술 등에 대한 취향이 무엇인지를 알려 주는 또 다른 방식이다. 마리의 문화적 자본 또는 취향을 생각해 보자. 중하위계층에서 성장하면서 마리는 먹을거리를 구하는 방법을 알게 되었다. 마리는 매주 튀겨서 먹으려고 메기를 잡는 것에 큰 자부심을 갖고 있었던 것을 기억한다. 메기는 마리가 접한 유일한 어류였다(운이 좋을 때는 망상어도 있기는 했다). 메기는 항상

강에서 잡을 수 있었고 노동자 계층 또는 중하류층 가족들이 주로 먹었기 때문에 결코 최고급 음식이 아니다. 반대로 참다랑어는 강이나 호수에서 잡을 수 없다. 참다랑어는 메기에 비해 매우 드물고, 보통 사람들이 잡을 수 있는 종이 아니므로 전문 어부에 의해서만 잡히며 높은 가격에 팔린다. 이 때문에 참다랑어는 사회계층이 높은 사람들이 먹는 물고기이고, 따라서 마리가 먹어 본 참다랑어는 통조림뿐이었다. 또 다른 예로 마리가 접했던 음악에 대해 생각해 보자. 성장하면서 마리는 라디오에서 컨트리 음악만을 들었다. 교향악 연주회에 가 보지 못했고, 비올라가 무엇인지 왜 사람들이 오페라를 듣고 싶어 하는지도 알지 못했다. 그녀의 취향, 즉 문화적 자본은 트랙 안쪽에 있는 사람들 또는 상류계층의 취향과는 매우 다르다. 어떻게 미끼를 끼고, 메기를 손질하고 저녁으로 튀기는지에 대한 마리의 지식은 최고급 식당에서 셰프에 의해 요리된 참다랑어를 먹는 안쪽 트랙에 있는 사람들의 취향과는 큰 격차가 있다.

Bourdieu가 말한 또 다른 자본유형은 사회적 자본(social capital)이다. 사회적 자본은 지위를 보장하거나 상승시키기 위해 사용될 수 있는 지인들의 네트워크를 의미한다(Appelrouth & Edles, 2011). 우리 모두 필요할 때 도와줄 친구나 지인들을 알고 있지만 Bourdieu는 사회적 자본은 현존하는 사회적 구조를 재생산하는, 형성된 경계 안에서 순환됨을 주장하였다. 따라서 마리 부모님이 아는 사람들은 마리가 갖고 있는 우주비행사의 꿈을 이루도록 도와줄 수 없을 것이다. 마리 부모님의 지인들은 마리가 작은 가게를 운영하거나 교사 또는 비서가 되는 것은 도와줄 수 있었을 것이다. 엔지니어나 유명인사, 또는 과학자가 있는 가족이 있었다면 마리가 그 궤도를 따라갔을 가능성이 더 컸을 것이다.

상징적 자본(symbolic capital)은 특권, 명예, 명성, 카리스마를 의미한다. 상징적 자본이 있는 개인은 그들을 전문가로 만들거나 대중들에게 권력을 행사할 수 있도록 하게 하는 신용을 갖고 있다. 예를 들면, 케네디, 록펠러와 같은 가족의 성처럼 단순한 어떤 것들도 권력과 대중들을 이끄는 능력을 의미할 수 있다. 심심풀이로 골프를 배우게 되거나 외국어를 유창하게 말하게 되는 경향과 같이 아이들은 스스로가 이룩하지 않은 명성을 상속받는 것이므로 상징적 자본은 권력에 대한 가족의 접근을 논의할 때 중요하다. 마리의 경우 성장하면서 상류층의 상징적 자본에 전혀 접근하지 못했고, 자신의 사회계층 범위를 벗어나지 않는 한 상징적 자본에 접근할 수 있는 기회는 적다.

이제까지 논의한 바와 같이 가족은 경제적 구조에 큰 영향을 받는다. 우선적으로, 그리고 가장 중요한 점은 우리가 선택하지 않은 사회계층에 태어나게 된다는 점이다. 마리가 중하류층 가정에서의 성장을 선택한 것이 아니었다. 마리 가족의 경제적 또는 부의 부족은 마리가 가질 수 있는 기회에 직접적인 영향을 준다. 마리가 하버드 대학교에 갈 수 있었을까? 아마 그렇지 않을 것이다. 아이비리그 학교는 입학생을 선발할 때 동문인가 아닌가를 중시한다(Kahlenberg, 2010). 즉, 친척이 하버드대를 졸업했다면 그 대학에 합격할 확률이 높아진다. 갈등이론을 이런 방식으로 적용하는 것은 거시적 사회학 관점이다. 갈등이론은 사회의 더 큰 사회적 구조와의 관계에서 개념화하고 있음을 의미한다. 이는 가족들은 권력, 자원, 재산과 다양한 수준의 사회, 문화, 상징적 자본에 대해 서로 다른 접근 정도를 갖고 있음을 뜻한다(Adams & Sydie, 2002). 불평등 트랙 위에서 가족이 있는 위치는 기회를 제한한다.

사회계층화(social stratification)는 가족구성원들의 기회를 제한할 뿐 아니라 가족 내 자원에 대한 투쟁에도 영향을 준다. 이것이 미시적 수준의 분석을 사용하여 갈등이론이 적용될 수 있는 부분이다. 다시 말하자면, 갈등이론은 가족 내부뿐 아니라 외부의 힘을 모두 고려한다. 이제 가족이론을 배우기 시작한 사람으로서 갈등이 어떻게 가족역동을 연구하는 두 맥락 모두와 관련이 있는지를 아는 것은 중요하다. 따라서 가족 내 역동을 연구하기 위해 갈등이론을 사용하는 이론가들은 누가 가족 안에서 자원에 접근하는지, 누가 권력을 갖고 있고 누가 권력을 갖고 있지 못한지에 대해 질문한다. 권력과 자원에 대한 젠더화된 투쟁은 여성주의를 다룰 제8장에서 더 자세히 기술하겠지만 남편이 일반적으로 결혼에서 더 많은 권력을 갖고 있고, 이러한 점이 남편과 부인의 결혼 만족도와 가사분담, 소유권과 관련이 있음을 이해하는 데 갈등이론이 도움이 된다는 것을 언급할 필요가 있다[Bernard, 1982; Gilman, 1998(1898); Hochschild & Machung, 1989; Jackson et al., 2014; Sassler, 2010]. 덧붙여서 동성 부부에 대한 최근 연구들은 일반적으로 더 많은 권력을 갖고 있는 사람은 수입이 더 많은 사람이라는 것을 보고하고 있다(Solomon, Rothblum, & Balsam, 2005). 이 결과는 거시적 수준과 미시적 수준의 불평등 이슈가 확실히 부부관계와 가족 내에서의 갈등과 관련이 있음을 보여 준다.

가족 내 갈등은 피할 수 없다는 가족학자들의 주장은 갈등이론에 기반을 둔 것이다. 이러한 학자들 중 가장 눈에 띄는 사람은 Sprey이다(1969; 1979; 1999). Sprey는 더 큰 사회에서 적용한 것처럼, 가족갈등도 권력과 자원에 대한 다른 접근성과 삶에서 대안들의 부족으로 인한 것이라는 주장을 통해 갈등이론을 가족에게 적용하였다(Sprey, 1999). 의사결정을 하는 데 있어 권력을 갖고 있는 가족구성원은 일반적으로 가족 내에서 사회적 질서를 유지할 수 있다. 자녀들은 자신들의 부모를 선택하지 않으며 가족 내 계층화는 필연적이다. 또한 가족구성원으로서 자격은 대체적으로 비자발적으로 주어진다. 그러나 자녀들은 대부분 돌봄을 받기 위해서 가족 내 사회적 질서를 충실히 지켜야 한다. 마리의 삶을 생각해 보자. 매주 목요일 밤 화물트럭에서 물건을 내려놓는 것을 도와야 하는 것에 대해 선택권이 있었는가? 그렇지 않다. 부모들은 가업을 돕기 위해 마리와 남자형제들의 도움이 필요했다. 마리가 일정 나이가 되었을 때 공장에 취직할 수 있었고, 이 사실은 적게나마 권력을 상승시켰다. 마리는 어느 정도의 경제적 자유를 갖게 되었는데 이는 돈 소비에 대한 결정을 할 수 있음을 의미하였으므로 가족이 운영하는 가게에서 일을 해야 함에 덜 의존적이게 하였다. 그렇지만 부모님들이 마리에게 음식과 주거를 제공하였으므로 가게 유지에 대한 책임은 여전히 존재했다.

Sprey에 따르면, 가족갈등은 사회 체계 요소들 간에 부정적인 상호의존성의 상태이다(1979, p. 134). 가족역동은 서로에게 의존적이므로 제로섬 게임(zero-sum game), 즉 가족구성원 중 한 명이 이익을 갖게 될 때, 다른 한 사람은 손실을 경험하게 된다. 모든 가족구성원이 자원에 동일하게 접근하는 것은 불가능하고 생애주기 동안 각 구성원의 자원과 권력에 대한 접근이 일정하지도 않다. 가족생활주기 초반에는 부모가 권력에 접근할 수 있었으나 후반에는 부모가 나이가 들어 감에 따라 권력을 잃게 되고 권력 전환이 갈등을 초래할 수 있다. 권력의 역동이 변화할 때조차 갈등은 남아 있음을 기억하는 것이 핵심이므로 가족학자들은 어떻게 갈등이 관리되는지 또는 해결되는지에 관심을 갖는다.

갈등 관리(conflict management)는 가족 내 존재하는 경쟁에 반응하는 하나의 방법이다. 갈등 관리는 갈등이 논의되지만 사라지지 않을 때 발생한다. 부족한 자원 접근에 관한 갈등이 있고 경쟁자들은 그 자원에 대해 동일하게 접근해야 한다(Sprey, 1969). 그러나 동일한 접근은 가능하지 않으므로 경쟁자들은 그 상황을 관리하기 위해 양보하게 된다. 예를 들어, 부모님 두 분 모두 목요일 밤에 화물트럭에서 짐을 내리기 위해 철물점에 있어야 했으므로 마리와 남자형제들 또한 거기에 있어야 했다. 그렇게 밤늦게 혼자 집에 있을 만큼 나이가 들지 않았었다. 아이들은 첫째 형이 12세가 되면 형의 통제하에 동생들을 집에 남겨 놓아도 편안하게 느낄 것임을 알았다. 일과 가족 사이의 투쟁, 즉 갈등은 부모님 두 분이 일을 하셨어야 했으므로 사라지지 않았다. 그러나 가족 전체를 화물트럭의 짐을 내려놓기 위해 철물점으로 데려가는 것으로 갈등은 관리되었다. 경쟁자들, 즉 모든 가족구성원은 첫째가 동생들을 돌보는 책임감을 갖고 신뢰를 받을 만큼 성장하여 갈등이 직접적으로 해결될 때까지는 이러한 상황을 수긍해야만 했다.

다음으로 갈등 해결(conflict resolution)은 해결에 도달되었을 때 갈등이 끝나는 경우이다(Sprey, 1969). 갈등 관리는 갈등이 끝나지 않고 단순히 관리만 되는 것이라는 점에서 갈등 해결과 다르다. 갈등 해결에서는 갈등을 일으킨 문제가 해결된다. 예를 들면, 마리 어머니가 화물트럭이 올 때 어린 자녀들을 철물점으로 데려가야 하는 스트레스(갈등)를 없애기 위해 전업주부가 되기로 결심할 수 있다. 가족 내 모든 사람이 경험하는 스트레스로 인해 마리 어머니의 결정은 생계부양자 책임을 남편에게 전가시키게 될 것이다.

동의(consensus)는 갈등 해결 또는 갈등 관리에 도달하기 위해 필요한 안정적인 상태이다(Sprey, 1969). 각 가족구성원은 가족 안에서 권력에 대한 접근 정도가 다르므로 갈등은 서로 다른 방식으로 모든 구성원에게 영향을 미친다. 그러나 동의가 일어나기 위해서는 가족 내 불평등한 권력의 분배를 생각해 볼 때, 공통된 인식 또는 최소한 타인의 역할에 대해 생각해 보는 능력이 필요하다. 마리는 가족을 위해 몇 가지 역할을 담당해야 한다. 돈을 벌고, 집안의 평화를 유지하며, 남동생을 돌보아야 했다. 가족으로서 동의에 도달할 수 있기 위해 부모님은 철물점을 운영해야 하고 동생을 돌보는 일은 재배치될 수 있음을 이해함으로써 타인, 즉 부모님의 역할을 해야 한다. 마리는 해가 뜰 때부터 질 때까지 남동생을 책임져야 했다. 동생이 학교 갈 준비를 하게 하고, 점심을 먹이고, 방과후에 숙제하는 것을 도와주었다. 또한 청소와 저녁 준비까지 했다. 마리에게는 선택권이 없었다. 가족 안에서 빈 자리가 있었고 가족들이 자신에게 의지했으므로 그 역할을 채웠다. 이는 가족 안팎 모두에서 마리를 양육자가 되도록 압력을 가하는 갈등의 좋은 예시이다. 가족 전체가 동의에 도달함으로써 마리는 어린 나이에 자신의 가족이 3레인에 있으므로 자신이 개입할 필요를 알게 되었다. 또한 남동생을 돌보는 것 이외에 다른 선택은 없음도 알고 있었다. 자신이 동생을 돌보지 않으면 누구도 하지 않았을 것이다.

여기에서 갈등 렌즈를 통해 미시적 수준의 분석이 있을 수 있으며 이 분석이 종종 긍정적임을 명시하는 것이 중요하다. 갈등 관리, 해결, 동의는 가족들이 피할 수 없는 의견충돌이나 투쟁, 문제를 해결하는 방법들이다. 갈등은 과정이다. 즉, 갈등은 가족과 관계들이 생존하고 발전하기 위해서 필요한 변화와 적응을 가져올 수 있으므로 본질적으로 나쁜 것이 아니다. 요구와 장애물, 향상된 의사소통을 보여 주는 갈등의 결과는 발전과 변화를 증진시킨다. 갈등은 종종 집단의 유대감과 일치감을 강화한다. 동시에 갈등은 구조적 차원에서 규범에 대한 이의를 제기하기도 한다. 갈등이 구조적 수준뿐 아니라 개인적 수준에서 발생한 대표적 예는 2011년 아이오와주의회의 합법적 동성 결혼 폐지에 대한 공청회에서 자신의 가족이 가진 강점에 대해 연설한 대학생 자크 월스(Zach Wahls)를 들 수 있다(이 장 마지막에 제시된 동영상 자료를 참조할 것). 자크는 두 명의 어머니가 있으며 합법적 동성 결혼 폐지를 반대하기 위해 증언하였다. 자크의 이야기는 미시적 수준과 거시적 수준 모두에서 일어난 갈등의 예시이다. 자크의 조부모는 동성애에 반대했기 때문에 딸의 임신을 인정하려 하지 않았다. 자크는 다음과 같이 말했다.

> 나는 6대째 아이오와주에서 살고 있고 아이오와 주립대학교에 다니고 있는 공대생입니다. 그리고 두 명의 어머니가 나를 키우셨습니다. 생물학적 어머니인 테리는 조부모님에게 인공수정이 성공해서 임신했음을 알렸지만, 그들은 인정하지 않으려 했지요. 내가 태어나고 조부모님들은 어릴 때 내 귀여움에 반하고 나서야 자신들의 생각을 깰 수 있었고 손자 한 명이 더 생겨서 기쁘다고 했었죠.

이러한 긴장감은 확실히 자크 어머니와 부모님 사이에 갈등을 유발했고, 이 갈등은 자크가 태어난 이후에 해결되었다. 또 다른 예에서, 자크는 어떻게 동성애 결혼에 관련된 이슈가 수업시간에 이야기되었을 때 교실 내에서 갈등을 관리했는지를 설명하였다.

아이오와 주립대학교 학생으로 동성 간 결혼과 관련된 주제는 수업 토론에서 꽤 자주 등장합니다. 질문은 항상 게이들이 아이를 키울 수 있는가라는 것으로 귀결됩니다. 그리고 대부분의 사람이 진짜로 이 질문에 대한 답을 갖고 있지 않으므로 대화는 한동안 조용해집니다. 그러면 나는 손을 들고 "글쎄요, 나는 동성애 부부에 의해 키워졌고 꽤 잘 살고 있어요."라고 말합니다. 저는 미국 대학시험에서 상위 1%에 들었고, 보이 스카우트 중에서도 모범적인 이글 스카우트입니다. 저는 작은 사업도 하고 있습니다. 만일 제가 의장님의 아들이라면 분명 저를 자랑스러워하셨을 겁니다. 여러분의 자녀들 중 누구와도 그렇게 다르지 않습니다. 우리 가족은 여러분의 가족과 실제로 다르지 않습니다. 어쨌거나 여러분 가족의 가치가 주정부에서 그 결혼을 축하한 것에서 비롯되는 것은 아니니까요. 가족이라는 느낌은 우리가 어려운 시절을 함께 지나면서 서로에게 하는 헌신에서부터 오고 우리는 좋은 시간을 함께 즐길 수 있습니다. 가족으로서의 감정은 우리를 묶어 주는 사랑에서부터 나옵니다. 그것이 가족을 만듭니다.

자크는 자신이 이성애자 부모에 의해 키워진 다른 대학생들과 얼마나 유사한지를 강조함으로써 잠재적 갈등을 관리하였다. 그는 토론을 주정부로부터의 평등하고 공평한 대우로(거시적 수준) 확장시기 위해 동일함(미시적 수준)을 이용하였다.

중요한 점은 우리 가족이 다른 아이오와 가족과 그렇게 다르지 않다는 것 같습니다. 제가 집에 있을 때 우리는 같이 교회에 갑니다. 저녁식사를 하고 휴가를 갑니다. 힘든 일을 겪을 때도 있습니다. 서로 싸울 때도 있습니다. 2000년에 어머니는 다발성경화증을 진단받았습니다. 어머니를 휠체어에 타게 한 절망적인 질병이었고, 우리는 다투기도 했습니다. 그러나 우리는 아이오와주 사람입니다. 우리는 우리 문제를 다른 사람이 해결해 주리라고 기대하지 않습니다. 우리의 전쟁은 스스로 치룹니다. 정부로부터 그저 평등하고 공평한 대우를 기대할 뿐입니다.

또한 자크가 앞에서 암시한 것처럼, 그의 가족에게 거시적 수준에서 갈등은 존재한다. 자크가 증언을 한 그 이유가 바로 자신 가족의 결혼에 대한 권리가 위협을 받았기 때문이었다. 이 예시에서 갈등은 사회의 두 집단, 즉 레즈비언, 게이, 양성애자, 트랜스젠더 또는 퀴어(LGBTQ)와 결혼 평등을 반대하는 사람들의 집단 사이에 존재한다. 결혼 평등에 반대하는 사람들은 최근에서야 LGBTQ 사람들이 갖게 된 권력과 자원(법적인 보호)에 접근할 수 있었다.

거시적 수준의 이러한 차별은 사회의 두 집단 사이의 갈등을 초래한다. 자크는 자신의 증언을 다음과 같이 미시적 수준에서 발생한 감정을 이용하여 미시적 수준에서의 갈등을 관리하는 것으로 끝마쳤다. "스스로 내가 동성 커플에 의해 키워졌다는 것을 알아챈 사람들을 한번도 만난 적이 없습니다. 왜 그런지 아십니까? 저희 부모님의 성적 취향은 저의 특성에 전혀 영향을 미치지 않았기 때문입니다."(Wahls, 2011)

이 사례는 또한 갈등의 긍정적 측면의 예시이다. 규범에 도전하고 자신들의 권리를 옹호하는 개인이나 집단이 없다면 사회 변화는 일어나지 않을 것이다. 사회 내 집단이 서로 다른 가치를 갖고 있을 때, 갈등은 필연적이다. 역사가 보여 주듯 평등한 권리에 대한 투쟁은 결국 사회 변화와 동의를 이끌고, 이는 갈등 해결로 결론지어진다. 이러한 점에서 개인과 가족은 자신들의 임파워먼트를 보여 준다(임파워먼트에 대한 자세한 설명은 여성주의에 대한 제8장을 참조할 것).

요약해 보면 갈등이론은 긍정적, 부정적 결과를 갖고 있는 가족들에게 다양한 방법으로 적용 가능하다. 마리의 경우를 생각해 보면, 가족이 속해 있는 중·하류층 지위는 필연적으로 가족 내 자원에 대한 갈등에 영향을 미칠 수 있음을 알 수 있다. 마리는 가족을 도와야 하는 의무에서 벗어날 수 없었다. 그리고 그 의무는 노동계층 가족의 자녀로서 자신의 통제 밖에 있는 구조적 장애 때문에 존재했다. 마리는 자신이 서 있는 레인 위에 있는 장애물을 극복하기에 너무 바빠서 위쪽 레인으로 올라갈 수 없었다. 어린 시절에는 목요일 밤마다 화물트럭의 물건을 내렸던 것처럼 가족이 걸림돌을 피할 수 있도록 도왔다. 마리는 공학 학위 또는 학교를 알아보거나 저명한 대학의 교수진과 연락을 하는 데 오랜 시간을 투자할 수 없었다. 남동생에 대한 책임이 있었으므로 동생의 안녕이 우선이었다. 더불어 마리는 자신의 꿈을 현실로 만들기 위해 필요했던 문화적 자본 또는 사회적 자본에 접근하지 못했다. 마리의 사회적 자본은 노동자 계층 또는 나은 경우 부모님이 아는 중산층 사람들로 구성되어 있었다. 이러한 외부 장벽은 관리되거나 가능하다면 해결되어야 하는 가족 내 갈등을 초래했다.

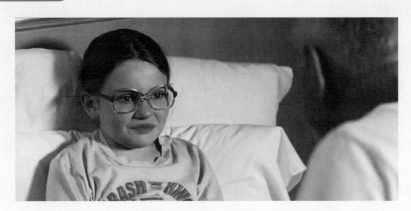

〈리틀 미스 선샤인〉의 한 장면

갈등이론이 복잡해 보이기는 하지만 대중 영화에서 몇 가지 이론의 예가 있다. 2006년 개봉작인 〈리틀 미스 선샤인〉은 내·외부적인 갈등으로 어려워하는 가족을 그리고 있다. 한 예로 영화 초반에 관객들은 아버지인 리처드가 동기부여 강연자이자 인생 코치로서의 경력을 쌓는 데 어려움을 겪고 있음을 알게 된다. 이 가족은 완전한 중산층에 속한다. 또한 쉐럴의 게이 동생인 프랭크는 자살시도 후에 그리고 리처드의 아버지인 에드윈은 마약 복용으로 은퇴노인을 위한 시설에서 추방당한 후 이 가족의 집에서 살게 된다. 이러한 특수한 가족역동으로 인해, 이미 갈등은 피할 수 없음을 알 수 있다. 핵가족 구성원(부모인 쉐럴과 리처드, 그리고 이들의 자녀인 올리브와 드웨인)들은 확대가족 구성원들의 요구를 수용하기 위해 집에서 자신의 공간과 음식을 양보해야 했다.

또한 약물 남용자인 에드윈과 자살 성향이 있는 프랭크가 갖고 있는 위험을 감안할 때, 전체 가족은 이 두 남자를 항상 감시할 수 있도록 적응해야 할 필요가 있다. 따라서 가장 어린 올리브가 캘리포니아에 있는 미인대회인 '리틀 미스 선샤인'에 출전할 자격이 됨을 알았을 때 대회 참가를 위해 전체 가족이 함께 여행해야만 했다. 가족은 에드윈과 프랭크를 함께 데려가는 것 이외에 다른 선택권이 없었으므로 이러한 상황은 갈등 관리를 보여 준다. 또한 가족은 제한된 경제적 자본을 갖고 있다는 점에서 거시적 수준에서의 갈등을 볼 수 있다. 즉, 부족한 자원으로 다른 가족들과 다툼을 하고 있는 중이었다. 이 가족은 자본주의 사회에서 살고 있으므로 부와 수입에 대한 접근이 제한적이다. 따라서 가족이 다른 것을 포기하지 않는 한 미인대회 참가를 위한 자원과 참가비 때문에 쪼들리게 된다. 그리고 가족의 재정적인 제한 때문에, 각 가족구성원이 여행을 하는 도중 쉴 때마다 매끼 식사에 쓸 수 있는 돈은 엄격히 정해져 있었다. 이는 가족이 여행기간 동안 예산 범위 내에서 돈을 써야 한다는 것에 동의한 하나의 예이다. 가족이 동의를 했으므로 모든 사람은 음식에서 돈을 절약할 수 있었다.

마지막으로, 미인대회 기간 동안 올리브의 문화적 자본의 예를 볼 수 있다. 미인대회를 준비할 때 에드윈은 올리브에게 어린이 미인대회에서는 듣기 힘들고 물의를 빚을 수 있는 〈대단히 별난 사람〉이라는 노래에 맞춰 안무를 가르쳐 주었다. 이는 올리브 가족의 문화적 자본의 예시이다. 올리브는 다른 미인대회 참가자들처럼 중상류층에서 성장하지 않았다. 올리브의 문화적 취향과 선호는 다른 아이들과 달랐다. 올리브는 적절한 미인대회 예절에 대해 훈련받지 못했고, 외모 또한 문화적 자본을 나타냈다. 평범하게 생기고 다소 과체중이었으며, 큰 안경을 쓰고 있었고 다른 참가자들과 같은 머리 모양을 하지 않고 있었다. 따라서 올리브의 문화적 자본은 미인대회의 하위문화와 매우 달랐기 때문에 빛이 났다.

갈등이론에 대한 평가

갈등이론의 강점

갈등이론은 가족에 적용되는 모든 이론 가운데 가장 초기의, 가장 많은 영향을 미친 이론 중 하나이다. 가족학자들은 갈등이론이 개인과 가족이 권력을 어떻게 분배하고 변화에 대처하는지를 다루는 데 유용함을 알고 있다. 이 이론은 모든 가족이 시련과 어려움이 있으며 문제를 갖고 있다는 사실 그 자체가 아닌, 가족들이 피할 수 없는 갈등을 어떻게 해결해 나가는지를 인식하도록 도와준다. 따라서 갈등이론은 권력의 긍정적 측면과 부정적 측면을 이해하는 데 도움이 된다는 점에서 많은 강점을 지니고 있다.

갈등은 긍정적 변화를 이끎. 이 책에서 기술한 것처럼 그 범위에 있어 다양한 갈등이론은 미시적 수준에서의 가족 내 자원에 대한 접근과 권력 역동뿐 아니라 거시적 수준에서 가족들이 맞닥뜨리는 구조적 장애물을 이해하는 데 도움을 준다. 갈등이론은 가족역동을 자원에 대한 접근과 평등한 접근에 대한 투쟁의 틀에서 살펴본다. 그러나 이는 또한 종종 긍정적인 결과를 낳기도 한다. 동성애 커플 결혼에 있어 평등과 가족구성원이 맞닥뜨리는 어려운 문제들이 관리, 동의, 또는 해결로 결론지어질 때가 그런 경우이다. 갈등이론의 중요한 강점은 부당함과 문제를 제시하면서도 긍정적 결과로 귀결되는 데 있다.

보이지 않는 과정을 볼 수 있음. 최근의 갈등이론들은 가족 내에서 눈에 띄지 않는, 즉 쉽게 보이지 않는 과정들을 이해할 수 있도록 도와준다. 부모양육 방식처럼 우리가 보기 힘든 역동들은 구조적 수준에서 불평등을 재생산하는 데 기여한다. 예를 들어, 상호작용 과정을 통해 문화·사회·상징적 자본은 눈에 보이지 않게 자녀에게 전달되고, 이는 자녀들이 부모의 사회계층에 자리 잡도록 한다. 가족을 위한 운동장을 지원하는 특정한 정책 또는 프로그램들이 왜 효과적이지 않을 수 있는지를 이해하는 데 필수적이다. 교육 수준은 부모가 사회에서 권위자들과 어떻게 상호작용하는지를 예측 가능케 한다. 예를 들면, 초등학교에 있는 장애아를 위한 프로그램에 아이를 보낼 필요가 있을 경우 부모는 자녀를 위해 외부와 접촉하거나 변호해야 하는지를 잘 모를 수 있고, 무엇을 말해야 할지 또는 누구에게 물어보아야 할지를 정확히 알지 못할 수 있다. 또는 자녀들의 요구를 지속적으로 충족시킬 수 있는 능력을 갖고 있지 않을 수 있다. 어떤 경우에 부모들은 많은 시간이 걸리는 일들을 처리하기 위해 휴가를 낼 만큼의 시간이 없을 수도 있다. 따라서 갈등이론의 또 다른 장점은 눈에 보이는 과정과 보이지 않는 과정을 동시에 고려한다는 것이다.

실천적 함의. 갈등이론은 단순히 사회 과정을 이론화하거나 설명하는 방법이 아니다. 이 이론은 갈등에 있는 가족들을 관리, 동의, 해결로 이끄는 도구를 현장 실무자들에게 제공한다. 현장 실무자들은 갈등이론이 제공한 큰 그림에서 계층화에 의해 가족들이 맞닥뜨리는 구조적 장애물들을 생각할 수 있다. 동시에 갈등이론은 가족들이 갈등을 가족의 수준에서 해결하고 제시할 수 있도록 돕는다. 가족학 연구를 하는 데 있어 거시적이면서도 미시적 관점의 조합은 어떻게 외부압력이 가족 안에서 한계를 형성하고 그러한 어려움에 적응하는가를 이해할 수 있게 한다. 예를 들어, 노동자

계층 가족이 노인을 보살피는 데 있어 심각한 경제적 어려움이 있다고 하자. 그 노인을 위해 최고의 시설 비용을 지불할 여유는 없지만 근처에 사는 친척들이 있는 경우에는 돌봄 의무를 나누는 것에 동의할 수도 있을 것이다. 따라서 거시적 수준에서의 어려움(낮은 수준의 경제적 자본)은 사회적 자본 자원을 사용함으로써 미시적 수준에서 해결된다. 이는 어떻게 가족이 갈등을 관리하기 위해 동의에 도달하는지를 보여준다.

갈등이론의 약점

이 책 전체에서 말했던 것처럼, 모든 이론은 강점과 약점을 모두 갖고 있다. 갈등이론 또한 예외가 아니다. 여기에서는 가족역동을 연구할 때 이 이론을 사용하는 취약점에 대해 논의한다.

가족의 자원과 강점을 간과함. 갈등이론에 대한 비판 중 하나는 갈등이 파괴적임을 가정하여 가족역동을 부정적 측면에서 보는 가정이다. 많은 가족학자와 실천가는 거시적 수준에서 가족은 갈등이론가들이 제안하는 것만큼 불평등 트랙에 의해 제한되지는 않음을 주장할지도 모른다. 예를 들면, 트랙의 가장 바깥에 있는 가족들은 추가적인 가족갈등으로 이끄는 구조적 장애물들을 경험하지만 또한 중상류층에서는 흔치 않은 자원에 접근이 가능할 수도 있다. 유색인종, 특히 흑인 가족들은 친척과 함께 살기도 하며, 만나고, 상호 도움을 주고받는 등 더 강한 유대를 지니는 경향이 있다(Dilworth-Anderson, Williams & Gibson, 2002; Heath, 1983; Lareau, 2003; Stack, 1974; Talyor et al., 2013; Ward, 1971; Wilson, 1989). 또한 유색인종 가족들은 전통적으로 백인가족에 비해 자녀가 부모를 더 많이 도와야 한다고 생각하고, 친척에게서 받는 지원의 상호적 의무감이 더 뚜렷하다(AARP, 2001; Dilworth-Anderson, Williams, & Gibson, 2002; Talyor et al., 2013). 따라서 확대가족 연결망과 더 끈끈한 친척 관계를 발전시키고 경험하는 문화적 경향으로 인해 구조적 장벽을 약화시킬 수 있다. 가족체계이론(제6장)과 가족스트레스와 회복탄력성이론(제11장)은 가족 자원과 강점을 다루는 데 더 좋을 수 있다.

상호교차성을 간과함. 갈등이론의 또 다른 취약점은 불평등에 기여하는, 인종, 젠더, 성적 취향의 상호교차성과 같은 매우 복잡한 사회적 역동을 지나치게 단순화한다는 것이다. 가장 바깥 레인에 있는 자녀가 트랜스젠더에 대한 차별을 어떻게 경험하는가와 같은 질문이 그 예가 될 수 있다. 어떻게 가족들이 LGBTQ 문제들을 인식하는 데 있어 사회적 계층 차이가 있는지, 그리고 백인이 아닌 경우에는 어떨지와 관련된 질문도 또 다른 예시이다. 갈등이론은 이와 같은 상호교차적 상황을 살펴보게끔 하지 않으므로 범위에 있어 제한적이다. 이러한 상호교차성을 이해하기 위해 최근의 여성주의이론(제8장)을 살펴볼 것이다.

갈등이론과 현대의 사회계층 분류의 관련성에 대한 의문. 세 번째 갈등이론의 취약점은 현대 사회에 존재하는 사회계층의 분류를 지나치게 단순화하고 있다는 것이다. 갈등이론의 아버지인 Karl Marx는 종종 소유자와 노동자만 있는 두 개의 계층 체계를 만든 것에 대해 비판받는다. 현대 사회에서는 확실하게 중산층이 존재하며 소유자와 노동자 사이에 더 많은 구분이 있기 때문이다. 동일한 분석이 갈등이론의 가족에 대한 적용에도 해당된다. 가족 안에서 존재하는 갈등은 몇 개의 층과 원인이 있을 수 있음에도 권력이 있는 자와 없는 자로 양분함으로써 이러한 사실이 간과될 수 있다.

대안적 이론: 사회교환이론

이 장에서 갈등이론의 주요 개념, 기원과 배경, 현대적 적용과 함께 강점과 약점을 기술하였다. 기능주의에 대해 제2장에서 기술한 것처럼 이론을 비교하는 것은 더 쉽게 두 이론의 차이점을 찾아내는 데 유용하다. 또한 각각의 이론이 권력이라는 개념에 초점을 맞추었음에도 불구하고 권력관계에 대한 해석이 매우 상이함은 흥미롭다. 사회교환이론에 관한 글을 읽지 않았더라도 걱정할 필요는 없다. 여러분의 이론 앱을 언제라도 변화시킬 수 있는 능력을 계속 향상시키기 위해 이 장에서 다룬 마리의 예로 비교할 것이다.

이 장에서 배운 바와 같이 갈등이론은 권력 관계를 거시적 관점과 미시적 관점 모두에서 살펴본다. 대조적으로 사회교환이론(제7장)은 가족구성원 개인은 다른 가족구성원과 교환에 있어 가장 좋은 거래에 관심이 있고 또 그럴 수 있는 능력이 있음을 가정하면서 개인을 분석의 단위로 사용한다. 가족 내에서 발생하는 교환은 의사결정을 이끄는 권력과 보상에 대한 양 당사자 간의 욕구에 기반한다. 이 이론은 가족 내 개인은 자신을 위한 최선의 거래 협상 능력을 갖고 있음을 가정하고 가족역동을 더 잘 이해하기 위해 미시적 수준의 거래와 교환에 초점을 둔다. 어떻게 마리의 가족생활을 사회교환이론으로 설명할 것인가? 사회교환이론을 적용할 경우, 먼저 마리 가족이 사회계층 사다리에서 낮은 쪽에 위치해 있다는 구조적 불평등은 무시할 것이다. 반대로 마리와 가족, 또는 마리 어머니와 아버지 사이에 발생하는 실제적 자원의 교환을 곧바로 살펴볼 것이다. 사회교환이론가들은 마리와 부모님이 각 개인이 가장 좋은 거래를 성사시키기 위해 협상하는 상호작용에 참여하는지에 대해 질문할 것이다. 어떠한 자원, 권력, 보상이 가족 안에서 사용 가능한지에 초점을 두고 어떻게 각 가족구성원이 개별적으로 잠재적 이익과 손실을 비교하면서 협상하는지를 분석한다. 사회교환이론과 갈등이론의 가장 중요한 공통점은 자원에 대한 갈등이 가족 내에서 피할 수 없는 것이며 협상은 한 사람이 이기면 다른 사람은 지는 제로섬 게임이라는 가정이다.

갈등이론의 적용: 연구와 실천의 통합

지금까지 갈등이론의 역사적 기원, 주요 개념 및 가정, 장단점을 기술하였으므로 어떻게 이론이 연구와 현장에서 사용될 수 있는지를 살펴보자. 그다음 어떻게 학자들이 이론을 연구 프로젝트에서 사용하는지를 알아보기 위해 갈등이론에 뿌리를 둔 실증 연구를 분석한다. 마지막으로, 어떻게 이론이 가족 정책 현장에 중요한 정보를 제공하는지에 대한 아이디어를 기술하도록 한다.

갈등이론의 현재

이 장 전체에서 논의했던 것처럼 갈등이론을 사용하는 연구자들은 갈등을 초래하는 가족 안팎의 권력 갈등을 기술하면서 다양한 방법으로 가족학에 이 이론을 적용한다. 제1장에서 의료비용 증가, 수명연장, 출산률과 시기의 변화, 여성의 노동참여

증가와 같은 사회의 인구학적 변화를 기술하였다. 이러한 인구변화는 특정한 시기에 한 가족 안에 이전에 비해 더 많은 세대가 존재하고 각 세대는 매우 다르며 갈등적인 생애주기단계에 있음을 의미한다. 이러한 사실은 가족 돌봄에 대한 전례 없는 요구를 초래한다(Allen, Blieszner, & Roberto, 2011; Cherlin, 2010; Silverstein & Giarrusso, 2010). 인구 전체에 영향을 미치는 이러한 요인들이 어떻게 가족 내에서 갈등과 부담을 발생시키는지를 이해하는 것은 중요하다.

현대 가족 관련 이슈를 연구하기 위해 갈등이론이 사용되고 있는 가족학 내에서의 한 분야는 세대 간 양가성 이론이다(intergenerational ambivalence theory: IGA, Luescher & Pillemer, 1998). IGA 이론은 가족구성원들은 다른 구성원에게, 특히 돌봄 관계에서 사랑과 증오를 동시에 느낄 수 있음을 제안한다. 따라서 노인 부양에 대한 책임, 사랑, 의무라는 감정이 돌봄 관계에서 동시에 존재할 수 있다. 이 이론은 가족구성원은 결코 조정 가능하지 않은 관계에서의 모순을 경험함을 제안하면서 양가성이라는 개인적 수준과 구조적 수준의 감정을 모두 고려한다. 개인적인 수준에서 발생하는 사랑과 근심이라는 개인적인 감정과 사회 구조적 수준에서 발생하는 직장과 핵가족 내에서의 다른 책임들에 대한 의무감을 포함할 수 있다. 인구학적으로, 부부는 30대 중반에서 후반에 가족을 시작하므로 자녀들이 고등학교를 졸업할 때에는 50대에 접어들 수 있는 인생 궤적을 따르게 된다. 동시에 자신의 부모들은 70대 또는 80대이므로 병원을 다니거나 만성적 또는 심각한 질병과 일반적인 독립성의 상실로 도움이 필요하게 된다. 자녀와 부모를 돌보는 사이에 끼여 버린 사람들은 샌드위치 세대의 구성원으로 일컬어져 왔다. 이 집단은 돌봄을 받는 사람에 대해 양가적 감정을 느낄 위험에 처하게 되는데, 이는 갈등적인 책임과 의무를 해내야 하는 스트레스는 부차적인 돌봄이라는 책임으로 인한 사랑, 의무감, 당혹감, 분노의 동시적 감정에 적합하기 때문이다(Henderson, 2013). 덧붙여서, 불평등 트랙에서의 가족의 지위로 인해 샌드위치 세대의 구성원들은 돌봄과 관련된 긴장 감소에 도움이 되는 가정 내 의료 서비스 비용을 지불할 때 도움이 되는 경제적 자원에 대한 접근이 있을 수도 있고 없을 수도 있다. 그러나 바깥쪽 레인에 있는 가족들은 자신들에게 의지하는 확대가족 구성원이 있을 뿐 아니라 가족구성원을 돌보기 위한 유급휴가가 없는 저임금 직업에 종사할 가능성이 있다. 이는 필요한 자원에 접근할 수 있는 능력을 제한하고, 이러한 능력의 제한은 가족 내 양가감정을 악화시킨다. IGA는 구조적 수준과 개인적 수준에서 갈등이론을 활용하는 데 유용한 최근의 방법이다.

갈등이론 적용 연구 현황

현대 가족학자들은 갈등이론의 기본적 원리를 바탕으로 어떻게 불평등이 가족 안 팎에서 지속되는지를 더 잘 이해하게 되었다. Annette Lareau의 연구(2003)에서 가족 간의 사회적 불평등은 상이한 사회계층 배경을 가진 가족 내에서 발생하는 보이지 않는 부모양육방식에서 비롯된다고 제안하였다. 따라서 Lareau의 연구는 어떻게 거시적 수준의 힘을 가족의 일상생활에서 발생하는 미시적 수준의 상호작용과 연결시킬 것인지에 대한 이상적인 예시이다. Lareau는 중산층, 노동자계층, 빈곤층의 12가족과 그 자녀들을 인터뷰하고 관찰하였다. 연구대상자 중 약 절반은 흑인이었고, 나머지는 백인이었다.

Lareau의 연구 방법은 세 단계로 이루어졌다. 첫 번째 단계에서 Lareau와 연구조교들은 중서부지역에 있는 공립학교의 3학년 두 개 학급을 참여 관찰하였다. 2개월 동안의 관찰 후 Lareau는 그 3학년들의 가족을 인종과 사회계층에 따라 구분하였고 부모님들에게 인터뷰를 요청하였다. 부모들 중 90%가 인터뷰에 동의하였는데, 이는 바로 인터뷰 요청 뒤 참여할 것에 동의한 참여자의 퍼센트를 의미하는 응답률이다.

Lareau 연구의 두 번째 단계에서는 연구의 범위를 확장하기 위해 서로 다른 자료 수집 장소를 포함하였다. 이 단계를 위해 Lareau와 연구조교들은 미국 북동부 지역의 3학년 2개 학급을 15개월 동안 참여 관찰하였다. 이후 이 3학년 학생들의 가족 중 17가족을 인터뷰하였다. 세 번째 연구 단계에서 연구자들은 이전에 인터뷰했던 12명의 아동과 그 가족들의 가정 안에서 관찰하였다. 3주 동안 연구 팀 중 한 명이 평범한 일상에 참여하면서 가족과 함께 몇 시간을 보냈다. 이 가정 안에서의 관찰은 최소한 하룻밤을 함께 지내고 야구시합이나 교회와 같은 행사에 참여하며 일상의 평범한 활동에 참여하는 것을 포함하였다. 현장 관찰자들은 관찰 및 녹화 그리고 메모를 했고 이는 이후 분석의 틀을 잡는 데 사용되었다. 또한 그 3주 동안 가족구성원들과의 인터뷰도 활용하였다. 연구자들은 현장 관찰자와 관찰할 가족의 특성을 유사하게 하기 위한 단계도 거쳤다. 남아가 있는 흑인 가족들의 경우는 그 팀에 흑인 남성인 대학원생을 현장 관찰자로 포함하였고, 백인 남성 현장관찰자는 백인 남아가 있는 빈곤층을 관찰하였다. 한 주 동안 떠오르는 분석 주제를 검토하기 위해 연구팀은 만나서 메모를 비교하였다(Lareau, 2003).

이 연구의 목표는 초등학교 연령의 자녀가 있는 가족들의 일상생활 리듬의 실제 현실을 아는 것이었는데, 특히 사회계층에 따라 일상생활이 어떻게 달라지는지에 주목하였다. 연구 결과는 Lareau가 동전의 양면으로 제시한 집중교육(concerted cultivation)과 자연적 성장 모델(the natural growth model)의 차별화된 부모양육방식의 두 접근을 보여 준다. 집중교육은 중산층 부모들이 장려하는 것으로 부모들은 가족생활에서 여러 연령에 따라 우선시되는 특정화된 활동들에 자녀가 참여하도록 한다. 부모들은 이런 활동들이 자녀의 재능과 의견, 기술을 키우고 중요한 생활 기술도 제공할 것으로 믿고 있었다. 논리성 및 언어(예: 질문에 질문으로 답하기) 발달과 자녀들이 생각하고 스스로를 대변할 수 있도록 격려하는 것이 중산층 부모들이 생각하는 중요한 생활기술에 포함되었다. 반대로 노동계층과 빈곤계층 가족들은 자연적 성장모델을 강조하였다. 이 모델은 자녀들의 기본 욕구가 충족된다면 성장하고 발전할 것이라는 생각에 기초한다. 이 아동들은 조직화된 활동에 거의 참여하지 않고 확대가족과 더 끈끈하고 풍부한 관계뿐 아니라 더 많은 자유시간을 갖고 있었다(Lareau, 2003).

Lareau가 연구에서 발견한 것은 중산층 부모들의 집중교육 접근을 통해 자녀들이 스스로 권한을 갖고 있다는 느낌을 발달시켰다. 이 결론은 삼각화라고 하는 방법에 의해 도출되었다. 즉, 여러 자료와 함께, 결과를 해석하기 위해 자료를 분석하는 데 있어 여러 명의 연구자를 활용한다. Lareau를 포함한 세 명의 연구자로 이루어진 팀이 모든 가족을 관찰하고 인터뷰와 참여관찰을 비롯하여 서로 다른 방법으로 자료를 수집하였다. 관찰을 하지 않았다면 아이들이 권한을 갖고 있다는 생각을 갖도록 이끄는 양육방식이라는 결론에 도달하지 못했을 수 있다. 연구자들은 병원과 교실 내에서 자녀가 권한이 부여된 행동을 관찰하였고 부모 인터뷰 자료를 포함한 다른 자료에서도 집중양육 접근은 이러한 행동을 이끈다는 것을 추론할 수 있었다.

다른 한편으로 Lareau는 자연적 성장 모델은 노동계층과 빈곤층 자녀들이 제약의식(sense of constraint)을 발달시키는 결과를 초래한다고 결론지었다. 이는 조심스럽게 행동하고 말하라고 할 때만 말하며 학교 관계자와 같은 권위적 인물들을 불신하는 것이 특징이다. 아이들 중 한 명이 인터뷰에서 어머니가 학교 관계자를 불신함을 알고 있음을 내비쳤을 때 연구자들은 어머니가 교사와 상담하는 동안 상호작용하는 것을 보면서 이러한 점을 확인할 수 있었다. 다양한 수준에서 실제 현장의 갈등이론을 알 수 있다. 노동자계층과 빈곤층 부모들은 구조적으로 사회에서 불이익을 받고 있고, 자녀들에게는 사회계층의 제약들이 가족 안 개인적 수준에서 재창조된다. 이 연구에서 갈등이론을 거시적 수준과 미시적 수준 모두에서 볼 수 있었으며 또한 연구자가 이론적 복잡성을 포착할 목적으로 설계된 연구 방법을 사용하여 어떻게 다양한 자료 자원과 기법을 통해 이론을 적용할 수 있는지도 알 수 있었다.

갈등이론의 현장 적용

갈등이론을 교육자, 현장 실무자, 가족 정책 입안자들이 개인 및 가족에게 적용할 수 있는 몇 가지 방법이 있다. 가족학자들이 갈등이론을 활용할 수 있는 가장 중요한 분야는 정책 개발이다. 제1장에서 소개된 바와 같이 미국 가족의 인구 모습은 변화하고 있다. 현재 「1993 가족 및 의료휴가법령[the Family and Medical Leave Act of 1993(FMLA), 2006]」은 50명 이상의 피고용인을 가진 사업장은 피고용자들의 가족(예: 신생아, 치매 걸린 가족)을 보살필 수 있도록 12주간의 무급휴가를 줄 것을 의무로 규정하고 있다. 갈등 관점에서 이 정책에 대해 누가 혜택을 받고, 누가 포함되며, 누가 제외되는지와 같은 몇 가지 질문을 할 필요가 있다.

먼저, 이 정책은 50명 미만의 피고용인이 있는 사업장에서 일하는 사람들을 포함하지 않고 있다. 따라서 소규모 사업장은 피고용인들에게 가족 휴가를 제공하는 것에서 제외된다. 또한 아이 출생과 같은 경우 FMLA는 12주 동안의 무급휴가를 허가한다. 대부분의 가족이 기본생활수준을 유지하기 위해 맞벌이에 의존하는 현 경제에서 한 명의 월급 없이 세 달을 살 수 있을 것인가? 만일 그렇다면 다음에 고려해야 할 점은 신생아를 돌보기 위해 누가 직장을 그만두는가이다. 젠더의 전통적 관념은 어머니가 자녀와 함께 있어야 함을 주장하지만 고용이라는 경제적 현실에 의해서도 이는 지지받는다. 여성은 여전히 남성들의 월급에 80%를 임금으로 받고 있으므로(Bureau of Labor Statistics, 2010), 더 적은 월급을 가족에 기여하는 부모(대부분 어머니)로부터의 수입을 잃는 것이 경제적으로 더 논리적이다. 이러한 방식으로 가족은 여성 육아휴직 기간 동안 남편의 월급을 지켜 낸다.

갈등이론을 현장에 적용하는 것, 또는 이 경우 정책 개발은 우리가 명확히 어떻게 거시적 수준의 구조가 미시적 수준에서 가족에게 영향을 줄 수 있는지를 알 수 있게 한다. 가족을 지원할 것으로 추정되는 정책들은 가장 필요할 때 실제로는 가족 내 갈등을 초래할 수 있다. 특히 돈 없이 3개월을 지낼 수 없는 한부모가족에게 불이익을 줄 뿐 아니라 누가 신생아와 집에 머무를 것인가에 대해 부부가 동의하지 않을 경우 가족 내 갈등을 초래할 가능성도 있다. 시간이 지나면서 여성들은 자녀 양육뿐 아니라 연로하여 도움이나 돌봄이 필요한 부모를 부양할 것으로 예상된다. 여성들은 가족구성원을 돌보기 위해 직장을 그만둘 가능성이 높고 이는 여성들의 승진에 대한 접근, 사회보장 및 퇴직 연금과 같은 소득의 가능성을 제한한다. 시간이 경과하면서, 직장생활을 계속한 사람들이 축적할 수 있는 소득, 연금과 다른 부를 잃게 되므로 돌봄을 수행하기 위해 직장을 그만둔 여성들에게 불이익은 점점 더 쌓이게 된다.

결론

갈등이론은 연구자와 실천가들에게 이론을 개념적 수준을 넘어서 활용할 수 있는 중요한 아이디어를 제공해 왔다. 적용에 있어서 광범위하지만 제한적이라는 비판을 받은 이후 가족학자들은 갈등이론이 가족갈등의 다양한 수준에 적용될 수 있는 방법들을 발전시켜 왔다.

더불어 갈등이론이 지역에 상관없이 가족을 연구하는 데 어떻게 적용 가능한지를 강조하는 것은 중요하다. 법적인 보호에 대한 접근은 갈등이론가와 가족학자들에게 중요한 고려사항이며, [글상자 3-3]은 어떻게 동성 결혼이 일부 국가에서는 보호받지만 다른 국가들에서는 보호받지 못하는지를 강조하고 있다. 당신은 왜 그렇다고 생각하는가? 갈등이론이 우리가 강조하는 국가 간 차이점을 설명하는가? 여러분은 이 장의 마지막 페이지에서 토론 질문과 생각해 볼 문제, 향후 연구를 위한 분야를 살펴보면서 어떻게 이론을 국제적으로 적용할 수 있는지를 생각해 보게 될 것이다.

글상자 3-3   동성 결혼의 국제적 비교

동성 결혼을 합법화하는 데 있어 국가 간 다양성이 존재한다.

아르헨티나, 캐나다, 네덜란드, 스페인은 국가 전체에서 동성 결혼이 인정된다.

멕시코, 영국은 동성 결혼이 몇 개 지역에서만 인정된다.

아르메니아, 이탈리아, 네팔은 동성 결혼이 보류되어 있거나 고려 중이다.

쿠바, 감비아, 사우디아라비아, 대한민국은 동성 결혼이 불법이다.

출처: www.pewforum.org/2015/06/26/gaymarriage-around-the-world

추천 멀티미디어

www.zachwahls.com

2011년 아이오와주의회 전 증언했던 자크 월스의 홈페이지이다. 이 홈페이지는 자크가 무엇을 하고 있는지를 알 수 있고, 최근 블로그와 인터뷰, 자크의 책인 『내 두 명의 엄마(My Two Moms)』(2012)에 대한 정보를 읽을 수 있는 링크를 포함한다.

이론 앱 활성화하기: 월스의 연설, 블로그 글, 생애와 같은 자료에서 Bourdieu의 자본의 예를 찾아보자.

http://www.epi.org/resources/budget/

경제정책협회(the Economic Policy Institute)의 '가족 예산 계산기(Family Budget Calculator)' 페이지이다. 이 예산 계산기에 매년 업데이트되고 사용자가 자신의 가족 형태(예를 들면, 한부모가족, 한자녀가족), 거주하는 도시와 주를 입력할 수 있다. 입력된 인구학 정보에 근거해서 주거, 음식, 자녀 돌봄, 교통비, 의료비, 세금, 기타 필수품에 드는 월비용을 측정해 준다. 이 웹사이트는 종종 과소평가되는 자녀 양육과 관련된 비용을 학생이 이해할 수 있게 하는 데 유용하다. 학생들은 자신들의 재정 결과와 정부 빈곤선과 자신들이 거주하는 지역의 평균 월급과 임금을 비교할 수 있다.

이론 앱 활성화하기: 현재 가족 상태에 근거해서 여러분의 예산을 계산해 보자. 목록

에 있는 현재 비용(교육비 포함)을 모두 합하고 두 개의 숫자, 즉 여러분이 현재 얼만큼 소비하고 있고 웹사이트에서 계산된 기본 생활 수준을 유지하기 위해 필요한 비용을 비교해 보자. 결과가 어떠한가? 한부모가족, 두 자녀가 있는 양부모가족을 대상으로 계산해 보자. 결과에 대해서 놀랐는가?

못말리는 패밀리(Arrested Development; 2003~2006, 2013)

이 코미디 텔레비전 시리즈에서 역기능적인 부유한 가족은 이 드라마의 주요 등장인물인 마이클 블러스가 닥쳐올 재정 파탄에서 빠져나와야 하는 절박한 어려움에 처해 있다. 이 드라마는 가족구성원이 가족 내에서 자원을 놓고 경쟁하므로 미시적 수준의 갈등을 보여 준다. 또한 과거 교묘한 말로 불법적인 사업 경영에서 빠져나온 가부장적인 조지 블러스의 능력을 통해 문화적 자본과 상징적 자본의 예시를 제공한다. 가족의 자본은 배우가 되기를 바라는 사위인 토비어스와 대비된다. 시리즈 전체에서 마이클은 가족이 함께 모이기를 강요하는데, 이는 갈등 관리와 때로는 갈등 해결 및 동의를 보여 준다.

이론 앱 활성화하기: 여러분이 이 시리즈에서 Bourdieu의 경제, 문화, 사회적 자본 개념 예시를 찾아볼 수 있는지 살펴보자. 어떻게 가족이 다른 형태의 자본 때문에 구성원을 보호하는가? 여러분의 가족과 어떻게 다른가?

〈못말리는 패밀리〉의 한 장면(2003)

위즈(Weeds, 2005~2012)

이 코미디 드라마는 가족체계이론(제6장)에서도 등장한다. 이 드라마에는 남편이 갑자기 사망한 후 두 자녀의 어머니인 낸시가 가족을 부양하기 위해 마리화나를 팔기 시작하는 이야기가 나온다. 낸시는 새로운 재정적 어려움과 매일매일 어머니로서의 의무를 관리하는 데 어려움을 겪게 되는데 이는 미시적 수준에서의 갈등 관리를 나타낸다. 이 드라마에서 낸시가 문제를 해결하기 위해 새로운 지인들로 이루어진 네트워크(마약 판매상)에 종종 의존해야 하므로 문화적 자본과 사회적 자본의 예시를 보여 준다. 문화적 자본과 경제적 자본은 새로운 직업에 의해 바뀌게 된다.

이론 앱 활성화하기: 거시적 수준에서의 갈등이론의 예가 이 시리즈에 있는지, 낸시 가족 수준의 생활을 가능케 하기 위해 힘들게 일하고 때로는 불법적인 일을 하는 가족구성원들에 대해 생각해 보자. 어떻게 갈등이론이 거시적 수준에서 전체 공동체에 적용되는가?

〈위즈〉의 한 장면(2005)

추천 참고도서 및 논문

Ehrenreich, B., 『노동의 배신(Nickel and Dimed)』(New YorK: Macmillan, 2010). Barbara Ehrenreich는 1996년 복지개혁 법안의 파급효과를 조사하기 위해 국가 전역에서 저

임금 노동자로 일한 경험을 기술하였다. 웨이트리스, 호텔 메이드, 청소부, 노인 요양원 보조, 월마트 판매원으로 일하면서 직장을 오가기 위한 교통비, 주거비, 음식과 같은 기본 필수품을 구입하기 위해서는 두 개의 저임금 직업이 필요한 것을 포함하여 저임금 노동자의 실제 생활을 알게 되었다. 저자는 고용, 자녀 양육, 만성 질환, 가정 폭력을 마주치면서 자신과 동료들의 삶의 현실을 철저히 조사했으므로 독자들은 거시적 수준과 미시적 수준 모두에서의 갈등이론을 찾아낼 수 있을 것이다.

Hochschild, A. R., 『시간의 구속(The time bind: When home become work and work become home)』(New York: Holt, 1997). Arlie Russel Hochschild는 노동자 계층 가족이 마주하게 되는 갈등의 원인이 부모들이 가족을 부양하기 위해 더 많은 시간 동안 일을 해야 함을 밝히고 있다. 이는 다시 가정 내에서 더 많은 스트레스를 초래하고 부모가 가정 내 긴장에서 도망치기 위해 더 많은 노동 시간을 구하게 한다. Hochschild는 부모는 일에 내몰리는 결과로 남겨진 손상을 복구하기 위해 필연적으로 시간을 보내야 하므로 일-가정 갈등에서 벗어나려는 이러한 시도는 더 많은 어려움을 초래하게 된다고 강조한다.

Jaramillo-Sierra, A. L., & Allen, K. R., "Who pays after the first date? Young men's discourses of the male provider role," *Psychology of Men and Masculinity, 14* (2013), 389-399 (doi: 10.1037/a0030603). 이 질적 연구는 남자 대학생들에게 여성과의 데이팅 관계에서 지불 방식에 대한 인식을 기술하도록 요청하였다. 모든 참여자가 남성이 첫 번째 데이트에서 돈을 내야 한다고 믿고 있는 반면, 첫 번째 데이트 이후 지불 역할에서는 네 가지 유형의 담론이 나타났다. (a) 자기 중심적 제공자(the self-centered provider)는 여성에 대해 부정적이고 불평등적인 인식과 교환 지불의 담론을 갖고 있었다. (b) 기사도적인 제공자(the chivalrous provider)는 여성에 대한 이상화된 인식과 의무적으로 돈을 지불해야 한다는 담론을 갖고 있었다. (c) 기사도적-평등적 공유 제공자(the chivalrous-equal sharing provider)는 여성에 대해 이상화된 인식과 평등하게 나누어서 돈을 지불해야 한다는 담론을 지니고 있었다. (d) 상호적 제공자(the mutual provider)는 여성을 평등하게 인식하며 평등하게 나누어서 지불하는 담론을 지니고 있었다.

Kozol, J., 『레이철과 그녀의 아이들: 미국의 노숙자 가족(Rachel and her children: Homeless families in America)』(New York: Random House, 2006). Jonathan Kozol 은 1980년대 뉴욕의 복지 정책을 비판하기 위한 시도로 레이철의 노숙에 대한 이야기를 기술한다. 이 책은 가족에 대한 과학적 연구는 아니지만 어떻게 가족들이 공공정책, 관료체계, 노숙에 의해 영향을 받는지를 이해하는 데 도움되는 실화이다. Kozol은 레이철과 그 가족들과 같은 실제 인물들의 이야기를 기술한다. 이 가족들은 게으르거나, 미치거나, 부적응자가 아니고 그보다는 이 가족을 도와줄 의무가 있는 불충분하고 부적절한 정책으로 인해 고통받고 있다.

Mills C. W., 『파워엘리트(The Power Elite)』(New York: Oxford University Press, 1956). 사회학에서 가장 중요한 책 중 하나인 이 책은 사회 내 군대, 회사, 정치적 영역의 상호교차성이 어떻게 사회의 현실을 결정하는가를 설명한다. C. Wright Mills는 또한 어떻게 부유한 가족이 자유로운 세계의 대부분의 파워엘리트 지배에 기여하는가에 대해 설명한다. 이 책은 어디에서나 부유한 가족은 부를 한 세대에서 다른 세대로 상속할 때 얼마나 영향력이 있으며, 이를 통해 계층 구조가 재생산된다는 것을 포함하여 가족에 대해 당연시되는 생각들이 틀렸음을 밝히고 있으므로 가족학, 사회학과 다른 분야의 학자들에게 유용하다.

생각해 볼 문제

● 토론 질문

1. 자원에 대한 갈등의 외부적, 내부적 원인 모두를 이해하는 것이 중요합니까? 어떻게 이 두 원인이 가족 안팎에서의 이익과 불이익 발생에 있어 상호작용하나요?

2. 안쪽에 있는 트랙에 있는 가족들은 거의 무한한 자원에 대한 접근이 가능한데도 갈등을 경험할까요? 반대로 4레인(구조적으로 가장 많은 불이익이 있는 레인)에서 매우 적은 가족 내 갈등을 경험하는 것이 가능한가요? 여러분의 답을 설명하고 이를 뒷받침해 봅시다.

3. 갈등이론을 이용해서 불평등 트랙의 각 레인이 어떻게 서로에게 의지하고 있는 가를 설명해 봅시다. 안쪽 레인은 다른 레인이 없이 기능할 수 있습니까? 바깥 쪽 레인은 어떠합니까? 즉, 안쪽 세 개의 레인에 의지하고 있는 빈곤 노동자 계층 가족들은 다른 레인 없이 기능할 수 있습니까? 그 이유는 무엇인가요?

4. 이 책에서 갈등이론과 가장 유사하고 가장 다른 이론은 어떤 이론일까요?

5. 자본의 유형을 기술해 봅시다. 어떻게 시간에 따라 변화합니까? 다시 말해, 가족 이외의 서로 다른 사회제도들이 어떠한 방식으로 개인들에게 서로 다른 자본에 대한 접근을 제공할까요?

6. Marx의 원조 갈등이론을 현대 사회에 적용한다면 어떨지를 기술해 봅시다. 이 이론이 현대 사회에도 적용 가능한가요?

● **개별 과제**

「1993년 가족 및 의료휴가법령」의 강점과 약점을 결정하는 책임을 지고 있다고 상상해 봅시다. 여러분을 고용한 사람은 법령에 대한 꼼꼼한 이론적 분석과 강점 및 약점에 기반한 변화에 대한 제안을 요구하고 있습니다. 이 장에서의 용어를 사용하여 정책을 기술하고 갈등의 외적, 내적 요인에 근거하여 제안을 제시해 봅시다.

● **개인 반영 질문**

1. 이 장에서 제시한 불평등 트랙에서 여러분은 어디에 있는지 생각해 봅시다. 다른 레인에는 누가 있나요? 여러분과 가족에게 특권 또는 불이익의 원인이 된 장애물에 대한 접근의 예를 삶에서 생각해 볼 수 있습니까? 어떻게 외적 힘들이 가족 내에서의 자원에 대한 갈등에 영향을 미쳤습니까?

2. 여러분의 삶이 위쪽으로 올라가거나 아래쪽 레인으로 내려갈 경우 어떻게 달라질지 생각해 봅시다. 무엇이 여러분의 가능한 궤도 위에 있나요? 많은 사람이 위로 올라가는 것이 가능할까요? 혹은 내려가는 것은 가능할까요? 다른 레인들은 서로 어떻게 의존하고 있습니까?

3. 여러분의 가족이 어떻게 내적 갈등을 경험했고 그 갈등을 관리 또는 해결했는지

에 대한 예를 들어 봅시다.

4. 여러분의 가족을 생각해 보고 어떠한 경제적, 사회적, 문화적, 상징적 자본을 갖고 있는지를 기술해 봅시다. 여러분의 자본이 위쪽 레인으로 올라가는 것에 도움을 주었습니까, 또는 해를 미쳤습니까?

5. Lareau가 개념화한 부모의 양육 접근인 집중양육과 자연적 성장모델을 생각해 봅시다. 여러분이 성장한 방식과 어떤 것이 가장 유사합니까? 여러분이 자녀를 갖게 된다면, 어떠한 접근을 사용할 가능성이 많은가요? 왜 그렇습니까?

6. 갈등이론은 구조적 불평등을 분석하는 것에서부터 자원에 대한 형제간 갈등까지 매우 다양한 수준에서 가족을 연구하는 데 사용할 수 있습니다. 여러분이 가장 흥미롭다고 생각하는 갈등의 측면은 무엇인가요? 미시적인 것인가요, 아니면 거시적인 것인가요? 어떠한 면에서 그렇습니까?

참고문헌

AARP (American Association of Retired Persons) (2001). *In the middle: A report on multicultural boomers coping with family and aging issues*. Washington, DC: Belden Russonello and Stewart.

Adams, B. N., & Sydie, R. A. (2002). *Classical sociological theory*. Thousand Oaks, CA: Sage.

Allen, K. R., Blieszner, R., & Roberto, K. A. (2011). Perspectives on extended family and fictive kin in the later years: Strategies and meanings of kin reinterpretation. *Journal of Family Issues, 32*, 1156-1177. doi: 10.1177/0192513X11404335.

Appelrouth, S., & Edles, L. D. (2011). *Classical and contemporary sociological theory: Text and readings*. Los Angeles: Pine Forge Press.

Bernard, J. (1982). *The future of marriage*. New Haven: Yale University Press.

Blank, O., Knowles, L. L., & Prewitt, K. (1970). *Institutional racism in America*. Englewood Cliffs, NJ: Prentice Hall.

Bourdieu, P. (1990). *In other words: Essays towards a reflexive sociology*. Palo Alto, CA: Stanford University Press.

Bureau of Labor Statistics (2010). *Women in the labor force: A databook*. U. S. Department of Labor. At http://www.bls.gov/cps/wlftable17-2010.htm.

Cherlin, A. J. (2010). Demographic trends in the United States: A review of research in the 2000s. *Journal of Marriage and Family, 72*, 403-419. doi: 10.1111/j.1741-3737.2010.00710.

Dilworth-Anderson, P., Williams, I. C., & Gibson, B. E. (2002). Issues of race, ethnicity, and culture in caregiving research: A 20-year review (1980-2000). *Gerontologist, 42*, 237-272. doi: 10.1093/geront/42.2.237.

Family and Medical Leave Act of 1993, 29 U.S.C. §2601-2654 (2006).

Farrington, K., & Chertok, E. (1993). Social conflict theories of the family. In P. G. Boss, W. J. Doherty, R. LaRossa, W. R. Schumm, & S. K. Steinmetz (eds.), *Sourcebook of family theories and methods: A contextual approach* (pp. 357-384). New York: Plenum.

Gibb, S. J., Fergusson, D. M., Horwood, L. J., & Boden, J. M. (2014). The effects of parenthood on workforce participation and income for men and women. *Journal of Family and Economic Issues, 35*, 14-26. doi: 10.1007/s10834-013-9353-4.

Gilman, C. P. (1998). *Women and economics: A study of the economic relation between men and women as a factor in social evolution*. Mineola, NY: Dover. (Originally published 1898.)

Heath, S. B. (1983). *Ways with words: Language, life and work in communities and classrooms*. Cambridge, UK: Cambridge University Press.

Henderson, A. C. (2013). Defining caregiving relationships: Using intergenerational ambivalence theory to explain burden among racial and ethnic groups. In S. Marrow & D. Leoutsakas (eds.), *More than blood: Today's reality and tomorrow's vision of family* (pp. 289-303). Dubuque, IA: Kendall Hunt.

Hochschild, A., & Machung, A. (1989). *The second shift: Working parents and the revolution at home*. New York: Viking.

Jackson, J. B., Miller, R. B., Oka, M., & Henry, R. G. (2014). Gender differences in marital satisfaction: A metaanalysis. *Journal of Marriage and Family, 76*, 105-129. doi: 10.1111/jomf.12077.

Kahlenberg, R. D. (ed.) (2010). *Affirmative action for the rich: Legacy preferences in college admissions.* New York: Century Foundation Press.

Lareau, A. (2003). *Unequal childhoods: Class, race, and family life.* Berkeley: University of California Press.

Luescher, K., & Pillemer, K. (1998). Intergenerational ambivalence:A new approach to the study of parent-child relations in later life. *Journal of Marriage and the Family, 60,* 413-425. doi: 10.2307/353858.

Marx, K. (1977). *The economic & philosophic manuscripts of 1844,* in a single vol. with K. Marx & F. Engels, *The communist manifesto,* ed. Dirk J. Struik, trans. Martin Milligan. New York: International. (Originally published 1844 and 1848.)

Piven, F. F., & Cloward, R. A. (1971). *Regulating the poor: The functions of public welfare.* New York: Random House.

Quinney, R. (1970). *The social reality of crime.* Boston: Little, Brown.

Ritzer, G. (2010). *Sociological theory* (8th edn). New York: McGraw-Hill.

Sassler, S. (2010). Partnering across the life course: Sex, relationships, and mate selection. *Journal of Marriage and Family, 72,* 557-575. doi: 10.1111/j.1741-3737.2010.00718.x.

Silverstein, M., & Giarrusso, R. (2010). Aging and family life: A decade review. *Journal of Marriage and Family, 72,* 1039-1058. doi: 10.1111/j.1741-3737.2010.00749.

Solomon, S. E., Rothblum, E. D., & Balsam, K. F. (2005). Money, housework, sex, and conflict: Same-sex couples in civil unions, those not in civil unions, and heterosexual married siblings. *Sex Roles, 52,* 561-575. doi: 10.1007/s11199-005-3725-7.

Sprey, J. (1969). The family as a system in conflict. *Journal of Marriage and the Family, 31,* 699-706. doi: 10.2307/349311.

Sprey, J. (1979). Conflict theory and the study of marriage and the family. In W. R. Burr, R. Hill, F. I. Nye, & I. L. Reiss (eds.), *Contemporary theories about the family: General theories/theoretical orientations* (vol. 2, pp. 130-159). New York: Free Press.

Sprey, J. (1999). Family dynamics: An essay on conflict and power. In M. Sussman, S. K. Steinmetz, & G. W. Peterson (eds.), *Handbook of marriage and the family* (pp. 667-685). New York: Plenum Press.

Stack, C. B. (1974). *All our kin: Strategies for survival in a Black community.* New York: Harper & Row.

Taylor, R. J., Chatters, L.M.,Woodward, A. T., & Brown, E. (2013). Racial and ethnic differences in extended family, friendship, fictive kin, and congregational informal support networks. *Family Relations, 62,* 609-624. doi: 10.1111/fare.12030.

Wahls, Z. (2011). *What makes a family.* Testimony to the House Judiciary Committee, Iowa State Legislature. At http://lybio.net/tag/zach-wahls-transcript/.

Wahls, Z. (2012). *My two moms: Lessons of love, strength, and what makes a family.* New York: Penguin.

Ward, M. C. (1971). *Them children: A study in language and learning.* New York: Holt, Rinehart, & Winston.

Wilson, M. N. (1989).Child development in the context of the Black extended family. *American Psychologist, 44,* 380-385. doi: 10.1037/0003-066X.44.2.380.

제4장
상징적 상호작용이론

여러분이 좋아하는 배우, 운동선수, 코미디언, 가수 등 유명인을 떠올려 보십시오. 아마도 여러분은 그들의 경력을 알아보고 사생활에 관한 기사들도 살펴볼 것입니다. 흔히들 이러한 유명인들은 일반인들과는 매우 다른 이유로 결혼을 하고 이혼을 합니다. 왜 그럴까요? 유명인 커플에게는 과연 결혼이 어떤 의미이길래 일반대중이 생각하는 것과 차이가 있는 걸까요? 마지막으로, 유명인들의 결혼이 그리 오래 가지 않는다는 것을 알고 있으면서도 우리는 좋아하는 유명인 커플이 헤어지는 것을 알게 되면 왜 그리 놀라는 것일까요?

상징적 상호작용이론(symbolic interactionist theory)은 가족학 내에서 가장 영향력 있는 이론 중의 하나로, 상징(symbols), 상호관계(interaction), 사회적 상황(social context)이 어떻게 결혼과 가족역동을 설명하는지 학자들에게 유용한 틀을 제공합니다. 우리는 제4장에서 상징적 상호작용이론의 역사와 더불어 어떻게 원리와 주요 개념들이 개인, 가족, 그리고 개인 및 가족과 연관된 의미를 이해하는 데 활용되는지 논의하도록 하겠습니다. 상징적 상호작용(symbolic interactionism)은 우리가 일상에서 만들어 가는 의미와 그러한 사회적 구성(social construction)이 가족에 대한 이해에 어떤 영향을 미치는지 답을 제공할 것입니다. 상징적 상호작용주의에 대한 깊은 이해를 얻기 위해 사례 연구를 살펴볼 것이고 이는 특정 관점과 경험에 따라 가족에 대한 개인의 정의가 매우 다를 수 있음을 알려 줄 것입니다.

사례 연구

사례 연구의 주인공인 제레미는 32세 남성으로서 자신이 진정으로 원하는 것이 무엇인지 알기 위해 20대를 보낸 뒤, 이제 막 대학원에 진학했다. 몇 번의 연애 경험

중, 한 번은 매우 진지했지만 일 년 동안의 약혼 기간 후 헤어졌다. 그 후 가끔 데이트를 했지만 마음에 꼭 드는 사람을 만나지 못했다.

부모님의 이혼으로 어머니가 멀리 이사 간 이후, 제레미는 아버지에 의해 키워졌다. 제레미와 남동생은 아버지와 아주 가까웠으나 제레미는 여전히 여성을 완벽히 믿지 못한다. 그는 항상 결혼을 하고 싶고 아이들을 원했지만 현시점에서 과연 가능할지 의문이다. 몇몇 친한 친구 중, 한 명은 제레미와 비슷한 상황에 있는 여성이었다. 애나는 34세의 미혼 여성으로 매우 성공적인 커리어를 가지고 있는데 간간이 만나는 사람이 있기도 했지만, 결혼에 앞서 그녀 자신의 아이를 갖기로 결정했다. 정자은행에서 수천 불의 돈을 쓴 후 애나는 당혹스러웠고 절망적인 감정을 느끼기 시작했다. 애나와 제레미는 한때 사귀어 보려고도 했지만 별로 가능성이 없어 보였다. 결국 애나는 용기를 내어 제레미에게 정자를 기증할 의향이 있는지 물어봤다. 제레미가 정자를 기증하면 어떤 경제적 위험도 없기 때문에 애나는 수천 불을 절약할 수 있을 것이다. 제레미는 바로 동의했고, 기증자가 되어 줄 것을 부탁받았다는 것에 기분이 좋았으며 언젠가 자신의 가족이 생길지라도 애나가 가족을 가질 수 있도록 한 생명을 만드는 데 기여했다는 점이 영광스러울 것이라고 했다. 또한 그의 아이가 책임감 있고, 영리하고, 세심하며, 사랑이 가득한 엄마에게 키워질 것임을 알기에 안심이 되었다. 애나는 제레미를 경제적 또는 양육 의무에서 제외시키는 법률서를 작성했다. 이 둘은 성적인 관계 없이 그리고 앞으로도 아마 성적 관계가 없을 것이라는 사실에 기반한 법적인 조건에 동의했으며 자궁 내 수정을 시작하였다.

우리가 사랑, 가족 그리고 결혼을 어떻게 생각하는지 이 시나리오 현실과 비교해 보자. 제레미의 사랑과 가족에 대한 관점에 대해 이 사례 연구에서 무엇을 알 수 있는가? 아이로서 그리고 성인으로서의 제레미의 경험이 어떻게 애나의 부탁을 영광스럽다고 여기게 하는가? 애나의 아이가 이 둘에게 어떤 상징성이 있을 것인가? 상징적 상호작용이론은 우리가 어떻게 의미를 형성하는지를 이해하도록 돕는데, 그 의미들은 상호작용에 근거하여 변화한다. 상징적 상호작용이론자들은 사물 자체가 상황을 떠나서는 의미를 갖지 않음을 주장하면서 의미는 사회적 상호작용을 통해 형성되고 지극히 상황에 의존한다. 어떻게 '임신'이 다른 사람들에게는 매우 다른 의미일 수 있는지를 생각해 보자. 아마도 아프리카 수단에 사는 13세 소녀의 임신은 10년 동안 임신을 하려고 한 부부가 생각하는 임신과는 매우 다를 것이다. 상징적 상호작용이론자들은 이러한 차이점들, 즉 우리가 의미와 명칭을 만들기 위해 어떤 과정을 경험하는지, 왜 문화마다 다른지, 그리고 어떻게 시간에 걸쳐 변화하는지를 살펴본다. 가족의 다양성과 상징적 상호작용이론의 적용성을 고려해 보면 이 이론은 전 세계 가족 연구에 쓰이는 가장 인기 있는 이론 중 하나이다.

상징적 상호작용이론이란

상징적 상호작용이론은 사회학, 가족학, 사회심리학, 그리고 여러 분야에서 상호작용 과정이 의미를 어떻게 생성하는지를 알기 위해 사용된다. 이 이론은 인간이 사물을 어떻게 정의하는가를 연구하지만 전형적인 관점에서의 '사물'이 아니다. 사회학자와 이론가들에게 사물(object)은 아이디어, 역할, 사회 규범, 행위, 혹은 행동이다 (Blumer, 1969). 즉, 우리가 무엇을 하든 우리는 끊임없이 상호작용을 통해 의미를 만들어 가고 다시 만들어 간다. 따라서 인간 상호관계 없이는 인간 자체는 아무 의미가 없다. 이 이론의 창시자 중 한 명인 George Herbert Mead(1934)는 유아는 태어났을 때 백지 상태이며 사회화 없이 '인간'이 될 수 없음을 주장했다. 자아(self)는 사회적 상호작용을 통해 발달한다.

> 자아는 발달하는 것으로 출생 시 존재하지 않으나 사회 경험과 활동을 통해 형성된다. 개인의 이러한 과정 전체와의 관계 그리고 다른 개인들과의 관계를 통해 자아는 발달한다(Mead, 1934, p. 135).

따라서 우리는 우리가 가지고 있는 개인적 의미에 근거해서 현실을 정의한다. 이러한 의미들은 우리가 이미 사물에 대해 사실이라고 생각하는 것들에 기반하는데 이는 다른 사람들이 말해 준 것이거나 그들과의 상호관계를 통해 배운 것이기 때문이다. 지금까지 읽어 온 각각의 이론, 기능주의이론(제2장)과 갈등이론(제3장)의 사회적 이슈인 이혼에 대한 관점을 비교해 보자. 기능주의자들에게 있어서 현실은 상호의존적인 기존의 제도에 의해 정의된다. 이혼은 제도의 한 부분이 기능을 제대로 발휘하지 않아 이혼에 이르게 되는 것을 뜻한다. 갈등이론가들은 누가 권력이 있는가 없는

가를 분석함으로써 현실을 가장 잘 이해할 수 있다고 주장한다. 따라서 갈등이론가들에게 이혼은 부부 사이 또는 경제력이 있는 사람(남자)과 결혼을 끝내기에는 경제력이 없는 사람(여자) 사이의 힘겨루기로 분석될 수 있다. 두 가지의 거시 단계 이론에 의하면, 우리의 현실은 이미 결정되어 있으며 우리는 사회계층과 우리가 살고 있는 사회제도와 구조의 경계 내에서 벗어날 수 없다.

반면에 상징적 상호작용주의자들은 우리, 즉 개인들이 현실을 정의한다고 주장한다. 상징적 상호작용(symbolic interactionism)은 제1장에서 거론되었듯이 미시적 수준의 이론으로 개인 수준에서의 과정을 고려한다. 상징적 상호작용주의자들은 우리와 분리된 외부체계나 사회제도가 아닌 우리 스스로가 사회 내에 존재하는 경계를 형성한다는 가정에서 시작한다. 대신에 상징, 언어, 의미, 정체성, 기대 등을 포함하는 문화적 현실들은 모두 '밑에서 위쪽으로' 형성된다. 따라서 상징적 상호작용주의를 이론적 틀로 사용하는 방법은 어떻게 현실이 창조되는지 개인에게 중요한 영향 혹은 행동권을 부여하는지와 관련된다. 여기서 우리는 지난 세기 동안 상징적 상호작용이론 발달에 기여한 이론가와 함께 상징적 상호작용이론의 역사 개요를 서술하고자 한다.

역사와 기원

상징적 상호작용이론은 다양한 이론가의 관점을 포함하는 독특한 이론이고 19세기부터 사용되어 왔다. 이 이론의 토대는 사물의 의미는 실용성에 있다는 실용주의(pragmatism)에서 유래되었다(Appelrouth & Edles, 2011). Charles S. Peirce(1839∼1914), William James(1842∼1910), John Dewey(1859∼1952) 등의 유명한 실용주의자들은 정해진 아이디어에 관심이 있던 것이 아니라 개인이 어떻게 사물, 생각, 행동들을 정의하는지에 대해 흥미를 갖고 있었다(Appelrouth & Edles, 2011; LaRossa & Reitzes, 1993). 사회 현상 과정을 거시적에서 미시적 단계로 연구하는 것은 사소한 변화로 보이지만, 이는 사회과학에서 큰 변화를 나타냈다. 상징적 상호작용이론은 규정된 현실 정의 대신, 지역적 정의, 즉 우리가 즉각적으로 부여할 수 있는 것들에 관심이 있다. 이러한 초점의 변화는 사물, 상호작용, 사건, 상황들을 인식하는 누군가가 없이는 아무런 의미가 없음을 뜻한다. 예를 들어, 할아버지에게 페이스북 계정을 처음으로 만들어 드리는 것을 상상해 보자. 웹사이트나 어플리케이션을 통해 본인의 계정을 처음으로 만들었을 때를 떠올려 보는 것이 어려울 수 있으므로 페이스북이 어러분에게 어떤 의미를 갖고 있음을 말하지 않고 페이스북이 무엇인지 할아버지에게 설명하는 것은 어렵다. 페이스북이 무엇인지 익숙하지 않은 사람에게 어떻게 설명을 하겠는가? 친구들과 공유하기 위해 사진을 올리거나 다른 이들의 사진을 볼 수 있는 웹사이트라고 설명할 수도 있다. 조심스럽게 '셀카'가 무엇인지, 사진에 어떻게 사람들을 '태그'할 수 있는지 알려 드릴 수 있다. 할아버지는 사람들이 웹사이트에 대체 왜 사진을 올리고 싶어 하는지를 궁금해할 수도 있다. 이와 같은 할아버지의 거부감을 알아채고, 할아버지가 유용하다고 생각하실 수 있는 것으로 바꿔 설명한다. 페이스북 계정이 있으면 최신 사건에 대해서 정보를 얻을 수 있고 손주들의 사진을 볼 수도 있고 멀리 떨어져 사는 경우 그들의 정황을 잘 알 수 있다고 말씀 드릴 수 있다. 이와 달리 여러분은 삼촌과 외숙모가 올린 아이들의 이가 처음으로 빠진 사진, 축구시합 트로피 사진, 학교 콘서트에서 노래 부르는 사진 등에는 별다른 관심이 없을 수도 있다. 대신 여러분에게는 친구들이 올린 포스팅, 관심을 갖고 있거나 사귀고 싶은 사람들의 사진, 재미있는 동영상과 최신 대중문화가 더 흥미롭다. 즉, 페이스북은 사이버 공간 내의 '사물'로서의 객관적 의미를 가지고 있지 않다. 대신, 사람들이 어떻게 그것을 이용하는지에 달려 있다. 그리고 당신이나 할아버지와 같이 다른 사람들은 매우 다른 이유로 페이스북을 사용한다. 이는 상징적 상호작용주의자들이 추구하는 객관적 진실이 아니며 대신 그들은 우리가 겪는 주관적(subjective) 경험과 우리가 어떻게 사회적 상호작용을 통해서 그러한 경험에 의미를 부여하는지에 관심이 있다.

실용주의자들이 사회를 설명하는 새로운 기반을 마련한 뒤 상징적 상호작용이론은 융성했고 오늘날도 여전히 사용되고 있다. 앞으로 상징적 상호작용이론으로 분류될 수 있는 연구를 했던 이론가들과 이 이론이 어떻게 인간과 가족을 연구하는 데 사용되는지 기본적 이해를 도울 주요 개념들을 기술하고자 한다.

주요 개념

거울 자아(Looking-glass self). 초기 상징적 상호작용이론가인 James의 자아 개념을 바탕으로 한 Charles Horton Cooley는 거울 자아 이론으로 잘 알려져 있다. 이 개념은 개인이 어떻게 타인의 인식에 근거해 자아의식(sense of self)을 형성해 나가는지를 기술한다(Cooley, 1902). 거울 자아는 세 단계를 포함한다. 첫째, 우리는 우리가 어떻게 다른 사람들에게 보이는지를 상상한다. 상호작용이 일어나기 전 우리는 다른 사람들이 우리에 대해 어떻게 생각하는지 마음속으로 생각을 한다. 본질적으로 이것은 하루를 시작하기 위해 준비하는 첫 번째 단계이기도 하다. 옷을 입고, 머리를 손질하고, 거울에 스스로를 비춰 본다. 우리가 어디에 가는지 누구를 만날지에 따라 입을 옷을 정한다. 우리는 우리의 옷차림이 어떻게 보일지를 상상한다. 특정한 옷은 특정한 '외모'를 풍긴다는 것을 알기 때문에 집을 나서기 전 몇 번이고 옷을 바꿔 입을 수도 있다. 두 번째 단계는 실질적인 상호작용 시 우리가 다른 이들의 반응을 해석할 때 일어난다. 타인과 교류할 때 우리는 얼굴 표정, 몸짓, 외모, 그리고 전체적인 겉모습을 받아들인다. 이 과정의 세 번째이자 마지막 단계는 우리가 자아 개념을 발달시키기 위해 이러한 상호작용을 사용할 때 발생한다. 아마도 누군가가 당신의 외모나 당신이 행한 언행에 놀란 표정을 보였다고 가정하자. 이 세 번째 단계는 상호작용 동안 그리고 상호작용 후에 나타나는데 이때 타인의 반응을 해석하고 그 해석을 자아 개념을 조정 또는 수정하는 데 사용한다. 상호작용 시 받은 신호에 따라 우리는 타인의 시선을 내면화하고 이는 우리의 미래 행동을 형성한다.

글상자 4-1 **상징적 상호작용이론 한눈에 보기**

- 상징적 상호작용(Symbolic interaction): 사람들은 자신들에게 사물이 가지고 있는 의미에 근거해 행동하고, 그러한 의미들은 사회적 상호작용에 의해 생기고 해석으로 통해 변화한다.
- 자아(Self): 우리의 '사회적' 자아는 (1) 모방, (2) 놀이, (3) 게임의 연속적 단계를 통해 형성된다.
- 중요한 타자(Significant others): 인간은 특정 타인들의 관점에 더 많은 중점을 둔다.
- 일반화된 타자(Generalized other): 개인이 속한 단체에 흔히 체계화된 태도
- 거울 자아(Looking-glass self): 중요한 타자가 어떻게 자신을 생각하는지에 대한 개인의 생각
- 연극론(Dramaturgy): 드라마나 연극 무대 같은 사회생활

- 인상 관리(Impression management): 우리의 사회 공연에 대한 타인의 관점을 조절하려고 시도하는 과정
- 감정 작업(Emotion work): 사랑하는 이들과의 관계를 유지하기 위한 무보수의 감정 작업
- 감정 노동(Emotional labor): 직장 내에서 감정 조절

이러한 과정은 가족 내에서도 분명히 일어난다. 중요한 사회화 단위로서 가족은 다른 어떤 집단보다도 먼저 우리의 자아 표현(presentation of self)에 반응한다. 부정적 자아개념과 긍정적 자아개념은 부모와 가족구성원들이 우리의 행동 및 언어를 인정하거나 반감을 나타낼 때, 이르게는 유아기부터 형성되기 시작한다. 그리고 유아들은 주위의 반응을 내면화하기 시작한다. 성장하면서 우리의 자아의식은 이러한 사회 거울에 상당히 의존한다. 사례 연구의 제레미를 떠올려 보라. 그는 정자 기증자로 부탁받았음을 영광스럽게 생각한다고 애나에게 이야기하였다. 애나가 가족을 시작하는 것을 도와주도록 요청을 받았다는 것 자체가 의미심장하다고 여겼는데, 이는 그가 존경하는 어떤 이와 함께 생명을 창조하는 데 기여한다고 생각했기 때문이다. 제레미에게 이러한 상호작용과 의미는 자아의식 발달에 매우 중요했다. 애나와 타인들과의 상호작용이 애나에게서 부탁을 받았음을 과찬이라고 생각하게 만들었다. 그의 '사회적 거울(social mirror)'은 애나가 그를 좋은 사람이라고 생각한다는 것과 그의 아이를 갖고 싶어 한다는 것을 반영한다. 이러한 상호작용은 확실히 사회적 단계에서의 의미와 상징들을 말해 준다. 거울 자아 과정을 분석함으로써 Cooley는 우리가 사회가 어떻게 작용하는지 좀 더 넓은 단계에서 이해할 수 있다고 주장했다.

자의식 발달 단계. 사회심리학을 만든 학자 중 한 명인 George Herbert Mead는 20세기 상징적 상호작용이론 발달에 크게 기여했다[Morris, 1962(1934)]. 그의 업적은 Cooley(1902)의 업적보다 더욱 복잡하다고 할 수 있는데 어떻게 개인의 심리와 자아가 사회 과정을 통해 형성되는지를 좀 더 자세하게 개념화했기 때문이다. Mead에 따르면, 마음 혹은 개인 심리(어떻게 마음이 작용하는지)는 사회 과정하에서만 이해 가능하다(Appelrouth & Edles, 2011). 상징과 언어의 사용, 제스처의 내적 대화를 포함하는 상호작용에서부터 의미 추론하기, 또는 과거 상호작용에 기반한 대안적인 행동

방침을 고려하기 등을 통해 마음은 발달한다. 자아의식이나 반사적 능력은 이러한 과정에 내재하고 있으며 이는 어떻게 타인이 자신의 행위에 영향을 미치거나 그러한 행동들이 미래에 바뀔 수 있는지를 염두에 둔다.

Cooley와는 반대로 Mead는 자아 발달의 정점에 도달하는 특정한 단계들을 기술하였는데, Mead는 이것을 '타인(other)'의 역할이라고 지칭했다. 이러한 시기에 도달하는 데는 세 개의 상호주관적인 행위 단계가 있다. 첫째, 우리는 이미 유아기부터 돌봄자와의 상호작용을 통해 언어를 배운다. 둘째, 우리는 놀이 과정에서 다른 사람들을 모방한다. 셋째, 우리는 게임 단계에서 조직 사회의 일원으로 자아 인식을 확실히 하게 된다. 이러한 각각의 단계들을 거치는 것은 '자아' 발달과 자아의식 형성에 매우 중요하다. 주위 사람들을 관찰하고 역할을 수행할 시기인 아동기 동안 인간은 일반적으로 놀이 단계를 경험한다. 어린 사내아이가 슈퍼 히어로인 척하는 것을 예로 들 수 있는데, 이 역할놀이를 하면서 아동들은 자신들이 주관적이기도 하고 객관적이기도 하다는 것을 배울 수 있다. 즉, 아동이 그의 실제 '자아'와 행위를 취하는 역할 사이의 차이를 이해한다는 것이다. 슈퍼 히어로 역할을 '수행'하는 특별한 제스처, 언어, 복장이 있다. 놀이 단계에서, 아동은 한번에 한 역할을 이해하고 수행하며, 그것은 단순한 '놀이'이다.

반면에 게임 단계는 게임이라는 상황에서 가장 잘 이해될 수 있기 때문에 그렇게 불린다. 이 발달 시기는 다른 이들이 존재하는 상황에서 아동들이 자신의 자아를 좀 더 잘 이해할 수 있을 때 나타난다. Mead는 광범위한 상호작용의 일부분으로 타인의 역할을 설명했다. Mead는 이 단계를 표현하기 위해 야구 경기를 예로 들었다.

> 다수의 사람이 참여하는 경기에서 한 아동은 모든 이의 역할을 수행할 준비가 되어 있어야만 한다. 아동은 자신만의 놀이를 수행하기 위해 모든 사람이 무엇을 할 것인지 알아야만 한다. 그는 이러한 역할 모두를 맡아야만 한다……. 게임에서 일련의 타인들의 반응은 매우 조직화되었으므로 개인의 태도는 다른 이의 적절한 태도를 유도한다 [Morris, 1962(1934), p. 151].

따라서 게임 단계는 놀이 단계보다 집단 역할과 움직임을 이해하는 데 있어 더 정교하고 성숙한 단계이다. 초기 사회화 시기 동안, 단체 운동에 참여하는 아동들은 경기에서의 자신의 위치뿐 아니라 경기에 함께 참여하고 있는 다른 이들의 역할에 대해서도 배운다. 그들은 또한 경기 규칙을 이해해야 하며, 이러한 규칙의 이해는 다양한 역할을 조절한다. 당연하게 이러한 분석은 축구를 할 때 마치 벌떼들처럼 공을 쫓아다니며 한꺼번에 공을 차려고 하는 아주 어린 아동들에게는 해당되지 않는다. 대신 게임 단계는 경기에서의 포지션과 각 선수들의 역할 및 기대의 성숙한 이해가 필요하다. 개인과 팀 동료의 역할 그리고 경기의 목적을 확실히 이해할 수 있을 때 인간은 일반화된 타자를 더 잘 이해할 수 있게 된다.

일반화된 타자(the generalized other)는 개인이 속한 집단 내 보편적으로 조직화된 태도를 칭한다. Mead에 따르면, 개인은 일반화된 상대방의 관점으로부터 자신을 볼 수 있을 때, '말 그대로 자아의식(self-consciousness)'을 획득할 수 있다[Morris, 1962(1934), p. 195]. 아동들이 단지 단체 운동을 하기 때문에 그들의 발달이 '완성'되었다고 할 수는 없다. 우리는 일생을 통해 끊임없이 일반화된 타자의 태도에 노출된다. 여러 상황에 특정화되어 있는 다양한 일반화된 타자들이 있다. 예를 들어, 우리는 어느 사회에서나 나타나는 부모에 대한 기대가 무엇인지 대략 파악하고 있다. 가장 기본적인 수준에서 부모들은 자녀를 돌보아야만 하고 기본적인 필수품들을 제공해야 하며 아동들이 사회의 완전한 구성원이 되도록 사회화를 도와야만 한다. 그러나 이러한 기대들은 문화마다 다양할 것이고 시대에 따라 변화해 왔다. 예를 들어, 사례 연구에서 애나는 자신의 가족을 시작하는 것에 대해 조부모의 반대를 경험했다. 전통적이고 보수적인 시대에 성장한 그녀의 부모가 경험한 일반적인 타자들에게 혼외 임신은 눈살을 찌푸릴 만한 일이었다. 애나의 할머니는 몇 번이나 그녀의 결정을 허락할 수 없다고 말했는데 이는 '아이에게는 아버지가 필요하기' 때문이라고 했다. 그러나 사회가 변화하고 가족의 의미가 재정립되면서 이러한 관점은 점차 시대에 뒤떨어져 가고 있다. 시대에 걸쳐 사회 규범이 변화하면서 일반화된 타자들도 변화한다. 산아 제한, 입양, 인공 수정, 그리고 정자 은행 등에 대한 접근이 우리가 생각하는 가족에 대해 변화시켰는지를 생각해 보라. 이러한 자원들이 유효하기 이전에는 가족을 형성하는(또는 형성하지 못하게 하는) 방법들이 제한적이었다. 그러나 이제, 다양한 기술 및 입양 등은 개인들이 '가족'을 정의하고 재정의하는 가능성을 열어 주었다. 다른 이론들과 비교했을 때 상징적 상호작용이론은 가족 연구자들과 실무자들, 그리고 정책 입안자들이 우리의 상호작용이 어떻게 이러한 '사물들'—법률, 정책,

기술—이 시간에 걸쳐 변화하는지에 초점을 맞추도록 해 주었으며, 개인과 가족을
위한 새로운 현실과 의미들을 가능하게 해 주었다.

상징적 상호작용이론에 대한 다양한 이론가의 접근과 기여를 통해 보아 왔듯이
이 이론적 틀은 가족에 대한 다양한 이론적 개념들을 보여 주고 있다([그림 4-1] 참
조). 이 장에서 모든 이론가와 개념을 다 이야기하는 것은 불가능하지만 가족에
적용할 수 있는 여섯 명의 중요한 상징적 상호작용이론가를 살펴보도록 하겠다.
Cooley와 Mead가 전통적인 상징적 상호작용이론가라고 한다면, Blumer, Goffman,
Hochschild, 그리고 Stryker 등은 초기 학자들의 연구에 바탕을 둔 근대 이론가들이
라고 할 수 있다.

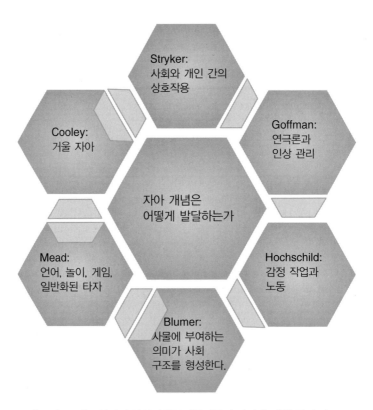

[그림 4-1] 상징적 상호작용주의론자들의 자아에 대한 관점 비교

상징적 상호작용이론의 명칭. 우리가 상징적 상호작용이론으로 알고 있는 전체적 틀은 Mead와 Cooley가 만들었으나 20세기 후반의 Herbert Blumer(1969)가 공식적으로 '상징적 상호작용이론'이라는 명칭을 사용했다. Mead의 학생이었던 Blumer의 이론적 통찰력의 대부분은 Mead의 이론에 근거했다. Mead와 마찬가지로 Blumer는 사회 구조가 개인의 행동을 결정짓지 않음을 주장했다. 대신에 개인은 세상을 이해하기 위해 제스처의 대화(conversation of gestures)를 창조하면서 상호작용에 참여한다. 외부 사회 구조들은 '공동 행위가 형성됨으로부터 해석하고 정의하는 과정을 시작할 때만' 중요하다(Blumer, 1969, p. 75). 이것은 규범, 법, 제도 그리고 사회제도들이 우리에게 관련이 있을 때만 우리의 행동에 영향을 미치는 데 효과적이라는 뜻이다. '문서'에 기재되어 있지만 우리의 일상에 영향을 미치지 않는 법을 생각해 보자. 코네티컷주에서는 물구나무를 선 채로 거리를 건너는 것은 불법이고 어린아이가 재미있게 물웅덩이를 건너뛰는 것을 막는 것 또한 불법이다(Brandeslaw.com, 2016). 네브래스카주에서는 어린아이가 예배 중 트림을 참지 못하면 아이의 부모는 체포당할 수도 있다. 아직도 수십여 개의 이런 종류의 법이 존재하기는 하나 실제로 집행되거나 기소될 가능성은 없다. 이것은 "규정이 집단 생활을 형성하고 유지시키는 것이 아니라 집단 내 사회 과정이 규정을 형성하고 유지시키는 것이다"라는 블루머의 주장을 더 강화시켰다(1969, p. 19). 자녀가 교회에서 트림을 하는 것이 부끄러울 수 있는 것은 체포되는 것을 두려워하기 때문이 아니라 다른 이들의 사회적 평가가 두려운 것이다.

인상 관리 및 연극론. Erving Goffman은 스스로를 상징적 상호작용이론가로 여기지는 않았으나 이 이론에 많은 기여를 했다(Appelrouth & Edles, 2011). Goffman은 많은 사회학 이론가로부터 영향을 받았으나 그의 가장 유명한 개념은 미드의 이론에서 비롯되었는데 우리는 "지인들을 참고해서 우리 스스로를 여러 가지 자아로 분해한다……. 여러 가지 사회적 창조물들에 응답하는 여러 종류의 자아가 존재한다"[Morris, 1962(1934), p. 142]. 이 문구에서 보면, Mead는 우리가 다양한 '자아'를 중요한 타자들에게 상황에 맞게 적극적으로 보여 준다는 가능성을 암시했다. Goffman은 가장 잘 알려진 저서인 『일상생활에서의 자아의 표상(The presentation of self in everyday life)』에서 면 대 면 상호작용이 어떻게 연극 공연과 비슷할 수 있는지를 설명한다. Goffman의 상징적 상호작용이론의 개념화는 동기의 존재에 근거한다. "모든 사회는 무대다"라는 말이 제시하는 것처럼 Goffman(1959)은 사회적 행위자는 타인들이 형성하는 자신에 대한 인상을 조절하거나 유도함을 주장하며 이것을 인상 관리(impression management)라고 명명하였다. 우리는 누가 '관객'인가에 따라 그리고 어떤 인상을 심어 주려고 하는지에 따라 공연을 조절한다. Goffman은 우리가 관객을 위해 공연을 맞추는 것을 무대 앞(front stage)이라고 했고, 우리가 공연으로부터 물러서는 것을 무대 뒤(back stage)라고 칭했다. 사회화는 인생이라는 무대에서 공연하는 것을 배우는 것이다.

이 책을 읽고 Goffman의 연극론(dramaturgy) 개념화 혹은 삶이 무대 위에서의 드라마나 연극 같다는 개념을 생각할 때 여러분은 아마도 타인의 인상을 조절하려고 했던 시기를 떠올릴 수 있을 것이다. 처음에 언급했던 페이스북 예를 다시 들어 보자. 페이스북 친구가 갖게 될 여러분에 대한 인상이 불편해서 사진을 올리지 않은 적이 있었는가? 아마도 당신 덕에 계정을 만든 할아버지는 손자나 손녀가 친구들과 파티를 하는 사진을 올리는 것을 탐탁하게 생각하지 않을 것이므로 당신은 몇몇 특정 관객과만 그 사진을 공유할 것이다. 실제로 몇몇 다른 분야의 학자들은 온라인 환경에서 인상 관리가 어떻게 이루어지는지를 알기 위해 소셜미디어의 세계를 연구하고 있다(Chou & Edge, 2012; Rosenberg & Egbert, 2011). 이 분야의 연구에서 보면, 페이스북 사용자들은 자신들이 행복하다는 인상을 심어 주기 위해 긍정적으로 자신들을 표현하는 경향이 있다고 한다. 결과적으로 페이스북을 자주 이용하는 사람들은 타인이 자신들보다 더 나은 삶을 산다는 인상을 받는 것이다. Goffman이 소셜미디어를 사람들이 인상을 관리하는 '무대'라고 분석하지는 않았지만 이것은 그의 개념을 연구하는 데 잘 맞아떨어진다.

가족 및 사랑하는 이들과의 일상적인 상호작용을 살펴볼 때 Goffman의 개념은 중요한 통찰력을 제시한다. 예를 들어, 원가족과의 상호작용의 하나로 공연을 펼치는 '무대'를 생각해 보자. 우리는 집에서 진실된 자신일 수 있으므로 무대 위에서의 자신보다 협연이 끝난 후 무대 뒤에 있는 스스로를 더 자주 보게 될 것이다. 실질적으로, Goffman은 무대 뒤에서, "공연자들은 긴장을 풀 수 있고 배역에서 벗어나 대사를 해야 하는 무대 위 자신을 버릴 수 있다"고 주장했다(Goffman, 1959, p. 112). 가족구성원들이 자신의 위치에서 벗어나는 것을 당신은 보아 왔을 것인데 아마도 핵가족 구성원들과 함께 있을 때 부모님은 화를 내거나 실망하는 모습을 보여 주지만 집에 손님이 오거나 할 때는 '가면'을 쓰는 것이다. 공연이라는 설정 아래에서 이러한 교환을 보는 것은 상호작용의 의미에 복잡성을 더한다. Goffman의 이론은 어떻게 우리와 타인들이 사회적 상황 속에서 보여져야만 하는지뿐만 아니라 어떻게 개인의 이익과 보호가 자아 표상에 동기부여를 하는지를 상상하도록 도와준다. 만약 당신이 친구들을 파티에 데리고 가기 위해 부모님의 차를 빌리고 싶다면 부모님에게 물어보기 전에 어떤 '자아'를 보여 드려야 할지를 오랫동안 배워 왔을 것이다. 이러한 기술은 시간에 걸쳐 습득되고 연마되며 인생 과정을 통해 상호작용하는 가족, 커플, 자녀들에게 매우 중요하다.

감정. Arlie Russell Hochschild(1979; 1983)는 가족 문제에 대해 광범위하게 연구해 왔고 갈등이론(제3장) 그리고 여성주의이론(제8장) 등 다른 장에서도 그녀의 연구를 읽어 볼 것이다. 이 장에서 감정 관리에 초점을 맞춘 초기 연구를 기술하는데 이는 Goffman의 상호작용 모델을 잘 보완한다. Hochschild에게 있어 감정은 "생물학적으로 움직이고"(1983, p. 219), 상호작용 시 우리의 행동과 직접적인 연관이 있다. 우리는 그 상황에 맞는 감정을 느끼기 위해 감정 작업(emotion work)을 한다. 사회적 지침들은 어떤 감정들이 적당한지, 언제, 그리고 어떤 수단들을 적극적으로 느끼고 관리해야 하는지를 알려 준다. Hochschild는 감정 작업에 성적 특징을 반영한 차이(gendered differences)가 있음에 주의하고 있다. 남자와 여자는 매우 다른 이유로, 다르게 감정을 '경험'한다. 일반적으로 힘, 재력, 권력이 훨씬 더 적은 여성은 그들의 감정을 자원으로 바꾸어 자신들에게 부족한 자원에 대한 보답의 선물로 준다(Hochschild, 1983). 특히 중산층 가정에서 여성은 "타인의 안위와 지위를 확인하고 증진시키며 기념하는 감정 작업"에 관여하는 경향이 있다(Hochschild, 1983, p. 165). 반면, 남자는 "여러 규율을 어기는 자들을 응징해야 하는 사회적에서 부여받은 의무를 지니고 있고, 이는 두려움과 취약성의 극복이라는 개인적 과업을 초래"한다(Hochschild, 1983, p. 163). "아빠가 돌아오실 때까지 기다려!"와 같은 짜증 섞인 어머니의 말을 들어 본 적이 있는가? 감정 작업은 여러 형태로 나타날 수 있는데, 생각해 보면 가족 대화 중 여러 가지 형태를 발견할 수 있다.

Hochschild(1983)는 감정 작업의 개념을 유급 업무로 확대하면서, **감정 노동**(emotional labor)은 고객에게 감정을 '판매'하는 데도 존재한다고 제안했다. 감정 노동은 서비스 업계에서 상당히 보편적인데 식당 종업원, 비행 승무원, 소매 판매원 등이 많이 사용한다. 그러한 역할을 수행하는 사람들은 팁을 더 많이 받거나 양호한 근무 평가를 받기 위해 감정을 자신의 서비스의 일부분으로 팔아야만 한다. 미소 짓기와 예의 바르고 상냥하기 등은 Hochschild가 말한 표면적 행위(surface acting)에 포함되고, 이는 개인의 감정은 그대로지만 보여지는 감정을 바꾸는 것을 의미한다(예: 재수 없는 날이지만 고객에게는 티를 내지 않는 것). 내면적 행위(deep acting)는 감정 노동의 압박 때문에 내적 · 외적 감정들이 변화할 때 일어난다. 마지막으로, 진실한 행위(genuine acting)는 우리가 느낀 감정과 표현된 감정이 동일할 때를 말한다. 진실한 연기를 설명하는 데 있어 Hochschild는 제1장에서 논의한 초국가적 돌봄의 세계적 추세를 예로 들었다. 이러한 세계적 감정 노동을 심장 이식으로 표현하면서 Hochschild와 Ehrenreich(2003)는 개발 도상국의 여성들이 미국처럼 부유한 국가에 유모나 돌봄 도우미로 일하기 위해 어떻게 나이에 상관없이 혹은 어린 가족을 두고 떠나는지를 설명한다. 일하는 새로운 가족에게로 사랑과 배려를 옮김으로써 여성들은 가족을 고국에 남기고 왔다는 것으로부터의 슬픔과 고뇌를 조절해야만 한다.

글상자 4-2 | **대중문화 속 상징적 상호작용이론: 〈어바웃 어 보이(About a boy)〉**

영화 〈어바웃 어 보이〉의 한 장면

〈어바웃 어 보이〉는 2002년에 개봉된 영화로 2014년에 텔레비전 시리즈로 만들어졌다. 영화의 주인공 중 한 명인 윌은 이기적인 미혼남으로 책임 회피가 인생의 목적이었다. 그는 영리하고 '괴짜'인 12세 소년 마커스를 만나는데, 마커스가 윌의 도움과 조언을 구하면서 이 둘은 친구가 된다. 마커스의 엄마인 피오나는 싱글맘인데 우울증으로 고생한다. 마커스와 피오나의 관계는 문제가 있다.

영화 전반에 걸쳐, 우리는 Cooley의 거울 자아(looking-glass self)의 예를 볼 수 있다. 마커스는 엄마의 불안정한 상태에 대해 스스로를 탓했고 학교에서는 놀림을 당했으며 친구도 거의 없었다. 엄마를 '은인'으로 여기는 마커스의 시선은 그와 엄마의 상호작용을 형성한다. 엄마를 행복하게 만들 수 있는 사람이 자신이라는 생각은 학교에서의 그의 '자아'에 영향을 미쳤다. 그가 학교 콘서트에서 노래를 부르는 장면은 이 영화의 가장 유명한 장면으로 엄마가 그의 노래를 듣는 것을 좋아하기 때문이다. 불행히도 친구들은 이것 때문에 그를 놀렸고 마커스의 부정적 자아의식에 영향을 미쳤다. 긍정적인 면은 그의 노래가 엄마에게 행복을 선사했고 엄마는 그를 칭찬했다. 집과 학교에서의 상호작용은 전이효과가 있었고 마커스가 윌과 같은 '아버지상'을 찾게 하는 특별한 상황을 만든다. 엄마를 돌보는 것을 도와줄 사람을 주위에 두기 위해서 마커스는 엄마와 윌을 만나게 한다. 확실히 그는 자신을 엄마의 돌봄자로 보았고 엄마를 행복하게 할 수 있는 유일한 사람으로 생각했다. 그는 엄마와의 상호작용에서 이러한 책임감을 내면화했고, '세 사람'—아빠, 엄마, 그리고 자신—의 삶을 상상하고 있었다. 이러한 상징성은 마커스에게 굉장히 강렬했고 영화에서의 그의 행동을 이끌었다.

역할과 정체성. Sheldon Stryker(1959; 1964)는 정체성이론으로 잘 알려져 있는데 이는 Mead의 연구에서 시작되었고 Blumer의 연구와는 반대된다. Stryker는 자아와 사회 간의 상호적 관계에 중점을 둔 상징적 상호작용이론의 사회 구조적 관점을 선보였다. Stryker의 주장에 따르면, 이론적 틀은 개인 단계에서 좀 더 큰 사회 구조적 단계로, 또 그 반대로도 이동할 수 있어야만 한다(Stryker, 1964). 이것은 초기 상징적 상호작용이론가들의 주장인 상호관계가 사회 구조를 결정한다는 것과는 상반된다. 반면에 Stryker는 사회와 개인은 서로 꼭 필요하며 분리하여 생각하는 것은 불가능함을 주장하였다.

그렇다면 Stryker의 가장 잘 알려진 개념인 역할과 정체성은 초기 상징적 상호작용이론가들이 놓쳤던 중간 지점을 구성한다. 사람들은 그 사회 구조 내에서의 위치에 맞는 역할 혹은 행위 기대와 의미를 충족시킨다(Appelrouth & Edles, 2011). 사실상 역할은 구조적이기는 하지만 그러한 역할들을 내면화하고 '자아'라는 개념을 형성하는 개인들에 의해 이루어진다. 사례 연구의 애나를 생각해 보면, 애나는 언젠가 어머니의 역할을 수행하고 싶어 한다는 것을 알 수 있다. 그녀에게 있어 어머니 역할은 비중이 있으며 중요하다. 또한 애나는 생물학적 아이를 가질 수 있기를 원한다. 입양을 하거나 혹은 위탁모가 될 수도 있었지만 그러한 역할은 다른 의미를 지니며 사회구조 안에서 다른 위치를 차지하고 있다. 이러한 점들을 고려해 볼 때 Stryker(1980)는 정체성의 구조적 측면을 분석하고 있는 것이다. 동시에 우리는 애나의 결정에서 분리될 수 없는 미시적 수준의 과정을 분석해야만 한다. 자신의 아이에게 생물학적 어머니라는 정체성은 애나가 성취하고 싶은 '자아'의식 중 일부이다. 어머니가 되는 여정 중 그녀가 이루고자 하는 역할에는 생물학적 어머니가 더 큰 비중을 차지하고 있다. 이 예를 통해 우리는 어떻게 정체성(identity, 내면화된 기대와 의미)이 역할(구조)과 '자아'의 복합성에 필연적으로 기여하는지를 볼 수 있다. 개인의 다양한 정체성은 그들이 참여하고 있는 다양한 구조적 역할 관계와 부합한다(Appelrouth & Edles, 2011).

Stryker(1980)의 상징적 상호작용이론에 대한 이론적 기여는 **정체성 현출성**(identity salience)이라는 개념을 포함하는데 이는 우리의 정체성이 위계적 관계로 나열됨을 제안한다. 이는 학생, 자녀, 형제자매, 부모, 노동자, 또는 가장 친한 친구로서의 정체성은 중요한 순서로 나열될 수 있다는 것이다. 정체성 현출성은 중요한 타자(significant other)의 개념하에 존재하는데(Stryker, 1964), 특정 개인의 관점에 우선권을 부여한다는 뜻이다. 당신은 그 상황에 맞는 더욱 중요한 정체성을 적용하려고 할 것이다. 예를 들어, 당신이 사랑하는 사람과 크게 싸워 결국 헤어지게 되었다고 가정하자. 문제는 당신에게 아주 중요한 시험이 있고 그 상황을 어떻게 처리할 것인지 생각하고 있다. Stryker에 따르면, 어떤 정체성이 그 상황에서 가장 현저한가에 따라 결정을 내리게 될 것이다. 어떤 정체성을 선택하겠는가?

상징적 상호작용이론에 대한 평가

상징적 상호작용이론의 강점

이 책에서 살펴본 바와 같이 모든 이론은 강점과 약점을 갖고 있다. 상징적 상호작용주의이론의 개념들은 한 연구 상황에서 다른 상황으로 쉽게 적용될 수 있으므로 매우 인기가 좋은 가족이론이다. 기능주의이론(제2장)과는 다르게 상징적 상호작용이론은 '사실'을 주장하는 '웅장한 이론'은 아니다. 대신에 이 이론은 사람들과 그들의 상황이 변하는 여러 방법에 적용될 수 있다.

가장 영향력 있는 가족이론 중 한 이론. 상징적 상호작용이론은 학계에서 오랜 역사를 가지고 있으며 사회학에서는 '전통'이론 중의 하나로 여겨진다. 그러면서도 또 한편으로 이 이론은 적절하게 현대적인 적용을 할 수 있으며 가족학에서 오랜 기간의 시험을 견디어 왔다. 기능주의이론이 많은 비판을 받기는 했지만 상징적 상호작용이론은 시대에 뒤처진 적이 없다. 실제로 LaRossa와 Reitzes(1993)는 이 이론이 초기 적용 이후 가족학에 가장 큰 영향을 미쳤다고 주장한다. '중요한 타자(significant other)'와 같은 상징적 상호작용이론의 개념은 대중문화와 일상어로서 인식되었다. 이 이론은 가족구성원들이 어떻게 공동 의식 혹은 상징적 현실을 발달해 나가는지에 관련된 개념을 활용하기 위한 탁월한 방법을 제공한다.

다른 이론들과의 융합의 용이성. 상징적 상호작용이론은 다른 이론들과 자주 통합되는데 이는 사람이 어떻게 사회화되고 다른 이들과 미시적 수준에서 상호작용하는지를 이해하는 데 이보다 더 좋은 이론이 없기 때문이다. 예를 들어, 초기 가족학 이론가들은 미시적 관점의 상징적 상호작용이론과 거시적 관점의 구조적 기능주의(제2장)를 통합하여 제5장에서 거론될 가족발달이론을 만들어 내었다. 최근의 예를 볼 때, Glass와 Few-Demo(2013)는 상징적 상호작용이론과 흑인 여성주의이론을 융합했다. 이러한 획기적인 이론의 조합은 가족과정에 대한 우리의 이해를 도왔는데 사람들이 상호작용을 통해 어떻게 가족구성원이 되는지를 배워 가는 복잡하고 다양한 방법을 충분히 설명하기 때문이다.

질적 연구 방법과의 호환. 많은 가족이론이 아이디어와 설명들은 풍부하나 연구를 이끄는 실천으로의 전환은 잘되지 않는다. 예를 들어, 제5장에서 거론될 가족발달이론은 개념적으로 풍부하나 방법론적으로는 부족하다고 여겨진다. 학계의 많은 이론은 개념 정리와 가족과정 및 구조 설명에는 매우 유용하나 학자들이 연구를 실무에 적용할 때 연구 방법을 통해 쉽게 답할 수 있는 가설을 세우는 것은 어렵다. 다른 이론들이 조작화하기가 매우 어려운 것과는 다르게 상징적 상호작용주의는 질적 연구 방법과 잘 어울린다(Bogdan & Biklen, 2007). 상징적 상호작용이론은 어떻게 사람들이 상호작용을 하고 이 세상에서 의미를 만들어 가는가에 대한 연구의 기초를 제공한다.

상징적 상호작용이론은 질적 연구의 근거이론(grounded theory) 방법의 수행을 뒷받침한다(Daly, 2007; Gilgun, 2013; LaRossa, 2005). 이 방법은 연구자들이 '처음부터' 이론을 만드는 것을 도와주는 데 있어 규정과 안내 지침을 제공한다. 이 이론은 사람들이 처한 상황에서 그들을 직접 관찰하고 인터뷰하는 것을 통해서만 그들의 삶을 좀 더 의미 있고 정확하게 서술할 수 있다고 믿는다. 신생아실에서의 직원-부모의 대화에 대한 연구에서, Bogdan, Brown, Foster(1982)는 신생아실 의사와 간호사들이 신생아의 생존 확률에 관한 정보를 어떻게 부모에게 침착하게 전할 수 있는지를 설명하기 위해 '정직하나 잔인하지 않게'라는 근거이론을 제시했다. 직접 경험하거나 관찰을 통해 이론을 만들지 않는 이상, 가족 외상(trauma)에 대한 심도 있는 이해는 어려울 것이다. 따라서 연구자들은 실생활에서의 자료 수집과 분석에서 시작하며 귀납적인(inductively) 이론적 설명을 가능하게 한다(제1장 [그림 1-2] '과학적 과정과 이론 구축' 참조).

상징적 상호작용이론의 약점

인기와 유용함에도 불구하고 상징적 상호작용이론 역시 비판을 피할 수 없다. 기본적으로, 비평가들은 Burgess(1962)의 "상호작용하는 인격들의 통합체인 가족" 개념을 반박했는데, 통합에 도전하는 개인성, 대인관계 갈등, 사회 구조적 불평등은 명료하지 않다(Cheal, 1991). 다음에서 우리는 상징적 상호작용이론에 반박하는 세 가지 비평을 살펴보겠다. 또한 최근 학자들이 지적한 이 이론의 한계들을 제시하면서 상징적 상호작용이론이 궁극적으로 중요한 가족이론으로서의 명성을 유지할 것인지를 논의하고자 한다.

인간 주체성(human agency)에 대한 과대평가. 상징적 상호작용이론에 대한 주된 비판 중 하나는 인간 주체성에 대한 강조이다. 이 이론에서 거시체계(macrosystem)의 통제적 성향은 간과되었다. 즉, 현실을 결정하는 데 있어 외적 힘으로 가능한 것보다 개인 행위자에게 더 많은 힘을 부여한다(이는 주관적 오류로 불린다)(LaRossa & Reitzes, 1993). 이러한 입장에서 볼 때, 상징적 상호작용이론은 경제, 사회 기관, 그리고 내재된 고정관념과 제도적 차별에 의한 갈등과 불평등에는 비중을 두지 않는다. 예를 들어, 상징적 상호작용이론자들은 애나와 제레미의 이야기에 관심이 있고, 그들이 어떻게 자신들의 상황과 가족을 정의하는지에 관심이 있을 것이다. 거시적 이론가들은 애나와 제레미의 결정에 직접적으로 영향을 미치는 외부적 요소를 간과하는 이와 같은 관점들을 비판할 것이다. 예를 들어, 애나는 자녀를 귀하게 여기는 출산 장려자들의 영향을 받은 것이 확실하다. 이는 세계 어디에서나 볼 수 있는 현상은 아니다. 실제로 인도와 같은 나라에서는 저출산을 목표로 하는 정부 정책이 실행되고 있다. 인도 정부는 자발적으로 불임수술을 받은 남성들과 여성들에게 새 자동차를 주기도 했었다(BBC News, 2011). 또한 거시적 이론가들은 애나가 입양을 선택하지 않는 데 영향을 미친 것들을 질문할 것이다. 입양의 비용이 너무 비싼가? 분석의 주요 체계인 한 쌍에 초점을 맞춤으로써 상징적 상호작용이론의 비판가들은 객관적 현실로서의 권력문제는 모호하다고 주장한다. 그들의 삶에서 무엇이 진짜인지를 정하는 능력은 가족마다 다르다. 또 다른 예를 들자면, 소수민족 집단 가족과 이민가족들은 여전히 그들이 어찌할 수 없는 외적인 법과 제도에 의한 편견과 차별이라는 객관적 현실과 싸워야 한다. 애나와 그녀의 아이는 아이의 아버지가 어디에 있는지, 왜 애나와 제레미는 결혼을 하지 않았는지에 관한 질문들을 받을 것임이 틀림없는데 이는 그들이 사회 구조적 단계에서 정의하는 '이상적'이라는 것에 부합하지 않기 때문이다. 또한 애나가 흑인 여성이라고 상상해 보자. 그녀의 인종 때문에 싱글맘이라는 것이 다르게 여겨질 것인가? 혹은 애나는 백인이고 제레미가 흑인일 경우 그들의 아이가 혼혈이라면 어떠하겠는가? 따라서 상징적 상호작용이론은 인종 차별주의, 계급 차별주의, 그리고 동성애에 대한 편견 등 거시적 수준의 요소들을 간과했다는 점에서 비판을 받는다.

통합적이지 않음. 상징적 상호작용이론에 대한 또 다른 주요 비판은 가족과 사회 내의 인간을 설명하려는 형식적이거나 거대한 이론이라기보다는 느슨하게 엮인 개념들이라는 점이다(Hill & Hansen, 1960). 개인과 가족발달을 설명한 Freud의 성심리 발달 이론이나 Parsons의 구조적 기능주의 같은 거대이론들도 비판받지만, 상징적 상호작용이론의 전통을 잇는 대부분의 이론가는 형식적이고 제도적 이론을 위한 개념 개발에 관심이 없었거나 성공적이지 않았다. 상징적 상호작용이론의 오랜 역사와 이론적 틀에 기여해 왔던 많은 형태를 고려해 보자. 이 이론은 매우 적응 가능하기 때문에, 너무 유연하고 '잡동사니' 개념들만을 제시한다고 비판을 받는다(LaRossa & Reitzes, 1993, p. 154).

감정 역할의 경시. 사회적 상호작용이론으로 상징적 상호작용이론은 인간 행동을 통제하는 비논리적이고 무의식적인, 생물학적 기제들에는 무관심했다고 비판받아 왔다(Smith & Hamon, 2012). 한편으로 이러한 비판에는 근거가 없는데 거울 자아 개념을 만든 Cooley와 같은 초기 이론가들은 감정이 사회관계 형성에 동기부여를 한다고 제시했기 때문이다. 오랜 시간을 지속해 온 이론들의 경우 후대 이론가들은 비판을 토대로 원래 이론에서 무시되었던 것들을 보충함으로써 발전시킨다. 앞서 언급했던 Hochschild(1979)는 감정 노동 이론을 만들었는데 부부가 맞벌이 상황일 경우 문화적으로 적합한 젠더 정체성 아래에서(예를 들어, 여성은 가정을 돌보고, 남성은 생계부양을 책임지는) 남성과 여성은 의식적으로 감정을 조절함을 배운다는 것이다(Erickson, 2005).

대안적 이론: 가족체계이론

이 장에서 우리는 상징적 상호작용이론의 중요 개념들, 역사적 기원, 현대적 적용, 강점과 약점에 대해서 살펴보았다. 차이점들이 확실한 이론들을 비교하는 것은 유용하고 흥미롭다. 따라서 이 장에서 우리는 상징적 상호작용이론과 제6장에서 거론될 가족체계이론(family systems theory)을 비교하려 한다.

앞서 살펴본 바와 같이, 상징적 상호작용이론은 미시적 수준의 사회적 관계를 고려하며 가족 내 개인들이 어떻게 사회화되고, 정체성을 발달시키며 일상생활을 꾸려 나가고 교류하는가에 대한 이해를 돕는다. 반면, 가족체계이론은 가족에 영향을 미치고 또 영향을 받는 모든 하위체계의 전체적인 관점을 선사한다. 가족 내 하부 체계는 둘 혹은 셋을 한 쌍으로 구성될 수 있는데, 양자(dyad) 관계는 두 명의 부모, 그리고 삼자(triad) 관계는 세 명의 자녀일 수 있다. 가족이라는 단위 내의 각각의 하부 체계에 있어 의사소통의 경로는 끝이 없다. 즉, 부모끼리 한 자녀의 행동에 대해 다툴 수 있고 이는 그 자녀뿐만 아니라 다른 형제자매들에게도 영향을 미친다. 가족체계이론은 또한 가족 내 계급을 고려하는데 이는 연구자들이 가족 내 누가 가장 많은 혹은 가장 적은 힘을 가지고 있는지, 그리고 그것이 어떻게 가족 의사소통에 영향을 미치는지를 분석하게 해 준다. 이러한 이론적 관점은 상호작용과 상징 분석을 가능하게 해 주지만, 그 분석을 하면서도 더 포괄적으로 가족 연구에 접근한다.

상징적 상호작용이론의 적용: 연구와 실천의 통합

우리는 상징적 상호작용이론의 역사적 기원, 주요 개념, 그리고 강점 및 약점에 대해 설명했다. 이제 이 이론이 실제로 어떻게 활용되는지 살펴보도록 하자. 그다음 학자들이 이론을 연구에 어떻게 적용하는지를 보기 위해 이 이론에 근거한 실증 연구를 분석하도록 하자. 마지막으로, 어떻게 이론이 인종, 입양, 그리고 가족과 관련된 정책에 도움을 주는지 알아보도록 하겠다.

상징적 상호작용이론의 현재

실제로 가족들이 살아가는 방식과 학자들이 이론화시키는 가족의 삶을 구별하기 위해, Kerry Daly(2003)는 상징적 상호작용이론과 관련된 개념들을 이용하고 확대시켰다. 그는 허공간(negative spaces)이라는 개념을 이용해, 가족구성원들이 상호작용하는지를 미처 설명하지 못하거나 보지 못했던 일상의 가족 행위가 있다고 설명한다. 우리가 어떻게 옷을 입고 말을 하는지, 우리가 무엇을 믿고, 어떻게 가족 경험으로부터 의미를 만드는지 등에서 나타나는 것처럼 문화적 범주들은 우리가 중요하다고 여기는 것들을 알려 주기 때문에, 문화는 가족 내 실생활을 이해하는 데 중요한 방법이다. 따라서 문화는 의미와 행위를 위한 '도구'를 제공한다(Swidler, 2001).

막연하거나 가려진 가족생활의 공간을 들여다보는 것과는 반대로, 가족학자들은 마치 문화적 상황이 중요하지 않은 것처럼 가족에 대해 이론화한다. 가족이 문화 코드와 신념을 해석하면서 의미를 형성하는 다양하고도 특별한 방법을 가시화해야만 한다고 Daly(2003)는 제안한다. 그는 가족 내 의미 구성하기(meaning making)를 이해하는 데 세 가지 허공간이 있다고 제시한다.

첫 번째 허공간은 믿음, 감정 그리고 직관력의 영역이다. Daly는 우리의 인생 중 이성이나 논리성이 부족한 것에 관심을 두었다. 보편적으로 학자들은 태도와 행동들을 연구하지만, 반대로 가족의 삶은 사랑, 배려, 시기심, 분노, 고통 그리고 실망 등의 감정들로 특징지어진다. Hochschild(1979)가 발견한 것처럼, 가족은 감정적으로 팽팽한 긴장감을 느끼고 무언의 감정적 규칙에 의해 운영된다. 예를 들어, 어떤 가족들은 울거나 슬픈 감정을 못마땅하게 여긴다. 그러나 이러한 허공간들은 어떤 감정 표출이 가능한가를 연구하는 데 중요하다. 주로 감정은 긍정적이고 부정적인 것들이 합쳐져 있거나 양면적이다. 예를 들어, 부담스러움과 원망 같은 감정은 사랑과 배려 같은 긍정적인 감정을 쉽게 이길 수 있다. 가족 내 다른 감정들은 영성, 종교 등 어떻게 가족이 성스러운 영역을 해석하는지를 통해서 표현된다. 우리는 그들의 의식을 분석하면서 가족 상호작용을 더 깊이 이해할 수 있다. 더 나아가, 가족 자신들에 대한 이야기나 가족 안에서 전해오는 이야기들은 그들의 믿음이 중요하다는 것을 보여 주는 주된 방법 중의 하나이다. 감정, 영성 그리고 '환상'들이 어떻게 세대를 걸쳐 전해지는지를 이해함으로써 우리는 가족 내막에 대해 더 깊은 통찰력을 가질 수 있다. 사례 연구를 다시 살펴보면 애나가 자라 온 가족문화가 제레미의 가족문화와 어떻게 다르다고 생각하는가? 애나는 두 부모가 있는 핵가족에서 자랐고 결혼해서 아들을 두고 있는 여자형제가 있다. 반면에 제레미는 어머니가 떠난 뒤 한부모가정에서 자랐다. 이 두 사람에게는 어떤 가족에 대한 이야기나 환상들이 전해져 내려왔을까? 그런 것들이 어떻게 생물학적 자녀를 기르고 싶어 하는 애나의 바람에 영향을 미쳤을까? 혹은 생물학적 기여는 하지만 자녀의 일상에 관여하지 않고자 하는 제레미는 어떠한가?

두 번째 허공간은 물건들이 드러내는 가족생활에 대한 소비와 의미이다. 가족들은 끊임없이 무엇인가를 모으라는 메시지를 받는다. 우리가 구매한 물건들은 우리가 가치 있다고 여기는 것들과 살 수 있는 것들을 타인에게 알리는 것이다. 즉, 이러한 소비 표현은 잘 보이지 않으나 가족 안에 존재한다. 그 예로 여러분 가족의 소비 경향을 생각해 보라. 부모님들은 브랜드가 없는 먹거리를 사는가 아니면 유기농이거나 잘 알려진 브랜드 제품만을 구입하는가? 다른 가족들이 먹거리 소비를 어떻게 하는지 관심 있게 본 적이 있는가? 일주일에 다섯 번 외식을 하는 가족들도 있으나 매일 집밥을 먹는 가족들도 있다. 가족 내에서 우리가 먹는 것 그리고 우리가 노출되는 것들은 우리가 어떤 브랜드를 가치 있다고 여기고, 어떤 형태의 소비를 하고(음식점에서 요리한 혹은 부모님 또는 가족 전체가 요리한), 그리고 우리가 보여 주고자 하는 '이미지'에 대해 많은 것을 알려 주고 있다.

가족은 우리가 구매하는 것들에 의해 나눠지기도 한다. Daly(2003)는 코를 뚫은 청소년이 겪을 부모님과의 잠재적 갈등을 예로 들었다. 더 나아가, 소비는 가족 내 개인들이 자신의 사회적 계층, 젠더, 나이, 직업, 교육 정도 등과 같은 것들을 소통하는 허공간이다. 사람들이 사는 자동차와 가족당 몇 대의 차가 있는지를 생각해 보자. 세단, 지프, 사치스러운 차, 스마트 차, 중고차, 혹은 미니밴을 가지고 있다는 것은 개인과 가족에 대해서 무엇을 말하는가? 이러한 자동차 하나하나는 차의 주인과 사용자들에 대한 메시지를 담고 있다. 어떤 가족들은 미니밴의 편리함 때문에 포기할 수 없다고 하겠지만, 문화적으로 '사커맘(soccer mom-역자 주: 아이를 미니밴으로 축구연습장에 태우고 다니는 것처럼 자녀교육에 열정적인 엄마들을 일컫는 용어)'이라는 메시지를 보내는데, 모든 가족이 이를 마음에 들어 하지는 않는다. 사실, 가족 미니밴의 대명사 브랜드인 토요타는 두 자녀를 둔 결혼한 백인 부부가 나오는 코믹스러운 영상을 제작했다. 부부는 멋드러진 미니밴에서 '미끈하게 잘생김'에 대한 랩을 한다(Toyota, 2010). 이것은 자동차 업계들이 새로운 소비자를 끌어들이고 자신들의 제품이 '최신 유행'이라는 것을 알리면서, 계속해서 가족들의 소비 허공간에 도달하려고 하는 것을 보여 준다.

마지막으로, 세 번째 허공간은 시간과 장소에 따른 가족구성원들의 위치와 관련이 있다. Daly(2003)는 가정과 직장 혹은 가정과 지역단체 사이의 관계가 '자아 영역'과 가족 안, 그리고 가족 간 경계를 형성한다고 설명한다. 예를 들어, 부모님의 통근시간이 길 경우 가족 시간은 어떠한가? 같은 집에서 사는 부부의 감정적 친밀감은 어떠한가? 혹은 떨어져 살거나 주말부부인 경우는 어떠한가? 집의 크기에 따라 가사노동에 쓰는 시간은 어떻게 달라지는가? 첨단 기술 역시 가족생활의 시간과 공간에 중요한 역할을 한다. 오늘날 많은 가족구성원은 전화 통화를 하기보다는 문자를 통해 의사소통을 한다. '전화 통화를 하는' 개념이 구시대적이기는 하지만, 유선전화들은 휴대전화로 대체되어 언제든지 연락이 가능하다. 가족 내에서 일어나는 복잡한 의미 만들기 과정을 연구할 때, 시간과 공간은 허공간의 예로서 우리가 고려해야만 하는 상징적 상호작용이론의 새로운 이론적 개념들이다.

상징적 상호작용이론 적용 연구 현황

흑인 레즈비언 열한 쌍을 대상으로 한 질적 연구에서 Valerie Glass와 April Few-Demo(2013)는 상징적 상호작용이론에 근거해 분석하였으나 권력의 문제를 다루는 데 유용한 흑인 여성주의이론(Few, 2007)을 통합시켰다. 이 연구는 상징적 상호작용 이론이 다른 이론들과 얼마나 잘 통합될 수 있는지를 보여 주는 예이다. 이러한 이론들을 결합시킴으로써 저자들은 흑인 레즈비언 커플들이 다양한 단체로부터 특별한 지원과 제약을 받고 있음을 보여 줄 수 있었다. 예를 들어, 확대가족 구성원들은 두 여성을 커플로 보기보다는 딸들의 레즈비언 파트너를 '친구'로 받아들이는 경향이 있었다. 레즈비언 관계에서 성적인 부분을 경시하기는 했지만, 그들은 자신의 딸이나 혹은 그녀의 '친구'를 거부하지는 않았다. 흑인 사회에서의 가족과 친족관계의 중요성을 고려할 때 가족은 레즈비언 관계를 허락하지 않으면서도 레즈비언 딸들과 가까이 지내는 모순을 해결할 수 있었다. 더 나아가, 흑인 사회에서의 종교의 중요성을 고려할 때 많은 커플이 개인적으로라도 종교활동에 참여했다.

상징적 상호작용이론은 Glass와 Few-Demo(2013)가 레즈비언이면서 친족과 종교 단체를 중시하는 가족 전통을 가진 흑인 여성의 문화적 모순을 해석할 수 있도록 도왔다. 동시에, 레즈비언 커플들은 레즈비언, 게이, 양성애자들, 성전환자들 혹은 퀴어(LGBTQ) 사회에서 미묘한 인종차별주의와 부모기에 대한 편견(11명의 커플 중 10명이 자녀와 살고 있었다)을 상대했어야만 했다. 대부분의 여성이 크고 다양한 LGBTQ 멤버들이 사는 도시지역이 아닌 시골지역에 살고 있기 때문에, 레즈비언들을 위한 가족 친화적인 공간을 자신의 거주 지역에서 찾기 힘들었다. 그러나 인종, 젠더, 성적 지향, 지역, 그리고 모성 신분이라는 제약은 자신들의 레즈비언과 가족 정체성을 기리는 '가정(homeplace)'을 형성하는 것에 방해가 되지 않았다. Glass와

Few-Demo(2013)가 말한 바와 같이, 흑인 여성주의이론은 가정(homeplace)을 자급적인 안전한 공간으로 정의하면서, 소수자 집단의 개인들은 보편적인 사회에는 존재하지 않는 안전, 애착, 그리고 완전한 수용을 경험할 수 있다(hooks, 1997). 따라서 상징적 상호작용이론과 흑인 여성주의이론의 통합은 저자들이 인종적 성적 소수자인 여성들이 어떻게 모순적인 문화적 가치, 상징, 역할을 자체적으로 해석하고 수행하는지를 밝히는 데 도움이 되었다.

상징적 상호작용이론의 현장 적용

교육자, 실무자, 가족 정책 입안자들이 상징적 상호작용이론을 현장에서 가족과 개인에게 적용하는 데는 몇 가지 방법이다. 상징적 상호작용이론은 거시적 단계 현상 연구에 적합하지 않다는 비판을 받아 왔었는데, 이 이론과 연관되어 있는 것처럼 보이는 분야는 인종적으로 계층화된 입양 비용과 관련된 연구이다. 여러분은 가족학 실무자 혹은 연구자로서 입양과 인종 편견 문제를 따로 혹은 같이 마주하게 될 것이다. 미국 내 인종 간 입양이 점차 증가하고 있고 입양 비용은 아이의 인종과 직접적인 관계가 있으므로 이 두 가지 문제는 함께 고려하는 것이 중요하다(Lee, 2003). 〈표 4-1〉은 입양 상담 단체가 예비 부모들을 입양기관과 연결할 때 인종에 근거한 입양 비용 차이를 보여 준다.

〈표 4-1〉 인종에 따라 계층화된 입양 비용

인종/민족	성별	기한	비용
흑인	남아 혹은 여아	수시	$17,000+법적 비용
흑인	여아	10월 15일	$17,000+$4,500 법률 비용
흑인	여아	9월 26일	$17,000+$6,000~8,000 의료 비용
흑인	남아 혹은 여아	11월 18일	$17,000+$6,000~8,000 의료 비용(흡연 모)
흑인	남아	10월 22일	$17,000+$6,000~8,000 의료 비용(흡연 모)

혼혈(흑인/ 네이티브 아메리칸)	여아	8월 18일	$22,500 + $2,500 법률 비용+의료 비용
혼혈(백인/흑인)	여아	10월 12일	$25,000+$8,000~10,000 의료 비용
혼혈 (백인/히스패닉)	남아 혹은 여아	9월 15일	$30,500+$4,500 법률 비용
혼혈	남아	10월 말	$30,000+$7,000 법률 비용
백인	남아 혹은 여아	10월 말	$28,000+$8,000 법률 비용
백인	남아 혹은 여아	2월	$29,000+$7,000 법률 비용 (개방 입양으로 방문 가능)

출처: 미국 공영 라디오(NPR), 2013.

왜 거시적 제도가 상징적 상호작용이론 적용에 중요한가? 우리가 인종에 대한 의미를 만드는 방법이 개인마다 다르고 문화마다 다르기 때문이다. 건강한 백인 유아는 수요가 공급보다 많다(Sokoloff, 1993). 표면적으로 이것은 거시적 문제로 보이기는 하지만, 인종과 인종에 대한 시각, 개인 그리고 가족 정체성을 상징적 상호작용주의의 관점으로 보는 것은 중요하다. 실제로 사회학자들은 예비 입양 부모들은 자신들과 비슷한 성향, 즉 비슷한 인종/민족성 등의 아이를 선호함을 보고했는데 그러한 아이들이 생물학적 가족과 더 많이 비슷하기 때문일 것이다(Ishizawa & Kubo, 2014). 더구나 생물학적 자녀를 둔 가족들은 해외 입양을 원하는데 입양 자녀가 형제들과 다르게 보이지 않게 하기 위함일 것이다(Kubo, 2010). 이러한 상황의 가족들은 인종적으로 같은 가족을 선호하며 문화적으로 흑인 아이들을 키우기에 적합하지 않다고 흑인 사회의 비판을 받으므로 인종 간의 입양은 꺼려한다(Brooks, James, & Barth, 2002). 따라서 상징적 상호작용주의의 관점에서 보면 우리는 거울 자아의 증거, 가족 정체성의 중요성, 우리가 인종을 근거로 개인에게 어떻게 의미를 부여하는지가 인종에 의해 계층화된 입양 비용을 이해함에 있어 중요함을 알 수 있다.

결론

상징적 상호작용이론은 연구자들과 실무자들이 개념적 단계를 넘어서 이론을 활용하는 데 중요한 아이디어를 제공해 왔다. 초창기 자아와 심리이론에서부터 현재 감정과 사회 상황 이해를 돕는 이론으로까지 상징적 상호작용이론은 가족 내 미시적 과정과 관련한 광범위한 부분을 다룬다. 또한 이 이론이 전 세계 가족 연구에 어떻게 적용되는지를 강조하는 것도 중요하다. 국가의 문화와 역사에 따라 결혼 양식과 결혼 의식은 상당히 다양하다. 왜 그렇다고 생각하는가? 상징적 상호작용주의자들은 [글상자 4-3]에 나타난 국가 간의 차이를 어떻게 설명하겠는가? 우리는 이 장을 마무리하면서, 여러분이 토론과 생각해 볼 문제들, 후속 연구 분야 등을 고려할 때 이 이론의 글로벌한 적용을 권장한다.

글상자 4-3 세계 결혼식 비교

결혼식은 사회 가치와 의미가 드러나는 중요한 문화적 행사이다. 많은 서양 국가는 결혼 당사자들에게 더 중점을 두는 경향이 있다. 그러나 전통적인 문화에서는 가족과 전체 지역 사회에 더 중심을 이룬다. 동시에 결혼 예식과 축하연은 전통과 새로운 풍습의 요소를 합친다. 다음의 예는 각각의 사회가 중요 인생 사건들과 연관된 의식을 통해서 무엇이 중요한지를 보여 준다. 특정 관례는 다양할 수 있으나, 장식, 음식, 축하와 같이 정성이 깃든 결혼식은 이러한 행사가 커플과 가족, 그리고 집단을 포함하는 축하의 자리라는 것이다(Droesch, 2013). 여기에서 세계의 결혼식 전통을 살펴보도록 하자.

중국. 근대 중국에서 새롭게 선보이는 관습 중의 하나는 결혼 앨범이다. 신랑과 신부는 전문 사진가를 고용해 결혼식 전에 여러 장소에서 다양한 의복을 입고 사진을 찍는다. 매우 세련된 앨범은 결혼식에서의 사진만을 포함하지 않는다.

인도. 전통적인 힌두 결혼 예식 전후 그리고 예식 중에 많은 축하연과 의례가 있지만, 가장 화려한 예식은 멘디(Mehndi) 예식이다. 멘디는 헤나 염색을 이용한 예술 형태로 신부의 손, 손목, 팔, 다리, 발을 정교하고 색색의 디자인으로 장식하는 것이다.

자메이카. 자메이카에서의 결혼식은 지역사회 전체를 포함한다. 전통적으로 피로연은 신랑의 집에서 열린다. 꽃과 음식, 게임, 춤, 음악이 풍성한 축하연으로 일반적으로 며칠 동안 계속된다.

사미. 사미 사람들의 라플란드 결혼식은 지역 전체를 포함한다(600~2,000명의 하객). 신랑과 신부는 순록 가죽으로 만든 전통적인 신발과 그 지역 역사에 맞는 은 장신구 등 화려한 장식의 예복을 입는다.

미국. 미국에서의 오랜 전통은 아버지들이 신부를 새 남편에게 '넘겨주는' 것이다. 최근에는, 어머니와 아버지가 딸과 함께 복도를 걸어 나간다. 피로연은 커플 내지는 부모님이 낼 수 있는 한도에서 이루어지며 매우 다양하다.

출처: 세계 결혼 전통 www.worldweddingtraditions.net

추천 멀티미디어

https://sites.google.com/site/sssinteraction/

상징적 상호작용 연구 사회(The Society for the Study of Symbolic Interaction)는 정체성, 언어, 일상 등의 문제들을 연구하는 학자들과 연구자들의 세계적인 전문가들의 모임이다. 상징적 상호작용 연구 사회는 『상징적 상호작용(Symbolic Interaction)』이라는 학회지를 출판하고 학자들 자신들의 최신 논문을 발표할 수 있는 학회를 매년 개최하며, George Herbert Mead 평생 업적상, Charles Horton Cooley 저서 및 논문상, 그리고 Herbert Blumer 대학원생 논문상 등 다수의 상을 수여한다.

이론 앱 활성화하기: 웹사이트를 살펴보고 학회 순서나 최근 학회지에서 이론을 활용한 이론화의 예시와 최근 연구를 찾을 수 있는지 보자.

https://www.youtube.com/watch?v=ybDa0gSuAcg

이 비디오는 Kenneth와 Mamie Clark의 1930년대와 40년대의 유명한 인형 연구의 후속으로서 2006년 미국 고등학생 Kiri Davis에 의해 만들어졌다. 비디오에서 Kiri는

21명의 흑인 아동에게 피부색을 제외하고는 똑같은 백인 혹은 흑인 인형을 보여 준다. Kiri는 Clark이 질문했던 것과 유사한 질문을 아이들에게 했다. 어떤 인형을 가지고 놀고 싶은가, 어떤 인형이 더 착한가, 어떤 인형이 나쁜가. 마지막 질문은 어떤 인형이 그들과 가장 유사한가였다. 15명의 어린이들은 흑인 인형 대신 백인 인형을 선택했고, Clark이 제시했던 이유와 비슷한 이유를 들었다. 이러한 결과는 매우 어린 어린이들조차, 개인의 자아 개념과 정체성이 인종 차별주의라는 구조적 문제를 이해하는 데 있어 매우 중요하다는 것이다.

이론 앱 활성화하기: 상징적 상호작용 개념을 사용해 비디오에서 보인 상호작용들을 어떻게 설명할 수 있는가? 보이지는 않지만 인종차별주의라는 구조적 문제를 경험하는 데 있어서, 어떻게 개인들이 자아 개념과 정체성 발달을 하는지 생각해 보자.

하우스 오브 카드(House of Cards, 2013~현재)

상징적 상호작용이론은 매우 변화 가능하고 적용 가능하여 거의 모든 영화와 텔레비전 드라마에서 나타나기 때문에 한 가지 예로 좁히기 어렵다. 영국 티비 드라마가 원조인 넷플릭스 오리지널 시리즈 〈하우스 오브 카드〉는 이 장에서 거론했던 많은 개념을 그려 내고 있다. 전체 시리즈에서 인상 관리(impression management)는 조작에 능통한 주인공인 프랭크 언더우드와 그의 아내 클래어가 자주 쓰는 기술이다. 자주 이들은 자신들에 대한 타인의 시선을 내면화한 후에 상황을 사회적으로 형성하거나 조작한다. 한 예로, 프랭크는 조 바니스 기자를 이용해 워싱턴에 있는 그의 경쟁자에 대한 소문을 흘린다. 프랭크와 클래어는 거울 자아를 이용하기도 한다. 그들은 타인들이 가지고 있는 자신들에 대한 인상을 조심스럽게 상상하고 정보 조작을 함으로써 그러한 인상들에 대응한다. 프랭크가 미국 대통령의 자리에 오르는 것은 그가 정계의 모든 중요한 '배우'를 잘 파악하고 있으며 따라서 몇 가지 상황을 그가 자유 세계에서 가장 영향력 있는 남성이 되도록 이끈다는 것을 보여 주는 확실한 예이다.

이론 앱 활성화하기: 미드에 따르면, 프랭크는 '게임' 단계를 통해 발달하는가? 정체성 발달에 자기중심성은 어떤 역할을 하는가?

드라마 〈하우스 오브 카드〉의 한 장면

사인필드(Seinfeld, 1989~1998)

〈사인필드〉는 뉴욕시를 배경으로 하는 텔레비전 시트콤으로 주인공인 제리 사인 필드와 그의 친구들, 그리고 지인들이 등장한다. 이 시트콤에서는 다양한 상징적 상 호작용의 예가 나타나는데 등장인물들은 연애를 하고 가족과의 관계 그리고 친구들 과 가족과의 관계를 헤쳐 나간다. 한 에피소드에서 친구인 조지는 '페스티브스'라는 자신들이 발명한 명절을 기념하는데, 이는 상업적인 크리스마스에 대안책이 된다. 홍미롭게도 이 아이디어는 매우 유명해져서 미국 대중문화 속으로 침투했고, 매년 사인필드 팬들은 이 날을 기념한다. 이는 어떻게 개인들이 문화적 상징에 의미를 두 고, 문화적 상징이 개인 단계의 상호작용에서 발생할 수 있는 지에 대한 좋은 예이다.

이론 앱 활성화하기: 이 시트콤에서 Cooley의 거울 자아의 측면들이 보이는가? '일 반화된 타자'는 어떠한가?

시트콤 〈사인필드〉의 한 장면

추천 참고도서 및 논문

Blakely, K., "Busy brides and the business of family life: The wedding-planning industry and the commodity frontier," *Journal of Family Issues, 29* (2008), 639-662 (doi: 10.1177/0192513X07309453). Blakely는 Hochschild와 Ehrenreich(2003)의 친밀한 삶의 상업화에 대한 아이디어를 토대로 가족 내에서 전통적으로 이루어진 일들을 이제 어떻게 가족들이 '외부'에 의탁하는지를 연구했다. 그러한 일들은 집밥을 대신할 테이크아웃 식사, 어머니의 양육을 대신할 양육 도우미의 사용, 세탁소, 청소 도우미, 애완견 돌보미, 생일파티 플래너 등 한때 여성들이 주로 책임을 졌던 업무들이다. Blakely는 이 리스트에 웨딩 플래너를 새로운 '상업적 선구자'로서 더했는데, 가사업무가 유료 노동시장으로 확대된 것이다. 그녀는 증가하는 가족 업무의 외탁은 여성들이 취업을 가능하게 하리라 제시했지만 단점이 없는 것은 아니다. 우리는 점점 자신과 가족을 위한 일에서 멀어지면서, 우리를 결속시키는 그 정서들과 행동들로부터 더 큰 불만족과 고립을 경험할지도 모른다.

Burr, W. R., Leigh, G. K., Day, R. A., & Constantine, J., "Symbolic interaction and the family," in W. R. Burr, R. Hill, F. I. Nye, & I. L. Reiss (eds), *Contemporary theories about the family: General theories/Theoretical orientations* (New York: Free Press, 1979), vol. 2, pp. 42-111. 이 고전적 논문에서, Burr와 동료들은 가족 연구에 대한 상징적 상호작용이론 적용의 역사를 설명한다. 그들은 상징적 상호작용이론과 관련된 개념들을 연구를 이끄는 데 활용할 수 있는 제안들인 공식적 이론의 틀과의 통합을 시도한다. 이 논문은 종합적 분석과 더불어 상호작용을 통해 주관적 자아 발달을 강조해 온 시카고 학파와 가족 내 인간 행동을 안내하는 데 있어 더 결정론적인 객관적 역할과 구조를 강조한 학파 등 이론과 관련된 다양한 학파를 비교한다.

Hochschild, A. R., *So how's the family? And other essays* (Berkeley: University of California Press, 2013). 이 책은 Hochschild의 현대 가족생활에 대한 다수의 글을 모아 놓은 것이다. 부유한 가족들에게 자녀를 낳아 주는 대리모 사용 등의 문제를 다룬 최신 글을 다룬다. 또한 어떻게 정서적 노동이 가족 및 직장과 같은 다른 제도적 상황에서 다뤄지는지에 대한 것도 자세히 설명한다. 『돌봄에 대한 양방향 세계적 거래(The two-way global traffic in care)』라는 에세이에서 Goffman(1959)의 '무대 뒤 행동' 개넘 분석을 어떻게 이주 돌봄노동자가 개발국가의 부유한 가족을 위해 일하기 위해 이주해 오는가에 적용한다. 그들의 노동은 집에 두고 온 자신들의 가족 부양을 위해서는 필수적이지만 현지국가에서는 박봉이며 저평가된다.

Killoren, S. E., Updegraff, K. A., Christopher, F. S., & Umana-Taylor, A. J., "Mothers, fathers, peers, and Mexican-origin adolescents' sexual intentions," *Journal of Marriage and Family, 73* (2011), 209-220 (doi: 10.1111/j.1741-3737.2010.00799.x). 246가족을 대상으로 한 연구에서 저자들은 다른 민족들에 비해 가장 높은 청소년 출산율과 라틴 계열이 아닌 백인들보다 높은 성병 발병률을 보이는 라틴 청소년들의 심각한 성과 관련된 위험을 거론한다. 연구자들은 멕시칸계 이민 청소년과 미국에서 태어난 청소년들이 성적 행동을 결정하는 데 있어 어머니, 아버지, 비행행동을 하는 친구들과의 교제의 상호 연관된 역할을 연구하였다. 이 연구에서 비행행동은 마약 사용 가능성, 물건을 사거나 어떤 일을 하기 위해 자신의 나이를 속이는 등의 행동으로 측정하였다. 예상과 달리 두 집단은 부모의 수용과 부모에게 노출하는 수준은 다르지 않음을 발견했다. 그러나 중요한 점은 미국에서 출생할 경우 라틴계 청소년들이 또래의 부정적 행위에 더 영향을 받을 확률이 증가한다는 것이다.

Marsiglio, W., & Hinojosa, R., "Managing the multifather family: Stepfathers as father allies," *Journal of Marriage and Family, 69* (2007), 845-862 (doi: 10.1111/j.1741-3737.2007.00409.x). 이 논문은 양아버지의 상호작용과 재혼 가족 자녀들의 생물학적 아버지와의 관계를 분석한 첫 연구로서, 어떻게 남성들이 가족 안에서 자신의 정체성과 관계를 형성하는지에 대한 이해를 확장했다. 저자들은 46명의 양아버지와 심층 면접을 했고 그중 18명의 남자들은 친아버지와 어느 정도 정기적이고 지속적인 연락을 했다는 것을 밝혔다. 경쟁적 남성적 젠더 규율과는 반대로 많은 남성이 서로 우호적이고 협력적인 관계를 형성했다. 연구 결과는 이러한 남성들이 관례적인 남성성 규범에 성공적으로 도전하고 양아버지의 관계에 대한 새로운 정의를 성립한다는 것을 보여 준다. 권위적이거나 경쟁적인 방법 대신 '아버지적인 방법'으로 자신들의 정체성을 형성하는 그들의 능력은 친아버지와 아이들을 위해 헌신적인 협력자로서의 관계를 발달시키도록 해 주었다.

생각해 볼 문제

● 토론 질문

1. 생각나는 가사노동의 모든 형태를 나열하십시오. 어떤 가족구성원이 각각의 가사를 수행하나요?
2. 어떻게 젠더가 가족과 직장 내의 감정 처리 방법에 영향을 미치나요?
3. 상징적 상호작용이 다른 가족이론들과 잘 어울린다는 점을 고려할 때, 이 이론과 매우 다른 가설을 가지고 있고 쉽게 병행되지 않는 이론을 생각할 수 있습니까?
4. 어떻게 상징적 상호작용이론을 사용해 양적 연구를 할까요?
5. 무대 뒤 행위들이 인터넷 혹은 다른 전자 커뮤니케이션에서 표현됩니까?
6. 어떤 면에서 가족들이 '상호작용하는 인격들의 단위'로 여겨집니까? 어떤 면에서 가족갈등(제3장)의 개념이 이 관점에 이의를 제기하나요?

● 개별 과제

당신은 학교상담가이고 어느 날 복도를 걷다가 중학생들의 대화를 듣게 됩니다. 그들은 농담을 나누며 새로운 형식의 인사방법으로 서로를 '살짝 스치기'를 한다고 하면서 웃고 있었습니다. 남자학생들에게 이 방법은 인사하기 위해서 다른 친구의 성기를 살짝 스치는 것을 뜻합니다. 여학생들은 서로의 가슴을 살짝 스칩니다. 학교 종사자로서, 당신은 바로 성희롱에 대해서 걱정하게 되고 개입해서 학생들이 이 행동을 하지 못하게 합니다. 교무실에 돌아온 후, 감당할 수 없기 전에 어떻게 이에 대해 전체 학생들에게 말할 것인가에 대한 계획을 구상합니다. 이 상황을 처리하게 위해, 읽었던 이론들이 어떻게 다른 학교 종사자들과 대화할 수 있도록 하겠습니까? 최선의 접근 방법은 무엇일까요? 이 장에서 읽었던 이론들이 어떻게 학교 종사자들과의 대화에 도움이 될까요? 대화 계획을 구상하되 적어도 한 이론가의 개념과 이론적 틀에 근거하도록 해 보십시오.

● **개인 반영 질문**

1. 자라면서 본인이 어떻게 거울 자아를 경험하였는지 예를 들어 봅시다. 가족구성원들 혹은 사랑하는 이들이 본인의 자아 인식에 영향을 주었습니까?
2. 본인의 '자아'를 어떻게 정의하겠습니까? 본인의 자아 개념이 어떻게 가족의 상호작용에 의해 형성되어 왔습니까?
3. 감정조절이 매우 중요한 가족 내 상황을 설명해 보십시오. 문화 상황이 감정조절의 다른 형태를 결정짓는 다른 사회에서의 예를 찾아보십시오. 감정의 문화적 비교에서 발견한 점은 무엇인가요?
4. 당신의 인생에 있어서 연인은 누구인가요? 이 관계들은 얼마나 지속되었나요? 시간이 지나면서 어떻게 변했습니까?
5. 대학생으로서 당신의 준거집단(reference group)은 무엇인가요?
6. 당신이 자라 온 가족을 설명하는 비유와 허공간은 무엇인가요?

참고문헌

Appelrouth, S., & Edles, L. D. (2011). *Classical and contemporary sociological theory: Text and readings.* Los Angeles: Pine Forge Press.

BBC News (2011, July 1). *India: Rajasthan in 'cars for sterilisation' drive.* At http://www.bbc.co.uk/news/world-southasia-13982031.

Blumer, H. (1969). *Symbolic interactionism: Perspective and method.* Englewood Cliffs, NJ: Prentice Hall.

Bogdan, R. C., & Biklen, S. K. (2007). *Qualitative research for education: An introduction to theories & methods* (5th edn). Boston: Pearson.

Bogdan, R., Brown, M. A., & Foster, S. (1982). Be honest but not cruel: Staff/parent communication on neonatal units. *Human Organization, 41,* 6-16. doi: 10.17730/humo.41.1.03x7x4214201v7p2.

Brandeslaw.com (2016). *Strange laws still on the books.* At http://www.brandeslaw.

com/Lighter/lawsob.htm.

Brooks, D., James, S., & Barth, R. P. (2002). Preferred characteristics of children in need of adoption: Is there a demand for available foster children? *Social Service Review, 76*, 575-602. doi: 10.1086/342996.

Burgess, E. (1926). The family as a unity of interacting personalities. *The Family, 7,* 3-9.

Cheal, D. (1991). *Family and the state of theory.* Toronto: University of Toronto Press.

Chou, H. T. G., & Edge, N. (2012). "They are happier and having better lives than I am": The impact of using Facebook on perceptions of others' lives. *Cyberpsychology, Behavior, and Social Networking, 15,* 117-121. doi: 10.1089/cyber.2011.0324.

Cooley, C. H. (1902). *Human nature and the social order.* New York: Schocken.

Daly, K. J. (2003). Family theories versus the theories families live by. *Journal of Marriage and Family, 65,* 771-784. doi: 10.1111/j.1741-3737.2003.00771.x.

Daly, K. J. (2007). *Qualitative methods for family studies and human development.* Los Angeles: Sage.

Droesch, K. (2013, September 29). Wedding traditions from around the world. *Huffington Post.* At www.huffingtonpost.com/2013/09/29/wedding-traditions_n_3964844.html.

Erickson, R. (2005). Why emotion work matters: Sex, gender, and the division of household labor. *Journal of Marriage and Family, 67,* 337-351. doi: 10.1111/j.0022-2445.2005.00120.x.

Few, A. L. (2007). Integrating Black consciousness and critical race feminism into family studies research. *Journal of Family Issues, 28,* 452-473. doi: 10.1177/0192513X06297330.

Gay, P. (ed.) (1995). *The Freud Reader.* New York: Norton.

Gilgun, J. F. (2013). Qualitative family research: Enduring themes and contemporary variations. In G. W. Peterson, & K. R. Bush (eds.), *Handbook of marriage and the family* (pp. 91-119). New York: Springer.

Glass, V. Q., & Few-Demo, A. L. (2013). Complexities of informal social support arrangements for Black lesbian couples. *Family Relations, 62,* 714-726. doi: 10.1111/fare.12036.

Goffman, E. (1959). *The presentation of self in everyday life.* New York: Doubleday.

Hill, R., & Hansen, D. A. (1960). The identification of conceptual frameworks utilized in family study. *Marriage and Family Living, 22,* 299-311. doi: 10.2307/347242.

Hochschild, A. R. (1979). Emotion work, feeling rules, and social structure. *American Journal of Sociology, 85,* 551-575. doi: 10.1086/227049.

Hochschild, A. R. (1983). *The managed heart: Commercialization of human feeling.* Berkeley: University of California Press.

Hochschild, A. R., & Ehrenreich, B. (eds.) (2003). *Global woman: Nannies, maids, and sex workers in the new economy.* New York: Metropolitan.

Hooks, B. (1997). Homeplace (a site of resistance). In D. S. Madison (ed.), *The woman that I am: The literature and culture of contemporary women of color* (pp. 448-454). New York: St. Martin's Press.

Ishizawa, H., & Kubo, K. (2014). Factors affecting adoption decisions: Child and parental characteristics. *Journal of Family Issues, 35,* 627-653. doi: 10.1177/0192513X13514408.

Kubo, K. (2010). Desirable difference: The shadow of racial stereotypes in creating transracial families through transnational adoption. *Sociology Compass, 4,* 263-282. doi: 10.1111/j.1751-9020.2010.00274.x.

LaRossa, R. (2005). Grounded theory methods and qualitative family research. *Journal of Marriage and Family, 67,* 837-857. doi: 10.1111/j.1741-3737.2005.00179.x.

LaRossa, R., & Reitzes, D. C. (1993). Symbolic interactionism and family studies. In P. G. Boss, W. J. Doherty, R. LaRossa, W. R. Schumm, & S. K. Steinmetz (eds.), *Sourcebook of family theories and methods: A contextual approach* (pp. 135-163). New York: Plenum.

Lee, R. M. (2003). The transracial adoption paradox: History, research, and counseling implications of cultural socialization. *Counseling Psychologist, 31,* 711-744. doi: 10.1177/0011000003258087.

Mead, G. H. (1934). *Mind, self, and society.* Chicago: University of Chicago Press.

Morris, C. W. (ed.) (1962). *Mind, self, and society. Vol. 1 of Works of George Herbert Mead.* Chicago: University of Chicago Press. (Originally published 1934.)

NPR (2013, June 27). *Six words: "Black babies cost less to adopt."* Race Card Project:

Six-Word Essays. At http://www.npr.org/2013/06/27/195967886/six-words-black-babies-cost-less-to-adopt.

Parsons, T. (1951). *The social system*. New York: Free Press.

Rosenberg, J., & Egbert, N. (2011). Online impression management: Personality traits and concerns for secondary goals as predictors of self-presentation tactics on Facebook. *Journal of Computer-Mediated Communication, 17*, 1-18. doi: 10.1111/j.1083-6101.2011.01560.x.

Smith, S. R., & Hamon, R. R. (2012). *Exploring family theories* (3rd edn). New York: Oxford University Press.

Sokoloff, B. Z. (1993). Antecedents of American adoption. *The Future of Children, 3*, 17-25. doi: 10.2307/1602399.

Stryker, S. (1959). Symbolic interaction as an approach to family research. *Marriage and Family Living, 21*, 111-119. doi: 10.2307/348099.

Stryker, S. (1964). The interactional and situational approaches. In H. T. Christensen (ed.), *Handbook of marriage and the family* (pp. 125-170). Chicago: Rand McNally.

Stryker, S. (1980). *Symbolic interactionism: A social structural version*. Menlo Park, CA: Benjamin/Cummings.

Swidler, A. (2001). *Talk of love: How culture matters*. Chicago: University of Chicago Press.

Toyota (2010, May 2). *Swagger wagon*. At http://www.youtube.com/watch?v=ql-N3F1FhW4.

제5장
가족발달이론

당신이 결혼하려 할 때 가족구성원들이 귀찮게 한 적은 없습니까? 혹은 당신이 이미 결혼을 했다면, 언제 아이를 가질 것인지를 물어보지는 않나요? 만약 당신이 이미 한 명의 아이가 있다면, 둘째는 왜 가지지 않는지를 묻지는 않나요? 특히 나이가 많은 가족구성원들은 어린 가족구성원들이 가족생활주기(family life cycle) 단계를 거치도록 강요하는 것으로 악명 높은데, 항상 "어떤 일을 할 때까지 기다려!"로 시작하는 경고성 조언을 해 주곤 합니다. 아마도 그들은 부부로 3년, 7년 또는 40년 동안 사는 게 어떠한지 당신에게 미리 알려 주려는 것일 수도 있습니다. 젊은 부모들은 자녀가 두 명에서 세 명으로 늘어나는 변화나 혹은 자녀가 유아에서 청소년이 되었을 때의 변화가 어떠한지에 대한 충고를 자주 듣습니다. 또는 한참 더 지난 후에는 이미 은퇴한 조부모는 은퇴가 얼마나 좋은지, 훗날 즐기려면 지금 얼마나 열심히 일해야만 하는지에 대한 조언을 할 수도 있습니다. 먼 미래를 상상하는 것은 어렵습니다. 그러나 세계관 형성에 끼치는 가족생활주기의 중요성을 고려해 볼 때 '이미 지나왔고, 이미 경험해 봤던' 가족구성원들의 조언은 우리가 원하든 원치 않든 당연할 것일지도 모릅니다.

가족발달이론은 가족생활주기의 일부분으로서 각각의 '단계'를 가족생활주기의 일부로 여기고, 이는 이 이론의 핵심적인 개념입니다. 심리학 혹은 아동발달 수업에서 읽었던 Freud의 성심리 발달 모델(psychosexual development), Erikson의 인간발달 8단계, 혹은 Piaget의 인지발달 4단계 모델 등과 같은 이론들과는 달리 가족발달이론은 개인에서 출발하지 않습니다. 가족의 형성, 즉 출산으로부터 시작합니다. 이 이론은 1950년대 발달되었으므로, 가족발달이론은 그 당시 학자들이 그렸던 가족 형태를 반영합니다. 첫째, 남자와 여자가 결혼을 한 뒤, 첫 자녀가 태어나고, 그들은 부부에서 부모로 전이하고 가족 확장과 축소의 단계들을 거칩니다. 가족생활주기는 결혼으로 시작해서 부부의 죽음으로 끝납니다. 생활주기의 각 단계에서는 개인에게 주어진 기대와 발달 업무들이 있습니다. 현대 사회에서 가족생활주기의 이러한 단계에 '들어가는' 것과 관련된 의식들을 생각해 봅시다. 예를 들어, 예비엄마를 위한 베이비 샤워(임신 축하 파티)는 이미 출산을 경험한 여성들의 조언으로 가득 차 있습니다. 제4장 상징적 상호작용이론에서의 일반화된 타인 개념에 따르면 우리는 일반적으로 각 단계에서 어떤 것을 기대할 수 있는지에 대한 지식을 알고는 있습니다. 그러나 대부분의 경우 우리는 가족생활주기를 거쳐 가면서 배우고 성장합니다.

지금까지의 가족발달이론 설명에 비춰 볼 때 이 이론이 기능주의이론(제2장)과 상징적 상호작용이론(제4장)에 기초함을 이미 눈치챘을 것입니다. 이는 가족발달이론이 구조적 기능주의이론의 거시적 분석과 상호작용이론의 미시적 분석, 그리고 시간이라는 요소를 통합한 결과이기 때문입니다. 따라서 가족발달이론은 가족이 시간이 지남에 따라 연속적인 단계를 거쳐 갈 때의 구조적 수준(주요 사회제도들), 상호작용 수준(가족역동과 과정), 개인적 수준(성격 변인들) 등을 다룹니다(Hill & Rodgers, 1964).

처음 가족발달이론이 제안될 때 이 이론은 처음으로 가족에 중점을 둔 중요한 이론적 틀로서 여겨졌습니다. 특히 이 이론은 장시간에 걸쳐 변화하는 가족 상호작용을 이해하고 연구하기 위해 결혼과 가족에 그 중심을 두었습니다(Hill & Hansen, 1960). 처음 이 이론이 개념화될 당시에는 개인의 성격, 가족역동, 그리고 사회제도들을 이론화하고 연구하기 위하여 핵가족이라는 사회적 집단을 중요한 시작점으로 간주하였습니다(Mattessich & Hill, 1987). 가족발달이론이 학자들의 이해에 도움을 준 주요 연구분야 중 하나는 가족들이 어떻게 사회 내 가족생활주기에서 자신들의 규범적인 역할을 위한 과업과 이정표들을 성취하느냐 하는 것입니다(Aldous, 1978). 더 나아가 가족발달이론은 생애과정이론(life course theory)(제9장)과 가족생태이론(family ecological theory)(제10장)에 앞서 시간이라는 측면을 고려한 첫 번째 가족이론입니다. 이 이론에 대한 깊은 이해를 위해 한 가족의 구성원들이 어떻게 다른 가족생활주기를 경험하는지 그리고 어떻게 상호작용이 다양한 발달 결과를 초래하는지에 대한 사례 연구를 이야기하고자 합니다.

사례 연구

사례 연구의 주인공인 마르고는 부모의 극진한 보호 아래 성장했고 엄마 캐런에게 감정적으로 의지하도록 배웠다. 마르고는 평생 아주 애지중지 키워졌고 그래서 변변한 직장이 없는 떠돌이와 결혼했을 때 부모님은 그가 좋은 사람인 척하면서 호화로운 결혼식에 수천만 원을 썼다. 마르고와 남편의 결혼은 불안정했다. 남편이 꾸준한 직장생활을 할 수 없었기 때문에 마르고는 남편을 뒷받침하기 위해 두 곳의 직장에서 일했다. 이로 인해 마르고는 스트레스와 압박감을 감당하기 위해 애를 썼다. 마르고의 엄마는 딸의 모든 부분을 비밀스럽게 중재했는데 파산에서 구해 줬고 집에서 쫓겨날 때는 집을 사 주기도 했다. 3년 뒤 마르고가 마침내 이혼을 하고 부모님 집으로 돌아올 때 캐런은 마르고의 이사비용도 도와주었다.

몇 년후, 마르고는 부모님을 떠났고 재혼을 했으며 그녀와 새 남편은 아들을 낳았다. 겉으로 볼 때 그들은 행복하고 건강하며 정상적으로 보였다. 그러나 마르고는 분노, 좌절 혹은 슬픔에 대처하는 방법을 배운 적이 없었다. 마르고는 출산 후 심한 우울증을 겪었고, 캐런에게 같이 살면서 신생아 아들을 돌봐 달라고 부탁했다. 얼마 전 은퇴한 캐런은 남편과 단둘이 하루종일 집에 있는 것이 힘들었다. 캐런의 남편은 언어 폭력을 행사했고 통제적이어서 같이 있기에 불쾌한 사람이었다. 캐런은 자신을 필요로 한다는 것이 좋았고 자신의 관계적인 문제와 은퇴에서 오는 불안함을 회피하기 위한 방법으로 딸과 손자를 반갑게 맞이했다.

가족생활주기 단계를 시작하기 전, 우리가 사랑, 결혼 그리고 양육을 어떻게 생각하는지를 이 가족의 시나리오와 비교해 보자. 실제로 특정 생애주기를 경험할 때 우리가 생각하는 것처럼 되지 않을 때는 어떨까? 또한 마르고는 규범적인 시기에 적절한 발달 단계를 거쳤는가? 혹은 너무 보호를 받은 나머지 대처 기술이나 전략을 전혀 배우지 못했는가? 그리고 결혼 생활에서의 문제를 회피함으로써 캐런은 어떤 가치를 마르고에게 물려주고 있는가? 가족발달이론은 결혼을 하고 가족들이 아이들을 양육하고 떠나보내며, 손주들이 생기고 은퇴를 하고 죽음을 맞이하는 등 발달 단계를 거쳐 가는 것을 이해하도록 도와준다. 이 이론은 가족 분석을 위해 특별히 개발되었기 때문에, 마르고와 엄마가 지금까지 겪어 온 단계들과 이에 따른 발달 문제들에 대한 깊은 통찰력을 준다. 이 이론은 가족들이 변화, 전이 그리고 일생 사건 시기들에 어떻게 대처하는지와 이러한 변화, 전이, 대처 방법이 다른 가족구성원들에게 어떤 영향을 미치는지를 볼 수 있도록 도와준다. 이 장에서는 오늘날의 변화하는 가족에게 이 이론이 적용 가능하도록 한 현대적인 각색을 포함해서 가족발달이론의 개념과 이 관점에 영향을 준 중요한 이론가들을 살펴보고자 한다.

가족발달이론이란

가족발달이론은 가족단위와 연관된 변화를 위한 특별한 기능, 과정, 기제를 설명하기 위해서 사용된다. 가족단위는 인류 번식과 사회화, 생존 규제의 책임을 지는 사회적 제도이므로 특별하다. 앞서 말한 것처럼, 이 이론은 특별히 가족을 연구하기 위해 시작되었는데 다른 이론들이 사회학이나 심리학 등에서 차용하여 가족에 적용했던 것과 비교할 때 독특하다고 할 수 있다.

가족발달이론을 사용하는 가장 큰 매력 중 하나는 이 이론이 시간이 흘러감에 따라 어떻게 가족들이 변하는가의 학문적 이해를 돕는다는 것이다. 유아기 이후 여러분의 가족이 어떻게 변화해 왔는지를 생각해 보자. 여러분이 어떻게 변했으며 당신의 부모, 형제, 조부모님들, 친척들이 어떻게 변했는지에 대해서도 생각해 보자. 이 이론 사용 시 가장 중요한 개념 중의 하나는 가족발달(family development)이다. 가족발달은 변화와 관련된 연령과 단계라는 계층적 제도를 거치는 종적 과정이다. 모든 가족은 출생, 죽음, 결혼, 이혼, 졸업, 은퇴, 기타 발달 이정표와 같은 다양한 변화로 인해 가족의 역사 동안 확대와 축소라는 규범적인 과정을 겪는다. 사례 연구에서 마르고가 첫 남편과 이혼 후 다시 집에 돌아와 경제적 · 정서적 안정의 재정립을 경험했던 것처럼 가족발달은 가족위기 또한 포함할 수 있다. 가족위기는 가족스트레스와 회복탄력성을 소개할 제11장에서 좀 더 자세하게 다룰 것이지만, 위기가 가족단위를 다음 단계의 발달로 나아가게 할 수 있으며 이런 일이 종종 발생함을 아는 것은 중요하다. 그러나 전통적으로 가족은 다양한 가족의 형태, 역할, 관계, 과업에 따라 약 8가지의 단계를 거친다고 정의되어 왔다. 가족단계는 사회에서 독특한 구조이기 때문에 모든 가족은 보편적인 기능을 수행할 의무가 있다. 따라서 일반적으로 모든 가족에게 적용되는 유사한 구조가 존재한다.

이 이론이 특별히 가족을 분석하기 위해서 발달되었음을 고려할 때, '전형적인 가족'은 핵가족 혹은 부부로 이루어진 가족으로 두 젊은 성인의 결혼으로 시작하고 두 사람의 죽음으로 끝난다고 볼 수 있다. 배우자가 자신들의 새로운 가족을 시작할 때 가족은 가족생활주기(family life cycle)를 결혼으로 시작하며 이는 새로운 생식가족(family of procreation)의 출발이며 배우자가 자신들의 새로운 가족을 시작할 때임을 제안한다. 생식 단계로의 이동은 가족을 부모기와 연관된 새로운 역할로 나아가게 한다. 자녀들이 가족의 둥지를 떠날 때 가족은 다시 부부 두 명으로 축소한다. 부부 모두가 사망했을 때 원래 결혼한 배우자와 형성한 가족은 끝이 난다.

가족발달이론에서는 모든 가족이 이러한 가족단계(family stages)를 거칠 것을 예상한다. 그러나 이 이론이 발달된 후 사회가 현저하게 변했기 때문에 번식 기능을 수행하는 단위로서의 가족의 속성 역시 변했다. 결혼과 부모기의 다양한 추가적 양상을 포함하기 위해 학자들은 원 개념들을 바꾸어 왔다. 예를 들어, 모든 가족생활주기는 첫 단계인 결혼과 함께 시작하지 않는다. 어떤 가족들은 아이가 있으나 결혼하지 않은 채로 시작한다. 또 다른 예를 보자면, 모든 결혼이 배우자의 죽음으로 끝나지 않는다. 이혼을 경험하는 가족들은 한부모가족이 되기도 하고 이런 경우에는 그 한 명의 남아 있는 부모의 죽음으로 끝난다(Hill, 1986). 그리고 모든 가족이 핵가족에 제한되지 않는다. 할머니와 엄마가 가장인 가족과 같이 여러 세대의 성인들이 이끄는 가족들도 있다(Burton, 1996; Nelson, 2006). 어떤 가족들은 가족 주기의 일환으로 형제관계를 포함하기도 한다(Aldous, 1978). 한 명 이상의 레즈비언이나 게이 부모가 가장인 가족들도 있다(Goldberg, 2010). 따라서 결혼과 부모기라는 규범적인 단계의 가족생활주기 개념으로부터의 시작은 다양한 가족역할과 과정들을 수용하도록 발전하였다(Glick, 1947; 1988).

역사와 기원

이 책에서 지적했던 것처럼 초기에 이론들이 어떤 용도로 적용되었는지를 자세히 이해하기 위해 이론 발달의 역사적 맥락을 검토하는 것은 중요하다. 가족발달이론은 20세기 중반 사회 집단으로서의 가족의 독특한 구조와 역동적 성향을 연구하기 위해 특별히 발달되었다. 앞서 말한 것처럼, 가족발달이론은 기능주의이론(제2장)과 상징적 상호작용이론(제4장)의 개념을 빌려 왔고, 개인 시간, 사회 과정 시간, 역사적 시간이라는 다양한 체계의 시간 개념을 추가했다(Rodgers, 1973). 가족발달이론은 지위(position)(즉, 가족제도 내 가족구성원의 위치), 역할(즉, 위치의 역동적 양상), 그리고 규범(norms)(즉, 사회적 기대) 등 기능주의적 이론으로부터 빌려 온 구조적 개념을 포함했다. 발달적 접근은 상징적 상호작용이론을 차용해서 가족을 상호작용하는 인격단위로 보는 Burgess의 개념을 포함했다.

추가적으로 계층적 단계를 지나면서 어떻게 성장이 일어나는지를 설명하기 위해 가족발달이론은 인간발달의 개인적 이론(예: Erikson과 Piaget)으로부터 발생학적 변화(ontogenic change) 개념을 빌려 왔다(Bengtson & Allen, 1993). 발생학적 변화는 어떻게 유기체, 여기에서는 가족이나 개인 가족구성원들이 시간에 걸쳐 어떻게 변화하고 성숙하는가를 뜻한다. 여러분은 출생한 그날부터 성숙을 위해 필요한 여러 발달 단계를 거쳐 왔다. 양육자는 걷기, 말하기, 배변훈련을 당신에게 가르쳤다. 사춘기와 청소년기를 지나왔고 현재는 청년기 혹은 성인기의 단계에 있을 것이다. 이전 단계를 기반으로 이러한 변화들을 통해 가족들은 구성원들이 나아갈 수 있도록 돕는 필요 요소들을 지니고 있어야만 한다. 이 이론을 특별하게 만드는 요인 중 하나는 가족이 어떻게 이러한 변화를 거쳐 앞으로 전진하는 구성원들을 안내하는 힘이 되는가에 중점을 두고 있음이다. 어떠한 사회제도들도 이와 동일한 과업을 수행할 수 없기 때문이다. 여러분 스스로의 삶을 생각해 보자. 예를 들면, 가족을 사랑하는 게 어떤 의미인지 배우기 위해 유치원에 다니지는 않았을 것이다. 다른 가족구성원들을 관찰하고 따라하면서 가족이 어떤 의미인지, 가족구성원들이 어떤 역할을 수행하는지를 학습했을 것이다.

사회제도로서의 독특한 특성으로 인해 가족은 시간이 지나면서 부모와 자녀의 연령 구조에 적합한 단계를 거쳐 발달하도록 미리 정해져 있음이 가정된다. 각각의 가족생활주기 단계에서, 가족은 사회 구조 내 다른 제도들이 할 수 없는 성생활, 생식, 돌봄, 친밀감과 관련된 독특한 발달 과업들을 수행하도록 정해져 있다.

가족발달이론은 20세기의 핵가족, 즉 이성애적이고 출산장려적인 가족단위를 각 단계들의 모델로 사용해서 개념화되었다. 따라서 중대한 인구통계적 전환과 역사적 전환을 마주한 가족의 성장과 변화를 설명하는 데 있어 이 이론이 얼마나 연관성이 있는가 하는 것은 중요한 논쟁거리로 부상했다. 결과적으로 가족생애주기를 정체된 단계와 역할로부터 해방시키고 개인, 가족, 사회의 역사적 시간 사이의 역동적 상호작용을 고려하기 위한 새로운 패러다임으로 생애과정관점(the life course perspective)(제9장)이 출현했다(Bengtson & Allen, 1993; Rodgers & White, 1993). 더 나아가, White와 Klein(2008)은 초기 가족발달이론들을 업데이트하여 그들의 이론을 생애과정이론과 통합했다. 이들의 가족생애과정 발달 이론체계는 현대에 맞게 변화시킨 것으로 가족발달이론을 형성했던 세 가지 관점인 개인 생애주기, 가족 과정과 구조, 사회 역사적 맥락을 현대에 맞게 변화시키고 업데이트한 이론이다. 이 장 후반에 언급되는 것처럼 White와 Klein의 모델은 최근 다시 수정되었다.

가족발달이론의 가정

이 이론의 몇 가지 가정을 벌써 알아차렸을 수도 있지만, 가족발달이론의 초기 이론가들이 당연하게 받아들여 왔던 가정들을 자세히 살펴보도록 하자(예: Duvall, 1957; Hill & Hansen, 1960; Hill & Rodgers, 1964; Rowe, 1966). Aldous(1978)는 이러한 아이디어들을 다음의 다섯 가지 가정으로 간결하게 정리했다. 첫 번째 가정은 "가족 행동은 가족구성원의 과거 경험과 현재 및 미래를 향한 목적과 기대의 합이다"(Aldous, 1978, p. 15). 이는 가족역사에 대한 이해는 현재와 미래 행동을 이해하는 데 있어 중요함을 의미한다. 사례 연구에서의 마르고를 생각해 보자. 어떻게 성장해 왔는지에 기초해서 살펴보면 엄마가 문제해결과 인생의 기복으로부터 마르고를 구하기 위해 무엇이든지 하리라는 것은 전혀 놀라운 일이 아니다. 엄마는 마르고를 어려서부터 귀하게 키웠고 성인이 되어서도 이는 변함이 없다.

두 번째 가정은 "가족들은 유사하고 일관된 방법으로 발달하고 변화한다"에서 시작한다(Aldous, 1978, p. 15). 이 가정은 가족 행동과 변화는 단계와 연령 구조에 따라 상당히 예측 가능하다는 것이다. 따라서 상황에 관계없이 가족 형태가 두 명에서 세 명으로 바뀔 때, 처음으로 부모가 된 사람들은 중요한 과도기를 거칠 것을 예상할 수 있다. 부모가 되는 것은 가족의 삶에 있어서 예측 가능한 형태이고 모든 가족이 비슷하게 경험을 할 것이다. 이 때문에 예비부모들이 아이가 태어난 후에, "다시는 밤에 잠을 제대로 잘 수 없어!"라는 경고를 받는 것이다. 실제로 임신 준비 서적들과 부모 안내 서적들이 인기가 좋은 이유이기도 하다. 즉, 사람들은 다른 이들이 어떻게 이성을 잃지 않고 비슷한 생애주기 단계들을 거쳐 나가는지 알고 싶어 하기 때문이다.

세 번째 가정은 "인간은 성숙해지고 타인과 상호작용하면서 주체적 행동을 이끌 뿐 아니라 환경적 압력에 반응한다"(Aldous, 1978, p. 15). 이 뜻은 인간들이 다른 가족구성원들의 행동과 큰 사회제도에 영향을 주고받는다. 가족들은 상호의존적인 단위이다. 즉, 사회의 규범 및 기대뿐 아니라 구성원 개인의 욕구도 수용해야 한다. 세 번째 가정의 예로, 자녀가 '집을 떠나는 것에 실패'했을 때 어떤 일이 일어나는지를 살펴보자. 근대 사회의 취업 기회 부재로 인해, 가정으로부터의 독립된 삶의 전이는 젊은이들에게 어려울 수 있다(Arnett, 2000). 현재 많은 청년이 대학에 가기는 하지만 안정된 직장을 찾을 때까지 집에 돌아올 수도 있다. 가족들은 경제적 현실에 재적응해야만 하고 성인 자녀를 받아들일 준비를 또다시 해야만 한다. 또 다른 예는 최근의 미국 의료보험의 확대에서 볼 수 있는데 자녀가 26세가 될 때까지 부모들의 보험에 성인 자녀를 포함할 수 있다.

네 번째 가정은 "가족과 가족구성원들은 스스로와 광범위한 사회 구성원들이 정한 시간과 관련된 과업들을 수행해야만 한다"(Aldous, 1978, p. 15). 이 가정은 각각의 생애 시간과 연관된 개인 및 가족 발달 과업(family developmental tasks)이라는 개념을 일컫는다. 다음 단계의 발달로 이동하기 위해서 개인과 가족단위는 규범적인 목표를 성취해야만 한다. Aldous(1978)에 따르면, 발달 과업은 현실과의 합의 내지는 직장생활, 가족생활, 지역사회생활에 대한 책임을 요구한다. '성인임을 알 때는 언제……!'라는 식의 농담을 들어 본 적이 있는가? '진공청소기를 선물로 받고 기뻐할 때' 혹은 '홈디포(Home Depot: 공구 및 건축자재를 파는 대형 마켓)에서 토요일을 보낼 때' 등 예들은 다양하다. 이러한 예들은 생애주기의 새로운 단계에서 우리가 어떻게 전 단계와는 아주 다른 역할을 충족시키고 어떤 행동을 하는지를 보여 준다. 20대의 '이상적인 토요일 밤'은 30대 혹은 40대와 비교했을 때 매우 다를 것이다. 따라서 나이가 들고 생애주기 단계를 거치면서, 우리의 발달 과업들은 변화하며 우리는 이에 적응해 나간다. 이것은 개인적 실현, 가족기능, 그리고 사회적 안녕(well-being)을 위해 필요하다.

마지막으로, Aldous의 다섯 번째 가정은 "사회적 상황 내에서 개인은 기본적인 자율적 단위이다"(1978, p. 15). 이 가정은 전체로서의 가족제도는 개인 구성원들의 행동과 반응에 달려 있다는 것이다. 다섯 번째 가정의 예는 전업주부인 아버지 또는 어머니가 직장을 갖기로 결정했을 때 이 구성원의 행동에 맞춰 전체 가족제도 내의 모든 사람들은 적응해야 한다. 십 대 자녀들은 새로운 집안일을 해야 할 테고, 다른 부모는 집안일을 더 해야 한다거나 직장에서 보내는 시간을 줄여야 하며, 연로한 부모님을 모시는 일은 좀 더 어렵고 스트레스는 가중될 것이다. 가족은 개인 구성원들이 상호 의존하는 제도이다. 개인에게 일어나는 일은 다른 이들에게 영향을 미친다.

글상자 5-1 가족발달이론 한눈에 보기

- 가족발달(Family development): 가족은 예상되는 단계의 전개를 통해 성장하는 사회적 집단이다.

- 가족생활주기(Family life cycle): 가족은 결혼을 시작으로, 자녀를 추가함으로써 확대하고 두 배우자의 죽음으로 마무리하는 규범적인 단계를 거치며 나아간다.

- 가족단계(Family stage): 가족은 모든 가족이 경험하는 결혼 및 부모기의 구조적 변화를 이상적 부분들로 나눔으로써 가장 잘 연구될 수 있다.

- 가족시간(Family time): 가족들은 개인 시간, 사회 과정 시간, 그리고 역사적 시간을 공유하는 역사를 지닌 오래 지속되는 집단이다.

- 가족 발달 과업(Family developmental tasks): 사회가 부여한 특정 활동 혹은 과업으로 가족단위의 생존과 구성원의 사회화를 위해 가족들이 수행하도록 기대된다.

- 사회적–제도적 차원(Societal–institutional dimension): 가족은 결혼과 부모기의 생식 역할을 조절할 책임을 부여받는다. 가족은 중요한 사회제도의 하나로 무엇이 규범적이고 중요한지를 결정하는 광범위한 문화적 가치와 목표에 의해 영향받는다.

- 집단–상호관계적 차원(Group–interactional dimension): 가족은 반폐쇄적 상호작용 제도로, 각 가족단위는 가족생활에 대한 사회제도적 기대를 수행하는 방법에 있어서 다양하다.

- 개인–심리학적 차원(Individual–psychological dimension): 개인은 가족의 기본 단위이며 각 개인은 독특한 유전적 구성과 가족역할을 가지고 있다.

주요 개념

가족발달이론은 다양한 사람에게 매력적이며 교육과 실무에 적용하기 쉬운 풍부한 개념을 제공한다. 가족발달이론에서 시작된 많은 개념은 우리의 일상 용어의 일부가 되었으므로 그 뜻을 잘 안다고 짐작하곤 한다. 이 책에서 설명한 다른 이론에서 차용된 개념들도 마찬가지이다. 예를 들어, 제4장에서 우리는 상징적 상호작용이론에서 나온 '중요한 타자(significant other)'라는 개념이 흔한 일상적 표현이 되었다는 것을 밝혔다. 기능주의이론에 관한 제2장에서, 우리는 '도구적인(instrumental) 그리고 표현적인(expressive) 역할'의 개념을 설명했는데, 이는 성역할과 관계가 있다. 이러한 개념들 역시 대중적인 용어가 되었다. 비슷하게, 이 장을 읽으면서 우리는 가족발달이론으로부터 파생된 개념들 역시 일상생활 용어의 한 부분이라는 것을 발견하게 될 것이다.

가족생활주기(Family life cycle). 이 개념은 가족발달이론의 가장 지속적인 기여라고 할 수 있는데, 시간에 따라 진행하면서 가족 내에서 공유되는 경험들을 논리적으로 나누는 방법을 제공하기 때문이다. 시작, 확대, 축소 그리고 해체 등 결혼과 연관된 규범적인 단계들이 이 개념 안에 녹아 있다. 결혼은 자녀의 추가로 확장되고, 자녀가 집을 떠나면 가족은 축소된다. 결혼은 첫 배우자의 죽음과 함께 끝나고, 가족생활주기는 두 번째 배우자의 죽음으로 결말을 맞는다. 이러한 개념은 시간에 걸쳐 가족 내에 배정된 역할의 지표를 제공한다. Mattessich와 Hill(1987)에 따르면, 생식가족의 생애주기에 걸쳐 나타났다가 사라지는 가족구조적 조직들의 주요한 세 요소는 개인, 역할, 역할 유형이다. '개인'은 출산, 결혼, 진수 그리고 죽음 등의 전환기를 통해 가족생활주기를 시작하거나 떠나는 개인들을 칭한다. '역할'은 수행되어야 하는 각각의 가족 위치와 관련된 가족 행위들이다. '역할 유형'은 '어느 시점에서 유효한 자원에 따라서 개인 구성원들과 사회의 변화하는 요구를 충족시키기 위해 조정하는' 상호작용적이거나 교류적인 행위들을 말한다(Mattessich & Hill, 1987, p. 443).

Duvall(1957)에 의해 처음 제안된 가족생활주기는 8단계로 구성되어 있다. 가족 단계들은 가족 내 역할과 위치의 숫자(예: 단계 1과 단계 7은 부부만으로 구성되어 있다), 그리고 첫 번째 자녀의 나이와 역할(예: 단계 2와 단계 5)에 의해 결정된다. [그림

5-1]은 본래의 규범적인 8단계 모델을 보여 준다. 여기에서는 초기에 개념화되었던 가족생활주기의 단계와 연관된 각각의 단계, 역할 위치, 그리고 가족 목표(발달 업무) 등을 살펴보자(Hill & Rodgers, 1964).

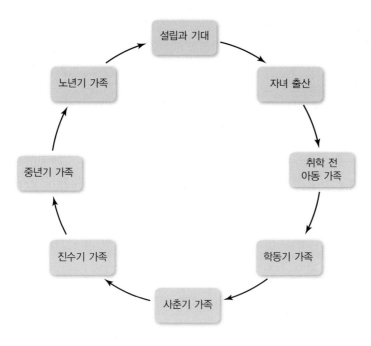

[그림 5-1] 일반적인 가족생활주기

1단계 설립과 기대: 이 단계에서는 청년인 남자와 여자의 결혼으로 가족생활주기가 시작된다. 이 단계에서 가족에는 두 명의 구성원만이 있으며 그들은 남편과 아내의 전통적인 역할을 충족시킨다. 이 시기는 약 1년 정도 지속된다. 이 단계의 주된 업무는 결혼한 부부로 살아가기 위해 적응하는 것이다. 결혼에 적응하면서 아내는 임신을 하고, 부부는 임신에 적응해야 하며 가족이라는 집단에 자녀를 추가할 때 부모기로서의 전이를 준비해야만 한다.

2단계 출산: 이 단계에서는 남편과 아내로부터 어머니와 아버지라는 부모 역할로 가족구조가 변화하고 자녀라는 제3의 역할을 추가한다. 이 시기는 약 2년 정도 지속된다. 2단계의 발달 업무들은 영아가 필요한 것에 따라 가족단위를 재구성하고, 다른 자녀들을 가족에 추가하는 것이다.

3단계 취학 전 아동 가족: 이 단계는 태어난 자녀들의 숫자와 성에 따라 여러 가지 형태인데, 남편/아버지, 아내/어머니, 아들/형제, 딸/자매를 포함한다. 3단계는 약 4년 정도 지속된다. 3단계의 발달 업무는 영아와 미취학 아동들이 필요로 하는 것에 맞추어 가족을 재구성하는 것이다.

4단계 학동기 가족: 이 단계는 약 7년 정도 지속되는 단계로 보인다. 부모들과 약 세 자녀로 구성된다. 1950년대와 1960년대의 가족당 평균 자녀 수는 세 명이었다 (Glick, 1988). 자녀들은 아주 어리거나 사춘기 이전의 나이이다. 이 단계의 발달 과업은 취학 아동들의 세계를 확장시키기 위한 가족의 재구성이다.

5단계 사춘기 가족: 이 단계는 부모와 4명까지의 자녀를 포함하는데, 첫째는 십 대이고 막내는 사춘기 이전이다. 이 시기는 약 7년간 지속되고 발달 과업은 자녀들에게 삶에 대한 책임을 지는 것과 관련해서 더 큰 자유를 허용하는 것을 포함한다.

6단계 진수기(Young adult launching): 이 단계는 세 번째 세대인 조부모를 더한다. 이 시기에, 청년들은 결혼을 하고 자신들의 핵가족을 시작하며, 그들의 부모는 조부모가 된다. 6단계의 발달 업무는 자식들이 집을 떠난 후, 부모들은 좀 더 평등적인 관계로 돌아가는 것이다(이 이론의 원문에 제시된 전통적인 젠더 역할 가정에 유의하라). 이 단계는 약 8년 정도 지속된다.

7단계 중년기: 이 단계는 부모기 이후 장년들, 즉 두 명의 구성원으로 이루어진 가족 생활주기로 돌아가는 것이다. 이제 가족은 남편/할아버지 그리고 아내/할머니로 구성된다. 이 시기는 약 14년가량 지속된다. 가족은 부부를 중심으로 재구성된다. 부모가 의존적인 자녀들의 양육자 역할에서 멀어지고, 외로움과 의미의 위기마저도 느낄 수 있는 생의 후반으로 들어선 것이다. 이것은 '빈둥지 신드롬(the empty nest syndrome)'이라고 불려 왔는데, 문제로 보기보다는 적응과 관련되어 있다. 7단계의 중요한 발달 과업은 부양해야 할 자녀들의 부재하에서 부부가 의미와 성취감을 가져다줄 새로운 사회적 역할에 다시 참여하는 것이다.

8단계 노년기: 이 단계는 부부 중 한 사람이 사망한 뒤 결국에는 나머지 배우자도 생을 마감한다. 이 단계는 7년에서 13년 정도 걸린다. Hill과 Rodgers(1964)가 처음 가족생애주기를 개념화했을때, 남자의 평균 수명은 74세, 여성은 77세로 봤는데, 이것은 오늘날 대부분 개발 국가의 평균 수명에 비해 훨씬 더 낮다. 실제로 2013년 일본의 평균 수명은 남자 80세, 여자 87세였고, 2012년 미국의 경우 남자 76세, 여자

81세였다(WHO, 2016). 이 단계의 주요한 발달 과업은 한정된 형태의 생활에 적응하고 나서 미망인 또는 홀아비로의 생활에 적응하는 것이다. 또한 아랫세대는 윗세대의 가족생애주기가 끝났을 때 그들의 죽음에 대처해야 한다.

두 이성애자 부모와 그들의 자녀로 이루어진 결혼, 이 한 가지 형태의 가족만을 이상화함을 가족학자들이 인지함에 따라 가족생활주기의 초기 모델이 개선되고 업데이트되어야 함이 명백해졌다. 사실, 이 이론의 창시자 중의 한명인 Reuben Hill(1986)은 많은 가족이 한부모(single parent)인 것을 인지했고 한부모가족에 관한 최신 이론을 제시했다.

가족생활주기 개념의 또 하나의 주요 개선점은 점차 증가하고 있는 보편적인 혼합가족(stepfamily)을 다루었다는 점이다. Stewart(2007, p. 42)가 설명했듯이, Papernow(1993)의 가족생애주기를 '혼합가족생애'에 적용한 것은 가족 생애 복원 시기로 교육자, 치료사와 기타 전문가들이 혼합가족을 가족 생애의 재구성 시기로 이끌 수 있는 매우 구체적인 모델을 제공한다. Papernow는 세 단계의 생애주기와 일곱 개의 요소를 제시했다. 초기 단계에서 계부모들은 '환상(fantasy)' '몰입(immersion)' 그리고 '지각(awareness)'의 발달 과업을 수행해야 한다. 중간 단계의 발달 과업은 '집결(mobilization)'과 '행동(action)'이다. 마지막 단계에서 계부모들과 계자녀들은 '접촉(contact)'과 '문제의 해결(resolution)'이라는 발달 과업을 경험한다. Papernow의 혼합가정 생애주기 모델에서 종단적 관점과 중요한 전환을 단계로 나누는 것은 가족생활주기의 정상적인 모델에 근거한 것이다. 반면에 Papernow의 모델은 초기 모델에서 보여 준 가족발달에 대한 희망적인 관점에 비해 가족구성원 사이의 더 많은 갈등과 어려움을 인식하고 있다. 가족 내 불가피한 갈등과 해결 욕구에 대한 좀 더 현실적인 관점은 현대 가족들에게는 관련이 적은 가족발달이론의 초기 구조적 기능주의(제2장)의 기반으로부터의 벗어남을 뜻한다.

가족 발달 과업(Family developmental tasks). 생애주기의 각 단계마다 가족구성원들이 완수해야 하는 주요 목적들이 있다. Rodgers는 발달 과업을 다음과 같이 정의했다.

일련의 규범(역할 기대)은 사회 체계 내 한 지위의 업무 중 특정한 지점에서 발생하는데(예: 아버지), 그 지위를 갖고 있는 사람이 그 일련의 규범을 역할 중 하나로 수용한다면 이는 체계 내에서 통합과 일시적인 평형감을 가져온다(1973, p. 51).

예를 들어, 청소년의 생애주기 단계에 동반되는 몇 가지 과업이 있다.

(1) 청소년이 가족 주변 안팎으로 더 자유롭게 드나들 수 있도록 하기 위한 부모-청소년 관계의 변화, (2) 부부 문제와 부모 직업 관심에 에 대한 새로운 초점, (3) 비중이 증가한 노년의 가족구성원 부양에 대한 역할 맡기(Gavazzi, 2013, p. 306)

가족이 성공적으로 다음 단계의 가족구조와 상호작용으로 재조직되기 위해서는 발달 과업을 순서대로 수행해야 한다. 생애주기의 각 단계에서 이러한 규범적인 목적 달성의 실패는 개인의 불행, 가족스트레스, 사회의 반감, 그리고 미래 단계의 목적 달성의 어려움 등을 야기할 수 있다[Havighurst, 1972(1948)].

가족 발달 과업은 많은 특징을 가지고 있다. 첫째, 가족생활주기의 각 단계와 연관된 발달 과업이 있으며 가족구성원들은 동시에 각자 서로 다른 발달단계에 속해 있다. 청소년 자녀가 있는 가족에 대한 Gavazzi(2013)의 예에서, 청소년의 발달 과업은 부모로부터의 독립이겠지만 부모의 발달 과업은 증가하는 노부모 부양이다. 발달 과업의 성취는 특히 다수의 가족구성원이 있을 경우 매우 복잡할 수 있다. 청소년 자녀를 둔 가족의 적응과 비교해서, 두 사람만을 포함하는 결혼 적응에 관련된 발달 과업을 상상해 보면 알 수 있을 것이다.

둘째, 끊임없이 변화하고 가족 전체의 생애주기에 걸쳐 있는 더 일반적인 발달 과업들이 존재한다(Rowe, 1966). Duvall(1957)은 성립과 유지에 필요한 것들로 (1) 독립적인 가정, (2) 충분한 소득을 얻고 소비를 할 수 있는 방법, (3) 노동력 분배에서 상호 받아들일 수 있는 유형, (4) 상호 만족할 만한 성관계의 지속성, (5) 지적·감성적 대화의 열린 체계, (6) 친족들과의 적절한 관계, (7) 조합원과 지역 단체와의 상호작용 방법, (8) 자녀를 임신하고 키울 수 있는 능력, (9) 실행 가능한 인생관을 들었다. 여러분은 직접적으로 관계에서 거론했어야만 하는 게 아니라면 이러한 과업들에 대해 별로 생각해 보지 않았을 것이다. 당신의 발달 과업 목록이 20세, 30세, 40세 50세, 그리고 그 이후에 어떻게 변화하는지를 살펴보는 것은 흥미로울 듯하다. 스무

살인 사람이 결혼을 생각할 때, 어떤 성생활을 유지하리라고 기대하겠는가? 결혼이나 동거를 할 때 당신의 배우자나 파트너가 당신에게 바라는 것과 비교해서 당신은 어릴 때 어떤 종류의 집안일을 했었는가? 계속될런지 아니면 시간에 걸쳐 바뀔지, 현재와 앞으로 겪게 될 단계들을 적어 보고 발달 과업들이 시간에 따라 어떻게 지속되거나 변화할지를 관찰해 본다면 놀랄 것이다.

발달 과업의 성취가 현실이라기보다는 이상에 가까움을 아는 것은 중요하다(Rowe, 1966). 가족구성원들은 좀처럼 자신 스스로를 그리고 규범적인 기대를 따라잡지는 않는다. 청년들이 집을 떠나 부모의 경제적 지원으로부터 완전한 독립을 이루는 것을 '실패'하는 예에서 보았듯이, 어떤 발달 과업들은 불가피하게 다음 단계로 넘어간다. 발달 과업은 가족이 어떻게 변하고 성장하는지를 나타내는 필수요소이기는 하지만, '모 아니면 도'의 성격을 지니지 않는다. 예를 들어, 당신은 완전하게 성인이 되거나 사랑하는 이의 죽음에 완벽하게 적응하겠는가? 발달 과업을 목적지라고 생각하기보다는 이정표라고 생각하는 것이 나을 수도 있다. 여전히 규범적인 기대치를 통해 무엇을 '해야만' 하는지를 알 수 있다. 우리는 고등학교 졸업장, 직업, 배우자, 자녀들, 집 등을 가져야만 한다. 그러나 이러한 일들을 하는 순서와 이러한 일들을 함께하는 사람들은 발달 과업이라는 개념이 시사하는 것보다 훨씬 더 다양하다.

가족경력(Family career). 몇몇 가족학자는 가족경력을 포함하기 위해 가족생활주기 개념을 확장해 왔다. Rodgers는 가족경력을 "일반적인 시간에 따른 가족역동에 대한 가장 일반적인 기술"이라고 정의했다(1973, p. 19). 이 개념은 개인구성원을 포함하는 사회 집단, 전체 체계로서의 가족, 더 광범위한 사회와 상호작용하는 가족의 생활을 동시에 살펴볼 수 있도록 한다. 그러나 Aldous(1978)는 가족 경력 개념과 가족생애주기 개념이 동일하다고 주장했다.

가족생애주기 개념의 가장 중요한 수정사항은, Feldman 부부 연구팀이 몇 가지 가족발달이론 비판에 대해 언급한 부분이다. 그들은 '재활용'을 위한 새로운 틀(schema)을 제안했다. Feldman 부부(1975)는 두 가지 형태의 가족 '역사'가 있다고 제시했다([그림 5-2] 참조). 첫 번째 역사는 생애가족(lifetime family) 또는 자아가족(family of ego)(가족자아)으로 네 개의 하위경력, 즉 성경험 경력, 부부 경력, 부모-자녀 경력, 그리고 성인-부모 경력으로 구성된다. '자아(Ego, 한 인간)'는 동시에 여러

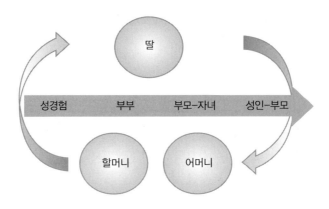

[그림 5-2] 생애가족과 가계가족

가지 경력을 가질 수 있지만, 한 개인의 가족경력은 선형적이며 일생 동안 지속된다.

가족생활주기라는 생각을 '재활용'하기 위해 제시된 또 다른 개념은 가계가족(가족계보)(lineage family)인데, 이는 여러 세대에 걸쳐 지속된다. 가계가족(가족계보)은 실질적으로 순환적(cyclical)인데, 가족 내 각각의 지위를 갖고 다른 역할을 맡은 사람이 있지만 동일한 지위는 누가 그 역할을 맡느냐에 상관없이 그 자체는 항상 존재한다. 사례 연구에서 보면, 마르고는 자녀와 엄마의 지위를 보여 주고 있다. 물론 다른 시기이지만, 캐런도 같은 지위들을 가져왔고 여기에 할머니의 위치가 더해졌을 뿐이다. 생애가족(가족생애)과 가계가족(가족계보)의 두 가지 유형은 결혼해서 자녀를 갖는 사람들과 그렇지 않은 사람들의 관점에서 가족을 이해하도록 돕는다. 예를 들어, 여성은 평생 딸일테지만, 부인, 어머니, 할머니는 아닐 수 있다(Allen & Pickett, 1987).

가족발달이론에 대한 평가

가족발달이론의 강점

이 책에서 우리가 다룬 모든 이론과 마찬가지로 가족발달이론은 강점과 약점을 가지고 있다. 가족발달이론은 가족에 초점을 맞춰 만들어진 최초의 이론이며, 다양한 시간의 개념을 결합시킨 첫 이론이다. 이 이론은 또한 거시적 관점과 미시적 관점을 통합하였다. 더 나아가, 가족발달이론은 태어나고, 성장하고, 결국 사망하는 인간이 처한 상황을 고려해 대중적 시점을 포착한다. 가족생활주기와 가족 발달 과업 등의 많은 개념은 흔한 일상적 용어이며 가족을 이해하는 데 사용된다.

시간을 포함. 가족발달이론의 매우 중요한 기여는 시간이라는 관점을 통해 가족을 개념화했다는 것이다. 가족 과정과 구조를 시간이라는 측면을 통해 분석한 첫 번째 이론이다. 이것은 가족역동과 단기적(예: 횡단적), 그리고 장기적(예: 종단적 그리고 역사적) 수준에서 역할, 지위, 규범들을 측정하도록 도와준다. 시간을 고려함으로써 가족의 변화는 각 가족생애주기 단계와 전체 생애주기를 포함하는 단계에 걸쳐 측정될 수 있다. 시간의 관점은 출산이 결혼에 미치는 즉각적인 영향뿐 아니라 자녀를 성인이 될 때까지 키워서 세상으로 나가게 하는 장기적 결과까지 이해할 수 있게 도와준다.

글상자 5-2　대중문화 속 가족발달이론: 〈라이언 킹(The Lion King)〉

영화 〈라이언 킹〉의 한 장면(1994)

1994년에 개봉한 〈라이언 킹(The Lion King)〉은 사자 가족인 왕 무파사와 여왕 사라비 그리고 아들 심바에 대한 디즈니 만화영화이다. 이 영화는 이야기를 통해 가족발달이론의 몇 가지 예를 보여 준다. 남자 계승자로서 심바는 아버지로부터 왕좌를 물려받을 운명이나, 무파사의 형제인 스카는 이를 시기한다. 스카는 심바와 무파사를 무너뜨릴 계획을 세우는데, 이를 통해 그가 '중년기'의 책임들을 다루는 데 어려움이 있음을 보여 준다. 자신의 가족을 가져 본 적이 없기 때문에 아버지로서의 가족생활주기를 통해서는 스카의 행동을 분석할 수는 없다. 그러나 가족발달과 연관된 기준들에 의해서 그가 권력을 어떻게 탐하는지 알 수 있다. 무파사(나이가 가장 많은 어른으로 추정)가 자신의 가족을 만들지 않았으므로 스카는 상속과 관련된 규범들에 대해 극도로 분개할 것이다. 스카는 무파사가 죽을 때 왕권을 계승할 수 있었을 것이다. 그러나 왕위 계승과 관련해서 무파사는 그의 가족 내에서 왕위를 지켜 나가기 위해 배우자를 정하고 자녀를 낳아야만 했다. 이 영화에서 가장 유명한 노래 중 하나인 〈삶의 순환(Circle of Life)〉은 가족발달이론을 잘 설명하고 있다. 팀 라이스가 가사를 쓰고 엘튼 존이 작곡을 한 노래는 삶의 순환을 통한 전진을 다음의 구절에서 잘 표현하고 있다.

> 삶의 순환 속에서, 인생은 돌고 돈다.
> 이것은 믿음의 도약이고 희망의 끈이다.
> 사라져 가는 길목에서 우리의 자리를 찾을 때까지,
> 순환, 삶의 순환 속에서.

이러한 가사는 행복하고 슬픈 시기 등 다양한 생활의 주기를 암시한다. 무파사가 심바에게 프라이드 랜드를 구경시켜 주면서, 동물의 왕국 계승과 지도자로서의 책임감을 가르칠 때 이 음악이 흐른다. 인간 가족들은 훨씬 나중에 부, 재산 혹은 명망 등을 자녀들에게 전수하지만 가족생활 단계를 통한 전진의 비유는 여전히 적절하다.

이와 관련하여 심바와 날라가 무파사와 사라비를 대신할 세대인 것처럼 다양한 세대의 예를 볼 수 있다. 스카의 계략에 몰려 무파사가 죽은 뒤, 심바와 날라는 왕과 왕비가 되고 자신들의 새끼 사자를 얻는다. 영화는 라피키가 모든 사자 앞에 어린 사자를 보이면서, 함께 〈삶의 순환〉을 부르며 끝난다.

가족생활주기 이해를 위한 보편적 틀. 가족생활주기 개념은 대중적인 사회의 모든 면에서 볼 수 있는 개념이다. Shakespeare는 연극 〈리어왕(King Lear)〉에서 '여러 가지 변화를 거쳐 제자리로 돌아왔다'는 글을 썼다. 성경구절인 전도서 3장 1~2절에서는 '모든 것에는 때가 있고, 하늘 아래 모든 목적에는 때가 있다: 태어날 때와 죽을 때'(킹 제임스 성서)라고 했다. 1950년대 후반, 포크송 가수인 Peter Seeger는 전도서의 구절을 노래로 만들었고 '돌고 돌고 돌고(모든 것에는 때가 있다)' 이후, Byrds부터 U2까지 많은 그룹이 이 노래를 불렀다. 주기라는 개념은 텔레비전 프로그램인 〈케빈은

12살(The Wonder Years)〉에서 대중화되었고, 만화인 〈심슨 가족(The Simpsons)〉에서 패러디되었다.

따라서 가족생활주기 개념은 태어나서 배우자를 만나고 자녀를 낳고, 변하고, 그리고 죽는 것을 직관적으로 묘사할 수 있는 데 도움이 되므로 설득력이 있다. 우리는 단순히 개인으로서뿐 아니라 타인과 연결되어서 그들이 사회에서의 의무를 충족시키도록 도울 수 있는 사람들로서 인생을 살아간다. 가족생활주기 개념은 종교, 신화, 문학, 경제, 정치, 교육 등 사회 구조에 매우 깊게 뿌리박혀 있기에 의사소통을 위한 유용한 모델을 제공한다. 가족이 아동을 건강한 성인으로 키우는 발달 과업을 성취하는 주요 제도가 아닌 상황을 생각해 보자. 별로 이러한 상황이 있지 않겠지만 만에 하나 그런 경우에는 보편적으로 우리가 어떻게 배우자를 만나고 자녀를 양육하는지를 배운 것과는 불일치한다.

가족생활 교육에의 적용. 가족발달이론은 가족생활 교육에 적용하기에 가장 효과적인 개념 체계이다. 이 이론은 가족생활주기와 관련된 발달 과업을 이루도록 가족을 도울 수 있는 지역 프로그램의 기본이 된다. 결혼 준비 수업, 중년 부부들을 위한 결혼 관계 향상 수업, 새로운 엄마들과 아가들을 위한 지원 모임, 노년 가족구성원들을 위한 은퇴 준비 모임, 상실과 사별에 대처를 지원하는 모임 등의 프로그램들이 있다. 심리상담 분야에서 흔한 개인적 접근보다 가족생활 교육은 가족이 지원과 변화의 초점이 된다(Mattessich & Hill, 1987). 예를 들어, 마르고의 사례를 담당하는 가족생활 교육자는 마르고와 어머니가 적절한 발달 과업을 이루기 위해서 노력해야 할 생애주기 단계를 알아내야 할 것이다. 마르고는 어머니가 자신을 구해 줄 것을 전적으로 기대하기보다 자신의 발달 경계를 세우려고 하고 새 남편과 함께 그리고 부모로서 더 성장하기 위해 노력했어야 하지 않겠는가? 가족생활 교육자들은 마르고와 어머니에게 규범적인 발달 궤도로 돌아오기 위한 몇 가지 방법을 제안할 수도 있을 것이다.

가족발달이론의 약점

앞에서 언급한 강점들에도 불구하고 가족발달이론 역시 몇 가지 약점이 있다. 많은 학자가 이론을 최신화했지만 가족단계, 연령, 주기를 지나치게 단순화시켰다는 점은 여전히 비판을 받는다. 그러나 모든 것을 감안할 때 가족발달이론은 다른 이론들과 통합되어 왔고, 그런 점에서 오늘날에도 여전히 적절한 이론으로 남아 있다. 이제 이 이론의 주요한 약점을 살펴보도록 하자.

지나치게 정적임(Too static). 초기 가족발달이론은 가족역할과 경력에 대한 개인 심리사회학 이론들을 통합하는 데 매우 유용했다. 그러나 가족역할을 정적인 지위와 동일시함은 학자들이 가족 다양성과 변형을 고려하는 것을 허락치 않음이 곧 드러났다. 정적이라는 것은 이 이론이 남편/아내, 아버지/어머니, 자녀/형제 등의 지위가 어떤 것이라는 정의를 불변한다고 정함으로써 규범적 역할 수행자들의 실제 '얼굴'을 너무 강조했다는 것이다. 그러나 이 책에서 계속 주목해 왔던 것처럼, 가족은 다양한 형태가 있고 가족구성원들은 혈연이나 결혼에 의해서만 연결되지 않는다. 가족의 구성과 시간에 따른 변화에는 많은 방법으로 인해 사회 내 그리고 각기 다른 사회들에서도 나타나는 보편적인 단계, 역할, 지위에 대한 이 이론의 정적인 초기 제안은 생애과정이론이 포착한 개인의 다양성 때문에 무너지고 말았다. 가족발달이론은 비판을 수용하기 위해 계속해서 진화하고 있지만, 가족발달이론은 생애과정이론(제9장) 혹은 개인 생애 경로와 White, Klein과 Martin의 '생애 경로 발달 체계'(2015, Ch. 5)라는 최근 수정된 이론의 그늘에 가려지게 되었다.

실증적이기보다 개념적으로 유용함. 가족생활주기 개념의 비판 중, Nock(1979)은 가족발달이론이 연구에서의 실질적인 실행화보다 개념 발견에 유용하다고 밝혔다. 가족생활주기 개념은 모든 인간, 사실은 모든 살아 있는 존재가 경험하는 출생, 삶, 죽음의 단계들에 대한 비유로 넓은 대중적 지지를 받는다. 그러나 사람들의 연령기간(age span)만으로 측정할 때라도 단계 측정은 매우 어렵다. 가족 형태와 크기에 따라 많은 다양성이 존재할 때 어떻게 '유치원 나이'에 있는 가족들을 비교하겠는가? 더 나아가 사회 내에서 혹은 다른 사회들 사이에서 일어나는 평균 수명, 출생률, 세대 간의 상호작용 등과 같은 인구 통계학적 요인들에 따라 비교 문화(cross-cultural comparisons) 연구를 하는 것은 매우 어렵다. 끊임없는 변화 유입으로 가족생애주기는 직감적으로는 매력적이지만 학술적 연구에 사용하는 것은 매우 어렵다는 것을 알 수 있다.

가족의 문제점을 간과함. 가족생활의 문제적 양상에 대한 간과는 가족발달이론에 대한 또 다른 주요 비판점이다. 가족발달이론은 가족이 가족생활주기의 주요한 사건들과 전환들에 긍정적으로 적응한다고 가정한다(Cheal, 1991). 결국 이러한 사건들과 전환들은 규범적이며 예측된 것들이다. 그러나 폭력, 약물 중독, 실업 등으로 인해 가족 내에서 발생하는 너무나 흔한 문제들은 어떠한가? 기능주의이론(제2장)처럼 가족발달이론도 이러한 문제들을 일탈적이고 비정상적으로 정의하므로 잘 다룰 수 없다. 이러한 점은 가족발달이론이 가족은 생애주기를 순서대로 경험하며 사회적으로 구성된 시간 체계를 고수함을 가정하는 것과 연관이 있다. 그러나 가족 사건들과 전환들은 동시에 일어나지 않고, 모든 이에게 같은 순서로 일어나지 않는다. 모든 부모가 20대 초반에 첫 아이를 가지는 것은 아니다. 성인 자녀들이 부모님의 집에서 독립하지 않는 것이 점차 흔해지므로 많은 가족이 '빈둥지'를 경험하지 않을 수도 있다. 자녀가 없는 경우에는 가족역할과 전환 중 일부는 일어나지 않는다. 그러나 가족발달이론은 가족들이 동일한 시간표에 의해 발달하고 각각의 가족생활주기 단계를 완수하며 대체적으로 긍정적인 방식으로 발달 과업을 성취한다는 생각을 장려한다.

대안적 이론: 여성주의이론

이 장에서 우리는 가족발달이론의 주요 개념, 기원과 배경, 그리고 강점 및 약점과 함께 현대적 적용에 대해서 다뤘다. 앞 장에서는 유사한 이론뿐 아니라 차이가 있는 이론들과도 비교하였다. 그렇지만 이 장에서는 다른 접근을 시도하려 하는데, 앞으로 논의할 것처럼 가족발달이론과 여성주의이론은 유사점보다는 차이점이 더 많기 때문이다.

먼저, 당신이 가지고 있는 가족에 대한 이상과 꿈에 대해서 생각해 보자. 결혼을 하고 아이를 갖고 싶은가? 당신의 친구들이 비슷한 이상과 꿈을 갖고 있다고 생각하는가? 여성주의이론은 가족발달이론과 극명한 대비를 이루는데, 모든 사람이 인생에서 똑같은 것을 원함을 가정하지 않는다. 어떤 여성과 남성들은 결혼이나 자녀를 원치 않고, 동거를 하거나 또는 한부모일 수도 있다. 이러한 모델은 가족발달이론 체계에 잘 맞지 않는데 가족생활주기의 순차적 단계에 맞지 않기 때문이다. 젠더 또는 인종, 계급 등 다른 체계적 특권과 억압의 교차점에서 사회적으로 형성된 아이디어에서 그 차이점이 발생하든 아니든 차이점에 대한 강조가 여성주의의 핵심이다. 모든 이가 같은 것을 원하지 않으며 더 중요한 점은 같은 목적과 꿈을 위한 접근성을 공평하게 갖고 있지 않다는 것이다. 제8장에서 여성주의이론은 이러한 각각의 요소들을 차례로 강조한다.

가족발달이론의 적용: 연구와 실천의 통합

이제까지 가족발달이론을 정의하고 역사적 기원 및 주요 개념들을 설명하였으며 강점과 약점을 짚어 보았으니, 어떻게 이 이론이 실제로 활용될 수 있는지 살펴보고자 한다. 현시점에서의 이론화의 예를 제시하고 가족발달이론이 적용된 실증 연구를 분석하며 가족정책 실행에 미치는 이 이론의 영향을 기술하고자 한다.

가족발달이론의 현재

현대의 많은 가족학자는 가족생활주기 개념을 대체할 모델들을 제시해 왔다. 그러한 대안적 이론화는 가족 치료 현장에서 보여져 왔다. 특히 Monica McGoldrick과 동료들(McGoldrick, Carter, & Garcia-Preto, 2011; McGoldrick & Hardy, 2008)은 본래의 가족생활주기가 표준적인 핵가족 형태를 반영하여 인종, 계급, 젠더, 성 정체성, 민족성, 종교 등에 따른 다양한 가족 경험을 축소하고 무시한 것에 대해 수정할 수 있는 방안을 제안했다. 가족생활주기를 확대한 그들의 최신 이론은 개인들이 경험하는 가족들의 다양한 방법을 조금 더 수용하며, 가정, 지역사회 및 문화 집단 등을 포함한다.

또한 가족 치료사인 Suzanne Slater(1999)는 가족생활주기 개념을 수정하여 레즈비언 커플의 가족 경험에 이를 적용했다. Slater에 따르면 레즈비언 커플들이 겪는 다섯 단계의 가족생활주기가 있는데, 이러한 단계들은 레즈비언 커플들에게는 예상 가능하며 규범적이다. 전통적 가족생활주기와 마찬가지로 Slater의 모델은 연구대상들의 경험을 긍정적으로 바라본다. Slater는 레즈비언 가족생활주기 모델이 레즈비언 배우자들이 동성애를 혐오하는 사회에서 잘 살 수 있기 위해 자신들의 노력을 긍정적으로 재구성하도록 돕는다고 제안한다. 레즈비언 가족생활주기 모델은 여성들이 경험하는 변화들이 일탈이나 특별한 것이 아닌 레즈비언 가족들에게는 차라리 보편적이라는 것을 이해하도록 돕는 데에 목적이 있다. 이러한 긍정적인 재구성은 레즈비언들이 성공적인 레즈비언 가족의 삶을 영위하는 것에 목표를 둔다.

Slater(1999)의 개념에서, 레즈비언 가족생활주기의 첫 단계는 '커플 형성'이다. 이 단계에서, 여성들은 새로운 파트너 관계의 감정적이고 성적인 흥분에 의해 야기된 혼란에 적응해야만 한다. 두 번째 단계는 '지속되는 커플 시기'이다. 이 시점의 커플들은 서로에게 좀 더 편안해지면서, 자신들만의 새로운 의식과 형태를 만들어 간다. 세 번째 단계는 '중년 시기'이다. 이 시기는 여성들이 서로에게 헌신적이며 미래를 위해 계획한다. 네 번째 단계는 '생산성(generativity)'으로 파트너 자신들이 언젠가는 죽는다는 것을 인식하는 때이다. 일반적으로 중년 시기에 동성애 혐오와 이성애주의의 사회적 편견과 함께 살아온 여성들은 다른 사람들보다 생산성 단계에 더 일찍 도달한다. 마지막 단계는 '65세 이후의 레즈비언 커플'이다. 많은 레즈비언 커플이 다양한 형태의 편견에 무뎌졌을 테지만 노년기는 노년의 레즈비언으로서 겪는 스트레스의 축적을 견디어 내는 시간이다.

Slater의 모델은 레즈비언 커플의 긍정적인 측면의 가족생활만을 보여 주고 연인관계의 중산층 백인 레즈비언들에 중점을 두었으므로 이성애자들이 생각하는 가족을 반영했다는 점에서 비판받는다(Lev & Sennott, 2013). 이러한 문제점에도 불구하고, Slater의 모델은 가족생활주기 개념을 최신화하였으므로 다양한 가족구조를 실제로 반영하기 위한 주요한 발전으로 여겨진다.

가족발달이론 적용 연구 현황

John Davies와 Douglas Gentile(2012)은 여러 명의 자녀를 둔 가족과 비교해, 외동자녀를 둔 가족들의 미디어 사용과 효과를 연구하기 위해 가족발달이론을 이용했다. 그들은 미디어 포화된 환경 내에서 살고 있는 가족들이 받는 영향에 대해서 다루었다. '스크린 타임'된 시간을 측정(예를 들어, 텔레비전, 영화, 비디오 게임, 그리고 컴퓨터를 하는 시간)했을 때, 아동들이 하루 평균적으로 7.5시간 미디어를 사용한다고 가족 미디어 습관에 대한 연구를 인용하여 보고하였다. 학교에서나 휴대전화를 이용한 미디어 사용량은 포함하지 않았다는 것은 흥미로운 점이다. 따라서 아동들은 하루 중 반 이상을 '스크린 타임'으로 보낸다는 것이다. 아동의 미디어 사용 시간에 대한 부모의 감시는 또한 자녀의 나이에 따라 다양하다. 학령기 아동들(약 6~12세)에 비해 유아(약 3~5세)들은 좀 더 교육적인 프로그램을 본다. 초등학교에 입학할 무렵 아동은 부모님보다 친구들과 더 많은 시간을 일반적으로 방에서 비디오 게임을 하면서 보낸다.

Duvall의 8단계 가족발달이론을 토대로, Davies와 Gentile(2012)은 자녀를 포함하는 가족생활주기 중 세 개의 단계, 즉 (1) 2세에서 6세의 유아가 있는 단계, (2) 6세에서 13세의 학령기 아동이 있는 단계, (3) 13세에서 20세의 청소년 자녀가 있는 가족 단계를 선택했다. 가족들에게 큰 자리를 차지하는 기술적 혁명을 포함하기 위해 저자들은 가족발달의 사회적 상황을 최신화했다. 그들의 중요한 연구 과제는 자녀가 있는 세 개의 가족발달단계에서 가족의 미디어 사용 습관이 어떻게 다른가 하는 것이었다. 특히 형제자매가 아동들의 미디어 사용에 미치는 영향에 대해 특히 관심이 있었다. 그들은 아동이 형제자매나 부모님과 텔레비전을 볼 때 어떤 면이 중요한지를 밝히고자 하였다. 가설을 시험하기 위해, 그들은 두 개의 독립 집단을 사용했다. 첫 번째 표본은 통계적으로 대표 표본으로 2세에서 17세 사이의 자녀와 함께 사는 527명의 부모로 구성되어 있었고 둘째 표본은 편의 표본으로 전국 미디어 가족 협회(the National Institution on Media and the Family)가 만든 미디어 와이즈(Media Wise) 부모 교육 프로그램에 참석했던 1,257가족으로 구성되었다.

예상한 바와 같이 연구자들은 어린 자녀를 둔 가족보다 청소년 자녀를 둔 가족들이 바람직하지 않은 미디어를 사용함을 발견하였다. 십 대 자녀를 둔 부모들은 자녀들의 미디어 사용 모니터링을 많이 하지 않으며 십 대들이 어린 자녀들보다 미디어 이외에 다른 활동에 참여하지 않으며 부모들 자신도 미디어 사용을 제한하는 가족 규칙에 일관적이지 않음을 보고하였다. 저자들은 가족발달이론을 고려하여 이러한 결과를 해석했는데 현 미디어 포화 사회에서는 정상적인 미디어 사용으로 여겨지는 정도가 점점 증가하고 있음을 제안하였다. 미디어 사용은 청소년 시기에 절정에 이른다. 부모는 청소년 자녀의 미디어 사용 습관이 건강하지 않다고 여기므로 자녀의 접근 통제 기준을 낮추어 왔다. 미디어 사용에 있어 형제자매의 중요성은 모호하다. 한편으로는 형제자매가 있는 가족들은 한자녀 가족들보다 더 건강한 미디어 습관을 보여 준다. 그러나 또 다른 한편에서는 한 자녀를 둔 부모들은 자녀에 대해 더 염려하므로 건강한 미디어 습관을 증진시키는 긍정적 상호관계를 발달시킬 수 있는 동기를 갖게 된다. 이 문제가 문화적 상황에 따라 어떻게 다를 수 있는가 하는 점은 흥미롭다. 즉, 개발도상국에 사는 아동은 미디어를 어떻게 경험하는가? 전 세계 모든 나라와 문화에서 부모는 미디어 소비에 대해 인지하고 관심을 갖도록 사회화되어 있는가? 가족이론 학자로서 세계적 관점을 염두에 두는 것은 중요하다.

가족발달이론의 현장 적용

교육자, 실무자, 가족 정책 입안자들이 가족발달이론을 개인 및 가족과의 업무에 적용할 수 있는 몇 가지 방법이 있다. 이 이론이 적용되는 중요한 곳 중 하나는 가족과 생식에 관한 결정을 내리는 청년들과의 업무이다.

'선택적 무자녀'라는 말을 들어 봤을 것이다. 이는 출산을 중요시 여기는 출산 장려자들의 이데올로기에 저항하는 남성과 여성들의 최근 움직임을 뜻한다. 실제로 미디어에서는 의료진들이 너무 어리다는 이유로 불임수술을 허락치 않는 것에 대한 젊은 여성들의 불만을 다루기도 했다(Pearson, 2014). 가족발달이론이 출산을 가족생활 주기의 자연적이고 필수적인 단계로 보는 것을 고려할 때, 자녀를 원치 않는 개인들이 겪는 잠재적 고충을 생각해 보는 것은 중요하다. 특히 특정 연령이 될 때까지 불임수술이 불가능하기 때문에, 무자녀를 선호하는 여성들에게 이는 두드러진 문제이다. "출산을 마친 여성이 불임수술의 후보자들이다"(Pearson, 2014)라는 것이 미국 산부인과학회(American College of Obstetricians and Gynecologists: ACOG)의 공식적인 입장이다. 의료진들은 각기 이 입장을 다르게 해석할 수 있다. 자녀가 있는 여성들만이 자격이 있다는 뜻인가? 아니면 35세가 넘는 여성들만이 자격이 있는 것인가? 간호사, 가족생활교육사, 치료사, 정책 입안자, 혹은 의료계 종사자 등 실무자로서 당신은 이러한 문제에 부딪칠 수 있다. 이러한 문제를 갖고 있는 클라이언트를 어떻게 도울 것이며 가능한 선택을 찾을 수 있을 것인가?

미국 산부인과학회의 공식적인 입장은 임의적인 듯하나, 관련 연구자들이 이십대의 영구적 불임 결정에 대해 걱정함을 이해하는 것은 중요하다. 연구에 따르면, 26%의 여성들이 불임수술 결정을 후회한 것으로 나타났다(Bartz & Greenburg, 2008;

Curtis, Mohllajee, & Peterson, 2006). 더불어 후회와 가장 큰 관련이 있는 요인은 연령이었다. 더 나아가 연령이 많은 여성들과 비교했을 때 서른 이하의 여성들이 더 후회하는 경향을 보인다(Bartz & Greenburg, 2008). 강점과 약점 등 가족발달이론에 입각해 이 문제를 어떻게 평가할 수 있을까? 이 이론에 근거해서 미국 산부인과학회는 영구 불임에 대한 공식적 입장을 바꿔야 할 것인가? 계속 변화하는 세상에서 가족발달이론의 역사와 기원은 이 이론을 어떻게 가족 계획과 생식 권리에 적용할 수 있는지에 대한 이해를 도울 수 있겠는가?

결론

가족발달이론은 연구자와 실무자가 가족의 결혼 및 생식과 관련한 사건과 전환들을 이해하도록 중요한 아이디어를 제공해 왔다. 가족단위를 분석의 중심에 둔 첫 이론으로서의 명성은 있지만 가족발달이론은 한 나라의 가족으로 또는 다른 국가의 가족으로 특징짓는 방대한 다양성으로부터 비판받아 왔다. 그러나 이 이론은 인간이 어떻게 친밀한 삶을 영위하고 후세를 양육하는지에 대한 일반적인 이해를 돕는 데 있어 굉장히 유용하다. 생활주기 개념은 가족 성장과 변화에 대한 강력한 상징이며 가족이 어떤 면에서 특별하고 지속적인지를 더 잘 부각시킨 이론은 없었다.

글상자 5-3 세계 성년 연령 비교(법적 성인 지위)

사회마다 아동이나 성인으로 인정받거나 표기될 수 있는 나이가 법적으로 다르다. World Law Direct(2010)에 따르면, 성년 연령은 "아동이 법적으로 미성년으로 여겨지지 않으며 자신 스스로의 행동과 결정들을 조정할 수 있다고 간주되며 따라서 부모와 보호자의 법률적 지배와 책임이 끝나는 연대적 순간"이다. 사회에 따라 성인 지위는 결혼, 투표, 운전, 독립, 성관계, 군대 입영 등의 특정 권리를 부여한다. 어떻게 다양한 자치권과 국가들이 성년 연령을 부여하는지 살펴보자.

- 미국: 성인 연령은 18세이며 세 개의 주를 제외한 모든 주에 이 연령이 적용된다. 예외적으로 알라바마, 네브래스카는 19세이며, 미시시피는 21세이다.
- 인도네시아: 성별에 따라 성인 연령이 다르다. 남자는 18세이며, 여성은 16세이다.
- 브라질: 성인 연령은 18세이나, 투표권은 16세이다.
- 캐나다: 18세 혹은 19세로 주정부 혹은 지역 자치권에 따라 다양하다.
- 세네갈: 남성과 여성 모두 성인 연령은 18세이나, 결혼 최소 연령은 남자는 18세, 여자는 16세이다.

전 세계적으로 가족학자들이 관심 있는 분야 중 하나는 언제 청소년이 법적인 성인으로 여겨지는가 하는 것이다. [글상자 5-3]에서 우리는 몇몇 문화 안에서의 성년에 도달하는 시기에 대해 살펴보았다. 가족발달이론가들은 언급된 국가 간의 차이점을 어떻게 설명할 것인가? 우리는 이 장을 마무리하면서, 토론과 개인 반영 질문들, 그리고 후속 연구 분야 등을 생각할 때, 당신이 이러한 세계적 적용을 고려해 보기를 권한다.

추천 멀티미디어

www.ted.com/talks

육아를 포함한 생활주기 단계에 대한 Jennifer Senior의 테드토크를 찾아보라. 그녀는 현대 육아를 '부모기의 위기'라고 명한다. Senior의 강의는 2014년 책『모든 즐거움 그리고 재미 없음(All joy and no fun)』에 기초하는데 이 책은 어떻게 자녀들이 부모의 인생을 재형성하는지를 연구한 것이다. 강의에서 Senior는 어떻게 '우리가 여기까지 왔는가'를 설명하면서, 단어 'parent'는 1970년대까지는 동사로 잘 쓰이지 않았음을 지적했다. Senior는 현대 부모기가 불안으로 가득함을 보여 주기 위해 이러한 예를 들며 우리가 어떻게 아이들을 키우는지를 다시 생각해 보도록 제안한다.

이론 앱 활성화하기. 이 강의를 시청한 후 본인의 일상에서 육아 고충에 대해 직접 경험했거나 들어 본 예를 떠올릴 수 있겠는가? 이러한 고충에 영향을 받는 부모 유형에 대해 생각해 보자. 모든 사람이 영향을 받는가 아니면 특정 집단만이 영향을 받는가?

www.advocatesforyouth.org

이 웹사이트는 청년들과 일하는 누구에게나 자료가 될 수 있는데, 이 사람들은 생애주기를 헤쳐 나가고 자신들의 생식 및 성생활에 대한 결정을 하기 때문이다. 자료들과 협력 단체들의 링크, 그리고 이 분야에 대한 공공 정책에 영향을 끼치고자 하는 운동가들을 위한 정보들이 포함되어 있다.

이론 앱 활성화하기. 이 웹사이트에서 현대 젊은이들이 마주하는 문제들을 생각해 보자. 어떻게 가족발달이론이 실무자들이 이러한 문제들을 논할 수 있도록 도와줄 수 있겠는가?

디스 이즈 40(This Is 40, 2012)

이 코미디 영화는 부모가 마흔 살이 되는 것이 어떠한지를 그려 낸다. 피터와 데비는 다양한 생애주기 단계의 문제들로 고심하는데, '중년'으로 들어서면서 '학령기 가족'을 꾸려 나가는 것을 포함한다. 그들은 서로의 로맨틱한 성적 관계를 유지하면서 피터 아버지의 경제적 지원까지 신경써야만 한다. 불난집에 부채질하는 격으로, 데비는 나이 마흔에 임신을 한다. 가족구성원들이 생활주기 각 단계를 거치는 것과 관련된 변화와 예상치 않았던 시기, 그리고 규범들과 같은 가족발달이론의 개념들을 그려 낸다.

영화 〈디스 이즈 40〉의 한 장면(2012)

이론 앱 활성화하기. 생애의 특정한 '시기'와 연관된 규범들은 시간이 지나면서 변하는가? 만약 이 영화가 25년 전에 만들어졌다면, 영화에서 어떤 시기를 성인 부모들에게 중요한 단계로 주목했을까?

노트북(The Notebook, 2004)

이 유명한 로맨틱 드라마는 가족생활주기의 두 단계에 있는 사랑에 흠뻑 빠진 커플의 이야기를 들려준다. 영화는 현시점에서 시작하는데, 노신사 듀크가 요양원에서 한 노부인에게 그의 '노트북'을 읽어 준다. 듀크는 청소년기에 처음 만나 남부의 섬에서 완벽한 여름을 함께 보낸 노아와 앨리라는 젊은 커플에 대한 이야기를 들려준다. 그러나 젊은 연인인 노아와 앨리는 헤어지게 되는데 앨리의 부유한 부모님이 평범한 동네 청년인 노아를 허락하지 않았기 때문이었다. 앨리의 엄마는 그를 '쓰레기'라고 부르기까지 한다. 노아는 결국 제2차 세계대전에 참전하게 되고 앨리는 교양 있고 부유한 변호사를 만나 약혼을 하게 된다. 그러나 앨리는 자신이 노아를 계속 사랑하고 있다는 것을 깨닫고 약혼을 깨 버린다. 이야기의 흥미로운 반전은 실제로는 노아가 듀크이고 듀크가 이야기를 읽어 주고 있는 여성이 앨리라는 것인데, 노아/듀크는 기억상실로 고통받고 있는 앨리에게 그들이 어떻게 만났는지에 대한 이야기를 들려주는 것이다. 이야기는 두 사람이 자신들의 사랑을 확인하고 함께 평화롭게 죽으면서 끝난다. 따라서 일반적인 가족생애주기에 맞게 그들의 가족은 결혼과 함께 시작하고 죽음으로 끝났다.

영화 〈노트북〉의 한 장면(2004)

이론 앱 활성화하기. 이 장의 앞부분에서 지적했듯이, 가족발달이론의 약점 중 하나는 가족 문제들을 간과한다는 점이다. 이 영화에서 부부가 겪고 있는 문제들은 어떻게 해결되었는가?

추천 참고도서 및 논문

Cicirelli, V. G., "Attachment relationships in old age," *Journal of Social and Personal Relationships, 27* (2010), 191-199 (doi: 10.1177/0265407509360984). 이 연구는 애착과 관계가 별다른 관심을 받지 못하는 생애주기 중 노년기의 애착 유형을 강조한다. Cicirelli는 사망한 가족구성원들, 장애를 갖게 되는 것, 혹은 미망인 경험이 노인들의 애착 유형에 영향을 주는지를 고려하면서 이 과정을 조명한다. 이 논문은 생애주기를 통해 개인들은 서로 의존한다는 Bowlby(1998)의 주장에 근거하여 생애주기 중 한 단계를 조명하면서 어떻게 애착과 관계가 시간에 걸쳐 필연적으로 변화하는지를 이해할 수 있도록 도와준다.

Furstenberg, F. F., Jr, "On a new schedule: Transitions to adulthood and family change," *The Future of Children, 20* (2010), 67-87 (doi: 10.1353/foc.0.0038). Frank Furstenberg는 세계적 경제 변화의 상황에서 결혼과 가족 유형의 중요 변화들을 논의한다. 이러한 변화들은 젊은이들이 성인기로의 전환을 경험하는 방법에 영향을 미친다. 다른 서양 국가들과는 다르게 미국은 청년들을 위한 교육, 의료, 그리고 직업 혜택 등에 크게 투자하지 않는다. 결과적으로 삼십 대까지 계속해서 부모님에게 의존하게 되고, 이들은 가족생활주기의 시작을 연기한다. 또한 빈곤가정의 청년들은 넉넉한 가족 지원을 받는 젊은이들보다 원가족으로부터 독립하기 더 어렵다. 부모 집에서 떠나 성인기로의 전환에 있어 현재 청년들은 새롭게 확장된 시간표에 맞춰야 한다. 그들은 더 이상 가족발달이론에서 제시했던 예측 가능한 스케줄을 예상할 수 없다.

Murkoff, H., *What to expect when you're expecting*, 4th edn (New York: Workman, 2008). 미국의 '임신 성경'으로 불리는 이 책은 여성들과 그들의 배우자들이 임신 사실을 알게 된 후 처음으로 읽는 책이다. 최신 가족생활에 맞춰, 이 유명한 매뉴얼은 임신부터 임신 중 건강유지, 신생아에 대한 적응, 임신 전 체형으로 돌아가기 모든 것을 설명하고 있다. 아버지에 대한 내용도 포함된다. 대부분 임신과 출산의 긍정적인 관점에서 쓰이기는 했지만 이 책은 유산에 대해서도 이야기하고 있다. 이 책은 여성들과 배우자들이 주요한 가족생활주기의 부분을 예상할 수 있도록 돕기 위해 접근 용이하고 믿음이 가는 내용을 제공한다.

Murray, C. I., Toth, K., Larsen, B. L., & Moulton, S., "Death, dying, and grief in families," in S. J. Price, C. A. Price, & P. C. McKenry (eds.), *Families and change: Coping with stressful events and transitions,* 4th edn (Thousand Oaks, CA: Sage, 2010), pp. 73-95. 죽음은 모든 가족이 경험하는 위기이다. 이 논문은 죽음과 슬픔을 이해하는 데 가장 도움이 되는 방법을 제시하며 개인, 가족, 그리고 문화적 단면을 동시에 고려하는 발달 모델을 보여 준다. 대부분의 산업사회에서 대중적 죽음(예를 들어, 살인, 차사고, 전쟁, 재난에 의한 죽음) 등을 선정적으로 다루는 경향이 있기 때문에 이러한 폭넓은 관점이 필요하다. 이러한 종류의 죽음은 뉴스에서 매일 대서특필한다. 대중적 사건과 가족 내 개인의 죽음에는 큰 차이가 있다. 일반적으로 죽음은 어떻게 대처해야 하는지에 대한 사회화가 사전에 거의 이루어지지 않는 과정이다. 가족발달이론이 제시하는 가족생활주기의 마지막은 배우자의 사망에 대한 대처 경험과 궁극적으로는 부부의 죽음이나 애도 과정에 대한 지원은 거의 없다. Murray와 동료들은 어떻게 죽음이 가족 개인 구성원들, 전체 가족단위, 그리고 그 사회적 상황에 영향을 미치는지를 고려하는 것이 중요함을 보여 준다.

Ward, M., & Bélanger, M., 『가족역동: 캐나다인의 관점(The family dynamic: A Canadian perspective)』 (Toronto: Cengage Learning, 2011). 이 책은 어떻게 가족들이 생활주기를 이동하는지 캐나다의 가족역동을 강조한다. 이 책은 어떻게 국가의 법률과 정책이 가족의 결혼, 양육, 시험관시술 기술에 대한 접근에 영향을 끼치는지에 대한 이해를 돕는다. 더욱이 캐나다의 이민, 초국가 결혼, 입양, 조부모 양육 등 캐나다의 경험을 고려할 때 흥미로운 비교를 보여 준다. 한 예로, 캐나다 인구조사는 조부모의 손주 양육(부모가 없을 시)을 법적 가족으로 포함한다.

생각해 볼 문제

● 토론 질문

1. 어떤 점에서 가족생활주기가 21세기 가족들에게 여전히 연관이 있습니까? 연관이 없다면 어떤 점에서 그러한가요?

2. 전 세계 가족의 문화적 차이점들을 고려할 때, 가족발달이론이 어떻게 다른 경제적 혹은 상황에 적용될 수 있습니까?

3. 수직적 체계 내 개인의 지위를 따라서 가족발달 업무는 어떻게 가족 내 갈등을 야기할까요?

4. 이 책에서 읽었던 다른 이론들과 비슷하게, 가족발달이론은 경제적 부흥기에 미국에서 시작되었습니다. 전 세계의 다양한 상황에 있는 인종적 민족적 소수집단에게 이 모델이 적합할까요?

5. 가족생활주기의 다양한 단계와 연관된 발달 과업을 생각해 보도록 합시다. 대안적 방법으로 성취할 수 있는 과업들이 있습니까? 즉, 가족단위 밖에서 성취할 수 있는 과업들이 있나요?

6. 가족발달이론을 갈등이론(제3장)과 대조 · 비교해 봅시다. 비슷한 점은 무엇인가요? 어떻게 다른가요?

● **개별 과제**

대부분의 사람은 어떻게 생애주기단계를 이동할런지 지도를 그리지 않습니다. 대신 일반적으로 우리는 미래의 우리 자신을 상상하거나 그려 봅니다. 이 활동에서 생애주기 중 여러분의 다음 단계는 무엇인지 상상해 본 것을 그림으로 그리거나 적어 볼 것을 제안합니다. 당신의 직업 목표는 무엇이고, 어디에 살 것인지, 월급은 얼마나 될 것이라고 기대하는가에 대해서 말입니다. 그런 뒤, 이 장의 [그림 5-1]에 따라 현재 여러분이 어디에 있는지 그리고 어디를 향해 가고 있는지, 다음 생애주기 단계를 상상해 보십시오. 당신의 생애주기의 다음 단계에 관해서 '누가/무엇을/어디서/언제/어떻게/왜'라는 기본적 질문들에 답해 보십시오. 작은 것일지라도 자세하게 그리고 구체적으로 기술하십시오. 예를 들어, 가사노동은 어떻게 나눌 것이고, 누가 양육을 할 것이며(만일 해당한다면), 그리고 어떻게 새로운 변화를 맞아 개인의 관심사와 취미, 그리고 활동 등을 유지할 것인가에 대해 적어 봅시다.

● 개인 반영 질문

1. 당신과 부모님이 가장 힘들어했던 가족발달 과업은 무엇이었으며 몇 살 때였습니까?

2. 연세가 많은 친척을 한 명 이상 만나 가족생활주기에 대한 그들의 경험에 대해 이야기해 봅시다. 그들과 당신의 경험은 어떻게 다른가요?

3. 만약 결혼을 한다면, 결혼 준비 수업을 받을 의향이 있나요? 그럴 의향이 있다면 이 중요한 변화를 준비하면서 무엇을 배우기를 원합니까?

4. 이 장에서 논의된 것 외에 가족생활주기가 확연한 다른 영화들이 있습니까? 가장 좋아하는 영화를 말하고 왜 그 영화가 가족발달이론에 맞는지 설명해 보십시오.

5. 이때까지 본인의 가족생활주기 진행을 생각해 볼 때, 가족 외부에서 행해진 발달 과업들이 있습니까? 혹은 가족발달이론의 일부로 거론되지는 않았지만 가족이 당신을 도왔던 발달 과업들이 있나요?

6. 인터넷상으로 혹은 직접 친구를 만나 가족생활주기에 관련한 각각의 경험에 있어서 차이점과 공통점을 의논해 보십시오. 문화적 혹은 종교적 차이점들이 있습니까? 어떤 공통점들이 있으며 왜 그러할까요?

참고문헌

Aldous, J. (1978). *Family careers: Developmental change in families*. New York: Wiley.

Allen, K. R., & Pickett, R. S. (1987). Forgotten streams in the family life course:Utilization of qualitative retrospective interviews in the analysis of lifelong single women's family careers. *Journal of Marriage and the Family, 49*, 517-526. doi: 10.2307/352197.

Arnett, J. J. (2000). Emerging adulthood: A theory of development from the late teens through the twenties. *American Psychologist, 55*, 469-480. doi: 10:1037/0003-066X.55.5.469.

Bartz, D., & Greenberg, J. A. (2008). Sterilization in the United States. *Reviews in Obstetrics and Gynecology, 1,* 23-32.

Bengtson, V. L., & Allen, K. R. (1993). The life course perspective applied to families over time. In P. Boss, W. Doherty, R. LaRossa, W. Schumm, & S. Steinmetz (eds.), *Sourcebook of family theories and methods: A contextual approach* (pp. 469-499). New York: Plenum.

Bowlby, J. (1988). *A secure base: Parent-child attachment and healthy human development.* New York: Basic Books

Burgess, E. (1926). The family as a unity of interacting personalities. *The Family, 7,* 3-9.

Burton, L. M. (1996). Age norms, the timing of family role transitions, and intergenerational caregiving among aging African American women. *Gerontologist, 36,* 199-208. doi: 10.1093/geront/36.2.199.

Cheal, D. (1991). *Family and the state of theory.* Toronto: University of Toronto Press.

Curtis, K. M., Mohllajee, A. P., & Peterson, H. B. (2006). Regret following female sterilization at a young age: A systematic review. *Contraception, 73,* 205-210. doi: 10.1016/j.contraception.2005.08.006.

Davies, J. J., & Gentile, D. A. (2012).Responses to children's media use in families with and without siblings: A family development perspective. *Family Relations, 61,* 410-425. doi: 10.1111/j.1741-3729.2012.00703.x.

Duvall, E. M. (1957). *Family development.* Philadelphia: Lippincott.

Erikson, E. H. (1968). *Childhood and society* (2nd edn). New York: Norton.

Feldman, H., & Feldman, M. (1975).The family life cycle: Some suggestions for recycling. *Journal of Marriage and the Family, 37,* 277-284. doi: 10.2307/350961.

Gavazzi, S. (2013). Theory and research pertaining to families with adolescents. In G. W. Peterson, & K. R. Bush (eds.), *Handbook of marriage and the family* (3rd edn, pp. 303-327). New York: Springer.

Gay, P. (ed.) (1995). *The Freud Reader.* New York: Norton.

Glick, P. C. (1947). The family cycle. *American Sociological Review, 12, 164*-174. doi: 10.2307/346771

Glick, P. C. (1988). Fifty years of family demography: A record of social change. *Journal of Marriage and the Family, 50,* 861-873. doi: 10.2307/352100.

Goldberg, A. E. (2010). *Lesbian and gay parents and their children: Research on the family life cycle*. Washington, DC: American Psychological Association.

Havighurst, R. J. (1972). *Developmental tasks and education* (3rd edn). New York: David McKay. (Originally published 1948.)

Hill, R. (1986). Life cycle stages for types of single parent families: Of family development theory. *Family Relations, 35*, 19-29. doi: 10.2307/584278.

Hill, R. L., & Hansen, D. A. (1960). The identification of conceptual frameworks utilized in family study. *Marriage and Family Living, 22*, 299-311. doi: 10.2307/347242

Hill, R., & Rodgers, R. H. (1964). The developmental approach. In H. Christensen (ed.), *Handbook of marriage and the family* (pp. 171-211). Chicago: Rand McNally.

Lev, A. I., & Sennott, S. L. (2013). Clinical work with LGBTQ parents and prospective parents. In A. E. Goldberg, & K. R. Allen (eds.), *LGBT-parent families: Innovations in research and implications for practice* (pp. 214-260). New York: Springer.

Mattessich, P., & Hill, R. (1987). Life cycle and family development. In M. B. Sussman, & S. K. Steinmetz (eds.), *Handbook of marriage and the family* (pp. 437-469). New York: Plenum.

McGoldrick, M., & Hardy, K. V. (eds.) (2008). *Re-visioning family therapy: Race, culture, and gender in clinical practice*. New York: Guilford Press.

McGoldrick, M. B., Carter, B., & Garcia-Preto, N. (2011). *The expanded family life cycle: Individual, family, and social perspectives* (4th edn). New York: Pearson.

Nelson, M. K. (2006). Single mothers "do" family. *Journal of Marriage and Family, 66*, 781-795. doi: 10.1111/j.1741-3737.2006.00292.x.

Nock, S. L. (1979). The family life cycle: Empirical or conceptual tool? *Journal of Marriage and the Family, 41*, 15-26. doi: 10.2307/351727.

Papernow, P. (1993). *Becoming a stepfamily*. San Francisco: Jossey-Bass.

Pearson, C. (2014, October 28). *Meet the 20-somethings who want to be sterilized*. HuffPost Women. At http://www.huffingtonpost.com/2014/10/24/female-sterilizationyoung-women_n_5882000.html.

Piaget, J. (1952). *The origins of intelligence in children*, trans. M. Cook. New York: Norton.

Rodgers, R. H. (1973). *Family interaction and transaction: The developmental approach*.

Englewood Cliffs, NJ: Prentice Hall.

Rodgers, R. H., & White, J. M. (1993). Family developmental theory. In P. G. Boss, W. J. Doherty, R. LaRossa, W. R. Schumm, & S. K. Steinmetz (eds.), *Sourcebook of family theories and methods: A contextual approach* (pp. 225-254). New York: Plenum.

Rowe, G. P. (1966). The developmental conceptual framework to the study of the family. In F. I. Nye, & F. M. Berardo (eds.), *Emerging conceptual frameworks in family analysis* (pp. 198-222). New York: Macmillan.

Senior, J. (2014). *All joy and no fun: The paradox of modern parenthood.* New York: HarperCollins.

Slater, S. (1999). *The lesbian family life cycle.* Chicago: University of Illinois Press.

Stewart, S. D. (2007). *Brave new stepfamilies: Diverse paths toward stepfamily living.* Thousand Oaks, CA: Sage.

White, J. M., & Klein, D. M. (2008). *Family theories* (3rd edn). Thousand Oaks, CA: Sage.

White, J. M., Klein, D. M., & Martin, T. F. (2015). *Family theories: An introduction* (4th edn). Thousand Oaks, CA: Sage.

WHO (World Health Organization) (2016). Global Health Observatory data repository: Life expectancy; data by country. At http://apps.who.int/gho/data/node.main.688?lang=en.

World Law Direct (2010). *Age of majority.* At www.worldlawdirect.com/forum/law-wiki/27181-age-majority.html.

제6장
가족체계이론

당신은 집안일을 왜 그런 식으로 하는지 도저히 이해가 가지 않았던 룸메이트를 만난 적이 있습니까? 그 룸메이트가 아주 지저분한 그릇을 싱크대에 마구 쌓아 놓지 않았던가요? 시간이 흐르면서 그 친구가 그저 지저분하다거나 게을렀을 것이라고 결론을 내리는 사람도 있을 것이고, 아니면 그 친구가 정말 역겹다는 심한 말까지 할 사람도 있을 수 있습니다. 하지만 가족학자로서 그 행동을 이해하기 위해서는 좀 더 큰 그림을 그려 볼 필요가 있습니다. 단지 개인적인 관점을 취하기는 정말 쉽습니다. 개인에 초점을 두고서 문제가 그 개인 특유의 행동이라고 가정하기는 쉽습니다. 대부분의 경우, 행동이 선천적이고 바뀔 수 없는 것이라고 보기 전에 우리가 고려해야 할 다른 영향요인들이 있습니다. 아마도 룸메이트는 집안일을 잘못한 데 대해 심한 벌을 받았고 매우 엄하게 자란 데 대해 반항하고 있을 수도 있습니다. 또는 그 친구의 부모가 집안일을 모두 다해서, 그 친구는 어디서부터 무슨 일을 해야 하는지 잘 모르거나, 혹은 누군가 다른 사람이 그 일을 할 것이라고 생각했을 수도 있습니다. 이런 것들은 그 친구가 거의 20년 동안 기대하였고 경험하였던 일이었을 수도 있습니다. 어떤 경우든 체계이론가들은 행동을 해석하기 전에 체계의 부분만이 아니라 전체(whole)를 봅니다. 가족체계이론가들은 문제와 갈등을 이해하도록 돕기 위해 가족 안에서 무슨 일이 일어나고 있는지 궁금해합니다. 가족체계이론가는 이렇게 질문합니다. 제기된 문제는 가족의 다른 과정, 예를 들면 부모역할 방식, 형제자매에 대한 기대, 가족구성원들의 의사소통 방식과 어떠한 관련이 있습니까? 가족체계이론은 잠재적 영향요인을 모두 고려합니다. 왜냐하면 전체 그림을 보지 않고서는 체계의 어떤 부분도 이해할 수 없기 때문입니다.

가족체계이론이 어떻게 운용되는가를 그려 보는 한 가지 방법은 당신이 만났던 가족의 사진에 대해 생각해 보는 것입니다. 그 이미지를 마음에 담고, 사진 속의 대상들과 대상들의 뒤와 옆에 있는 풍경을 보고, 그리고 사진의 각 면을 살펴봅시다. 가족체계이론은 가족에 대해 이와 같은 파노라마식의 3차원 관점을 제공합니다. 어떤 측면도 당연시되거나 무시될 수 없고 또 살펴보지 않을 수 없습니다. 사진을 떠올려 볼 때, 그날 날씨는 어떤지, 가족원들은 어떤 옷을 입고 있는지, 한 가족원이 혹 휠체어에 앉아 있는지, 식사시간까지는 얼마가 남았는지, 가까이에서 개가 짖고 있는지, 사진 속의 누군가 혹은 그 사진에는 없는 누군가가 그날 기분이 안 좋았거나 또는 사진을 찍기 전이나 찍는 동안에 누군가를 오해한 적은 없는지 등을 생각해 보세요. 이런 생각을 하면, 그 가능성은 끝이 없습니다. 가족체계이론가들은 가족역동과 문제를 살펴볼 때 상호 연관된 모든 부분을 고려합니다. 다음의 사례 연구는 가족역동을 조금 더 면밀히 보고 또 가족체계의 각 부분이 가족의 전반적인 안정(혹은 불안정)에 어떻게 기여하는지 보여 줍니다.

사례 연구

잭슨의 엄마가 두 번째 남편과 결혼했을 때, 잭슨은 새아버지를 얻었을 뿐 아니라 처음으로 형제자매를 얻게 되었다. 새아버지의 아들인 더스틴은 잭슨보다 한 살 어렸고, 그들 모두와 함께 살게 되었다. 새로 만들어진 형제들도 별반 다르지 않았다. 잭슨은 공상과학과 연관되는 것은 무엇이든 좋아하는 내성적인 아이였다. 특히 그는 해리포터 책과 영화를 좋아했다. 더욱이 잭슨이 아동기였을 때 그와 엄마는 매우 가까웠다. 잭슨의 친아버지는 잭슨이 겨우 네 살 때 사망하였고, 그래서 지난 10년 동안 오로지 둘만이 함께 지냈다. 잠잘 때 그와 엄마는 해리포터 책을 돌아가면서 한 장씩 크게 읽어 주곤 했다. 잭슨은 학교에서 우수한 학생이었고 독서광이었다. 14세 소년인 그는 정서적으로 자기 특유의 방식으로 주변 사람들에게 적응하였다. 그는 또한 조용하고 수줍음을 타는 사람이었다.

한편, 더스틴은 잭슨보다 훨씬 더 외향적이었다. 그가 아빠와 함께 살기로 결정한 주된 이유는 엄마가 그를 통제할 수 없다고 말했기 때문이었다. 아빠, 새엄마, 새 형과 함께 살려고 간 것은 또 그가 더 잘살게 되었음을 의미했다. 아빠는 좋은 학교와 안전한 이웃이 있는 좀 떨어진 교외에서 살았다. 이는 보스턴 도심의 아파트에서 자랐던 더스틴에게 매우 다른 환경이었다.

더스틴은 매우 활발했기 때문에, 잭슨의 학교에서 곧바로 멋진 친구들을 사귀었다. 또한 더스틴은 잭슨보다 키가 더 크고 더 터프했다. 이런 차이로 인해 잭슨이 또래들과 어울리는 데 어려움이 있었음이 더욱 드러나게 되었다. 이전에는 우등생이었던 그의 성적이 떨어지기 시작했다. 그는 점점 더 엄마에게 공격적이 되었고, 새아빠와는 거의 말을 하지 않았다. 새아빠는 두 아들에게 똑같은 훈육방법을 쓰려고 노력했다. 하지만 잭슨은 자기가 더 이상 특별하게 대접받지 못한다는 사실에 화가 났다. 엄마는 가족의 새로운 상황에 대한 잭슨의 적응을 걱정했고, 첫 번째 남편과 잭슨으로 이루어졌던 이전 가족 그리고 두 번째 남편과 그의 아들로 이루어진 새 가족에 대한 자신의 충성심이 깨졌다고 느꼈다.

엄마는 잭슨의 선생님이 잭슨이 이제는 숙제도 안 낸다고 하는 전화를 받았을 때, 잭슨에게 도움이 필요함을 깨달았다. 새 남편은 몹시 화를 냈고, 잭슨을 집에서 훈육하자고 제안했으나, 잭슨이 먼저 나서서 치료사를 만날 필요가 있음을 새아빠에게 확신시켰다. 엄마가 잭슨의 문제를 치료사에게 설명했을 때, 치료사는 가족 전체가 치료에 와야 한다고 말했다. 잭슨의 엄마는 문제행동을 한 사람은 잭슨인데 왜 우리 모두가 치료에 가야 하냐면서 몹시 놀라했다.

치료사가 가족 전체를 만나기를 원한다는 데 대해 잭슨의 엄마는 왜 그토록 충격을 받았는가? 잭슨의 행동을 가족 관점에서 다루는 것과 비교할 때, 개인 관점에서 다루는 것은 어떤 차이가 있는가? 가족의 역동, 충성심, 가족체계에 새로운 '부분'의 도입에 초점을 두는 관점으로부터 무엇을 배울 수 있는가? 가족체계이론에 의하면 개인은 고립되어 있지 않고 독립적으로 기능하지 않는다. 가족구성원들은 상호의존적이다. 가족구성원들의 행동은 체계의 모든 부분의 상호연관성의 견지에서 가장 잘 이해될 수 있다. 가족의 모든 구성원의 역사, 가족단위의 뒷이야기, 그 결과로서의 가족역동의 상호작용을 포함하는 측면에서 이해될 수 있다는 뜻이다. 그러므로 가족체계이론을 활용할 때, 우리는 문제 너머를 바라볼 준비를 한다. 말하자면 파노라마식의 3차원 관점을 취해서 전체로서의 가족체계에 기여하는 기본적인 이슈들에 대한 틀을 잡을 수 있다.

가족체계이론이란

가족체계이론은 부모와 자녀, 부부, 확대가족 구성원이 상호 영향을 주며 상호 의사소통하는 방식에 관심을 둔다. 이 이론은 전체로서의 체계 그 자체보다는 체계를 구성하는 관계들에 초점을 둔다. 가족체계이론의 렌즈는 체계의 '내적 작동'을 좀 더 면밀히 살펴본다. 예를 들면, 가족 내 개인뿐 아니라 가족단위를 구성하는 하위체계들의 행동을 지배하는 규칙과 같은 면들을 살펴본다. 가족체계(family system)는 상호 의존하는 개인들의 단위로 정의된다. 하위체계는 더 큰 단위 체계와의 관계에 있어서 그 자체로 살펴볼 수 있는 가족 내 단위를 말한다. 예를 들면, 부모 하위체계, 형제자매 하위체계, 이모/고모-조카 하위체계, 조부모-손자녀 하위체계이다. 체계로서의 가족은 현재의 경계선과 패턴을 유지하고자 한다. 더 큰 전체의 일부로서 이러한 각각의 역동(상호작용 패턴, 의사소통, 변화에 대한 저항)을 이해하는 것이 가족체계이론을 적용하기 위한 열쇠이다(Anderson, Sabatelli, & Kosutic, 2013; Borderick & Smith, 1979; Holmes & Huston, 2010).

가족체계이론은 일반체계이론에서 유래되었는데, 후자는 전체성 및 체계 내 모든 부분 간의 상호연관성에 대해 설명하는 관점이다. 체계이론은 모든 형태의 체계(특히 기계 혹은 무생명 체계)가 보편적인 방식으로 어떻게 기능하는지를 파악하기 위해 발전되었다(von Bertalanffy, 1973). 많은 학자들의 주장에 의하면, 일반체계이론은 무생명체든 생명체든 상관없이 어떤 맥락에서든 적용될 수 있는 보편적인 원칙을 포함한다. 예를 들어, 정보체계, 무기체계, 정부체계, 가족체계 등, 가족체계이론에 따르면 모든 체계는 동일한 특징을 공유한다. 이 체계들은 그들을 둘러싼 환경에 영향을 주기도 하고 받기도 하는 상호 연관된 체계들로 구성된다. 이들 체계 중 어떤 체계가 어떻게 작동하는지를 이해하기 위해서는 그 체계를 하나의 전체로서 이해해야 한다(White, Klein, & Martin, 2015).

그러나 다른 학자들은 일반체계이론을 가족에 적용할 때 몇 가지 적응이 필요하다고 주장한다. 살아 있는 체계로서의 가족은 무생명 체계와 다르게 이해되어야 한다. 인간은 예측하기가 어렵기 때문이다. 우리는 다양한 것에 의해 동기가 부여되며, 우리의 선택과 선호는 시간이 지나면서 바뀐다. 우리를 둘러싼 사회적 세력이 그렇듯이 말이다. 가족역동이 늘 변화하기 때문에, 오늘날 우리가 알고 있는 가족체계이론은 심리학, 사회학, 가족학 분야의 학자들과 치료사들에 의해 발전되었다. 그들은 특히 정서적·행동적 문제를 다룰 때 가족에 대해 연구하였고 또 가족을 대상으로 상담하였던 사람들이다(예: Ackerman, 1984; Beavers & Hampson, 2000; Cowan et al., 1996; Minuchin, 1985; Olson, 2000). 이 관점은 가족 내 상호 연관된 개인들이 가족체계의 어떤 한 부분에서 하나의 변화가 일어날 때마다 영향을 받는 방식, 그리고 변화가 가족체계 내 모든 다른 구성원에게 영향을 미치는 방식에 관심을 둔다. 예를 들면, 부모 한 사람이 새로 직장을 다니게 되면 가족은 역할을 다시 조정해야 한다거나, 동생이 태어나면 형은 새로 태어난 가족원인 동생에게 적응해야 한다. 가족체계이론가들은 일상생활에서 일어나는 상호작용과 정서적 이슈에 관심을 두는데, 그런 이슈가 자신이 태어난 원가족(family of origin)에 있는지, 아니면 결혼하여 새로 형성한 생식가족(제5장의 가족발달이론에서 이미 언급하였음)에 있는지 여부에 관심을 둔다. 이러한 상호작용 패턴과 과정은 배우자 사이에, 그리고 부모와 자녀 사이에서 일어나며, 또 확대가족 안에서 여러 세대에 걸쳐 영향을 미친다. 잭슨과 그 가족의 사례연구에서 이미 설명하였듯이, 가족체계 관점은 흔히 잘 보이지 않고 잘 언급되지 않는 패턴을 드러내는 데 도움이 된다. 사례 연구에서 보았듯이, 한 자녀의 '행동문제'가 가족체계 내 더 큰 이슈의 단서인 경우와 같이 말이다(O'Gorman, 2012).

역사와 기원

체계이론은 여러 번 변형되었다. 이 단락에서는 20세기 중반에 처음으로 발전되었던 이 이론의 출현에 대해 살펴보고, 또 이 이론이 가족연구에 어떻게 적용되었는지에 대해 다룬다. 그래서 가족에 적용된 체계이론을 강조하지만, 다른 이론들처럼 가족체계이론은 그 뿌리와 현재 적용되는 면에 있어서 다학제적임을 지적하고자 한다.

일반체계이론. 갈등이론(제3장) 및 상징적 상호작용이론(제4장)과 비교할 때, 일반체계이론은 비교적 새로운 관점이다. 이 이론은 물리학, 생물학, 공학, 통계학, 기타의 물리과학 및 수학에 뿌리를 둔 학문분야에 걸쳐서 살펴볼 수 있는 관점이다. Whitchurch와 Constantine은 일반체계이론이 제2차 세계대전 중 적군과의 싸움에 더 정교한 무기가 필요하다는 절박한 상황에서 발전하였다고 말한다.

제2차 세계대전 중 전쟁에서 항공기를 더 광범위하게 사용하려면 대공포에 대한 집중 연구가 필요했다. 이는 바다에서 출렁이는 파도를 타고 이동하는 선박 위에서 움직이는 표적을 조준하는 정확성을 향상시키기 위해서였다. 그렇게 예측을 위해서 수학이론이 발전되었다. 이는 적군 항공기의 현재 위치 이후의 위치를 계산해서 적의 항공기를 공중에서 명중시키기 위해서였다. 물론 목표물을 정확하게 추적하기 위해서는 대공포의 방향을 목표물의 움직임, 대공포 자체의 위치 추적과 비교해야 했다. 이것이 바로 사이버네틱 피드백(cybernetic feedback)으로 알려진 대공포에 의한 자기감시 과정(self-monitoring process)이었다.

일반체계이론의 주요 특징은 어떠한 과정이 체계를 계속해서 기능하게 하는지 살펴보기 위해 체계의 내부를 볼 수 있는 능력이다. 이런 생각은 수학자인 Norbert Wiener(1967)가 발전시킨 사이버네틱스(cybernetics) 과학을 바탕으로 한다. 사이버네틱스는 체계를 조정하고 또 체계가 자기조절할 수 있게 하는 형태와 패턴을 이해하는 데 필요한 모델을 제공한다. 이 과정은 체계의 전반적인 기능을 검토해야 하므로 본질적으로 매크로 수준인 것 같지만, 사이버네틱스의 고유한 점은 체계가 안정을 유지하기 위해 발전시킨 의사소통과 통제 패턴을 탐색할 수 있는 능력에 있다는 점이다. 체계의 패턴은 체계와 계속해서 상충되는 새로운 정보와 제한요인을 만나면 변화한다. 이러한 변화과정은 가족이 일상적으로 그리고 시간이 흐르면서 어떻게 기능하는가와 유사하다. 사이버네틱스는 체계가 계속 기능하도록 하기 위해서 체계를 지배하는 내적 규칙을 다룬다. 예를 들어, 사이버네틱스는 온도계가 원하는 온도를 유지하기 위해서 자체적으로 어떻게 조정되는지 설명하며, 또는 동물체계의 행동을 뇌의 회로가 어떻게 조정하는지를 설명한다(Broderick, 1993). 그러므로 일반체계이론은 전체 체계단위의 기능뿐 아니라 그 단위가 시간이 흐름에 따른 변화, 새로운 정보, 제한요인, 방해물에 어떻게 반응하고 적응하는지를 모두 고려한다. 이렇게 해서 연구자들은 체계의 단위가 가령 기능주의처럼 좀 더 거시이론보다 훨씬 더 깊은 수준에서 어떻게 기능하는지 실제로 이해할 수 있다(제2장 참조).

가족체계이론의 출현. 제2차 세계대전 이후, 가족을 연구했던 정신의학자들과 사회학자들은 가족을 체계로 생각하기 시작했다. 이러한 발전으로 말미암아 가족치료가 성장하게 되었다(당시 정신과학을 지배했던 Freud의 정신분석이론의 생물학적이고 개인중심적인 분야로부터 벗어났다). 가족체계이론은 한 젊은이가 조현병을 어떻게 앓게 되었는가를 설명하기 위해 사용되었는데, 이런 정신장애가 발달했던 조건을 만드는 데 있어서 가장 중요했던 점은 그 어머니의 영향이라는 입장이었다(Bateson et al., 1956). 이 논쟁은 어머니가 이중구속(double bind) 상황을 만든다는 아이디어를 기초로 하였다. 이중구속 상황에서 한 사람은 서로 모순되는 두 가지 명령(메시지)을 받는다. 이중구속이 일어나는 상황의 예를 들면, 부모가 거듭하여 자녀에게서 애정을 구하는데 그와 동시에 신체언어로 그 애정을 거부할 때(예: 자녀가 만질 때 뻣뻣해짐)이다. 이중구속은 가족구성원들이 이렇게 '미친 짓을 하게 하는 상황'(Broderick, 1993, p. 34)을 계속 유지해야 한다는 암묵적 규칙에 의해서 지속되는 역설적인 구속을 만드는 상황이라 할 수 있다. 결국 이에 대해 여성주의자들은 어머니 비난, 성차별주의, 남성 중심이라고 비난을 하였지만(Luepnitz, 2002), 이 개념으로 가족학에 대한 일반체계이론의 적용이 시작되었던 것이다.

가족체계이론은 전일성(全一性, holism), 즉 전체 가족이 연구되어야 한다는 관념 위에서 구축되었다. 가족 내 하위체계들은 내적 경계선으로 정의되는 더 큰 위계구조의 부분으로 이해되어야 한다. 이는 하나 혹은 그 이상의 하위체계는 다른 하위체계보다 더 많은 권력을 가질 수 있음을 시사하는 것이다. 예를 들어, 아버지-아들 하위체계는 가족 내에서 더 많은 자원에 접근할 수 있다. 왜냐하면 이들이 가족의 의사결정 과정에서 중요하다고 여겨질 수 있기 때문이다. 아버지는 아들을 더 신뢰하여 자신이 사망한 후 아내나 딸 대신에 아들이 자기 재산을 관리하게 할 수도 있다. 가족 안에서 만들어진 이 하위체계의 역동과 경계선은 위계구조의 견지에서 이해되어야 한다. 위계구조는 가족을 연구할 때 이론적으로 중요한 개념이다. 이 장의 후반에 있는 [글상자 6-3]에서 성별에 따른 위계구조가 어떻게 지속되며 전 세계적으로 얼마나 다양한 형태를 보이는지에 대한 예를 제공한다.

가족학자들은 또 더 넓은 사회 체계와 외적 경계선이 가족에 어떤 영향을 미치는지 살펴보았다(Grych, Oxtoby, & Lynn, 2013). 사회적 수준의 영향을 살펴본 고전적 연구의 하나에서 Bowen(1985)은 청소년 비행과 연관된 이슈를 둘러싼 사회적 기능을 연구했다. 청소년이 범법행위를 할 때, 많은 사회적 하위체계가 개입된다. Bowen의 연구는 이런 사회적 문제를 다루는 데 있어서 법률 집행기관, 법률과 사법

제도, 공립학교, 사회서비스 기관들이 상호 연관되어 있음을 보여 주었다(Comella, 2011). 더욱이 가족체계이론은 가족이 집에서 어떻게 작동하는지와 가족이 가족 사업(Norton, 2011) 및 종교기관(Crimone & Hester, 2011; Pinkus, 2006) 같은 가족 외부의 관련된 맥락 안에서 어떻게 작동하는지 사이의 연관성을 이해하는 데 도움이 된다. 이 책에서 다룬 많은 다른 이론과 마찬가지로, 가족체계이론도 시간이 흐르면서 진화하고 변화하였다. 가족체계이론의 주요 적용 가운데 하나는 가족치료 영역이고, 가족치료라는 임상분야를 특징적으로 보여 주는 여러 다양한 형태가 있다. 어떤 가족체계모델은 다세대 관계를 강조한다(예: Bowen, 1985). 또 다른 모델은 경험적인 의사소통 패턴을 강조한다(예: Satir, 1988). 순환모델(Olson, Sprenkle, & Russell, 1979)은 가족에 대한 내부자의 시각을 연구하고 평가하기 위한 방법을 제공하는데, 각 구성원은 가족의 융통성(즉, 균형)과 응집성(즉, 가까움)에 대한 시각을 가지고 있다. 또 다른 가족체계모델은 정서 중심이고 성인기의 애착관계를 강조한다(Johnson, 2004). 구조적 가족체계이론은 가족규칙과 경계선을 재구조화하기 위하여 재구성 같은 기법을 쓴다. 재구성(reframing)은 사건이나 문제를 재명명하고 그것을 완전히 새로운 맥락에 놓고서 가족구성원이 그것을 보는 방식을 바꾼다(Goldenberg & Goldenberg, 2013). 가족체계이론에 대한 사회구성주의 모델은 체계의 은유를 재작업하여 우리 삶의 이야기를 일관된 내러티브로 짜깁는 방식에 초점을 둔다. 치료사들은 자기파괴적인 내러티브에 개입하여 사람들이 자신의 삶을 적극적으로 변화시키기 위해 그들의 과거, 현재, 미래 이야기를 다시 쓰도록 돕는다(White & Epston, 1990). 종합하면, 가족체계이론은 다양한 방식으로 가족연구에 적용될 수 있으며, 이때 갈등에 대한 다중의 관점, 차이, 의사소통 패턴, 많은 다른 영향 요인을 고려한다. 다시 말하지만 이 관점은 파노라마식 시각을 갖게 하여, 가족역동에 대해 좀 더 정확한 그림을 그리기 위해서 가족의 어느 한 변인 혹은 한 면에 초점을 맞출 수 있게 한다.

글상자 6-1 **가족체계이론 한눈에 보기**

- 가족은 상호의존적인 개인들로 구성된다.
- 가족체계는 상호의존적인 하위체계로 구성된다.
- 가족체계, 하위체계, 개별 구성원은 평형을 유지하기 위해 노력한다.
- 전체(가족)는 부분들(개인과 하위체계)의 합보다 더 크다.
- 가족역동을 이해하기 위해서는 전체 가족이 검토되어야 한다.
- 가족은 응집성과 분리 정도에서 차이가 있다.
- 가족은 개방과 폐쇄 경계선에 의해 조직된다.

주요 개념

가족체계이론의 특징을 나타내는 주요 개념은 여러 개가 있으며, 이 모두는 "일상적이지만 불규칙한 가족행동을 이해하기 위한 지도"(Galvin, Dickson, & Marrow, 2006, p. 320)로 사용된다. 가족학자들과 실천가들은 일반체계이론의 개념들을 가지고 가족의 특정 맥락에 적용하였다.

가족체계. 가족체계는 출산, 결혼, 입양, 또는 선택에 의해 서로 관계를 맺는 개인들로 구성된 포괄적인 실체를 말한다. 또한 가족체계는 가족의 많은 드라마가 드러나는 2세대 핵가족 구도, 세대에 걸쳐 원가족 역동의 전수가 명백하게 드러나는 다세대 관계, 가족구성원들을 서로 밀고 당기는 더 폭넓은 사회와의 연결을 모두 포함한다. 이러한 가족단위 안에서 구성원들의 정서적 기능이 확립되고, 완성되고, 도전을 받기도 한다(Broderick, 1993; Rosenblatt, 1994; Rothblaum et al., 2002; Whitchurch & Constantine, 1993). 가족체계이론에 관한 고전적 진술의 하나에서 '가족체계이론의 어머니'로 불렸던 Virginia Satir(1988)는 가족을 '사람 만드는' 조직으로 서술했고, 거기서 우리의 자존감과 의사소통할 수 있는 능력이 일차적으로 형성되고 발전한다고 하였다. 가족의 문제에 초점을 두기보다 Satir는 서로 간의 진실하고 민감한 관계를 맺기 위한 가족의 좋은 의도에 초점을 두었고, 한편으로 개인의 자아도 여전히 강조했다. 더욱이 Satir는 가족의 맥락에서 자아가 발전된다고 강조함으로써 가족체계이론을 더욱 확장했다. 건강한 발달의 목표 중 하나는 개인이 자아감을 갖는 것이고 또 타인과 자신을 공유할 수 있는 능력이다.

　연극 공연처럼, 각 가족구성원은 가족체계가 잘 돌아가게 하기 위해서 각자 맡아야 하는 역할을 알고 있다. 상호작용 패턴을 계속해서 반복 연습하면서 각자는 자기의 역할을 되풀이하고, 때로 자신들이 무엇을 하고 있는지 잘 깨닫지 못할 때조차도 그 역할을 되풀이한다. 가족역할은 흔히 추측된다. 각 체계는 모두가 이해하는 것 같지만 본질적으로 무의식적인, 눈에 보이지 않은 일련의 규칙의 지배를 받는다. 예를 들어, 많은 가족에서 아이가 아플 때, 엄마는 집에 있어서 아이를 돌볼 것이라고 가정된다. 보통 이것은 가족의 '핸드북'에 쓰여 있지 않으며, 공식적으로 상의하는 더 커다란 일련의 가족규칙으로 명확하게 문서화되어 있지 않다. 대신 대부분의 가족은 각 가족구성원이 수행하는 역할에 대한 가정 위에서 기능한다. 이러한 가정을 살펴보는 것은 중요한데, 그 이유는 어떤 가족은 전통적인 가족규칙에 따라 기능할 것이고 또 다른 가족은 가사노동과 돌봄을 보다 평등하게 나누려고 열심히 노력할 것이기 때문이다. 가족체계이론이 가족치료사들에게 유용한 부분의 일부는 '더 큰 그림'을 고려하려는 시도이다. 즉, 한 사람을 고려하는 것으로 시작해서 부부(다음에 서술할 하나의 하위체계)는 가족 안에서 특정 역할을 수행하는 데 대해 어떻게 느끼는지, 자녀들은 부모의 이런 역할 수행을 어떻게 해석하는지 등을 고려한다.

　앞의 사례 연구로 돌아가서 잭슨 가족은 친자녀관계와 계자녀관계로 구성된다. 그래서 잭슨의 새아버지가 이 집에서 자녀들의 훈육자가 될 것이라는 점이 말로는 언급되지 않지만 추측될 수 있을 것이다. 결국 아버지의 주요 기능 가운데 하나는 그 역할을 수행하는 것이었다. 잭슨은 새아버지가 자기에게 가하는 권위에 화가 났다. 재혼가족의 경우에서와 같이, 새로운 가족체계가 형성될 때 일어나는 부모역할 이슈를 다루는 대신에 한 사람을 문제라고 비난하거나 희생양으로 만드는 경향이 있으며, 다른 한편 전체 가족이 그 문제에 기여하는 방식을 무시하는 경향이 있다. 가족은 스트레스를 받을 때 문제가 될 수 있는 규칙들을 문서로 나열해 보지 않는다. 잭슨의 가족에서는 잭슨이 희생양이 되었다.

　역할 수행 및 역할의 개념과 관련된 것은 가족 내 하위체계의 개념이다. 하위체계는 더 큰 가족단위의 부분으로 존재하며, 대개 가족 내 세 가지 주요관계의 하나로 구성된다. 즉, 부부(혹은 성인 파트너) 하위체계, 부모(부모-자녀관계) 하위체계, 그리고 형제자매(남자형제, 여자형제, 혹은 의붓형제 등) 하위체계가 그것이다. 이들 각각의 이인관계 혹은 삼인관계는 특수한 의사소통 패턴을 가지며, 위계구조상 다른 이인 혹은 삼인관계의 위나 아래에 위치할 것이다. 예를 들어, 한부모가정에서 장남은 가장 혹은 성인 파트너의 일부로 여겨질 수 있다. 왜냐하면 그의 경제적 도움과 리더십이 가정을 운영하는 데 필요하기 때문이다. 나이가 더 어린 형제자매들은 큰형(오빠)을 따를 수도 있고, 또 큰형이 자기들에게 힘을 행사하는 데 대해 화를 낼 수도 있다. 이러한 과정은 다음 단락에서 자세히 설명한다.

　Satir(1988)는 가족이 스트레스를 받을 때 특히 분명하게 나타나는 기본적인 가족 의사소통 양식이 있다고 하였다. 이 양식은 그녀가 수년에 걸쳐 세계의 많은 가족을 대상으로 치료한 결과를 기초로 하는데, 그녀는 가족구성원들이 행사하는 역할을 근거로 해서 문제행동을 보았고 또 개입하게 되었다. 첫 번째 양식은 회유형이다. 이 사람은 무가치한 느낌을 기초로 해서 다른 사람을 기쁘게 하려고 노력할 것이다. 회유형은 "당신이 원하는 것은 무엇이든 좋아요. 나는 단지 당신을 기쁘게 하기 위해서 여기 있어요."라고 말할 것이다. 두 번째 형태의 가족구성원은 비난형이다. 이 사람은 가족 안에서 권력을 행사하고 손가락질을 하고 또 "너는 아무것도 제대로 하는 게 없어."라거나 책임을 회피하여 주의를 자신에게서 벗어나 다른 사람들에게 돌려서 의사소통한다. 세 번째 형태는 초이성형이다. 이 사람은 논리적이 되려고 하며 어떤 대가를 치르고서라도 감정을 드러내지 않으려고 한다. 이 사람은 그럴 듯하고 차분한 행동을 유지함으로써 자신의 약함을 감추고 그래서 다른 사람들과 거리를 둔다. 네 번째 유형은 부적절형(산만형)으로, 어떠한 강력한 상호작용에서도 가족 내 다른 사람들을 혼란스럽게 하려고 한다. 가족원들이 서로 언쟁을 하고 있다고 가정해 보자. 갈등을 직접 다루는 대신에 부적절형의 사람은 논점과 관련된 점에 대해 농담을 하려고 할지도 모르며, 하지만 결국 갈등에 주의를 기울이지 못하고 혼란스럽게 할 것이다. Satir와 또 다른 체계이론가들은 이런 형태들이 어떤 가족에서도 어떤 조합으로든 발견될 수 있다고 강조하였다. Goldenberg와 Goldenberg가 주목하였듯이, 비난형이 초이성형과 결혼하면, 아내가 심한 불평을 할 때 의사소통이 제대로 이루어지지 않는다. 가령, 아내가 "우리는 성관계를 거의 안 하잖아요." 혹은 "나한테 아무 느낌이 없어요?"라고 하면 남편은 차갑게 "당연히 있지, 그렇지 않으면 내가 당신이랑 결혼했겠어요. 우리가 사랑이란 말을 서로 다르게 정의하나 보지요."(2013, p.

261)라고 답한다. 이 대화에서 초이성형인 남편은 아내를 더 이상 사랑하지 않는 것 같다는 아내의 상처받은 감정을 다루지 않는다. 마찬가지로 부적절형의 배우자는 불평을 듣기는 하겠지만, 농담이나 비난하는 말로 지나쳐 버리고, 그다음에는 행동을 조금 색다르게 할 것이다. 가족체계이론에 의하면 의사소통의 가능성은 무한하며, 어느 누구도 상대방과의 관계에서 독립적으로 기능하지 못한다. 다음에서는 상호영향의 개념과 상호의존의 개념에 대해 다룬다.

상호영향(mutual influence). 어떤 체계에서도 마찬가지이지만, 가족을 구성하는 개인, 관계, 하위체계는 상호의존적이고 상호 간에 영향을 미친다. 이 말은 가족체계 내 어떤 부분에서 일어나는 것은 무엇이든 다른 모든 부분에 영향을 미친다는 의미이다(Gry, Oxtoby, & Lynn, 2013). 즉, 우리가 다섯 명 가족의 의사소통 패턴을 분석한다면, 몇 가지 경로가 나타날 것이다. 첫째, 파트너/배우자 관계라는 이인관계가 있다. 처음에 사랑에 빠져 아이를 갖기로 결정했던 부부는 나머지 가족원들과는 분리되어 별개의 시간, 에너지, 정서를 필요로 하는 그들만의 관계를 갖는다. 그러나 그 관계가 의도대로 되지 않을 때, 시간이 흐르면서 악화될 수 있다. 파트너/배우자 관계의 질이 낮아지면, 이는 분명히 그 집에 사는 다른 사람들의 정서적 안녕에도 영향을 미칠 것이다. 부모 중 한 명이 자녀(들)에 대한 배우자의 태도에 좌절감을 느낀다고 들추어낼 수 있는데, 이 경우에 부모-자녀 관계 밖에서 나오는 의사소통 경로가 부정적으로 만들어진다. 이렇게 잘못된 정서적 표현은 형제자매 간에 긴장을 불러일으킬 수 있고, 집안의 모든 구성원에게 파급효과를 미친다. 가족 내 하위체계 사이에 이루어지는 모든 영향에서 다른 가족구성원들은 부정적이든 긍정적이든 어쩔 수 없이 그 영향을 받을 것이라는 점을 이해해야 한다.

긴장의 원인이 외부에 있는 경우에도 이와 동일한 체계 과정이 발견된다. 만일 자녀나 부모가 학교나 직장에서 기분이 안 좋았다면, 그러한 외적인 상호작용의 영향이 이런저런 방식으로 나머지 가족원에게도 느껴질 것이다. 이러한 물결효과는 가족원과 의사소통을 하지 않는 다른 가족구성원 혹은 긴장이나 스트레스를 느끼는 가족구성원에게도 적용된다. 한 가족원이 의사소통을 할 수 없거나 혹은 가족의 나머지 구성원에 대한 감정이나 태도를 철회한다고 하더라도, 이 행동은 전체 체계 내 다른 가족원에게 영향을 미칠 것이다. 사실 가족체계의 구성요소들은 그 부분들의 합을 뛰어넘는 전체로 조직된다(Goldenberg & Goldenberg, 2013). 즉, 한 가족에 다섯 명만 있다고 하더라도, 의사소통하고 영향을 주고받는 경로는 무한하다. [그림 6-1]은 가족관계 내 상호영향의 예를 보여 준다.

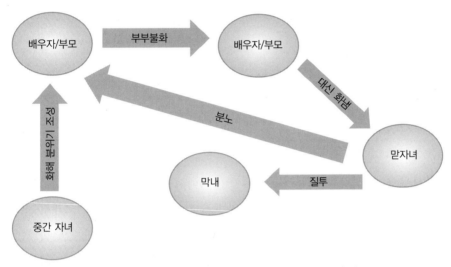

[그림 6-1] 가족체계이론에 기초한 의사소통 경로의 예

앞의 예에서 전체 가족은 그 부분들의 합보다 더 크다는 것을 볼 수 있다. 이 말은 이 가족에 다섯 명만 있지만, 의사소통하고 상호 영향을 미치는 다중의 경로가 있다는 의미이다. 맏아이는 부모 간의 언쟁으로부터 큰 타격을 느낄 수 있고, 이는 결국 너무 어려서 감정의 무게를 처리할 수 없는 막내에게 질투를 느끼게 할 수 있다. 중간자녀는 화해 분위기를 조성하고 갈등을 해결하려고 해서 자녀들과 부모 간에 의사소통을 더 많이 하게 할 수 있다. 전체 가족체계의 기능을 위한 이런 각각의 부분은 전체로서의 가족 내 평형을 이루거나 방해하는 데 있어서 중요한 역할을 할 수 있다.

위계구조(Hierarchy). 가족체계는 위계적으로 배열된다. 이러한 배열은 가족 내 권력구조와 관련된다(Whitchurch & Constantine, 1993). 전통적으로 남편이 아내보다 더 큰 권력을 가졌다. 부모는 가족 안에서 어린 자녀들 위에 있으며 그래서 자녀들보다 더 큰 권력을 갖는다. 나이가 많은 형제자매는 유사부모로서 기능할 수 있으며 나이 어린 형제자매를 돌보라는 기대를 받는다. 가족 안에서 불행이나 불만족이 생기지 않는 한 위계구조가 반드시 문제가 되는 것은 아니다(Benson et al., 1995). 예를 들어,

부모가 일하는 동안 나이 많은 자녀가 어린 동생들을 돌보기 위해 학교를 그만둔다면, 그 희생은 학교를 마칠 수 없는 이 자녀에게 심각한 결과를 가져다줄 수 있다. 맏자녀는 어린 동생들보다 더 많은 힘을 갖지만, 가족 내 그의 위계구조의 위치 때문에 갈등이 있을 때 불필요한 부담을 더 많이 질 수 있다. 위계구조에 대해 표현되지 않은 규칙은 반대 방향으로도 작용할 수 있다. 앞의 사례 연구에서 잭슨은 친아버지가 사망하고 엄마가 새아버지와 재혼하기 전 10년 동안 엄마의 가장 가까운 친구였다. 이제 가족위계구조상 그의 위치는 새 파트너를 얻는 엄마에 의해 위협을 받고 있다. 더욱이 잭슨은 이제 더 이상 가족 안에서 외동이가 아니다. 아주 갑자기 그는 환영받지 못한 의붓형제와 함께 집을 공유해야 했다.

경계선. 가족을 하나의 '체계'로 개념화하기 위해서는 경계선을 구획해서 무엇이 포함되고 무엇이 그렇지 않은지를 분리하고 구분 지을 수 있어야 한다. 그래서 가족체계이론은 각각의 분리된 단위 체계의 여러 단위를 시각화할 수 있기를, 말하자면 경계선(boundary)을 그을 수 있기를 요구한다(Whitchurch & Constantine, 1993). 가족체계이론에서 경계선은 넘나들 수도 있고 그렇지 않을 수도 있다. 넘나들 수 있는, 즉 투과성이 있는 경계선은 체계 밖과의 상호교류에 개방적이다. 반대로 넘나들 수 없는, 즉 비투과적인 경계선은 체계 밖에 대해 닫혀 있다. 본질적으로 가족은 개방체계이다. 환경과 늘 어떤 상호작용을 하기 때문인데, 그러나 그 정도는 가족마다 다르다. 융통적인 경계선의 가족은 외부 세계의 활동에 많이 개입하는 경향이 있는 한편, 융통적이지 않은 경계선의 가족은 서로 밀착되어 외부의 사회적 접촉에 별 개입을 하지 않는 경향이 있다. 예를 들어, 사생활을 최고로 여기는 가족체계는 주요 변화(예: 부모기로의 전이, 학교에서 자녀의 행동문제, 계부모 가족 이루기, 만성질환에 대처하기)를 경험할 때 외부 전문가의 전문성과 도움을 가치 있게 여기는 가족체계보다 가족치료를 찾는 경향이 더 낮을 것이다. 사례 연구에서 볼 수 있듯이, 잭슨의 엄마가 잭슨의 이른바 행동문제 때문에 도움을 구하는 데 개방적이라 할지라도, 초기에 엄마는 개인치료사를 찾아서 잭슨을 일대일로 상담하도록 하는 것이라고 느꼈다. 다른 한편, 더욱 융통적인 경계선의 가족은 전체 가족을 위한 전문적인 도움을 찾는 데 더욱 개방적이었을 것이다.

피드백. 피드백이 사이버네틱스와 기술(technology)에 그 바탕을 두고 있다는 점에서 볼 때, 피드백은 가족체계이론의 고유한 개념일 것이다. 피드백(feedback)은 체계의 상호의존적 기능, 즉 가족체계 내 개인들은 서로 영향을 미친다는 점을 파악하는 방식이다. 피드백은 부적 혹은 정적 피드백일 수 있다. 부적 피드백은 의사소통이나 행동을 멈추고 체계가 평형 상태로 되돌아가도록 한다. 반대로 정적 피드백은 체계의 전반적 기능에 변화를 허용함으로써 자극에 반응한다. 정적 피드백의 예는 결혼 초기에 부부불화를 일으켰던 혼란한 의사소통을 다루기 위해서 배우자 중의 한 사람이 부부 모두 치료에 가자고 제안하는 경우일 수 있다. 한편, 부적 피드백은 그런 변화가 일어나는 것을 방지할 것이다. 부부는 그들의 의사소통 패턴을 계속할 것이고, 부정적인 정서가 자녀에게 전달되고, 이런 상황이 발생할 때 항상 그렇듯이, 또다시 부모에게로 되돌아간다. 요약하면, 정적 피드백은 체계가 혁신하고 변화하도록 돕는 한편, 부적 피드백은 체계가 안정을 이루고 유지하도록 도움으로써 변화의 노력을 꺾는다. 건강한 가족체계는 정적 피드백과 부적 피드백 모두의 균형을 필요로 한다. 즉, 가족은 변화를 허용할 만큼의 융통성을 필요로 하지만, 통제에서 벗어난 변화를 유지하는 데 대해서는 제재도 필요하다(Whitchurch & Constantine, 1993). 많은 중요한 변화를 한꺼번에 겪을 때 특히 가족 내 융통성과 제재의 균형을 이루기 위한 도전을 볼 수 있다. 예를 들어, 잭슨의 가족은 재혼, 계부모/계자녀 관계, 가족체계 내 새로운 형제관계의 도입, 한쪽 부모의 상실에 대한 계속되는 슬픔, 청소년기와 연관된 정상적인 발달적 도전에 대처하고 있다.

평형. 변화(정적 피드백 루프)와 안정(부적 피드백 루프) 간의 균형을 맞추려는 것을 평형(equilibrium)이라고 한다. 변화에 직면할 때 모든 체계는 '현 상태' 혹은 항상성으로 돌아가고자 한다. 가족도 그 자체가 안정을 유지하고자 하는 점에서 예외가 아니다. 그러나 평형은 모든 체계가 추구하는 어떤 보편적으로 조화로운 상태가 있음을 뜻하는 것이 아니다. 그보다 각 가족은 그 자체의 생존을 보호하기 위해 가족이 발전시킨 규칙에 따라 기능한다. 가족은 구조가 다양하기 때문에, 가족이 추구하는 균형은 가족에 따라 똑같아 보이지 않는다. 평형의 열쇠는 가족이 자체의 내적 규칙에 따라 안정을 추구한다는 점이다. 각 가족은 평형에 도달하기 위한 자체의 청사진을 가지고 있으며, 평형은 개방적 혹은 폐쇄적 가족체계에서 다르게 보일 수 있다. 균형을 이루기 위해 어떤 가족에게 필요한 것이 모든 다른 가족에게 다 효과적일 수는 없다.

다세대 가족패턴. 가족체계이론의 두드러진 특징 중 하나는 가족문제와 변화의 필요성이 다세대 관점에서 가족패턴을 연구함으로써 밝혀질 수 있다는 점이다. 다세대 가족패턴을 밝히는 주요 기법 중 하나는 가계도이다. Bowen(1985)의 가족체계이론에 바탕을 둔 가계도 기호는 McGoldrick, Gerson과 Petry(2008)에 의해 더욱 발전되었는데, 이는 개인이 가족역동과 문제의 다세대 맥락을 이해하는 데 사용하기 위한 임상적 기법이다.

가계도는 한 가족을 나타내기 위한 구조적 및 정서적 체계로 이루어진다. 구조적 기호는 남성이 네모, 여성이 동그라미, 애완동물이 다이아몬드, 이중네모는 주요인물 (index person, 예: 그의 인생이 가계도에서 주로 강조되는 사람) 표시이다. [그림 6-2]의 예에서 주요인물은 제이슨이다. 정서적 기호는 두 사람 간의 강하거나 특별한 관계를 나타내는 두 줄, 갈등관계를 나타내는 물결무늬 선, 선 위의 사선 두 개는 이혼, 반쪽이 검은 것은 약물남용 문제를 나타낸다. 더 많은 사실 정보를 얻기 위해서는 적어도 3세대를 거슬러 올라가고, 그러고 난 다음에 가족의 정서적 여정에 대해 나이든 가족원들을 면담하는 것이 가장 도움이 된다. [그림 6-2]는 가계도가 가족역동을 이해하기 위해 어떻게 사용될 수 있는지에 대한 한 예시이다.

가족응집성: 밀착 대 유리. 가족체계이론은 가족구성원들이 서로 가깝게 느끼는 정도에 관심이 있다. 이 아이디어는 가족응집성의 개념을 보여 주는데, 높은 응집성에서 낮은 응집성까지의 연속선상에 있다. 높은 응집성은 밀착(enmeshment)의 특징이 있는데, 가족구성원들은 서로에게 아주 높이 의존하고 있고 가족체계의 외부에 있는 타인들에게는 닫혀 있다. 밀착된 가족은 높은 '우리'와 낮은 '나'의 느낌을 갖는다. 반대로 낮은 응집성은 유리(disengagement)의 특징이 있는데, 가족구성원들은 서로 독립적으로 기능하는 경향이 있다. 극단적 형태의 유리는 가족구성원들이 서로에게 느끼는 충성심에 도전을 할 수 있다. 동시에 가족은 밀착과 유리의 모든 요소를 가질 수도 있다. 가족 내 밀착과 유리의 고전적 예는 서구사회에서 어떤 형태의 가족보다 이상적으로는 더 우월하다고 여겨졌던 중산층의 양부모가정에서 찾아볼 수 있다. 그런 가족에서 아버지는 오랜 시간 일하여 가족을 재정적으로 지원하라는 기대를 받기 때문에 매우 유리되어 있고, 어머니는 주요 역할이 자녀들을 돌보고 가족의 양육을 담당하는 경향이 있어서 매우 밀착되어 있다(Goldenberg & Goldenberg, 2013).

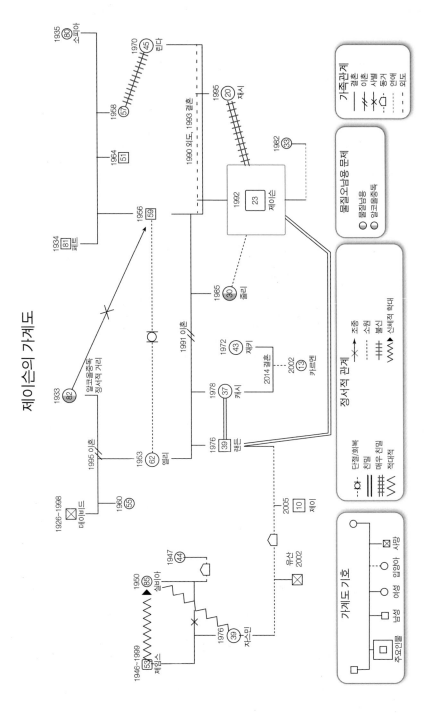

[그림 6-2] 가계도 예

출처: www.genopro.com.

가족체계이론에 의하면, 목적이 융통성이라고 할 수 있으므로 이 극단 중 어느 쪽도 건강하게 여겨지지 않는다. 가족은 또한 이 두 극단 사이를 왔다 갔다 할 수 있다. 잭슨과 엄마만 있는 한부모가족에서 잭슨의 경험은 밀착을 나타낸다. 둘은 모든 것을 함께했고 잭슨 아빠의 죽음으로 유대가 형성되었다. 엄마가 재혼했을 때, 오래된 밀착 패턴이 도전을 받았다. 변화가 가족원 개개인을 뒤흔들어서 전체로서의 가족체계가 불안정해질 수 있다. [글상자 6-2]는 영화 〈블라인드 사이드(The Blind Side)〉에서 이러한 가족과정의 예를 담고 있다.

글상자 6-2 **대중문화 속 가족체계이론: 영화 〈블라인드 사이드(The Blind Side)〉**

〈블라인드 사이드〉의 한 장면

가족체계이론은 〈블라인드 사이드〉 영화를 통해 잘 설명될 수 있는데, 이는 실화와 Michael Lewis(2006)의 소설을 바탕으로 했다. 주인공인 마이클은 아프리카계 흑인 청년으로서, 어머니의 약물중독으로 아동기 내내 여러 수양가족에서 양육되었다. 영화 초반에, 레이 앤 투오히라는 백인여성이 추운 날씨에 길가를 걸어가는 그를 보고 그날 밤 재워 주려고 데려 간다. 시간이 지나면서 마이클은 그 가족의 일부가 된다. 하나의 단위로서 가족은 평형을 유지하기 위해 새로운 구성원에 적응해야 한다. 아버지와 딸은 처음에 의심스럽게 받아들이지만, 시간이 지나면서 적응을 하고 정적 피드백 루프로 가족이 변화되고 그 결과 성장한다.

마이클이 1지역 학교에서 풋볼 장학금을 확실히 받도록 하기 위해서 가족은 그의 성적을 올리는 데 도움을 준 과외선생님을 고용한다. 두 지역에서 신입생 모집자가 마이클을 방문해 자기 학교에 오라고 권할 때, 레이 앤과 그녀의 가족이 전국대학체육협회가 실시하는 조사의 일원이 되었고, 마이클을 데리고 간 투오히 가족이 이 협회의 규칙을 위반했는지 여부를 조사했다. 이는 경계선의 개념을 설명하는데, 외부의 힘이 가족의 열린 경계선을 침범해 가족체계를 혼란스럽게 한 예이다. 이 조사 때문에 마이클은 투오히 가족에게 화가 났고 자기 어머니의 아파트로 도망간다. 시간이 지나고 마이클은 이 가족으로 돌아오고 한 지역의 대학에 가기로 선택한다. 이 영화 내내 가족의 모든 구성원 간의 건강한 의사소통 패턴을 재연결하고 확립해 나가는 과정이 잘 나타나 있다.

가족체계이론에 대한 평가

가족체계이론의 강점

가족체계이론에는 많은 강점이 있다. 이 이론은 가족이 어떻게 상호작용하는지 살펴보기 위해서 이론을 적용하는 데 뿌리를 두고 있으며, 그래서 이 이론가들은 가족 구성원들(개인으로서 그리고 전체로서)에게 영향을 미치는 매우 복잡한 과정을 살펴볼 수 있으며, 가족을 독립된 단위로 연구하는 것 이상에 적용할 수 있다. 이러한 강점들을 조금 더 자세히 살펴보자.

실천적 적용. 가족체계이론은 일상생활에 적용하기가 쉬운 매우 실천적인 이론이다. 체계의 개념은 폭넓은 범위의 개인과 가족에 접근할 수 있는 상식적인 언어로 쉽게 바꿀 수 있다. 가족체계이론의 가장 도움이 되는 원리 중 하나는 '무언가가 작동하지 않으면, 똑같이 더 많이 해도 작동하지 않을 것이다'라는 아이디어에서 확인할 수 있다. 예를 들어, 차가 시동이 안 걸리는 경우, 점화장치를 켜고 계속 시동을 걸려고 해도 시동이 걸리지는 않을 것이다. 아마 배터리를 체크해야 할 것이다. 가족체계 용어에서, 만일 엄마가 당신의 방을 치우라고 계속 이야기하고 당신은 방을 치우지 않으면, 엄마가 방을 치우라고 반복해서 말을 해도 성공할 것 같지는 않다. 뭔가 다른 개입이 필요하다. 또 다른 예에서, 실천적 이론으로서의 가족체계 개념은 실제로 사람들의 삶에 울림을 준다. 사회복지사이자 치료사인 Brene Brown(2012)의 취약성의 힘에 대한 연구는 그녀의 인터넷 비디오와 TED를 통해 수백만 명에게 전달되었다. 한 사람의 삶을 변화시키기 위한 긍정 에너지와 용기에 대한 Brown의 아이디어는 가족체계이론에 기초하고 있다.

개입. 가족체계이론이 가족의사소통 패턴과 관계과정의 이해를 강조한다는 점 때문에 가족이 문제를 경험할 때 가족을 돕기 위한 개입 프로그램을 개발하는 데도 도움이 된다. 군인가족연구는 가족체계이론의 주요 영역이다(Drummet, Colman, & Cable, 2003; Faber et al., 2008; Paley, Lester, & Mogil, 2013). 가령, 연구에 의하면 부모가 군인인 아동은 부모가 한번에 수개월 동안 집에서 멀리 떨어진 곳에 배치될 때 외로움을 더 많이 경험하였다. 효과적인 개입은 이메일, 스카이프, 웹캠 같은 기술을 활용하여 부모와 자녀가 서로 연락을 하고 의사소통을 할 수 있도록 하는 것이었다(Blaisure et al., 2012).

여러 측면의 가족연구에 적용. 사이버네틱스와 임상적 기초가 되는 것 외에도 가족체계이론은 가족 연구를 위한 다양한 맥락에서 활용된다. 부모-자녀관계를 넘어 개인과 가족발달에까지 확장하기 위해 Cox(2010)는 체계이론을 형제자매관계에 적용했고, 형제자매 하위체계는 자주 부모 하위체계보다 더 영향력이 있음을 보여 주었다. 더욱이 형제자매 하위체계는 가장 오래 지속되는 관계이다. 이러한 연구결과의 적용은 형제자매관계가 제9장의 생애과정이론에서 설명한 대로, 베이비붐 세대의 구성원들에게 매우 중요하다는 점이다. 기대수명이 증가하고 있고 베이비붐 세대의 구성원들이 노인이 되어 가면서, 노년기에는 배우자보다 형제자매와 있게 되는 경향이 더 커지고 있다. 체계이론은 또한 애완동물을 가족구성원으로 포함하는 것, 그래서 애완동물의 치료적 가치를 살펴보는 데도 활용되었다(Walsh, 2009). 또 다른 주요 연구주제는 부모와 자녀 간의 역할전도가 세대에 따라 전수될 수 있는가이다(Macfie et al., 2007). 역할전도는 자주 부모가 알코올이나 약물중독인 가족, 혹은 수감이나 심한 질병 때문에 책임 있는 부모로서 기능을 할 수 없는 가족에서 자주 일어난다. 그런 경우, 자녀들은 '성인화(adultification)'되기 쉬우며, 그래서 대리부모 혹은 파트너로 기능하라는 요구를 받으며, 그렇게 되면 위계적인 가족경계선을 넘어서게 된다(Burton, 2007).

가족체계이론의 약점

제1장에서 논의한 바와 같이, 어떤 이론도 모두 강점만 있는 것은 아니다. 체계이론의 수많은 강점에도 불구하고 이 이론을 가족에 적용하는 데는 몇 가지 어려움이 있다. 그 어려움은 다음과 같다.

고정관념화의 가능성. 가족체계이론을 많은 다양한 맥락에 아주 잘 적용할 수 있듯이, 이 이론을 피상적이고 고정관념적인 방식으로 적용하기 또한 쉽다. 예를 들어, 젠더 관점에서 볼 때, '과대기능'과 '과소기능'의 체계론적 개념은 가족을 존중하지 않는 것일 수 있다. 특히 한 가족원이 심하게 아프고 많은 돌봄을 필요로 할 때 그렇다. 이 개념은 보통 젠더 고정관념에 기초하는데, 여성은 과대기능하고 남성은 과소기능한다고 보며, 그 반대도 똑같이 사실일 수 있다고 받아들이지는 않는다.

복잡한 관계의 단순화. 체계이론이 무비판적으로 적용되는 또 하나의 영역은 형제자매 순서와 관계이다. 형제자매 하위체계에 대한 가정은 매력이 있으나 정확하지 않을 수 있다. 형제자매의 성격을 출생순서의 특성으로 축소하는 경향이 있다(예: 외동이는 이기적이다, 맏아이가 가장 성공한다, 중간 자녀는 희생양이거나 가족의 재롱둥이다, 막내는 응석받이다). 어떤 고정관념이든 그 안에는 일말의 사실적인 요소가 있을 수 있기 때문이다. 하지만 형제자매 관계는 매우 복잡하고, 여러 측면이 있으며, 문화적 맥락에 따라 다르다. 예를 들어, 중국에서 부모는 딸이나 차남 이하보다 장남을 선호한다. 그러나 미국에서 나이 든 여성이 성인자녀에게 돌봄과 지지를 기대할 때는 막내딸을 선호하는 경향이 있다(Suitor, Gilligan, & Pillemer, 2013).

가족 내 권력 역동의 최소화. 가족체계이론에 대한 가장 강한 비판 중 하나는 가족 내 여성과 남성 사이, 그리고 성인과 아동 사이의 권력 차이를 축소하고 무시하기까지 한다는 것이다. 가족문제는 역기능적인 대인관계로부터만 발생한다고 전제함으로써 가족체계이론은 젠더와 세대가 가족구성원들에게 상이하고 불평등한 권력을 어떻게 부여하는지를 무시한다. 그래서 가족체계이론은 권력이 가족 안에서 어떻게 불평등하게 분배되는지에 대한 비판을 받는다. 페미니스트들(제8장)이 관찰했듯이 가족 내 권력 차이는 더 광범위한 사회적 및 정치적 맥락을 반영한다(Luepnitz, 2002; Silverstein & Goodrich, 2003). 가족체계이론은 각 가족구성원이 가족역동에 동등한 책임과 기득권을 갖는다고 가정함으로써, 가족의 어떤 구성원이 다른 사람보다 더 많이 '동등하다'는 점을 감춘다(Leslie & Southard, 2009).

대안적 이론: 가족생태이론

이 장에서 가족체계이론의 주요 개념, 기원과 발달배경, 적용, 강점과 약점에 대해 다루었다. 5장에서는 여러분의 이론 범위를 활성화하기 위해 두 가지 다른 이론을 비교하였다. 이 장에서는 시간이 지나면서 가족이론에서 새롭게 고려해야 할 측면들에 적응하기 위해 이론들이 서로 어떻게 구축하는지를 강조하기 위해 상당히 비슷한 두 이론을 비교한다.

가족체계이론은 가족학의 기본이론으로 간주된다. 그 이유는 이 이론이 연구자와 실천가로 하여금 '전체 가족'을 고려할 수 있도록 하기 때문이다. 가족생태이론(제10장)도 이 관점을 취하는데, 그렇지만 이 이론은 분석의 렌즈를 넓혀서 가족 주변에 존재하는 환경과 기관을 포함한다. 가족생태이론에 의하면, 인간은 환경을 직접 변화시키며 아울러 외부 요인의 영향도 받는다. 이 장의 사례 연구에 있는 잭슨을 생각해 보라. 그를 연구하기 위해 가족생태이론을 이용한다면, 그의 가족이 상호작용하는 외부 환경을 훨씬 더 가까이 살펴볼 것이다. 잭슨은 아주 좋은 학교에 다녔고 안전한 동네에 살았으며, 그래서 그의 가족이 다른 가족에 비해 명백한 특권을 가지고 있다고 확신할 것이다. 이런 점 때문에 엄마는 잭슨과 다른 가족원을 데리고 치료에 갈 여유가 있었다. 동시에 가족생태이론은 잭슨과 그 가족에게 도움을 주기 위해 심리상담 서비스가 존재조차 하지 않았을 역사적 현실을 고려할 수 있음에 주목할 필요가 있다. 50년 전에 자녀(특히 아들)를 상담에 보내는 것은 들어 보지도 못했을 것이다. 이런 식으로 가족생태이론이 렌즈를 확대하여 가족체계보다 더 거시적 요인을 어떻게 고려함으로써 가족이론가들로 하여금 행동을 분석할 수 있게 하는지를 볼 수 있다. 이와 비교해서 가족체계이론은, 물론 그렇지는 않겠지만 상당히 미시적 수준의 이론 같아 보인다.

가족체계이론의 적용: 연구와 실천의 통합

가족체계이론의 역사적 기원, 주요 개념, 강점과 약점에 대해 서술하였으므로 이제는 이 이론이 어떻게 실천적으로 활용될 수 있는지 살펴보자. 그리고 나서 가족체계이론에 기초한 경험적 연구를 분석하여 학자들이 이 이론을 연구 프로젝트에 어떻게 활용하는지 알아보고자 한다. 마지막으로, 가족체계이론이 가족정책의 실천에 무엇을 알려 주는지에 대한 생각을 나누고자 한다.

가족체계이론의 현재

가족치료사인 Paul Rosenblatt(1994)는 가족체계이론이 가족기능과 가족변화를 모두 이해하는 데 유용한 풍부한 은유를 제공한다고 주장한다. 가족체계이론에 대한 주요 은유는 가족을 기계, 감옥, 그릇, 강, 집 등으로 비유한 것이다. 은유는 말이나 비유의 모습을 띠며, "한 부류의 대상이나 아이디어를 문자 그대로 나타내는 단어나 행동이 또 다른 곳에서도 사용되는 단어나 행위이다"(Rosenblatt, 1994, p. 1). 은유는 뭔가를 연상하게 하고, 성장이나 해결을 촉진하기 위해 없애야 하는 감정과 아이디어를 떠오르게 하는 데 도움이 될 수 있다. 단 하나의 은유만으로는 너무 많은 형태와 차원의 가족을 파악할 수 없음을 알고 있는 오늘날의 다문화사회에서 다중 실재의 가족을 특징짓기 위해서는 다양한 은유가 필요하다.

가족체계 은유는 가족이 상실, 트라우마, 죽음, 비애를 어떻게 다루는지 이해하는 데 특히 도움이 된다. 한 자녀의 사망에 대한 Rosenblatt(2013)의 예를 살펴보자. 첫째, 가족구성원이 서로 잘 연결되어 있다고 하더라도, 자녀의 죽음에 대한 슬픔으로 인해 개별 가족원들은 서로에게 주의를 덜 기울이거나 도움이 덜 될 수 있다. 그러한 비극 앞에서 가족체계는 의사소통을 중단하고 모두 '입을 닫을 수' 있다. 둘째, 가족은 가족체계가 원래 상태를 유지하도록 노력하기 때문에, 자녀 사망 후에도 가족원들은 여전히 그 자녀가 '살아 있는 것처럼' 그런 방식으로 행동하고 생각할 수 있다. 부모가 사망한 자녀에게 '말하는 것'은 흔한 일이다. 혹은 가족원들은 생존한 자녀들이 어떻게 생활하는지에 모든 관심을 집중하기 시작할 수도 있다. 셋째, 가족은 보통 말로 하지 않는 규칙의 체계이기 때문에, 한 가족구성원이 가족규칙을 위반하는 방식으로 슬퍼하면, 그런 행동은 다른 가족원을 불편하게 만들어서 그렇게 비통해하는 사람이 원래 기대되었던 방식으로 '되돌아가게' 할 수도 있다. 어떤 가족은 강한 감정을 표현하도록 허용하지만, 또 다른 가족은 그런 감정을 차단하려고 할 것이다. 이렇게 연결, 유지, 규칙의 은유는 비통과 상실 같은 변화의 과정이 가족 안에서 어떻게 작동하는지를 이해하는 데 도움이 된다. 가족은 부분들의 합보다 더 큰 체계이기 때문에, 가족이 상실과 모든 종류의 변화에 어떻게 대처하는가는 개인만의 문제가 아니라 가족의 일이다.

가족체계이론 적용 연구 현황

어머니와 아버지의 관점 모두를 통합한 매우 드문 종단연구에서 Holmes, Sasaki 와 Hazen(2013)은 젊은 부부가 부모기로의 전이를 경험할 때 가족체계에서 일어나는 변화를 분석했다. 대부분의 연구는 가족의 전환기에 대해 어머니들만이 보고하도록 하였는데, 이점은 가족체계이론가들이 비난하는 측면이다. 대신 가족체계이론은 가족 내 개인은 모두 상호 의존하지만 고유한 경험을 한다고 말한다. 이 연구자들은 125쌍의 부부를 연구하기 위해 양적 연구 방법을 사용하여, 세 시기(즉, 임신기, 자녀 출생 8개월 후, 자녀가 2세 되었을 때)에 이 부부들에게 일련의 측정도구를 주고 응답하도록 하였다.

많은 하위체계는 새로운 가족원의 도입 때문에 부모기로의 전환기 동안 혼란을 겪거나 하위체계가 형성된다. 개인 수준의 이슈 외에도(예: 한 부모가 자녀출산에 적응하는 동안 우울증을 겪는다), 관계수준의 요인을 고려할 필요가 있는데, 부모의 결혼은 특히 서로 상반되는 감정이 어떻게 경험되는지의 측면에서 고려되어야 한다(예: 사랑과 갈등이 결혼생활에서 어떻게 모두 나타나는지의 이슈). 그리고 부모기로의 전이는 새로운 도전의 온상인데, 그 이유는 가족체계가 새로운 구성원의 추가 후에 평형을 재확립하려고 할 때 여러 개인과 하위체계가 혼란을 겪기 때문이다. 원칙적으로 가족체계는 균형을 추구하고 변화를 거부하며, 변화가 일어날 때 스트레스에 취약하게 된다. 남편-아내 관계, 어머니-자녀 관계, 아버지-자녀 관계, 그리고 결국 형제자매 관계는 자녀 출산으로 큰 영향을 받는 고작 몇 하위체계에 불과하다. 더욱이 가족체계 내 모든 구성원의 상호연관성을 놓고 볼 때, 각 구성원은 다른 모든 구성원에게 영향을 미치기도 하고 받기도 한다. 가족체계이론에 의하면, 안정을 되찾으려고 할 때 압력이 존재한다. 어떤 부모 하위체계는 다른 하위체계보다 더 유연하게 전환기를 경험한다.

새로운 자녀출산과 같은 중요한 사건이 일어날 때, 가족체계이론가는 가족관계와 패턴이 불안정하게 된다고 예측한다. 그 결과의 불균형은, 가족이 가족체계에 대한 새로운 혼란을 감안하여 재균형을 이루기 위해 항상성을 추구함에 따라, 현재의 가족문제(예: 부부간의 갈등)를 더 심하게 만들 수도 있고, 긍정적으로 작용하게 할 수도 있다. Holmes, Sasaki와 Hazen(2013)은 왜 어떤 부부는 다른 부부보다 부모기로의 전이를 더 쉽게 겪을 수 있는지를 이해하고자 하였다. 그들은 부모의 젠더(어머니나 아버지), 아기의 젠더(맏아이가 아들인지 딸인지 여부), 아기의 기질(아기가 까다롭고 반응적인지, 아니면 조용하고 쉽게 달랠 수 있는지), 가족의 정서적 분위기(가족원 개인이 우울한지 여부), 부모가 새 자녀에 대해 갖는 기대가 얼마나 현실적인지, 남편과 아내 간에 사랑과 갈등이 모두 있는지 여부 등, 이 모두가 여성과 남성의 부모기로의 전이에 영향을 미칠 것이라고 하였다. 결국 이 연구자들은 어머니, 아버지, 아기, 부부관계, 가족의 어떤 한 차이가 부모기로의 적응을 쉽게 하거나 어렵게 하는가라는 질문을 하였다.

주요 연구결과 가운데 하나는 아버지와 관련이 있었는데, 아버지의 관점과 목소리에 관심을 둔 연구가 실제로 거의 없었기 때문에 이는 중요한 결과이다. 이 연구에서 아기의 반응성과 젠더는 아버지의 적응에 중요한 요인이었다. 연구자들은 아버지의 부부갈등은 아기가 까다롭거나 딸인 경우에 증가했는데, 이는 세계적으로 아들을 선호하는 경향, 적어도 첫째 아이는 아들을 선호하는 경향에 맞는 결과이다. 이 연구는 또 가족 개입에 많은 점을 시사했다. 즉, 아기가 가족체계의 새로운 구성원이 될 때 부모가 어떻게 영향을 받을 것인지에 대해 현실적인 기대를 하도록 교육하고 준비할 수 있게 하는 시사점을 제공했다.

가족체계이론의 현장 적용

지난 40여 년에 걸쳐, Murray Bowen(1985)은 일종의 일반체계이론을 개발하여 가족의 정서적 과정의 연구와 치료에 적용하였다. Bateson 등(1956)과 마찬가지로

Bowen은 원래 조현병 진단을 받은 구성원이 있는 가족과의 관계에서 가족체계이론을 사용했다. 시간이 지나면서 Bowen과 동료들은 역기능적 혹은 유해한 가족상호작용에 기여하는 사회의 역할을 포함하는 가족체계이론 버전을 개발했고 정서적 기능의 문제는 이른바 '정상가족'을 포함해 모든 가족에서 일어난다는 점을 이해하도록 도왔다(Broderick, 1993; Kerr & Bowen, 1988). Bowen의 가족체계이론은 가족학자와 실천가들에게 큰 호소력을 갖는데, 그 이유는 가족관계의 정서적 기능을 이해하기 위해서는 자신이 맺고 있는 관계의 정서적 기능에서 전문가가 되어야 한다고 알려 주기 때문이다. 이 이론이 가르쳐 주는 바에 의하면, 우리 모두는 흔히 관찰을 잘 못하는 면이 있으며, 그래서 우리를 특정한 방식으로 반응하게 하는 '방아쇠'를 잘 깨닫는 것이 휴먼서비스와 인간을 돕는 직업에서 능숙하게 된다.

Bowen(1985)은 학자들과 임상가들이 특히 치료현장에서 내적인 가족역동에 대해 어떻게 생각하는지에 대해 매우 영향력 있는 몇 가지 상호 연관된 개념을 제안했다. 예를 들어, 자기분화(differentiation of self)는 타인과의 관계에 의존하는 것에 비해 개인으로서의 존재감을 말한다. 이 개념은 한 사람이 무엇을 생각하고 무엇을 느끼는지를 구분할 수 있는 능력에 관한 것이며, 불안과 스트레스에 어떻게 적절하게 반응하는가에 관한 것이다(Baucom & Atkins, 2013; Kerr & Bowen, 1988). 매우 도움이 되는 또 하나의 개념은 삼각관계(triangulation)로서, 세 사람이 관계를 맺을 때 이 관계의 두 구성원이 제3의 구성원을 배제하는 상황이다. 삼각관계는 가족단위의 안정을 찾기 위해 형성된다(Titelman, 2008). 고전적인 예를 들면, 부모 간 상호작용이 지나치게 스트레스가 되는 상황에서 자녀가 부모 간에 일어나는 일을 부드럽게 하기 위해 끌려 들어가는(삼각화되는) 경우이다(McGoldrick, Gerson, & Petry, 2008; Taylor, Robila, & Fisackerly, 2013). Bowen 이론에서 정서적 단위는 만성불안, 갈등, 기타의 강한 정서상태에 직면하여 가족체계를 유지하게 돕는 서로 맞물린 삼각관계 체계이다(Comella, 2011). 정서적 단절(emotional cut-off)은 가족구성원들이 높아진 불안에 대처하는 하나의 방법으로서 경험하는 극단적인 거리두기를 말한다. 그러한 강도가 활성화될 때, '정서적 이혼'은 정서의 팽창이 일어나는 데 대처하는 하나의 방법일 수 있다. 가족의 전환기(예: 새로운 자녀의 출생, 젊은 성인자녀가 부모 집을 떠날 때, 노부모의 사망)는 정서적 단절이 흔히 일어나는 중요한 시기이다. 이러한 식으로 스트레스와 정서적 철회를 촉발시키는 중요한 충격은 적응 반응으로 볼 수도 있다.

결론

가족체계이론은 가족연구자들과 실천가들로 하여금 이론을 개념적 수준 이상으로 사용할 수 있게 하는 중요한 아이디어를 제공했다. 일반체계이론과 사이버네틱스로부터 출발하여, 학자들은 체계이론을 다양한 분석단위를 사용하고 또 체계의 내적 및 외적 변화 모두를 분석함으로써 한 단위로서의 가족연구에 적용할 수 있는 방법들을 개발하였다. 가족체계이론은 전체 가족의 상호작용 역동을 이해할 수 있도록 돕고, 가족구성원 개인의 관점을 넘어서는 더욱 포괄적인 시각을 제공한다. 가족체계이론의 가장 중요한 부분 중 하나는 우리는 모두 어떤 상호작용에서든 자신의 부분에 책임이 있다는 점, 그리고 우리가 전체 체계에 어떤 영향을 미치는지를 이해할 수 있도록 돕는다는 점이다. 체계가 어떻게 작동하는지를 이해하면 우리 각자가 건강한 가족 상호작용에 필요한 변화를 시도할 수 있다.

마지막으로, 가족체계이론이 전 세계적으로 가족을 연구하는 데 어떻게 적용될 수 있는지 이해할 필요가 있다. 이 장의 앞부분에서 가족 내 위계구조에 대해서 읽었을 것이다. 가족이 하나의 체계로서 어떻게 구조되는지는 의사소통 형태, 경계선 확립, 피드백 루프에 영향을 미칠 것이다. [글상자 6-3]에서 가족의 위계구조와 관계된 개념들이 세계의 여러 나라와 지역에 걸쳐 어떻게 다루어지는지 살펴본다. 우리는 독자들이 이 장의 결론 부분에서 더 많은 연구와 논의, 개인 반영 질문을 위한 영역으로 가면서 이 이론이 세계적으로 어떻게 적용될 수 있는지 고려해 보기를 바란다.

글상자 6-3 **가족위계구조와 성별에 따른 권력의 국제 비교**

어디에서든 예외는 있게 마련이지만 아직도 대부분의 나라에서 여성의 삶보다 남성의 삶에 가치를 둔다. UN 보고서인 「세계의 여성: 동향과 통계(The world's women 2010: Trends and statistics, 2012)」는 세계 여러 나라에서 실천되고 있는 젠더 전통에 관한 통계치를 보여 준다. UN의 분석에 의하면, 안녕의 모든 주요 지수의 측면에서 볼 때 여성이 남성보다 힘이 더 적다는 점이 명백하다. 여기에는 여성이 더 가난하게 사는 경향이 있고, 가정의 안과 밖에서 폭력에 더 많이 노출되는 경향이 있으며, 교육과 직업에의 접근 기회가 더 낮고, 자녀양육에 대한 책임을 턱없이 더 많이 지고 있다는 점이 포함된다. 전 세계적으로 가족 내 남성지배(예: 가족 위계구조)가 재생산되고 실행되는 여러 가지 방식을 살펴보자.

남아선호. 많은 아시아 국가에서 딸에 비해 아들 선호를 보여 주는 관습 때문에 여성이 부족하다. 예를 들어, 태아의 성별 검사와 여아의 경우 낙태하는 비율이 매우 높다. 아시아의 출생 시 성비는 100명의 여아당 남아는 약 109~119명이다. 한국 같은 나라에서 가족은 장남을 중심으로 위계적으로 조직되는데, 장남은 가족의 중요한 의사결정과 관리를 논의하는 데 참여한다. 이러한 위계구조는 연령(최고령의 남성이 가장 중요함)과 젠더(여성은 가장 덜 중요함) 모두에 의해 배열된다.

고령화. 세계인구는 급속히 고령화되고 있는데, 하지만 그 증가속도는 세계의 특정 지역에서 더 중요하다. 고령화가 가장 빠른 변화 중 하나인 사회는 남부, 북부, 서부 유럽으로서, 영국, 프랑스, 이탈리아, 노르웨이 같은 나라이다. 남부 유럽에서, 예를 들면 인구의 25%가 60세 이상이다. 젠더 위계에서 여성은 노인과 젊은 가족구성원들의 돌봄을 주로 담당한다. 하지만 여성이 남성보다 더 오래 살게 되면서, 고령인구의 대부분이 여성이다. 이러한 인구 통계는 특히 고령 여성의 안녕에 여러 가지 점을 시사한다. 여성들이 늙으면 누가 그들을 돌볼 것인가.

구직을 위한 국제 인구이동. 이제 여성이 자신의 고국을 떠나 직장을 찾으려는 경향이 남성과 똑같다. 대부분의 이주 노동자는 개발도상국가 출신이며, 30개의 선진국 중 하나로 이주한다. 이주 여성은 캐나다, 일본, 이스라엘 같은 나라에서 대개 가정부와 보모로 취업한다. 그들은 일상생활을 꾸리고 자녀들을 지원할 기회가 거의 없는 나라, 남부 및 북부 아프리카와 중앙아메리카에 있는 나라들을 포함한 나라에서 흔히 이주한다. 그들이 부잣집에 취업하지만, 사람들을 돌보는 일에 돈을 받는 노동자이기 때문에 가족의 위계구조상 그들의 위치는 매우 낮다.

추천 멀티미디어

www.gottman.com

John Gottman(1994)의 연구는 부부가 얼마나 이혼할 가능성이 있는지의 예측에 있어서 매우 유명하다. 이 분야에서 경력을 쌓는 동안 Gottman 박사와 부인 Julia Gottman 박사는 85% 이상의 정확성을 가지고 이혼을 예측하고 이혼으로 이끄는 요인들을 성공적으로 설명할 수 있었다. Gottman 연구소 웹사이트는 가족실천가들과 개인에게 연구논문, 관계에 대한 도움, 교육자 훈련, 부모역할 조언, 임상훈련에 대한 여러 정보를 제공한다.

이론 앱 활성화하기: 이 웹사이트를 두루 살펴보면 연구를 매우 강조한다. 어디에서 연구의 증거를 볼 수 있는가? 이 웹사이트에서 가족체계이론 외에 다른 이론들의 증거를 찾을 수 있는가?

www.thebowencenter.org

이 웹사이트는 보웬가족연구센터(Bowen Center for the Study of the Family)로 가족체계이론뿐 아니라 이 이론을 사용한 최근 연구에 대한 정보를 제공한다. 또한 이 웹사이트에서는 가족에 대한 임상서비스, 곧 개최될 학회나 워크숍 등의 모임, 훈련 자료, 그리고 가족치료사, 교육자, 실천가들에게 도움이 될 다른 출판물들도 찾아볼 수 있다.

이론 앱 활성화하기. 이 웹사이트의 자원이 부부가족치료 분야에 있지 않은 실천가, 연구자, 교육자들에게 어떻게 쓰일 수 있는가?

위즈(Weeds, 2005~2012)

이 TV 시리즈는 제3장(갈등이론)에서 다루었지만, 이 장에서도 다시 다루고자 하는데, 그 이유는 이 시리즈가 가족학자들이 매우 다른 이론과 개념으로 동일한 내용을 어떻게 활용할 수 있는지 설명하는 데 도움이 되기 때문이다. 주인공인 낸시는 두 아들을 둔 과부로 남편이 갑자기 사망한 후 생계를 꾸리기 위해 마리화나를 팔기 시작한다. 그녀는 두 아들과 매우 다른 관계를 맺고 있는데, 이는 가족 내 중요한 하위체계를 만들어 가족체계의 전반적인 기능을 하는 데 추가된다. 더욱이 이 시리즈는 부적 및 정적 피드백의 개념을 잘 보여 주는데, 이는 가족에 관한 낸시의 행동과 의사결정을 이끌어 간다.

이론 앱 활성화하기. 갈등이론(제3장)과 가족체계이론을 이 TV 시리즈에 적용할 때 유사점이 있는가? 이 책에서 지금까지 다룬 다른 이론과는 어떤가?

〈위즈〉의 한 장면

간호사 잭키(Nurse Jackie, 2009~2015)

이 블랙코미디 드라마는 마약에 중독된 두 딸의 어머니인 잭키를 그리고 있다. 그녀는 중독으로 결국 이혼하게 되고, 이는 부모가 큰딸 그레이스의 행동문제를 다루고자 도움을 받을 때 부모 관계를 더욱 복잡하게 할 뿐이다. Bowen의 가족체계이론의 언어로 보면, 그레이스는 '증상보유자' 혹은 'IP(identified patient)'가 된다. 가족역동은 약물중독을 둘러싼 비밀을 포함하지만, 가족이 치료를 받고자 한 것은 그레이스의 행동이다.

이론 앱 활성화하기. 이 TV 드라마에서 찾을 수 있는 하위체계를 서술하라. 각 하위체계는 잭키 가족의 다른 측면들과 어떻게 상호작용하는가? 피드백이 각 체계에 어떻게 영향을 주는지도 생각해 보라.

〈간호사 잭키〉의 한 장면

추천 참고도서 및 논문

Boss, P., 『상실, 트라우마, 그리고 회복탄력성: 모호한 상실에 대한 치료(Loss, trauma, and resilience: Therapeutic work with ambiguous loss)』(New York: Norton, 2006). Pauline Boss는 모호한 상실에 대한 자신의 이론을 확장하고 적용하여 스트레스와 트라우마가 개인과 그 가족의 대처, 회복탄력성, 건강을 증진하기 위하여 임상실천에서 어떻게 치료될 수 있는지를 이해하고자 했다. 모호한 상실 이론은 가족 내 부재와 존재 모두를 다룬다. 한 가족구성원이 심리적으로는 부재하지만 신체적으로는 존재할 수 있는데, 치매에 걸린 부모의 경우가 그렇다. 또한 한 가족원이 신체적으로는 부재하지만 심리적으로는 존재할 수 있는데, 전쟁 중 포로가 된 아들의 경우도 그렇다. 이렇게 모호한 상실 경험은 가족구성원들로 하여금 깊은 슬픔에 갇혀 있게 할 수 있다. 치료와 이해는 회복탄력성, 즉 "곤경으로 에너지가 고갈된 후에 에너지를 되찾을 수 있는 능력"(p. 27)에 초점을 두어야 한다.

Lerner, H. G., 『결혼 규칙: 기혼자와 커플을 위한 매뉴얼(Marriage rules: A manual for the married and the coupled up)』(New York: Penguin, 2013). Harriet Lerner는 여성의 정서적 삶과 대인관계에 관한 매우 인기 있고 읽기에 좋은 책을 썼다. 그녀는 Bowen의 가족체계이론을 결혼, 가족, 우정 관계에 적용했다. 최근의 책에서 Lerner는 결혼과 기타 장기적 관계에서 '뜨거운 요점(hot spots)'을 건드리는 제안을 했는데, 여기에는 어떻게 공정하게 싸우고, 경청하고, 과도한 경계와 방어를 피하며, 경계선을 설정하고, 어려운 가족원을 다루며, 현대기술로 파트너와의 관계를 다루는지를 포함한다.

Kantor, D., & Lehr, W., 『가족의 내부: 가족과정 이론을 모색하며(Inside the family: Toward a theory of family process)』(San Francisco: Jossey-Bass, 1975). 이렇게 매우 영향력 있는 교재에서 David Kantor와 William Lehr는 체계이론의 개념을 미시수준의 가족상호작용에 적용함으로써 일반체계이론을 개정한 고전적인 예의 하나를 제공했다. 그들은 가족체계는 가족단위 하위체계, 대인관계 하위체계, 개인 하위체계라는 세 가지 하위체계로 구성된다고 제안했다. 이 책은 겉으로 보기에 단순한 가족과정이 실제로는 가족구성원들의 행동을 지배하고 조절하기 위해 매우 복잡한 규칙임을 보여준 첫 번째 책 중의 하나이다.

Journal of Feminist Family Therapy, JFFT, (http://www.tandfonline.com/toc/wfft20/current#.UrH8yOlswt0). 이 학술지는 여성주의이론과 가족치료 이론 및 실천의 관계를 탐색하는 데 주로 초점을 둔다. JFFT는 가족체계이론, 가족치료, 여성주의이론과 실천의 상호관계에 관심이 있는 사람들에게 이론적, 응용적, 경험적 문헌자료를 위한 포괄적인 자원을 제공한다. 이 학술지의 웹사이트에 가서 정신건강 이슈, 트라우마, 친밀한 파트너 간 폭력, 관계문제의 치료에 관한 연구자료를 찾아보라.

Regalia, C., Manzi, C., & Scabini, E., 『개별화와 가족분화에 대한 비교문화 연구(Individuation and differentiation in families across cultures)』. M. A. Fine & F. D. Fincham (eds.), 『가족이론 핸드북: 내용기반 접근(Handbook of family theories: A content-based appproach)』(New York: Routledge, 2013), pp. 437-455. 저자들은 문화적 맥락 안에서 개별화(즉, 개인이 자기 정체성을 어떻게 발전시키는가)와 분화(즉, 부모와 가족은 개별화 과정을 어떻게 지지하거나 방해하는가)의 두 개념을 살펴보았다. 그들은 자아의 발달이 상이한 문화적 규범과 관습을 어떻게 반영하는지에 대한 예를 보여 주고 있다. 예를 들어, 아시아 국가에서 흔히 발견되는 집단주의 문화는 북미와 영국 같은 서구 사회와 다르다. 즉, 집단주의 문화는 한 사람이 "사회적 존재"(p. 442)가 되는 데 있어서 확대가족과 더 넓은 지역사회의 더 큰 영향을 강조한다. 예를 들어, 인도에서 개인의 정체성은 나이 든 세대의 권위에 대한 존중을 강조하기 때문에 '가족주의적 자기(familial self)'로 보는 것이 가장 좋다.

생각해 볼 문제

● 토론 질문

1. 일반체계의 은유가 보편적인 방식으로 적용될 수 있다고 생각합니까? 즉, 가족체계는 무생물 체계와 닮았습니까? 아니면 살아 있는 체계(예: 가족)이기 때문에 기계의 은유로 축소될 수 없는 독특한 측면이 있습니까?
2. 가족체계이론의 어떤 은유에 가장 관심이 갑니까?
3. 가족학에서의 체계이론은 가족치료와 부부의사소통 연구에서 가장 효과적이었

습니다. '체계이론적 사고'를 적용할 수 있는 다른 영역은 무엇입니까?

4. 가족체계이론은 기능주의이론(제2장)과 어떻게 다릅니까? 또 어떻게 비슷합니까?

5. 미국으로 새로 이민 온 멕시코계 미국인 연구에 가족체계이론이 어떻게 적용될 수 있는지 서술해 봅시다. 가족체계이론은 문화적 충격, 세대 간 변화, 동화 같은 이슈를 고려합니까?

6. 새로운 현대기술(스카이프, 페이스타임 등)은 가족구성원들이 다른 도시, 나라, 대륙에 살고 있을 때 가족상호작용과 응집성을 어떤 방식으로 촉진합니까? 현대기술이 가족을 강화하기 위해 그리고 고독, 외로움, 기타 관련된 스트레스원 문제에 개입하는 데 어떻게 사용될 수 있습니까? 부모와 떨어져 사는 아동에게 도움이 되는 특별한 전략이 있습니까?

● **개별 과제**

McGoldrick, Gerson과 Petry(2008)의 책과 [그림 6-2]에 있는 개념과 기호를 이용하여 당신이 알고 있는 한 많은 세대를 거슬러 올라가서 가계도를 그려 보세요. 가계도의 핵심 구성요소의 틈을 메울 수 있도록 나이 든 친척(예: 조부모, 고모할머니, 팔촌형제)을 찾아 출생, 사망, 결혼, 이혼일, 그리고 지난 몇 세대에 걸쳐 일어났던 다른 주요 패턴 같은 것들을 채워 넣으세요. 세대에 걸쳐 주목되는 패턴은 무엇입니까? 그것들은 당신의 삶에 어떤 영향을 미쳤습니까?

● **개인 반영 질문**

1. 가족체계 관점을 사용하여 당신과 내력이 아주 다른 가족을 분석하고 서술해 보세요. 아주 다르다고 생각되는 가족을 선택하세요. 가족체계이론을 사용할 때 그러한 차이를 이해하는 의미 있는 방식이 있습니까?

2. 부모와 조부모 세대를 생각해 보고, 그분들이 자랄 때 정상적인 의사소통 방식은 무엇이었다고 생각합니까? 세대에 따라 의사소통 양식과 관련된 위계구조와 하위체계는 어떠합니까?

3. 형제자매관계를 어떻게 이해하고 있습니까? 당신의 형제자매 순위는 무엇입니까? 외동이, 막내, 맏아이, 혹은 중간 어디입니까? 당신의 젠더, 성적 지향, 인종, 또 다른 특성이 당신의 형제자매 관계에 어떤 영향을 미칩니까?

4. 정서적 단절이 있는 지점에서 당신 가족의 경험에 대해 생각해 보세요. 이 가족의 과정은 어떻게 시작됩니까? 누가 그것을 유지하도록 돕습니까? 그것은 무슨 요구를 충족시킵니까? 당신 가족이 '정서적 단절에서 벗어나도록' 돕기 위해 어떤 방식으로 개입할 수 있습니까?

5. 가족체계이론의 개념들을 적용할 수 있는 다른 체계가 있습니까? '상상 속의 친척' 혹은 당신이 가족이라고 생각하는 비혈연 관계의 친구에 적용하는 것은 어떻습니까?

6. '만일 어떤 것이 작동하지 않으면, 똑같은 것을 더 많이 해도 작동하지 않는다'는 체계이론의 관념이 당신 자신의 생활에 들어맞는 예는 무엇입니까? 당신 자신이 변화에 저항하는 주기에 빠져 있던 적이 있습니까? 그 패턴을 깨고 새로운 전략을 시도하는 데 무엇이 도움이 되었습니까?

참고문헌

Ackerman, N. J. (1984). *A theory of family systems*. New York: Gardner.

Anderson, S. A., Sabatelli, R. M., & Kosutic, I. (2013). Systemic and ecological qualities of families. In G. W. Peterson, & K. R. Bush (eds.), *Handbook of marriage and the family* (3rd edn, pp. 121-138). New York: Springer.

Bateson, G., Jackson, D. D., Haley, J., & Weakland, J. (1956). Toward a theory of schizophrenia. *Behavioral Science, 1*, 251-263. doi: 10.1002/bs.3830010402.

Baucom, B. R., & Atkins, D. C. (2013). Understanding marital distress: Polarization processes. In M. A. Fine, & F. D. Fincham (eds.), *Handbook of family theories: A content-based approach* (pp. 145-166). New York: Norton.

Beavers, W. R., & Hampson, R. B. (2000). The Beavers systems model of family functioning. *Journal of Family Therapy, 22*, 128-143. doi: 10.1111/1467-6427.00143.

Benson, M. J., Curtner-Smith, M. E., Collins, W. A., & Keith, T. Z. (1995). The structure of family perceptions among adolescents and their parents: Individual satisfaction factors and family system factors. *Family Process, 34,* 323-336. doi: 10.1111/j.1545-5300.1995.00323.x.

Blaisure, K. R., Saathoff-Wells, T., Pereira, A., Wadsworth, S. M., & Dombro, A. L. (2012). *Serving military families in the 21st century.* New York: Routledge.

Bowen, M. (1985). *Family therapy in clinical practice.* New York: Jason Aronson.

Bradshaw, J. (1988). *Healing the shame that binds you.* Deerfield Beach, FL: Health Communications.

Broderick, C. B. (1993). *Understanding family process: Basics of family systems theory.* Newbury Park, CA: Sage.

Broderick, C., & Smith, J. (1979). The general systems approach to the family. In W. R. Burr, R. Hill, F. I. Nye, & I. L. Reiss (eds.), *Contemporary theories about the family* (vol. 2, pp. 112-129). New York: Free Press.

Brown, B. (2012). *Daring greatly: How the courage to be vulnerable transforms the way we live, love, parent, and lead.* New York: Gotham.

Burton, L. (2007). Childhood adultification in economically disadvantaged families: A conceptual model. *Family Relations, 56,* 329-345. doi: 10.1111/j.1741-3729.2007.00463.x.

Comella, P. A. (2011). Observing emotional functioning in human relationship systems: Lessons from Murray Bowen's writings. In O. C. Bregman, & C. M. White (eds.), *Bringing systems thinking to life: Expanding the horizons for Bowen family systems theory* (pp. 3-30). New York: Routledge.

Conley, D. (2004). *The pecking order: Which siblings succeed and why.* New York: Pantheon.

Cowan, P. A., Cohn, D. A., Cowan, C. P., & Pearson, J. L. (1996). Parents' attachment histories and children's externalizing and internalizing behaviors: Exploring family systems models of linkage. *Journal of Consulting and Clinical Psychology, 64,* 53-63, special section on attachment and psychopathology. doi: 10.1037/0022-006X.64.1.53.

Cox, M. J. (2010). Family systems and sibling relationships. *Child Development*

Perspectives, 4, 95-96. doi: 10.1111/j.1750-8606.2010.00124.x.

Crimone, M. W., & Hester, D. (2011). Across the generations: The training of clergy and congregations. In O. C. Bregman, & C. M. White (eds.), *Bringing systems thinking to life: Expanding the horizons for Bowen family systems theory* (pp. 197-207). New York: Routledge.

Drummet, A. R., Coleman, M., & Cable, S. (2003). Military families under stress: Implications for family life education. *Family Relations, 52,* 279-287. doi: 10.1111/j.1741-3729.2003.00279.x.

Faber, A. J., Willerton, E., Clymer, S. R., MacDermid, S. M., & Weiss, H. M. (2008). Ambiguous absence, ambiguous presence: A qualitative study of military reserve families in wartime. *Journal of Family Psychology, 22,* 222-230. doi: 10.1037/0893-3200.22.2.222.

Galvin, K. M., Dickson, F. C., & Marrow, S. R. (2006). *Systems theory: Patterns and (w) holes in family communication.* Thousand Oaks, CA: Sage.

Goldenberg, H., & Goldenberg, I. (2013). *Family therapy: An overview* (8th edn). Belmont, CA: Brooks/Cole.

Gottman, J. M. (1994). *What predicts divorce: The relationship between marital processes and marital outcomes.* Hillsdale, NJ: Lawrence Erlbaum.

Grych, J., Oxtoby, C., & Lynn, M. (2013). The effects of interparental conflict on children. In M. A. Fine, & F. D. Fincham (eds.), *Handbook of family theories: A content-based approach* (pp. 228-245). New York: Norton.

Holmes, E. K., & Huston, A. C. (2010). Understanding positive father-child interaction: Children's, fathers', and mothers' contributions. *Fathering: A Journal of Research, Theory, and Practice about Men as Fathers, 8,* 203-225. doi: 10.3149/fth.1802.203.

Holmes, E. K., Sasaki, T., & Hazen, N. L. (2013). Smooth versus rocky transitions to parenthood: Family systems in developmental context. *Family Relations, 62,* 824-837. doi: 10.1111/fare.12041.

Johnson, S. M. (2004). *The practice of emotionally focused marital therapy: Creating connections* (2nd edn). New York: Brunner/Mazel.

Kerr, M. E., & Bowen, M. (1988). *Family evaluation: An approach based on Bowen theory.* New York: Norton.

Leslie, L. A., & Southard, A. L. (2009). Thirty years of feminist family therapy: Moving into the mainstream. In S. A. Lloyd, A. L. Few, & K. R. Allen (eds.), *Handbook of feminist family studies* (pp. 328-339). Thousand Oaks, CA: Sage.

Lewis, M. (2006). *The blind side: Evolution of a game*. New York: Norton.

Luepnitz, D. (2002). *The family interpreted: Psychoanalysis, feminism, and family therapy*. New York: Basic. (Originally published 1988.)

Macfie, J., Mcelwain, N. L., Houts, R. M., & Cox, M. J. (2007). Intergenerational transmission of role reversal between parent and child: Dyadic and family systems internal working models. *Attachment and Human Development, 7*, 51-65. doi: 10.1080/14616730500039663.

McGoldrick, M., Gerson, R., & Petry, S. (2008). *Genograms: Assessment and intervention* (3rd edn). New York: Norton.

Minuchin, P. (1985). Families and individual development: Provocations from the field of family therapy. *Child Development, 56*, 289-302. doi: 10.1111/j.1467-8624.1985.tb00106.x.

Norton, J. (2011). Bringing Bowen theory to family business. In O. C. Bregman, & C. M. White (eds.), *Bringing systems thinking to life:Expanding the horizons for Bowen family systems theory* (pp. 219-227). New York: Routledge.

O'Gorman, S. (2012). Attachment theory, family system theory, and the child presenting with significant behavioral concerns. *Journal of Systemic Therapies, 31*, 1-16. doi: 10.1521/jsyt.2012.31.3.1.

Olson, D. H. (2000). Circumplex model of marital and family systems. *Journal of Family Therapy, 22*, 144-167. doi: 10.1111/1467-6427.00144.

Olson, D. H., Sprenkle, D. H., & Russell, C. S. (1979). Circumplex model of marital and family systems: I. Cohesion and adaptability dimensions,family types, and clinical applications. *Family Process, 18*, 3-28. doi:10.1111/j.1545-5300.1979.00003.x.

Paley, B., Lester, P., & Mogil, C. (2013). Family systems and ecological perspectives on the impact of deployment on military families. *Clinical Child and Family Psychology Review, 16*, 245-265. doi: 10.1007/s10567-013-0138-y.

Pinkus, S. (2006). Family systems: Applying a family systems perspective for understanding parent-professional relationships: A study of families located in the

Anglo-Jewish community. *Support for Learning, 21,* 156-161. doi: 10.1111/j.1467-9604.2006.00422.x.

Rosenblatt, P. C. (1994). *Metaphors of family systems theory: Toward new constructions.* New York: Guilford Press.

Rosenblatt, P. C. (2013). Family systems theory as a tool for anyone dealing with personal or family loss. *The Forum: Quarterly Publication of the Association for Death Education and Counseling, 39*(1), 12-13.

Rothblaum, F., Rosen, K., Ujiie, T., & Uchida, N. (2002). Family systems theory, attachment theory, and culture. *Family Process, 41,* 328-350. doi: 10.1111/j.1545-5300.2002.41305.x.

Satir, V. (1988). *The new peoplemaking.* Palo Alto, CA: Science and Behavior Books.

Silverstein, L. B., & Goodrich, T. J. (eds.) (2003). *Feminist family therapy: Empowerment in social context.* Washington, DC: American Psychological Association.

Suitor, J. J., Gilligan, M., & Pillemer, K. (2013). Continuity and change in mothers' favoritism toward offspring in adulthood. *Journal of Marriage and Family, 75,* 1229-1247. doi: 10.1111/jomf.12067.

Taylor, A. C., Robila,M., & Fisackerly, B. (2013). Theory use in stepfamily research. In M. A. Fine, & F. D. Fincham (eds.), *Handbook of family theories: A content-based approach* (pp. 280-297). New York: Norton.

Titelman, P. (ed.) (2008). *Triangles: Bowen family systems theory perspectives.* New York: Haworth.

United Nations (2012). *The world's women 2010: Trends and statistics.* At http://unstats.un.org/unsd/demographic/products/Worldswomen/WW2010pub.htm.

von Bertalanffy, L. (1973). *General system theory: Foundations, development, applications* (rev.edn). New York: George Braziller.

Walsh, F. (2009). Human-animal bonds II: The role of pets in family systems and family therapy. *Family Process, 48,* 481-499. doi: 10.1111/j.1545-5300.2009.01297.x.

Whitchurch, G. G., & Constantine, L. L. (1993). Systems theory. In P. Boss,W. Doherty, R. LaRossa,W. Schumm, & S. Steinmetz (eds.), *Sourcebook of family theories and methods: A contextual approach* (pp. 325-352). New York: Plenum.

White, J. M., Klein, D. M., & Martin, T. F. (2015). *Family theories: An introduction* (4th edn). Thousand Oaks, CA: Sage.

White, M., & Epston, D. (1990). *Narrative means to therapeutic ends*. New York: Norton.

Wiener, N. (1967). *The human use of human beings: Cybernetics and society*. New York: Avon.

제7장
사회교환이론

시트콤을 대체하고 있는 리얼리티 프로그램이 실제로 얼마나 현실적인가를 생각해 보는 것은 재미있는 일입니다. 프로듀서가 캐릭터들을 TV 장면 뒤에서 조정하는 것이 가능할까요? 덧붙여서 리얼리티 프로그램에서 로맨틱한 관계가 생기는 경우가 미리 정해져 있고 어쩌면 그 로맨틱한 관계는 우리 중 많은 사람이 생각하는 진정한 사랑에 근거한 것이 아닐 수도 있습니다. 우리가 반대의 상황을 믿고 싶어 하는 것만큼 이런 프로그램의 대부분은 실제로 각본이 있고, 우리가 보는 그 로맨스는 실제여야 할 때조차 만들어지고 우리에게 여러 가지 이유로 판매됩니다. 가족과 그들의 일상생활을 묘사하는 리얼리티 프로그램도 마찬가지입니다.

텔레비전 프로듀서와 배우의 매니저들이 회의 장소에서 하고 있는 비밀스러운 대화를 알고 있다고 상상해 봅시다. 프로듀서들은 팔릴 만한 로맨스를 찾고 있고, 매니저들은 무대 위에서 방송되는 로맨스라도 자신의 배우들에 대한 호감과 친근감을 높여 줄 것이라는 것을 알고 있습니다. 아마도 이처럼 닫힌 공간에서 일어나는 일은 스포츠 팀의 드래프트에서도 비슷할 것입니다. 로맨스를 위해 연인으로 정해진 등장인물을 찾으면, 그 인물은 부끄러움이 많은 옆집 소녀가 됩니다. 텔레비전 속 로맨스의 일부분이 되는 것을 동의한 것에 대한 대가로 더 많은 방송시간과 프로그램을 선전하기 위한 토크쇼 출연, 또는 다른 거래를 약속받습니다. 따라서 우리가 텔레비전에서 보는 로맨스는 대부분 현실이 아닙니다. 아마도 뒤에서는 촬영 시작 전부터 실용적인 비용/이익 분석에 근거한 거래들이 이루어집니다. 프로그램의 줄거리를 논의하는 동안 존재하는 권력 관계에 대해 생각해 봅시다. 누가 권력을 갖고 있고 누가 그 권력을 원할까요? 배우들과 매니저, 프로듀서들 사이의 교환이 균형적일까요 또는 불균형적일까요? 프로그램을 위한 로맨스를 만드는 거래를 할 때 참여하는 사람에게 내재적인(예: 내적인) 보상이 있을까요, 또는 외재적인(예: 외적인) 보상이 있을까요? 배우 중 한 사람이 촬영장에서 다른 사람에게 감정이 생기면 어떻게 될까요?

더 복잡한 상황으로 브라운관 바깥에서 벌써 연인이라면 어떻게 될까요? 사랑 및 관계의 협상과 관련해서 행동에 대한 비용, 이익, 내재적 보상 및 외재적 보상은 개인과 가족에게 있어 실제적인 결과입니다.

사회교환이론은 가족 연구자들과 실천가들에게 어떻게 데이팅, 결혼, 가족관계가 의사결정 시 교환을 사용하는 것에 기초하는지를 이해하는 유용한 방법을 제공합니다. 이 장에서는 사회교환이론의 역사와 원리, 주요 개념이 어떻게 가족과 개인 관계에 적용 가능한지를 논의합니다. 사회교환이론은 어떻게 가족과 다른 관계에서 개인이 권력, 보상, 이익의 가능성에 근거해서 스스로를 위한 '최고의 거래'를 타협하는지에 대한 답변을 제시하는 데 도움이 됩니다. 어떻게 이 이론이 적용되는지를 더 잘 이해하기 위해 낭만적 관계와 가족에서 사회교환의 개념을 이용할 수 있는지를 보여주는 사례 연구로 시작합시다.

사례 연구

스테판과 크리스티나는 결혼한 지 10년이 되었고 세 명의 자녀를 두고 있다. 두 명 모두 집 밖에서 일을 하고 가정 내에서 역할들을 꽤 평등하게 협상해 왔다. 예를 들면, 크리스티나는 요리하는 것을 좋아하고 스테판은 설거지하는 것을 좋아한다. 이들은 학교를 가고 축구를 하러 가는 아이들을 운전해서 데리고 다니기, 7세, 9세 자녀들의 숙제 도와주기, 아이들의 학교에서 자원봉사하기, 그리고 다른 활동들을 돌아가면서 하고 있다. 18개월인 막내의 젖은 기저귀를 갈고 재우는 것도 돌아가면서 하고 있다. 각자 스스로를 위한 시간도 갖는다. 크리스티나는 일주일에 4일 운동을 하고 스테판은 취미 소프트볼 리그에서 활동한다. 모든 사람이 하고 있는 일 때문에 대부분의 주중과 주말에 시간대별로 스케줄이 정해져 있어 가정생활은 바쁘다. 다섯 명의 가족은 이 상황에 만족하고 한 단위로서 함께 잘 기능하고 있는 매우 친밀한 가족이다. 가사노동이 분배되어 있어 이들의 역할은 각각 잘 협상되어 있고 따라서 스테판과 크리스티나는 혼자, 부부가 함께, 그리고 아이들과 양질의 시간을 보내고 있다고 느낀다.

여전히 상대적으로 불균형적인 이 부부 삶의 한 측면은 스테판과 크리스티나의 직장생활이다. 크리스티나는 근무 유연성과 출장, 그리고 가족 수입에 보탬이 되는 계약 조건을 제공하는 좋은 직업을 갖고 있어서 가족이 함께 휴가 시간을 가질 수 있고, 집을 고칠 수 있으며, 저축을 할 수 있는 돈이 있다. 스테판의 경우는 반대로 직업에서 현상을 유지하고 있다. 직장에서 임금 한계에 이르렀는데 크리스티나 수입의 40% 정도이다. 그래서 최근에 그 분야에서 다른 직장을 찾기 시작했다. 문제는 스테판의 전문영역은 매우 특수해서 승진을 할 경우 가족이 이사를 가야 한다. 스테판은 전문화된 대학원 학위를 따기 위해 몇 년을 소비했고 이제까지 가졌던 직업들은 고등교육 내에서 특수화된 분야에 속해 있었다. 크리스티나는 자신의 직업에서 확실히 최고조에 있기 때문에 스테판은 월급과 유연성, 그리고 전반적인 행복감에서 자신과 아내를 비교하면서 우울과 절망감으로 힘들어하고 있다.

결혼한 지 10년째 접어들면서 스테판은 무너졌고 크리스티나에게 더 이상 이렇게 살 수 없다고 고백했다. 스테판은 성인기 동안 가져온 자신의 직업에 접근하는 방법과 상반되기는 하지만 현재 직위를 떠나서 다른 분야에서의 직업을 찾을 것을 결심했다. 그는 가족과 아이들을 사랑하고 또한 자신의 저임금 직업 때문에 모든 사람이 새로운 곳으로 이사가는 것은 재정적으로 이치에 맞지 않으므로 원치 않았다. 대신 크리스티나에게 자신의 직업이 아내의 직업보다 부차적인 것을 받아들이겠다고 말했다. 10년이라는 시간 동안 깊게 생각해야 했지만 주 부양자가 아니어도 괜찮다고 말했다. 아픈 아이들을 돌보고 집에서 더 많은 일을 하는 전통적으로 여성적인 역할을 수행함으로써 크리스티나가 직장생활을 잘할 수 있도록 직업에서 물러나기 시작했고 크리스티나는 걱정을 덜 하면서 더 많은 시간과 에너지를 일에 집중할 수 있었다. 이 결심은 비용 없이 도달한 것은 아니었다. 스테판은 나약해지고, 직업적인 면에서 실망하고, 자신의 아내에 대해 화가 나는 감정 때문에 힘들어했다. 그러나 결과적으로 스테판은 크리스티나에게 죽어서 훌륭한 직장인이 아닌 좋은 아빠이자 남편으로 자신을 알아주기를 바란다고 말했다. 진심으로 자신의 정체성의 새로운 면을 수용했고 가족은 이로 인해 더 강해졌다.

스테판과 크리스티나의 관계 및 가족 전체와 관련된 복잡성을 생각해 보자. 함께 해 온 시간 동안 관계의 각 단계에서 비용과 이익을 협상했어야 했다. 처음 새로운 곳으로의 두 번의 이사는 스테판의 직업 때문이었다. 지난 8년간의 성공적인 크리스티나의 직장생활은 스테판의 직장보다 유연한 스케줄로 인해 전반적인 가족기능과 가족의 재정적 안정성에 기여했었다. 사실상 크리스티나 직업의 안정성과 유연성은 부부가 셋째 아이를 가질 결심을 하는 데 기여했다. 그들 삶의 각 단계로 나아가면서 이용 가능한 자원, 보상, 비용과 헌신을 고려해야 했다. 부부가 이와 같은 갈림길에 있을 때 어떤 결혼은 해체된다. 왜 스테판과 크리스티나의 결혼은 해체되지 않았을까? 그리고 만일 스테판과 크리스티나에게 자녀가 없었다면 어땠을까? 변화가 더 심해지면 관계가 깨질 가능성이 높아질까? 사회교환이론은 연구자와 실천가들이 가족 문제를 개인의 이익, 상호성의 규범, 이용 가능한 대안들과 같은 용어로 표현하도록 돕는다.

이러한 이론적 틀은 어떻게 관계에서의 의존성이 헌신과 지속성을 이끄는지에 대해 초점을 둔다. 사회교환이론가들은 크리스티나가 재정적으로 스테판에게 의존한 수준은 비교적 낮지만 상대적으로 자녀양육과 가사일 관리와 같은 무급 임무를 수행하는 것에서는 상당히 많이 의존하고 있다고 주장할 것이다. 가족에 대한 스테판의 헌신은 크리스티나의 성공에 필수적이다. 또한 스테판이 가족에서 자신의 위치를 부가적인 생계부양자로 결론 내릴 때까지 가족의 안전성을 희생하여 직장에서 승진을 계속하고자 하는 개인적 욕구 때문에 고민했다. 이러한 문제들이 피상적으로는 개인 수준의 것으로 보이지만 사회교환이론은 이러한 결정들이 외부와 단절된 상태에서 이루어지는 것이 아님을 제안한다. 이처럼 개인적인 결정인 것으로 보이는 핵심에는 최소한 적어도 또 다른 한 사람의 존재가 있다. 그래서 이 이론의 이름이 사회교환이론이다! 이 관점은 연구자와 실천가들에게 어떻게 관계가 형성되고, 유지되며, 해체되는가와 가족의 성장과 변화에 의해 어떤 영향을 받는지에 대한 독특한 통찰을 제공한다.

사회교환이론이란

사회교환이론은 모든 인간관계가 비용-이익에 대한 분석과 참여자가 이용 가능한 자원의 교환으로 이해될 수 있음을 전제한다. 이 이론은 가족과 관련해서 형성 시기, 어떤 경우에는 가족이 형성되기 이전부터의 관계를 살펴보는 데 유용하다. 왜 현재의 연인관계를 시작했는가? 또는 왜 현재 연인이 없는가? 이 이론의 적용성은 관계의 시작에서 그치지 않는다. 사회교환이론은 관계가 시간이 지남에 따라 어떻게 변화하고 성장하는지, 그리고 끝나는 이유를 이해하는 데 활용 가능하다. 가장 중요한 가정 중 하나는 사람은 개인의 이익(self-interest) 때문에 행동하며 서로에게 상호의존적이라는 것이다(Lawler & Thye, 1999). 즉, 개인은 관계에 가치가 있는 어떤 것을 가져가고 상호작용을 하는 동안 그 가치 있는 것을 교환할 것인지 말 것인지 그리고 얼마나 교환할 것인지를 결정한다(Lawler, 2001). 개인의 이익은 부정적인, 욕심에서 초래된 것으로 항상 인식될 필요가 없음을 기억하는 것이 중요하다. 사실 대부분의 사람은 성취감 때문에 관계를 유지하고, 이는 인간 상호작용의 원동력이 된다(Roloff, 1981). 따라서 이 관계가 자신에게 해 줄 수 있는 것이 무엇인가에 기초해서 가능한 대안들을 생각하면서 관계를 형성한다.

사랑하는 사람에게 적용할 때 이것이 가혹하게 보일지라도 여러분이 한 연인을 선택했을 때를 생각해 보자. 과거 및 현재 상태에 대해 앞에서 제기되었던 질문에 대한 답으로 왜 여러분이 그렇게 답했는지에 대한 이유를 세 개에서 다섯 개 정도 적어 보자. 솔로인 것은 여러분의 선택인가? 그렇다면 그 선택 저변에 있는 원동력은 무엇인가? 십중팔구, 여러분의 상태에 대한 이유가 무엇이든 간에 사회교환이론에 뿌리를 두고 있다. 아마도 여러분은 연인에 의해 통제받지 않는 것을 선호할 수도 있고, 여러분의 과거 연인에게 더 이상 매력을 느끼지 않았을 수도 있다. 반대로 현재 연인이 있다면, 왜 그런지도 살펴보자. 그 사람이 여러분의 자신감을 향상시켜 주는가? 여러분이 필요할 때 지지를 해 주는가? 진지하게 관계의 핵심이 무엇이고, 개인의 이익이 그 핵심에 역할을 하는지 그렇지 않은지를 생각해 보자. 우리가 사랑으로 정의하는 것은 현실에서 다른 사람이 주변에 있을 때 경험하는 감정의 교환에 불과할 수도 있다. 우리가 헤어질 수 없다거나 잘 어울려서 단 하루도 그 사람이 없는 것은 상상하지 못할 수 있다. 그 감정의 핵심에는 상호의존성이 있는가? 가장 즐겁게 시간을 보낼 수 있는 사람과 삶을 가꾸는 것에 대한 만족스러움이 가장 큰 이익인가? 이러한 생각의 핵심에 있는 것이 사회교환이다. 정서적 지지, 연결감, 신뢰, 의무감은 관계 안에서 두 사람 사이에 교환될 수 있는 존재하는 요소들이다.

관계를 이런 방식으로 생각하면 양적이며 경제학을 기본으로 한 비용-이익 분석 이면을 보는 것이 더 쉬워지므로 이 이론을 여러분 개인의 선호뿐 아니라 사랑과 관계에 적용할 수 있기를 바란다. 실제로 여러분이 이 책에서 읽었던 대부분의 다른 이론은 그 분석의 단위로 가족에 초점을 맞추고 있다. 대조적으로 사회교환이론은 분석 단위를 개인에서 시작한다. George Homans(1958)가 처음으로 제안했던 것과 같이 어떠한 사회 주체(예: 개인, 가족, 직장과 같은 사회구조)는 개인 수준에서 이해 가능하다. 자신의 이익을 추구하는 개인이 교환 분석의 중심이다. 그러므로 개인의 필요성, 욕구, 욕망이 행동을 설명한다(Perry-Jenkins & MacDermid, 2013, p. 386). 그러므로 어떠한 관계에서라도 여러분 자신의 선호, 필요성, 경험을 생각하며 어떻게 이러한 것들이 결과에 영향을 미치는 것을 생각하는 것은 유용하다. 관계가 끝났을 때 "너 때문이 아니라 나 때문이야."라는 핑계를 들었다면 아마도 이론적 틀의 기본을 이해한 것일 수 있다. 그 말을 들었을 때, 관계가 끝나는 것에 대한 진부한 핑계, 즉 일종의 구실이라고 종종 생각한다. 현실에서 그 말을 하는 사람은 자신의 이익이 위기에 처해 있다고 생각했기 때문에 진실을 말하는 것일 수 있다. 대부분의 관계에서 우리는 스스로에게 가장 최선이라고 생각하는 것을 하려고 하고, 알고 있든지 그렇지 않든지 자신을 최우선시한다. 다음으로 유용성과 개인, 관계, 가족에 대한 적용점을 포함하여 이 이론이 현재 기여하고 있는 역사적 토대에 대해 자세히 설명한다.

역사와 기원

모든 이론과 마찬가지로, 이 이론이 발달한 역사적 맥락을 살펴보는 것은 중요하다. 사회교환이론은 문화인류학, 경제학, 행동심리학, 사회학과 같은 광범위한 학문 분야에 걸쳐 풍성한 역사를 지니고 있다. 이 이론은 시간이 지나면서 많은 다양한 상황에서 수용되었고 오늘날 대인관계 및 가족 연구와 특별한 관련성이 있다. 이 이론은 두 기본 철학 이론인 실용주의와 행동주의에 그 뿌리를 두고 있다. 실용주의는 Jeremy Bentham과 John Stuart Mill과 같은 초기 경제학자들에 의해 제기된 관점으로, 인간은 이성적이며 개인의 이익을 추구하고, 자율적이고 경쟁적인 시장에서 타인과의 계약과 교환을 통해 이익 또는 유용성을 극대화하기 위해 노력함을 의미한다(Sabatelli & Shehan, 1993, p. 387). 본질적으로 인간은 실용적인 결정을 내릴 때 자신들에게 최선의 것을 행하고 있다는 것이다.

교환이론의 기원에 또 다른 중요한 영향은 문화인류학자, 그중에서도 Claude Lévi-Strauss이다. Lévi-Strauss는 이성적인 교환이라는 개인적 수준을 너머 사회적 규범과 제도가 대인 간 교환을 규제하는, 집합적인 교환을 개념화하였다(Sabatelli & Shehan, 1993). 이는 우리가 참여하고 개인 수준과 상반되는 사회적 수준에서 결정되는 교환의 형태를 문화적 기대가 지시함을 의미한다. 이 장 후반에 중매결혼을 사회교환이론의 집합적 형태의 한 예로 논의할 것이다.

　반대로 행동주의는 어떻게 개인이 조작적 학습이론과 강화에 기초한 행동에 참여하게 되는가에 초점을 둔다. 이 개념은 B. F. Skinner에 의해 발전했으며 교환 관계의 지속성에 대한 설명을 시도하였다. 행동주의자들은 왜 사람이 계속적으로 행동에 참여하게 되는지를 살펴본다. 사회교환이론의 이러한 측면은 관계가 어떤 사람에게 최선의 이익처럼 보이지 않을 때조차 왜 특정한 형태의 상대방에게 매력을 느끼는지를 이해하는 데 도움이 된다. 예를 들어, 반항적인 사람과 지속적으로 데이트를 한 사람은 욕구를 채우고, 시간이 지나면서 몇몇 반항적인 사람들과 데이팅을 한 후에 그 관계는 패턴이 된다. 연인의 패턴에 대한 어떤 것이 이익과 보상을 가져오게 된다. 실제로 Cook과 Rice는 최소한 두 사람 사이에 행동의 교환에서 발견될 수 있는, "행동은 보상이 작동한 것이다"(Behavior is a function of payoffs, 2003, p. 54)라는 점을 설명한다.

　George Homans는 교환에 대한 행동 심리학적 접근(behavioral psychological approach)을 발전시킨 초기 이론가 중 한 사람이다. 단지 행동의 상호작용에서의 교환에 대한 관심뿐 아니라 시간이 지나면서 교환이 지속되는 것은 강화 원리에 의해서임을 제안하는 데 영향을 미쳤다. Homans의 교환이론 초기 작업은 대부분 교환이 이인관계, 또는 두 개인 사이에서 발생하므로 심리적 측면에 초점을 둔다. Homans는 사회교환이 세 강화 원리인 성공 명제(success proposition), 자극 명제(stimulus proposition), 상실-포만 명제(deprivation-satiation proposition)에 근거한다고 믿었다. 성공 명제는 개인이 자신들의 행동으로 보상받을 때 그 행동을 지속한다는 것을 가정한다는 점에서 사회교환이론의 기초를 제공한다. 다음으로 자극 명제는 과거에 보상을 제공했던 자극에 반응한다는 사실을 이끌어 낸다. 마지막으로, 상실-포만 명제는 최근에 높은 가치를 유지하기에 너무 자주 주어진 이후에는 보상이 그 가치를 잃게 됨을 의미한다.

　본질적으로 이러한 초기 모델은 왜 개인이 교환에 참여하며 그만두게 되는지에 대한 이유를 중요하게 살펴보았다. Homans의 관점에서 인간은 그 참여가 보상을 주지 않을 때까지 그 교환(또는 관계)에 참여하게 된다. 낭만적 관계의 초기 단계가 그 예시가 될 수 있다. 처음에 연인들은 꽃, 칭찬, 선물을 통하여 사랑에 흠뻑 빠진 낭만적 행동을 자주 한다. 초기에는 이러한 행동들은 관계의 새로움에 대한 감사함과 흥분을 이끌어 낼 수 있다. 그러나 선물과 관심이 시간이 지나면서도 계속될 경우 보상하는 힘은 희미해지게 된다. 이 시점에서 상실-포만에 도달하게 되고 따라서 보상은 그 가치를 잃는다. 받는 사람은 심지어 이 관심을 지겨워하기 시작할 수도 있다. Homans의 초기 사회교환의 개념에 따르면 관심이 포화되었다고 느꼈을 때 그 관계는 종료된다.

Peter Blau(1964)는 사회학적 배경에서 이론적 관점에 기여한 초기 사회교환이론가 중 한 명이다. Blau는 이인관계와 도구적, 즉 학습된 행동의 강화 원리를 분석하는 것 이상을 연구하였다. 경제적-실용주의적 틀(economic-utilitarian framework)에 근거하여, Blau는 교환이론을 사회교환이론에서 비롯된 제도와 조직에 대한 이해를 포함한 이론으로 확장하였다. 그럼으로써 Blau는 Homans의 행동 심리학적 분석 대신 권력, 불평등, 법률 규범과 같은 사회학적 문제들에 초점을 두었다(Appelrouth & Edles, 2011).

Blau는 권력(power)에 초점을 두었고, 사회학자 Marx Weber의 정의와 유사하게 사회 관계 내에서 한 행위자가 저항에도 불구하고 자신의 의지를 행할 수 있는 지위에 있을 확률로 권력을 정의하였다(Blau, 1964, p. 115). 교환뿐 아니라 교환에 포함되는 권력 역동을 분석함으로써 Blau는 이론적 틀에 복잡성의 수준을 추가하였다. 본질적으로 Blau는 사회생활을 참여자들이 이익을 창출하려는 노력을 함에 있어서 서로 협상하는 '시장(marketplace)'으로 개념화하였다(Sabatelli & Shehan, 1993, p. 391). 이러한 방식의 교환 과정을 개념화한 것은 개인이 추구할 수 있는 대안적인 행동의 과정이 있으며 결정 과정 그 자체는 교환의 한 부분으로 하나의 대안에 대한 다른 대안을 고려하는 것을 포함함을 암시한다. 시장에서 권력을 위해 경쟁하는 개인들은 네 가지로 분류되는 보상을 추구한다. 그 네 가지 보상의 종류에는 사회적 인정, 돈, 자존감 또는 존경, 그리고 칭찬이 있다(Sabatelli & Shehan, 1993). 물론 지배적인 사회 규범은 교환에서 어떤 것이 더 가치 있고 또는 덜 가치 있는지를 알려 준다. 이러한 방법에서 우리는 어떻게 Blau의 사회교환이론이 개인 수준의 결정 이상으로 확장되는지를 알 수 있다. Blau의 사회교환이론은 또한 어떻게 우세한 이상과 규범이 교환에서 중요한 부분을 차지하는지를 설명한다. 실제로 Blau는 호혜성 규범(norms of reciprocity)과 공평 규범을 교환의 사회적 역사를 설명하기 위해 정의하였다. 개인이 교환에 더 많이 참여할수록 더 많은 신뢰가 쌓이게 되고 상호교환의 감정은 강해진다. 동시에, 양쪽 교환이 계속되기 위해서는 그 교환이 공평하고 평등하다고 여길 필요가 있으며 이러한 인식은 종종 문화적이거나 사회적인 수준에서 정의된다.

사례 연구를 다시 생각해 보자. 스테판과 크리스티나가 다른 지역에서 함께 삶을 꾸려 나갔다면 젠더화된 문화적 기대가 그들의 특별한 교환을 불가능하게 했을 수 있다. 여성이 남성보다 수입이 적은 경우 가정 밖에서 일하는 것이 항상 사회적으로 받아들여지는 것은 아니다. 이와 유사하게 아내가 직장에서 성공할 수 있도록 집안일과 자녀양육 책임을 많이 맡아서 하는 것에 대해서 아마도 스테판은 다른 남성들로부터 경멸적인 농담을 들었을 수도 있다. 문화적 규범과 권력의 유효성 간의 상호작용이 모두 스테판과 크리스티나의 관계 내 교환에 영향을 준다.

또한 Blau(1964)는 교환 분석에 대한 실행 가능한 대안의 영향을 소개하였다. 만일 어떤 사람이 교환에서 관계 외부로부터 이익을 얻을 수 있는 대안이 있다면 실행 가능한 대안이 없는 사람보다 더 많은 권력을 갖게 된다. 이러한 상황은 불균형적 교환(imbalanced exchange)을 초래하게 되는데, 불균형적 교환이란 자신이 제공할 만한 보상은 거의 없고 또한 이미 일어난 교환에서 자신과 비교했을 때 더 강한 상대 이외에는 기댈 대안이 없으므로 그 사람은 권력을 더 많이 갖고 있는 상대방에게 의존적이 되는 상황이다. 스테판이 관계가 끝났을 때 접근 가능한 보상들은 무엇인가? 만일 스테판이 크리스티나로 인해 남자답지 못하게 되었다고 느꼈다면 이혼한 후 상대적인 힘을 얻기 다시 얻기 위해 자신보다 돈을 덜 버는 배우자를 찾는 것을 선택했을 수 있다. 다른 측면에서 보면 크리스티나에게 자녀 양육비를 지불함으로써 갖게 될 경제적 의무는 너무 많은 비용을 치러야 하므로 본질적으로 새로운 파트너를 찾는 이익보다 더 무겁게 여겨질 수 있다. 따라서 대안을 생각해 보면, 그 관계는 안정적으로 유지된다.

Homans와 Blau가 교환이론에 대한 기초를 세웠다면 John Thibaut와 Harold Kelly(1959)는 관계 안정성과 만족도를 포함한 이론을 발전시켰다. 스테판과 크리스티나의 관계가 지속되는 동안 우리는 어떻게 교환의 관점에서 관계 만족도를 설명할 수 있는가? Thibaut와 Kelly는 비교 수준(comparison level: CL)과 대안비교 수준(the comparison level for alternatives: CLalt)의 인식이 중요함을 제안했다. Thibaut와 Kelly에 따르면 비교 수준은 사람들이 가치 있다고 느끼는 것, 또는 현실적으로 획득 가능한 것의 측면에서 관계의 보상과 비용을 평가하는 기준을 의미한다(Sabatelli & Shehan, 1993). 다시 말해서 사람들은 자신들의 상황을 그와 유사한 상황에 놓여 있는 사람들에 대한 사회적 규범과 비교한다. 관계의 측면이 자신들의 기대에 미치지 못한다고 인식할 경우 관계의 전반적인 평가는 낮을 것이다. 대조적으로 자신들의 관계에서 원하는 것을 성취했다고 느낄 경우 관계 만족도는 높을 것이다. 사례 연구에서 크리스티나는 교환의 외부에서 가치를 두는 것으로 인해 관계에서 특히 만족을 느끼게 된다. 가정과 자녀들로부터의 자유와 독립에 가치를 두고 일에 에너지를 소비하는 것을 선호한다면 스테판이 가족을 위해 치르는 희생은 크리스티나에게는 관계 만족도를 가져오게 된다. 직장 동료들이 일-가족 균형에 어려움을 느끼는 것을 볼 경우 이는 자신의 상황을 판단하는 비교 기준이 되므로 현재 갖고 있는 균형에 대해 행운이라고 느끼게 해 준다.

　동시에 Thibaut와 Kelly는 이용 가능한 대안이 있을 경우 이를 고려함이 중요하다고 제안한다. 대안비교 수준은 개인이 다른 관계나 혼자 있을 경우 발생하는 보상에 비해 기꺼이 받아들일 수 있는, 관계에서의 가장 낮은 수준의 보상을 의미한다(Sabatelli & Shehan, 1993). 즉, 개인은 대안이 자신의 현재 상황보다 더 많은 보상과 더 적은 비용을 가져올지, 아닐지를 고려한다. 이런 방식으로 CLalt는 만족보다는 안정성의 척도를 제공한다. [그림 7-1]은 사례 연구에서의 스테판을 활용하여 CLalt를 제시한 것이다.

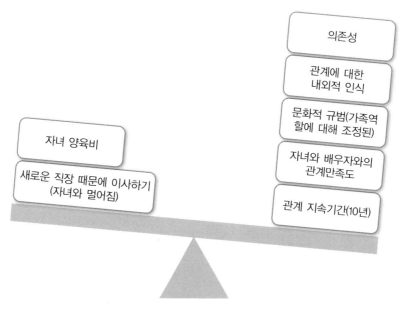

[그림 7-1] 스테판의 대안비교 수준(CLalt)

> **글상자 7-1** **사회교환이론 한눈에 보기**
>
> - 이성적 선택(rational choice): 개인은 보상을 극대화하고 비용을 최소화하도록 노력함으로써 관계에 대한 결정을 내린다는 가정
> - 권력(power): 사회적 관계에서 개인이 타인의 저항에도 불구하고 자신의 뜻을 관철시킬 수 있는 능력
> - 보상(rewards): 개인이 좋아서 더 자주 경험하고 싶어 하는 충족감, 만족감, 지위 또는 관계 등의 것
> - 비용(costs): 처벌과 같이 행동을 방해하는 어떠한 요인으로 그 종류에는 시간과 에너지 등의 투자비용(investment costs), 교환에서 타인에게 주어지는 자원인 직접비용(direct costs), 특정한 관계에 참여하는 결과로 인해 놓치는 다른 관계에서 얻을 수 있는 보상인 기회비용(opportunity costs)이 있음
> - 호혜성 규범(norms of reciprocity): 자신에게 도움을 주었던 사람들을 돕고 폐를 끼치지 말아야 한다는 사회적 기대 또는 규칙
> - 비교 수준(comparison level): 자신이 느끼기에 받을 만한 가치가 있다는 것과 비교해서 관계가 주는 이익에 대한 평가
> - 대안비교 수준(comparison level for alternatives): 개인이 기꺼이 보상의 측면에서 받아들이고자 하는 대안적 관계 또는 혼자인 것에 대한 관계에서의 최저 수준의 보상
> - 이익(profit): 보상에서 비용을 빼고 난 이후 남는 것

　보는 바와 같이 대안들(왼쪽)이 너무 비싸고 관계 해체의 장애물로 작용하므로 스테판이 관계에 머무르는 쪽, 즉 저울의 오른쪽이 기울어져 있다. 동시에 저울 오른쪽은 CLalt의 몇 가지 측면을 제시한다. (a) 관계에 대한 스테판의 의존성, (b) 관계에 대한 내적 인식(이혼에 대한 생각)과 외적 요인(경제적 고려), (c) 문화적 규범(남자가 가족 내에서 더 많은 표현적 역할을 하는 것이 수용 가능함), (d) 관계 만족도(사랑, 충만함, 의미), (e) 관계 지속기간 등이다. 여기에서 CLalt는 주관적인 측정이며 실제로 어떻든지간에 더 나은 대안이 있다는 개인의 지각에 의존한다. 또한 이 모델은 스테판에게 적용될 때는 더 복잡해 보인다. 이 모델은 만족도를 고려했을 때 안정성을 예측한다. 이는 불안정한 관계라는 더 나은 대안의 부족으로 인해 지속될 수 있음을 의미한

다. 동시에 관계에 대한 높은 수준의 만족도에도 불구하고 불안정적으로 될 수 있으며 만족도의 수준이 낮은 경우에도 안정적으로 유지될 수 있다.

주요 개념

사회교환이론의 역사에 대해 살펴보았으니 이 이론에서 사용되는 주요 개념을 정의해 보자. 경제학, 심리학, 사회학 등과 같은 광범위한 분야에서 그 기원을 두고 있으므로 사회교환이론이 가족과 관련된 분야에서 오래된 역사를 갖고 있음은 명백하다. 예를 들어, 사회교환이론은 개인 행위자와 배우자에게 있어 일과 가정생활의 비용과 보상을 고려하므로 교환 원리는 어디에서 얼마나 일할 것인지, 결혼을 할 것인지 말 것인지, 하게 되면 언제 할 것인지, 자녀는 언제 가질 것인지, 언제 이혼할 것인지에 대한 부부와 가족의 의사결정에 관여하게 된다(Perry-Jenkins & MacDermid, 2013).

이성적 선택. 이성적 선택 개념은 이론 안에서 그 자체를 명시한다. 이성적 선택 (rational choice)은 우리가 인간의 상호작용을 개념화하는 근거를 제공하므로 사회교환이론에서 중요하다. 사회교환이론은 인간이 어떤 상황에 대한 이성적인 비용-이익 분석에 근거하여 결정함을 전제한다. '이성적'이라는 단어는 구어적인 의미라는 것을 명심하여야 하며 여기에서 설명하고자 하는 의미와 혼돈해서는 안 된다. 보통 이성적이라는 단어는 '제정신' 또는 '말이 되는'이라는 뜻과 관련되고 일부 사람들은 맑은 정신으로 의사결정을 함을 의미한다. 이와 달리 이론적 관점에서 이성적 선택은 정신 상태가 어떠하든지 행위자는 자신의 유용함을 극대화한다는 목표에 근거하여 행동한다는 뜻이다(Friedman, 1953). 이 장에서 이제까지 지적한 것처럼 의사결정의 경향 유형은 또한 사랑, 낭만적 관계와 가족 문제에도 적용 가능하다.

자원. 이성적 선택 이론가인 James Coleman에 따르면 인간은 교환하려는 몇 가지 유형의 자원(resources) 또는 자본을 갖고 있다(Adams & Sydie, 2002). 첫 번째 종류는 물질적 자본(physical capital)으로 이는 만질 수 있고 관찰 가능하다. 농부의 트랙터와 장비, 토지와 기타 농장을 운영하는 데 도움이 되는 자산들이 그 예가 될 수 있다.

두 번째 종류의 자본은 인적 자본(human capital)으로 물질적 자본에 비해 눈에 덜 보이고 개인이 획득한 지식이나 기술을 의미한다. 개인은 교육을 더 받고, 부를 획득하고, 사회에서 상위 계층으로 올라감으로써 인적 자본을 획득한다. 세 번째 종류의 자본은 사회적 자본(social capital)이며 이는 사회적 관계에 포함되어 있어서 가장 눈에 보이지 않는 자본이다. "네가 나를 도와주면 나도 너를 도와줄게."라는 말이 사회적 자본의 예가 될 수 있다. 사회적 관계와 관련해서 이러한 상호적 기대는 두 가지 조건하에서 작동한다. (a) 그 의무가 실행될 것이라고 믿을 수 있는 신뢰감의 정도, (b) 교환에서 상호작용하는 개인들이 의무의 정도를 이해해야 한다는 것(Coleman, 1994)이다. 그러나 사회적 자본은 쉽게 교환되지 않는다. 첫째, 개인은 사회적 자본 투자에 접근할 수 있어야 하며, 이는 종종 대부분의 사람이 직간접적으로 서로를 아는 '폐쇄된' 사회적 네트워크 내에서 일어난다. 간접적인 경우는 친구의 친구가 그 예가 될 수 있다. 이러한 네트워크 접근의 선결조건은 쉽게 극복되지 않는다. 우리가 속하지 않는 네트워크에 접근하기 위해서 아직 속하지 않는 사회 구조에 투자할 기회를 잡아야 할 때도 있다. 회사에 취업하기 위해 그곳에서 인턴이나 자원봉사를 하는 것이 그 예가 될 것이다. 사회적 구조에 많은 시간과 자원을 투자해야 하며 그 투자가 그만큼의 보상을 하지 않지 않을 위험 또한 높다. 그러나 일단 사회적 자본에 접근하게 되면 사회교환이나 호혜성으로 인해 이익을 얻을 확률이 더 높다. 핵심은 Coleman의 사회적 자본의 개념화는 공평성과 몰입에 대한 개념을 옹호하며, 이는 강한 가족 관계를 형성하고 유지하는 데 필수적이다. 제3장에서 갈등이론을 설명할 때에는 자본의 또 다른 형태로 Bourdieu(1990)가 발전시킨 사회적 자본이 있었다는 점에서 자본에 대한 개념이 다소 다름을 주목하자.

호혜성의 규범. 호혜성(reciprocity)은 개인이 같은 가치로 교환을 되돌려 주는 것을 의미한다. 이러한 교환은 긍정적이거나(예: 다른 부모들과 카풀 의무를 나누는 경우) 부정적일(예: 상대방이 여러분의 부탁을 이전에 거절했기 때문에 그것을 되돌려 주기 위해 당신도 그 사람의 도움 요청을 거절하는 경우) 수 있다. 가족 내에서의 사회교환과 권력 연구에서, Scanzoni(1979)는 결혼에서의 호혜성 규범을 연구해 오면서 특히 어떻게 호혜성이 결혼에서의 역할 동의, 결혼 갈등, 결혼 안정성에 영향을 미치는지에 초점을 맞추고 있다. 시간이 지남에 따라 호혜성은 유형화된 행동이 되어 가므로 대체적으로 호혜성 규범은 결혼 관계 안정성에 기여한다. 결혼 초기에 상호적 교환에 참여해야 한다는 의무감을 느끼게 되므로 이 규범은 안정화되어 가는 경향이 있다. 그러나 결혼에서 이러한 교환은 확립된 파트너십의 일부분이 되어 가며 그렇게 되도록 기대된다.

비용-이익 분석. 비용-이익 분석(cost-benefit analysis)은 보통 관계가 투자할 만한 것인가에 대한 결정을 돕기 위해 관계 초기에 행해진다. 잠재적 보상과 비용이라는 관점에서 관계의 가치를 계산하기 위한 과정을 포함한다. 관계의 잠재적 비용(costs)은 우리가 부정적으로 생각하는 것들로, 자유를 포기하거나 가장 이상적이지 않은 배우자에게 안착하는 것 등이다. 관계에 보상(rewards) 또는 이익(benefits)은 우리가 긍정적으로 생각하는 것들이다. 바람직한 성격 특성, 신체적 매력, 긍정적인 감정 등이다. 이러한 유형의 비용-이익 분석은 관계에 참여하는 사람들에 주어지는 순이익뿐 아니라 전반적인 관계의 가치를 예상 가능케 하는 경제적 모델을 따른다.

내적 보상과 외적 보상. 친밀한 관계를 교환 과정과 연결시키는 것은 가까운 관계에 대한 관습적인 이해와 상충되므로 Blau는 보상의 상이한 두 형태를 구분하였다(Appelrouth & Edles, 2011). 이에 Blau는 어떻게 보상이 수혜자에게 인식될 수 있는지에 대한 이해를 돕기 위해 두 개의 개념을 추가하였다. 내적 보상(intrinsic rewards)은 다른 이익을 얻기 위한 수단을 제공하기 때문이 아니라 그 안에서 즐거움을 발견할 수 있고 그 자체가 즐거운 물질적인, 그리고 비물질적인 어떤 것을 의미한다(Appelrouth & Edles, 2011). 사랑하는 사람과 아름다운 산책길을 걷는 것이 그 예가 될 수 있다. 반대로 외적 보상(extrinsic rewards)은 개인이 참여하고 있는 실제 관계로부터 분리되어 있는 것들이다. 다시 말하면 그 관계는 목적을 위한 수단일 수 있다. 여기에서의 목적이 바로 외적 보상이다. 예를 들어, 결혼해서 가능한 빨리 자녀를 갖기를 원하는 사람은 자신의 이상형이 아닌 배우자에게 정착할 수 있다. 최종 목적, 즉 40세가 되기 전에 결혼해서 자녀를 가지려는 것이 관계에서의 실제적인 정서적 가치보다 더 중요하다.

[그림 7-2]는 개인이 자신의 보상을 극대화하고, 비용은 줄여서 가장 많은 이익(또는 가장 적은 손실)을 확보하기 위한 최선의 방법을 평가하는 데 사용하는 몇 가지 고

려할 점을 나타낸다. Nye(1979)는 최선의 선택을 하기 위해 대안들을 고려하는 과정
은 사회교환의 주요한 부분이라고 설명하였다. Nye에 따르면 사회교환의 핵심에는
몇 개의 일반화된 보상과 비용의 근원(source)이 있다. 예를 들어, 사회적 인정은 교
환의 중요한 근원이다. 사회적 인정을 얻는 것은 존경, 존중, 명망을 획득하는 자신
의 능력을 극대화하고 사회적 불인정과 거부를 최소화한다. 안정감은 집, 의료보험,
수입을 소유하고 있음을 수반하지만 이러한 편리성이 없다면 삶이 매우 불안정적이
될 수 있다는 점에서 안정감 또한 일반화된 보상과 비용의 근원이다.

[그림 7-2] 일반적인 보상과 비용의 근원

협상. 협상(bargaining)이라는 개념은 부부가 자원을 배분하는 것을 의미하며 Gary
Becker(1981)의 고전적인 결혼의 교환/경제 모델에서 비롯되었다. 미시적 교환 원리
를 이용하여, Becker는 남성과 여성은 이익과 비용을 비교함으로써 결혼 유용성의
극대화를 추구하며 만일 이혼이 자신들의 행복을 증가시킬 것으로 예상된다면 이혼
을 선택할 것이라고 가정하였다(Braver & Lamb, 2013). 협상은 남성과 여성이 배우자
를 찾을 때 경쟁을 하고, 이는 결혼 시장을 형성한다는 전제에 기초한다. Becker에
따르면 이러한 전제는 대부분의 성인이 왜 결혼을 하는지뿐 아니라 왜 잠재적 배우
자들이 자신들의 부와 교육수준, 기타 가치 있는 특성들에 따라 순서대로 줄 세워지
고, 비교되며, 평가되는지를 설명한다(Becker, 1981). 본질적으로 배우자 선택 과정
은 시장 접근성에 의해 한정된 제한 내에서 배우자에 대한 가장 좋은 거래를 위한 협
상을 포함한다.

권력. 사회교환이론은 결혼과 가족관계가 권력(power)과 순응을 수행하고 경험하
는 미시적 구조임을 전제한다(Scanzoni, 1979). 여성주의이론에 대해 제8장에서 논의

할 바와 같이 젠더는 가족 내에서 권력이 행사되는 주요 수단이며 지속적으로 자녀 양육, 가사, 유급 노동에 대한 기여 정도에 근거하여 배우자들은 자신들의 공평함에 대한 인식을 타협해 나가야 한다(Thompson, 1991). 실용주의적 관점에서 결혼은 기본적으로 돈이 좌우하는 경제적 제도이다. 그리고 남성과 여성에게 있어 돈은 다른 방식으로 적용된다. 어떻게 미국과 호주의 부부가 가사일에 쓸 시간을 협상하는가를 비교한 연구에서, Bittman과 동료들(2003)은 결혼 내에서의 젠더 차이를 설명하기 위해 교환이론을 사용하였다. 여성은 자신의 수입이 남편의 수입을 넘지 않는 경우에만 가사일에 소비하는 시간을 줄일 수 있었다. 반대로 남성에게는 젠더가 돈보다 더 중요함을 발견하였다. 즉, 남성은 수입이 적을지라도 가사분담을 더 늘리지 않았다. 남성에게 있어서 자신들의 젠더는 부인보다 더 적은 가사일을 할 수 있는 특권을 허락했지만, 여성들이 할 수 있는 선택은 가사일 일부를 하지 않고 내버려 두거나 가사 서비스를 돈으로 사는 것(예: 집청소)이었다. 이러한 결과는 어떻게 권력과 젠더화된 기대가 결혼의 교환에 영향을 미치는지를 이해하는 것과 관련 있는 사회교환이론의 유용한 예시이다.

글상자 7-2 **대중문화 속의 사회교환이론: 〈튜더스(The Tudors)〉**

〈튜더스〉의 한 장면

〈튜더스〉는 주로 16세기 영국을 배경으로 한 픽션 역사물 텔레비전 시리즈로 2007년에서 2010년까지 미국, 캐나다, 영국에서 방송되었다. 그 시대의 규범과 기대로 인해, 사회교환이론이 이 시리즈에 잘 적용됨은 놀라운 일이 아니다. 왕족에 대한 전통적 기대는 왕과 여왕이 왕좌를 승계할 수 있는 아들을 출산할 것을 요구하였다. 시리즈 초반에, 헨리 8세는 아라곤 왕국의 캐더린과 결혼하는데, 캐더린은 딸인 메리만을 출산하게 된다. 볼린가의 원로는 더 큰 부와 토지, 지위를 가질 수 있을 것이라 기대하면서 이러한 상황을 자신의 딸인 앤을 헨리왕 앞에 내세워 왕의 애인이 되게 할 기회로 생각하였다. 헨리왕은 앤과 사랑에 빠졌지만 앤은 결혼을 하지 않으면 잠자리를 거부하겠다고 하였다. 이에 왕은 교황으로부터 자신의 결혼을 취소할 것을 요청했고, 결국에는 받아들여지기는 했지만 그 과정에서 왕과 그의 추기경들은 가톨릭 교회와의 관계를 파멸시켰다.

앤은 두 번의 유산 후 딸인 엘리자베스를 출산하였다. 앤은 아들을 낳지 못해 왕좌를 물려줄 수 없었으므로 왕의 총애를 잃었고, 다른 사랑을 시작하였다. 다시 임신을 하기 위해 앤은 헨리왕의 남동생과 잠자리를 가진다. 이를 왕이 발견하고, 앤과 그 남동생을 모두 사형에 처한다.

왕은 제인 세이무어와 결혼을 하고, 제인은 출산 합병증으로 사망하기 직전 아들을 출산하는데, 이 아들이 유일하게 왕위를 계승할 에드워드이다. 시리즈 전체에서 궁전 안에 있는 가족들이 지속적으로 왕의 총애를 얻고자 노력하는 것을 볼 수 있다. 왕은 자신이 취하는 모든 행동의 비용과 이익을 고려해야만 한다. 왕의 결정은 이성적 계산에 근거했을 것이고 권력 균형을 유지했을 것이다. 애인들에게는 성적 만족을 얻기 위해, 부인들에게는 상속자인 아들을 얻기 위해 의존하였다. 이는 그가 지명한 고문들과 자문가들에게도 마찬가지였다. 만일 이들이 왕을 거스른다면 궁전에서 사라지거나 살해되었을 것이므로 왕은 자신의 권력을 유지하게 된다.

공평이론. 공평이론(equity theory)은 분배적 정의(distributive justice) 원리를 강조하는 사회교환이론의 한 유형이다. Homans(1961)는 분배적 정의를 교환 관계에 놓인 개인이 자신의 보상은 비용에 비례할 것이라는 기대로 정의하였다. 다시 말해, 보상이 클수록 비용은 크며 투자를 많이 할수록 이익도 커지게 된다(Ekeh, 1974). 공평이론에서, 두 당사자에게 이익과 기여의 비율이 같다면 관계는 공평하다고 여겨진다. 불공평한 관계는 한 사람이 관계에서 이익을 더 많이 보고 다른 사람은 이익을 더 적게 보는 경우이다. 관계에서 이익을 적게 받는다는 것은 받는 것에 비해 더 많은 것을 관계에 준다는 것을 의미한다. 관계에서 더 많은 이익을 보는 사람도 스트레스나 죄책감 같은 부정적 정서를 느낄 수 있음에도 불구하고 관계의 불공평은 이익을 적게 보는 사람에게 더 많은 비용을 발생하게 한다. 자신들의 기여가 인식되지 않거나 가치 절하될 수 있으므로 이익을 적게 보는 사람은 분노, 우울이나 이와 유사한 감정을 더 강하게 느끼기도 한다(Dainton & Zelley, 2006). 그 예로 가족 내에서 노인 돌봄을 주로 맡아서 하는 사람을 생각해 보자. 대체적으로 딸, 부인, 며느리가 노인 돌봄을 제공한다. 아들들은 경제적 지원의 형태로 도구적 지원을 제공하지만 대부분의 일은 가까운 여성 친인척이 수행한다. 그러므로 남성들은 가족관계에서 더 많은 이익을 얻게 되고 여성은 더 적은 이익을 얻는 경향이 있다. 이러한 경향은 성인 형제관계에서 더 명확하다. 여자 형제들은 남자 형제들보다 부모에게 더 많은 돌봄을 제공함에도 남자 형제들은 자신들이 수행하는 더 제한적인 일에 대해 인정을 더 많이 받는 경향이 있다(Connidis, 2010).

사회교환이론에 대한 평가

사회교환이론의 강점

다른 이론들처럼 사회교환이론도 강점과 약점 모두를 지니고 있다. 강점으로는 널리 알려진 대중성과 사회 및 경제적 맥락에서 개인, 부부, 가족들을 통합적으로 이해하는 데 있어서의 유용함을 들 수 있다.

경제적 은유는 다양한 여러 맥락에 적용 가능함. 사회교환이론이 융통적이고 많은 학문 영역에서 적용 가능한 이유는 경제적 은유의 간단명료한 속성 때문이다. 이익을 극대화하기 위해 시장에서 상호적으로 교환하는 자원을 계산하는 것으로 축소시키면, 경제적 은유를 세계증권시장에 어떻게 적용할지를 쉽게 알 수 있는 것처럼 이 은유를 사회적 인정, 권력의 대인 간 교환에 어떻게 적용 가능한지를 쉽게 알 수 있다. 보상에서 비용을 빼면 결과(보상−비용=결과)라는 간략한 수학 공식은 이성적인 인간 행동과 거래를 이해하는 빠른 방법을 제안한다(Dilworth-Anderson, Burton, & Klein, 2005). 또한 가족관계를 살펴볼 때 경제적 은유는 부모와 자녀가 시간이 지나면서 서로에게 하는 투자의 위험을 최소화하고 이익을 극대화함으로써 구성원들의 욕구를 효율적으로 채우는 주요한 방법으로 설명하는 데 도움이 된다(Silverstein, 2005).

사회교환 개념은 연구와 현장을 이어 줌. 사회교환이론은 현장에 적용하기에 용이하다 (Roloff, 1981). 어려운 결정에 대면했을 때 종이와 연필을 꺼내서 칸을 두 개 그리고, 한쪽에는 장점을 적고 다른 한쪽에는 단점을 적어 본 적이 몇 번이나 있는가? 상당히 효율적인 이러한 문제해결전략은 직관적이고 유용한 사회교환 원리가 일상생활에서 어떻게 적용될 수 있는지를 보여 준다. 예를 들어, 보상, 비용, 협상, 비교 수준 등의 이론적 개념은 임상 현장에서 자주 적용된다(Bagarozzi, 1993). 치료사들은 개인과 부부가 상대방과 협상하고 서로에게 이익이 되는 결정을 하기 위해 사용하는 겉으로 잘 드러나지 않는 규칙과 가치들을 알아차릴 수 있도록 도우려고 노력한다. 또한 겉으로 비논리적으로 보이는 행동일지라도 그 기저에는 가장 만족할 만한 결과를 이끌기 위해 정보와 투자를 판단하는 개인의 방법을 반영하는 논리성이 있음을 치료사들은 이해한다.

사회교환이론은 연구에서 증명 가능함. 사회교환이론의 주요한 특징 중 하나는 증명 가능한 전제로 쉽게 옮겨질 수 있다는 점이다. 이러한 이론적 명제들의 장점은 간략하며 실험적 양적 연구의 요구사항을 갖추고 있다는 것이다(Nye, 1978). (이론 구성과 관련하여 과학적 과정에 대한 설명은 제1장에 있는 [그림 1-2]를 참조할 것). 사회교환이론은 연구로 잘 전환될 수 있으므로, 무계획적이라기보다는 체계적이며 점진적인 접근이 이론의 개선 및 확장을 위해 사용되어 왔다(Collett, 2010). 나아가 가족을 구성하는 많은 복잡한 관계가 시험대에 올랐다. Nye(1979)는 연구에서 가정되고 증명될 수 있는 가족 맥락들을 기술하였다. Nye의 사회교환이론에 대한 기술에서 120개의 증명 가능한 가정(예를 들어, 가설들) 중 몇 개는 다음과 같다. (a) 중산층 취업모들은 저소득층 취업모에 비해 자신이 이용 가능한 시간을 가질 확률이 더 높다. (b) 교육수준이 높은 여성일수록 취업으로 인해 더 많은 비금전적인 보상을 갖게 된다. (c) 교육수준이 높은 여성일수록 신체적 피로도가 더 낮은 직장에서 근무한다 (Nye, 1979). 취업모 가족 내에서 사회계층과 교육수준에 대한 가정과 함께, Nye는 연령, 자녀 수, 인종, 어머니의 취업상태, 결혼 및 부모가 되는 시기, 성적 행동, 사회관계망, 이혼, 가족 폭력, 의사소통과 같은 주제들에 대한 가설을 제시하였다.

사회교환이론의 약점

이러한 강점들에도 불구하고, 사회교환이론은 약점도 갖고 있다. 이 책에서 기술한 대부분의 이론과 마찬가지로 사회교환이론의 강점의 일부는 약점이 되기도 한다.

인간은 비용과 이익을 이성적으로 계산함을 가정함. 개인은 이성적이며 자신의 이익을 위해 행동함을 전제하고 있음이 교환이론의 한계 중 하나이다. 정서나 이타주의에 의해 동기화된 행동들은 어떠한가? 사회교환이론은 도움을 받는 사람과 이타적 행동을 알고 있는 타인들로부터의 인정을 통해 보상받을 것으로 예상하므로 이타주의조차도 이성적임을 전제한다(Nye, 1979). 이타주의조차 철저하게 이성적이며 자신의 이익을 위한 것으로 보는 것은 친절함, 용서, 자기 희생 등의 가치를 나타내는 윤리적 원리를 하찮게 보는 것일 수 있다. 예를 들어, 마리아 수녀가 자신의 이익을 얻으려고 가난한 자들을 위해 일을 한 것이라고 말할 것인가? 다행히도 대인 관계에서 정서의 역할에 관한 최근 연구들은 사회교환이론의 눈에 보이지 않는 더 많은 특성들을 포함하기 위해 이론에 대한 철저하게 이성적이고, 도구적 이해를 언급하기 시작했다(Lawler & Thye, 1999).

가족관계에 대한 연구들은 새로운 교환 개념을 따라잡지 못하고 있음. 비용, 보상, 결과라는 용어의 장점에도 불구하고, 최근 많은 연구가 가족학은 이러한 일련의 개념 이면으로 물러서지 않고 교환이론의 사회학적 연구에서 새로운 발전을 누려 왔음을 보여 준다. Collett(2010)의 새로운 연구는 사회적 관계 그 자체(즉, 개인이 아닌)의 역할을 교환 기제로 살펴보면서 어떻게 개인이 교환 관계에 참여하게 되는가에 대한 초기 생각들을 넘어서게 한다. 더욱이 관계에 대한 연구는 가족 및 결혼 관계의 발전 및 유지에 있어 신뢰, 헌신, 공정함에 대한 인식, 긍정적 정서의 중요성을 연구할 수 있는 새로운 가능성이 있게 한다.

거시적 구조 수준에 있는 권력의 영향을 지나치게 단순화함. 여성주의 학자들은 개인적 수준이 근본적으로 친밀한 관계에 있는 젠더와 권력의 복잡한 역할을 축소시키므로 협상이 결혼에서 어떻게 발생하는지를 이해하는 데 충분치 않음을 주장한다(Komter,

1989). 법률, 정치, 사회적 구조가 불평등하게 기회와 자원에 대한 접근을 결정하는 방식으로 거시적 구조 수준에서의 협상은 거시적이며 구조적인 수준에서 어떻게 권력이 분배되는지에 영향을 받는다. 한 예로 남성에게 더 많은 임금을 제공하는 젠더 규범은 남성들은 가사일을 평등하게 분배하지 않아도 된다는 기대를 통해 부인과의 사적인 관계에 관여한다. 젠더 특권이 사회제도로부터 비롯됨을 인식하지 못하고 개인의 취향과 자원의 기능만으로 행동을 해석하는 것은 교환이론의 주요한 한계점이다.

대안적 이론: 생애과정이론

이 장에서 사회교환이론의 주요 개념, 기원, 현대적 적용뿐 아니라 강점과 약점에 대해 기술하였다. 사회교환이론이 주로 미시적 분석을 사용함에도 앞으로 제9장에서 배울 생애과정이론과의 비교점에 대해 생각해 보는 것은 유용하다.

생애과정이론은 시간, 문화, 맥락, 가족관계의 상호의존성이 사람들의 삶에 영향을 미치는 방식을 이해하고자 할 때 연구자들이 사용하는 이론적 틀이다. 생애과정이론은 가족 내에서 일어나는 교환을 연구하는 사회교환이론과 대조된다. 그러나 생애과정이론의 장점 중 하나는 관계 또는 가족의 교환이 시간과 관련되어 있으므로 이러한 문제들을 분석할 때 사용될 수 있다는 것이다. 예를 들어, 한 사회교환이론가가 신혼부부의 가사노동 분담을 연구하는 데 관심이 있다면 이 부부가 여러 가사노동 중 누가 요리, 청소, 세탁을 할 것인지에 대해 어떻게 협상하는지를 살펴볼 수 있다. 그렇지만 누가 무엇을 하는가는 결혼과정 또는 자녀양육과정 동안 시간에 따라 변화한다. 생애과정이론은 이러한 유형의 분석을 가능케 한다. 즉, 남성이 자녀의 삶에 더 많이 참여하는 것과 같은 문화적 변화를 고려하면서 어떻게 시간에 따라 역할들이 변화하는지를 살펴볼 수 있다. 어떤 면에서 생애과정이론은 연구자들이 외적 변인들을 고려할 수 있게 하므로 대부분의 이론적 관점을 향상시킨다.

사회교환이론의 적용: 연구와 실천의 통합

이제까지 사회교환이론에 대한 정의, 역사적 기원과 주요 개념, 강점과 약점을 살펴보았으므로 이 이론이 어떻게 이론, 연구, 현장에서 사용될 수 있는지로 시선을 돌려보자. 현재 이론화의 예시를 제시하고, 사회교환이론이 적용된 연구를 분석한 후, 어떻게 이 이론이 가족의 경제 관리라는 매우 중요한 문제를 이해하는 데 적용되어 왔는지를 기술하고자 한다.

사회교환이론의 현재

사회교환이론은 행동주의와 실용주의적 경제학을 근거로 창시자인 Homans (1958), Blau(1964), Thibaut와 Kelly(1959), Emerson(1976)이 소규모 집단들의 격식이 없는 행동이 중요함을 설명하는 일련의 원리와 가정으로 보상, 비용, 자원, 대안, 기회를 최초로 개념화한 이후로 오랫동안 지속되어 왔다(Collett, 2010, p. 281). 또한 Edwards(1969)와 Nye(1978)가 처음으로 사회교환 원리를 가족관계에 적용했을 때, 개인의 인지적이고 행동적인 행위는 여전히 교환이 어떻게 협상되는가가 그 주안점이었다. 그러나 현재 사회교환 내에서 정서의 중요성에 대한 새로운 연구들은 연구자들이 교환의 이성적이고, 인지적 요소들을 뛰어넘어 감정적인 요소들을 살펴보는 것을 가능케 한다. Lawler(2001)가 발전시킨 사회교환의 정동이론(the affect theory)은 어떻게 관계가 발전하고, 지속되며, 종료되는지를 설명하는 데 있어 중요하다 (Collett, 2010).

Emerson이 발전시킨 사회 네트워크 연구들은 이전에는 부적으로 연결된(negatively connected) 교환들에 초점을 맞추었는데, 이는 한 관계에서의 교환과 헌신은 다른 관계에서의 교환과 헌신을 희생시키게 된다고 제안한다. Collett(2010)는 자신의 에너지와 자원을 자녀와 가정을 돌보는 데 쏟아부어서 가장 친한 친구와의 관계에 나누어 줄 시간과 에너지가 더 이상 없게 되는 전업주부인 어머니의 예를 들었다. 그러나 정적으로 연결된(positively connected) 네트워크로 초점을 돌려 보면 어떻게 이 여성이 자신의 자원을 복제, 즉 두 배로 만들어서 남편과 자녀와의 관계 이외의 다른 관계로 전이할 수 있음이 가능한지를 알게 된다. 이 새로운 개념화의 주요한 개념 중 하나는 시간과 에너지 등의 교환은 복제와 전이가 불가능하다면 모두 소진될 것이라는 점이다. 그러나 정적 관계로 변화할 경우 윤리적 지원이나 재정적 도움과 같은 복제 가능한 교환들은 전이될 수 있다. 이 여성은 외부 수입이 없어도 남편의 재정적 지원이 자녀와 가정을 돌보는 타인에게 돈을 지불할 수 있게 하므로 여유시간을 친구들과 보낼 수 있게 된다. 이러한 방법으로 이 여성은 정적으로 연결되며 타인과의 관계는 약화되거나 없어지지 않는다.

사회교환이론 적용 연구 현황

이제까지 살펴본 바와 같이 사회교환이론은 많은 연구분야에서 매우 유용하며 어떻게 세계의 서로 다른 문화가 결혼 협상에 관여하는지를 논의하는 데 있어 공통된 용어를 제공한다. 집산주의 성향의 사회인 아시아 남쪽에 위치한 네팔에 대한 몇 안 되는 연구에서, Jennings(2014)는 비용−이익 접근방법을 통해 결혼 갈등과 이혼에 대해 이해하려고 하였다. 이러한 유형의 연구는 매우 드물므로 서구적인 주제로 여겨졌던 미국과 매우 다른 사회에서의 연구 수행에 대한 중요성을 보여 준다. 저자는 네팔 치트완 협곡 가족 연구(Chitwan Valley Family Study)에서 674쌍의 부부 샘플을 이용하여 양적 연구를 실시하였다. 남아시아 지역 자료는 드물므로 이 자료는 매우 독특하고 중요하다.

전통적인 사회에서 이혼은 여전히 드물고 비난을 받음에도, 저자는 결혼 불화와 같은 개인적 요인들이 결혼상태를 유지해야 한다는 문화적 규범보다 이혼을 예측하는 더 중요한 요인이었음을 발견하였다. 여성은 가정 내에서 거의 권력을 갖고 있지 않고 스스로를 부양할 수 있는 기회가 거의 없음에도 불구하고, 여전히 자신의 정서적 안녕 및 신체적 안전을 위해 결혼에서 벗어나기를 선호하였다. 따라서 부인들은 여전히 결혼의 질을 상당히 가치 있게 여기고 갈등적이고 불행한 결혼에서 벗어나기 위해 재정적 불안정성을 기꺼이 감수하였다. 더욱이 여성들은 가혹한 결혼에서 살아가는 것에 대한 대안을 찾아내었다. 어떤 여성들은 다시 그들의 부모와 함께 살 계획을 하기도 하고, 다른 사람들은 부모와 따로 거주하기를 선택하기도 한다. 그러나 어떤 경우에는 새로운 배우자를 찾아서 전남편과 이혼한 직후에 재혼하기도 한다. 결혼 해체의 비용이 상대적으로 높은 환경에서조차 불화에 대한 두 배우자의 인식이 결혼의 결말에 중요하다는 점이 흥미로웠다고 저자는 밝히고 있다(Jennings, 2014, p. 476).

사회교환이론의 현장 적용

사회교환이론이 현장에서 적용되는 몇몇 분야가 있다. 사회교환 관점이 가족이 재정을 관리하는 방식을 이해하는 데 어떻게 적용되어 왔는지를 설명하고자 한다(Bennett, 2015). 가족의 재정 관리가 어떻게 운영되는지에 대한 전형적인 모델에서, 가족은 단일한 단위로 여겨진다. 남편은 주생계 부양자로 생각되고 부인은 일을 하는 경우에도 여윳돈만을 위해 일을 하며 자녀들은 부모의 지원에 의존한다. 가족 재정관리에 대한 최근의 생각들은 재정 축적과 분배는 젠더화되며 경제적 권력구조와 역할에 영향을 받는다. 가족의 경제적 역사는 결코 평등하지 않다. 단지 누가 돈을 버는 것뿐 아니라 돈이 어떻게 쓰이는지를 누가 통제하는가에 대해 고려하는 것은 매우 중요하다. 이 책의 다른 부분에서 학습했듯이 가족생활의 주요한 관심사 중 하나는 누가 돈과 부를 통제하는가 하는 것이다. 갈등이론과 마찬가지로(제3장), 어디에 자원을 사용할 것인가에 대한 갈등은 관리될 수 있으며 누가 더 많은 권력을 가졌는가에 상관없이 상호 협력하는 가족구성원의 능력에 의해 극복될 수 있다.

가족이 재정적 자원과 물질적 자원 사용에 대한 협상을 어떻게 하는지를 이해할 때 고려해야 할 또 다른 사항은 가족의 다양성이다. 가족구조, 연령, 젠더, 수입에서의 상이성에도 불구하고 가족 내에서 경제적 과정의 유사성을 전제하기보다는, 가족관계와 구성원 개인이 가족 재정에 대해 의사결정하고, 자원을 공동관리하며, 임금노동에 참여하고, 같은 집에서 생활하는 데 관여할 수 있는 능력에 사회계층, 연령, 젠더, 인종과 기타 환경들이 영향을 미치는 독특한 방법을 고려하는 것은 중요하다. 그러므로 재정과 관련하여 가족과 일을 할 때 현장전문가들은 맞벌이 가족, 은퇴한 부부, 친자녀와 계자녀가 함께 거주하기도 하고 그렇지 않을 수도 있는 재혼가족, 실업과 같은 상이한 상황들을 고려해야만 한다.

사회교환이론 관점에서 가족의 재정을 이해하는 모든 시나리오를 염두에 두는 것은 중요하다. 사례 연구에서 지적한 바와 같이 부부가족 치료사가 스테판과 크리스티나는 과거에 재정적 권력과 관련된 의미 때문에 갈등했음을 알고 있는 것은 도움이 된다. 부부가 교환과 관련된 많은 문제를 해결하고 있는 것처럼 보이지만, 작고 큰 문제들은 미래에 필연적으로 발생할 수 있다. 어떻게 여윳돈이 분배되는가? 크리스티나가 더 많은 돈을 벌기 때문에 더 많은 돈을 갖게 되는가? 그렇다면 가족 자산과 유산은 어떻게 되는가? 자신들의 부모 재정상태에 따라 크리스티나와 스테판은 누가 더 많은 돈을 상속받을지 또는 부모들 중 누가 죽음에 가까워지면서 돌봄이나 장기간 보호를 필요로 할지를 무의식적으로 생각한다. 스테판이 '전통적인' 여성적 역할을 더 많이 맡고 있고 크리스티나가 더 많은 일을 할 수 있다는 사실이 스테판이 부모를 돌보는 것에 책임을 져야 함을 의미하는 걸까? 분명히 젠더화된 소득규범의 와해는 가족 자산, 유산, 재정 계획에 실제적인 결과를 가져온다. 이러한 각각의 문제는 관계의 질에 영향을 미치고, 이는 확실하게 부부의 관계뿐 아니라 자녀와 확대가족과의 관계에까지 영향을 미친다.

결론

경제학에서 기원하여 발달심리학과 사회학 분야에서 발전했으므로 사회교환이론은 현재 가족과 관계를 연구하는 데 지속적으로 적용되고 있다. 이 이론은 노화와 가족관련 이슈들, 특히 호혜성 및 돌봄의 규범과 관련한 이슈들을 연구하는 데 많이 활용되고 있다. 교환의 사회적 규범은 세대 간 교환을 둘러싼 경제적, 문화적, 종교적 기대에 따라 매우 다르다. [글상자 7-3]은 어떻게 사회교환이론이 세계 전역의 가족들을 연구하는 데 적용 가능한지를 논의한다. 노인 돌봄과 관련되어 존재하는 문화적 차이점을 강조하기 위해 서로 다른 네 개 국가에서 수집한 정보를 제시하고 있다.

글상자 7-3 **노인 돌봄에 대한 국제적 비교**

전 세계 국가들은 세대 간 교환의 규범 및 관습에 따라 노인 인구의 요구에 대처하는 상이한 방법을 지니고 있다. 하단에서 네 개 국가의 접근을 보여 준다.

네덜란드. 네덜란드에서 모든 국민은 65세에 1인당 약 1,000달러, 부부는 약 1,400달러를 매월 지급받는다(M. Edwards, 2004). 미국과 달리, 정부 연금을 받기 위해 과거에 일한 경험을 갖고 있지 않아도 되지만 최소 네덜란드에서 50년을 거주해야 한다. 65세 이상의 네덜란드 거주자들은 또한 휴가 여행비용을 충당하기 위해 '휴가 수당'으로 700달러를 매년 지급받는다. 모든 네덜란드 국민이 건강 상태와 요양원 이용에 대한 국가 보험을 갖고 있고 처방약은 아주 적은 비용으로 받을 수 있다는 점을 고려하면 상당수의 65세 이상 네덜란드 거주자들은 상대적으로 꽤 좋은 생활을 누린다.

이스라엘. 이스라엘 국민들은 의료 서비스와 병원 입원에 대한 보편적 의료보장을 받지만 장기 건강 보험은 저소득 국민들만이 혜택을 받는다. 이러한 시스템은 이스라엘에 있는 많은 가족 돌봄 제공자에게 쉴 틈을 주지 않는다. 이러한 상황이 발생한 이유는 이스라엘 가족들은 노인을 보살피는 것을 윤리적 의무로 정의하는 유태인 법전과 현대 사회의 직업 및 연장된 생애주기 사이에 갇혀 있기 때문이다(National Alliance for Caregiving, 2002). 이스라엘 정부는 약간의 세금 혜택과 휴직에 대한 임금 보상금 형태로 노인을 돌보는 사람들에 대한 보조금 제공을 고려하고 있다. 노인을 돌보는 사람들에게 돈을 지급하는 것에 대한 반대 의견은 "이러한 정부 정책은 위신을 떨어뜨릴 수 있고 실제로 노인에 대한 가족 책임감을 감소시킬 수 있다"는 것이다(National Alliance for Caregiving, 2002, p. 8).

중국. 유교적 이념인 효사상은 전통적으로 고령의 부모와 조부모는 가정에서 가족들이 돌봐야 함을 의미한다. 그러나 최근 인구학적 변화는 가족이 전통적으로 지녀 온 이러한 가치를 실천하는 것을 어렵게 했다. 중국 청년들은 농촌에서 도시지역으로 이주하고 있는데, 이는 자녀와 부모 사이의 지역적 거리를 증가시키는 인구학적 변화이다. 또한 2015년에 폐지되기까지, 한아이 정책은 '4:2:1' 문제를 발생시켰다. 4:2:1 문제는 경제활동인구 1인당 2명의 부모와 4명의 조부모가 있음을 의미한다. 흥미롭게도 분석가들은 교환에 참여하는 두 당사자, 즉 돌봄에 대한 값을 지불하는 당사자(잠재적으로는 중국정부)와 돌봄을 제공받는 사람들이 갖고 있는 가치에 대한 인식이 가장 중요하다고 제안한다. 즉, 수용된 시스템은 중국 노인들은 인생 후반기에 존경받아야 하고 돌봄을 받아야 한다는 문화적 기대를 내세워야 한다는 것이다(Shobert, 2012).

이탈리아. 이탈리아인들은 예전에는 호혜성과 가족구성원 중 노인은 집에서 돌보아야 한다는 규범을 선호해 왔다. 그러나 이는 이탈리아 사람들이 어려운 상황에 처하게 한 주요한 인구학적 변화 이전이다. 역사적으로 대가족이었던 이탈리아 가족은 가정에 돌봄 제공자가 존재했지만 지난 몇십 년간 가족 크기는 지속적으로 축소되어 왔다. 1950년, 이탈리아에서는 노인 부모 1명당 5명의 성인 자녀가 있었다. 그러나 오늘 그 숫자는 1.5명으로 감소하였다(D'Emilio, 2007). 이탈리아인들은 여전히 일반적으로 집에서 돌봄을 받기를 선호하므로 가족의 역할을 외국인 돌봄노동자들이 하도록 하기 시작했다. 노인들은 요양보호사 고용 비용을 지원해 주는 프로그램을 활용할 수 있지만 현재는 대기명단에 올라가는 경우가 있다.

이제까지 살펴보았던 것처럼, 가족이 사용 가능한 선택들은 문화적 기대, 돌봄제공자, 가족들에게 주어지는 제도적 지원에 달려 있다. 돌봄제공자들은 자신들에게 가능한 선택들을 면밀히 살펴봄으로써 비용과 혜택을 저울질해야 한다. 이는 특히 호혜성 규범과 돌봄의 대안에 대한 비교와 관련해서 그러하다.

추천 멀티미디어

www.fresnostate.edu/craig/ifb/index.html

일과 가족생활을 함께하는 인구가 증가함에 따라 많은 대학과 기업이 가족 사업을 양성하고 지원하는 연구 및 서비스를 제공하고 있다. 예를 들어, 가족 사업 협회(the Institute for Family Business)는 캘리포니아 프레즈노 대학교 크레이그 비즈니스 학부에 자리 잡고 있다. 이 협회의 미션은 경제 발전과 현장에 있는 기업을 공동체에 헌신하게 함으로써 본질적으로 가족 사업 유산을 보존하는 데 있다. 연구결과를 배포함과 함께 이 협회는 가족 기업을 향상시키고 홍보하기 위해 다양한 행사를 각 월마다 제공하고 있다. 웹사이트에 있는 몇몇 주제는 '페이스북에서 당신이 잘못하고 있는 여섯 가지 일' '추수감사절에 살아남기' '고용, 세금, 규제에 대한 제도 관련 업데이트' 등이 있다.

이론 앱 활성화하기: 좀 더 미시적 수준에서(예: 가족 내) 교환이론을 배웠지만, 어떻게 이 웹사이트에 있는 정보가 좀 더 거시적 수준(가족들 간)에서의 사회교환에 적용되겠는가?

중매보다 연애(Arranged, 2007)

이 영화는 정통파 유대교 여성과 독실한 무슬림 신자인 두 젊은 교사의 이야기를 따라간다. 이 영화는 제작자가 들은 실화를 바탕으로 하였으며 여러 개의 독립영화상을 수상했다. 이 두 여성 모두 중매결혼의 절차를 겪고 있다. 영화는 그들의 관계를 살펴볼 뿐만 아니라 문화적 무관심, 종교, 우정과 이러한 이슈들이 어떻게 미시적 수준과 거시적 수준의 사회교환을 반영하는지에 대한 숨겨진 메시지를 포함한다. 이 영화는 비용이라는 맥락에서 깊은 우정의 이점을 탐색한다.

이론 앱 활성화하기: 영화 속 두 주인공이 어떻게 그들의 우정을 저해하는 전통적인 문화적 규범과 관련된 비용에 맞서 이점에 무게를 두는가? 그들의 우정을 유지하기 위해 각자가 포기해야만 하는 것은 무엇인가?

〈중매보다 연애〉의 한 장면

배철러(The Bachelor, 2002~현재)

이 미국 리얼리티 TV 쇼는 마지막회에서 미혼남성이 프러포즈하기를 원하는 여성을 찾기 위해 25명의 여성 중 한 명을 선택하는 것을 도와주는 것으로 설정되었다. 이 쇼는 그 미혼남성이 여성들을 알아 가며 데이트를 하고 앞으로의 에피소드에서 배우자 상대로 만나 보고 싶은 여성들에게만 매주 장미를 건넨다. 경쟁자들이 진심으로 배우자를 찾는 것에는 관심이 없고 자신들의 커리어를 위해 대중성을 높이려고 프로그램에 나온 것에 대해 비판받는 것은 피할 수 없었다. TV에서 프러포즈를 한 후 실제로 결혼한 커플 중 한 커플이었으므로 그 남성도 같은 이유로 비판을 받았다. 시즌 19가 끝난 후, 이 프로그램은 현실에서 사랑과 결혼으로 이끄는 대신, 배철러에 출연한 결과로 경쟁자와 미혼남성 중 몇 사람은 다른 TV 프로그램에서 역할을 제안받았고 인기인으로의 지위가 상승했다.

이론 앱 활성화하기: 사회교환이론을 적용할 만한 다른 리얼리티 쇼가 있는가? 우리가 TV에서 보는 것 대신에 이러한 쇼의 제작 뒤에는 실제로 프로듀서, 에이전트, 작가가 '최고의 거래'를 만들어 낸다고 얼마나 자주 생각하는가?

〈배철러〉의 한 장면

추천 참고도서 및 논문

Becker, G. S., *Gary S. Becker - biographical* (1992), at www.nobelprize.org/nobel_prizes/economic-sciences/laureates/1992/becker-bio.html. 정치적 보수주의자인

Gary Becker는 결혼 관계와 가족 경제의 연구에 뛰어든 경제학자였다. 그는 시장 외 인간 행동을 포함하여 다양한 범주의 인간행동과 상호작용까지 미시경제적 분석의 영역을 확장한 것으로 1992년 노벨상을 수상했다. 가족사회학 분야에서 Becker의 연구는 결혼, 이혼, 출산, 일–가족 측면을 포함한 여러 주제에 적용되고 있다. 이 웹페이지에서 가족과 관련된 자신의 이야기, 정치적, 지적 믿음, 가족 경제 영역에서의 자신의 성취에 대해 언급한다.

Hirshman, L. R., & Larson, J. E., *Hard bargains: The politics of sex* (New York: Oxford University Press, 1998). 법학자인 저자들은 이성애 관계는 커플들이 반드시 자신들의 섹슈얼리티에 대해 협상해야 하는 관계로 가정한다. 이 협상은 단순히 남성과 여성 간의 개인적인 교섭의 문제가 아니다. 그보다는 점점 증가하고 있는 대중의 주목 속에서 섹스는 무엇을, 어디서, 언제, 어떻게 성적인 것이 일어나는지에 대한 정치적이고 사적인 교섭이다. 성과 관련된 상황은 끊임없이 변화한다. 이전 시대에 스캔들이라고 생각되었던 것(예: 빅토리아 시대 때 맨살을 보여 주는 것)은 오늘날에는 당연한 것으로 여겨질 수도 있다. 어떤 문화에서는 불법으로 여겨지는 것들(예: 아내의 불륜은 사형으로 처벌할 수 있음)이 다른 문화에서는 그렇지 않다고 여겨진다. 나아가 경제적 생활에서 이루어 온 여성들의 진전에도 불구하고 성적 접근, 성적 협조, 성적 실행을 탐색함에 있어 성에 대한 정치는 여전히 어려운 협상을 요구한다. 어려운 협상은 우리가 반드시 성적 상호작용의 비용과 이점을 교섭해야 하고 성적 관계에서 파트너들의 임파워먼트와 디스임파워먼트를 고려해야 함을 의미한다. 궁극적으로 섹슈얼리티는 몸, 정신, 마음이지만 이 모든 것은 법, 정치, 종교와 연관된 문화적 믿음과 실천이라는 더 광범위한 이슈들에 뿌리내리고 있다.

Horan, S. M., "Further understanding sexual communication: Honesty, deception, safety, and risk," *Journal of Social and Personal Relationships, 33* (2016), 449-468, doi: 10.1177/0265407515578821. 평균 연령 22세인 183명의 초기 성인들을 대상으로 한 이 연구에서 Sean Horan은 애정교환이론을 사용하였다. 애정교환이론은 사회교환이론을 변형한 이론 중 하나로 섹스와 관련된 자신의 과거를 새로운 파트너에게 밝히는 데 있어 정직과 부정직이 어떤 역할을 하는지 살펴보았다. 성과 관련된 자신의 과거를 밝히는 것은 새 파트너로 하여금 건강과 관련한 위험성을 감수할지를 결정하는 데 미치는 정보를 제공하는 이점이 있지만, 거절당하거나 평가받는 것과 같은 비용도 존재한다. Horan은 예전 파트너들이 몇 명 있었는지를 얘기하지 않는 경향(부정직의 실행)이 있는 사람들은 이보다 더 안전한 섹스와 관련된 의사소통(예: 콘돔 사용에 대한 결정에 대한 것)에서도 불편해함을 알아냈다. 더욱이 공식 커플이 아닐수록(예: 서로에게 헌신하는 파트너들과 비교하여 성관계만 하는 친구), 성과 관련된 주제에 대해 의사소통을 적게 하는 경향이 있었다. 참여자들의 약 60%가 과거에 성관계를 가진 파트너의 수에 대해 밝힐 때 상대방을 속였으며, 이 중 20%는 절대 이러한 정보에 대해 밝히지 않았다고 말했음은 흥미로운 사실이다. 이 연구는 청년들이 단순히 콘돔 사용에 대한 강조뿐 아니라 성적인 활동을 하는 동안 의사소통의 역할과 안전한 성관계에 초점을 맞춘 건강교육을 받아야 한다는 점을 시사한다.

Schwartz, P., *Peer marriage: How love between equals really works* (New York: Free Press, 1994). Pepper Schwartz는 워싱턴 대학교의 사회학과 교수이자 뉴욕타임즈와 글래머 잡지(다른 기타 출판물 중 몇 개만을 말하자면)에 관계와 성에 대한 칼럼을 기고하는 인기 있는 칼럼리스트이며 라디오 진행자이고 AARP, Perfectmatch.com, WebMD 등 기관에 컨설턴트이다. 『동료 결혼(Peer Marriage)』이라는 책에서 Schwartz는 의식적으로 가정에서 전통적인 젠더 규범을 하지 않으려 노력하는 평등한 커플들을 인터뷰했다. Schwratz는 동료 결혼의 네 가지 일반적인 특성을 발견했다. 첫째, 커플들은 집안일과 자녀돌봄을 하는 것과 관련하여 60 대 40보다 더 많이 분배하지 않았다. 다시 말하면 이 커플들은 각각 50%씩으로 공평하게 나누는 것을 성취하지 못했다. 둘째, 파트너들은 각자가 같은 정도의 영향과 의사결정력을 갖고 있다고 믿고 있었다. 셋째, 두 명의 파트너 모두 가족 경제에 대해 동등한 통제력을 지녔다고 느꼈다. 마지막으로, 각 파트너가 하는 일은 결혼생활에서 동등한 중요성을 지녔다. 스테판과 크리스티나의 사례에서처럼 돈을 버는 능력에도 불구하고 동료 커플들은 돈, 의사결정권, 자녀돌봄, 집안일을 공유했다. 눈에 보이지 않는 위계는 존재하지 않았다. Schwartz는 '진정한 우정'이 근간이 된 관계는 젠더 차이라는 로맨틱한 이상향에 기반한 결혼보다 훨씬 더 현실적이었다. 그러나 동료 결혼은 비용 또한 있었는데, 이는 권력을 교섭하고 다시 포함하는 과정과 관계에서의 공평성이 신체적 · 정서적으로 피곤할 수 있기 때문이다. 이 모든 것을 감안하여 Schwartz는 어떻게 공평, 친밀감, 우정에 기반한 관계가 진실로 가치 있고 오래 지속되는 파트너십으로 이끄는지를 보여 준다.

생각해 볼 문제

● 토론용 질문

1. 가족스트레스와 회복탄력성이론(제11장)과 사회교환이론을 비교해서 대조해 봅시다. 어떠한 면에서 이 두 이론이 유사합니까? 그리고 어떻게 다릅니까?

2. 사회교환이론이 주로 미시적 수준의 분석에서 적용되지만(예: 개인), 이 이론이 거시적 수준에서 유용한 방법을 기술해 봅시다(예: 사회제도와 불공평한 권력 구조가 개인의 선택에 어떻게 영향을 줄까요?).

3. 관계를 시작할 때 남성들은 자신의 재산을, 여성들은 자신의 아름다움을 제공한다는 대중적인 믿음을 비판해 보십시오. 이 생각이 여전히 오늘날에도 일반적이라고 생각합니까? 그렇지 않다면, 이러한 젠더 관련 편견에 대한 생각이 어떻게 변화되고 있다고 생각합니까?

4. 다른 가족관계, 즉 부부나 부모-자녀 관계 이외에 사회교환이론을 사용하여 연구할 수 있을까요?

5. 사회교환이론이 어떻게 LGBTQ 관계를 연구할 때 사용 가능할까요? 만일 여러분이 이 이론을 모든 가족과 관계에 대해 더 광범위하게 적용하기 위해 업데이트해야 한다면 어떤 것이 첨가되고 다시 고려되어야 하겠습니까?

6. 개인이 갖고 있는 자본의 상이한 유형들의 예를 들고 각각의 유형이 어떻게 교환 관계에서 사용될 수 있을지를 제시해 보십시오.

● 개별 과제

당신이 친밀한 관계(동거나 결혼관계)를 시작할 계획이 있을 때 돈을 어떻게 분배 또는 합치려고 생각합니까? 개별 은행계좌를 만들 계획인가요? 아니면 공동계좌를 만들 계획인가요? 그것도 아니면 자원을 한곳에 합치기도 하면서 개별 계좌에 대해서는 여러분의 통제력을 유지하는 '네 것, 내 것, 우리 것의' 체계를 만들 계획을 갖고 있습니까? 당신이 설정한 특정한 재정 방식의 이점과 비용은 무엇입니까?

● 개인 반영 질문

1. 여러분이 아는 사람 중 관계에서 같은 패턴을 계속 반복한 적이 있습니까? 어떻게 이러한 선택들이 강화, 상실−포만, 비교에 대한 대안의 결과일 수 있는지를 생각해 봅시다.

2. 여러분이 이상적인 배우자에게서 찾는 특성의 목록과 여러분이 관계에 기여할 수 있다고 생각하는 것의 목록을 작성해 봅시다. 사회교환이론, 이점, 비용, 이익, 비교대안의 관점에서 목록을 살펴봅시다.

3. 어떤 것을 돌려받을 것을 기대하지 않고 이타적인 방식으로 행동하는 것이 가능하다고 생각합니까? 그렇다면 당신이 존경하는 누군가의 이타적인 행동을 기술하고 이성적 선택이라는 개념과 관련하여 이러한 특성들을 평가해 봅시다.

4. 당신의 과거 관계 또는 여러분과 가까운 누군가의 관계에서의 권력 역동에 대해 생각해 봅시다. 이인관계에서 권력의 공평한 공유가 진짜로 가능하다고 생각합니까? 그 답변에 대한 이유는 무엇인가요?

5. 사랑하는 누군가의 욕구에 앞서 여러분 자신의 욕구를 우선순위에 두는 선택을 어떻게 '합리화'하겠습니까? 어떠한 조건하에서 개인 이익만으로 행동하는 것이 가능하다고 생각합니까?

6. 여러분이 했던 가장 '비합리적' 행동은 무엇입니까? 그 행동을 반추해 보면, 어떤 합리적인 측면이 있다고 생각합니까?

참고문헌

Adams, B. N., & Sydie, R. A. (2002). *Contemporary sociological theory.* Thousand Oaks, CA: Pine Forge Press.

Appelrouth, S., & Edles, L. D. (2011). *Classical and contemporary sociological theory: Text and readings.* Los Angeles: Pine Forge Press.

Bagarozzi, D. A. (1993). Clinical uses of social exchange principles. In P. Boss, W. Doherty, R. LaRossa, W. Schumm, & S. Steinmetz (eds.), *Sourcebook of family theories and methods: A contextual approach* (pp. 412-417). New York: Plenum.

Becker, G. S. (1981). *A treatise on the family.* Cambridge, MA: Harvard University Press.

Bennett, F. (2015). *Opening up the black box: Researching the distribution of resources within the household.* NCFR Report: Family Resource Management, FF63, F1-F3.

Bittman, M., England, P., Sayer, L., Folbre, N., & Matheson, G. (2003). When does gender trump money? Bargaining and time in household work. *American Journal of Sociology, 109,* 186-214. doi: 10.1086/378341.

Blau, P. M. (1964). *Exchange and power in social life.* New York: Wiley.

Bourdieu, P. (1990). *In other words: Essays towards a reflexive sociology.* Palo Alto, CA: Stanford University Press.

Braver, S. L., & Lamb, M. E. (2013). Marital dissolution. In G. W. Peterson, & K. R. Bush (eds.), *Handbook of marriage and the family* (3rd edn, pp. 487-516). New York: Springer.

Coleman, J. S. (1994). *Foundations of social theory.* Cambridge, MA: Harvard University Press.

Collett, J. L. (2010). Integrating theory, enhancing understanding: The potential contributions of recent experimental research in social exchange for studying intimate relationships. *Journal of Family Theory and Review, 2,* 280-298. doi: 10.1111/j.1756-2589.2010.00062.x.

Connidis, I. A. (2010). *Family ties and aging* (2nd edn). Thousand Oaks, CA: Pine Forge Press.

Cook, K. S., & Rice, E. (2003). Social exchange theory. In J. Delamater (ed.), *Handbook of social psychology* (pp. 53-76). New York: Springer.

Dainton, M., & Zelley, E. D. (2006). Social exchange theories: Interdependence and equity. In D. O. Braithwaite, & L. A. Baxter (eds.), *Engaging theories in family communication: Multiple perspectives* (pp. 243-259). Thousand Oaks, CA: Sage.

D'Emilio, F. (2007, July 6). *New twist on old world: Aging Italians rely on nuns, immigrants.* USA Today.

Dilworth-Anderson, P., Burton, L. M., & Klein, D. M. (2005). Contemporary and emerging theories in studying families. In V. L. Bengtson, A. C. Acock, K. R.

Allen, P. Dilworth-Anderson, & D. M. Klein (eds.), *Sourcebook of family theory and research* (pp. 35-57). Thousand Oaks, CA: Sage.

Edwards, J. N. (1969). Familial behavior as social exchange. *Journal of Marriage and the Family, 31,* 518-526. doi: 10.2307/349775.

Edwards, M. (2004, November/December). As good as it gets: What country takes the best care of its older citizens? The Netherlands rates tops in our exclusive survey of 16nations. But no place is perfect. *AARP The Magazine,* 47-53.

Ekeh, P. P. (1974). *Social exchange theory: The two traditions.* Cambridge, MA: Harvard University Press.

Emerson, R. M. (1976). Social exchange theory. *Annual Review of Sociology, 2,* 335-362. doi: 10.1146/annurev.so.02.080176.002003.

Friedman, M. (1953). *Essays in positive economics.* Chicago: University of Chicago Press.

Homans, G. C. (1958). Social behavior as exchange. *American Journal of Sociology, 63,* 597-606. doi: 10.1086/222355.

Homans, G. C. (1961). *Social behavior: Its elementary forms.* New York: Harcourt, Brace & World.

Jennings, E. (2014). Marital discord and subsequent dissolution: Perceptions of Nepalese wives and husbands. *Journal of Marriage and Family, 76,* 476-488. doi: 10.1111/jomf.12104.

Komter, A. (1989). Hidden power in marriage. *Gender and Society, 3,* 187-216. doi: 10.1177/089124389003002003.

Lawler, E. J. (2001). An affect theory of social exchange. *American Journal of Sociology, 107,* 321-352. doi: 10.1086/324071.

Lawler, E. J., & Thye, S. R. (1999). Bringing emotions into social exchange theory. *Annual Review of Sociology, 25,* 217-244. doi: 10.1146/annurev.soc.25.1.217.

National Alliance for Caregiving (2002). *Third international conference on family care: Conference report.* At http://www.caregiving.org/data/conferencereport.pdf.

Nye, F. I. (1978). Is choice and exchange theory the key? *Journal of Marriage and the Family, 40,* 219-233. doi: 10.2307/350754.

Nye, F. I. (1979). Choice, exchange, and the family. In W. R. Burr, R. Hill, F. I. Nye,

& I. L. Reiss (eds.), *Contemporary theories about the family: General theories/ theoretical orientations* (vol. 2, pp. 1-41). New York: Free Press.

Perry-Jenkins, M., & MacDermid, S. M. (2013). The state of theory in work and family research at the turn of the twenty-first century. In M. A. Fine, & F. D. Fincham (eds.), *Handbook of family theories: A content-based approach* (pp. 381-397). New York: Routledge.

Roloff, M. E. (1981). *Interpersonal communication: The social exchange approach.* Beverly Hills, CA: Sage.

Sabatelli, R. M., & Shehan, C. L. (1993). Exchange and resource theories. In P. Boss, W. Doherty, R. LaRossa, W. Schumm, & S. Steinmetz (eds.), *Sourcebook of family theories and methods:A contextual approach* (pp. 385-411). New York: Plenum.

Scanzoni, J. (1979). Social processes and power in families. In W. R. Burr, R. Hill, F. I. Nye, & I. L. Reiss (eds.), *Contemporary theories about the family: Research-based theories* (vol. 1, pp. 295-316). New York: Free Press.

Shobert, B. (2012, April 1). Senior care in China: Challenges and opportunities. *China Business Review.* At http://www.chinabusinessreview.com/senior-care-inchina-challenges-and-opportunities/.

Silverstein, M. (2005). Testing theories about intergenerational exchanges. In V. L. Bengtson, A. C. Acock, K. R. Allen, P. Dilworth-Anderson, & D. M. Klein (eds.), *Sourcebook of family theory and research* (pp. 407-410). Thousand Oaks, CA: Sage.

Thibaut, J. W., & Kelley, H. H. (1959). *The social psychology of groups.* New York: Wiley.

Thompson, L. (1991). Family work: Women's sense of fairness in marriage. *Journal of Family Issues, 12,* 181-196. doi: 10.1177/019251391012002003.

제8장
여성주의이론

　출산을 앞두고, 부모들이 남아 혹은 여아를 원하는 이유가 있을까요? 남자들은 왜 때때로 가족의 성을 '물려주기' 위해 아들을 갖는 것이 중요하다고 여길까요? 아들이 언젠가는 결혼하길 원하고 배우자가 그의 성을 따르기를 원할 것이라는 게 과연 일어날 만한 것입니까? 만약에 그가 게이라면 그래서 그가 살고 있는 나라에서 법적으로 결혼을 할 수가 없다면 어떨까요? 맞벌이 가정에서 아이가 태어난 후, 어떤 부모가 더 전업의 압박을 받을까요? 만약 부모가 상류층 가정의 도우미나 아이 돌보미인 경우는 어떨까요? 이 부모는 자신의 아이를 기르기 위해 누구에게 의지해야 합니까?

　여성주의이론은 젠더, 권력, 사회 변화, 상호교차성(intersectionality)에 대한 질문들을 다룹니다. 가족학 전반에서와 마찬가지로 여성주의이론은 광범위하고 교차적 학문의 배경을 갖고 있습니다. 이 장에서 가족학자들이 사회 상황에서 개인의 경험과 가족관계를 연구하기 위해 여성주의이론을 일반적으로 사용하고 통합하는 방법들에 대해 살펴보도록 하겠습니다. 여성주의이론은 본래 젠더 평등에 대한 문제에 뿌리를 두는데, 가족, 국가, 사회의 우두머리로 남자에게 주어진 권리와 필연성에 대해 의문을 갖습니다. 시간이 지나면서 여성주의이론은 여러 가지 문제 중, 인종, 계급, 성적 지향, 연령, 국적, 장애 등의 문제들이 어떻게 교차하면서 특권, 기회, 억압 등의 다른 경험을 형성하는지를 고려하도록 진화했습니다. 궁극적으로 여성주의이론은 현재의 상황을 비판하고 사회 변화를 위한 제안을 합니다. 이제, 어떻게 이 이론이 가족 문제들을 설명하기 위해 쓰이는지에 대한 기초를 다지기 위해, 여성주의, 상호교차성, 사회 변화에 대한 이야기를 해 보도록 하겠습니다.

사례 연구

대학교 1학년인 루크는 역사학 교수님이 여성주의 역사에 대한 수업을 시작하자 흥분했다. 교수님이 들려주는 많은 사건이 마음에 와닿았다. 어머니가 대학신입생 때인 1970년 초기부터 여성주의 운동을 열심히 했다고 들어 왔었다. 어머니는 생식의 자유(reproductive freedom), 남녀 평등 헌법 수정안(Equal Rights Amendment), 레즈비언과 게이 평등권 등 여성의 권리를 위해 많은 집회에 참석했다. 어렸을 때 루크 역시 이러한 집회에 참석했었고, 특히 동네에서 있었던 Take Back the Night 집회에 참석했었다.

그러나 급우들이 교수님을 '화난 여성주의'라고 수군거리는 것을 보았다. 루크는 여성주의가 무엇인지 직접적으로 알고 있었기 때문에 교수님이 전혀 화가 난 것처럼 보이지 않았고 급우들의 말에 혼란스러웠다. 어머니를 자랑스러워했음을 뚜렷이 기억한다. 어머니는 한부모였고 가족을 홀로 부양했다. 둘은 매우 친밀했으나 어머니는 루크에게 그만의 공간을 주었다. 대부분의 친구 집보다 자신의 집이 더 편안했기에 고등학교 친구들이 편하게 놀러 오곤 했었다. 루크는 풀타임으로 일하며 가족을 부양하고 지역사회에서 운동가인 어머니를 존경했다. 그에게 여성주의는 긍정적인 단어였고 평등을 위한 어머니의 활동과 업적으로부터 많은 것을 배워 왔다.

소년 루크는 어머니가 정확하게 무엇을 위해 싸우는지 지켜보았다. 어렸을 때였고 성불평등을 이해하기에는 너무 어린 나이였지만, 어머니가 저녁식사 때 친구들과 나눈 대화를 듣고 난 후 루크는 '임금 격차(wage gap)'가 무엇인지 어머니에게 물어보았다. 성인이 되면 여자들은 남자들만큼 돈을 받지 못한다고 어머니는 답했다. "여자들이 남자만큼 열심히 일을 안 하기 때문인가요?" 루크는 어머니께 물어봤고, 어머니의 답은 아니, 사실 여자들은 남자와 같은 대우를 받기 위해서 더 열심히 일해야 하기도 한다는 것이었다. 그의 유년기 중, 루크는 이 대화를 아주 중요한 순간으로 기억한다. 상식적이지 않기에 그는 어머니를 완전히 믿지 않았다. 그 대화 후, 여자 급우들을 좀 더 자세히 살펴보기 시작했다. 몇 주간의 관찰 뒤 방과후, 그는 어머니에게 말하길, "엄마가 맞았어요! 우리 반에 있는 여자아이들을 봤는데, 남자아이들보다 더 빨리 숙제를 끝내더라고요! 여자들이 더 많이 돈을 받아야 할 것 같아요!"

어린 나이에 사회운동에 노출되었고 불평등에 대해 관찰을 했기에, 루크는 어머니의 인생을 통해 여성주의에 대해서 배웠다. 어머니는 여성주의 속에 살았고, 여성주의를 믿었으며 여성주의를 위해 싸웠다. 그는 여성주의가 무엇인지 직접 배웠다. 단순히 여성주의의 역사를 말하는 교수님과 여성주의를 비판하는 급우들의 이야기를 들으면서, 루크가 어떻게 대응했으리라 생각하는가? 왜 여성주의가 그렇게 평판이 나쁘게 되었는가? 여성주의자들은 무엇이 '정상'인지, 남성성(masculinity)과 여성성(femininity)이 어떻게 보여야만 하는지, 왜 남자와 여자가 평등한 대우를 받아야 하는지를 수용하는 게 어려운지에 관한 지속된 제도적 사고를 깨트리는 어려움을 풀기 위해 노력하면서 이와 똑같은 질문을 가지고 싸운다.

여성주의이론이란

여성주의이론은 성평등을 위한 투쟁에 뿌리를 두고 있다. 이러한 투쟁은 여성들의 삶이 남성들의 삶보다 덜 중요하며, 여자를 비교하는 기준이 남자라는 믿음에서 비롯된다. 남자들과 비교했을 때 여자들은 어쩔 수 없이 부족하게 보인다. 여자들은 남자들보다 낮은 존재로 여겨진다. 여성주의이론은 여성주의의 실제적 혹은 행동적 부분을 이끄는데, 이를 실천(praxis)이라고 부른다. 따라서 여성주의이론과 여성주의운동은 성편견(gender prejudice)을 발견하고 권력의 역동(power dynamics)을 밝히며, 사회 변화를 위해 일하는 것에서 모두 중요하다(Acker, Barry, & Esseveld, 1983).

여성주의는 매우 다양하고 여성주의자들은 여성주의를 하나의 관점으로 규정지을 수 없음을 큰 장점으로 여긴다(Elam & Wiegman, 1995). 그러나 여성과 여성들의 사회 안에서의 경험에 있어 몇 가지 공통적인 주제가 있고, 이는 여성주의이론과 여성주의운동 통합의 이유가 된다(Baber & Allen, 1992). 첫째, 여성주의는 엘리트 백인 남성에게 특권을 부여하는 수직적 사회 체계에서 여성들이 부당하게 이용되고 억압당한다는 믿음을 형상화한다. 둘째, 여성주의는 여성들의 임파워먼트와 삶의 개선에 전념한다. 마지막으로, 여성주의는 여성들의 경험과 가치, 행동이 의미가 있고 중요함을 강조한다.

가족학에서 여성주의 학자들은 여성주의이론을 세대와 성별 간에 지속되는 불평등한 힘의 분배를 밝히기 위해 사용해 왔다(Allen, Walker, & McCann, 2013; Ferree, 1990; Walker, 1999). 여성주의이론은 남자들은 전업부가 될 수 없다라든지 모든 여성이 어머니가 되고자 하는 본능이 있다고 보는 성불평등에 근거한 가족 안의 중심적인 문제점들을 전면에 내세웠다. 가족학에서 여성주의이론은 젠더가 개인 및 가족생활을 구조화하는 다른 형태의 억압 및 특권들과 교차하는 방법들을 분석한다. (Allen, Lloyd, & Few, 2009). 현시점에서 여성주의이론은 어떻게 개인이 가족 내에서 '젠더를 행하는가(do gender)'를 설명하기 위해 쓰인다(West & Zimmerman, 1987). 가부장적 권력(Collins, 1990)과 상호교차성(intersectionality)(McCall, 2005; Shields, 2008)과 같은 억압 체계들이 개인과 가족생활에서 기회를 구조화하기 위해 작동하는 방법 역시 중요하다. 이 장에서 이러한 각각의 개념을 살펴보고자 한다.

역사와 기원

여성주의이론과 여성주의운동의 관련성 때문에 이 이론은 특히 어떻게 여성주의 사상이 진정한 사회 변화와 진보를 이끌어 왔는지를 면밀히 살펴본다. 이 장 전체에서 제시하는 것처럼 여성주의이론은 여성주의에서 가장 우선시되어야 할 사항들을 재정립하고 변화시키면서 비판과 수정에 대해 가장 개방적인 이론 중 하나이다. 따라서 시간이 지나면서 진화되어 온 다양한 여성주의이론이 존재한다. 여성주의자들은 여성주의 물결(waves of feminism)에 대해 지난 두 세기에 걸친 여성주의이론 및 운동의 역사를 기술해 왔다. 여성주의이론과 운동의 물결로 보는 것은 유용하지만([그림 8-1] 참조), 이러한 기류들은 서로 중첩되므로 시간적 틀은 추정된 것이다. 그러나 지난 역사를 살펴봄으로써 여성과 가족구성원의 삶을 변화시키고 향상시키는 데 여성주의적 사고가 효과적임을 알 수 있었다.

[그림 8-1] 여성주의이론의 4세대

여성주의 제1세대. 여성주의이론의 여명은 19세기와 20세기 초에 시작되었고 투표권을 얻기 위한 여성의 노력과 미국 내 노예제도 폐지운동에 참여한 여성들에 의해 촉진되었다. 첫 기류는 약 70년 동안 지속되었는데 1848년 뉴욕주에 위치한 세테카 팔스에서 여성의 참정권을 요구하는 여성권리 협약(Women's Rights Convention)에서 시작하였고 1920년 제19회 미국 헌법 개정안이 여성의 투표권을 보장하면서 그 절정에 이르렀다. 이 시기에, Susan B. Anthony, Charlotte Perkins Gilman, Elizabeth Cady Stanton, Sojourner Truth와 기타 여성주의 지도자들은 오늘날 젊은 사람들이 당연한 듯 받아들이는 문제점들, 예를 들어 여성의 투표권, 기혼여성의 상속권과 이혼할 권리, 미국 흑인들에 대한 노예제도 종식, 그리고 피임기구의 이용 가능성 등을 중심으로 체계화하였다(Freedman, 2002).

예를 들어, Charlotte Perkins Gilman은 시대를 훨씬 앞선 문제점들에 중점을 두었던 제1세대 여성주의자 중 한 사람이었다. 예를 들어, Gilman은 어머니들의 공공 보육시설 및 협동조합 성격의 주방을 이용함으로써 가사에서 해방되어 일에 집중하는 것을 지지했다. 그러나 먼훗날까지 여성들이 성별에 따른 직장에서의 차별에 대해 정부 차원에서 보호를 받을 수 없었던 것을 고려할 때 Gilman은 사후에야 여성주의를 확립한 사람으로 인정받게 되었다(Lemert, 2008). 실제로 그 당시에 여성은 일급 시민으로 인정받지 못했다. 예를 들면, 여성들은 투표도 하지 못했고 기혼여성은 자신의 재산을 소유할 수도 없었다. 그들의 법적 권리는 아버지나 남편의 유서에 좌우되었다. 수많은 어려움과 좌절 뒤 세월이 흘러 오늘날 당연하게 여겨지는 여성들의 권리가 찾아왔다. 1920년에 미국에서 여성들이 투표권을 부여받은 후에도 여성주의는 국가적 관심을 받지는 못했다. 대공황, 제2차 세계대전, 그리고 1950년대 전후 시기에서야 국가적 관심을 받았다.

여성주의 제2세대. 여성주의 2세대는 1960년대 흑인들을 위한 인권 평등 운동과 베트남 전쟁에 반대하는 반전 운동이 있던 사회 격변기 속에 뿌리를 내렸다. 그러나 이미 여성 지위에 대해 논의했던 몇몇 중요한 서적은 출시된 상태였다. 프랑스 철학자인 Simone de Beauvoir는 매우 중요한 서적 중 하나를 저술했다. 『제2의 성(The Second Sex)』에서 Beauvoir[2011(1949)]는 어떻게 여성이 '타인'으로 사회적으로 구성되는지를 설명했다. Beauvoir는 여성들이 대상화되었고 남자들보다 못하다고 정형화되었음을 설명했다. 남성이 만든 가부장제 내에서 여성을 대우하는 것에 관한 그녀의 생각은 여성에 대한 억압적 현실을 비판하며 다른 형태의 억압들에 대해 의문점을 제기하였으므로 큰 논란을 일으켰다.

또 다른 중요한 사건은 1963년에 출간된 Betty Friedan의 책 『여성의 신비(The Feminine Mystique)』이다. Friedan은 여성의 삶, 특히 직업 없이 타인만을 돌보며 자기실현을 하도록 요구받는 기혼 중산층 백인 어머니들의 삶이 얼마나 공허한지를 분석함으로써 전국적 여성 운동을 재점화했다. Friedan은 이를 '이름이 없는 문제'라고 명명했고 수백만의 여성에게 연설하는 방식으로 이 문제를 논했다. Friedan의 책을 통해 여성들은 자신의 열등한 신분이 개인의 문제가 아닌, 모든 여성에게 적용되는 정치적 불평등 때문이라는 것을 이해하게 되었다(Coontz, 2011).

1960년대 사회적 · 정치적 불안이 심해지자 여성들은 자신들 스스로의 시민 권리를 위해 재집결하기 시작했다. 법률적 · 정치적 개혁을 목표로 신체 억압과 교육 및 직업 기회의 부족, 가정에서의 구속과 폭력에 저항을 주장하는 의식화 모임을 통해 만남을 가졌다. 사례 연구에서 보았던 루크의 어머니는 여성주의 두 번째 물결이 있는 기간에 성인이 되었다. 남성 세계에서 여성으로서 한계에 대한 자각은 사회의 불평등에 대한 이해와 맞물렸고 여성주의 의식에 불을 지폈다. 개인적인 것과 정치적인 상황의 결합은 루크의 어머니가 평생 동안 여성주의 운동가로 살고 그러한 가치와 행동을 아들에게 가르치게 하였다.

여성주의의 2세대는 여성주의이론이 확산되었던 시기이다. 아마도 자유주의 여성주의(liberal feminism)는 가장 보편적 형태로 남녀 평등권을 주장했다(Okin, 1989). 이러한 맥락에서 여성들은 '동등한 몫의 권리'를 추구했다. 자유주의 페미니즘은 주로 남성과 동등한 직업적 권리 및 경제적 권리를 원했던 중산층 여성들을 대상으로 했다.

사회주의 여성주의(socialist feminism)는 마르크스의 계급이론(제3장의 갈등이론 참조)에 뿌리를 두며 자본주의와 가부장제(patriarchy, 남성 중심 체계)가 여성의 이류 사회 계급에 책임이 있음을 밝혀냈다(Mitchell, 1971). 이전에 간과되었던 또 다른 집단은 노동자 계층의 여성들로 이들은 중산층 여성들이 누렸던 경제적 안정감이 없었다. 이들은 육체적으로 고단한 직종에서 일했으며 자신들의 시간을 통제할 수가 없었다(Stacey, 1990).

급진적 여성주의(radical feminism)는 거대한 사회 변화를 이루는 목표로 여성에 대한 억압과 남성의 특권 기제의 근본적 원인을 파헤치고자 함으로써 가부장제의 침투성에 중요한 의문을 제기하였다(Morgan, 1970). 급진적 여성주의이론은 여성을 억압하고 남성을 높은 위치로 끌어올리기 위해 모든 사회제도(예: 법, 교육, 가족, 군대)의 방법들을 비판했다. 급진적 변화를 촉구하기 위해 여성 노동력에 대한 평가절하를 처음으로 분석한 것은 Ann Oakley(1974)가 영국의 중산층과 노동계층의 여성의 가사노동을 분석한 것이다. Oakley는 여성의 가사노동이 무보수이고 눈에 띄지 않고 가치 절하되며 단조롭지만 가족 유지에 필수적인 이유를 이해하기 위해 젠더, 권력, 사회계층, 일탈의 개념을 적용했다. Oakley는 젠더, 계층, 그리고 권력의 숨겨진 교차점들을 표면화시켰다.

여성주의이론화의 다양성은 지속적인 파급력이 있었다. 제2세대인 자유주의 여성주의 사상의 가장 큰 문제점은 젠더라는 한 가지 개념에 의해 대표될 수 없는 여성들의 경험에서 비롯되었다. 젠더는 여성 억압의 유일한 원인이 아니며, 중산층이면서, 백인이고, 이성애자인 여성주의자가 모든 여성의 경험을 대변하지 않음을 주장했다. 우머니스트 여성주의(womanist feminism)는 유색 인종 여성들에 의해 발전되었다. 그들은 자유주의 체계에 처음으로 도전하며 인종, 젠더, 계층이 분리될 수 없음을 주장했다(Combahee River Collective, 1982). 예를 들어, 과거에 흑인 여성들은 빈번하게 친자녀의 생계부양자이면서 양육자인 동시에 다른 사람의 아이를 돌볼 필요가 있었으므로 매우 다른 경험을 해 왔었다(Collins, 1990). 여성주의 제2세대의 또 다른 도전은 레즈비언 관점 이론에서 비롯되었다. 레즈비언 여성주의(lesbian feminism)에서는 '강박적 이성애(compulsory heterosexuality)'가 모든 여성이 이성애자임을 가정하고 그렇지 않은 여성들은 일탈이라고 여겼던 개념이라고 비판하면서 성적 취향과 젠더 이론을 통합했다(Rich, 1980).

여성 경험의 다양성에 대한 여성주의자들의 비판은 가족생활 변화와도 밀접히 연관되어 있다. 여성주의 운동 및 여성주의학은 더 많은 중산층 여성들이 다시 유급노동자가 됨에 따른 보육시설의 부족, 가정노동시장에서의 여성에 대한 이중 압박, 눈에 보이지 않는 가사노동 등의 문제를 드러냈다. 여성주의운동은 낙태, 강간, 성추행, 아내 학대, 아동 학대, 포르노 등 이전에 누구도 개념화하지 않았던 문제들을 거론했다(Freedman, 2002). 가족학에서 여성주의이론은 젠더(즉, 남성과 여성)와 세대(아버지/어머니/아들/딸) 등에 기반한 수직적 관계에서 어떻게 권력이 가족구성원에게 영향을 미치는지를 설명하기 시작했다(Osmond & Thorne, 1993; Walker & Thompson, 1984).

Barrie Thorne(1982)은 가족역할과 관계를 자연스러운 것으로 여기기보다 더 비판적으로 분석하기 위해 어떻게 주류 가족이론에 대한 여성주의자들의 비판이 '가족(the family)' 재정립을 위한 방법을 가능하게 하는지를 요약했다. 첫째, 여성주의자들은 전통적 가족이론이 가족이라는 것을 단 한 가지의 형태, 즉 핵가족 관계, 가정(the home), 사랑의 유대와 연관되어 있는 변치 않은 집단의 단일한 구조로 가정하는 것에 도전장을 내밀었다. 모든 다른 형태는 일탈로 규정되었다(제1장 참조). 둘째, Thorne은 가족이 자연적이고 생물학적인 관계(예: 출생, 질병, 죽음)에 놓여 있음에도 가족을 "성생활, 생식, 어머니기, 젠더에 기반한 노동분배, 젠더 분류 그 자체" (1982, p. 6)에 의해 분석되어야 한다는 여성주의자들의 주장에 대해 설명했다. 셋째, 여성주의자들은 가족이론이 기능주의(제2장)이며, 이러한 이론들은 성별분업을 역할의 의미로 해석함으로써 "실제 가족 행동의 복잡성을 희미하게 하고 표현적 그리고 도구적 활동들이 상호배타적이라는 거짓된 가정을 한다"(1982, p. 8)고 비판하였다. 이러한 초기 통찰력은 사회 구성적 젠더와 '젠더 수행하기(doing gender)'(West & Zimmerman, 1987)로 수용되는 개념, 다양한 가족에서의 '가족 수행하기(doing family)'(예: Nelson, 2006; Perlesz et al., 2006)에 대한 향후 분석의 기본을 다지게 했다. '수행하기(doing)'는 젠더의 차이는 자연적이거나 생물학적 차이가 아니라 사회적으로 구성된다는 사실을 나타낸다.

따라서 제2세대에서의 여성주의이론가, 운동가, 비평가들은 사회운동을 통해 여성들을 위한 높은 수준의 경제적, 생식적, 성적 평등이 필요함을 주장하였다. 서구사회를 넘어 세계적 관점에서 여성주의를 이해할 필요성(초국가적 페미니즘, transnationalist feminism), 젊은 여성들이 공감했거나 혹은 공감하지 않았던 여성주의 사상과 실천방법, 남성들의 경험(남성학), 비판적 인종이론(critical race theory)(Burton et al., 2010; Few-Demo, 2014), 여성주의이론 그 자체의 유용성에 대한 의문이 여성주의운동을 새로운 운동으로 이끌고 있는 문제점들이다(Elam & Wiegman, 1995).

여성주의 제3세대. 두 번째 물결은 이성애자이면서, 백인이며, 제1세계에 속하고, 젊고 비장애인이어서 남성의 특권과 거의 비슷한 주류 문화에 속하지 않는 여성들의 도전에 의해 사라져 갔다. 제3세대 여성주의는 경제적 불이익, 인종, 성적 취향, 장애, 연령, 국적, 그리고 기타 중요한 형태의 사회적 차이점에 있어서 법적 정의와 사회 변화를 위해, 한 가지 형태의 페미니즘이 모든 여성의 경험이나 욕구를 반영할 수 없음을 인정했다. 『연령, 인종, 계급, 그리고 성: 차이를 재정의하는 여성들(Age, race, class, and sex: Women redefining difference)』이라는 에세이에서, Audre Lorde는 "두 자녀를 둔 49세 흑인 레즈비언 여성주의 사회주의자이며 인종이 다른(interracial) 커플"(1985, p. 114)인 자신의 경험과 이러한 모든 정체성은 분리될 수 없다는 것을 호소력 있게 써 내려갔다. 따라서 두 번째 물결에서부터 얻은 중요한 교훈 중 하나는 다름의 정치에 대한 제3세대 물결로 이어졌다. 다시 말해, 세 번째 물결의 여성주의이론은 일괄적인 형태의 지식이 아니라 그 상황에 따라 독특함을 반영한다(De Reus, Few, & Blume, 2005). 경영자 위치에 있는 미혼모는 도움을 주는 고용인이 있을 것이다. 반면, 경제적 자원이 없는 미혼모는 가족지원망이 있는 경우에는 여기에 의존하지만, 그렇지 않은 경우에는 직장과 양육 사이에서 어려운 결정을 경험할 것이다.

제3세대 중 나타난 두 가지 중요한 이론적 수정은 포스트모던 여성주의와 퀴어 이론이다. 첫째로, 포스트모던 여성주의(postmodern feminism)는 정상적이고 자연적으로 보여져 왔고 받아들여져 왔던 것들을 드러내고 저항함으로써 젠더 체계와 이 체계를 지탱하는 관습들을 해체한다(Baber, 2009). 이 이론은 '젠더 풀어내기(undo gender)' 방법들을 제안한다(Butler, 2004). 예를 들어, 여성의 생식적 삶에 대한 포스트모던식 접근은 모성 의무, 즉 모든 여성이 아이 출산을 원한다는 가정에 이의를 제기한다. 또한 이 접근은 모성이 여성이 할 수 있는 가장 만족도가 높은 역할이라는 신념에도 이의를 제기한다. 이러한 가정들이 모든 사람에게 적용되지 않으므로 포스트모던 여성주의는 이처럼 당연히 받아들여졌던 가정들에 대한 의문을 제기하였다.

두 번째로, 퀴어 이론(queer theory)은 성적 성향을 정신병, 의학적 문제, 혹은 본질적인 정체성 범주로 여기기보다는, 성적 성향의 사회적 구성에 관심을 둔다. 레즈비언, 게이, 바이섹슈얼, 트랜스젠더, 혹은 퀴어(LGBTQ) 개인들이 어떻게 사회 규범으로부터 일탈하는지에 초점을 맞추기보다 퀴어 이론은 이성애가 정상적인 것이므로 퀴어들이 정체성과 성적 성향, 그리고 가족이라는 개념을 '망친다'고 보는 그 근원적인 생각에 의문을 제기한다(Oswald, Blume, & Marks, 2005). 퀴어 이론은 모든 사람이 이성애자이고 이성애자여야만 한다고 당연하게 받아들여졌던 가정에 도전하고 어떻게 사회제도가 사회에 순응하라는 압력을 통해 이성애규범성(heteronormativity)을 유지하는지를 드러낸다. 예를 들어, 중요한 가족 행사와 연관된 행사들은 이성애규범성에 대한 기대를 강화하기 위해서 계획된다. 대형서점에서 볼 수 있는 연하장 코너를 생각해 보자. 어떤 종류의 카드들이 있는가? 카드에 그려진 사람은 누구인가? 이성애자 커플일까 아니면 게이 커플일까? '남편' '아내'를 위한 카드가 있는 곳이 있고 카드 그림은 하나하나는 모든 사람이 이성애자라는 가정 아래 유머스럽게 그려진다. 퀴어 이론은 우리의 일상생활 내 이성애주의적 현실의 불평등을 보여 주고, van Eeden-Moorefield와 Proulx(2009)의 사이버 여성주의 방법을 이용해서 남성들의 커플 정체성에 대한 인식 연구처럼 LGBTQ 개인들과 그들의 지지자들에 대한 창의적인 연구 방법을 제시한다.

여성주의 제3세대의 또 다른 공헌은 세계적 페미니즘의 국제적 관점을 포함해야 함을 주장해 온 것이다. 이제 여성주의이론화는 여성을 일반적인 집단으로 기술하는 것을 넘어 여성들의 경험은 사회적으로 만들어지고 지리학적·국가적 상황에 따라 매우 다름을 인식한다. 비서구 사회의 LGBT 자녀와 부모에 대한 Lubbe(2013)의 연구를 살펴보자. 예를 들어, 많은 아프리카 국가에서는 동성애 관계가 불법이고 징역과 같은 형벌을 동반한다. 이는 게이와 레즈비언들에게 침묵과 은폐를 강요하며 이러한 가족들을 눈에 띄지 않도록 한다. 그러나 개인들이 가족 안에서 젠더, 성적 성향, 경제적 상황들을 통합하는 방법은 일반적으로 서구의 방법과는 다르다. 남아프리카 국가에서는 여성끼리의 결혼이 존재하나 레즈비언이라고 불리지 않는다(Lubbe, 2013). 따라서 미국에서는 여성들 간의 우정이 연구주제일지도 모르나 개발도상국가에서는 영유아 살해 혹은 문맹이 더 중요할 수도 있다. 초국가적 저자들의 목소리와 경험들을 전적으로 통합하려고 시도하는 이러한 국제적 여성주의의 추세는 근본적으로 '페미니즘은 무엇인가?'라는 인식에 이의를 제기한다.

여성주의 제4세대. 여성주의 제4세대는 여성들의 완벽한 인간성(personhood) 추구에서 여전히 갈 길이 멀다는 것을 인지한 젊은 현대 여성들로부터 시작되었다. 여성들은 '모든 것을 다 가질 수 있다'는 사회적 신념이 제대로 작동하지 않는다는 것을 깨달았다. 결혼 및 부모기, 레즈비언 권리, 경제적 발전 등에서의 형평성(equity)의 문제처럼 많은 장애물이 여전히 존재했다. 이러한 인식은 이미 많은 투쟁에서 승리를 거두었음에도 여전히 유리 천장(glass ceiling)을 경험하는 젊은 여성들에게서 시작되었다. 유리 천장은 특권을 지닌 백인 남성과 동등한 경력발전 기회를 갖지 못하게 함으로써 여성과 비주류 집단 구성원들이 낮은 지위에 머물게 하는 보이지 않는 장애물을 칭한다. '유리 천장' 비유는 장애물이 표면적으로 드러나지 않기 때문에 문제를 제기하거나 변화시키기 매우 어려움을 의미한다.

더욱이 여성주의의 제4세대는 다시 시작한 최근 여성주의 연구와 운동에 대한 청년들의 관심에서 비롯되었다(Baumgardner, 2011). 한때 2세대에서 주장되었던 '사적인 것이 정치적인 것이다'를 통해 젊은 여성주의자들은 대담한 통합을 보여 준다. 예를 들어, 온라인 잡지인 『일상에서의 페미니즘(Everyday Feminism)』은 가부장적 교차성(patriarchal intersectionality) 등 기본적인 여성주의이론 및 개념 정의들과 함께 자아 존중, 섹스, 사랑, 신체상, 폭력, 직업 등 흥미로운 기사들을 제공한다. 사례 연구에서 루크는 여성주의의 제4세대로 여겨질 수 있다. 루크는 어머니가 평등을 위해 했던 일들을 존경하고 인정하며 남자임을 당연한 특권이라고 여기지 않기 때문이다.

젊은 학자들과 운동가들 사이에서 새롭게 여성주의가 이론화되는 양상은 연구와 집필에 있어서 좀 더 분명한 자아 성찰을 포함하는데(Christensen, 2015; Magalhães & Cerqueira, 2015를 보라), 이를 반영성(reflexivity)이라고 부른다. 가족학에서 여성주의이론은 연구과정 이해에 있어 개인적 경험을 중요시하는 유일한 체계일 것이다. 반영성은 여성주의이론을 개인의 삶과 학문에 적용하는 의식적인 성찰적 행동을 말한다(Allen, 2000). 여성주의의 성찰적 행동은 젠더와 이의 상호교차성을 연구하는 데 있어 유사점과 차이점 간의 긴장을 끊임없이 인식함으로써 연구자가 솔직할 수 있도록 도와준다. 여성주의자들은 그들의 삶에서 경험했던 억압과 거시적 경험의 관계를 인지함으로써 새로운 분야를 개척해 왔다.

예를 들어, Slater(2013)는 장애 청년들에 대한 연구에 자신의 성장과 학업을 마친 과정, 대학교 교수로서의 성인 역할로의 전환 경험을 장애 청년들에 대한 연구에 통합한다. 연구자로서 거리를 두기보다는 젊은 여성주의 사상가들은 여성주의가 어떻게 그들에게 영향을 미치는지 그 과정에 비판적으로 참여한다. 이들은 여성주의 원리인 억압과 저항을 사용할 수 있는 방법을 변화시키고 있다. 가족학에서 몇몇 여성주의자가 사용하기는 했지만(Allen, Lloyd, & Few, 2009; Lather, 2007), 연구 과정에 대한 개인적 성찰을 표함하는 이론화는 아직 드물다. 그러나 이러한 투명함은 왜 연구자가 그 주제에 지대한 관심이 있는지를 이해하는 데 도움이 될 수 있다.

글상자 8-1 여성주의이론 한눈에 보기

- 젠더 불평등(Gender equality): 여성주의들은 모든 사람의 젠더 평등 보장에 관심이 있다.
- 상호교차성(Intersectionality): 인종, 계층, 젠더, 성별, 종교, 나이 그리고 국적 등 다양한 억압의 제도가 어떻게 교차하면서 이익과 불이익을 만드는가
- 실천(Praxis): 지역적 그리고 전 세계적 사회 변화를 위해 이론을 실천에 적용하는 것
- 가부장제(Patriarchy): 남성들이 여성들보다 더 많은 특권, 힘, 그리고 가치를 갖는 남성 위주의 제도
- 반영성(Reflexivity): 스스로의 삶과 학문에 여성주의 지식을 적용하는 의식적이고 재귀적 실천
- 젠더 수행하기(Doing gender): 젠더는 생물학 기본이 아닌 사회적으로 형성되는 행위이다.
- 특권과 억압(Privilege & Oppression): 사회 기관과 상호작용이 엘리트 집단에 가치를 두고 소수집단에게 불이익을 형성하는 사회 내 권력의 차이

주요 개념

앞서 논의했듯이 여성주의이론화의 주요 분야는 평등, 권력, 특권, 억압, 상호교차성(intersectionality)을 포함한다. 이제 여성주의이론과 가족학에서 이러한 개념들이 어떻게 정의되고 사용되는지를 살펴보려 한다. 여성주의 역사학자인 Estelle Freedman은 이론이자 실천으로서의 여성주의의 네 가지 본질을 다음과 같이 규정했다. 첫째, "여성주의란 여성과 남성이 본질적으로 동등한 가치가 있다는 신념이다. 대부분의 사회는 남성 집단에게 특권을 부여하기 때문에 사회운동은 젠더와 다른 사회적 위계가 교차함에 대해 이해하면서 남성과 여성 간의 평등을 성취해야 한다" (2002, p. 7).

동일 가치. 여성의 가정과 직장에서의 경험은 남성의 경험만큼 가치가 있다. 동일 가치(equal worth)에 대한 생각은 남성의 지식, 삶, 세상에 존재하는 방식이 더 우월하므로 여성들은 남성과 똑같고 동등하고 싶어 한다는 생각에 이의를 제기한다. 대신 동일 가치 가정은 여성이 어떤 일을 하든지, 즉 출산, 육아, 보육, 혹은 교육 등 전통적으로 여성적인 일들도 전통적으로 남성들이 해 온 일만큼이나 가치가 있다는 것이다(Freedman, 2002). 여성의 경험을 중요시한다는 것은 남성의 삶이 가치 측정을 위한 최적표준이 아니라는 것이다. 그리고 여성의 경험은 사회적·정치적 삶에 중요한 영향을 준다.

특권. 어떤 사람들과 집단들은 다른 사람 또는 집단에 비해 더 유리하다. 특권(Privilege)은 젠더, 인종, 계층, 성적 성향, 연령 그리고 사회가 인간관계 구조화 및 규제하는 방식에 의해 사회 내 특정 사람들이 갖고 있음이 당연하게 받아들여지는 권리로, 법적 권리와 사적 권리 모두를 의미한다. McIntosh(1995)는 백인 특권(white privilege)과 마찬가지로 남성 특권을 인생이라는 여행에 가져갈 수 있는 보이지 않는 이점들로 채워진 배낭임을 지적하였다. 현대 사회에서는 많은 문화에서 부모 남아선호사상으로 표현되는 것과 같이 남성의 특권은 남아들에게 더 많은 가치를 두는 것을 포함하는데, 이는 더 이상 유효하지 않은 상속 규칙에서 기원하였다. 이러한 보이지 않는 특권은 또한 남성의 공식적 권리를 포함하는데 1920년에서야 미국에서 여성들에게 주어졌던 투표권 혹은 정치적 공직을 차지할 수 있는 권리 등이라고 할 수 있다. 남성만큼이나 쉽게 여성들이 공직 선거에 출마할 수 있는 듯 보이지만, 미국 대통령 그리고 부대통령에 출마한 여성들에게 대한 면밀한 검토를 생각해 보라. 똑같은 관직에 출마한 남성과 여성에게 같은 질문을 하는가? 남성 후보자가 상원의원 업무와 양육을 어떻게 조정할 것인지 이야기해야만 하는가? 역으로 특권을 갖는 직책을 원하는 여성을 더 면밀히 검토하는가?

보이지 않는 배낭에 대해 생각할 수 있는 또 다른 방법은 공직에 출마하는 것보다 더 사적으로 행해지는 남성과 여성의 일상적 현실을 고려하는 것이다. 전통적으로 가정에서 어떻게 육체적 노동이 분배되는지를 생각해 보라. 누가 '집안'일을 하고 누가 주로 '집밖'일을 하는가? 여성들은 전통적으로 요리, 청소, 세탁, 그리고 주양육을 한다. 이러한 업무는 매일 해야만 하는 것들이다. 즉, 가족들은 주로 하루 세끼 식사를 하고, 적어도 일주일에 한번은 세탁을 해야 한다. 청소 아니면 최소한 정리정돈은 매일 해야만 한다. 예를 들어, 침대 정돈과 설거지 모두 매일 하는 가사활동이다. 반면에 남성들은 주로 '바깥' 업무를 도맡아 한다. 잔디를 깎고 눈을 치우고 쓰레기를 내다 버리는 등의 일이다. 이러한 일들은 매일 하지 않는다. 잔디를 깎는 것은 주 단위로 하는 행위일 뿐 아니라 특정한 계절에만 필요하다. 쓰레기도 매일 내다 버릴 필요가 없고 일주일에 두세 번 정도이다. 남성과 여성 사이의 배분의 큰 차이점들에 대한 분석 없이 특권을 재창출하고 있다. 사람들이 고려조차 않기 때문에 특권은 눈에 보이지 않는다. 현실에서 두 번 생각하지 않고 이점과 불이익을 재생산할 때 우리는 그저 '항상 해 왔던 것을 할 뿐인데……'라는 생각으로 일상생활을 한다. 이렇게 당연하게 여겨지는 특성이 특권을 더욱 강하게 만든다. 특권을 실제로 보기 위해서는 우리는 멈추어 생각해 보아야만 한다.

사회운동. 사람들은 개인, 가족, 사회 수준에서의 차별대우와 노력 없이 얻는 특권을 인식하기 시작할 때 불평등한 특권에 대한 의식(consciousness)을 형성한다. 개인 수준에서의 의식 고양은 더 큰 사회적 움직임을 시작하도록 돕는다. 1960년대에 시작되었던 여성 해방 운동(The Women's Liberation Movement)은 여성을 위한 정의가 일차적 관심사임을 명백히 밝혔다(Freedman, 2002). 사회운동(social movements)은 여성주의에 필수적인 사회 변화를 향한 집단적 운동이다. 운동가의 참여는 개인적으로 하는 참여, 즉 대학 내 여성학 수업을 듣는 것이나 아이에게 젠더 중립적 장난감을 주는 것들을 포함한다. 또한 개발도상국이나 여전히 여성의 완전한 사회참여를 금지하는 국가에서의 여성의 인권 참여와 완전한 시민권을 획득하기 위한 국가적 또는 세계적 운동에 참여하는 것도 포함한다(Naples, 2002). 그러나 여성들이 시민운동, 생태학, 사회주의, 종교적 원리주의 등 다양한 사회운동에 참여할지라도 가부장적 권위를 간과하거나 표명한다면 이러한 운동들은 여성주의가 아니다. '남성 주도(가부장제)'에 대한 비판과 여성 삶의 향상을 중심에 두는 사회운동을 여성주의라 할 수 있다(Freedman, 2002).

사회적 위계(social hierarchy). 지금까지 주로 여성주의를 젠더 차이(남성 대 여성)에 대한 비판으로서 언급해 왔다. 그러나 지난 수십 년간의 여성주의이론과 여성주의

운동의 가장 중요한 교훈은 젠더가 계층, 인종, 성적 성향, 그리고 문화에 근거한 사회적 지위와 밀접하게 연관이 있음에 대한 인식이다. 젠더가 축약된, '여성'이라는 보편적인 개념의 해체가 유색인종 여성과 레즈비언, 양성애자인 여성, 트랜스젠더들과 노동계층 여성, 초국가적 여성, 다인종 및 다문화 남성과 여성에 의한 비판으로 일어났다. Freedman은 다음과 같이 기술하였다.

> 남성에게 특권을 부여하는 사회적 위계가 만연함에도 불구하고 모든 문화에서 특정 여성들은(엘리트나 시민권자) 많은 다른 여성(노동자 혹은 이민자)보다 더 많은 기회를 누린다. 어떤 여성들은 많은 남성에 비해 항상 더 높은 위치에 있다. 만약 이러한 교차적인 사회적 위계를 무시하고 특권이 있는 여성들에게만 이익을 주는 여성주의를 만든다면 여성의 기회 향상이라는 이름 아래 우리는 여성과 남성 모두에게 불이익을 주는 또 다른 사회적 불평등을 증가시키는 것이다(2002, p. 8).

Freedman은 다양한 지위가 이익 혹은 불이익을 형성하기 위해 교차할 수 있는 방법을 언급하면서, 계층, 인종, 민족성, 성별, 장애 및 연령 등 다양한 지위에 대해 폭넓게 이해하기 위해 여성주의이론을 확대했다. 예를 들어, 가족 내 젠더가 어떻게 작용하는지는 상황에 달려 있다. 즉, 젠더는 부모(성적 성향과 결혼상태) 혹은 자녀의 젠더(또는 나이와 세대) 등 상대방의 젠더에 따라 매우 다르게 표출된다(Goldberg, 2010; Tasker, 2013). 젠더는 남성과 여성이 가족에 기여하는 사회적 자원과 경제적 자원에 따른 차이에 의해 더 복잡해진다. 가족 내에서 그리고 서로 다른 가족들 간에 매우 다른 방식으로 젠더는 중요한 영향을 미친다.

상호교차성과 억압체계. 여성주의이론은 젠더 위계를 넘어 다양한 억압체계를 포함하도록 확대되었다. 억압체계는 사회 내 개인들을 계층화하고 대상화하는 서로 맞물려 있는 위계이다. 이러한 계층화의 결과로 특정 집단은 주류 사회에 의해 하위층으로 정해진다. 제3장 갈등이론에서 다뤘듯이 엘리트 집단의 구성원들은 기회 및 보상에 접근이 용이하다. 그들은 경험을 정의하고 의미를 창조하며 규범을 만들고 제재를 가할 수 있는 권력을 지니고 있다(Collins, 1990; Few-Demo, 2014).

인종, 계층, 젠더, 성별, 종교, 국적과 같은 사회적 위치들은 상호 간에 서로를 형성하는 능력을 지니고 있다(Collins, 1990; Mahler, Chaudhuri, & Patil, 2015). 상호교차성(intersectionality)은 특권과 불이익을 동시에 경험할 수 있는 위치의 정치학이다(Few-Demo, 2014; McCall, 2005). 불평등 트랙에서 묘사했던 것처럼(제3장) 특권은 개인이 더 높은 가치를 지닌 사회적 지위를 소유하는 정도라고 할 수 있는데(예: 부유한 백인 남자), 그들은 별다른 노력 없이 더 많은 길을 열어 준다. 특권을 가진 사람은 경찰 검문을 덜 받게 될 것이고 일류 학교에 입학할 경우가 더 많으며 어울리는 배우자를 찾을 가능성이 높다. 그러나 모든 사람이 '모든 것을 갖는' '이상'에 맞춰 살지는 않는다. 즉, 어떤 사회적 지위들은 다른 것들보다 가치가 덜하다. 이성애자에 비해, 동성애자들은 평가절하된다. 따라서 동성애자인 부유한 백인 남자는 상호교차성과 대면해야 한다. 즉, 그는 젠더, 인종, 사회계층으로 인한 특권을 지니고 있지만 성적 성향 때문에 불이익을 받고 소외된다. 그리고 아버지가 되는 데에도 영향을 받는다. 동성애자에 대한 고정관념과 오명을 생각해 보면 게이인 남성이 자녀를 갖는 것은 어렵다. 그러나 경제적 자원이 있는 게이 남성은 대리모를 고용할 수 있으므로 이는 다시 가족 생활에 있어 계층이 젠더 및 성적 성향과 어떻게 교차하는지를 보여 준다(Berkowitz, 2009; Goldberg, 2012).

헤게모니적 남성성. 이 장의 앞부분에 남성 지배 체계로 정의되었던 가부장제도는 헤게모니적 남성성을 통해 강화된다. 헤게모니적 남성성(hegemonic masculinity)은 "남성의 역할, 기대, 정체성이 여성보다 우월하다고 정의하는 관습"(Connell & Messerschmidt, 2005, p. 832)이다. 어떤 이들은 헤게모니적 남성성을 얻는 것이 쉽지만 모든 남성이 그런 것이 아님은 명백하다. 헤게모니적 남성성의 이상형은 성공했으며 이성애자이고 결혼했거나 여성과 이성교제를 하며 공격적이고, 지배적이며, 강하고, 부유하며 힘이 있는 사람이다. 현대 미국 남성성의 이상을 묘사한 [그림 8-2]를 보라.

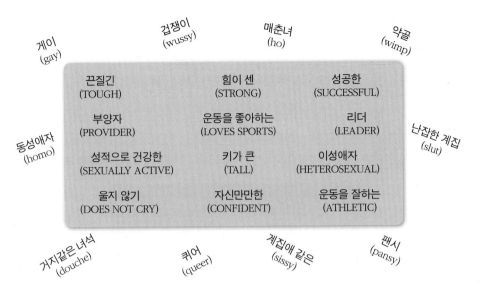

게이
(gay)

겁쟁이
(wussy)

매춘녀
(ho)

약골
(wimp)

끈질긴
(TOUGH)

힘이 센
(STRONG)

성공한
(SUCCESSFUL)

부양자
(PROVIDER)

운동을 좋아하는
(LOVES SPORTS)

리더
(LEADER)

성적으로 건강한
(SEXUALLY ACTIVE)

키가 큰
(TALL)

이성애자
(HETEROSEXUAL)

울지 않기
(DOES NOT CRY)

자신만만한
(CONFIDENT)

운동을 잘하는
(ATHLETIC)

동성애자
(homo)

난잡한 계집
(slut)

거지같은 녀석
(douche)

퀴어
(queer)

계집애 같은
(sissy)

팬시
(pansy)

[그림 8-2] 남성 상자

[그림 8-2]의 '남성 상자' 안의 단어들은 남성이 어떻게 행동해야 하는지를 위한 지표이다. 상자 밖의 단어들은 '남성 상자'에 맞지 않는 남성들을 묘사할 때 사용되는 표현들이다. 모든 남성이 이러한 남성성의 '이상형'을 획득할 수 없음에도 이는 여전히 남성들을 평가하는 기준이다. 더욱이 남성들을 위한 규범으로 사용되는 헤게모니적 남성성을 위해서는 여성들 역시 여성성을 강조하는 것이 필요하다. 즉, 이러한 남성성의 이상형은 여성들에 의해 행해지지 않는다. 여성들은 헤게모니적 남성성과 상반된 이상형을 충족시켜야만 한다. 따라서 여성들은 온순하고, 순종적이며, 섬세하고, 예쁘고, 남자에게 의존해야 하며, 성적으로 매력적이어야 하지만 지나쳐서는 안 된다.

남성 상자에 관련해 미리 규정된 젠더 행위에 대한 이분법에 대해 생각해 보라. 남성 상자에 맞지 않는 남성을 표현하기 위해 쓰이는 단어들에서 무엇을 볼 수 있는가? 실제로 대부분의 단어는 그 속성에 있어 여성적이고, 이는 사회적으로 우리는 여성성이 아닌 남성성에 가치를 두고 있음을 의미한다. 우리가 한 남성을 무시한다면 그를 여성스럽게 묘사하거나, 더 심한 경우에는 그를 지칭하기 위해 여성과 관련된 부정적이거나 비방하는 단어를 사용한다(예: 암캐, 겁쟁이). 이는 헤게모니적 남성성이 강력하고 기능적이기 위해서는 여성들은 여성스러운 성향을 강조해야 한다는 사고에 중요성을 부여한다. 이는 다시 남성이 남성성 규범에서 벗어날 때 그들을 비방하는 여성적 단어들로 부르게 된다. 이것은 우리 사회 내에서 어떻게 젠더를 '수행'하는가에 대한 이분법적인 개념을 유지하는 데 도움을 준다. 지배적 남성성과 강조된 여성성은 인종, 계급, 젠더, 그리고 성적 성향에 관계없이 모든 사회구성원이 평가받는 기준을 세운다.

글상자 8-2 대중문화 속 여성주의이론: 〈터프 가이즈(Tough Guise)〉

〈터프 가이즈〉의 한 장면(1999)

잭슨 카츠는 유명한 성폭력 방지 훈련가로 미국 사회의 남성성에 대한 현대적 인식을 비판하기 위해 두 개의 다큐멘터리를 만들었다. 〈터프 가이즈〉와 〈터프 가이즈 2〉는 가정 폭력 발생률과 남성들이 사회에서 폭력범죄의 90% 이상을 저지른다는 놀라운 통계를 살펴본다. 그러나 최근까지 우리는 비판적 시선을 가지고 남성성(터프 가이즈)의 사회적 구성을 연구하지 않았다. 카츠는 지배적인 남성성이 지난 60년에 걸쳐 어떻게 발전해 왔는지를 보여 주고 특히 남자아이들의 영웅 캐릭터 모형들의 크기를 안타까운 예로 든다. 1963년 지아이조 장난감이 처음 만들어진 후, 이두박근은 점차로 커져 왔다. 이러한 다큐멘터리의 가장 흥미로운 점 중 하나는 개념의 실질적인 적용이다. 카츠는 남성성에 대한 미디어 메시지뿐만 아니라 우리가 남자아이들과 그리고 남자아이들에 대해서 어떻게 이야기하는지 그리고 우리가 아이들에게 갖고 놀게 하는 장난감에 대해 분석한다. 따라서 이러한 다큐멘터리는 미시적 단계와 거시적 단계의 젠더 분석의 좋은 예라고 할 수 있다.

여성주의이론에 대한 평가

여성주의이론의 강점

여성주의이론은 가족학에서 많은 강점을 가지고 있다. 모든 이론 중에서 가장 역동적이고 흥미로우며 적용성이 높고 논란이 많은 이론이다. 그리고 많은 종류의 여성주의이론이 있다는 가변성 때문에 사용하는 데 어려움 또한 있을 수 있다. 이 장에서 계속 논의했던 것처럼, 여성주의이론은 복잡성과 모순으로 가득하다.

가족 내 권력 역동에 대한 비판. 여성주의이론은 결혼 및 가족 내 불평등과 권력 역동에 대해 직접적으로 이의를 제기하는 유일한 관점이며 사적인 변화 및 공적인 사회 변화를 추구한다. 여성주의이론은 성별화된 가족역할의 분리라는 일반적 가족구조에 이의를 제기하면서 시작했다. 당연하게 여겨지던 이러한 가족구조에 여성주의자들은 도전했고, 이는 눈에 보이지 않는 노동, 가정 폭력, 가족 내 불평등한 권력의 분배와 다른 많은 개념을 드러냈다(Walker & Thompson, 1984). 여성주의이론은 우리가 '가족을 다시 생각'하고, 가족 내에서 어떻게 젠더가 재생산되는지에 대한 새로운 질문을 하며 힘의 불평등 분열을 위해 젠더가 해체될 수 있는지를 가능하게 했다(Thorne, 1982). 여성주의이론은 또한 여성의 경험으로부터 가족을 재구성함으로써 가부장제의 해체 가능성을 제시한다(Baber & Allen, 1992).

여성의 목소리를 듣고 가치를 부여함. 여성주의이론의 또 다른 중요한 강점은 연구대상의 의견을 진지하게 받아들인다는 것이다. 자료 제공자들에게 직접 찾아가서 억압당해 왔던 자들의 경험을 그들의 언어로 기록하기 위해 여성주의이론을 따른 대부분의 가족연구는 질적 연구 방법을 써 왔다. 가정 내 의무들에 대해 여성을 심층면접함으로써 눈에 띄지도 않고 인정받지 못하며 금전적 보상도 없이 여성에게 부여되는 성별화된 가사노동에 대해 알게 되었다(Lopata, 1971; Oakley, 1974). 여성과 가족구성원들에게 귀를 기울이며 이전에 연구되지 않았던 주제들을 고찰하고 그들의 경험에 대해 관심을 가짐으로써 새로운 통찰력을 얻게 되었다. 또 다른 예로, MacTavish(2017)는 시골의 이동주택 단지에 사는 저임금 부모와 자녀들을 연구했다. 그 사람들의 시선을 통해서, MacTavish는 그들의 소외감을 밝혔을 뿐만 아니라 이러한 계층에 의해 분리된 학교, 배타적인 여가 프로그램과 사회적 낙인과 같은 증거를 제시하면서 이 연구결과를 뒷받침하였다. 여성과 그 가족들의 목소리를 듣고 이를 진지하게 받아들이는 것은 여성주의이론의 특징이며 강점이다.

변화에 대한 적응성. 여성주의이론이 새로운 지식, 사회 변화, 스스로와 서로를 비판하는 여성주의 학자들의 성찰적 특징(reflexive quality) 아래 끊임없이 수정된다는 점이 세 번째 강점이다. 여성주의는 현 상태에 만족하지 않는 역동적이고 유동적인 이론이다. 다시 말해, 여성주의이론은 학자와 활동가들이 오래된 개념과 쉬운 해결책에 안주하지 않기 위해 이의를 제기하는 논란이 끊이지 않는 이론이다. 따라서 여성주의자들은 먼저 생물학적 성역할과 젠더 역할의 관점에서 가족 내 젠더를 연구하고, 자신들의 아이디어를 비판한 후에, 여성주의이론이 이론적 개념으로서의 성과 역할에 대한 한계점을 밝히는 새로운 아이디어를 제공했다. 대신, 한 세트인 젠더는 남성과 여성이 어떻게 젠더를 수행하느냐 하는 것이고 이는 기존에 정적이었던 성(sex)역할 또는 젠더에 대한 생각들을 대신했다(Risman, 2004; West & Zimmerman, 1987). 또한 여성주의자들은 젠더 연구에 상호교차성의 개념을 소개하여 젠더를 수행하는 것이 계층, 인종, 가족 등과 교차하고 있음을 이해하도록 한다(Collins, 1990). 이러한 단어들을 씀으로써, 이러한 생각을 대체할 수 있는 더 새로운 여성주의이론에 대한 아이디어들이 부상할 것이다. 이 글을 쓰고 있는 순간에도 이러한 생각들을 대체할 수 있는 여성주의이론과 관련된 새로운 아이디어가 있을 것이다.

여성주의이론의 약점

여성주의이론에 많은 강점이 있는 것만큼 비판도 많이 있다. 이제까지 기술한 바와 같이 이론의 강점이 때로는 약점이 될 수도 있다. 여성주의이론은 매우 복잡한 사회적 문제와 개인적 문제를 다루고 이러한 문제들을 정치적 맥락에 근거를 두려 하므로 인지적 입장에서 세상을 바라보는 방법으로는 그 유용성에 대한 논란이 있다.

이론인가 이념인가? 여성주의이론에 대한 흔한 비판은 이론이 아니라 이념이라는 것이다. 즉, 젠더 불평등에 대한 관심은 관점의 일부 혹은 세계를 바라보는 방법이지만 다른 이론들처럼 '검증 가능한' 명제가 없다는 것이다. 예를 들어, 구조적 기능주의이론(제2장)은 이전에는 가족 안에서 충족되었던 것들을 외부에 아웃소싱한 것을 약 50%의 결혼이 이혼에 이르는 이유로 설명할 것이다. 따라서 기능주의이론을 통해 이 현상을 살펴본다면 당신은 가족구성원이 사용하는 외부의 사회 기관을 측정할 것이다. 예를 들어, 과거에는 가족구성원들이 정서적 지지에 대한 욕구 충족을 위해 가족의 사적인 영역 안에 머물렀던 반면, 이제는 치료사와 상담을 하러 간다. 수 세기 전에 서구에서 시작했던 산업혁명 이전에는 가족구성원들은 집에서 일했고 자녀를 교육시켰으며 음식을 준비했다. 가족 각 구성원은 특정 '업무'를 갖고 있었고 이는 현대 가족기능과 매우 다른 점이다. 따라서 구조적 기능주의이론을 사용하여 검증 가능한 명제로는 '산업혁명 이후, 가족 외부에 사회 기관에 대한 현대 사회의 의존 때문에 이혼율이 증가해 왔다'를 들 수 있다. 반면에 여성주의이론을 사용할 경우 젠더 이념들이 시간에 따라 어떻게 변해 왔으며 결과적으로 남성과 여성의 역할이 어떻게 변해 왔는지를 연구할 것이다. 여성주의는 이론이 아니라고 주장하는 비판가들은 가족 내 젠더 역할 연구는 중요하지만 검증을 해야 할 만큼 구체적이지 않다고 제안한다. 대신 여성주의는 정치적 이념이라고 제안한다. 그러나 갈등이론(제3장)에 대해서도 똑같은 비판이 있을 수 있음에 주목할 필요가 있는데, 이러한 주장들은 부와 권력에 대한 접근이 모든 사회 질서를 결정한다고 추정한다. 부와 권력은 가족이 운영하는 방식에 영향을 미치므로 앞으로 어떻게 될지를 예상하게 하는 근본적인 과정들로 이를 연구하는 것은 의심할 나위 없이 중요하다.

여성주의이론은 명백하게 여성주의여만 하는가? 가족학 내 여성주의이론을 찾기가 어려운 이유 중 하나는 저자들이 보통 자신들의 연구를 뚜렷하게 여성주의라고 명명하지 않기 때문이다(Ferree, 2010; Thompson & Walker, 1995; Walker, 2009; Wills & Risman, 2006). 지난 3세기 동안 몇 개의 평론과 논문들은 가족학 내에서 여성주의이론과 연구들의 영향에 이의를 제기해 왔다. 이 문제는 부분적으로 여성주의이론에서 파생된 젠더, 권력, 그리고 다양한 사회적 지위와 같은 개념들을 사용하면서도 똑같은 이름으로 부르지 않는다는 것이다. 이처럼 인정해야 하지만 인정하지 않으며 "나는 여성주의자는 아니지만……."이라고 말하는 것과 매우 유사하다. 이러한 부분이 논쟁적인 성격을 띠는 것은 자신들의 연구를 여성주의라고 인정하고 싶지 않으면서도 여성주의 학자들과 운동가들이 일으킨 변화로부터 수혜를 받고 있는 사람이 있다는 사실에서 드러난다. 또한 모든 사람이 동등하다는 현실적 신념에 이의를 제기하는 것도 여성주의이론과 관련이 있다는 것을 보여 준다.

상호교차성(Intersectionality) 측정의 어려움. 상호교차성은 사람들의 삶에서 젠더만으로는 특권, 기회, 억압 등을 측정하기에 충분하지 않음을 인정하고 있으므로 흥미롭고 유용한 이론적 개념이다. 즉, 우리의 삶은 젠더가 다른 형태의 사회계층화와 교차하는 방식에 따라 형성된다. 상호교차성은 상대적으로 학문적 개념으로는 이해하기 쉽다. 그러나 방법론적인 면에서 특히 양적으로 측정하기 매우 어렵다(Bowleg, 2008; McCall, 2005). 우리가 '여성주의이론'의 현재 부분에서 논할 것처럼, Ferree(2010)는 상호교차성을 개념화하는 방법은 지역에 따라 또는 관계에 따라 다를 수 있으며 이처럼 다른 정의들은 이론적 복잡성의 이점을 유지하면서 상호교차성을 유지할 것인가를 제안한다.

대안적 이론: 기능주의이론

이 장에서 여성주의이론의 주요 개념과 기원, 현대적 적용, 강점들과 약점을 기술하였다. 대부분의 학생에게 여성주의이론은 첫눈에 기능주의이론과 극명한 차이를 보인다. 그러나 하나의 현상을 극과 극의 관점에서 설명하기 위해 우리가 어떻게 어플리케이션을 '바꿀 수 있는지'를 살펴보는 것은 유용하다.

기능주의자인 Talcott Parsons와 Robert Merton에 대해 배웠던 제2장을 다시 생각해 보자. Parsons의 사회 변화 이론은 변화는 천천히 시간이 지나면서 발생하고 모든 체계 간의 완벽한 평형이 목표이지만 이러한 상태는 좀처럼 달성할 수 없음을 주장한다. Merton은 이러한 생각을 확장시켜 사회 내 모든 개인이 기존의 사회제도에 적응하는 것은 아니며, 이로 인해 일탈은 자연스럽게 생성됨을 주장하였다. 이것을 여성주의자의 생각이 시간에 걸쳐 어떻게 변화했는지에 관련지어 생각해 보자. 제1세대는 여성들에게 법적 권리를 주는 것에 초점을 맞췄고, 제2세대는 전업주부의 어머니기에 이의를 제기했으며 유색인종 여성들에게 목소리를 주었다. 제3세대와 제4세대는 LGBTQ 목소리를 포함하도록 확대되었으며 학계 내 페미니즘의 전통적 개념의 경계를 확장하였다. 이러한 각각의 변화들은 '일탈한' 목소리의 기능성과 시간에 따라 문화적 제도가 새로운 관점을 포함하기 위해 어떻게 적응했는가에 대한 고려 없이는 가능하지 않았을 것이다. 사회 안에는 기존 체계의 변화를 방해하거나 유발하는 '다른' 목소리들을 위한 장소가 있다. 따라서 사회일탈과 사회변화의 기능적 모델은 어떻게 오늘날의 페미니즘이 되었는지에 대한 이해를 돕는다.

여성주의이론의 적용: 연구와 실천의 통합

여성주의이론의 현재

이론적이고 방법론적 개념인 상호교차성의 복합성을 고려하여 Myra Marx Ferree (2010)는 상호교차성을 개념화하는 두 가지 방법을 제시했다. 첫 번째 형태인 위치적 상호교차성(locational intersectionality)은 빈곤계층, 소수민족 구성원, LGBTQ, 고령자나 장애아동과 같은 취약 계층의 정체성과 사회적 지위와 연관된다. 이 관점은 여러 개의 억압된 사회적 지위에 있는 이들에게 목소리를 부여하고 그러한 다양한 교차점을 가진 사람들이 어떻게 실제적으로 불이익을 경험하는지에 대한 이해를 돕는다. 예를 들어, Nelson(2006)의 한모가정 어머니에 대한 질적 연구에서 여성들은 자신의 삶에서는 이상적인 가족을 형성하지 못했음에도 불구하고, 이상적이고 전통적인 가족 모델에 순응하는 방법으로 자신들의 가족을 만들어 간다. 이를 위해 이 어머니들은 현재는 없지만 미래에 있기를 바라는 남편들의 역할을 자신의 어머니에게 하게 함으로써 그 자리를 확보하였다. 이 한모가정의 어머니들은 전통적 가족을 이루는 꿈을 완성하기 위해서, 거주지와 경제적 안정감, 자녀 양육 지원 등을 자신들의 어머니에게 의지했다. Ferree에 의하면, 이혼한 한모가정의 어머니라는 한 여성의 사회적 위치가 빈곤과 같은 사회적 수준의 제도적 제한점들을 어떻게 반영하는지를 보여준다는 점에서 Nelson의 연구는 위치적 교차 분석의 예시이다.

두 번째 형태인 상대적 상호교차성(relational intersectionality)은 상호교차성이 가장 억압받고 소외된 계층뿐 아니라 모든 개인에게 영향을 미친다는 이론이다. 상대적 상호교차성은 모든 사람에 대한 불평등 유형을 생산하기 위해 상호작용하는 제도적 실천과 사회적 과정을 연구한다는 점에서 위치적 상호교차성보다 그 범위가 넓다(Ferree, 2010). 따라서 정체성은 고정되어 있지 않고 변화하는 문화적 담론과 사회제도들과 함께 변화한다. Dodson과 Schmalzbauer(2005)는 가난한 유색인종 여성들이 복지체계에 대처하는 방법에 대한 연구에서 필요한 자원을 주지 않음으로써 자신들을 통제할 수 있는 권력을 지닌 사회복지 전문가들과 상호작용할 때 이들이 사용하는 전략들과 신중을 기하기 위한 숨기는 습관(habits of hiding)을 발견하고 이러한 현상을 해석하기 위해 관계적 접근을 사용하였다.

여성주의이론 적용 연구 현황

Kathleen Gerson의 연구인 「젠더 혁명의 어린이(Children of the Gender Revolution)」는 다양한 사회적 계층과 인종/민족의 18세에서 32세 사이의 남녀 120명을 심층 면접한 연구이다. 이 연구는 가족 형태(예를 들어, 외부모, 양부모, 맞벌이)가 아닌 가족관계가 이들에게 가장 중요함을 보고하였다. Gerson은 "부모들이 예상치 못했던 경제적 사태와 대인관계의 위기에 직면할 때 생계유지와 육아를 위한 전략을 어떻게 발달시키는지"(2009, p. 740)를 설명하기 위해 여성주의이론을 사용했다. 부모들이 젠더 융통성(gender flexibility)을 발휘했을 때, 그들은 자녀들의 경제적 요구와 감성적 요구를 더 잘 충족시킬 수 있었다. 그러나 젠더 불변성(gender inflexibility)은 자녀들로 하여금 부모가 헤어지거나 경제적 지원이 감소하는 시기 동안 부모님이 겪는 문제들에 대처할 준비가 미흡하다고 느끼게 하고 이러한 점이 자녀들을 어렵게 하였다.

또한 Gerson은 연구 참여자 중 95%가 한 배우자와 평생 동안 유대관계를 지속하기를 원하며 대부분은 평등한 파트너를 원한다는 것을 발견하였다. 그러나 많은 젊은 남성과 여성은 개인의 자율성이 허락되는 맞벌이 결혼은 불가능하다고 걱정하였다. 그들은 이러한 이상의 달성이 가능하게 보이는 큰 사회 변화의 조짐들을 여전히 알아채지 못했다. 결혼관계에서 젠더 평등을 지원할 수 있는 보육과 가족휴직에 대한 선택권이 거의 주어지지 않았고 시간에 쫓기는 직장생활을 해야 했다. 직장을 그만두고 전업주부를 하는 대안책은 많은 여성에게 갈수록 매력적이지 않게 되었고,

여성들은 가정에 눌러앉기보다는 결혼을 미루기를 더 원했으며 결혼은 선택적이며 가역적이라고 여겼다. 그러나 남성들의 경우에는 약간의 변화가 있었지만 전통적이고 불평등한 결혼 관계로 되돌아갈 가능성이 더 컸다. 대부분의 남성은 결혼 내 동등한 공유는 매력적이지만 비용이 많은 드는 것으로 여겼다. 젊은 남성들과 여성들의 이와 같은 상반된 관점은 새로운 세대의 부모, 배우자, 고용주들에게 난제인, 최근에 나타난 젠더 분열을 드러낸다.

여성주의이론의 현장 적용

여성주의이론은 몇 가지 가족 연구 분야에서 중요한데, 가정폭력(Yllo & Bograd, 1988), 가사노동과 기타 무보수 노동 연구(Ferree, 1990; Walker, 1999), 여성주의 육아(feminist parenting, Mack-Canty & Wright, 2004), 집중적인 어머니기(Hays, 1996; Newman & Henderson, 2014), 사회운동, 그리고 여성주의 교육 등이 그 예이다. 여성주의 실천(praxis)을 구성하는 대부분은 현실에 대한 이의 제기, 성별에 따른 노동 정책, 교육 자료 또는 일상생활의 일부분이라고 말하지만 말로는 하지 않는 일상에 대한 정밀한 검토 등을 포함한다. 가족학자들이 여성주의이론을 적용할 수 있는 가장 중요한 분야는 가족생활 교육 프로그램을 평가하는 것이다.

'취학 전 자녀의 어머니 모임(Mothers of Preschoolers: MOP, 2016)'은 국제 기독교 재단으로 어린 자녀들을 둔 어머니들에게 어머니로서의 새로운 역할을 대처하는 것을 지원하는 기독교 재단이다. 취학 전 아동을 둔 어머니들이 모여서 육아의 비용을 분담하고 어머니기를 위로하고 이에 대해 논의한다. 지난 30여 년간, 이 기관은 크게 성장했고 가장 잘 알려진 전업주부들을 위한 지지 집단이라고 할 수 있다.

이 모임은 전체적으로 집중적인 어머니되기 이념을 분명하게 지지하는데 Hays는 이를 어머니가 주 양육자가 되어야 한다는 압력으로 정의했으며, 이는 "돌보고, 치우고, 아이들과 놀아 주는"(1996, p. 99) 것을 포함한다. 이와 같이 자녀의 모든 필요에 항상 주의를 기울이는 자녀 중심의 양육형태를 Hays는 '신성한 자녀(sacred child)'로 불렀다. '신성한 자녀'라는 개념은 어머니 이외에 아버지를 포함한 다른 누구에 의해서도 키워질 수 없다는 결과를 야기한다.

집중적인 어머니되기 이념 조성을 위해 MOP는 주로 어머니되기와 관련한 주제에 적합한 강사를 초대하는 교육 과정을 만든다. 목표는 어머니기를 지원하고 어머니들이 '가장 소외되고, 외로우며, 외부의 도움을 필요'로 할 때 도움을 주는 것이다.

여성주의이론 훈련을 받은 실무자로서 이러한 집단에 팽배한 주요 이념들을 좀 더 주의 깊게 살펴볼 수 있을 것이다. 어린 자녀를 둔 어머니들을 위한 모임들이 실제적으로 전통적 젠더 이념을 강화시키고 따라서 가부장제도를 강화시킨다고 볼 수 있겠는가? 집중적인 어머니되기 이념으로 인해 어려움을 겪게 되고 이로 인해 여성들이 가정에 머무르도록 조장되고 외부 지원을 필요로 하게 되는 건 아닌가? 더욱이, 만일 그리고 실제로 여성이 지원을 바랄 때, 십중팔구는 널리 퍼져 있고 가장 잘 알려진 지원 단체이기 때문에 유명한 단체인 MOP에 대해서 듣게 될 것이다. 여성주의자들은 이처럼 여성들에게 불리한 불이익의 굴레에 시달려야만 하는가? 집중적 어머니되기 이념은 결핍을 형성하고, 이는 지지 집단의 필요성을 야기한 뒤 그 집단의 눈속임 아래 주요한 이념을 강화시킨다. 본질적으로 여성주의는 다양성을 지지하고 따라서 여성의 어머니기 전환을 지원하는 집단 역시 양육의 대안적인 방법들을 지지해야 한다.

MOP 프로그램은 이론적 전문지식을 이용해, 모순적 지지로 가득한 새로 어머니가 된 여성들을 위한 기관이 왜 잘 운영되고 인기가 많은지를 해체하여 분석될 수 있다. 이러한 지지집단이 집중적 어머니되기를 강화시키는 이유 중 하나는 이러한 집단은 사회 내 중간수준 체계(Meso-level)로서 구조적 제도(예: 경제 혹은 종교)와 개인 사이를 연결시켜 주는 사회 집단이라는 것이다(Newman & Henderson, 2014). 미시적 수준(micro-level)에서 여성은 한두 명의 다른 엄마들을 만날 수도 있고, 그들의 양육 전략이나 어머니기에 대한 이상향에 동의하지 않을 수도 있다. 구성원들을 지원하고자 만들어진 전업주부를 위한 유명한 단체에 반대하는 것보다, 한두 명의 개인들에게 동의하지 않는 것이 훨씬 쉽다. 미시수준에서는 개개인의 성격 결함이나 '다른' 것에 대한 개인적 문제로 이해하는 것이 훨씬 쉽다. 그러나 중간수준에서는, 특히 모든 사람이 같은 이념을 따르고 이념에 따른 역할을 잘 소화하는 조직 내에 있다면 전체 조직에 이의를 제기하는 것은 훨씬 더 어렵다.

더 나아가, MOP는 널리 수용되는 크고 제도화된 단체 안에서 친목을 도모할 수 있는 친밀한 집단을 제공한다. 회원들은 다른 회원들을 친한 친구로 생각하며 구성원들 사이에 연대와 결속을 갖는다. 반면에 일하는 아버지와 전업모라는 주류 이념에 이의를 제기할 수 있는 가능성은 거의 없다. 집중적 어머니되기의 원천은 익명성을 지니고 있지만 어디에나 존재한다. 이는 MOP와 같은 중간수준 조직에 대한 연구가 왜 거시수준과 미시수준을 이어 주는 이상적 방법인지를 보여 준다. 이는 중간조직을 통할 때 별다른 노력 없이도 이념 강화가 이루어지기 때문이다.

결론

여성주의이론은 가족학 학자들과 실무자들이 이론적 개념들을 실제 생활에 사용할 수 있는 많은 혁신적인 아이디어에 기여해 왔다. 초기부터 특히 여성의 권리와 연관된 성억압과 특권을 설명하는 방법으로 여성주의이론은 많은 사회적 위치 중 인종, 계층, 성적 성향, 연령, 국적, 그리고 장애 등이 어떻게 특권과 억압의 다른 경험을 형성하면서 교차하는가를 보여 주었다. 궁극적으로, 여성주의이론은 현실에 대한 비판을 제시하고 여성, 남성, 가족의 삶에 있어 중요한 사회적 변화의 길을 제시한다.

마지막으로, 어떻게 여성주의이론이 국제적 가족 연구에 적용될 수 있는지를 이해하는 것은 중요하다. [글상자 8-3]은 전 세계의 젠더 불평등과 억압에 중점을 둔 유엔(United Nations)의 캠페인에서 보이는 제4세대 여성주의 운동주의의 예를 보여 준다. 해리포터 책과 영화로 인해 명성을 떨친 유명한 연예인 엠마 왓슨(Emma Watson)이 이 캠페인을 이끌었다. 때로는 인식을 일깨우고 사회 변화를 촉진시키기 위해 이런 식의 국제적 명성이 필요하다.

글상자 8-3 국제 비교: HeForShe 캠페인

2014년 HeForShe 캠페인이 시작되었고, 유명한 해리포터의 영국인 여배우 엠마 왓슨에 의해 퍼져 나갔다(UN Women, 2014). 여성을 대상으로 하는 폭력을 멈추는 데 남성들을 적극적인 참여자로 포함시키는 것을 목표로, HeForShe 캠페인은 젠더 불평등을 종식시키기 위한 전 세계적 노력이다. 이 운동은 협회 선수들의 가정 내 폭력 사건을 무마하려고 했던 미국 미식축구 협회가 조사를 받은 지 얼마 지나지 않아 시작되었다.

2014년 유엔 여성부 친선 대사인 엠마 왓슨은 자신의 가족에 관한 사적인 이야기를 하면서 공식적으로 젠더 불평등을 멈추기 위한 노력에 남성들의 참여를 촉구하는 유엔 연설을 했다.

남성들이여, 이 자리를 빌려, 당신들을 정식으로 초대합니다. 젠더 평등은 당신의 문제이기도 합니다. 왜냐하면 어린 저는 어머니가 필요했던 것만큼 아버지의 존재가 필요했었음에도 불구하고, 사회는 아버지의 부모역할을 덜 중요시하는 것을 보아 왔기 때문입니다. 저는 정신질환에 고통받는 젊은 남성들이 덜 '남성적'으로 보일까 두려워 도움을 청하지 못하는 것을 보아 왔습니다. 사실 영국에서는 자살이 20~49세 연령의 남성의 주된 죽음의 원인인데, 이는 자동차 사고, 암, 그리고 심장질환을 뛰어넘습니다. 저는 남성의 성공에 대한 왜곡된 인식들이 남성들을 연약하고 불안하게 만드는 것을 보아 왔습니다. 남성들 역시 평등을 누리고 있지 않습니다.

그녀는 또한 어떻게 페미니즘이 '남성 혐오와 동일시'되고 있는지에 대해 논의했는데, 자라면서 그리고 현재도 여자라는 이유로 자신에게 기회를 한정하지 않았던 '의도치 않은 여성주의자들'—부모님, 선생님, 멘토—들의 도움을 받았음을 밝혔다. 여성이 남성들과 동등한 권리를 갖는 국가는 전 세계 어디에도 없다고 덧붙였다. 젠더 불평등에 대한 진정한 변화가 일어나기 위해서는 남성들로부터 시작해야 함을 주장했다.

우리는 젠더 고정관념에 사로잡힌 남성들에 대해 별로 이야기하지 않습니다. 그러나 저는 그들이 자유로울 때, 자연스러운 결과로 여성들에게 변화가 일어나리라고 생각합니다. 만약 남성들이 인정받기 위해 폭력적일 필요가 없다면, 여성들은 복종해야만 하는 필요성을 느끼지 못할 것입니다. 남성과 여성 둘 다 섬세해질 수 있어야만 합니다. 남성과 여성 둘 다 강해질 수 있어야만 합니다……. 만약 우리가 아닌 것들로 서로를 정의 내리는 것을 멈추고 우리가 누구인지 스스로를 정의하기 시작한다면, 우리는 모두 더 자유로울 수 있을 것이고 이것이 여성을 위한 남성이 추구하는 것입니다. 이것은 자유에 관한 것입니다. 저는 남성들이 이 역할을 맡아 주길 원합니다. 그래서 그들의 딸들과 여동생, 그리고 어머니들이 편견으로부터 자유로울 수 있고, 또한 그들의 아들들이 연약할 수 있고 인간일 수 있기를, 그들이 버려야만 했던 그들의 일부를 되찾을 수 있고, 그럼으로써 좀 더 진실되고 완전한 형태의 스스로가 되길 원합니다.

그녀는 청중들에게 만약 그들이 평등을 믿는다면, 그들도 그녀가 말했던 의도치 않은 여성주의자일 수도 있을 것이라고 말하면서 연설을 마쳤다.

추천 멀티미디어

www.hrc.org

인권보호 캠페인을 위한 웹사이트로서 레즈비언, 게이, 양성애자, 그리고 트랜스젠더 평등권을 위한 가장 영향력 있는 시민 단체이다. 웹사이트는 미국 내 주정부별 LGBT 결혼 및 양육권을 비롯하여 커밍아웃 과정, 종교적 문제, 건강과 노화, 주정부, 연방 정부, 국제 옹호, LGBT 문제에 대한 협력자에 대한 안내 등 풍부한 정보를 제공한다. 자료 링크는 이러한 모든 문제에 대한 실상과 지도 등을 모아 놓았다. LGBTQ 문제의 불안정함 때문에, 법과 자료의 변화에 맞추어 웹사이트는 지속적으로 업데이트된다.

이론 앱 활성화하기: 모든 미국 시민은 성적 성향에 상관없이 법적으로 결혼할 수 있다. 이 웹사이트가 직면한 문제점은 무엇인가? 결혼 평등에 있어서 아직 '해결되지' 않은 문제들은 무엇인가?

www.socwomen.org

여성을 위한 사회학자들을 위한 웹사이트로 이 단체는 여성을 위한 교육 및 전문적 기회 증가 및 여성주의 사회 변화 형성 등에 전념하는 사회학자들과 사람들로 이루어진 비영리 과학적 교육적 단체이다. '경제적 대침체 아래에서의 여성, 가난, 그리고 복지' '사회학 상호교차성' '세계적 접근' '생리주기: 여성주의 생애이론(lifespan)' '젠더와 운동' 그리고 '젠더, 성매매, 그리고 사회 정의' 등 여성주의 문제점들에 대한 수많은 탁월한 정보를 제공한다.

이론 앱 활성화하기: 이 단체의 경력 조언 부분을 훑어보라. 이미 특권이 있는 사람에게 주는 조언이 어떠한지 상상하면서 조언의 힘을 '보는 것'은 꽤 유용하다. 댓글들을 읽으면서, 어떻게 특권층의 관점으로부터의 조언이 젠더 불평등의 보이지 않는 힘을 두드러지게 하는지 다시 상상해 보라.

겨울왕국(Frozen, 2013)

이 디즈니 만화영화에서, 자매인 안나와 엘사 공주는 서로 사이가 좋지 않았다. 안나가 겨우 한 번 만난 남자(한스)와 사랑에 빠졌다고 엘사 언니에게 말하자, 엘사는 그들의 결혼을 금지한다. 결국 안나는 한스가 왕실의 권력만을 쫓는다는 것을 알게 되고, 그녀는 그를 내동댕이쳤을 뿐 아니라 그 얼굴에 주먹질을 하며, 배에 실어 떠돌게 했다. 이 영화는 '여성주의' 영화로 고려되지 않을지 모르지만, 여성 등장인물이 남자 영웅에 의해 구해지는 전통적인 '공주' 영화로부터 커다란 문화적 변화를 보여준다.

이론 앱 활성화하기: 여성주의 관점으로 이 영화를 비판해 보자. 이 영화의 대상인 어린 여자아이들에게 미묘한 메시지가 전달되는가?

영화 〈겨울왕국〉의 한 장면

헝거 게임(2012)

대중적으로 잘 알려진 이 영화는 2008년 Suzanne Collins의 소설책에 근거한다. 이 영화에는 여성주의이론의 예들이 몇 가지 나오는데, 특히 카트니스 가족과의 관

계에서 보여진다. 카트니스는 장녀로서 홀어머니와 여동생을 위해 사냥을 하며 부양
자의 임무를 다한다. 카트니스는 가난하고, 여성이며, 한모가정에서 자랐고, 정신질
환을 가진 어머니를 두었기에 상호교차성을 경험한다. 어린 여동생을 대신해 자진하
여 헝거 게임에 참여하게 된다. 영화 내내, 카트니스는 지배적 남성성 특징을 보이는
데 이는 헝거 게임의 제작자들을 불편하게 한다. 따라서 그들은 그녀가 여성성을 강조하
도록 하고 사랑 이야기를 그려 나가게 하면서 그녀의 강한 성품을 축소화시키려 한다.

이론 앱 활성화하기: 10~20년 전 비슷한 이야기를 가진 영화를 생각해 보라. 젠더
불평등을 생각할 때, 우리가 실질적으로 '발전했는지' 아닌지를 살펴보기 위해, 과거
의 유명한 영화들과의 비교는 유용하다. 젊은 여성에 대한 과거의 영화와 비교했을
때, 페미니즘이 이 영화에서 잘 나타나는가?

영화 〈헝거 게임〉의 한 장면

추천 참고도서 및 논문

Calasanti, T., & King, N., "Taking 'women's work' 'like a man': Husbands' experiences
of care work," *Gerontologist*, 47 (2007), 516-527 (doi: 10.1093/ geront/47.4.516).
Calasanti와 King은 다양한 단계의 알츠하이머병을 앓고 있는 아내를 돌보는 남편들을
인터뷰했다. 이 연구에서, 그들은 여성주의 구조적 접근을 이용하며, 어떻게 남성들이
간병에 관련해 남성성을 형성하는지뿐만 아니라 어떻게 그들이 자신들의 사회계층(즉,
구조적 불평등)을 고려했는지를 분석했다. 남성들의 남성성 경험은 인종과 계층에 따

라 매우 다양하기 때문에, 이 논문은 가족 정책 및 이론 발달에 중요하며, 간병인 지원
을 위한 지원 개발과 전략에 도움을 줄 수 있다.

Collins, P. H., *Black sexual politics: African Americans, gender, and the new racism* (New York: Routledge, 2005). Collins는 어떻게 인종차별, 성차별, 이성애주의의 상호교차성이 미국 문화내 인종차별을 더 두드러지게 하는지를 보여 줬다. 그녀는 흑인들의 삶에 영향을 미치고 있는 다양한 문제와 가족, 교육, 직업, 폭력, 감옥, 건강, 대중매체와 대중문화 등 오늘날의 여러 관계를 분석했다.

Gerson, K., *The unfinished revolution: How a new generation is reshaping family, work, and gender in America* (New York: Oxford University Press, 2009). 이 인터뷰 연구에서, 평등한 관계를 추구하는 젊은 남성들과 여성들은 여전히 그들의 세계가 생계 책임과 가사업무 사이의 전통적 차이에 근거한다는 것을 보여 줬다. Gerson은 어떻게 젠더가 그들이 직면한 딜레마에 영향을 미치는지를 밝혔고, 새로운 세대가 일과 가족의 평등한 관계를 인식할 수 있도록 돕기 위해 유동적 사회 경제적 지원이 필요하다고 제시했다.

Goldberg, A. E., "'Doing' and 'undoing' gender: The meaning and division of housework in same-sex couples," *Journal of Family Theory and Review, 5*(2013), 85-104(doi: 10.1111/jftr.12009). 이 연구는 어떻게 레즈비언과 게이 커플들이 가사노동을 하면서 젠더를 수행하는 동시에 젠더를 수행하지 않는지를 보여 줬다. 한편으로 동성 배우자들은 가사를 여성적이거나 남성적으로 보는 이성애규범적 사고에 영향을 받는다. 동시에, Goldberg는 어떻게 동성 커플들이 자신들의 가사노동을 실용적이며 선택적이라고 해석함을 보여 줌으로써 가사노동 분업이 젠더 규범에 근거한다는 개념을 거부하였다.

Mahalingam, R., Balan, S., & Molina, K. M., "Transnational intersectionality: A critical framework for theorizing motherhood," in S. A. Lloyd, A. L. Few, & K. R. Allen (eds.), *Handbook of feminist family studies* (Thousand Oaks, CA: Sage, 2009), pp. 69-80. 이 챕터는 전 세계 유색인종 여성들의 경험이 어머니기 경험에 대한 유럽 중심적 편견에 어떻게 도전하는지를 심도 있게 분석한다. 저자들은 특히 여성들이 새

로운 국가로 이주했을 때 어떻게 어머니기를 초국가적 관점에서 분석하는지 여성주의 이론적 모델을 제공한다. 그들은 문화적 서술, 사회적 주변성, 이주 상황, 사회계층 등의 문제들이 어떻게 어머니들과 아이들의 안녕에 영향을 주는지를 살펴봄으로써 양육자와 부양자로서의 여성들의 경험을 연구해야 한다고 설명한다. 이 모델은 서구화된 국가의 여성들에게 어떻게 개발도상국 여성들이 자신의 고국과 이주국가 내에서 복잡한 양육 책임을 조정하는지를 알려 줄 수 있는 예들을 제시한다.

생각해 볼 문제

● 토론 질문

1. '젠더 관점'은 무엇입니까? 초기 개념인 '분리된 분야로서의 젠더 역할'과 어떻게 다른가요?
2. 어떻게 가족, 젠더, 권력에 대한 현실적 정의들이 사회 변화와 가족 정의를 위해 여성주의들에게 이의를 제기했는지 설명해 보십시오.
3. 시대에 걸친 여성주의의 다양한 변화에서 어떤 경향이 보입니까? 만약 '제5세대'가 있다면, 어떤 것들이 포함되리라고 생각하나요?
4. Gerson의 연구, 젠더 혁명의 자녀들을 고려해 볼 때, 세월을 되돌리지 않고도 젠더 혁명을 완수할 수 있다고 여깁니까? 성적인 존재(gendered being)로서, 어떻게 당신은 저항하는 기관들과 모순되는 압력들에 대처합니까?
5. 상호교차성 개념을 정의하십시오. 여성주의 관점에 있어서 상호교차성을 어떻게 확대시킬 수 있을까요? 어떤 면에서 국제적인 관점하에서 남성과 여성의 삶과 연관이 있겠습니까?
6. 국제적 관점으로 볼 때 어떻게 가부장적 개념이 여전히 적절한지 예를 들어 보십시오. 적절하지 않은 예도 들어 보십시오.

● 개별 과제

연구의 틀로 여성주의이론을 사용한 저자들의 가족학 논문을 찾아보십시오. 어떤 면의 여성주의이론을 이용했습니까? 연구자들은 연구 내 어떤 자리를 차지했습니까? 그 연구가 사용할 수 있었을 만한 다른 이론은 있습니까? 논문의 강점과 약점은 무엇입니까? 만약 당신이 연구 책임자라면 당신은 어떻게 다르게 하겠습니까?

● 개인 반영 질문

1. 본인의 가족 및 직장생활에서 성분할을 어떻게 처리하겠습니까? 어떤 면의 젠더 차이점들이 유용한가요? 어떤 점들이 대응하기 어려운가요?
2. 어떤 면에서 당신은 스스로의 삶에서 운동가였습니까? 어떤 사회 움직임을 따르고 있습니까? 보고 싶고, 만들어 나가고 싶은 변화들이 있습니까?
3. 어떤 여성주의가 본인에게 가장 크게 관련이 있습니까? 어떤 개념들과의 관련성을 맺기 가장 어려운가요?
4. 본인의 삶에서 상호교차성 개념이 어떻게 나타납니까? 어떤 점에서 젠더, 인종, 계층, 성적 성향, 나이, 장애, 그리고 다른 형태의 사회적 계층이 기회와 경험을 만듭니까?
5. 본인의 삶 속에서 처음으로 젠더를 인식한 때는 언제인가요? 몇 살이었습니까? 무엇을 하고 있었나요? 주변 사람들이 어떻게 젠더 역할을 조장 혹은 억제했습니까?
6. 특권에 대한 개념에 대해 생각해 볼 때, 당신의 '보이지 않는 배낭'에 지니고 다니는 특권은 무엇인가요?

참고문헌

Acker, J., Barry, K., & Esseveld, J. (1983). Objectivity and truth: Problems in doing feminist research. *Women's Studies International Forum, 6*, 423-435. doi:

10/1016/0277-5395(83)90035-3.

Allen, K. R. (2000). A conscious and inclusive family studies. *Journal of Marriage and the Family, 62,* 4-17. doi: 10.1111/j.1741-3737.2000.00004.x.

Allen, K. R., Lloyd, S. A., & Few, A. L. (2009). Reclaiming feminist theory, method, and praxis for family studies. In S. A. Lloyd, A. L. Few, & K. R. Allen (eds.), *Handbook of feminist family studies* (pp. 3-17). Thousand Oaks, CA: Sage.

Allen, K. R., Walker, A. J., & McCann, B. R. (2013). Feminism and families. In G. W. Peterson, & K. R. Bush (eds.), *Handbook of marriage and the family* (3rd edn, pp. 139-158). New York: Springer.

Baber, K. M. (2009). Postmodern feminist perspectives and families. In S. A. Lloyd, A. L. Few, & K. R. Allen (eds.), *Handbook of feminist family studies* (pp. 56-68). Thousand Oaks, CA: Sage.

Baber, K. M., & Allen, K. R. (1992). *Women and families: Feminist reconstructions.* New York: Guilford Press.

Baumgardner, J. (2011). *F'em! Goo goo, gaga, and some thoughts on balls.* Berkeley, CA: Seal Press.

Berkowitz, D. (2009). Theorizing lesbian and gay parenting: Past, present, and future scholarship. *Journal of Family Theory and Review, 1,* 117-132. doi: 10.1111/j.1756-2589.2009.00017.x.

Bowleg, L. (2008). When Black + lesbian + woman ≠ Black lesbian woman: The methodological challenges of qualitative and quantitative intersectionality research. *Sex Roles, 59,* 312-325. doi: 10.1007/s11199-008-9400-z.

Burton, L. M., Bonilla-Silva, E., Ray, V., Buckelew, R., & Freeman, E. H. (2010). Critical race theories, Colorism, and the decade's research on families of color. *Journal of Marriage and Family, 72,* 440-459. doi: 10.1111/j.1741-3737.2010.00712.x.

Butler, J. (2004). *Undoing gender.* New York: Routledge.

Christensen, M. C. (2015). New tools: Young feminism in the rural west. *Feminism and Psychology, 25,* 45-49. doi: 10.1177/0959353514565219.

Collins, P. H. (1990). *Black feminist thought: Knowledge, consciousness, and the politics of empowerment.* Boston: Unwin Hyman.

Combahee River Collective (1982). The Combahee River Collective statement, 1977.

In G. T. Hull, P. B. Scott, & B. Smith (eds.), *All the women are White, all the Blacks are men, but some of us are brave: Black women's studies* (pp. 13-22). Old Westbury, NY: Feminist Press.

Connell, R. W., & Messerschmidt, J. W. (2005). Hegemonic masculinity: Rethinking the concept. *Gender and Society, 19,* 829-859. doi: 10.1177/0891243205278639.

Coontz, S. (2011*). A strange stirring: The Feminine Mystique and American women at the dawn of the 1960s.* New York, NY: Basic Books.

de Beauvoir, S. (2011). *The second sex,* trans. C. Borde, & S. Malovany-Chevallier. New York: Vintage. (Originally published 1949.)

De Reus, L., Few, A. L., & Blume, L. B. (2005). Multicultural and critical race feminisms: Theorizing families in the third wave. In V. L. Bengtson, A. C. Acock, K. R. Allen, P. Dilworth-Anderson, & D. M. Klein (eds.), *Sourcebook of family theory and research* (pp. 447-468). Thousand Oaks, CA: Sage.

Dodson, L., & Schmalzbauer, L. (2005). Poor mothers and habits of hiding: Participatory methods in poverty research. *Journal of Marriage and Family, 67,* 949-959. doi: 10.1111/j.1741-3737.2005.00186.x.

Elam, D., & Wiegman, R. (1995). Contingencies. In D. Elam, & R. Wiegman (eds.), *Feminism beside itself* (pp. 1-8). New York: Routledge.

Ferree, M. M. (1990). Beyond separate spheres: Feminism and family research. *Journal of Marriage and the Family, 52,* 866-884. doi: 10.2307/353307.

Ferree, M. M. (2010). Filling the glass: Gender perspectives on families. *Journal of Marriage and Family, 72,* 420-439. doi: 10.1111/j.1741-3737.2010.00711.x.

Few-Demo, A. L. (2014). Intersectionality as the "new" critical approach in feminist family studies: Evolving racial/ethnic feminisms and critical race theories. *Journal of Family Theory and Review, 6,* 169-183. doi: 10.1111/jftr.12039.

Freedman, E. B. (2002). *No turning back: The history of feminism and the future of women.* New York: Ballantine.

Friedan, B. (1963). *The feminine mystique.* New York: Dell.

Gerson, K. (2009). Changing lives, resistant institutions: A new generation negotiates gender, work, and family change. *Sociological Forum, 24,* 735-753. doi: 10.1111/j.1573-7861.2009.01134.x.

Goldberg, A. E. (2010). Studying complex families in context. *Journal of Marriage and Family, 72,* 29-34. doi: 10.1111/j.1741-3737.2009.00680.x.

Goldberg, A. E. (2012). *Gay dads: Transitions to adoptive fatherhood.* New York: New York University Press.

Hays, S. (1996). *The cultural contradictions of motherhood.* New Haven: Yale University Press.

Lather, P. (2007). *Getting lost: Feminist efforts toward a doubled(d) science.* Albany: State University of New York Press.

Lemert, C. (2008). Charlotte Perkins Gilman. In G. Ritzer (ed.), T*he Blackwell companion to major classical social theorists* (pp. 267-289). Oxford: Blackwell.

Lopata, H. Z. (1971). *Occupation: Housewife.* Westport, CT: Greenwood Press.

Lorde, A. (1985). *Sister outsider: Essays and speeches.* Berkeley, CA: Crossing Press.

Lubbe, C. (2013). LGBT parents and their children: Non-Western research and perspectives. In A. E. Goldberg, & K. R. Allen (eds.), *LGBT-parent families: Innovations in research and implications for practice* (pp. 209-223). New York: Springer.

Mack-Canty, C., & Wright, S. (2004). Family values as practiced by feminist parents: Bridging third-wave feminism and family pluralism. *Journal of Family Issues, 25,* 851-880. doi: 10.1177/0192513X03261337.

MacTavish, K. A. (2007). The wrong side of the tracks: Social inequality and mobile home park residence. *Community Development, 38,* 74-91. doi: 10.1080/ 15575330709490186.

Magalhães, S. I., & Cerqueira, C. (2015). Our place in history: Young feminists at the margins. *Feminism and Psychology, 25,* 39-44. doi: 10.1177/0959353514563093.

Mahler, S. J., Chaudhuri, M., & Patil, V. (2015). Scaling intersectionality: Advancing feminist analysis of transnational families. *Sex Roles, 73,* 100-112. doi: 10.1007/ s11199-015-0506-9.

McCall, L. (2005). The complexity of intersectionality. *Signs, 30,* 1771-1800. doi: 10.1086/426800.

McIntosh, P. (1995). White privilege and male privilege: A personal account of coming to see correspondences through work in women's studies. In M. L. Anderson, &

P. H. Collins (eds.), *Race, class, and gender:An anthology* (2nd edn, pp. 76-87). Belmont, CA: Wadsworth.

Mitchell, J. (1971). *Woman's estate.* New York: Pantheon.

MOPS (Mothers of Preschoolers) (2016). *About MOPS.* MOPS International. At http://www.mops.org/about/about-us/.

Morgan, R. (1970). *Sisterhood is powerful.* New York: Random House.

Naples, N. A. (2002). The challenges and possibilities of transnational feminist praxis. In N. A. Naples, & M. Desai (eds.), *Women's activism and globalization: Linking local struggles and transnational politics* (pp. 267-281). New York: Routledge.

Nelson, M. K. (2006). Single mothers "do" family. *Journal of Marriage and Family, 68,* 781-795. doi: 10.1111/j.1741-3737.2006.00292.x.

Newman, H. D., & Henderson, A. C. (2014). The modern mystique: Institutional mediation of hegemonic motherhood. *Sociological Inquiry, 84,* 472-491. doi: 10.1111/soin.12037.

Oakley, A. (1974). *The sociology of housework.* London: Martin Robertson.

Okin, S. M. (1989). *Justice, gender and the family.* New York: Basic Books.

Osmond, M. W., & Thorne, B. (1993). Feminist theories. In P. G. Boss, W. J. Doherty, R. LaRossa, W. R. Schumm, & S. K. Steinmetz (eds.), *Sourcebook of family theories and methods* (pp. 591-623). New York: Plenum.

Oswald, R. F., Blume, L. B., & Marks, S. R. (2005). Decentering heteronormativity: A model for family studies. In V. L. Bengtson, A. C. Acock, K. R. Allen, P. Dilworth-Anderson, & D. M. Klein (eds.), *Sourcebook of family theory and research* (pp. 143-165). Thousand Oaks, CA: Sage.

Perlesz, A., Brown, R., Lindsay, J., McNair, R., deVans, D., & Pitts, M. (2006). Family in transition: Parents, children and grandparents in lesbian families give meaning to "doing family." *Journal of Family Therapy, 28,* 175-199. doi: 10.1111/j.1467-6427.2006.00345.x.

Rich, A. (1980). Compulsory heterosexuality and lesbian existence. *Signs, 5,* 631-660. doi: 10.1086/493756.

Risman, B. J. (2004). Gender as a social structure: Theory wrestling with activism. *Gender and Society, 18,* 429-450. doi: 10.1177/0891243204265349.

Shields, S. A. (2008). Gender: An intersectionality perspective. *Sex Roles, 59,* 301-311. doi: 10.1007/s11199-008-9501-8.

Slater, J. (2013). Research with dis/abled youth: Taking a critical disability, "critically young" positionality. In K. Runswick-Cole, & T. Curran (eds.), *Disabled children's childhood studies: Critical approaches in a global context* (pp. 180-195). Basingstoke, UK: Palgrave.

Stacey, J. (1990). *Brave new families: Stories of domestic upheaval in late twentieth century America.* New York: Basic Books.

Tasker, F. (2013). Lesbian and gay parenting postheterosexual divorce and separation. In A. E. Goldberg, & K. R. Allen (eds.), *LGBT-parent families: Innovations in research and implications for practice* (pp. 3-20). New York: Springer.

Thompson, L., & Walker, A. J. (1995). The place of feminism in family studies. *Journal of Marriage and the Family, 57,* 847-865. doi: 10.2307/353407.

Thorne, B. (1982). Feminist rethinking of the family: An overview. In B. Thorne with M. Yalom (eds.), *Rethinking the family: Some feminist questions* (pp. 1-24). New York: Longman.

UN Women (2014, September 20). Emma Watson: Gender equality is your issue too. Speech by UN Women Goodwill Ambassador Emma Watson at a special event for the HeForShe campaign, UN Headquarters, New York. At http://www.unwomen.org/en/news/stories/2014/9/emma-watson-gender-equality-is-your-issue-too.

van Eeden-Moorefield, B., & Proulx, C. M. (2009). Doing feminist research on gay men in cyberspace. In S. A. Lloyd, A. L. Few, & K. R. Allen (eds.), *Handbook of feminist family studies* (pp. 220-233). Thousand Oaks, CA: Sage.

Walker, A. J. (1999). Gender and family relationships. In M. Sussman, S. K. Steinmetz, & G. W. Peterson (eds.), *Handbook of marriage and the family* (2nd edn, pp. 439-474). New York: Plenum.

Walker, A. J. (2009). A feminist critique of family studies. In S. A. Lloyd, A. L. Few, & K. R. Allen (eds.), *Handbook of feminist family studies* (pp. 18-27). Thousand Oaks, CA: Sage.

Walker, A. J., & Thompson, L. (1984). Feminism and family studies. *Journal of Family Issues, 5,* 545-570. doi: 10.1177/019251384005004010.

West, C., & Zimmerman, D. H. (1987). Doing gender. *Gender and Society, 1,* 125-151. doi: 10.1177/0891243287001002002.

Wills, J. B., & Risman, B. J. (2006). The visibility of feminist thought in family studies. *Journal of Marriage and Family, 68,* 690-700. doi: 10.1111/j.1741-3737.2006.00283.x.

Yllo, K., & Bograd, M. (eds.) (1988). *Feminist perspectives on wife abuse.* Newbury Park, CA: Sage.

제9장
생애과정이론

35세가 되었을 때 고등학교 성적이 정말로 중요할까요? 외동이라는 사실이 60세일 때와 6세일 때 인생에 다르게 영향을 미칠까요? 처음 성관계를 했을 때의 나이와 장소가 46세일 때 친밀성과 가족생활을 경험하는 데 어떤 역할을 할까요? 86세 때에는 어떤 영향을 미칠까요?

시간과 문화가 어떻게 가족에게 영향을 미치는지에 대한 질문은 몇 십 년 동안 사회학자들 사이에서 널리 퍼져 왔습니다. 연구자들이 이 이론으로 문화와 시간에 따른 변화 모두의 영향을 추적할 수 있는 방법을 발전시켜 왔으므로 생애과정이론은 흥미로운 통합 이론입니다. 이제 이러한 복잡한 몇 개의 질문에 답을 할 수 있습니다. 이러한 이유로 생애과정이론의 초점이 시간, 문화, 맥락에 있다는 점에서 기능주의이론(제2장)과 가족발달이론(제5장)의 대안적 이론입니다. 모든 가족과 개인은 특정한 장소와 시간 안에서 발달합니다. 먼저, 시간에 따른 가족의 다양성과 복잡성에 대한 이야기로 생애과정이론을 살펴보기 위한 기반을 마련하고자 합니다.

사례 연구

캐리는 학위를 마쳐야 할지를 결정하려고 컴퓨터에 앉아 동네에 있는 대학의 홈페이지를 보고 있다. 캐리는 베일리라는 이름의 세 살짜리 딸이 있는 24세의 싱글맘이고, 할머니와 함께 켄터키에 산이 많은 작은 시골 마을에 살고 있다. 캐리는 고등학교 졸업 후 전액장학금을 받고 입학했던 켄터키 대학교에서 2학년에 해당하는 학점을 취득했다. 그 학교에 있는 다른 학생들과 어울리지 못해서 대학을 그만두었다. 고향으로 돌아와서 할머니와 엄마가 살던 집으로 이사했고 베일리의 아빠를 만났던 식료품점에 취직을 했다. 캐리의 남자친구는 약물과 연관된 죄목으로 체포되어 감옥에

갔다. 이후 캐리의 어머니는 비극적인 자동차 사고로 사망했다. 캐리는 친아버지의 이름을 알고 있지만 어떤 형태로든 아버지는 캐리의 삶에 관여하지 않았다. 친구가 몇 명 있기는 하지만 자주 외로웠고 당혹스러웠으며 베일리를 위해서 다른 삶을 살기를 원했다. 그 다른 삶이 할머니에게 좋지 않을 경우에는 어떻게 할지 알 수 없었다.

캐리의 생애과정에 대해서 무엇을 알아내었는가? 그녀의 삶에서 중요한 역할을 하는 사람들은 누구인가? 다른 사람들과의 삶과 연관된 경험은 어떠한가? 캐리가 자율적이고 자유로운 삶을 살아갈 수 있도록 돕는 선택을 할 수 있을까? 그녀의 삶에서 환경이 어떠한 역할을 할까? 이러한 모든 질문은 다음에서 기술할 생애과정이론의 주요한 이론과 가정들을 가리키고 있다.

생애과정이론이란

생애과정이론은 시간, 문화, 맥락, 가족관계의 상호의존성이 사람들의 삶에 영향을 미치는 방법을 이해하기 원할 때 연구자들이 사용하는 이론적 틀이다. 생애과정이론은 복잡하므로 가족학자들은 이 이론을 다양한 방법으로 사용할 수 있지만 생애과정연구자들의 보편적인 목표는 시간에 따른 개인 및 가족의 발달과 항상 변화하는 다양한 사회-역사적 맥락들을 살펴보는 것이다.

역사와 기원

1960년대 이전에 시간(종단적인)과 사회 맥락을 함께 고려하는 연구는 사회과학에서 존재하지 않았다(Elder & Giele, 2009). 대부분의 조사 연구는 횡단적이었고 사례 연구는 전형적으로 더 광범위한 사회나 가족생활 맥락 이외의 개인적 삶을 살펴보았다. 그러다 1960년대 초, 미국 연방정부의 연구비와 고급 연구 방법의 출현으로 사회과학자들은 시간에 따른 변화와 가족 및 문화 맥락의 변화를 알아내는 방법에 관심을 점점 더 갖게 되었다(Elder, Johnson, & Crosnoe, 2003). 한 예로 Norman Ryder(1965)의 코호트(cohort)라는 개념은 유사한 연령의 한 집단이 사회적 사건을 경험했거나 사건을 일으킨 방법에 초점을 둔다. 어떤 경우에 코호트는 베이비붐 세대

(제2차 세계대전 이후 시기에 태어난 사람들)처럼 세대(generation)를 의미하기도 한다. 그러나 세대와 코호트는 생애과정이론에서 매우 다름을 기억하는 것은 중요하다. 세대는 10년보다 더 오랜 기간이고 코호트는 더 짧은 기간 동안 특정한 시점에 특정한 사건을 경험한 특정한 집단이다. 예를 들어, 1980년에서 1985년에 태어난 개인들의 코호트는 의심할 여지없이 1960년에서 1965년에 태어난 코호트와 다르게 이라크 전쟁을 경험했다. 1980~1985년생 코호트는 더 많은 사람이 전쟁에 참여했거나 전쟁에 참여한 배우자나 연인이 있을 수 있는 반면, 1960~1965년생 코호트는 이라크전 참전병사들의 부모가 포함되어 있을 가능성이 더 많다. 더욱이 코호트라는 개념은 세대에 비해 변화를 측정하는 데 있어 더 정확한 용어인데 세대는 사회적 시간과 좀 더 느슨하게 연결되어 있고(Elder, Johnson, & Crosnoe, 2003) 종종 넓은 범위의 개인들을 의미하기 때문이다.

생애과정이론은 더 정교한 연구 방법과 함께 발전되었으므로 연구자들은 가족발달이론(제5장) 및 상징적 상호작용이론(제4장)과 같은 초기 이론들의 식견들로부터 혜택을 받을 수 있었다. 초기부터 가족에게 적용되어 온 생애과정관점은 다양한 지적(intellectual) 전통과 개인과 가족발달 관련 학문들(예: 인간발달, 가족학, 역사, 심리학, 사회학)에서 발전하였다(Bengtson & Allen, 1993; Elder, 1977 and 1981 참조). 개인발달의 초기 단계 모델들, 특히 아동기, 청소년기, 초기 성인기, 중년기, 노년기를 포함하는 Erikson(1950; 1975)의 심리사회적 8단계는 꽃이 피는 것처럼 이전 단계에서부터 자연스럽게 발현하는 개인 변화의 규범적 모델을 제안하였다. 그러나 Erikson 이론과 같은 개인발달이론들은 발달의 가족 맥락을 강조하지 않았다.

생애과정이론은 또한 사회역사적 다양성을 보여 주면서 초기 발달 모델에 기반하여 발전했다. 예를 들어, 정적인 생애주기 모델에서 여성은 가정에 머물면서 가족을 돌보고 남성들은 가정 밖에서 일하는 상호적으로 배타적인 성역할이 아닌, 사회역사적 연구들은 하나의 이론이 모든 상황에 적용될 수 있다는 모델[예를 들어, 제1장에서 기술한 표준북미가족 모델(Smith, 1993)]보다 더 많은 다양성을 보여 주었다. 사례연구로 돌아가서 생각해 보자. 캐리에게 초기 생애주기모델을 적용할 수 있겠는가? Erikson의 개인발달모델이 캐리 삶의 다양한 역동성을 고려하고 있는가? 그렇지 않다. 특히 생애주기모델은 캐리는 결혼하지 않았고 전통적인 성역할과 같은 이론의 기대를 수행할 수 없으므로 캐리의 경험에 맞지 않는다. 생애과정이론은 캐리가 다양한 생애과정 단계를 통과하는 움직임을 이끄는 코호트, 사회적 계층에서의 기대와 장애, 싱글맘으로서의 지위와 같은 모든 영향을 고려할 수 있게 한다.

생애과정이론은 자료를 수집하고 분석할 때 파노라마 같은 관점을 갖게 해 준다. 즉, 생애과정이론은 전체 그림을 볼 수 있게 하고 다른 여러 학문(사회학, 심리학, 역사, 가족학)들이 우리가 무엇을 연구하는지를 더 복합적으로 이해할 수 있도록 기여한다. 이러한 이유로 생애과정이론은 (a) 사회생활의 복잡성과 (b) 계속되는 과거의 영향을 강조하는 새로운 역사학에서 출현한 이론으로 자리 잡아 왔다. 많은 가족이 표준북미가족 모델 이상향을 갈망해 왔음에도 소수의 가족만이 이러한 유형을 소유할 수 있는 형편이 되었다. 이처럼 Elder와 동료들은 생애과정이론을 발전시킬 때 가족에 대한 많은 것을 아우르는 거대이론을 발전시키기보다 시간에 따른 가족의 복잡성과 다양성을 더 잘 이해할 수 있는 개념을 제공하는 이론이 필요하였다.

이러한 한계점에도 불구하고 초기 이론들은 생애과정이론이 발현되는 풍부한 지적 배경을 제공하였다. 따라서 생애과정이론은 다학제적 관점의 핵심 아이디어를 설명하는 것에서부터 그 이점이 있다. Bengtson과 Allen(1993)이 지적한 바와 같이 인간발달의 생애과정이론을 만드는 데 있어 가장 영향력을 끼쳤던 관점은 가족학에서 사용된 주요한 학문에서의 핵심적인 맥락을 통합한다. 즉, 생애과정이론은 개인에 대한 관점을 제공하는 심리학, 사회구조와 관계의 상호관계를 해석하는 사회학, 인구 경향을 기술하는 인구학, 문화적 특이성에 대한 관점을 제공하는 인류학, 거시적인 사건의 의미를 이해하는 데 도움을 주는 역사학, 재정적 자본의 흐름과 통제를 밝히는 경제학, 인간발달에 있어 유전자 역할에 대한 관점을 제공하는 생물학을 기반으로 한다.

글상자 9-1 **생애과정이론 한눈에 보기**

전생애발달(Life-span development): 인간발달과 노화는 전생애 과정이다.

- 주체성(agency): 개인은 역사와 사회적 환경이라는 기회와 한계 내에서 자신들이 취하는 선택과 행동을 통해 자신의 생애과정을 구성한다.
- 시간과 장소(time and place): 개인의 생애과정은 생애 전체에서 경험하는 역사적 시간과 장소에 놓여 있고 이에 의해 형성된다.

- 시기(timing): 생애전이, 사건, 행동적 유형이 개인 삶에서 언제 일어났느냐에 따라 이들
  의 발달적 선행사건과 결과는 다양하다.
- 연결된 삶(linked lives): 인간의 삶은 상호의존적으로 연결되어 있고 사회역사적 영향력
  은 공유된 관계에서의 네트워크를 통해 나타난다.

출처: Elder, Johnson, & Crosnoe, 2003.

생애과정이론의 가정

생애과정이론은 시간, 맥락, 상호의존성, 주체성(agency)의 개념을 위주로 구성된
다(Demo, Aquilino, & Fine, 2005). 생애과정이론에서의 주요한 가정 중 하나는 가족
에게 영향을 미치는 다수의 시간(multiple timeclocks)이다(Bengtson & Allen, 1993). [그
림 9-1]은 시간을 시각적으로 표현하고 있다. 시간 중 하나는 개인 시간이나 특정한
개인들의 생물학적, 심리적 발달을 강조하는 것이다. 두 번째 시간은 가족 시간 또는
가족체계 내에서의 가족역할이나 궤적을 강조한다. 세 번째 시간은 역사적 시간 또
는 베이비붐이나 X세대와 같은 특정한 출생 코호트가 함께 경험하는 사건이나 변화
에 대해 강조한다. 캐리가 엄마가 되고 대학에 다닌 시간이 공부를 마치고, 결혼 후
자녀를 가질 것으로 예상되는 중산층 청년들에 대한 표준적인 규범과 다르다는 것에
주목하자. 가족 정체성을 강하게 갖고 있으므로 개인 시간과 가족 시간은 긴밀하게
연결되어 있다. 캐리는 집에서 멀리 있는 큰 대학에서 전액 장학금을 받는 것에서 많
은 만족감을 얻지 못했다. 가족들과 가까이 있고 그곳에서 배우자를 찾고 자녀를 갖
기 원했다. 역사적 시간과 관련하여 캐리는 청년들이 여윳돈을 벌기 위해 마약 판매
를 하는 것이 규범이 되어 가는 미국 농촌 출신 코호트에 속한다. 한때 캐리 고향에
서 부모님과 조부모 세대 가족들은 농업과 석탄 채취로 충분히 가족을 부양할 수 있
었지만 캐리 세대에서는 환경과 경제 변화로 인해 심각할 정도로 가족 부양을 하기
가 어려워졌다.

발달의 여러 가지 시계가 있는 것처럼, 다수의 사회적 맥락(multiple social contexts)이
있다(Bengtson & Allen, 1993). 학자들은 이것을 가족의 사회적 생태계라고 부르고,
이는 가족생태이론을 논의하는 제10장에서 다룰 아이디어와 유사하다. 사회적 맥락

은 젠더, 인종, 계층, 연령, 성적 취향 등에서의 개인의 사회적 지위와 같은 것을 의미한다. 캐리는 젊고, 건강하며, 이성애자이고, 노동계층이면서 백인 어머니이다. 그녀가 자란 시골 문화에서, 캐리는 다소 혜택을 받은 사람이다. 돈이 많지는 않지만 엄마로서 그리고 감옥에 있기는 하지만 한 남성과 관계를 맺고 있는 지위를 지니고 있다. 자신의 지역문화와 더 거시적인 미국문화 모두에서 백인이면서 젊고 건강한 몸을 지니고 있는 사람으로서의 지위를 지니고 있다. 그러나 다른 맥락에서 캐리는 아마도 낙인이 찍혔을 수 있고 '가난하고 배우지 못한 미혼모'로 분류될 수도 있다.

세 번째 가정은 상징적 상호작용과 유사하게(제4장) 인간은 사회 맥락에서 의미를 창조한다는 것이다(Bengtson & Allen, 1993). 즉, 인간의 본질은 우리 삶에서 사건에 의미를 만든다는 것이다. 의미 구성하기(meaning-making)는 개인적 수준에서 발생할 수 있지만 문화가 핵심적 역할을 한다. 예를 들어, 결혼, 죽음, 출생과 같은 주요한 생활사건에 부여된 의미와 이를 나타내는 의식은 문화에 따라 다양하다. 캐리의 경우 자신의 가족 정체성을 유지하는 것은 그녀가 자신의 삶에 대한 의미를 어떻게 구성하는가에 있어 가장 주요한 요인이다.

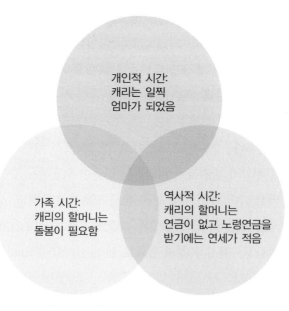

개인적 시간:
캐리는 일찍
엄마가 되었음

가족 시간:
캐리의 할머니는
돌봄이 필요함

역사적 시간:
캐리의 할머니는
연금이 없고 노령연금을
받기에는 연세가 적음

[그림 9-1] 개인, 가족, 역사적 시간

주요 개념

생애과정이론은 가족에 대한 질적 연구와 양적 연구 모두를 안내하는 많은 개념을 사용한다. 생애과정에서 사용되는 일곱 개의 주요 개념은 (a) 시간(timing), (b) 사회적 맥락(social context), (c)연결된 삶(linked lives), (d) 전이(transitions)와 전환점(turning points), (e) 궤적과 경로(trajectories and pathways) (f) 주체성(agency), (g) 세대(generations)이다. 개인과 가족의 삶은 결국 얽혀 있기 때문에 이 개념들은 상호 관련되어 있으며 종종 겹치기도 한다는 것을 염두에 두도록 하자. 각 개념을 설명하면서 생애과정이론의 명제들을 기술하는 데 도움이 되기 위해 그 개념들을 이 장의 시작 부분에 나왔던 사례 연구에 적용할 것이다.

시간(timing). 시간은 생애과정을 분리하거나 나누는 개인적, 세대적, 사회역사적 시간의 일시적인 구분을 의미한다. 각 가족구성원은 자신만의 독특한 심리적, 신체적 발달을 가진다. 시간은 이러한 측면 이외에도 가족구성원이 어떤 시점에서 특정한 지위를 갖게 한다. 예를 들어, 각 구성원은 가족 내에서 가장 나이가 많은 세대, 중간 세대, 가장 어린 세대처럼 하나의 세대에 속해 있다. 이 관점을 확장하면 각 개인은 어떤 특정한 사회역사적 맥락 내에서, 또는 코호트의 일부로 태어난다. 이 장 앞부분에서 등장한 캐리를 다시 생각해 보자. 캐리는 대학 진학이 기대되는 코호트의 구성원이다. 반대로 캐리 부모님과 조부모님은 학사학위 없이도 월급이 꽤 괜찮은 직업이 보장되는 시기에 살았다. 지역 내 은행에서 매니저가 되려는 캐리의 목표에는 학사학위가 필수적이다. 미래에 캐리의 딸인 베일리는 더 좋은 월급을 주는 직업을 구하기 위해서는 석사학위가 필수조건이 시대에서 성장할 것이다. 또한 시간은 생애과정 전이에 영향을 미치는 역사적 사건을 의미하기도 한다. 경제적 침체 시기 동안 실업상태에 있는 많은 사람이 대학으로 돌아갔고, 캐리도 이 기간 동안 학사학위를 받는 것을 재고했다.

또한 생애과정이론에서 시간은 사람들이 주요한 생활 사건을 얼마나 예상한 만큼 경험하는지 또는 생활 사건들이 때에 맞게(on time) 또는 때에 맞지 않게(off time) 일어나는지를 의미한다. 우리가 부부의 삶이 기대했던 것과 같다고 말할 때는, 역사적 시기뿐 아니라 시간의 여러 면을 의미한다. 예를 들어, 1950년의 커플들은 고등학교 졸업 이후 곧 결혼할 것으로 기대되었다. 그러나 오늘날 커플들은 대학을 졸업할 때까지 기다릴 뿐만 아니라 결혼 전에 대학원을 졸업하기도 한다. 이후에는 자녀를 갖기 전까지 안정된 직장을 구할 것이 기대된다. 따라서 어떤 사람들은 30대가 되어서야 결혼을 하고 자녀를 갖는다. 1950년에는 이는 '때에 맞지 않다'고 여겨졌을 수 있다.

발달의 사회적 맥락(social contexts of development). 앞에서 기술한 것처럼 사회적 맥락은 개인의 기회와 관계를 형성하는 사회제도 중 가장 광범위한 수준을 의미한다. 사회제도라는 용어는 다양한 의미가 있을 수 있지만 대체로 학교, 가족, 종교집단, 의료기관, 경제 체계, 미디어, 군대와 같은 실체를 의미한다. 법이나 문화적 규범은 사회제도를 통제한다. 이는 사회적 위치가 개입하게 되는 곳이다. 즉, 인종, 계층, 젠더, 성적 취향, 연령 등에 근거하여 개인의 행동을 규제하는 규범과 규칙들이 있다. 예를 들어, 미국에서 최근에서야 동성끼리는 합법적으로 결혼할 수 있게 되는 등 사회적 맥락이 변화하고 있다.

사회적 경로라는 아이디어가 이와 연관되어 있다(Elder, Johnson, & Crosnoe, 2003). 사회적 경로는 '역사적 힘(historical forces)'과 '사회적 제도(social institutions)'의 교차점을 통과하면서 발달한다. 캐리의 딸인 베일리를 생각해 보자. 베일리는 동성 관계가 점점 더 수용되는 역사적 맥락(문화적 규범)에서 성장할 것이고 이는 동성 결혼의 합법화를 이끌 것이다(우리를 통제하는 법률). 이처럼 변화하는 역사적 힘으로 인해 베일리가 청소년기에서 초기 성인기를 거칠 때 다양한 경로가 그녀 앞에 놓여 있을 것이다. 아마도 게이, 레즈비언, 양성애자, 트랜스젠더와 같은 반 친구가 될 수 있다. 고등학교 졸업 파티에서 게이 커플을 볼 수도 있고 성인기에는 이성애자의 결혼식만큼 많은 게이나 레즈비언의 결혼식에도 초대받을 수도 있을 것이다. 이러한 경로, 즉 게이와 레즈비언들의 결혼할 수 있는 권리는 역사적 힘이 변화함에 따라 열리게 된다. 규범과 법률들이 시간에 따라 변화하므로 베일리의 생애과정은 다양한 경로로 이루어질 것이다. 따라서 새로운 경로들은 사회적 제도의 변화, 특히 법률과 정보 정책의 변화로 시작한다.

연결된 삶. 연결된 삶(linked lives)이라는 개념은 주요한 타자의 삶들이 서로 맞물려 있는 상태를 의미한다. 어떤 일이 가족의 한 구성원에게 일어날 때 다른 가족구성원들의 삶 또한 변화한다. 예를 들어, 캐리의 어머니가 자동차 사고로 돌아가셨을 때 캐리와 할머니의 삶은 매우 크게 영향을 받았다. 캐리는 어머니를, 할머니는 성인자 녀를 잃었다. 이러한 상실은 캐리와 할머니가 서로 관계하는 방법을 변화시켰다. 캐 리가 성인인 딸이 나이 들어가는 어머니에게 제공할 수 있는 도움을 할머니에게 준 것처럼 할머니는 어머니의 역할을 맡았다.

부모는 자녀들에 대해서 걱정하는 것을 절대 멈추지 않는다는 말이 있는데 노인기 아버지와 성인자녀 관계에 대한 연구는 이를 지지한다. 성장했을 때 어떤 사람이 될 것인지는 부모에게 스트레스 요인이고 특히 약물남용, 법적인 문제, 교육적 성공과 경제적 성공의 부족, 기타 예기치 못한 비규범적인 경험으로 인해 성인자녀의 삶이 특징지어진다면 더욱 그러할 것이다(Greenfield & Marks, 2006). 부모의 안녕은 성인 자녀의 관계의 질과 상당히 연관되어 있다.

전이와 전환점. 전이와 전환점(transitions and turning point)은 대체적으로 환경뿐 아 니라 정체성의 변화를 포함하고 개인적 수준과 가족 수준에서 모두 일어날 수 있다. 캐리가 엄마 역할을 맡았을 때의 전이는 중요한 개인의 전이가 될 수 있다. 캐리는 학교를 그만둔 이후에 엄마가 되었는데, 학생이라는 역할에서부터 임금 노동자의 역 할로, 그리고 엄마로 전이를 거쳤다. 이는 그녀 자신에 대한 관점에 영향을 미쳤다. 더 이상 그녀 자신의 욕구에만 책임이 있는 것이 아니다. 자신의 딸을 부양해야 하 는 책임과 자신의 직업을 유지할 수 있도록 직장에 대한 책임을 가지고 있다. 여러분 이 상상했던 것처럼 이러한 전이는 어머니 역할로의 진입이 반드시 예정되어 있지 는 않았던 여성에게는 어려운 일이었으며 캐리에게 이 전이는 예상치 않았던 것이었 다. 정체성에서의 변화는 실질적인 책임이 포함되는 전이보다 더 어려울 수 있다. 캐 리가 베일리를 임신했을 때 평범한 일상은 변화되었지만 자신에 대한 관점은 그보다 더 많이 변화하였다. 캐리의 몸은 임신과 출산 이후에 변화하였고, 이는 더 이상 그 녀 자신을 젊고 여성스럽지 않다고 느끼게 했다. 친구들과 밤에 놀러 나가는 것 대신 딸과 집에 있어야만 했다. 새로운 옷을 사는 데 여윳돈을 쓸 수 없었고 여분의 수입 은 기저귀, 분유, 아기 옷에 소비했다. 정체성 변화는 일상생활의 변화보다 훨씬 더 어려웠다.

전형적인 가족전이(family transitions)는 학교 입학, 결혼, 부모기, 성인 자녀를 떠나보내기, 배우자 사망 이후 시기와 같은 가족체계의 변화를 포함한다. 이들은 제5장에서 논의한 일반적인 가족생활주기 사건들이다(Duvall, 1957; Hill & Rodgers, 1964). 전환점은 전이의 한 형태이다. 대개 전환점은 매우 개인적이어서 외부인에 의해서 특별히 중요하게 인식되지 않을 수 있다. 예를 들어, 대학에 가고자 한 캐리의 결정을 생각해 보자. 이 결정은 이전에 고등학교 이후 교육을 받은 적이 없는 원가족과 캐리의 관계에 있어 전환점이었다. 캐리가 대학이라는 사회적 맥락에서 청년으로서 발달시킨 가치는 형제자매 및 부모와 멀어지게 했다. 다른 예시에서 레즈비언, 게이, 양성애자 또는 트랜스젠더로서 커밍아웃하는 것은 예측이 가능한 규범적 전이면서 전환점으로 여겨질 수 있다. 특정한 맥락에서 개인은 처음으로 스스로에게 커밍아웃할 수 있다(Savin-Williams, 2001). 켄터키주 시골에 있는 캐리의 작은 고향마을을 생각해 보자. 만일 캐리의 같은 반 남자친구 중 한 명이 상당히 보수적인 지역에서 커밍아웃을 했다면 그는 자신의 성적취향을 가장 먼저 알아챘을 뿐 아니라 게이들에게 적대적일 수 있는 문화에서 자기를 수용하는 것이 가장 어려웠을 것임을 추정해 볼 수 있다. 반면에 덜 보수적인 지역에 있는 사람들에게, 그리고 의심할 여지없이 법률이 변화하고 커밍아웃하는 과정이 텔레비전과 뉴스 매체에서 더 사회적으로 보일 때 타인에게 커밍아웃하는 것은 더 규범적인 전이이다.

궤적과 경로(trajectories and pathways). 각각의 새로운 전이로부터 역할과 정체성의 연속성으로 정의되는 궤적(trajectory)이 나타난다. 예를 들어, 캐리가 베일리를 가졌을 때 엄마로서의 궤적을 시작했다. 궤적은 우리 삶의 전체에서 지속된다. 사회적 경로는 개념적으로 유사하지만 일반적으로 기간이 더 길고 궤적의 합류지점들로 이루어진다. 다시 말해, 강이 풍경을 따라 작은 하천들로 이루어지고 그 하천들에 의해 형성되는 것처럼 궤적들은 경로를 만들어 내면서 한 궤적에서 다른 궤적으로 흐른다([그림 9-2] 참조).

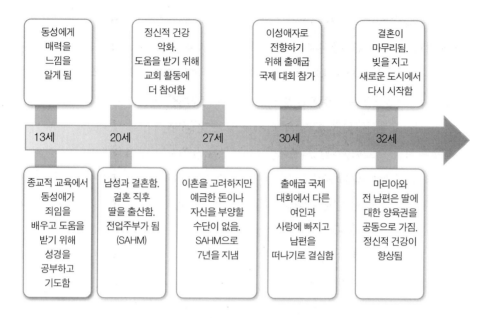

[그림 9-2] 궤적에 의해 형성된 경로: 마리아

궤적이 어떻게 시작되는가에 의해 정의되는 것과 달리(배우자나 파트너가 되는 것과 같은 특정한 역할로서의 전이), 경로들은 결과에 의해 정의된다(예: 노년기 심리적 건강, 성인 초기 성적 의사결정). 예를 들면, 어떻게 특정한 사회적 경로를 궤적들이 형성하는가를 기술하는 것, 즉 축적된 특혜(불리함)라는 원리는 어떻게 생애 초기 경험이 일생을 통해 유지되는가를 설명한다(Willson, Shuey, & Elder, 2007). 누구는 건강하기 위한 예방적인 실천방법을 알고 행할 수 있는 여유가 되는 반면에 어떤 사람들은 노년기에 여러 개의 건강 문제가 있고 상대적으로 빈곤한지에 대해 생각해 볼 때, 한 사람의 생애과정을 거쳐 여러 개의 궤적이 **축적된 혜택 또는 불리함**(cumulative advantage or disadvantage)의 경로를 형성함을 알게 된다(O'Rand, 2002). 사회학자인 Robert Merton(1988)은 처음으로 축적된 불리함을 "인생 초기 훈련된 능력의 상대적 이점, 사회구조 내 위치, 이용 가능한 자원들이 연속적인 혜택의 증가에 기여하여 가진 자와 갖지 못한 자들의 차이가 더 커지는 것"으로 서술하였다(1988, p. 606). [그림 9-2]의 예시에서 마리아는 결혼 생활 동안 혜택을 축적하지 못했고, 이는 더 이상 결혼을 지속하지 못한다고 결정했을 때 그녀의 자유를 제한하였다. 마리아는 빚을 지게 되었으며 최근 일한 경력도 없게 되어 버렸다.

다시 말해서 부, 건강, 사회적 지위와 같은 특성들은 상호 교차하고 이는 시간이 흐르면서 축적된 혜택이나 불리함의 결과를 낳는다. 한 예로 아동기 초기에 시작하는 교육 궤적은 생애과정을 통해 기회를 형성하는 확실한 합류 요인이다. 고등학교 졸업장은 대학을 진학하기 위해 필수적이고, 대학 학위 취득은 성인이 되었을 때 수입 가능성을 증가시킨다. 그러나 캐리의 환경은 반대의 예가 될 수 있다. 현재 캐리는 대학 학위를 갖고 있지 않은 싱글맘이다. 집을 소유하고 있지 않으므로 자신의 집에 살았더라면 딸에게 물려주었을 자본을 축적하지 않고 있다. 사회계층 사다리를 올라갈 수 있는 기회는 자본과 예금 부족 때문에 제한된다. 만일 캐리가 대학을 마치기 위해 복학한다면 학위가 있을 때 증가되는 수입 가능성에 대한 대가로 학자금 대출 빚이 늘어나게 될 것이다. 덧붙여서 캐리는 수업을 듣기 위해 베일리를 맡길 보육시설을 찾아야 하고 그에 대한 비용 지불을 위해 일을 계속해야 한다. 캐리는 다른 사회계층 출신의 또래들보다 불리함을 축적할 가능성이 더 높다. 다시 말하자면 자녀가 첫 집이나 차를 살 때 도움을 줄 계획이 있는 부모들은 상속을 하거나 예금했던 돈에서 대학 등록금을 내준다. 이러한 부모의 자녀들은 불리함 대신에 혜택을 쌓아갈 것이다.

축적된 혜택 또는 불리함(CAD)은 복잡한 과정이라는 것을 유념해야 한다. 겉으로는 '가난한 자는 더 가난해지고 부자는 더 부유해진다'라는 속담이 나타내는 것처럼 개인적인 문제로 보이지만(Alexander, Entwisle, & Olson, 2001), 현실에서는 더 거시적이고 구조적인 힘이 작용한다. 이는 우리에게 주어진 선택지에 의해 CAD는 일생 동안의 모든 선택이 조정됨을 의미한다. 캐리가 학교를 그만두고 결혼을 하고 안정된 직장을 갖기 이전에 아이를 갖겠다고 한 결정은 매우 복잡한 것이다. 예를 들면, 미국 전체 평균에 비해 더 일찍 자녀를 갖는 것이 드물지 않은 지역에서 성장했다. 종합적으로 볼 때 캐리가 갖고 있는 불리함에 대해 캐리 개인을 비난하는 것은 간단한 일이다. 그러나 일련의 사건들의 시점은 중요하다. 자신의 또래와 어울리지 못했기 때문에 대학을 중퇴했다. 이는 아마도 교육수준이 미국 전체 평균보다 낮은 켄터키의 작은 마을에서 성장했기 때문일 수 있다(US Census Bureau, 2012). 또한 캐리가 임신을 하려고 했는지 아니면 우연히 한 것인지는 알 수 없지만 상당히 열악한 환경에서 성장한 여성들의 경우, 임신을 선택함으로써 자신의 인생의 경로를 변경하고 살아갈 이유를 갖게 될 수 있음을 기존 연구들은 제안한다(Edin & Kefalas, 2011). 또한 두 개의 매우 중요한 생애과정 사건인 어머니의 비극적인 죽음과 아이 아빠의 수감은 완전히 캐리의 통제 밖에서 일어났다. 외부 사람들에게 캐리의 생애과정과 축적된 불리함은 잘못된 선택을 한 개인적 수준의 문제인 것처럼 보일 수 있다. 그러나 CAD는 캐리의 인생 궤적에 기여하는 좀 더 복합적인 요인들이 있음을 제안한다.

궤적과 경로와의 관계의 또 다른 예는 Carpenter(2010)의 생애과정에서의 젠더화된 섹슈얼리티(gendered sexuality) 이론이다. Carpenter는 성적인 궤적과 젠더 궤적이 얽혀 있으므로 젠더화된 섹슈얼리티의 경로가 발생하고, 이러한 사실이 생애과정에서 성적 주체성의 다양함을 설명한다고 주장하였다. 성적 궤적에서 처녀성 또는 동정의 상실, 혹은 반대로 비자발적인 순결로의 전이가 젠더 궤적과 연결되어 있는 예를 Carpenter는 제시하였다. Carpenter는 인터뷰를 통해 청년들이 처녀성이나 동정의 상실을 선물로 볼 것인지, 낙인으로 볼 것인지, 또는 성인기로 향하는 규범적인 전이로 볼 것인지는 젠더 궤적에 달려 있음을 발견하였다. 더불어 사람들의 처녀성 또는 동정의 상실 경험은 이후 성적 의사결정을 형성하였는데, 이는 초기 생애과정의 결정이 이후 생애 과정 경험에 누적되는 영향을 미침을 보여 준다.

주체성. 생애과정이론에서 주체성(agency)은 인간의 자유나 개인적 의지라는 모호한 지각을 넘어선 복잡한 사회―심리적 과정이다(Hitlin & Elder, 2007, p. 171). 학자들이 정의하는 데 어려움을 겪어 왔음에도 주체성은 일반적으로 사회적 제도의 제한 내에서 선택하고자 하는 개인의 능력이나 바람을 의미한다.

생애과정이론가들은 초기 사회학과 역사학이 지나치게 사회적 삶의 구조적 본질을 강조해 왔음을 주장해 왔다. 다시 말해, 가족은 경제적 또는 법적 제한과 같은 사회적 규제에 의해 결정된다고 간주되어 왔다. 극단적인 상황을 제외하고는 이혼은 받아들여지지 않았으므로 이러한 관점 안에서 과거 가족생활은 상대적으로 안정적이었음을 가정하였다. 이와 반대로 Elder는 새로운 역사학에서 가족을 주체자, 즉 "구조화된 환경 내에서의 행위자"로 주장하였다(1981, p. 494). 이러한 시각에서 생애과정이론은 대부분의 사람에게 있어 이혼이 가능하지 않은 상황, 즉 구조화된 환경에서 부부가 결혼생활 동안 갈등과 배반, 학대를 어떻게 다루는가에 대한 새로운 질문을 던진다.

캐리가 해 왔던 선택과 앞으로 몇 년간 할 선택들을 생각해 보자. 학교를 졸업하고 수입가능성을 높일 것인가? 결혼해서 다른 자녀들을 가질 것인가? 가까운 장래에 할머니를 부양해야만 할까? 더 거시적인 사회 구조들이 개인이 택할 결정들의 종류를 조정한다고 할지라도, 주체성은 삶이 선택할 방향성에 대한 어느 정도의 통제는 우리가 갖고 있음을 의미한다(Hitlin & Elder, 2007). 주체성을 발휘하는 가장 중요한 시간은 인생의 갈림길에 있을 때, 즉 전이기이다. 예를 들어, 학위를 마치기 위해 수강할 수 있는 지역대학 수업을 고려하는 데 있어 캐리는 주체성을 발휘하고 있는 중이다. 캐리가 교육과 관련하여 택할 방향은 자신의 미래를 어떻게 그리고 있는지에 달려 있다. 즉, 자신의 삶과 자신에게 주요한 사람들의 삶에 대학 교육이 가져올 차이점에 대한 의미를 어떻게 부여하는가에 의해 결정된다.

세대(generations). 생애과정이론을 사용하는 이점 중 하나는 어떻게 서로 다른 세대들이 생애과정 사건을 경험하는가를 분석하는 능력이다. 보편적으로 동의하는 날짜의 기준이 마련되지는 않았음에도 각 세대를 정의하는 일반적인 특성은 존재한다. 이러한 특성들은 특정한 세대는 비슷한 역사적 시간 동안 생애과정을 거치게 되므로 경험과 맥락에서의 유사성에 기초한다. 예를 들면, 밀레니얼 세대(1979년에서 1994년 사이 출생)는 아이폰, 유튜브, 페이스북, 문자 메시지와 같은 기술에 대해 전례없는 접근성을 가지면서 청소년기와 초기 청년기를 지나왔다. 기술과 소셜미디어에 대한 접근성은 근본적으로 이 세대가 친구, 가족, 사회와 전반적으로 의사소통을 어떻게 하는지를 배우는가를 변화시킨다. 따라서 세대 구성원들의 조합은 상이한 생애과정 경험을 만들어 내는 시기 또는 역사적 시간과 일치한다.

세대 차이에 대한 이해는 가족 연구에 중요하다. 결국, 한 세대의 구성원은 대체적으로 전혀 다른 세대의 구성원을 양육한다. 베이비부머들은 X세대를, X세대들은 밀레니얼 세대를 키웠다. 이러한 세대 차이에 대한 이해는 연결된 삶, 시간, 경로, 궤적의 문제뿐 아니라 가족 내 역동성을 설명할 때 유용하다. 최근에 정의된 바에 따르면(각 세대에 해당하는 년도는 다를 수 있음) 미국에서의 세대는 다음과 같이 구분할 수 있다.

첫 번째, 1925년에서 1942년에서 태어난 침묵의 세대(silent generation)는 가족과 직장에 대한 의무, 희생, 충성을 강조한다. 이들은 베이비부머 세대보다 더 조용하고 덜 반항적인 경향이 있어 침묵의 세대라고 불린다. 또한 이 세대는 다른 세대들만큼 논의되고 있지 않다(Deal, 2007). 대부분, 이 세대의 구성원들은 남성 중심적인, 즉 아버지가 가장이고 엄마는 가정적인, 전업주부(제5장 가족발달이론에서 특징화된 가족)인 가족생활을 경험했다. 미국의 제도에 대한 깊은 신뢰감을 갖고 있으며(Deal, 2007), 양보다는 질을 추구하며 기꺼이 규칙을 따른다.

두 번째, 베이비붐 세대는 1943년에서 1960년에 태어난 사람들로 7천만이라는 그 많은 수 때문에 베이비부머로 불린다. 이들은 Spock 박사의 양육에 대한 접근을 지지하는 부모들에 의해 키워졌다. Benjamin Spock 박사는 아이와 자녀돌봄에 대한 베스트셀러를 출판한 소아과의사였다(1946년에 처음으로 출판되었고 그 이후에 많은 개정판이 출간됨). 이 책은 더욱 유연하고 애정적인 부모양육방식을 장려하였다. Spock 박사의 자녀양육기술은 즉각적인 만족을 향상시킨다는 점에서 1970년에 들어서야 심한 비판의 대상이 되었다. 흥미롭게도 베이비부머들은 때로 첫 '자기 중심의(Me)' 세대 중 하나라고 불리는데 이는 그 시기의 문화적 경향이 개인성과 좀 더 전인적인 인간으로의 발달을 강조했기 때문이다(Strauss & Howe, 1997). 이 세대들이 경험한 공식적인 사건으로 시민인권운동, 케네디 대통령과 마틴 루터 킹 박사의 암살사건, 베트남 전쟁, 우드스톡 페스티벌, 여성해방운동이 있다.

세 번째, X세대는 1961년에서 1978년에 태어난 사람들로 이들 어머니 중 많은 수가 일을 다시 하기 시작해서 부모가 일을 마치고 집에 돌아올 때까지 자녀들은 학교 방과후에 혼자 집에 있었기 때문에 이들은 '열쇠 아이들(latch-key kids)'로 불린다. X세대는 전례 없이 아동기에 이혼과 혼합가족을 많이 경험하였다. 이 세대는 매우 가족 중심적이고, 교육수준이 높으며, 사회제도에 대해 회의를 느끼는 경향이 있다(Miller, 2011). 부모로서는 자녀들의 삶에 깊이 관여하고, 자녀들의 미래에 대해 높은 기대감을 갖고 있다. 2000년대에 '헬리콥터 부모' 트렌드, 즉 부모가 너무 지나치게 자녀들의 삶에 속속들이 관여하는 경향에 기여하는 듯하다(LeMoyne & Buchanan, 2011).

네 번째, 밀레니얼 세대는 1979년에서 1994년에 태어난 사람들로 아동은 특별하다고 재의미화되었을 때 나타났다. 이 시기에 '차 안에 아이가 타고 있어요'라는 문구를 볼 수 있게 되었고 아동의 특별한 재능을 키워 주는 것에 새롭게 초점을 맞추었다. X세대의 부모양육경향을 고려해 볼 때 놀랄 일은 아니다. 결과적으로 밀레니얼 세대는 너무 응석받이라고 비판받고 실제로 Twenge와 Campbell(2009)은 이 세대가 미국 내 '자기애 현상(narcissism epidemic)'에 기여하고 있음을 주장하였다. 이들의 부모인 X세대는 자녀들이 실망을 경험하게 두지 않았고 그 결과 특권인식을 키우는 데 기여하였다고 비판받는다. 기술혁명이 자기애 증가에 기여했음을 주목하고 있다. 페이스북, 인스타그램, 마이스페이스, 트위터는 셀카가 생겨나는 데 기여하였다.

이제까지 살펴본 바와 같이, 각 세대가 중요한 생애과정단계를 거쳐온 사회역사적 맥락은 부모양육, 배우자 선택, 기타 가족에게 영향을 미치는 역동의 경향을 이해하는 데 매우 중요하다.

글상자 9-2 **대중문화 속 생애과정이론: 〈다운튼 애비(Downton Abbey)〉**

〈다운튼 애비〉의 한 장면(2010)

〈다운튼 애비〉는 1900년대 초반 영국귀족가문에 대한 텔레비전 연속극이다. 이 글상자에서 몇몇 주요 인물 간의 관계와 생애과정이론을 이 연속극에 어떻게 적용할 수 있는지를 기술하려 한다.

그랜덤가의 백작미망인인 바이올렛 크라울리는 이 드라마의 가모장적 인물 중 하나이다. 바이올렛은 크라울리가 딸 세 명의 할머니이며 매우 금욕주의적인 태도와 전통 및 명예에 대한 향수를 느끼고 있다. 바이올렛은 또 다른 가모장적 인물인 이소벨 크라울리의 생각과 종종 충돌한다. 바이올렛의 손녀인 메리와 이소벨의 아들인 매튜(먼 친척으로 그랜덤경의 기대되지 않았던 상속자로 추정됨)의 결혼으로 바이올렛과 이소벨은 엮여 있다. 매튜가 사망했음에도 이 두 여성은 가족 모임과 그들의 증손자 또는 손자를 통해 그 관계를 유지하고 있다. 이소벨은 능숙한 간호사였으므로 바이올렛이 질병에 걸렸을 때 신체적, 심리적으로 보살피면서 침상을 며칠 동안 지켰다. 비록 매튜의 사망으로 인해 단절되었을 수 있음에도 이 관계는 연결된 삶의 개념을 나타낸다.

연결된 삶의 또 다른 예시는 매리 크라울리 부인과 톰 브랜슨이다. 이 둘은 모두 배우자를 상실했고 함께 영토를 보살피는 책임을 지고 있다. 톰은 매리 부인의 여자형제인 시빌 크라울리의 남편이었고 결혼 전에는 귀족계층이 아니었으므로 언제라도 영토를 떠나기로 결심할 수 있었다. 그러나 톰과 가족의 삶은 시빌 부인과의 결혼과 딸의 출생으로 인해 구축된 정서적 유대로 인해 연결되어 있었다. 또한 시빌 부인과 결혼했으므로 톰의 궤적은 눈에 띄게 변화하였다. 크라울리가의 운전기사에서 귀족 가문의 일원이 되었다. 영토 관리자의 한 명으로 남기를 선택한다면 이러한 궤적은 부와 상속이라는 성공적인 경로로 이끌 것이다.

생애과정이론은 또한 역사적 시간과 중요한 사건을 고려할 수 있게 하는데 이는 확실히 주요인물인 매리 부인과 에디스 부인의 선택에 영향을 미친다. 1900년대 초반과 중반에 여성 인권운동은 힘을 얻었고 이는 두 자매에게 새로운 기회를 열어 주었다. 에디스 부인은 운전을 배우고 런던 신문에 정규 기고가가 되며 혼외 자녀를 출산함으로써 여성에 대한 귀족의 이상향을 깨고 나왔다. 매리 부인은 또한 다운튼 애비의 죽은 남편 몫을 책임지게 되면서 변화하는 정치적 상황으로부터 혜택을 받았다. 매리 부인의 아버지는 토지에 대한 중요한 결정을 하는 데 있어 딸이 돕도록 하는 것을 망설였지만 결국 포기했고 매리 부인은 다운튼의 실질적인 관리자가 되었다.

이 텔레비전 연속극에는 몇 개의 중요한 전환점들이 있다. 딸 중 한 명인 시빌 부인은 출산 이후 사망했고 이는 톰 브랜슨이 더 이상 결혼을 통해 획득한 귀족 세계에 속하지 않는다고 느끼게 했다. 이 연속극은 또한 제1차 세계대전을 배경으로 하는데 전쟁 도중과 이후에 중요한 역사적 전환이 있다. 전쟁 동안 다운튼 애비는 임시병원이 되었고, 이 병원으로 부상당한 병사들이 회복을 위해 왔다. 전쟁 이전에는 결코 자신들이 돌보지 않아도 되었던, 자신들의 사회계층과 매우 다른 계층 출신의 매우 경미한 부상을 당한 병사들까지 귀족가문의 여인들인 시빌 부인과 에디스 부인이 보살폈다. 이는 연속극 내 사회역사적 맥락에서의 전환점을 초래한다. 한때 사회계층에 의해 잘 정의되었던 역할이 사회 구성원들의 변화하는 욕구로 인해 더 이상 적절치 않게 되었다.

생애과정이론에 대한 평가

생애과정이론의 강점

이 책의 다른 이론들과 마찬가지로 생애과정이론은 몇 가지 강점을 갖고 있다. 다음에서 기술한 바와 같이 중요한 강점에는 맥락을 포함하며 다른 이론들과 함께 통합될 수 있고 양적 연구 방법과 질적 연구 방법 양쪽 모두를 사용할 때 유용할 수 있다는 점이다.

맥락적 접근(a contextual approach). 이 장 전체를 통해 서술한 바와 같이 생애과정이론에서 가장 인상깊은 점 중 하나는 여러 사회적 시간(개인, 가족, 사회역사적 시간)의 사용이다. 이는 개인적, 사회적, 경제적, 역사적, 문화적, 생물학적 경험을 조명하는 다학제적 접근의 사용을 의미한다. 또한 맥락 내에서의 삶을 이해하는 것, 즉 한 사람에게 일어난 일이 가족 내 다른 사람에게 어떻게 상호적으로 영향을 미치는지에 대한 것(예: 연결된 삶)을 이해하는 것이 중요함을 의미한다. 예를 들어, Walker와 동료들(Walker, Allen, & Connidis, 2005)은 중년 성인기에 걸친 형제자매 관계를 개념화하였다. 가족발달관점(제5장)과 같은 더 전통적인 이론에서는 부모와 자녀의 수직적 관계(세대 간 관계)와 결혼한 이성애자인 성인들의 수평적 관계(세대 내 관계)를 강조하면서 형제자매 관계는 무시되거나 배제되었다. 그러나 생애과정이론은 전이, 경험, 연결된 삶의 시기를 강조하면서 그 초점을 개인의 고정된 역할에 두는 대신, 가족구성원들이 시간에 따라 서로 어떻게 관계되어 있는지에 대한 사회적 관계를 살펴본다. 형제자매 관계는 초기 아동기 시절에 시작해서(동생에게는 태어나면서) 많은 사람에게 노년기까지 연장되는 우리가 가질 수 있는 가장 오래된 관계이다. 그러나 Walker와 동료들은 생애과정이론이 노화와 사회구조 사이의 연결을 개념화하는 데는 충분치 않음을 지적하였다. 이러한 단점을 극복하기 위해 다른 이론적 틀과의 통합이 중요하다. 교차학문적이고 유연한 생애과정관점의 강점은 빈틈을 메꿀 수 있는 다른 이론들과 함께 사용될 수 있다는 데 있다. 따라서 사회적 관계에서 불평등에 대한 여성주의 관점, 지식의 편파성에 대한 사회구성주의자의 접근, 사회학적 양가감정이라는 개념들과 병행 가능하다. 사회학적 양가감정이라는 개념은 사회적 구조에 의해 형성된 다른 코호트(법 체계나 젠더 관계)에 대한 기대들의 모순성과 다른 가족구성원들에 대해 양가감정이 만든 혼합된 감정을 의미한다(Connidis & McMullin, 2002).

통합적 이론(An integrative theory). 생애과정이론의 다른 중요한 강점은 다른 이론과 잘 통합된다는 점이다. 예를 들어, Roberto, McCann, Blieszner(2013)는 배우자가 경도인지장애(Mild Cognitive Impairment: MCI, 비정상적인 기억 또는 인지적 문제이지만 치매라고 하기에는 심각하지 않음)를 진단받았을 때의 돌봄 궤적 연구에서 생애과정이론과 상징적 상호작용이론의 개념을 통합하였다(제4장). 이 연구에서 저자들은 어떻게 부부가 배우자 중 한 사람이 MCI로 진단받은 이후 관계변화에 적응하는지를 분석하였다. 이 연구는 어떻게 생애과정이론이 몇 개의 이론적 전제를 고려할 수 있게 하는지를 보여 주는 좋은 예이다. 저자들은 각 배우자의 정체감 위계가 시간에 따라 어떻게 변화하는지(즉, 궤적)를 조사하였다. 이 분석에서 자료 해석을 위해 상징적 상호작용이론의 개념이 정체감 위계와 통합된 생애과정이론의 개념인 궤적이 사용되었다. MCI가 안정화되거나 치매로 진행되면서 남편과 부인의 배우자 정체감의 시간에 따른 변화를 조사함으로써 네 개의 궤적를 발전시켰다.

양적 연구 방법과 질적 연구 방법 사용에 유용함. 생애과정이론은 본래 양적이고 종단적 자료를 사용하면서 발달하였지만 질적 생애사 면접 연구(qualitative life history interview studies)에서도 유용함이 증명되고 있다. 질적 접근은 참여자들이 삶에서 일어난 중요한 변화를 어떻게 인식하고 경험하는지를 이해하는 데 도움을 주는, 그들의 깊은 내면을 추가한다. 예를 들면, 생애과정이론의 주요 가정들에 근거한 질적 연구에서 Allen(1989)은 결혼을 해 본 적이 없거나 친자녀가 없는 여성노인은 가족생활 전이들을 예상치 않을 때 경험했음을 발견하였다. 한 예로 한 여성노인은 부모님이 돌아가시고 60대가 되어서야 데이트를 하기 시작했다고 보고하였다. 이와 같은 생애과정 전이와 궤적에 대한 회상은 인구학적 연구에서 포착될 수 없지만 대상자의 직접 체험에서 얻은 내부의 이야기로부터 기술되고 해석되었으므로 더 중요하다.

생애과정이론의 약점

제1장에서 논의한 것처럼 어떠한 이론도 모든 열쇠를 쥐고 있지는 않다. 생애과정이론의 수많은 강점에도 불구하고 가족학에 적용시키는 데 있어 몇 가지 어려움이 있다. 이 어려움들은 다음과 같다.

가족수준의 자료 수집 및 측정의 어려움. 고령의 가족구성원이 암 진단을 받았을 때 가족들이 대처하는 방식을 연구하기를 원한다고 하자. 가족에서 누구를 표본으로 삼아야 할 것인가? 캐리의 경우 할머니가 암 진단을 받았다고 가정해 보자. 이 가족이 할머니의 욕구를 어떻게 해결하는지를 이해하기 위해 가족 중 누구의 관점이 필요할 것인가? 캐리가 할머니와 함께 살고 있으므로 분명 캐리와 이야기를 나누고 싶어 할 것이다. 아마도 할머니가 치료를 받고 회복하는 동안 돌봄을 제공하는 데 도움이될 수 있는 다른 가까운 친척(예: 형제자매나 자녀들)과도 이야기를 하고 싶을 수도 있다. 모든 사람이 그들의 가족생활에 대해 당신과 이야기를 하고 싶어 할 것이라고 생각하는가? 이들이 여러분과 여러 번 이야기하는 데 동의를 할 것이라고 생각하는가? 여러분이 50명 중 세 명의 중요한 구성원(예: 캐리, 할머니, 할머니의 자매)을 모집할 수 있다고 가정해 보자. 이 세 사람 모두 3년에 걸쳐 해마다 경험하고 있는 변화를 여러분과 나누기 위해 만나 준다면 매우 행운이다. 대상자 모집의 어려움과 함께 인터뷰를 실시하는 데 드는 비용은 가족구성원의 수와 자료 수집의 차수가 늘어날수록 기하급수적으로 증가한다. 최소한 생애과정이론에 근거한 연구들은 복잡하며 시간과 비용이 많이 소모된다.

일관된 종단적 자료 수집하기. 한 시점에서 여러 번 한 질문은 사회적 변화에 따라 십수 년 뒤에는 관련이 없게 될 수 있다. 더욱이 연구비 제한으로 인해 얼마나 오랫동안 연구가 지속될지 아는 것은 불가능하다(Elder, Johnson, & Crosnoe, 2003). 한 예로 1957년 위스콘신 종단 연구(the Wisconsin Longitudinal Study)는 고등학교 이후 학생들의 선택을 추적하기 위한 목적으로 위스콘신에 있는 모든 고등학교 3학년에 재학 중인 학생들의 자료로 시작하였다(Hauser, 2009). 연구자들이 여러 시점의 자료 수집을 계획했음에도 이 연구는 십 수 년 동안 예상과 달리 진행되어 왔고 현재 참여자들은 노년기로 접어들고 있다. 은퇴로의 경로와 건강 궤적과 같은 현재 중요한 질문들은 이 연구의 초기에는 상상할 수 없었다. 따라서 건강 및 재정 습관과 관련된 중요한 자료는 자료 수집 초기에는 빠져 있다.

가족 시간을 사용하는 다른 관점과 쉽게 혼돈됨. 학생들은 종종 생애과정이론이 가족발달이론에서 사용하는 가족생활주기(제5장)와 어떻게 다른가에 대해 질문한다. 가족발달이론과 가족과정이론 모두 인구학, 심리학 등의 다양한 관점에서 나온 개념들에 의존하고 있는 학제간 이론들이다. 그러나 이 두 이론을 자세히 들여다보면 중요한 차이점과 사회생활을 어떻게 개념화하는지에 대한 변화가 드러난다. 좋은 예는 가족발달이론에서 경력(career)과 비교했을 때 생애과정에서 궤적을 정의하는 방법이다. 이 두 개념 모두 시간에 따른 인생 경로라는 점에서 비슷한 기원과 의미를 공유하고 있다. 그러나 가족발달이론은 규범적인 구조와 고정된 가족역할에 더 많은 초점을 두고 있다는 것이 차이점이다. 제5장에서 학습한 것처럼 경력이라는 개념을 사용하여 마치 하나의 원형이 있는 것처럼 '결혼 과업' '직업 과업'을 살펴보았다. 그러나 생애과정이론에서 궤적이라는 개념은 한 개인의 삶에서 과정, 사회적 맥락, 다양성, 복잡성에 그 초점이 옮겨진다(Aldous, 1990; Elder, 1981). 제5장 가족발달이론에서 이 두 이론의 차이점들을 기술하였다.

대안적 이론: 가족스트레스와 회복탄력성이론

이 장에서 생애과정이론의 주요 개념, 기원, 현대적 적용과 강점 및 약점을 기술하였다. 이제까지 학습한 바와 같이 생애과정이론은 역사적 시간과 주체성을 가족과 가족구성원의 궤적을 이해하는 데 고려할 수 있다. 가족스트레스와 회복탄력성이론(제11장)은 가족의 과거, 현재, 미래에 대한 통찰력을 제공한다는 점에서 유사한 강점을 가지고 있다. 여기에서는 이 두 이론을 면밀히 비교함으로써 이 두 관점을 더 자유로이 오갈 수 있도록 하려고 한다.

가족스트레스와 회복탄력성이론은 삶이 개인과 가족의 안녕 모두를 위협하는 위기들로 가득 차 있음을 주장한다. 이 이론의 핵심은 가족들이 스트레스원에 대처하는 방법을 분석하는 데 있다. 동시에 이 이론은 모든 스트레스가 부정적 결과를 가져오지 않는다는 가정에 근거한다. 따라서 스트레스와 회복탄력성 모두에 초점을 둔다. 가족스트레스와 회복탄력성이론과 생애과정이론을 비교하는 방법 중 하나는 어떻게 이 두 관점이 상호 보완적인가 하는 점이다. 생애과정이론은 매우 거시적이고 시간, 사건, 궤적에 초점을 두고 있다는 점에서 가족스트레스와 회복탄력성이론이 생애과정이론 관점 안에서 잘 들어맞는다고 쉽게 이야기할 수 있다. 실제로 생애과정이론가들은 시간에 따라 어떻게 혜택과 불리함이 축적해 가는지를 더 잘 이해하기 위해서는 가족생활을 반복해서 분석해야 한다는 가족스트레스와 회복탄력성이론의 전제를 활용할 수 있다. 가족스트레스와 회복탄력성이론은 어떻게 가족이 적응하는지에 대한 심도 있는 관점을 제공한다. 또한 이 이론의 기여점은 가족 또는 개인이 스트레스원으로부터 향후 또는 몇 세대 이후에 적응을 어떻게 하는지를 포함하여 오랜 시간 동안 가족을 이해하기 위한 맥락을 제공하는 데 도움을 주는 정보를 생애과정이론가들에게 알려 주는 데 있다.

생애과정이론의 적용: 연구와 실천의 통합

이제까지 생애과정이론의 역사적 배경, 가정, 개념, 강점과 약점을 기술해 왔으므로 어떻게 이 이론이 현장에서 활용될 수 있는지를 살펴보자. 먼저, 나이가 들어 가는 경험이 생애과정학자들에게 재개념화되는 방법을 생애과정이론화의 새로운 방향성의 예시 중 하나로 제시하고자 한다. 다음으로 학자들이 생애과정이론을 연구 과제에 어떻게 적용하는지를 살펴보기 위해 이 이론을 근거로 한 경험적 연구를 분석하려 한다. 마지막으로, 어떻게 이 이론이 가족생활교육의 실제에 정보를 제공하는지에 대한 생각을 제시하도록 하겠다.

생애과정이론의 현재

이제까지 논의한 바와 같이 생애과정이론가들은 제1장에서 명시했던 사회의 인구학적 변화의 관점에서 청년기, 중년기, 노년기를 이해하는 새로운 방식을 제안하였다. 이러한 인구학적 변화들은 다른 가족이론에서 전제되었던 바와 같이 대부분의 사람이 더 오래 살고, 젠더, 성, 계층, 성적 취향, 출신국 등에 따라 삶이 다양해지고, 결혼과 가족역할이 생기거나 그 순서가 예측 가능한 일련의 단계가 아니게 되므로 성인의 생애과정 궤적은 더 많은 다양성이 있다는 사실을 포함한다. 최근 생애과정이론화의 한 영역은 노화의 경험이다. 가족발달단계에서 노년기는 한때 은퇴, 배우자 상실, 죽음이라는 주요한 전이로 기술되었다. 생애과정이론의 결과로 노년기는 초기와 후기 노년기로 변화하고 있다[예: 초기−노년(the young old), 후기−노년(the old old), 100세 이상(the centenarians)](Poon et al., 2000). 노년기가 개인적 수준과 사회적 수준에서 경험하는 방식의 변화는 생애과정이론가들이 새로운 이론적 질문을 하도록 이끌었다. 이제 80세를 훌쩍 넘어 살고 있으므로 Settersten과 Trauten은 어떻게 이 시간이 채워질지, 그리고 노년기를 위한 대본이 없거나, 거의 존재하지 않거나 또는 새로운 각본이 있는지(2009, p. 457)와 같은 질문을 제기하였다. 과거에는 노년기까지 생존하는 사람이 거의 없었으므로 노년기를 어떻게 살아야 하는지에 대한 각본이 없거나 거의 존재하지 않았다. 그러나 오늘날 생애과정이 연장되고 노인들이 친밀한 관계의 경로를 다양하게 만들어 감에 따라(예: 이혼, 데이팅, 비혼으로 남기 또는 배우자 상실 이후 재혼하기) 새로운 각본은 계속해서 구성되고 있다. 따라서 생애과정 관점에서 노인들이 청년기와 노년기를 어떻게 살아왔는지를 먼저 고려함으로써 노년기의 경험에 대해 밝힐 수 있다. 다시 말해, 가족관계의 질과 정도, 교육적 성취와 직업적 성취, 건강과 돌봄에 대한 접근성, 과거 삶의 질이 인생 후반기에 마주치는 기회와 위기에 대해 어떠한 반응을 할 것인지를 결정한다.

　인생 후반기를 재정의하는 것에 대한 예시를 사용하여 생애과정이론은 더 이상 은퇴가 직업의 마지막에 다다르는 최종 목적지라고 여겨지지 않음을 제안한다(Moen, 2003). 사람들은 매우 다양한 상이한 경로들을 중년기에 경험하므로 최종 목적지가 더 이상 65세에 일어나는(또는 어떤 경우에는 62세) 하나의 '공식적인', 제도적이고 개인신상적 전이, 즉 은퇴로 표시되지 않는다. 대신, 어떻게 50대, 60대, 70대를 거쳐 무엇을 인생 후반기로 여길지는 개인의 가족, 직업, 건강, 기타 환경에 따라 상대적으로 즉흥적이며 단일한 사건으로 특징지어지지 않는다.

생애과정이론 적용 연구 현황

생애과정이론은 특히 연구의 방향을 이끌 뿐 아니라 여러 이론적 관점을 통합하는데 적합하다(Giele & Elder, 1998). 청년들의 객관적 조건이 어떻게 삶을 형성하고 결혼과 다른 친밀한 관계에 대한 성향을 제한하는가에 대한 연구에서 Stephanie Byrd(2009)는 결혼 몰입에 대한 주관적 인식을 조사하기 위해 생애과정접근의 유연성 이점을 활용하였다. Byrd는 Cherlin(2004)이 결혼의 비제도화라고 명명한 현재의 사회-역사적 시간에서의 결혼 몰입에 대한 새로운 이론을 만들기 위해 생애과정을 이론과 방법(예: 생애사 분석)으로 모두 사용하였다. 결혼의 비제도화는 과거 75년 동안에 비해 더 많은 성인이 동거, 비공식적 결합, 영구적 비혼, 한부모, 동성애 관계 등결혼에 대한 다양한 대안적 관계에 참여하고 있음을 의미한다.

생애과정이론을 활용하고 이를 사회교환이론(제7장) 및 상징적 상호작용이론(제4장)개념과 통합하여, Byrd(2009)는 인구학적 이유(예: 대부분의 인구가 35세까지는 결혼을 함)에서 28~35세 사이의 남녀 코호트를 선택하였다. 또한 20대 후반과 30대 초반동안 청년들, 특히 최근에 결혼했거나 비혼인 사람들은 결혼, 가족 형성, 자녀임신과같은 가족생활 전이와 관련된 결정에 대해 많이 생각할 것으로 예측하였다. Byrd는여성 40명과 남성 30명을 인터뷰하였는데 참여자 중 59%는 결혼하였으며 41%는 비혼이었다. 응답자 중 대부분은 백인이었으며 대학을 졸업하였고 이성애자였다.

연구 방법과 관련하여 Byrd는 참여자들이 이미 정해진 질문에 대하여 답을 하는전형적인 양적 연구 방법을 사용하지 않고 질적 생애사 인터뷰를 활용하였다. 인터뷰는 데이트(예: "최근 데이트 상황에 대해 말씀해 주시겠어요?" 또는 "왜 현재 데이트하는사람이 없거나 또는 한 번도 데이트를 해 본 적이 없나요?") 및 부부관계(예: "현재 당신의부부관계 혹은 현재 연인관계에 대해 어떻게 말씀하시겠어요?")와 관련된 개방질문 중심으로 구조화되었다. 인터뷰는 또한 각 단계에서의 일, 여가, 관계를 물어보는 질문을통해 삶에서 중요한 단계를 구성하는 반구조화된 인생사를 포함하였다. 이러한 광의적인 질문 영역(일, 여가)을 사용하는 것은 생애과정관점적인 논리에서 개인 삶의 한영역은 반드시 다른 삶의 영역과의 관계에서 이해되어야 함을 의미한다. 따라서 개인적인 시간은 친밀한 관계와 가족관계, 일, 여가, 기타 주요한 요소들의 상호 관련된 궤적들을 살펴봄으로써 가장 잘 이해할 수 있다.

결혼 몰입도를 분석하는 데 있어 Byrd는 두 개의 다면적 측면을 발견했다. 첫째, 결혼 몰입도의 가치-이성적 요소는 결혼 관계의 사회 교환 측면을 의미하며 대안들과 비교하여 사회적 지위와 정체성 자원으로서 결혼관계의 상대적 가치를 포착해 낸다(Byrd, 2009, p. 323). 사람들이 갖고 있는 결혼의 의미, 헌신하는 관계에 있음에 대한 기대와 이해는 다르다. 흥미롭게도 결혼 몰입을 보장하는 데 있어 종교적 신념을 공유하는 것이 필요하다고 언급하는 사람은 거의 없었다. 대신 학업에서 안정된 직업으로의 전이와 같은 생애과정 이슈들이 데이트와 결혼 목표를 재평가하는 데 더 주요한 원인이었다. 가치-이성적 요소와 관련된 다른 생애과정 이슈와 관련하여 Byrd는 또한 "결혼에서 부부로서의 정체감을 우선시하는 것과 각자 개인의 정체감을 강화하는 것"(2009, p. 332) 사이에 긴장감의 증거를 발견하였다.

다음으로 Byrd는 결혼 몰입의 실용적인 요소를 발견하였다. 결혼은 단순한 가치일 뿐 아니라 반드시 성취해야 하는 지위이다. Byrd의 연구에서 실용성의 구성은 두 개의 핵심적인 주관적 과정, 즉 "결혼 몰입 획득을 방해하는 것에 대한 지각 및 이러한 방해물을 극복할 가능성에 대한 지각"(2009, p. 326)의 결과로 나타났다. 방해물의 예시는 부모가 이혼한 적이 있는 참여자들의 주관적 인식과 관련하여 발견되었는데 이들은 자신들의 결혼이 실패할 것이라 예상하는 연구에 민감하였으므로 자신들의 삶에서 이혼을 예방하는 데 더 많은 주의를 기울이고 있음을 보고하였다.

마지막으로 Byrd의 연구는 개인의 삶은 역동적이며 결혼 몰입과 같은 이슈들은 다른 주요한 생활에 대한 몰입, 즉 일이나 교육에 대한 몰입에서의 변화에 달려 있다는 현실을 살펴보기 위해 생애과정이론을 사용하는 훌륭한 예이다. 생애과정관점을 일치된 연구 방법과 함께 사용함으로써 현재 맥락 내에서 개인, 가족, 사회역사적 시간에 대한 새로운 생각들이 나타날 수 있다.

생애과정이론의 현장 적용

가족학 실천가들이 생애과정이론을 가족과 개인을 위해 일할 때 적용할 수 있는 몇 가지 방법이 있다. 실천가들이 할 수 있는 중요한 역할은 가족 내에서 코호트 내 또는 코호트 간에 예방책을 제시하는 것뿐 아니라 유인물이나 인터넷을 위한 교육 미디어 자료를 찾고 개발하는 데 있다.

가족이 시간에 따른 변화와 관련된 복잡한 역동성을 이해하고 관련된 자료를 찾는 것을 도와주기 위해 생애과정이론을 적용하는 데 있어 가족생활교육사는 중요하다. 예를 들어, 생애과정이론은 노인인 부모가 쇠약해지고 공식적인 돌봄이 필요할 때 성인 형제자매가 맞닥뜨리는 매우 실제적인 문제를 조명한다. 생애과정이론에서 찾을 수 있는 자원들로 형제자매 관계가 어려웠을 때와 비슷한지, 아니면 생애과정을 거쳐 조화, 양가감정, 갈등의 시기가 있을 수 있었는지에 대한 지식이 있다(Connidis & McMullin, 2002). 자매들끼리는 더 가까울 수 있지만 아들들은 재정적 지원을 제외하고 다른 돌봄에서 면제가 되는 반면, 딸들에게는 대체적으로 더 많은 정서적 · 신체적 돌봄을 제공할 것을 기대하고 있음을 가족은 알고 있어야 한다(Matthews, 2002). 가족생활교육사는 다른 성인 형제자매로부터의 도움에 대한 명확한 기대, 재산 상속 등에 관한 명확한 의사소통의 필요성을 이해하도록 도울 수 있다. 이와 같이 복잡한 세대 간 상황에서 개인과 가족은 치유적 예방을 통해 혜택을 받을 수 있다.

웹사이트 자원 또한 중요하다. 세대 간 및 세대 내 의사소통, 갈등 해결, 부모가 쇠약해질 때 예상되는 점, 부모기로의 전이, 성적 소수자로서의 커밍아웃, 생애과정에서의 건강 향상, 죽음으로 인해 사랑하는 사람을 잃어 본 사람들을 위로하는 것 같은 주제들에 대해 가족생활교육사들은 가족적 관점에 근거한 자료들을 개발할 수 있다.

베이비부머들이 노화됨에 따라, 다양한 코호트(예: 1940대 후반 출생자, 1950년대 출생자, 1960년대 초반 출생자)를 위한 서비스에 대한 요구는 급속도로 늘어나는 고령 인구들의 필요를 가족생활교육사들과 의료종사자들이 충족시킬 수 있는 기회를 제공할 것이다. 특히 베이비부머들이 부모 세대보다 건강하지 않다고 보고되고 있으므로 노화되는 베이비부머들의 다양한 욕구는 가족생활교육사, 의료종사자, 임상가, 연구자들에게 주의를 요하는 다수의 이슈를 제시한다(King et al., 2013). 결혼 지위, 경제적 지위, 자녀 수, 노동 경력, 건강 욕구 등 모든 것에서의 차이점은 다른 유형의 노화 과정을 예측한다. 어떻게 가족이 기능하는가를 이해하는 전문가들은 예방 및 교육, 도움을 주는 데 있어 더 유리한 위치를 차지하고 있다.

결론

　결론적으로 생애과정이론은 연구자들과 실천가들이 개념적 수준을 넘어 이론을 사용할 수 있도록 하는 중요한 아이디어를 제공해 왔다. 예시에서 본 것처럼 생애과정이론은 실증적 연구에 적용될 수 있는 개념들로 쉽게 해석된다. 더욱이 시간에 따른 변화를 강조하고 다수의 개인적 경로와 가족 경로를 강조하는 생애과정이론은 가족생활실천가들이 가족을 돕고 교육하기 위해 사용할 수 있는 풍부한 자료를 제공한다.

　또한 어떻게 생애과정이론이 전 세계 가족을 연구하는 데 적용될 수 있는지를 강조하는 것은 중요하다. 한 국가의 문화와 역사에 따라 개인이 생애과정을 어떻게 거치는가는 매우 상이하다. 왜 그렇다고 생각하는가? 어떻게 생애과정이론가들이 [글상자 9-3]에서 강조하는 국가 간 차이점을 설명할 수 있겠는가? 더 깊은 연구를 위한 영역들과 이 장 마지막에 제시한 토론과 반영 질문을 생각하면서 이 이론을 국제적으로 적용해 볼 것을 권한다.

글상자 9-3 **성인 발현기(Emerging Adulthood)의 국제적 비교**

　연구에서 스포트라이트를 받고 있는 생애과정 단계 중 하나는 18세에서 25세 사이의 발달시기로 성인 발현기로 불린다. 미국에서 60년 이전만 하더라도 고등학교 졸업자들은 대체적으로 결혼 후 안정적이고 지속적인 성인 역할로 진입하였으므로 이는 매우 흥미로운 시기이다(Arnett & Eisenberg, 2007). 최근에 성인 발현기는 독립적인 정체감 탐색과 비안정성의 시기가 되어 가고 있다(Arnett, 2004). 이 개념이 처음 미국에서 소개되는 동안 연구자들은 세계에서 이 생애과정 단계를 청년들이 다른 방식으로 경험하고 있다는 증거를 발견하였다. 다음의 예시에서 볼 수 있는 것처럼 상대적으로 새로운 생애과정 단계인 성인 발현기는 문화 및 사회적 규범과 상당한 관련이 있다.

　북유럽 국가인 스웨덴은 교육, 직업, 관계 탐색을 위해 원가족으로부터 자율적이도록 권유하는 정부에서 받는 재정적 지원 덕택에 청년들이 집을 제일 일찍 떠난다(Douglass, 2007). 이러한 지원은 주거 보조금과 실직 보상금의 형태로 제공된다. 청년들은 이후에 대학을 마치고 자녀 출산을 미룬다. 또한 출산의 절반 이상이 혼외 출산이다(대체적으로 동거 관계에서 이루어진다).

스페인은 가족으로부터의 지원에 많이 의지하는 특징이 있다. 스페인 부모들은 자녀들이 30대 또는 결혼할 때까지 집에서 살아야 한다고 생각한다(Douglass, 2005). 실제로 2005년, 18세에서 25세까지의 스페인 청년 중 95%, 그리고 30세에서 35세 사이 청년 중 30%가 부모와 함께 거주하였다. 스페인은 이 연령집단의 실직률 또한 가장 높다.

러시아는 20대 후반 이후에 여성이 자녀를 갖는 것에 대한 문화적 편견을 가지고 있으므로 출산이 보통 18세에서 24세에 이루어진다(Gabriel, 2005). 그러나 최근 출산율이 감소하였는데, 이는 시장 경제로의 전이 및 러시아 사람들이 익숙했던 사회 안정망으로부터 멀어졌기 때문일 수 있다(Douglass, 2005). 따라서 청년들은 종종 더 좋은 경제적, 사회적 가능성을 찾기 위해 이주하게 된다.

중국 문화는 유교주의의 이념적 뿌리를 두고 있고, 유교주의는 사회 질서와 조화로움을 강조하며 전체 집단의 이익을 위해 개인적 욕구와 욕망을 억누른다(Nelson & Chen, 2007). 경쟁적인 대학 입학 시험으로 인해 중국 청년의 20% 이하만이 대학교육을 받을 수 있다. 1970년대 중국은 인구 조절을 위해 한 아이 정책을 제도화하였다. 이 정책은 성 불균형에 기여하였으며(여성 100명당 남성 120명)(Hudson & Den Boer, 2002), 정부가 결혼한 부부가 두 자녀를 낳는 것을 허가함을 공표한 2015년 10월까지 유효하였다(Buckley, 2015). 중국의 대학 체계는 학생들의 전공 변경을 허가하지 않는다(Nelson & Chen, 2007). 또한 중국에서는 나이가 들어 가는 부모를 보살피는 것에 대한 의무감이 높으므로 부모로부터 멀리 이사하는 경우는 매우 드물다.

추천 멀티미디어

www.ssea.org

매년 열리는 학회와 학회지인 『Emerging Adulthood』를 후원하는 전문단체인 성인 발현기 연구 협회(the Society for the Study of Emerging Adulthood) 홈페이지. 이 웹사이트는 18~25세 사이의 청소년 이후 시기의 사회적, 심리적 측면을 이해하는 데 필요한 자료를 제공한다.

이론 앱 활성화하기: 이 연령대를 역사와 연결시켜서 생각해 보자. 선진국에서 기대 수명이 선진국에서 성인 발현기가 현재와 같은 연령대에서 발생할 것인지 또는 '연장된 수명에 적응하기 위해 지연될까?'라는 질문을 생각해 보자.

www.aarp.org

1956년에 설립된 미국 은퇴자 협회(the American Association of Retired Persons)로 시작한 AARP의 홈페이지이다. 이 협회는 50세 이상의 사람들을 위해 앞서 나가는 조직이다. 2015년 현재 3,700만 회원을 보유하고 있는 AARP는 지대한 정치적 영향력을 행사한다. 실용적인 정보(예: 건강 보험, 돌봄, 고용), 보험 및 여가 활동 관련 할인 혜택뿐 아니라 다른 자원과 기회 등을 폭넓게 제공한다.

이론 앱 활성화하기: 여러분이 은퇴할 때 여러분의 세대와 관련하여 이 웹사이트가 어떻게 변화할지를 생각해 보자. AARP의 분석가가 이 사이트에서 제공하는 서비스를 더 적합하게 수정하기 위해 고려해야 하는, 여러분 세대의 독특한 특성은 어떤 것이 있는가?

마이 시스터즈 키퍼(My Sister's Keeper, 2009)

이 영화는 Jodi Picoult의 2003년작 소설에 기반하였다. 소설에서 이성애 부부가 아들을 먼저 낳고, 나중에 딸을 낳는다. 딸은 어릴 때 백혈병에 걸렸고 오빠와 부모 모두 골수가 맞지 않음을 알게 된다. 이 부부는 엄마의 난자와 아버지의 정자를 유전적으로 골라서 딸에게 정확하게 맞는 골수를 가진 태아를 임신하기로 했다. 셋째 아이인 애나를 낳은 유일한 목적은 첫째 딸을 살리는 것이었다. 애나는 사랑과 보살핌을 받았지만 건강해야만 골수 기증자가 될 수 있었기 때문에 부모님들은 애나가 밖에서 밤을 지새우거나 스포츠를 하는 등 청소년기 아이들이 해야 하는 대부분의 일을 하도록 두지 않았다. 시간이 지나면서 애나는 더 이상 골수 기증자가 되기를 원하지 않았고 부모를 상대로 소송을 하기 위해 변호사를 고용하기로 하였다.

이론 앱 활성화하기: 이 줄거리는 연결된 삶, 경로, 궤적의 예를 어떻게 나타내고 있는가? 이 줄거리가 부모와 애나의 결정과 관련해서 주체성 개념을 드러내고 있는가?

〈마이 시스터즈 키퍼〉의 한 장면(2009)

포레스트 검프(Forrest Gump, 1994)

이 영화는 어떻게 20세기 후반에 일어났던 중요한 역사적 사건들이 포레스트가 자신의 인생과정 단계를 거치며 살아가는 방식을 결정하는지를 보여 주면서 몇 십 년 동안 그의 인생을 따라간다. 이 이야기는 또한 포레스트의 가족관계 특히 어머니와 어린 시절 사랑했던 제니와의 관계에 대한 관점을 제공한다.

이론 앱 활성화하기: 이 영화에서 역사적 시간과 장소뿐 아니라 연결된 삶의 중요성을 볼 수 있는 예시에는 어떤 것이 있는가?

〈포레스트 검프〉의 한 장면(1994)

추천 참고도서 및 논문

Arnett, J. J., *Adolescence and emerging adulthood: A cultural approach*, 4th edn (Boston: Pearson Prentice Hall, 2010). 이 책은 글로벌한 문화적 관점에서 쓰여졌으며 청소년이라는 발달적 시기를 성인 발현기까지 확장한다(18~25세). 성인 발현기의 선두적인 전문가인 심리학자 Arnett은 다학제적이고 사회역사적 접근을 취하고 있다. 이 책은 특히 과학적 연구와 관련하여 자아발견을 탐색하는 대학생에게 유용하다.

Elder, G. H., Jr., *Children of the Great Depression* (Chicago: University of Chicago Press, 1974). 이 책은 어떻게 사회역사적 사건들이 생애주기를 통해 개인발달에 영향을 미치는지를 측정하는 데 학문적 관심을 촉발했던 일련의 생애과정연구를 포함한다. 이 연구에서 Elder는 가족관계, 직업, 기타 생활양식 모습들에 대한 영향을 연구하면서 1930년대 서로 다른 코호트들의 아동기와 중년기까지 경험에 기인한 경제적 어려움의 상대적 영향력을 추적했다.

Newman,K., *A different shade of gray: Midlife and beyond in the inner city* (New York: New Press, 2003). Newman은 인종이 다른 100명의 뉴요커와 심층 인생사 인터뷰를 통해 질적 자료를 수집하였다. 이 연구는 도시에서 노화되는 모습을 기술하면서 이를 자신들 스스로가 만들어 낸 것이 아닌 생애과정 궤적에 가족이 놓여 있던 역사적 모습과 대비시킨다. 가족들은 백인 중산층이 도심지의 범죄를 우려하여 교외로 이주하는 현상(White flight), 심각한 질병을 앓는 아동, 확대가족과 손자녀 돌봄에 마주했다. 이러한 구조적 힘 하나하나는 생애과정을 통해 가족들이 불리함을 축적하는 데 기여하였다. 이는 1940년대와 1950년대 뉴욕의 아름다운 장소에서 자신들의 삶을 시작했던 것과 대조적이었다. 이 책은 거의 모든 생애과정관점의 개념들을 제시하고 있으므로 가족학 전공 학생들에게 유용할 것이다.

Notter, M. L., MacTavish, K. A., & Shamah, D.,"Pathways toward resilience among women in rural trailer parks," *Family Relations, 57* (2008), 613-624 (doi: 10.1111/ j.1741-3729.2008.00527.x). 이 논문에서 저자들은 어떻게 생애과정을 통해 회복탄력성이 협상되고 획득되는지의 과정을 기술하고 있다. 농촌지역에 있는 이동주택 주차장(trailer park)에서 거주하는 여성과 그 자녀들은 최소한 사회계층, 젠더, 지역적 위치

의 상호교차로부터 기인한 어려움에 대처해야만 한다. 이 여성들이 상대적 빈곤 속에서 살고 있고, 많은 세대 간 위기에 직면하며, 공식적 또는 비공식적 지원이 거의 없음에도 어떻게 여전히 가혹한 환경에서 가족생존과 강점을 향하여 기능하는지와 관련하여 저자들은 농촌 여성 삶에서의 다수의 터닝 포인트를 기술한다.

Sharp, E. A., & Ganong, L., "Living in the gray: Women's experiences of missing the marital transition," *Journal of Marriage and Family, 69* (2007), 831-844 (doi: 10.1111/j.17413737.2007.00408.x). 생애과정관점과 현상학적 방법론을 통합하여 이 연구는 젊은 성인여성(28~34세)의 비혼으로의 삶의 궤적에 대한 생각을 연구하였다. 이들의 이야기는 많은 사람이 결혼과 관련한 '놓쳐 버린' 전이에 대한 생각뿐 아니라 가족관계의 미래에 대해 느끼는 불안감을 나타낸다.

생각해 볼 문제

● 토론 질문

1. 생애과정이론의 '큰 그림(big picture)'에 대해 생각해 봅시다. 어떻게 이 이론이 가족이 처한 현실에서의 변화에 반응해 왔을까요? 생애과정이론을 1990년대에 적용하고자 한다면 어떻게 적용해 볼 수 있을까요? 그 당시 가족의 다양성과 이 이론이 그 분석에 덧붙일 수 있는 것이 무엇인지를 생각해 봅시다. 이 이론이 잘 적용될 수 있을까요?

2. 미래를 생각해 볼 때 생애과정이론은 시간이 지남에 따라 가족의 다양성에 있어 더 많은 변화에도 적용될 수 있도록 조정할 수 있는 관점입니까? 이 이론에 맞지 않는 변화들에는 어떤 것이 있습니까?

3. 축적된 혜택과 불리함의 이슈들을 비교하고 대조해 봅시다. 서로 확실히 구분됩니까? 그 이유는 무엇입니까?

4. 어떠한 정부 또는 지방정부의 정책이 생애과정이론을 이해하는 것에서 이익을 볼 수 있을까요? 다른 사람보다는 정책입안자들에게 더 중요한 개념들이 있습니까?

5. 몇몇 연구자는 생애과정이론이 다른 주요 이론들로 보안될 필요가 있음을 제안

합니다. 여러분의 생각은 어떻습니까? 생애과정이론은 독자적으로 적용될 수 있을까요, 또는 다른 이론들과 함께 사용될 때 최선으로 활용될 수 있을까요?

6. 어떠한 연구 방법이 생애과정이론에 적용되어 왔을까요? 생애과정이론 연구가 질적, 양적, 혼합 연구를 사용하는 것이 가능합니까? 가장 적절하다고 생각하는 연구 방법 종류와 그 이유는 무엇입니까?

● 개별 과제

경험적 연구를 위한 틀로 생애과정이론을 사용한 학자들의 논문을 찾아봅시다. 이론의 어떠한 측면을 그 연구는 사용하였습니까? 그 연구가 사용할 수 있었던 다른 이론이 있습니까? 이 논문의 장점과 약점은 무엇입니까? 연구를 하게 된다면 다르게 하고 싶은 것은 무엇입니까?

● 개인 반영 질문

1. 당신의 출생 코호트는 어떤 코호트이며 그 코호트는 어떤 특징이 있습니까? 당신이 당신의 코호트와 같은 점 또는 같지 않은 점은 무엇입니까?

2. 부모님과 조부모님의 출생 코호트는 어떤 코호트입니까? 각 코호트 구성원 간에 유사점과 차이점을 기술해 보십시오.

3. 연결된 삶의 개념을 설명하기 위해 가족구성원의 삶에서의 사건이 당신 삶에 극적으로 영향을 미친 예시를 들어 보십시오.

4. 거시적인 사회-역사적 사건이 당신의 생애과정을 형성하는 데 얼마나 중요했습니까?

5. 생애과정관점에 근거해서 당신 또는 당신 가족의 구성원이 주요한 인생 사건을 타이밍을 벗어나서 경험한 예를 들어 보십시오.

6. 지방자치단체장에게 생애과정이론을 사용해서 정책 변화를 주장하는 편지를 작성해 보십시오. 특정한 정책 변화를 옹호하는 방향으로 틀을 잡고 지방자치장이 정책을 고려할 때 생애과정이론을 사용하면 좋은 점을 잘 이해하도록 주장을 펼쳐 보십시오.

참고문헌

Aldous, J. (1990). Family development and the life course: Two perspectives on family change. *Journal of Marriage and the Family, 52,* 571-583. doi: 10.2307/352924.

Alexander, K. L., Entwisle, D. R., & Olson, L. S. (2001). Schools, achievement, and inequality:A seasonal perspective. *Educational Evaluation and Policy Analysis, 23,* 171-191. doi: 10.3102/01623737023002171.

Allen, K. R. (1989). *Single women/family ties: Life histories of older women.* Thousand Oaks, CA: Sage.

Arnett, J. J. (2004). *Emerging adulthood: The winding road from the late teens through the twenties.* New York: Oxford University Press.

Arnett, J. J., & Eisenberg, N. (2007). Introduction to the special section: Emerging adulthood around the world. *Child Development Perspectives, 1,* 66-67. doi: 10.1111/j.1750-8606.2007.00015.x.

Bengtson, V. L., & Allen, K. R. (1993). The life course perspective applied to families over time. In P. Boss, W. Doherty, R. LaRossa, W. Schumm, & S. Steinmetz (eds.), *Sourcebook of family theories and methods: A contextual approach* (pp. 469-499). New York: Plenum.

Buckley, C. (2015, October 30). China ends one-child policy, allowing families two children. *New York Times.* At www.nytimes.com/2015/10/30/world/asia/chinaend-one-child-policy.html.

Byrd, S. E. (2009). The social construction of marital commitment. *Journal of Marriage and Family, 71,* 318-336. doi: 10.1111/j.1741-3737.2008.00601.x.

Carpenter, L. M. (2010). Gendered sexuality over the life course: A conceptual framework. *Sociological Perspective, 53,* 155-178. doi: 10.1525/sop.2010.53.2.155.

Cherlin, A. J. (2004). The deinstitutionalization of marriage. *Journal of Marriage and Family, 66,* 848-861. doi: 10.1111/j.0022-2445.2004.00058.x.

Connidis, I. A., & McMullin, J. A. (2002). Sociological ambivalence and family ties: A critical perspective. *Journal of Marriage and Family, 64,* 558-567. doi: 10.1111/j.1741-3737.2002.00558.x.

Deal, J. (2007). *Retiring the generation gap.How employees young and old can find common ground*. San Francisco: Jossey-Bass.

Demo, D. H., Aquilino, W. S., & Fine, M. A. (2005). Family compositions and family transitions. In V. Bengtson, A. C. Acock, K. R. Allen, P. Dilworth-Anderson, & D. M. Klein (eds.), *Sourcebook of family theory and research* (pp. 119-142). Thousand Oaks, CA: Sage.

Douglass, C. B. (2005). "We're fine at home": Young people, family and low fertility in Spain. In C. B. Douglass (ed.), *Barren states: The population "implosion" in Europe* (pp. 183-206). Oxford: Berg.

Douglass, C. B. (2007). From duty to desire: Emerging adulthood in Europe and its consequences. *Child Development Perspectives, 1,* 101-108. doi: 10.1111/j.1750-8606. 2007.00023.x.

Duvall, E. (1957). *Family development*. Philadelphia: J. B. Lippincott.

Edin, K., & Kefalas, M. (2011). *Promises I can keep: Why poor women put motherhood before marriage*. Berkeley: University of California Press.

Elder, G. H., Jr (1977). Family history and the life course. *Journal of Family History, 2,* 279-304. doi: 10.1177/036319907700200402.

Elder, G. H., Jr (1981). History and the family: The discovery of complexity. *Journal of Marriage & the Family, 43, 489-519.* doi: 10.2307/351752.

Elder, G. H., Jr, & Giele, J. Z. (2009).Life course studies: An evolving field. In G. H. Elder, Jr & J. Z. Giele (eds.), *The craft of life course research* (pp. 1-24). New York: Guilford Press.

Elder,G. H., Jr, Johnson, M. K., & Crosnoe, R. (2003). The emergence and development of life course theory. In J. T. Mortimer, & M. J. Shanahan (eds.), *Handbook of the life course* (pp. 3-19). New York: Kluwer.

Erikson, E. H. (1950). *Childhood and society*. New York :Norton.

Erikson, E. H. (1975). *Life history and the historical moment*. New York: Norton.

Gabriel, C. (2005). "Our nation is dying": Interpreting patterns of childbearing in post-Soviet Russia. In C. Douglass (ed.), *Barren states: The population "implosion" in Europe* (pp. 73-92). Oxford: Berg.

Giele, J. Z., & Elder, G. H., Jr (eds.) (1998). *Methods of life course research: Qualitative and quantitative approaches*. Thousand Oaks, CA: Sage.

Greenfield, E. A., & Marks, N. F. (2006). Linked lives: Adult children's problems and their parents' psychological and relational well-being. *Journal of Marriage and Family, 68,* 442-454. doi: 10.1111/j.1741-3737.2006.00263x.

Hauser, R. M. (2009). The Wisconsin Longitudinal Study: Designing a study of the life course. In G. H. Elder, Jr & J. Z. Giele (eds.), *The craft of life course research* (pp. 1-24). New York: Guilford Press.

Hill, R., & Rodgers, R. H. (1964). The developmental approach. In H. T. Christensen (ed.), *Handbook of marriage and the family* (pp. 171-211). Chicago: Rand McNally.

Hitlin, S., & Elder, G. H., Jr (2007). Time, self, and the curiously abstract concept of agency. *Sociological Theory, 25,* 170-191. doi: 10.1111/j.1467-9558.2007.00303.x.

Hudson, V. M., & Den Boer, A. (2002). A surplus of men, a deficit of peace: Security and sex ratios in Asia's largest states. *International Security, 26,* 5-39. doi: 10.1162/016228802753696753.

King, D. E., Matheson, E., Chirina, S., Shankar, A., & Broman-Fulks, J. (2013). The status of baby boomers' health in the United States: The healthiest generation? *JAMA Internal Medicine, 173,* 385-386. doi: 10.1001/jamainternmed.2013.2006.

LeMoyne, T., & Buchanan, T. (2011). Does "hovering" matter? Helicopter parenting and its effect on wellbeing. *Sociological Spectrum, 31,* 399-418. doi: 10.1080/02732173.2011.574038.

Matthews, S. H. (2002). *Sisters and brothers/daughters and sons: Meeting the needs of old parents.* Bloomington, IN: Unlimited.

Merton, R. K. (1988). The Matthew effect in science, II: Cumulative advantage and the symbolism of intellectual property. *Isis, 79,* 606-623. doi: 10.1086/354848.

Miller, J. D. (2011, fall) Active, balanced and happy: These young Americans are not bowling alone. In *The Generation X report: A quarterly research report from the longitudinal study of American youth.* Ann Arbor: University of Michigan.

Moen, P. (2003). Midcourse: Navigating retirement and a new life stage. In J. T. Mortimer, & M. J. Shanahan (eds.), *Handbook of the life course* (pp. 269-291). New York: Kluwer.

Nelson, L. J., & Chen, X. (2007). Emerging adulthood in China: The role of social and cultural factors. *Child Development Perspectives, 1,* 86-91. doi: 10.1111/j.1750-

8606.2007.00020.x.

O'Rand, A. M. (2002). Cumulative advantages theory in life course research. In S. Crystal, & D. Shea (eds.), *Annual Review of Gerontology and Geriatrics* (vol. 22, pp. 14-30). New York: Springer.

Poon, L. W., Johnson, M. A., Davey, A., Dawson, D. V., Siegler, I. C., & Martin, P. (2000). Psycho-social predictors of survival among centenarians. In P. Martin, C. Rott, B. Hagberg, & K. Morgan (eds.), *Centenarians: Autonomy versus dependence in the oldest old* (pp. 77-89). New York: Springer.

Roberto, K. A., McCann, B. R., & Blieszner, R. (2013). Trajectories of care: Spouses coping with changes related to MCI. *Dementia: International Journal of Social Research and Practice, 12,* 45-62. doi: 10.1177/1471301211421233.

Ryder, N. B. (1965). The cohort as a concept in the study of social change. *American Sociological Review, 30,* 843-861. doi: 10.2307/2090964.

Savin-Williams, R. C. (2001). *Mom, Dad, I'm gay: How families negotiate coming out.* Washington, DC: American Psychological Association.

Settersten, R. A., Jr, & Trauten, M. E. (2009). The new terrain of old age: Hallmarks, freedoms, and risks. In V. L. Bengtson, D. Gans, N. M. Putney, & M. Silverstein (eds.), *Handbook of theories of aging* (2nd edn, pp. 455-469). New York: Springer.

Smith, D. E. (1993). The Standard North American Family: SNAF as an ideological code: *Journal of Family Issues, 14,* 50-65. doi: 10.1177/0192513X93014001005.

Spock, B. (1946). *The common sense book of baby and child care.* New York: Dutton.

Strauss, W., & Howe, N. (1997). The fourth turning: An American prophecy. *What the cycles of history tell us about America's next rendezvous with destiny.* New York: Broadway.

Twenge, J. M., & Campbell, W. K. (2009). *The narcissism epidemic: Living in the age of entitlement.* New York: Free Press.

US Census Bureau (2012). *Selected social characteristics in the United States: 2012 American Community Survey 1-year estimates.* At http://factfinder.census.gov/.

Walker, A. J., Allen, K. R., & Connidis, I. A. (2005). Theorizing and studying sibling ties in adulthood. In V. Bengtson, A. C. Acock, K. R. Allen, P. Dilworth-Anderson, & D. M. Klein (eds.), *Sourcebook of family theory and research* (pp. 167-190).

Thousand Oaks, CA: Sage.

Willson, A. E., Shuey, K. M., & Elder, G. H., Jr (2007). Cumulative advantage processes as mechanisms of inequality in life course health. *American Journal of Sociology, 112*, 1886-1924. doi: 10.1086/512712.

제10장
가족생태이론

당신이 누군가와 관계를 맺었는데, 몇 달 후 그 사람에 대해 매우 놀랐지만 동시에 아주 이해가 되는 어떤 점이 있음을 알게 된 적이 있습니까? 당신이 데이트했던 사람이 과거에 성적 학대를 당한 사실을 알게 되었지만, 법에 호소하거나 상담전문가 혹은 지지집단의 도움을 받은 적이 없다는 점이 드러났을 수도 있습니다. 사랑하는 사람으로서 당신은 화가 났을 테지만 동시에 연민의 감정으로 갈등을 느꼈을지도 모릅니다. 성 학대의 가해자에 대한 분노, 그리고 사랑하는 사람이 그 사실을 보고하고 법의 정당한 보호를 받았으면 하는 데 대한 분노를 느꼈을 수도 있습니다. 하지만 너무 속상해서 어떤 식으로든 사랑하는 사람을 위로하고 지지하고 싶기도 할 것입니다.

성적 학대와 관련된 복잡성을 생각해 보십시오. 이런 사례는 여러 수준에서 살펴볼 수 있는데, 각 수준은 가족과 그 구성원을 이해하기 위해서 서로 다른 방식으로 중요합니다. 첫째, 당신이 사랑하는 사람의 가족을 생각해 보세요. 무엇 때문에 그는 부모에게 말하지 못했습니까? 당신은 애인의 가족이 충분히 좋은 의료보험에 들지 못했음을 알고 있고, 애인이 말하기를 119를 부르면 비싼 앰뷸런스 비용을 지불해야 할까 봐 겁이 나고, 뿐만 아니라 비싼 비용이 드는 병원의 각종 검사, 경찰과 앰뷸런스 차량이 오면 자기 집이 집중 관심을 받는 것이 겁이 났다는 것입니다. 또한 그녀는 TV에서 법집행관이 강간피해자를 어떻게 대하는지 본 적이 있으며, 똑같은 일이 자기에게 일어날지도 모른다는 두려움이 컸을 수도 있습니다. 가해자만 피한다면 어느 누구의 개입도 받지 않고 그녀 자신을 보호할 수 있습니다. 그녀가 고등학교를 막 졸업하고 대학에 갈 시기였다는 점을 놓고 볼 때, 삶에서 새로운 장을 시작하는 것이 어차피 처음부터 시작할 수 있는 기회가 될 것이라고 생각했을 수도 있습니다.

이 이야기에 포함된 각 층은 가족생태이론이 다루는 다양한 수준의 체계를 나타냅니다. 이 장에서 설명하겠지만, 가족생태이론이 가족을 이해하기 위해 사용하는 분석수준은 여러 개로서, 미시체계, 중간체계, 외체계, 거시체계, 시체계를 포함합니다. 이들 각 수준은 가족과 구성원들이 더 큰 지역사회(예: 이웃, 동료, 학교), 사회기관(예: 종교, 법률기관), 문화적 이상(예: 지배적 가치와 규범)과의 상호작용, 그리고 이러한 상호작용이 시간이 흐름에 따라 어떻게 변화하는지를 살펴보기 위한 여러 방법을 나타냅니다. 이들 각 체계는 이 장의 후반에 자세히 설명될 것이지만, 이러한 개념들의 포괄성을 놓고 볼 때, 이 이론에는 물론 고유한 면이 있지만, 이 이론이 많은 다른 이론들, 특히 가족발달이론(제5장), 가족체계이론(제6장), 생애과정이론(제9장)과 관련이 있음은 그리 놀랍지 않습니다. 이 이론은 연구자와 실천가들이 가족의 내적 상호작용과 외적 상호작용 모두에 기여하는 모든 영향요인을 고려할 기회를 줍니다. 이는 학자들과 실천가들이 가족에 대한 더욱 복합적인 이해를 할 수 있게 하는데, 더 큰 사회기관이 가족에 행사하는 역할뿐 아니라 무엇이 '옳고' '잘못되고' 혹은 '정상' 가족인지를 결정하는 더 큰 문화적 요인을 포함합니다. 더욱이 이 이론은 개인과 가족의 안녕을 확보하는 데 가장 많은 초점을 두는 이론일 것입니다. 다음에서는 성적 학대의 주제를 보다 자세히 설명하여 그러한 사건이 해당 여성만이 아니라 그것이 일어나고 오랜 후에 그 여성의 가족에 어떤 영향을 미칠 수 있는지를 다면적으로 살펴보고자 합니다.

사례 연구

니나와 제임스는 12년간 결혼생활을 하고 있고 두 자녀와 함께 살고 있다. 결혼한 지 약 두 달이 지나서 제임스는 1,000마일 떨어진 곳에서 직장을 구해서 니나보다 먼저 그곳으로 이사해야 했으며, 그래서 둘은 약 한 달 동안 다른 주에서 살아야 했다. 제임스가 이사한 후 어느 날 밤, 연쇄강간범이 니나와 제임스의 집을 부수고 들어와서 니나를 강간했는데, 니나는 강간범들이 지난 3개월간 강간한 세 명 중 한 명이었다. 세 여성 모두 강간을 신고했고, 경찰에 DNA를 제공하고 가해자의 체포를 요구했는데, 가해자는 비슷한 범죄로 이미 '경찰조직망'에 있던 자였다. 재판을 받은 가해자는 317년형을 받았다.

이 사건의 결과, 니나와 제임스는 여러 수준의 사회기관과 상호작용하는 긴 여정을 시작했다. 우선 니나는 의료 처치를 즉각 요청하여 성병과 임신가능성 검사를 받았으며, 또한 밤에 숙면을 취하고 또 되풀이되는 공황장애를 치료하기 위해 약을 처방받았다. 아울러 그녀는 외상후 스트레스 장애(PTSD) 진단을 치료하기 위해 장기 투약처방도 받았다. 그녀는 즉시 전문상담사, 정신과의사, 생존자 지지집단과 주 단위로 약속을 하는 심리 서비스와도 연결되었다. 더욱이 그녀와 제임스는 부부상담도 시작하여 성적 학대, 부부 의사소통, 건강한 관계구축과 관련된 명확치 않은 복잡성을 다루는 데 대한 도움을 받았다.

강간을 당하고 3년 동안 제임스와 니나는 형사사법체계가 이와 같은 사례를 어떻게 처리하는지에 대해 잘 알게 되었다. 니나는 피해자 지원옹호자, 지방 검사, 사례 조사관과 주 단위의 상호작용을 하였다. 그녀는 재판과 양형 심리에서 모두 증언을 하였다. 자신의 상담사 및 지지집단과 함께 각 단계를 처리하면서 그녀는 또한 이전에는 실제로 생각할 필요가 없었던 더 큰 문화의 측면들을 알게 되었다. 예를 들면, 강간과 관련된 낙인, 낯선 사람에 의한 성폭력 피해자에 대한 인식과 친구나 아는 사람에 의한 성폭력 피해자의 인식에 대한 차이, 성폭력을 신고할 것인가를 결정할 때 여성이 마주치는 장애 같은 것들이었다. 게다가 이러한 경험은 자신과 성(sexuality)에 대한 니나의 지각에 영향을 주었을 뿐 아니라 니나가 자녀들과 맺었던 관계에도 영향을 미쳤다. 사실 자녀들은 가해자가 유죄판결을 받은 후 투옥된 이후에 함께 살게 되었다. 자녀들에게 무슨 일이 있었는지 어떻게 설명할 것인가? 그녀가 성폭력의 대상이었다는 경험에 비추어 볼 때 아들을 딸과 다르게 길러야 할 것인가? 성폭력과 여성억압에 대해 계속 변화하는 문화적 논의는 니나가 부모역할에 대한 결정을 하고 배우자와 맺어 가는 관계에 대해 어떠한 정보를 주는가? 더욱이 자신의 핵가족, 특히 어머니, 아버지, 두 남동생과의 관계에까지 미치는 물결효과는 무엇인가? 당연하겠지만 이러한 이슈들에 대한 그들 자신의 안녕과 지각 또한 영향을 받았다.

마지막으로, 여성의 권리가 지난 50년에 걸쳐 어떻게 변화해 왔는지, 그래서 성폭력 피해자에 대한 논의가 과거보다 얼마나 더 명확해졌는지 생각해 보자. 시간이 흘렀기 때문에 니나가 성폭력 범죄를 신고할 수 있었을 뿐 아니라 사회가 발전해서 '피해자 옹호'라는 가치가 지방검사 사무실에도 있었기에 전문적인 심리원조를 받을 수 있었다. 사회역사적 맥락은 니나와 그 가족이 활용할 수 있는 선택에 있어서 엄청난 역할을 했다. 가족생태이론은 이러한 복잡성을 다루는데, 가족들이 외부 체계에 의해 어떻게 영향을 주고받는지 그리고 시간이 지남에 따라 어떻게 변화하는지를 다룬다.

가족생태이론이란

가족생태이론은 이러한 경험이 니나에게 개인, 가족, 사회, 문화 수준에서 상호 교차하는 방법을 이해하도록 돕는다. 이는 가족생활을 설명할 때 다중의 정보원을 살펴보게 한다. 이 이론은 철저하게 다중 수준(층)의 교차점을 파악하며 그러한 다중 수준이 가족과 구성원에게 어떠한 영향을 주고받는지를 파악한다. 이는 가족이 일상생활에서 경험하는 복잡성을 고려한다. 가족은 일상적으로 다양한 사회 체계와 상호 작용하기 때문이다. 가족생태이론을 이런 식으로 생각해 보자. 전통적인 웨딩 케익을 상상해 보자. 그런데 맨 위에 커플이 없는 케익이다. 맨 위에 있는 사람은 그저 한 사람이다. 그리고 그것이 당신이라고 상상해 보자! 당신이 서 있는 케익의 바로 그 맨 위는 가족구성원의 개인 특성을 나타낸다. 맨 위에 있는 사람을 조사함으로써 수많은 개인 수준의 특성 가운데 연령, 인종, 민족, 젠더를 파악할 수 있을 것이다. 당신이 서 있는 바로 그 층은 미시체계(microsystem), 혹은 당신이 친숙하게 의존하고 정기적으로 만나는 가까운 가족이나 동료이다. 그다음 층, 중간체계(mesosystem)는 그 아래의 더 넓은 층으로 연결되는 작은 플라스틱 층이다. 이는 미시체계가 외부의 두 층, 즉 외체계 및 거시체계와 어떻게 상호연결되어 있는가를 나타낸다. 가령, 경제(외체계)가 어떻게 가족에게 다양한 영향을 미치는지를 생각해 보라. 경기침체가 노동자계층, 중산층, 상류층에 어떤 영향을 미치는가? 중간체계는 외부의 두 체계가 내부의 미시체계에 도달하는 채널 같은 것이다. 중간체계는 가족 외부에 있는 체계(즉, 대부분 가족의 통제 밖에 있는 세력)로부터 가족을 분리한다는 점을 기억할 필요가 있다.

그다음 층은 세 개의 외부체계 중 첫 번째이다. 외체계(exosystem)는 경제, 대중매체, 산업, 형사사법기관 같은 사회기관을 포함할 수 있다. 니나의 형사사법기관과의 상호작용은 가해자의 상호작용과 어떠한 차이가 있었는가? 가해자와 그 가족은 니나와 남편과는 매우 다르게 형사사법기관과 상호작용했다. 그는 이전에도 비슷한 범죄로 '그 기관'에 있던 적이 있으며, 자기 어머니는 물론 가까운 핵가족과도 멀어졌었다. 그는 감옥생활을 한 적이 있는 확대가족이 있었고 그래서 이는 형사사법기관에 대한 그의 시각에 분명히 영향을 미쳤을 것이다. 한편, 니나는 사법기관과의 상호작용이 빨리 지나가기를 바랐다. 강간이 일어나기 전에 그녀는 법 때문에 문제가 있었다거나 피해자가 된 적이 결코 없었다. 그녀는 성폭력, 체포, 조사, 재판, 구형에 이르는 3년이 그녀의 나머지 남은 생애 동안 사법기관과의 상호작용 전부가 되기를 희망했다.

마지막 층인 거시체계(macrosystem)는 문화적 이데올로기, 사고방식, 더 넓은 수준에 존재하는 태도를 나타낸다. 사회적 기대는 당신이 삶에서 생각하고 믿고 지각하는 바를 어떻게 이끌어 가는가? 니나가 처음 강간을 경험하기 전까지는, 그리고 이후 지지집단 구성원이 말해 주기 전까지는 강간 피해자에게 어떤 낙인이 찍히는지 잘 몰랐다. 이제 그녀는 강간, 젠더불평등, 피해자 비난을 둘러싼 문화적 신념을 매우 의식하게 되었다. 니나의 삶에서 이 사건의 심각성을 놓고 볼 때, 그녀의 거시체계와의 상호작용은 원가족 구성원뿐 아니라 핵가족에도 분명히 영향을 미쳤을 것이다.

마지막으로 '눈에 보이지 않는' 체계, 즉 시체계(chronosystem)는 각 층에 미치는 시간의 영향을 나타낸다. 당신이 앞에서 말한 웨딩 케익의 맨 위층에 아기로, 그다음엔 청소년으로, 젊은 성인으로, 그리고 그다음엔 노인으로 앉아 있다고 상상해 보라. 분명한 것은 연령과 역사적 시간이 개인뿐 아니라 당신을 둘러싼 케익의 여러 층의 구성요소에도 영향을 미친다는 점이다. 외체계와 거시체계는 시간이 흐르면서 변화한다. 경제는 늘 호황과 침체가 있기 마련이며, 가족생활뿐 아니라 더 광범위한 이데올로기에 관한 문화적 이상은 거시수준에서 늘 변동이 있다. 그와 같이 케익의 각 층은 상대에 의존하며, 모든 층이 함께 당신이 서 있는 곳의 기초를 형성한다. 당신이 맨 위에 있는 사람을 너무 가까이 보면, 케익 전체와 그것을 받치고 있는 층을 모두 보지 못하는 것이다. 가족생태이론은 여러 층의 각각을 잘라서 아래의 넓은 층부터 위층에 이르기까지 개인과 가족의 기초를 살펴볼 수 있게 한다. 그래서 가족생태이론은 오늘날 활용되고 있는 가장 포괄적인 이론적 틀 가운데 하나이다.

> **글상자 10-1** **가족생태이론 한눈에 보기**
>
> **가족생태학**: 인간생태이론을 생태체계인 가족에 적용한 이론으로 가족은 에너지 변형체계로 정의된다. 가족생태계의 구성요소는 인간이 구축한 환경, 사회문화적 환경, 자연 물리적-생물체계 환경이다.
> - **미시체계**: 개인의 바로 주변 환경에서 경험되는 사건, 발달과정, 가족관계

- 중간체계: 미시체계가 개인과 가족을 여러 층의 외부 체계들(예: 외체계와 거시체계)과 관련된 더 광범위한 기관에서 직접 경험할 수 없는 사건과 어떻게 상호연결하는가 하는 것
- 외체계: 사회를 구성하는 더 폭넓은 사회기관으로서 경제, 교육, 법률, 대중매체, 군대, 정치체계를 말함
- 거시체계: 문화 안에 나타나는 이데올로기, 조직, 가치, 태도, 사고방식으로서 사회 내 하위문화(예: 사회계층, 민족 및 종교집단)에 따라 차이가 있음
- 시체계: 시간의 층으로, 이에 의해 개인의 연령과 사건의 순서, 맥락, 역사적 수순은 이전 경험이 나중 발달에 미치는 영향을 파악할 수 있음
- 과정-개인-맥락-시간 모델(PPCT): 층층이 이루어진 체계들의 발달 성과와 체계들 간의 상호작용에 영향을 미치는 생물생태 모델에 포함된 네 가지 구성요소

역사와 기원

이 책 전체를 통해 지적하였듯이, 우리가 공부하는 이슈를 이해하도록 돕는 방법을 알기 위해서 이론이 발전된 역사적 맥락을 살펴볼 필요가 있다. 앞으로 보게 되겠지만, 가족생태이론은 많은 다른 이론들, 특히 가족발달이론(제5장), 가족체계이론(제6장), 생애과정이론(제9장)과 밀접한 관계가 있다. 더욱이 이 이론은 사회교환이론(Sabatelli & Ripoll, 2004) 같은 이론과 독특한 방식으로 짝을 이룬다. 이 이론은 인간생태학(이전에는 가정학이라 부름)과 발달심리학이라는 두 가지 주요 분야에 뿌리를 두고 있다.

가족생태학. 가족생태학이 가정학 분야로부터 어떻게 발전되었는지를(Faust et al., 2014; Hook & Paolucci, 1970) 논의하는 것으로 시작하자. 현재 가족과 소비자학이라 불리는 가정학은 원래 20세기 초 여성학자들이 등용했던 학문 분야였다. 당시 여성들은 남성중심의 사회학, 심리학, 생물학, 화학, 기타 분야의 학자 사회에서 거의 전적으로 배제되었고, 대부분의 남성학자는 가정과 가족의 이슈를 무시했다(Thompson, 1988). Ernst Haeckel이라는 독일의 생물학자가 1873년에 생태학

(ecology)이라는 용어를 처음 만들었지만, 생태과학에 관한 더욱 일반적인 아이디어를 "가정과 가족에 초점을 둔 환경의 과학"(Bubolz & Sontag, 1993, p. 420)으로 적용했던 사람은 Ellen Swallow Richards였다. 여성으로서 MIT에 처음으로 입학허가를 받았던 Richards는 가족과 자연 및 생물 환경의 상호작용을 연구하기 위해 산업 환경화학자로서 자신이 받은 훈련을 이용했다. 과학자로서의 커리어 초기에 Richards는 산업화가 수질에 미치는 영향을 연구했고, 결국 미국 전역에 걸쳐 수질 기준을 마련하게 되었다. 그녀가 환경이 가족과 안녕에 미치는 영향을 밝히게 되자, 가장 큰 소비자 집단을 교육하는 것이 중요함을 인식하기 시작했다. 그녀는 초기에 'oekology'라고 말했던 가정관리학을 마음속에 그려 보았다. 이 용어는 그리어스어인 *oikos*에서 나온 것으로 '거주 장소'를 의미한다. Richards는 가족을 생활의 기초를 이루는 일차적 장소로 보았고, 그래서 물리적 환경을 개인과 가족발달의 사회적 맥락을 연결하는 이론을 발전시켰다. 가족이 환경 안에서 어떻게 기능하는지에 관한 그녀의 연구는 오늘날 우리가 가족생태이론이라고 알고 있는 바의 초석이 되었다.

　이렇게 가정학 분야의 기초 아이디어는 인간의 자연환경/물리환경 및 인간이 구축한 환경 안에서 인간의 상호작용에 관한 것이었다. 그래서 이 모델은 가족이 생활하고 매일 상호작용하는 더 넓은 사회적 맥락을 고려했다(Bubolz & Sontag, 1993). 가족생태학의 틀은 맥락, 환경, 상호의존, 적응, 생태체계에 대한 주요 아이디어를 더욱 정교하게 발전시켰다. [그림 10-1]은 가족환경 관점에서 생태학 모델을 나타낸 것이다.

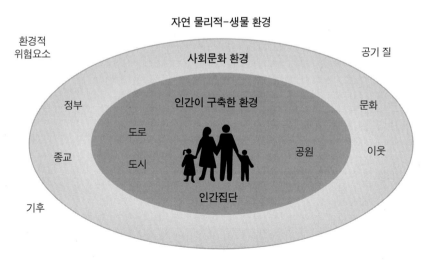

[그림 10-1] 가족생태체계

이 그림에서 가족이 모델의 중심임을 볼 수 있다. 그래서 가족은 그것을 둘러싼 인간 외적인 다른 집단의 맥락 안에서 이해되어야 한다. 환경은 각 층으로 겹겹이 되어 있다. 자연 물리적-생물 환경은 모든 다른 환경을 둘러싼 가장 큰 세력이다. Richards가 가족과 물리환경 간의 연결이 중요하다는 점을 강조했음을 놓고 볼 때, 이 모델이 왜 가족생태체계에 관한 첫 번째 모델이었는지를 파악하기가 쉬울 것이다. 이론가, 연구자, 실천가들은 가족생태학에 관한 초기의 이 모델을 사용하여, 가령 영양가 있는 음식, 깨끗한 물, 가족이 살고 있는 지역의 깨끗한 공기의 가용성이 얼마나 중요한지 파악할 수 있었다. 가장 외부에 있는 환경의 질은 학교 같은 사회기관을 포함하는 사회문화적 환경과 직접적인 관계가 있다. 가족생태학 모델을 설명하기 위해 이런 이슈들을 조금 더 깊이 살펴보자.

첫째, 모든 가족이 다 자녀를 두고 있는 것은 아니라는 점을 고려할 필요가 있다. 그러나 자녀가 있는 가족의 경우, 자녀의 존재는 가족이 특정 사회기관과 상호작용할 가능성이 있음을 나타낸다. 학동기 자녀가 있는 가족과 비교할 때, 자녀가 없는 가족이 학교 근처의 공기 질에 대해 더 걱정을 하겠는가? 가족생태학적 접근을 취할 때 이러한 차이를 고려하는 것이 중요하다. 왜냐하면 [그림 10-2]에서 볼 수 있는 바와 같이, 양방향 화살표는 인간 집단이 외부 환경에 영향을 미치고 반대의 경우도 마찬가지임을 나타낸다. 가족구조에 따라 특정 기관이 가족의 안녕에 필수적일 수도 있고 그렇지 않을 수도 있다.

이제 갈등이론(제3장)에서 배운 점으로 돌아가서 생각해 보면, 학교는 근접 환경과 지역사회의 경제복지에 직접적인 영향을 받기 쉽다는 점을 기억할 것이다. 가난한 지역사회에서 공기 질이 안 좋고, 수질이 안 좋으며, 또 영양가 있는 음식에의 접근이 제한되어 있는 경우, 이 점은 학교의 질에 영향을 미치지 않을 수 없고, 결국 학교와 상호작용하는 아동과 가족에 영향을 미치게 된다. 만일 산업 폐기물 장소가 학교 가까이 있어서 공기 질이 나빠진다면 학생들이 쉬는 시간에 바깥에 나가 놀 수 있겠는가? 이런 학교에서 깨끗한 물을 정기적으로 이용할 수 있겠는가? 더욱이 사람들이 만든 환경은 외부환경과 인간집단이나 가족의 관계를 완충할 수 있는가? 중산층이나 상류층이 살고 있는 곳에 위치한 학교를 생각해 보라. 학교 건물과 학교로 가는 길은 아마 안전하고 멋있고 관리가 잘되어 있을 것이다. 한편, 저소득층 지역의 학교는 공기와 물의 영향을 직접적으로 받을 뿐 아니라 학교 건물과 학교로 가는 길 주변의 안

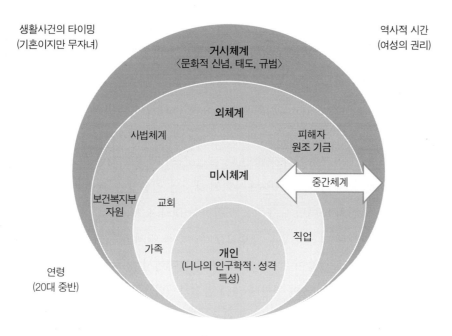

생활사건의 타이밍
(기혼이지만 무자녀)

역사적 시간
(여성의 권리)

거시체계
〈문화적 신념, 태도, 규범〉

외체계

사법체계

피해자
원조 기금

미시체계

중간체계

보건복지부
자원

교회

직업

가족

개인
(니나의 인구학적·성격
특성)

연령
(20대 중반)

[그림 10-2] Bronfenbrenner의 생태모델: 니나 사례에의 적용

전과 보안도 영향을 받을 것이다. 아동이 거주 지역에서 학교로 가기 위해 차가 많이 다니는 도로를 건너야 할지 여부를 생각해 보자. 어떤 지역에는 가족(그리고 아동)을 외부환경으로부터 보호하는 '완충요소'가 있을 것이다. 이러한 가족환경모델을 사용할 때 각각의 요소를 고려할 수 있다.

인간생태학. 이제 생태학 모델에 영향을 미친 또 하나의 분야인 심리학에 주의를 돌리고자 한다. 생태학적 심리학의 관점에서 Barker(1968)는 환경이 개인의 행동에 미치는 영향을 연구했다. 그 후 코넬 대학교의 Urie Bronfenbrenner(1979)는 인간발달을 개인의 관점에서 연구하였는데, 이때 생물학적, 심리적, 사회적 영역이라는 중첩된 체계들이 개인의 발달에 영향을 미친다는 입장을 취했다. 인간발달에 대한 그의 생태학이론은 독일계 미국인 Kurt Lewin의 영향을 많이 받았는데, Lewin은 사회심리학, 산업심리학, 응용심리학의 선두주자로 여겨진다(Bronfenbrenner, 1978). Lewin은 "좋은 이론만큼 실천적인 것은 없다"(Bronfenbrenner, 2005, p. 43)는 고전적인 말로 유명하다.

Bronfenbrenner(2005)의 생태학이론은 인간발달을 러시아 인형처럼 더 폭넓은 층들로 이루어진 상호연결된 체계로 묘사한다. 이는 Bubolz와 Sontag(1993)이 제기한 모델과 비슷하지만, 분석 수준의 측면에서 두 모델은 차이가 있다. Bubolz와 Sontag 모델은 가족에 대한 이론화로 시작하며, 한편 Bronfenbrenner의 모델은 개인에 대한 이론화로 시작한다. Bronfenbrenner의 생태학이론은 (a) 미시수준에 있는 가족원 개인, (b) 중간체계, 즉 가족과 학교간의 연결처럼 미시체계들 간의 연결, (c) 외체계, 즉 이웃처럼 가족 가까이의 맥락인 더 넓은 사회 체계의 영향, (d) 거시체계, 즉 정치, 종교, 문화, 법률기관처럼 더 큰 사회적 맥락과 영향의 수준, (e) 시체계에서 생애주기에 따른 사건의 타이밍과 유형을 포함한다(Bush & Peterson, 2013, p. 277).

이 이론의 최신판은 이전 버전의 조합으로서, 이 책 전체를 통해 보겠지만, 이론발달의 면에서 보면 공통점들이 많다. 가족사회학 분야에서 가족생태이론의 이전 버전은 생애과정이론가들(제9장)의 영향에 의해 발전하였다. 특히 Glen Elder(1974)는 코넬 대학교에서 Bronfenbrenner와 함께 연구했는데, 시간이 지남에 따라 개인, 가족, 사회적 발달에 대한 그들의 관점은 서로 영향을 미쳤다. 개인의 삶을 둘러싼 시간의 다양한 차원을 개념화함에 있어서(예: 시체계), 생애주기 개념틀은 다양한 차원의 시간(개인, 가족, 역사적 시간)이 발달적 변화를 만들어 가는 역동적인 방식을 보여 주는 데 있어서 도움이 되었다. 그리하여 인간생태학과 발달이론을 가족생태이론으로 조합함으로써 개인발달을 넘어 가족과 근접환경 및 광역환경의 상호작용을 살펴볼 수 있게 되었다. [그림 10-2]는 가족생태이론의 현대판을 보여 주는데, 니나의 사례 연구에 적용된 시체계를 포함하고 있다.

더욱이 가족생태이론은 가족구조, 민족, 생애주기단계, 사회경제적 지위의 다양성과 더불어 가족다양성 이해에 있어서 선구적 역할을 하였다(Bubolz & Sontag, 1993; McAdoo, Martinez, & Hughes, 2005). 미시간 주립 대학교 가족생태학과 교수였던 Harriette McAdoo(1993, 1999)와 John McAdoo(1988)는 가족생태모델을 확장해서 더 많은 다양성, 특히 흑인가족에 관한 생태학을 포함시킨 주요 이론가에 속한다. 이 개념틀은 인종, 민족, 가족의 교차점을 처음으로 명백한 방법으로 다루었던 것으로 여겨진다. Harriette McAdoo는 "유색인종의 사람들은 우리 사회의 맥락에서 더 쉽게 수용되는 가족들보다 사회적 네트워크에 더 많이 의존한다"(1993, p. 299)고 설명했다. 소수민족 가족의 생태적 맥락을 더 포괄적으로 이해하기 위해서는 중간체계 층을 더 자세히 살펴봐야 한다. 이는 이 사회에서 더 큰 편견과 차별을 경험하는 구성원들이 가용한 기회와 자원에 불평등하게 접근한다는 점을 놓고 볼 때 치료를 다르게 해야 하고 친족에 의존하는 것이 필요하다는 점을 볼 수 있게 한다. 이 점에서 가족생태이론은 소수민족 가족이 직면하는 추가적인 스트레스원에 대한 서술(제11장, 가족스트레스와 회복탄력성이론)과 그 결과로 나타날 수 있는 회복탄력성(Peters & Massey, 1983)과 관련이 있다.

주요 개념

지금까지 가족생태이론의 몇 가지 발달 역사에 대해 서술하였으므로, 이제 이 이론의 주요 개념에 주의를 돌려보자. 이 개념들은 심리학, 사회학, 공공 및 지역사회 보건학, 가족학 등 사회과학과 행동과학에서 점점 더 많이 사용되는데, 그 까닭은 이 개념들이 개인, 가족, 기관, 시간의 상호관계를 다루기 때문이다.

생태체계. 이 개념은 다양한 생물과학과 환경과학에서 사용된다. 이 개념은 흔히 주변환경과 상호작용하는 살아 있는 유기체의 집단체계로 정의될 수 있다(Bubolz & Sontag, 1993). 그러므로 생태체계라는 용어는 환경에 영향을 미치고 또 환경에 의해 영향을 받는 살아 있는 유기체(예: 해양 생태체계, 혹은 사막 생태체계)를 연구하는 거의 모든 학문분야에서 사용될 수 있다. 인간생태체계는 환경과 상호작용하는 개인들로 이루어진 살아 있는 체계의 한 형태이다. 가족생태체계(family ecosystem)는 인간생태체계의 하위단위로서 가족과 환경의 상호작용을 포함한다. Bubolz와 Sontag이 파악하였듯이, 인간-환경 관계에 관한 몇 가지 주요 가정은 다음과 같다.

(1) 사회적·물리적 환경은 상호의존하며 인간행동, 발달, 삶의 질에 영향을 미친다, (2) 환경은 가용자원의 원천이다, (3) 우리는 삶과 안녕을 증진하기 위해서 자원과 환경을 선택하고 설계하고 수정할 수 있으며 또 그렇게 해야 한다. 이러한 가정이 시사하는 바는 인간은 그들의 삶과 환경을 어느 정도 통제할 수 있다는 세계관이다(1993, p. 421).

이 서술에서 볼 수 있듯이, 생태체계적 관점은 매우 역동적이며, 활동가적인 요소를 확실히 담고 있다. 생물-환경의 관계를 서술하는 것만으로 충분하지 않으며, 그것들을 보호하고 향상시키는 것 역시 중요하다.

생태체계 단위(nested ecological levels). 가족생태이론이 의존하는 주요 가정 가운데 하나는 가족이 더 큰 체계 안에 내포된 하나의 체계라는 점이다(Bronfenbrenner, 1979; Bubolz & Sontag, 1993). 각 체계는 가장 작은 수준(미시체계)에서 가장 큰 수준(거시체계)에 이르기까지 특정 수준에서 기능한다. 가장 작은 체계는 더 큰 체계에 내포되어 있고, 각 수준은 개인에게 심리적, 물리적, 혹은 사회적으로 어느 정도 가까운지 그 정도에 의해 정해질 수 있다. 각 가족생태학 모델의 중심에는 개인이 있는데 그 지점에서 밖으로 점점 더 나아감에 따라 거리가 점점 더 늘어난다. 즉, 개인은 법률기관이나 정부보다 가족구성원들과 더 가까우며 정기적으로 더 많이 상호작용한다.

사례 연구로 돌아가서 생각해 보자. 니나가 성폭력을 당하기 전 24년 동안에는 법률기관과 관계를 맺을 필요가 없었다. 또한 사회에서 여성의 대상화 혹은 남자아이들과 남성에 대한 사회화를 둘러싼 문화적 이데올로기를 생각할 필요가 없었다. 이제 그녀는 아들과 딸을 권력과 성과 성폭력에 대해, 그리고 미국에서 일부 연구자들이 '남성성의 위기'라고 한 점에 대해 나름의 시각(제8장의 여성주의이론에서 남성성과 관련된 이슈를 논의할 때 더 자세히 설명함)을 가지고 양육할 것이다. 한 개인으로서 니나는 (a) 핵가족과 원가족, (b) 남자아이들과 남성들에 대한 사회화에 기여하는 더 큰 사회기관(예: 교육, 대중매체), (c) 여성에 대한 지나친 성적 대상화 그리고 남성의 과도한 남성성과 지배를 강조하는 이데올로기를 지속시키는 더 큰 문화 체계에 속해 있다.

적응. 체계이론에서 나온 적응의 개념은 개인과 가족이 역동적이며 또 환경에 적응하기 위하여 그들의 신념과 행동을 변화시킬 수 있음을 말한다. 적응(adaptation)은 주고받는 형식으로 일어난다. 인간은 환경의 영향을 받고 또 환경에 의해 변화되지만, 제6장에서 공부한 피드백과 의사소통 과정을 놓고 볼 때 인간 역시 환경을 직접 변화시키기도 한다. 가족은 가깝고 먼 환경으로부터의 어쩔 수 없는 변화에 적응하면서 일련의 규칙을 다른 규칙으로 대체하는 법을 배워야 한다(Bubolz & Sontag, 1993). 최근 동성애 커플의 입양 부모기로의 전이에 따른 관계의 질에 관한 연구에서 Goldberg, Smith와 Kashy(2010)는 입양과정이 상호작용하는 생태체계 수준들과 관련되어 있음을 보여 주었다. 이 수준은 부모가 개인내적 요인(예: 우울증 경험), 관계의 질(예: 파트너와의 갈등 혹은 다른 부정적인 감정), 그리고 더 큰 사회적 맥락(예: 입양기관에 대한 만족)의 면에서 적응하는 방식을 포함하였다.

가치. 가치는 생태체계모델의 모든 수준에 존재한다. 모든 가족은 의사결정과 행동을 인도하는 가치를 가지고 있다. 개인과 가족의 가치(그 둘이 서로 양립할 수 있는지 여부)를 이해하는 것은 가족생태이론에서 아주 중요하다. "가족생태체계를 공부할 때, 각 개인이 가지고 있는 가치와 목표, 한 단위로서 가족에 의해 공유되는 가치와 목표, 그리고 사회문화적 환경에서 작동하는 가치와 목표를 명확히 해야 한다"(Bubolz & Sontag, 1993, p. 436). 가치(value)는 실용적으로 무엇이 유용하고, 경제적으로 무엇이 이득이 되며, 도덕적으로 무엇이 옳은지와 같은 중요한 이상(理想)에 대한 개인, 가족, 사회의 신념체계를 나타낸다.

가족생태이론은 인간의 향상(human betterment)이라는 가치에 초점을 두는데, 이는 인간이 개인적으로 또 집단적으로 추구하는 목적이다. 이 모델에서 공동선에 기여하는 네 가지 '큰 미덕'이 있다. 첫 번째는 경제적 적합성으로, 적절한 영양, 주거, 의료, 삶의 여타 필요를 보장하기 위함이다. 두 번째는 정의로, 일, 교육, 건강의 평등성을 보장하기 위함이다. 세 번째는 자유로, 강압 및 감금과 반대된다. 네 번째는 평화로, 갈등 및 전쟁과 대조된다(Bubolz & Sontag, 1993, p. 426).

인간발달의 생물생태학. 이 장을 통해 논의한 대로, Bronfenbrenner는 몇 층의 경험들 사이의 복잡한 상호작용을 파악한 하나의 이론을 발전시켰다. 다음은 그가 정의한 것이다.

> 발달은 개인과 집단으로서 인간의 생물심리적 특성들의 연속성과 변화 현상으로 정의된다. 이 현상은 여러 세대를 통해 그리고 과거와 현재를 모두 포함한 역사적 시간을 통해 생애주기 전반으로 확장된다(2005, p. 3).

이 모델에서 개인과 가족발달은 다섯 가지 층 혹은 체계, 즉 미시, 중간, 외, 거시, 시체계 수준에 걸쳐 있다. 예를 들면, 미시체계는 성장하는 아이와 그가 태어난 환경에서 시작한다. 아이 출생을 둘러싼 전반적인 환경은 삶의 여러 기회가 형성되는 첫 번째 맥락이지만, 그렇다고 해서 어떤 식으로든 그 맥락이 삶을 결정하지는 못한다. 밖에 있는 다른 체계 수준을 놓고 볼 때, 개인의 삶은 끊임없이 변화하고 새로운 방향을 취한다. 예를 들어, 한 아이가 성장한 이웃은 그 아이와 그 아이의 가족에 유용한 일종의 사회적 · 물질적 자원에 영향을 미친다. 편리한 쇼핑센터, 대중교통, 적합한 주거시설, 병원, 좋은 학군 지역은 적절한 환경을 제공하고 아이와 가족은 그 지원을 받는다. 그러나 식료품점이 거의 없고, 학교환경도 별로 좋지 않고, 대중교통도 부족하고 범죄에 노출된 지역은 가족의 안녕에 영향을 미치는 추가적인 장애물과 한계에 노출되어 있다. 지역의 그러한 한계와 약점에 기초하여 Bronfenbrenner는 Head Start(2016) 운동을 만든 선구자 중의 한 사람이었는데, 이는 1965년에 시작한 연방정부 지원의 프로그램으로 불우한 지역사회의 아동들을 지원하는 조직이다. Head Start는 어린 아동의 더 나은 출발을 돕기 위해 아동이 빈곤과 빈약한 자원의 영향에서 벗어나도록 돕기 위해 아동, 부모, 교사, 전체 지역사회의 개입을 통해 거시체계를 강건하게 하는 하나의 좋은 예이다.

Bronfenbrenner 이론의 또 하나의 주요 측면은 거시체계이다. Bogenschneider(1996)는 더 좋든 나쁘든, 가족에 영향을 미치는 프로그램과 정책을 개발하고 분석했다. 거시수준에서 공공정책은 사회의 문화적 가치를 반영하며 또 영향을 미친다. 미국과 세계 다른 나라에서, 무엇이 가족을 구성하며 또 어떤 가족이 정부가 서명한 재정, 의료 및 기타 지원을 받을 만한가에 대한 태도와 현실은 계속 변하고 있다. 예를 들어, 1996년 미국에서 「결혼보호법(Defense of Marriage Act)」이 발효되어 결혼을 한 남성과 한 여성의 결합으로 정의하였고, 동성 결혼 및 그에 대한 주정부와 연방정부 차원의 모든 권한을 금지했다(Bogenschneider, 2000). 그러나 2015년 이 법령은 동성애집단 구성원들의 결혼 권리에 대한 대중의 태도가 아주 방대하고 급격히 변화한 측면에 힘입어 완전히 뒤집어졌다. 그리고 사회는 이러한 사회적 변화에 적응해야 했고, 폭넓은 조직 변화에 적응하기 위하여 새로운 법, 기관, 정책을 제정해야 했다.

과정-개인-맥락-시간(PPCT) 모델. Bronfenbrenner가 지속적으로 관심을 가진 면 중의 하나는 개인과 가족이 다중의 상호 연관된 환경과 상호작용함에 따라 개인과 가족을 분석하기에 충분한 이론과 방법, 과정-개인-맥락-시간 모델(process-person-context-time model: PPCT)을 만드는 것이었다. PPCT 모델은 환경의 맥락에서 인간 발달을 연구하는 가장 포괄적인 방법을 구체화하려는 시도에 있어서 수십 년에 걸친 노력의 결과이다. Bronfenbrenner와 동료들은 사회적 거소(居所) 모델(social address model)이 인간발달과 가족발달을 이해하기 위한 가장 단순한 방법이라고 보고 비판 했다. 사회적 거소란 우리가 개인의 환경에서 단 한 가지 영향만 본다는 점을 의미한 다. 사회적 거소 모델의 예는 삶의 복잡성을 한 아이가 농촌에 사느냐 아니면 도시에 사느냐로 줄이는 것이다. 사회적 거소 모델은 환경의 한 측면만 포착하고, "환경이 어떠하며, 사람들이 어떻게 살고, 무슨 일을 하면서 살며, 일어나는 활동이 아이에게 어떤 영향을 미칠 수 있는지에 대해서는"(Bronfenbrenner, 1986) 주의를 기울이지 않 는다.

  사회적 거소 모델을 넘어서는 모델을 발전시키기 위해 Bronfenbrenner와 동료들 은 인간발달의 역동적이고 포괄적인 본질을 이해하기 위해 더욱 완벽한 모델을 제안 했다. PPCT 모델은 가족 내 모든 사람은 외부 환경의 영향에 대해 서로 다르게 반응 한다는 전제를 기초로 한다. 다음과 같은 영향의 다양한 영역, 즉 (a) 발달이 일어나 는 맥락, (b) 그 맥락에 존재하는 개인들의 개인적 특성, (c) 그들의 발달이 유발되는 과정을 고려할 필요가 있다. 더욱이 마지막 두 영역 간의 상호작용(즉, 개인-맥락, 과 정-맥락)뿐 아니라 과거와 현재 시간의 영향도 고려되어야 한다.

글상자 10-2 대중문화 속의 가족생태이론: 〈다이버전트(Divergent)〉

〈다이버전트〉의 한 장면

다이버전트(Divergent)는 Veronica Roth가 쓴 3부작 소설의 1부로 2014년에 영화로 제작되었다. 이 소설에서 주인공의 삶은 많은 부분에서 가족생태이론의 증거들을 볼 수 있다. 이야기는 지구 종말 후에 시카고에서 개개인이 자신의 심리적 성향에 따라 다섯 개의 분파로 분류된다는 것이다. 즉, 이타적 성향의 애브니게이션(Abnegation), 평화주의 애머티(Amity), 정직한 캔더(Candor), 용감한 단트리스(Dauntless), 지적인 에러다이트(Erudite)로 분류된다. 사회 구성원은 16세가 될 무렵 심리검사를 받고 어떤 분파가 가장 적합한지 판정을 받는다. 이렇게 사람을 개인의 성향에 따라 비슷한 마음의 사람들의 분파로 나누는 과정은 생태체계이론에서 미시체계 수준의 가장 좋은 예이다. 각 분파의 바로 가까운 동료, 가족, 일상생활은 개인이 그 특정집단에 맞추려는 적성이 어떤지에 의해 영향을 받는다. 전반적인 사회 문화는 아이들이 적성검사를 받고 16세 이후에 어느 분파에 가야 할지를 결정한다. '네가 가장 맞는 곳으로 가라'는 이러한 압력은 거시체계 수준, 혹은 문화적 이데올로기와 모든 사회구성원의 기대의 일부이다. 이는 주인공 중의 한 명인 트리스가 자기가 받은 적성검사 결과를 받을 때 분명해진다. 그녀의 부모는 그녀가 애브니게이션(그녀가 성장했던 곳)을 선택하기를 기대하지만, 그녀 집의 분파와는 정반대라 할 수 있는 단트리스를 선택한다.

영화는 대부분 단트리스 분파에 할애되며, 두 주인공인 포와 트리스는 포가 시작하는 과정을 거쳐 갈 때 가까운 관계로 발전한다. 관람객들은 포의 배경, 특히 아버지에게서 직접 겪었던 신체적·언어적 학대가 그의 미시체계와 외체계 간의 연결에 큰 역할을 하게 됨을 알게 된다. 그에게는 도저히 극복할 수 없는 네 가지 두려움이 있으며, 그래서 그는 '포(Four)'라는 별명을 얻었다. 영화 전체를 통해 시청자들은 이러한 두려움과 그의 미시체계가 외체계와의 상호작용, 혹은 단트리스 내 리더로서의 그의 지위뿐 아니라 전반적인 사회구조에 대한 그의 태도에 어떤 영향을 미치는지를 보게 된다. 트리스 역시 비슷한 싸움을 겪어 가는데, 영화의 마지막 부분에서 그녀가 자라는 동안 어머니의 살인을 목격하였음이 드러난다. 영화의 나머지 부분과 후속작에서 트리스의 어머니 상실, 그리고 동생을 에러다이트에게 상실한 것으로 인해 그녀는 외체계(분파들)를 변화시킬 뿐 아니라 사회가 기능하게 한 유일한 방법으로서 분파들을 제시한 문화적 이데올로기를 변화시키기 위해 적극적으로 노력하는 여정을 밟아 간다.

가족생태이론에 대한 평가

가족생태이론의 강점

이 책에서 다룬 모든 다른 이론과 마찬가지로, 가족생태이론도 강점과 약점이 있다. 강점은 인간발달을 가족과 사회의 맥락에서 포괄적으로 다룬 이론이라는 점에서 폭넓은 인기가 있고 또 유용성이 있다는 점이다.

개인, 가족, 지역사회, 사회에 대한 포괄적인 시각. 가족생태이론은 오늘날 사용되는 가장 포괄적인 이론 가운데 하나이다. 그 이유는 이 이론이 개인의 유전적·심리적 발달을 개인이 적응해야 하는 더 넓은 사회환경과 연결 짓기 때문이다. 또한 이 이론은 가족을 관계의 집합이자 사회기관으로 보며, 아동은 생명체로서의 활동(biology)과 심리 작용(psychology)의 영향을 받는다는 아동에 대한 초기의 이해를 확장하였다. 많은 가족학 이론은 개인, 관계, 사회적 수준이 가족에 미치는 영향을 살펴보지만(예: 5장의 가족발달이론, 제9장의 생애과정이론), 가족생태이론은 미시체계와 거시체계가 중간체계를 통해 어떻게 상호작용하는가를 기본적으로 살펴보는 데 있어서 매우 중요하다. 중간체계는 생명활동, 가족, 사회 체계를 매개하는 데 있어서 개인의 두 가지 이상의 행동체계 간에 작동하는 과정을 말한다. 이렇게 포괄적인 시각은 개인과 가족이 어떻게 기능하고 변화하는가에 대한 메커니즘에 주의를 기울이고, 개인 삶의 생물학적, 가족적, 사회적 측면이 항상 어떻게 상호작용하는지 분석할 수 있게 해 준다.

본성 대 양육의 질문을 다룸. 가족생태이론의 가장 큰 공헌 중 하나는 개인의 유전적 유산과 다중의 사회문화적 환경맥락을 연결시킨다는 점에 있다. 그렇게 함으로써 이 이론은 생명체로서의 활동(본성)과 환경(양육) 모두 중요하며, 본성/양육은 '이것 아니면 저것'의 질문이 아님을 보여 준다. 이 이론은 개인의 삶에 영향을 미치는 것은 본성과 양육의 상호작용이며, 개인과 가족 간의 상호작용은 인간의 발전과정과 삶의 환경에 특히 중요하다고 말한다.

실천에 아주 잘 적용됨. 가족생태이론은 다중의 보건의료 및 사회서비스에 두루두루 매우 유용하다. 이 이론은 내담자와 작업하여 그들의 삶을 향상시키기 위한 실천에 이 이론을 적용하고자 하는 연구자와 교육자들에게 특히 도움이 된다. 예를 들어, Bronfenbrenner는 원래 Head Start 프로그램처럼 교육을 늦게 받는 위험에 처한 아동에 대한 공식적·비공식적 지원을 높이려는 요구를 다루기 위하여 이 이론을 발전시켰다. 또 다른 예를 들면, 가족치료사이자 사회복지사인 Ann Hartman(1979)은 생태이론을 가족치료 내담자에게 적용하였다. 그녀는 에코맵(ecomap)의 개념을 개발했는데, 이는 제6장에서 설명한 가계도와 비슷한 작업이다. 에코맵은 맨 가운데 동그라미에 가족단위를 놓고, 그 밖으로 다양한 형태의 직선이나 점선으로 연결된 원으로 구성되는 그림이다. 각각의 선은 내담자의 미시맥락에서 거시맥락으로의(혹은 그 반대로) 에너지 흐름을 나타낸다. 세 번째 예를 들면, Karimi, Jarrott와 O'Hora(2014)는 서로 관계가 없는 나이 든 성인과 젊은이 간의 세대 간 관계의 치료적 가치를 다루기 위해 생태적 접근을 활용했다. 이 장의 후반부에서는 가족생태이론이 장애아동 및 그 가족과 작업하기 위해 어떻게 적용되었는지에 대한 네 번째 예를 논의한다.

가족생태이론의 약점

이러한 여러 강점에도 불구하고, 가족생태이론이 약점이 없는 것은 아니다. 대부분의 가족학 이론에서 찾아볼 수 있듯이, 몇 가지 강점은 약점이 되기도 한다. 예를 들어, 가족생태이론의 다양한 학문분야에의 적응력은 약점이 될 수도 있는데, 다음에 몇 가지 아이디어와 더불어 이에 대해 서술한다.

포괄적 이론을 실험연구로 옮기기 어려움. 여러 많은 맥락에 적용할 수 있을 만큼 그렇게 폭넓은 호소력이 있는 이론은 경험적 연구로 옮기기가 어렵다. 실제로 Bronfenbrenner와 Ceci(1993)는 양적 검증을 통해 생태이론이라는 과학을 진전시킨다는 이슈를 다룰 전제, 가설, 실험방법을 개발하기 시작했다. 그들은 '유전과 환경이 발달에 얼마나 영향을 미치는가?'라는 생태이론의 전형적인 질문을 넘어서서 "유전과 환경이 발달에 어떻게 기여하는가? 유전형질이 표현형질로 변형되는 근접 메커니즘은 무엇인가?"(Bronfenbrenner & Ceci, 1993, p. 313)와 같이 과정 연구를 할 수 있는 질문으로 확장하였다.

실험적 접근은 사후의 성과를 성찰하기보다는 행동을 예측한다는 이점이 있는데 (White, Klein, & Martin, 2015), 행동유전학과 인간발달 분야의 최근의 과학적 진전에도 불구하고 이 접근은 천천히 발전하였다. 그래서 개인과 가족생활에 영향을 주는 다중의 환경들 간의 상호작용이라는 개념적인 이점을 실행하기가 어렵다. 아동학대 이론에 관한 분석에서 De Vecchio, Erlanger와 Slep(2013)은 생태이론이 수년간 인기가 있었지만, 연구자들은 전체적으로 이 이론으로부터 나온 가설들을 검증할 여러 방법을 찾지 못했기에 여전히 한계가 있다고 말했다. 가족생태이론은 다양한 분야와 너무나 광범위한 개념들을 하나의 전체 이론으로 통합하는 것이 얼마나 어려운 일인가를 보여 주는 하나의 좋은 예이다.

가족보다 아동발달에 더 많은 초점을 둠. 일반적으로 생태이론에 대한 주요 비판은 주로 개인 수준에서 아동발달에 초점을 둔 반면, 가족에 대한 초점은 뒤로 미루었다는 점이다. 그 부분적인 이유는 가족구성원 간의 상호작용에 대한 연구에서 나오는 온갖 다양성에 주의를 기울이지 않고서 가족을 그저 단일 단위 이상으로 여겨서 연구하는 것의 어려움 때문이다. 이것은 분석 단위의 문제이다. 이 모델이 분석의 중심을 개별 아동에 놓고서 발전하였기에 결국 가족구성원들 간의 상호작용 생활을 다룰 능력을 고려할 수 없었던 것이다. 가족발달이론(제5장) 및 생애과정이론(제9장) 같은 다른 이론은 가족의 여러 발달단계에서 다중의 가족구성원들을 다룰 때 개별 아동을 넘어서는 작업을 더 잘할 수 있다.

인종과 젠더체계의 사회적 불평등에 대한 무관심. Bronfenbrenner(1979)가 제안하고 여러 학문분야에서 발전한 생태이론 모델은 개인의 경제체계와의 관계를 다룬다. 그 이유는 원래 이 모델이 결국 빈곤하게 된 아동 및 그 가족의 교육, 보건, 주거의 부적합성을 다루기 위해 발전되었기 때문이다. 그러나 이 이론은 개인과 가족생활에 영향을 미치는 문제인 인종차별과 성차별은 다루지 않는다(Uttal, 2009). 다른 말로 하면, 사회계층 이슈만 다루면 삶의 모든 기회를 구성하는 교차점까지 미치지는 못한다. 인종, 계층, 젠더, 성적 지향, 연령, 기타 사회계층 체계의 교차점을 다루기 위해서 갈등이론(제3장) 및 여성주의이론(제8장)을 살펴보기 바란다.

대안적 이론: 갈등이론

이 장에서 가족생태이론의 주요 개념, 기원, 적용, 강점과 약점을 다루었다. 이미 학습하였겠지만, 가족생태이론은 가족에 영향을 미치는 개인 수준과 문화 수준의 영향력과 관계된 복잡성을 다룬다. 앞에서 지적하였지만, 가족생태이론이 다루지 않는 것을 갈등이론이 어떻게 다루었는지 살펴보면 도움이 된다.

갈등이론은 자원을 둘러싼 권력과 갈등에의 접근이 가족역동에 어떠한 영향을 미치는지 그 방법들을 평가한다. 제3장에서 서술한 불평등 트랙으로 돌아가 생각해 보자. 경쟁하는 사람들 각자에게 존재하는 자원접근에의 애로점, 이점, 불평등한 접근을 포함하는 각각의 여정과 연관된 복잡성을 가족생태이론은 어떻게 설명할 수 있는가? 갈등이론은 연구자들로 하여금 특정 가족이 여타 가족들과 달리 매우 다른 궤적에 있게 하는, 때로는 눈에 보이지 않는, 특권을 살펴볼 수 있게 한다. 갈등이론은 실직이나 투자손실의 충격을 완화시킬 수 있는 부(富)와 사회적 자본에의 접근을 직접 살펴본다. 눈에 보이지 않는 특권에 접근하지 못하는 가족은 그러한 완충제가 부족할 뿐 아니라 인종, 민족, 성적 지향에 근거한 차별 같은 추가적인 스트레스원에 직면할 수 있다. 갈등이론은 자원을 둘러싼 갈등이 미시적·거시적 수준 모두에서 가족에 어떤 영향을 미치는지에 관심을 집중함으로써 이러한 투쟁을 더 잘 다룬다.

가족생태이론의 적용: 연구와 실천의 통합

가족생태이론에 대한 서술을 마친 지금 가족생태이론이 연구와 실제에 어떻게 사용될 수 있는지 살펴보고자 한다. 현재 가족생태이론이 어떻게 적용되고 있는지 설명하고 가족생태이론의 지침이 되었던 경험적 연구를 분석하며, 이 이론이 폭력예방의 실제에 어떤 정보를 제공하는지 서술한다.

가족생태이론의 현재

생태이론의 문화적 관점에 초점을 둔 Garcia Coll과 동료들(1996)은 단일민족

(monoethnic, 즉 부모 모두 동일한 민족배경 출신임)의 소수민족 청소년의 정체성 형성을 이해하기 위한 모델을 개발했다. Melinda Gonzales-Backen(2013)은 이중민족(biethnic) 청소년의 민족정체성 형성에 대한 모델을 확장했다. 문화행태 모델은 Meyer(2003)의 소수민족 스트레스 이론과 성소수자(LGBTQ) 개인 및 가족에의 적용, 그리고 Peters와 Massey(1983)의 흑인 아동의 이중사회화이론에 관한 가족스트레스와 회복탄력성이론(제11장)에서 밝힌 이론적 관점과 공통점이 있다. 이들 관점은 어떤 주변화 경험과 차별 경험을 한 가족이 자녀들로 하여금 도전과 성공을 어떻게 준비시켜야 하는지에 대해 새로운 정보를 제공한다. 그리고 Gonzales-Backen의 이론은 훨씬 더 복잡한 정체성 형성을 학자들이 어떻게 이해할 것인지에 대해 정보를 제공하기 위한 또 다른 시도이다. 이중민족 청소년은 부모가 서로 다른 민족 배경 출신으로, 주로 부모 중 한 명은 백인 주류민족 구성원이고, 다른 한 명은 소수민족(예: 아시아계 미국인, 남아메리카계 미국인, 아프리카계 미국인 등) 구성원이다.

자신의 이론적 시각을 확장한 Gonzales-Backen(2013)은 미국에서 그리고 세계적으로 급속히 증가하는 이중민족 인구 비율에 대한 자신의 아이디어를 바탕으로 했다. 예를 들어, 2010년 미국의 인구조사에 의하면 8백만 명이 한 인종 이상 출신으로 확인되었는데, 이는 2000년 조사에서 5백만 명이었던 점과 비교된다. 저자는 다문화 가족 맥락 그리고 가족과 민족, 동료 영향, 인종차별주의 같은 것을 개인발달의 생태체계 층으로 고려한다.

많은 가족이론에서 볼 수 있듯이, 학자들은 우리 사회가 점점 더 다민족, 다인종, 다문화 사회가 되어 간다는 점을 인식해야 하지만, 아직도 그러한 복잡성을 다루는 데 무장되어 있는 가족학자들은 드물다. Uttal(2009)이 지적한 대로 애초의 생태이론의 약점 가운데 하나가 상호 교차적 접근을 취하지 않은 점이었지만, 이제 우리는 사회가 얼마나 개인과 가족의 다양성을 점점 더 많이 인식하고 인정하는지와 같은 변화를 목격하고 있다. 예를 들어, 흑인/백인, 남성/여성, 동성애/이성애, 부자/빈자와 같은 두 부류로 갈라서 말하는 것이 더 이상 정확하지 않다. 여성주의이론(제8장)에 관해 지적하였듯이, 이제는 차이와 상호 교차점을 고려해야 한다. Gonzales-Backen(2013)은 인종과 민족의 혼합경험과 관련된 유전 및 사회환경 요소를 이해함으로써 이러한 다양성에 대한 한 가지 방법을 제시한다. 이런 방식으로 학자들은 가족의 안과 밖에서 이루어지는 개인의 독특한 경험에 관한 현재 관점의 측면에서 생태이론을 정교화하고 업데이트하기 시작했다.

Gonzales-Backen(2013)은 몇 가지 문화적인 생태학 개념이 이중민족 청소년이 마주한 문제들을 살펴보기 위해 어떻게 확장될 수 있는지 이론화하였다. 이 개념들에는 사회적 지위, 차별, 분리, 촉진/억제 환경, 아동의 특성(예: 외모와 아동의 인지발달), 가족맥락(예: 가족의 민족성 사회화와 부모−청소년관계)이 포함된다. 첫 번째 개념인 사회적 지위가 이중민족 정체성을 생각해 보기 위해 가족생태이론을 확장하는 데 어떻게 사용될 수 있는지 살펴보자. 사회적 지위는 부모 한 사람은 소수민족이고 다른 한 사람은 주류민족인 경우 아동의 민족정체성에 미치는 영향을 말하는데, 이때 개인은 두 가지 다른 집단에 속하는데, 하나는 주변인으로서의 지위이며 또 다른 하나는 더 큰 사회적 권한을 갖는 집단이다. 그러나 이렇게 혼합된 사회적 지위는 원드롭 규칙(one-drop rule)에 의해 설명되었듯이 단일민족 정체성으로 축소된다. 미국사회는 역사적으로 소수민족이나 소수인종의 배경을 가진 개인들을(백인의 유산을 가지고 있음에도) 비백인으로 축소하며, 그래서 이중민족이나 이중민족의 개인은 자주 자신의 다른 민족적 정체성과 유산을 무시하도록 강요받는다(Root, 1999). 혼합된 유산이라는 인식의 견지에서 '아직 거기까지는 아니야(not there yet)'라는 사회에서 사는 것은(생태학적 용어로 가장 멀고 광범위한 요인) 자신의 이중민족 배경을 자신의 정체성으로 수용하고 통합하기를 가장 어렵게 만들 수 있다. 그래서 학자들이 생태이론의 틀을 확장하면 청소년의 정체성 형성의 다양성과 연관된 과정을 더욱 완전하게 바라볼 수 있다.

가족생태이론 적용 연구 현황

가족생태이론은 많은 학문 분야에서 매우 유용하다. 물리치료사들 및 기타 관련된 보건 전문가들은 장애아동의 가족을 이해하기 위해 이 이론을 적용했다. 그렇게 함으로써 그들은 생물학적−생태학적 스펙트럼에 걸쳐 상호작용하는 다중의 체계를 설명하기 위해 개인주의적이고 사회적 거소(居所) 수준(social address level, 예: 장애를 가진 아동)을 넘어설 수 있었다. 가족생태이론을 활용한 연구의 예로서 Alyss Fiss와 동료들(2014)은 다양한 배경 출신이며 평균 3.7세인 뇌성마비 아동의 부모를 연구했다. 주로 뇌성마비 아동은 개인적인 기능 수준 혹은 전문가에게서 받는 치료와 서비스 종류의 맥락에서만 연구되었다. 가족환경이 아동의 신체적, 인지적, 정서적 발달에 매우 높은 영향을 미친다는 가설로 Fiss와 동료들은 다학제적 연구와 교육프로그램인 Move & PLAY를 개발했는데, 이는 캐나다의 맥매스터 대학교 아동기장애연구센터와 연계하여 이루어졌다.

Fiss 등(2014)은 생태체계로서의 가족과 관련된 네 가지 측정도구를 사용하여 캐나다와 미국에 있는 398명의 부모(주로 어머니)를 조사했다. 첫 번째 척도는 가족환경척도(Family Environment Scale: FES)이다. 가족환경척도는 Moos와 Moos(2009)가 개발하였으며 가족과정 연구에 폭넓게 쓰이고 있다. 연구자들은 가족기능의 세 가지 차원을 측정하기 위해 이 척도를 사용하는데, 그것은 (a) 관계(응집성, 표현, 갈등 차원 포함), (b) 개인 성장(독립성, 성취 성향, 지적/문화적 성향, 활동/레크리에이션, 도덕/종교적 강점 차원 포함), (c) 체계유지(조직과 통제 차원 포함)이다. 두 번째 척도는 자녀에 대한 가족기대 척도(Family Expectations of Child: FEC)로 자녀에 대한 부모의 기대에 대해 부모가 보고하는 다섯 가지 척도인데, 그것은 (a) 자녀들이 할 수 있는 최선을 다하기, (b) 자녀가 자신을 돌보는 것을 돕기, (c) 모든 것을 시도하기, (d) 자녀의 치료사가 추천한 활동을 하기, (e) 일상적인 활동을 모두 하기를 포함한다. 세 번째 척도는 자녀에 대한 가족의 지지(Family Support to Child: FSC) 척도로서, 자녀의 성장을 위해 가족이 자녀에게 제공하는 지지의 종류를 측정하는데, (a) 독립성 격려하기, (b) 위험 감수행동 격려하기, (c) 격려하고 성취를 인정하기, (d) 즐겁고 활기찬 신체놀이에 개입하기, (e) 자녀와 규칙적으로 상호작용하는 많은 사람을 하루 종일 치료활동에 포함시키기, (f) 자녀의 관심에 대해 긍정적으로 반응하기이다. 네 번째 척도는 가족지지 척도(Family Support Scale: FSS)로서, "장애가 있는 어린 자녀를 둔 부모에게 자주 도움이 되는 사람들과 집단의 도움 정도에 대한 부모의 지각"(Fiss et al., 2014, p. 565)을 평가한다. 가족생태이론을 기초로 한 가족지지척도는 가족구성원, 친구, 동료, 지역사회 구성원, 서비스 제공자의 지지에 대한 부모의 시각을 보여 준다.

가족수준의 척도 이외에, 연구자들은 뇌성마비 아동의 신체기능 범주를 평가하기 위해 운동기능분류체계 척도(Gross Motor Function Classification System)를 활용했다. 이 척도는 앉기, 이동하기, 걷기, 부양자의 도움 필요성, 휠체어 같은 원조기구의 필요성을 둘러싼 아동의 능력에 기초하여 전반적인 운동기능을 다섯 단계로 분류한다(Fiss et al., 2014, p. 565). 1단계에서 아동은 최고의 운동기능 수준을 보였으며, 반면

5단계의 아동은 신체 기능이 최저이므로 가장 많은 원조를 필요로 했다.

이 연구 결과는 이 관점을 취하는 것이 중요함을 말해 주었다. 그 이유는 그렇게 함으로써 가족 강점과 자녀에 대한 높은 기대, 그리고 아동의 발달과 기능에 대한 가족의 긍정적 영향이 검토될 수 있기 때문이다. 이것은 아동의 장애와 스스로 움직일 수 있는 능력의 제한을 단순하게 바라보는 것을 넘어서 진전된 것이다. 마지막으로, 부모를 지원했던 확대가족 구성원과 친구가 있으면 부모의 만족감과 정서적 안녕을 높이는 데 도움이 되었다. 저자들은 물리치료사와 기타 보건의료 전문가들을 위해 실제적인 몇 가지 제안을 했다. 즉, 그들은 가족의 강점을 살펴보는 것이 중요하고 또 가족과 그 자녀들을 일상생활에서 지지하는 친척과 친구들에 대해 이야기하기 위해 가족을 초대하는 것이 필요함을 제안하였다.

가족생태이론의 현장 적용

가족생태이론이 현장에 적용될 수 있는 몇 가지 영역이 있다. 실제로 이 이론적 관점은 다양한 학문 분야에 적용될 때 가장 다용도로 쓰일 수 있는 이론 중 하나일 수 있다. 다음에서 이 모델이 이웃과 지역사회의 공중 보건 이슈를 이해하는 데 어떻게 이용될 수 있는지 자세히 설명한다.

공중보건 정책가들, 연구자들, 실천가들은 지역사회에서 건강하고 적극적인 삶을 도모하는 데 늘 관심이 있다. 1990년대에 공중보건 전문가들은 이러한 목표를 더 폭넓은 범위로 재개념화하기 시작했다. 개인이나 가족수준에서만의 변화를 촉구하는 데 초점을 두는 대신, 공중보건 관리들은 지역민이 변화를 이루도록 하기 위해 사회적·물리적 환경과 공공정책에 초점을 두기 시작했다. 이 접근은 건강하고 적극적인 삶을 도모할 수 있는 다중의 수준을 고려했을 뿐 아니라 많은 개념과 방법을 조합하여 더욱 포용적인 변화모델을 제공하기 위해 학문 분야를 가로지르는 전문가들이 참여할 수 있는 초학문적 접근을 요구하기도 했다(Sallis et al., 2006).

공중보건과 지역사회 보건에 관한 이 모델의 중심에는 가족 미시체계가 있다. 가족은 능동적이며 살아 있는 지역사회를 만드는 과정에 필수적이다. 왜냐하면 가족구성원은 건강한 신념과 행동을 보여 주는 모델이 될 수도 있고 그것을 지원할 수도 있기 때문이다. 물론 주변 이웃의 안전 그리고 산책, 자전거 도로, 공원에 믿을 만하게 접근할 수 있는 것 같은 가족 외부의 요소들도 변화를 만드는 데 중요하다. 미시체계 (가족)를 외체계와 거시체계에 연결하는 것은 중간체계임을 기억해 보자. 가족생태 이론에 의하면, 가족구성원이 능동적인 생활을 위해 안전한 공간에 접근할 수 있고 또 건강한 생활을 쉽게 선택할 수 있으면(예: 농산물 시장, 지역사회 공원), 그런 변화를 실제로 이룰 기회가 존재하기 때문에 그들은 가족구성원들에게 건강하고 능동적인 행동을 더 많이 하게 되는 것 같다. 극단적으로 힘든 조건에서도(예: 난민촌), 아동은 미술활동 같은 건강한 활동에의 개입을 장려하는 프로그램을 통해 지원을 받고 희망 을 가질 수 있다(Yohani, 2008).

문화가 건강 활동에 대한 태도에 직접적으로 어떤 영향을 미치는지에 대해 생각해 보는 또 하나의 흥미로운 길은 각 개인이 5km를 뛰는 아주 인기 많은 5K 경기에 대 한 문화적 현상을 생각해 보는 것이다. 당신은 혹시 5K 경기나 장애물 코스 경기에 참여해 본 적이 있는가? 당신이 성장할 때 부모님은 이런 종류의 경기에 참여한 적이 있는가? 부모님은 참여하지 않았을 확률이 크다. 1990년 이후 5K에 참여한 사람들 의 숫자가 세 배나 증가해서 5백만에서 1천 5백만이나 되었다(Running USA, 2013). 능동적이고 건강하게 된다는 데 대한 문화적 이상은 거시체계에서 나오는데, 분명한 것은 시간이 흐르면서 이제는 우리가 20여년 전보다 여가와 레크리에이션으로 달리 기에 더 많은 관심이 있는 시점에 와 있다는 점이다. 만일 문화가 새로운 '정상(定常)' 을 택하고, 가족이 건강하고 능동적인 생활양식으로 살기 위해 선택할 기회들이 유 용하다면(재정적으로나 기타로나), 가족은 아마 그렇게 할 것이다.

가족생태모델이 공중보건과 지역사회보건에 적용되는 또 다른 예는 5-2-1-0 보 건 캠페인이다. 5-2-1-0 메시지는 하루에 과일과 야채 5번 먹기, 2시간의 스크린 타임(screen time-역자 주: TV, 컴퓨터 스크린 등을 사용하는 시간), 1시간의 신체활동, 설탕이 들어간 음료 먹지 않기를 추진한다. 이 메시지는 주로 아동과 학교에 안내되 었는데, 궁극적인 목적은 가족의 음식 선택을 주의깊게 살펴보고 아동의 활동을 모 니터하는 것이다. 학교, 보건의료제공자, 데이케어 센터를 통해 '아동기 비만예방 프 로그램'의 일부로 배포된 이 메시지는 이상적으로 말해 외체계 수준에서 가족 미시 체계 수준으로 소통하는 것이다. 공중보건 전문가들은 다중 수준을 통해서 변화를 촉진하는 생태체계모델의 효과성에 점점 더 의지하고 있다(Sallis et al., 2006). 다시 한번 가족생태이론을 실천으로 옮기는 작업은 '웨딩 케익'의 각 층을 살펴볼 것을 요하며, 단 한 층만 혹은 단 하나의 해결책만 보고 이해하는 것은 근시안적이다.

결론

가정학 분야에서 유래하고 발달심리학 분야에서 더 정교화된 가족생태이론은 여전히 진화 중이다. 이제 이 이론은 가족, 사회, 행동, 보건과학의 연구를 이끄는 데 사용되는 주요 이론 가운데 하나이다. 사실 질병관리본부(CDC, 2015)는 폭력예방을 위한 이론적 틀로서 사회-생태 모델을 제공했다. 이 생태 모델은 세계보건기구와 관련 있는 연구자들이 개발했고, 세계 전역의 폭력 발생과 예방에 적용된다.

가족생태이론은 가족발달이론(제5장)처럼, 시간이 지남에 따라 개인, 가족, 지역사회, 사회라는 더 폭넓은 층들 간의 복잡한 상호관계를 이해하는 데 훌륭한 은유가 된다. 그러나 대부분의 이론이 그러하듯, 이런 다중의 층들이 서로 어떻게 영향을 미치는지를 연구하기 위해서는 이러한 이론적 기초를 확장하는 데 따른 많은 어려움을 살펴봐야 한다. 지금까지 학자들과 실천가들의 기록을 추적해 보면, 이 이론이 다양한 가족을 연구하고 돕는 데 계속해서 강한 영향을 미칠 것이라고 확신한다. 이제 가족생태이론이 세계 전역에 걸쳐 가족을 연구하는 데 어떻게 적용될 수 있는지 살펴보자. [글상자 10-3]은 의무교육 연령에 대해 매우 다른 세 나라의 정보를 보여 준다. 각 국가에는 자체의 거시체계가 있으며, 이는 아동교육에 대한 기대를 지배하는 법률과 규범에 기여한다.

> **글상자 10-3** **가족-학교 접점에 대한 국제 비교: 의무교육 연령**
>
> 대부분의 국가는 아동에게 어떤 종류의 교육을 요구한다. 그러나 의무교육 연령은 국가에 따라 매우 다르다(UNESCO, 2009, 〈표 2〉, pp. 74-82). 이는 가족(미시체계)과 교육체계(외체계) 간의 관계에 영향을 미친다. 예를 들어, 싱가포르에서 특수한 요구가 있는 아동은 의무교육에서 제외된다. 다른 나라들(예: 미국)에서는 부모가 자녀를 홈스쿨링하는 것이 허용된다. 이러한 요구들(사회가 교육에 두는 가치와 그것과 연관된 규범을 포함하는 거시체계의 일부임이 확실함)이 사회 교육기관뿐 아니라 사회 내 가족에게 어떠한 영향을 미치는지 생각해

보자. 다음에서 의무교육에 대한 여러 나라의 국가 정책을 서술하는데, 이는 가족생태이론의 각 체계가 더 넓은 맥락에 따라 어떤 영향을 받을 수 있는지를 설명하기 위함이다.

스페인. 스페인에서 아동은 6세에서 16세까지 학교에 다닐 의무가 있다. 학교일과는 9시에서 12시, 그리고 오후 3시에서 5시까지이다. 일과 중간의 시에스타(siesta, 오후 휴식이나 낮잠)는 스페인 문화에서 전형적인 것이다. 학교는 시에스타 동안 12세 이하의 아동을 돌본다. 중학교 학생에게는 시에스타 휴식시간이 없다.

독일. 독일에서 아동은 초등학교에 다니고 4학년 이후에는 다음과 같은 세 가지 '트랙' 중 하나에 들어간다. (a) 기본학교(Haupschule, 직업학교와 유사)는 일반적으로 평균이나 그 이하의 성적을 받은 학생들이 입학하며 9학년까지 다닌다. (b) 실업학교(Realschule, 엄격한 입학요건이 있음. 모든 학생은 한 가지 외국어를 배우며, 기술 교과, 가정 교과, 제2외국어라는 확장된 교육과정 사이에서 선택)는 10학년까지 있다. (c) 김나지움(Gymnasium, 학생들은 고전어, 현대어, 수학, 자연과학을 배움)은 12학년 혹은 13학년까지 지속되며 대학입학 허가 시험에 통과하면 끝난다. 또 하나의 다른 선택은 아동이 게잠트슐레(Gesamtschule)에 다니는 것인데, 이는 독일의 몇 주에서만 있고, 입학을 위한 필요요건이 없으며 10학년까지 다닌다. 이 학교는 종합학교로서 모든 배경의 학생들을 포함한다. 명성 측면에서 볼 때, '최고'의 학생들은 김나지움을 졸업하고, 그다음이 실업학교와 기본학교 순이다.

인도. 인도에서 아동은 6세에서 14세까지 학교에 다닐 의무가 있다. 또한 인도는 대규모의 사립학교 체계를 갖추고 있는데, 약 3분의 1의 학생들이 사립학교 교육을 받는다(Joshua, 2014). 인도가 명성과 지위를 갖춘 카스트제도를 버린 이래, 일부 차별철폐 조치 정책이 역사적으로 불우한 집단을 위한 학교제도에서 나름의 자리를 확보했다.

추천 멀티미디어

www.acf.hhs.gov/programs/ohs

이는 미국 보건복지부의 아동가족과를 통해 재정이 지원되는 헤드 스타트(Head Start) 본부의 공식 웹사이트이다. 헤드 스타트는 Lyndon Johnson 대통령의 빈곤퇴치 캠페인 전쟁의 일부로서 1965년 설립되었다. 이 프로그램의 목적은 불우한 학령전 아동을 위해 종합적인 지역사회 기반 아동발달 서비스 및 교육과 서비스를 제공하기 위함이었다. 헤드 스타트 운동의 많은 혁신적인 특징 가운데는 초기부터 이중언어 및 이중문화 프로그램을 포함하였다는 점이 있다. 헤드 스타트의 공식 웹사이트는 부모와 교사들에게 헤드 스타트 센터에의 기술적인 접근, 정책의 시사점, 정부제공 재원의 기회에 대해 최신의 정보를 계속 제공하고 있다. 이 운동의 모토는 '헤드 스타트: 아동을 교육하기, 가족을 강화하기, 지역사회를 변화시키기'이다. 분명히 헤드 스타트는 가족생태 관점에 기초하고 있다.

이론 앱 활성화하기: 헤드 스타트 프로그램에 적용하기 위하여 어떤 다른 가족학 이론을 사용할 수 있는가? 이 책에서 다룬 이론 중 적어도 두 가지 이론을 선택해서 이 이론들이 헤드 스타트 프로그램과 이 프로그램의 대상인 가족에 '적합'한지 살펴보라.

http://www.ajol.info/index.php/jfecs

『Journal of Family Ecology and Consumer Sciences』는 남아프리카 가족생태학과 소비자학회(South African Association of Family Ecology and Consumer Sciences)의 공식 학술지이다. 이 학술지는 생애주기에 걸쳐 개인과 가족을 위한 자연환경 및 인공환경과 관련된 연구논문, 예를 들면 소가구와 대가구 및 지역사회의 개인적, 사회적, 경제적 자원 같은 주제의 연구논문을 영어와 아프리카어로 출판한다. 또한 특히 경제와 교육 현장에서의 소비자 행동과 전문적 실천을 다룬다.

이론 앱 활성화하기: 가족생태이론을 암시적으로나 명시적으로 적용한 최근의 논문을 찾아보라.

윈터스 본(Winter's Bone, 2010)

이 영화는 여배우 Jennifer Lawrence에게 처음으로 오스카상과 골든글로브상을 안겨 주었다. 그녀는 아칸소주 오작 마운틴에 사는 매우 가난한 가정 출신의 17세 소녀 리 돌리 역을 맡았다. 아버지가 사라진 후 그녀는 소니와 애쉴리 두 동생을 돌보게 되며, 집에서 나가라는 끊임없는 협박에 시달린다. 아버지의 행적을 찾아 나서자, 친척들의 잔인한 외면, 마약 사용과 판매가 그녀의 가족과 지역사회에 미친 영향, 그녀를 집에서 데려가겠다고 협박하는 범죄조직 두목을 만난다. 이는 개인, 핵가족과 확대가족 친척, 그녀가 살고 있는 가난한 농촌 지역사회, 그리고 폭력, 잔혹함, 약물남용, 빈곤의 고통을 용납하는 거시체계 간의 상호작용에 관한 아주 껄끄러운 이야기이다. 그러나 무엇보다 리는 살아남은 자로서, 동생들의 삶이 안정되도록 동생들을 돌보기로 결심하고 헌신한다.

이론 앱 활성화하기: 이 영화에서 주인공은 가족이 안정되도록 하기 위해 외체계에 어떻게 접근하는가?

〈윈터스 본〉의 한 장면

왕좌의 게임(Game of Thrones, 2011~현재)

이는 HBO에서 방영한 드라마 시리즈로, George R. R. Martin의 『얼음과 불의 노래(A Song of Ice and Fire)』의 세 이야기를 바탕으로 한다. 이 드라마는 판타지물로서 배경은 수천 년 전이다. 철 왕좌를 차지하기 위한 귀족 가문 간의 치열한 싸움을 그린다. 시리즈 초기에 가장 중요한 주제는 스탁 가문의 '겨울이 오고 있다'라는 모토이다. 이 말의 글자 그대로의 의미이기도 하고 은유적 의미가 있기도 하다. 글자 그대로의 의미는 계절 겨울을 말하는데, 이 계절은 수년간 지속되고 굉장히 추우며, 그래서 이 말은 일종의 경고이다. 은유적인 의미는 그들 자신을 보호하면서 왕을 섬기는 가족의 의무와 옳은 일을 하는 것 사이에서 갈라지게 된 스탁 가문에 드리운 어두운 시기의 전조를 의미한다. 텔레비전 드라마와 책에서 모두 이야기가 겹겹이 쌓여 있으며, 대부분 이 이야기의 어떤 면에서나 가족생태이론을 적용할 수 있다.

이론 앱 활성화하기: 이 드라마 시리즈에서 가족생태이론에 있는 여러 수준의 어떤 예를 찾아볼 수 있는가? 이 드라마 시리즈의 초기 이야기 선은 후기 이야기 선과 어떻게 다른가? 이야기가 전개됨에 따라 체계와 수준이 바뀌는가?

〈왕좌의 게임〉의 한 장면

추천 참고도서 및 논문

Bronfenbrenner, U., & Weiss, H., 사람을 생각하지 않는 정책을 넘어서: 아동가족정책에 대한 생태학적 관점(Beyond polices without people: An ecological perspective on child and family policy). in E. F. Zigler, S. L. Kagan, and E. Klugman (eds.), *Children, families, and government* (New York: Cambridge University Press, 1983), pp. 393-414. 이 논문은 뉴욕주 시라큐스 소재의 유치원 재학 아동이 있는 276가족을 대상으로 한 Bronfenbrenner의 연구로서 거대한 사회 변화와 연관된 환경 스트레스와 지지가 아동의 삶과 공공정책에 미치는 영향을 서술하였다. 이 논문에서 저자들은 발

달에 대한 두 가지 환경적 원칙을 제공하는데, 그 둘은 모두 Bronfenbrenner의 생태학적 패러다임의 뒷받침이 되었다. 명제 1에 의하면, 아동이 잘 성장하기 위해서는 한 사람 이상의 성인이 지속적인 돌봄을 제공해야 한다. 다른 말로 하면 "누군가가 그 아이에 대해 몰입해야 한다"는 말은 "누군가가 늘 거기에 아동과 함께 있어야 하고 무언가를 해야 하며, 혼자 두어서는 안 된다"(p. 398)는 의미이다. 명제 2에 의하면, 공공정책과 실천은 "기회, 지위, 자원, 격려, 안정, 증례, 그리고 그 무엇보다 가정의 안과 밖 모두에서 부모됨을 위한 시간을 제공해야 한다"(p. 398). 너무 자명한 것 같지만, 이러한 조언은 특히 오늘날에 더 중요하다. 왜냐하면 부모역할과 가족생활이 급격한 변화를 계속하고 있고, 또 장애아동과 가족에 대한 공공부조의 양이 계속해서 줄어들고 있기 때문이다.

Rosenfeld, L. B., Caye, J. S., Mooli, L., & Gurwitch, R. H.,『그들의 세계가 무너질 때: 가족과 아동이 재난의 영향 관리를 돕기(When their worlds fall apart: Helping families and children manage the effects of disasters, 2nd ed)』(Washington, DC: NASW Press, 2004). 이 책은 아동, 가족, 지역사회가 고통을 당하는 현실의 자연재해와 기술재해의 세계뿐 아니라 테러리스트 공격의 트라우마에 대한 다중의 관점을 제공한다. 인지행동이론, 발달이론, 탄력성이론, 가족체계이론을 포함하여 많은 이론이 생태이론 접근과 통합한다. 이 책은 주로 사회복지 전문직의 관점에서 쓰였지만, 교사, 간호사, 의사, 정신건강실천가를 포함하여 다른 원조 전문가들에게도 적용할 수 있다.

Samuels, G. M. "Being raised by White people': Navigating racial difference among adopted multiracial adults," *Journal of Marriage and Family*, 71 (2009), 80-94 (doi: 10.1111/j.1741-3838.2008.00581.x). 이 논문은 유색인종 아동의 발달 맥락인 인종차별의 일반적인 생태체계 맥락을 다룬다. 혼합민족의 아동이 입양될 때, 이 아동은 입양가족의 관점과 자신의 인종배경 관점 모두에서 사회화되어야 한다. 인종 차이의 향방을 찾는 것은 점점 더 떠오르는 이슈로, 다인종 아동이 영국과 미국에서 교차인종 입양아동의 지배집단(그러나 잘 드러나지 않음)을 형성하고 있기 때문이다. 교차인종적으로 입양된 아동이 다루어야 하는 주요 경험 중 하나는 "너는 누구니?"와 "엄마도 그러니?" 같은 질문을 끊임없이 받는다는 점이다. 영아 때 백인가족에 의해 입양되어 흑인과 백인 유산을 가진 22명의 젊은 성인에 대한 질적 면담연구에서, Samuels가 발견한 것은 그들이 인종불문주의를 지지하는 부모, 그래서 그들이 유색인종 아동으로서 마주치게 될 인종차별주의에 준비를 잘하지 못한 것 같은 어려운 이슈에 대처하고 있다는 점이다. 이렇게 해서 그들은 다인종 입양에 대한 사회적 인식 그리고 입양된 인종과 '혼합' 인종이 되는 것에서 차이가 더 강화되는 것을 관리하기 어렵게 된다. 연구대상자들과 저자들은 가족이 "그들의 다인종 가족체계와 유산을 고유하면서도 공유된 것으로 경험하기 위한"(p. 93) 하나의 방법으로서, 그들의 인종적 유산을 공유하는 사람들이 속한 더 넓은 지역사회의 구성원들과 함께 연결망을 구축할 필요성을 강조했다.

Song, J., Mailick, M. R., & Greenberg, J. S., "Work and health of parents of adult children with serious mental illness," *Family Relations, 63* (2014), 122-134 (doi: 10.1111/fare.12043). 이 논문은 몇 개의 가족 미시체계들 간 접점의 중간체계 맥락을 다룬다. 저자들은 위스콘신 매디슨 대학교 와이즈만 센터의 연구원들로, "인간발달, 발달장애, 신경퇴행성 질병에 대한 지식의 발전에 헌신한다"(www.waisman.wisc.edu). 이 논문은 직장에서 가족으로의 부정적 파급효과, 그리고 그것이 심각한 정신장애가 있는 성인자녀의 어머니와 아버지의 건강에 어떤 영향을 미치는가에 초점을 둔다. 저자들은 직장 스트레스와 직장 스케줄의 융통성 부족이 높은 직업-가정 갈등으로 이어질 수 있음을 발견하였다. 그들은 실천가들이 자녀의 질병의 본질과 자녀의 행동문제에 대한 부모들의 스트레스에 대처하고 관리하는 방법을 도울 필요성에 대해 부모들을 심리교육해야 한다고 제안했다. 공공정책 수준에서는 직장에서의 시간, 특히 심각한 정신장애로 의존적인 성인자녀가 있는 부모에게 융통성이 필요함을 제안했다.

생각해 볼 문제

● **토론 질문**

1. Bronfenbrenner의 인간발달 생태학 모델과 Bubolz와 Sontag의 인간생태학 모델의 주요한 차이는 무엇입니까?

2. 가족생태이론과 생애과정이론(제9장)을 비교하고 대조해 봅시다. 이 두 이론은 인간발달, 가족, 시간, 사회적 맥락을 어떻게 언급합니까?

3. 생태학이론에 대해 배운 지금, 인간이 어떻게 발달하고 어떻게 사회화되는가에 대한 '본성-양육' 논쟁에 대해 어떻게 이해하고 있습니까?

4. 이중민족 정체성 형성 외에 가족생태이론이 적용될 수 있는 다른 중요한 개인과 가족맥락은 무엇입니까?

5. 생태이론의 또 다른 적용사례를 조사해 보십시오. 이 이론이 생물학 및 지구과학 같은 학문 분야에 어떻게 적용됩니까?

6. 이 책에서 다룬 또 하나의 이론을 선택해서 그 이론이 가족생태이론을 어떻게 보완하는지 보여 주십시오. 더 폭넓은 범위의 가족행동과 과정을 설명하기 위해 이 두 이론이 어떻게 함께 작업할 수 있을까요?

● **개별 과제**

Bogenschneider(1996)는 유망한 새로운 접근인 생태학적 위험/보호이론을 서술하여, 물질남용, 학교 중퇴, 범죄행동, 보호되지 않은 조기의 성적 활동 같은 위험 청소년을 돕기 위한 예방 프로그램과 공공정책을 만들기 위해 더욱 지지적인 모델을 제공하고자 했습니다. 이 모델을 노인학대의 희생자 혹은 퇴역군인 같은 위험에 처한 또 다른 인구집단에 적용해 봅시다. 당신이 선택한 인구집단에게 보다 더 긍정적인 예방프로그램과 정책을 추진하기 위해 생태체계의 각 수준에 있는 위험요인과 보호요인의 구성요소들을 어떻게 이용할 것입니까?

● **개인 반영 질문**

1. 가족생태이론과 관련하여 현재 당신의 삶에 대해 생각해 보고, 미시, 중간, 거시, 외, 시체계의 상호 연관된 층에 나타난 당신 삶의 사건들과 관계들을 서술해 봅시다.

2. 당신이 교육 혹은 보건 관련 진로를 택하고자 계획한다면 생태학적 관점을 당신의 직업에 어떻게 적용할 수 있다고 생각합니까?

3. 당신 가족에서 표현되는 가치가 당신이 동일시하는 다양한 집단(예: 종교, 경제, 민족 등)이 가지고 있는 가치를 어떻게 반영합니까?

4. 세상에서 성공하고 살아남기 위한 한 사람의 능력의 견지에서 볼 때 개인, 가족, 사회적 환경의 상대적 중요성에 대해 어떻게 생각합니까?

5. 가운데 동그라미에 당신 자신과 당신의 가족을 두고 에코맵을 그려 보십시오. 이제 바깥 원들을 그리고 당신의 생태적 가족체계의 모든 부분 사이의 에너지 흐름을 평가해 봅시다.

6. 당신 자신의 '디지털 생태계'에 대해 생각해 보십시오. Bjork-James(2015)의 논문을 읽고 당신이 온라인에서 발전시켰던 관계와 공동체를 생각해 봅시다. 생태계 층의 어떤 부분에 당신은 온라인 공동체를 두겠습니까? 예를 들어, 온라인 공동체를 미시수준에 놓겠습니까, 거시수준에 놓겠습니까, 아니면 둘다에 놓겠습니까?

참고문헌

Barker, R. G. (1968). *Ecological psychology: Concepts and methods for studying the environment of human behavior.* Stanford, CA: Stanford University Press.

Bjork-James, S. (2015). Feminist ethnography in cyberspace: Imagining families in the cloud. *Sex Roles, 73,* 113-124. doi: 10.1007/s11199-015-0507-8.

Bogenschneider, K. (1996). An ecological risk/protective theory for building prevention programs, policies, and community capacity to support youth. *Family Relations, 45,* 127-138. doi: 10.2307/585283.

Bogenschneider, K. (2000). Has family policy come of age? A decade review of the state of U.S. family policy in the 1990s. *Journal of Marriage and the Family, 62,* 1136-1159. doi: 10.1111/j.1741-3737.2000.01136.x.

Bronfenbrenner, U. (1978). Lewinian space and ecological substance. *Journal of Social Issues, 33,* 199-212. doi: 10.1111/j.1540-4560.1977.tb02533.x.

Bronfenbrenner, U. (1979). *The ecology of human development: Experiments by nature and design.* Cambridge, MA: Harvard University Press.

Bronfenbrenner, U. (1986). Ecology of the family as a context for human development: Research perspectives. *Developmental Psychology, 22,* 723-742. doi: 10.1037/0012-1649.22.6.723.

Bronfenbrenner, U. (1988). Interacting systems in human development. Research paradigms: Present and future. In N. Bolger, A. Caspi, G. Downey, & Y. M. Moorehouse (eds.), *Persons in context: Developmental processes* (pp. 25-49). New York: Cambridge University Press.

Bronfenbrenner, U. (ed.) (2005). *Making human beings human: Bioecological perspectives on human development.* Thousand Oaks, CA: Sage.

Bronfenbrenner, U., & Ceci, S. J. (1993). Heredity, environment and the question "how": A first approximation. In R. Plomin, & G. E. McClearn (eds.), *Nature, nurture, and psychology* (pp. 313-323). Washington, DC: American Psychological Association.

Bubolz, M. M., & Sontag, M. S. (1993). Human ecology theory. In P. Boss, W. Doherty, R. LaRossa, W. Schumm, & S. Steinmetz (eds.), *Sourcebook of family theories and methods: A contextual approach* (pp. 419-448). New York: Plenum.

Bush, K. R., & Peterson, G. W. (2013). Parent-child relationships in diverse contexts. In G. W. Peterson, & K. R. Bush (eds.), *Handbook of marriage and the family* (3rd edn., pp. 275-302). New York: Springer.

CanChild (2016). Move & PLAY Study (Understanding determinants of motor abilities, self-care, and play of young children with cerebral palsy). CanChild research centre, McMaster University, Hamilton, Ontario. At https://canchild.ca/en/research-in-practice/currentstudies/move-play-study-understanding-determinantsof-motor-abilities-self-care-and-play-of-youngchildren-with-cerebral-palsy.

CDC (Centers for Disease Control and Prevention) (2015). *The social-ecological model: A framework for prevention.* At http://www.cdc.gov/ViolencePrevention/overview/social-ecologicalmodel.html.

Del Vecchio, T., Erlanger, A. C., & Slep, A. M. S. (2013). Theories of child abuse. In M. A. Fine, & F. D. Fincham (eds.), *Handbook of family theories: A content-based approach* (pp. 208-227). New York: Routledge.

Elder, G. H., Jr. (1974). *Children of the Great Depression: Social change in life experience.* Chicago: University of Chicago Press.

Faust, V., Jasper, C. R., Kaufman, A., & Nellis, M. J. (2014). Cooperative inquiry in human ecology: Historical roots and future applications. *Family and Consumer Sciences Research Journal, 42,* 267-277. doi: 10.1111/fcsr.12060.

Fiss, A. L., Chiarello, L. A., Bartlett, D., Palisano, R. J., Jeffries, L., Almasri, N., & Chang, H.-J. (2014). Family ecology of young children with cerebral palsy. *Child: Care, Health and Development, 40,* 562-571. doi: 10.1111/cch.12062.

Garcia Coll, C., Lamberty, G., Jenkins, R., McAdoo, H. P., Crnic, K., Wasik, B. H., & Garcia, H. V. (1996). An integrative model for the study of developmental competences in minority children. *Child Development, 67,* 1891-1914. doi: 10.2307/1131600.

Goldberg, A. E., Smith, J. Z., & Kashy, D. A. (2010). Preadoptive factors predicting lesbian, gay, and heterosexual couples'relationship quality across the transition to adoptive parenthood. *Journal of Family Psychology, 24,* 221-232. doi: 10.1037/a0019615.

Gonzales-Backen, M. A. (2013). An application of ecological theory to ethnic identity formation among biethnic adolescents. *Family Relations, 62,* 92-108. doi: 10.1111/j.1741-3729.2012.00749.x.

Hartman, A. (1979). *Finding families: An ecological approach to family assessment in adoption.* Beverly Hills, CA: Sage.

Head Start (2016). *Office of Head Start: An Office of the Administration for Children and Families.* At www.acf.hhs.gov/programs/ohs.

Hook, N., & Paolucci, B. (1970). The family as an ecosystem. *Journal of Home Economics, 62,* 315-318.

Joshua, A. (2014, January 16). *Over a quarter of enrolments in rural India are in private schools. The Hindu.* At www.thehindu.com/features/education/school/overa-quarter-of-enrolments-in-rural-india-are-in-privateschools/article5580441.ece.

Karimi, H., Jarrott, S. E., & O'Hora, K. (2014). Therapists working in new and old ways: An integrative ecological framework for non-familial intergenerational relationships. *Australian and New Zealand Journal of Family Therapy, 35,* 207-222. doi: 10.1002/anzf.1061.

McAdoo, H. P. (1993). The social cultural contexts of ecological developmental family models. In P. Boss, W. Doherty, R. LaRossa, W. Schumm, & S. Steinmetz (eds.), *Sourcebook of family theories and methods: A contextual approach* (pp. 298-301). New York: Plenum.

McAdoo, H. P. (ed.) (1999). *Family ethnicity: Strength in diversity* (2nd edn). Thousand Oaks, CA: Sage.

McAdoo, H. P., Martinez, E. A., & Hughes, H. (2005). Ecological changes in ethnic families of color. In V. Bengtson, A. Acock, K. Allen, P. Dilworth-Anderson, & D. Klein (eds.), *Sourcebook of family theory and research* (pp. 191-212). Thousand Oaks, CA: Sage.

McAdoo, J. L. (1988). The roles of Black fathers in the socialization of Black children. In H. P. McAdoo (ed.), *Black families* (2nd edn). Newbury Park, CA: Sage.

Meyer, I. H. (2003). Prejudice, social stress, and mental health in lesbian, gay, and bisexual populations: Conceptual issues and research evidence. *Psychological Bulletin, 129*, 674-697. doi: 10.1037/0033-2909.129.5.674.

Moos, B., & Moos, R. (2009). *Family environment scale: Manual* (4th edn). Menlo Park, CA: Mind Garden. At www.mindgarden.com/family-environment-scale/150-fes-manual.html.

Peters, M. F., & Massey, G. (1983). Mundane extreme environmental stress in family stress theories: The case of Black families in White America. *Marriage and Family Review, 6*(1-2), 193-218. doi: 10.1300/J002v06n01_10.

Root, M. P. P. (1999). The biracial baby boom: Understanding ecological constructions of racial identity in the 21st century. In M. H. Sheets (eds.), *Racial and ethnic identity in school practices: Aspects of human development* (pp. 67-89). Mahwah, NJ: Erlbaum.

Running USA (2013). *2013 State of the sport: Part III: U.S. race trends.* At http://www.runningusa.org/state-of-sport-2013-part-III.

Sabatelli, R. M., & Ripoll, K. (2004). Variations in marriage over time: An ecological/exchange perspective. In M. Coleman, & L. H. Ganong (eds.), *Handbook of contemporary families: Considering the past, contemplating the future* (pp. 79-95). Thousand Oaks, CA: Sage.

Sallis, J. F., Cervero, R. B., Ascher, W., Henderson, K. A., Kraft, M. K., & Kerr, J. (2006). An ecological approach to creating active living communities. *Annual Review of Public Health, 27*, 297-322. doi: 10.1146/annurev.publhealth.27.021405.102100.

Thompson, P. J. (1988). *Home economics and feminism: The Hestian synthesis.*

Charlottetown, Prince Edward Island, Canada: UPEI Publishing Collective.

UNESCO (2009). *Global education digest 2009: Comparing education statistics across the world.* UNESCO Institute for Statistics. At http://unesdoc.unesco.org/images/0018/001832/183249e.pdf.

Uttal, L. (2009). (Re) visioning family ties to communities and contexts. In S. A. Lloyd, A. L. Few, & K. R. Allen (eds.), *Handbook of feminist family studies* (pp. 134-146). Thousand Oaks, CA: Sage.

White, J. M., Klein, D. M., & Martin, T. F. (2015). *Family theories: An introduction* (4th edn). Thousand Oaks, CA: Sage.

Yohani, S. C. (2008). Creating an ecology of hope: Arts-based interventions with refugee children. *Child and Adolescent Social Work Journal, 25,* 309-323. doi: 10.1007/s10560-008-0129-x.

제11장
가족스트레스와 회복탄력성이론

당신은 아마 체포된 사람이 수감되기 전에 단 한 번만 전화를 할 수 있다는 사실을 알고 있을 것입니다. 그런 전화를 이용해야 했던 적이 있습니까? 만일 없는데, 당신이 체포되는 일이 있다면 누구에게 전화하겠습니까? 가족원입니까, 아니면 다른 사람입니까? 이렇게 단순한 질문에 대한 대답은 당신이 스트레스와 회복탄력성을 어떻게 관리하는지, 그리고 조금 더 확장하면 당신의 가족이 스트레스와 회복탄력성을 어떻게 다루는지에 대해 많은 것을 말해 줄 수 있습니다. 전화에 대한 당신의 대답이 당신의 가족과 어떠한 관계가 있는지 생각해 봅시다. 당신이 가족구성원에게 전화하기로 선택한다면, 그 사람은 누구입니까? 형제자매인가요, 아니면 고모, 이모나 삼촌인가요, 아니면 부모나 후견인입니까? 왜 그렇습니까? 어떤 사람은 부모에게 전화하지 않을 것입니다. 벌을 받을까 봐 겁이 나기 때문입니다. 또 어떤 사람은 그 누구보다도 자연스럽게 부모에게 전화할 것입니다. 부모와의 관계가 그래도 다른 사람들과의 관계보다 가깝기 때문입니다. 아니면 아마 똑같은 일을 겪은 남자형제를 만날 수도 있는데, 그에게 일어났던 일을 기억하는 당신은 그의 체포가 가족 전체의 역동을 어떻게 위험에 빠뜨렸는지 기억하고 있습니다. 때로 당신의 가족이 실제로 그 사건으로부터 결코 회복하지 못할 것이라고 생각하고, 그와 똑같은 실수를 반복한다면 상황은 훨씬 더 나빠질 것이라고 생각할 수도 있습니다.

또 생각해 보면 만일 당신이 그런 전화를 받는 사람이라고 상상해 보면 재미있을 것입니다. 당신은 그 상황에 어떻게 대처합니까? 전화한 사람이 문제가 됩니까? 만일 전화한 사람이 당신의 엄마, 형제자매, 성인자녀, 혹은 룸메이트라면 당신은 그 사람에 따라 상황을 다르게 볼 것입니까? 당신이 바로 전화를 받은 '그 사람'이라는 스트레스에 어떻게 반응할 것입니까?

가족스트레스와 회복탄력성이론은 모든 개인이 자신의 대처능력에 도전하는 취약성, 스트레스원, 위기를 경험한다는 사실을 다루는 몇 가지 이론의 조합입니다(Boss,

1987). 가족학 관점에서 가족단위는 역경에 직면해서도 건강을 유지하고 성장할 수 있도록 돕는 자원입니다(Patterson, 2002). 이 이론은 Hill(1958)에 의한 가족스트레스이론(ABCX 모델)의 초기 작업을 기초로 구축되었는데, 그 이론에서 A는 스트레스 사건, B는 가족자원 혹은 강점, C는 사건에 대한 가족의 지각 혹은 가족이 그 사건을 어떻게 정의하고 어떤 의미를 부여하는가입니다. 가족이 사건이나 스트레스원의 문제를 어떻게 해결하는지에 대해 즉각 생각해 낼 수 없다면, 그 사건이나 스트레스원은 위기로 이어지는데, 위기는 이 모델에서 X 요소입니다(McCubbin et al., 1980). 오늘날 가족학에서 사용되는 가족스트레스와 회복탄력성이론에 기여하는 또 다른 관점은 위험과 회복탄력성입니다(Demo, Aquilino, & Fine, 2005). 이렇게 첨가된 관점은 가족이 부정적인 결과(위험)뿐 아니라 삶의 도전을 극복하고 더 강하게 성장할 수 있는 능력(회복탄력성)을 갖게 할 수 있는 경험에 어떻게 반응하는가에 초점을 둡니다. 모두 함께 살펴보면, 가족스트레스와 회복탄력성이론은 가족이 스트레스 사건에 어떻게 준비하고 어떻게 대처하며 무엇을 배우는가에 대한 '전반적인 그림'을 다룹니다. 이 관점으로 들어가, 당신의 가족을 생각해 봅시다. 당신의 가족은 외부 스트레스에 대처하기 위하여 얼마나 잘 준비하고 있습니까? 하나의 가족으로서 얼마나 가깝게 연결되어 있습니까? 스트레스원에 영향을 받을 가족구성원은 얼마나 적응력이 있습니까? 당신의 범행이 얼마나 심각한가에 따라 가족이 당신의 체포에 어떻게 대처할 것인지 상상해 봅시다. 당신은 변호사를 고용할 것입니까? 아니면 판사의 판결을 기다릴 것입니까? 당신의 가족은 그런 비용을 감당할 수 있을 것입니까? 당신의 가족은 그런 사건을 겪는 동안 힘이 될 영적인 믿음에 의존할 수도 있습니다. 아니면 가족의 사회적 지지 네트워크가 가족이 적응하게 돕고 그 사건 때문에 더 강하게 될 수 있도록 도울가요?

이런 질문들을 생각해 보면서 가족스트레스와 회복탄력성이론이 스트레스원의 유형(예: 내적 혹은 외적), 가족의 친밀성, 역사, 적응력 같은 질적 특성을 고려한다는 점을 명심하기 바랍니다. 이러한 각 요인은 긍정적 혹은 부정적 결과를 가져올 수 있는 상호작용의 단계를 정하도록 돕습니다. 가족은 특히 공유된 의례, 영성, 문화적 · 민족적 전통을 이용하여 그들을 치유하도록 돕는 내력과 이해를 제공합니다(Walsh, 2007). 이러한 각 요인은 가족이 문제와 위기에 대처하게 하는 레퍼토리를 구성합니다. 즉, 그것들은 부정적인 결과에 대한 보호요인이 되어 가족의 회복탄력성을 가져

옵니다. 강한 가족은 역경과 위험에 직면하여 보호요인이 됩니다. 당신의 가족은 얼마나 강합니까? 당신 친구의 가족은 어떠한가요? 다음에서 가족이 일상생활에서 마주친 매우 복잡하지만 상호 관련된 이슈들에 이 이론을 어떻게 적용할 수 있는가를 이해하도록 돕는 사례 연구를 제시할 것입니다.

사례 연구

엘리자의 아빠 조우는 여러 차례의 음주운전으로 최근 운전면허가 취소되었다. 그는 구금형을 받았지만, 가족은 변호사를 고용하여 형(刑)을 받지 않게 하자고 결정했다. 변호사 비용이 매우 많이 들었고 아버지의 법적 비용에 들어간 돈은 엘리자의 2학기 대학 등록금 비용으로 쓸 돈이었다. 그래서 엘리자는 휴학을 해야 했고 대학 등록금을 마련하기 위해 또다시 일을 해야 했다. 어머니 또한 가족을 경제적으로 지원하기 위해 한 가지 일을 더 했다.

조우는 운전면허증이 취소되었기 때문에 직장까지 운전해서 갈 수 없었고, 결국 실직을 하게 되었다. 다행히 그에게 명령된 500시간의 지역사회 봉사활동은 걸어서 갈 수 있는 동네 도서관에서 일하는 것이었다. 엘리자와 어머니는 다른 알코올중독 가족구성원과 함께 지원과 정보를 제공하는 Al-Anon과 자조집단에 참석하여 지원을 받고자 하였다. 그들이 이 집단에서 작업했던 이슈 중 하나는 가족 내 모든 구성원이 중독자의 만성적인 알코올중독에 대해 느꼈던 수치심이었다. 시간이 지남에 따라 이 집단이 제공했던 사회적 지지, 안정을 되찾은 가계경제, 조우가 지역의 도서관에서 일하면서 구축했던 사회적 자본은 모두 가족이 다시 일어서는 데 도움이 되었다. 아버지의 중독에 대해 서로 이야기할 수 있는 능력, 도움을 받고자 하는 의지, 자신들의 감정에 직면하고자 하는 어머니와 딸의 의지 모두 가족이 협력하는 데 기여했다. 가족원의 중독문제가 있을 경우, 수치심, 두려움, 분노라는 강한 감정이 자연스레 따라올 수 있다. 그러나 이러한 감정은 희망과 함께 존재한다. 어려움에 대처하는 데 도움이 되는 새로운 의례를 만들고 긍정적 경험을 하게 하면서 개인이 얼마나 변화할 수 있고 가족은 어떻게 안정을 되찾을 수 있는지에 대한 희망 말이다.

엘리자와 가족이 직면한 몇 가지 스트레스원은 무엇이었는가? 그들은 자신들의 삶과 관련하여, 그리고 하나의 체계로서의 가족의 견지에서 스트레스를 어떻게 경험하였는가? 가족구성원들은 전체로서의 가족이 중독과 같은 심각하고 만성적인 상황의 엄청난 원인과 결과에 대처하도록 돕기 위해 어떤 관계 과정을 작동하였는가? 특히 엘리자는 그러한 역경에 직면하여 긍정적 변화를 수용하고 그런 변화를 위한 행동을 하기 위해 위험과 회복탄력성의 균형을 어떻게 이루었는가? 이 가족의 과거는 그들의 미래에 대해 무엇을 말해 주는가? 가족스트레스와 회복탄력성이론은 엘리자와 그 가족에게 일어났던 것처럼 하나의 스트레스가 어떻게 다른 하나의 스트레스로 이어질 수 있고 실제로 또 그렇게 되는지를 포함하여 스트레스원의 다중성을 이해하도록 돕는다. 하지만 이 이론은 스트레스가 개인과 가족에 어떤 영향을 미치는가에만 국한하지 않는다. 가족이 스트레스원에 직면하여 어떻게 더 탄력적일 수 있는지, 그리고 이는 결국 미래의 비슷한 상황에 어떻게 대처하는지에 어떤 영향을 미치는지를 살펴보게 하면서 전체 그림을 볼 수 있게 한다. 반대로 이 이론은 또한 가족이 도전을 어떻게 무시하거나 피할 수 있는지도 살펴보게 하는데, 그런 상황에서는 가족이나 구성원들이 어려움을 어떻게 다루는지 결코 배우지 못하게 된다. 이 점에서 가족스트레스와 회복탄력성이론은 가족에 대한 하나의 고유한 시각을 제공하면서 하나의 이론적 틀 안에서 과거, 현재, 미래에 초점을 둘 수 있게 한다.

가족스트레스와 회복탄력성이론이란

가족스트레스와 회복탄력성이론은 인생이 개인과 가족의 안녕을 위협하는 위험으로 가득 차 있다고 본다. 다른 장들을 통해서 보았듯이, 한 개인에게 무슨 일이 일어나면 그 가족도 어쩔 수 없이 영향을 받고, 그 반대의 경우도 마찬가지이다. 스트레스원은 일상생활에서 자연스럽게 발생하며, 그래서 스트레스원은 누적될 수 있고 또심해질 수 있다. 스트레스원은 또 트라우마가 될 수 있고, 충격적이거나 파괴적인 사건을 통해 발생하는 것과 같이 다중의 상실을 포함할 수 있다. 그 근원이 무엇이든 가족스트레스는 개인과 가족이 시간이 지남에 따라 어떻게 기능하고 적응하는지를 방해한다. 그러나 스트레스는 이야기의 단면이기도 하다. 개인과 가족은 또 강점이 있으며 탄력적이다. 회복탄력성은 "역경을 이겨 낼 수 있는 능력, 혹은 도전이나 트라우마에도 불구하고 살아남을 수 있는 능력"(Power et al., 2016)이다.

가족이 회복탄력성을 보여 주는 방법들 중 하나는 개인적 자원과 지역사회 자원을 동원하는 능력, 그래서 일상의 스트레스와 예측하지 못한 트라우마에 대처하는 능력에 있다. 사실 가족의 회복탄력성은 어떤 인생 길을 가든지 그것에 대처하고 그것으로부터 배움으로써 더 강해짐을 말한다. 가족스트레스와 회복탄력성이론은 가족학자들과 실천가들이 가족이 과거의 스트레스에 어떻게 대처했는지(가족을 더 강하게 만들거나, 더 약하게 만듦)를 설명함으로써 현재의 스트레스에 대한 반응을 분석할 수 있게 한다. 이런 각각의 요인은 가족이 현재와 미래에 얼마나 잘 적응할 수 있는지(혹은 잘 적응할 수 없는지) 예측하도록 돕는다. 당신의 '전화 한 통화'로 돌아가 생각해 보라. 당신의 체포가 가족에 어떤 지장을 주는지 생각해 보면, 당신은 가족사를 돌아 볼 것인데 그 이유는 과거에 가족은 이와 같은 사건을 어떻게 받아들였는지에 대한 아이디어를 얻을 수 있기 때문이다. 아마 당신의 가족은 의외로 아무 일도 일어나지 않은 것처럼 하는 데 능숙하여, 말하자면 싹 감추고 싶어 할 수도 있다. 이러한 점을 알게 되면 당신은 가족의 역동을 깨지 않으려고 부모님에게 말하지 않고 대신 당신이 좋아하는 이모에게 전화를 하자고 결정할 수도 있다. 바로 그 지점, 당신이 누구에게 전화할 것인지 결정하는 바로 그 순간에 우리는 당신 가족의 내력을 얼핏 엿볼 수 있고 그것이 현재의 의사결정에 어떤 영향을 주는지, 그리고 아마 당신(그리고 당신의 가족)은 앞으로 무엇을 다시 할 것인지에 대한 감을 잡을 수 있다. 가족치료사인 Froma Walsh(2012)의 말에 의하면, 가족스트레스와 회복탄력성이론은 역경을 통해 가족의 강점이 어떻게 구축되는지(혹은 구축되지 않는지)를 보여 준다.

이 장에서 보겠지만, 가족에게 지장을 주는 스트레스원의 공급원은 수도 없이 많다. 자동차 바퀴의 바람이 빠진다거나 집에 원하지 않는 새가 날아 들어오는 일, 잠을 많이 자서 자녀 학교의 학부모 모임에 못 나가는 일 같이 일상의 성가신 일들(everyday hassles) 외에(Patterson, 2002), 어떤 스트레스원은 훨씬 더 예측하지 못하는 것이고 오래 지속되며 또 심각하다. 더 심각한 스트레스원의 예를 들면, 정신질환이 있는 부모와 함께 성장하는 것(Power et al., 2016), 화재와 같이 생활과 집의 주요한 붕괴와 상실(Jones et al., 2012), 자녀의 신체적·성적 학대가 성인기의 친밀한 파트너 폭력에 미치는 영향(Flemke, Underwood, & Allen, 2014), 부모의 수감생활이 자녀에게 미치는 영향(Dallaire, 2007)이 있다. 또한 스트레스원은 만성적인 빈곤(Edin &

Kissane, 2010), 군부대 배치 때문에 부모와의 주기적인 별거(Hill, 1949), 그리고 소수민족으로서의 지위와 연관된 사회적 낙인(Meyer, 2003; Oswald, 2002; Russell et al., 2014)도 있다. 또한 심각한 스트레스원은 전쟁, 테러, 자연재해 같은 주요 재난을 포함하는데, 이는 가장 강한 가족도 흔들 수 있다(Walsh, 2007).

글상자 11-1 **가족스트레스와 회복탄력성이론 한눈에 보기**

- 가족스트레스. 가족체계 내의 곤경. 가족스트레스원, 자원, 인식 간의 상호작용 때문에 가족체계에 부가된 압박감(ABCX 모델)
- 스트레스원 사건. 가족체계를 변화시킬 수 있을 만큼 강력한 생활사건. 스트레스원 사건은 형태(예: 일상적인 사건에서부터 재난 사건), 근원(가족 내적 혹은 외적), 심각성(만성/급성; 온건/심각)으로 분류될 수 있다.
- 가족의 회복탄력성. 중요한 스트레스와 취약성에 직면하여 가족의 재조직 및 성장과 관련된 경로, 과정, 결과
- 가족의 보호과정. 가족이 고통과 위험에 노출됨과 가족의 능력(가족기능과 안정성을 이루는 데 있어서의 유능성) 간의 관계를 완화하는 질
- 가족의 대처자원. 스트레스원 사건이 일어나는 시기에 가족원 개인과 집단으로서의 가족이 가지고 있는 강점. 이는 가족이 스트레스와 위기에 반응하기 위해 가져다가 활용할 수 있는 자산임

역사와 기원

가족스트레스와 회복탄력성이론은 왜 어떤 가족은 다른 가족과 비교할 때, 매우 스트레스가 된다고 지각하는 사건을 겪음에도 위기를 잘 견딜 수 있는지에 대한 질문에서 시작한다. 말하자면 왜 어떤 가족은 스트레스에 상대적으로 덜 취약한데, 또 다른 가족은 잘 극복하지 못하는가?

초창기부터 이론가들은 가족이 스트레스에 대처하기 위해 자원을 배치하는 방식을 설명하고자 하였다. 그들이 사용하였던 한 가지 주요 전략은 심리학자들이 주로 발전시킨 개인 수준의 이론을 사회학자들이 처음에 발전시켰던 가족스트레스이론

(Hill, 1949, 1958)과 합치는 것이었다. 개인 수준 이론은 아동이 어떻게 해서 부모가 유기해도 잘 살아남아서 잘 자라는지(Rutter, 1987)와 같은 것이고, 가족스트레스이론은 곤경에 처한 상황에서 가족의 회복탄력성에 대한 더욱 복합적이고 미묘한 관점을 찾아내기 위한 것이다. Henry, Morris와 Harrist(2015)는 물결(waves)의 측면에서 이러한 발전을 서술하는데, 제1의 물결은 가족스트레스 이론의 발생을 다루고, 제2의 물결에서는 이 이론을 확장하여 시간, 다중의 누적, 가족의 의미부여와 응집을 통합한다. 제3의 물결은 지금 진행 중인데 다중 수준의 체계와 다학제적 접근을 통합하는 가족의 회복탄력성에 대한 아이디어를 더욱 발전시키고 있다. 그리하여 가족스트레스이론과 가족의 회복탄력성이론의 조합은 시간이 지남에 따라 포괄적인 개념틀로 발전되었고, 그래서 개인 구성원의 역할, 전체로서의 가족단위, 가족이 일상적이고 트라우마가 되는 스트레스원과 위기를 어떻게 다루는지에 영향을 미치는 다양한 지역사회 과정을 이해할 수 있게 되었다.

ABCX 모델. 가족학 분야의 창시자인 Reuben Hill(1949, 1958)은 원래 위기 후 가족의 적응을 설명하기 위해 가족스트레스 이론을 발전시켰다. 애초 이 이론에 대한 그의 개념틀은 제2차 세계대전 동안 "남편이자 아버지가 군대에 징집됨으로써 가족이 해체되는 것"(Hill, 1958, p. 140)을 기초로 하였다. 그는 이 이론을 ABCX 모델이라고 불렀고, 가족스트레스는 세 개의 주요 변인과 위기로 구성되는 하나의 과정으로 개념화하였다.

a. A 요인은 스트레스원(stressor)으로 위기를 촉발시키는 사건이다. 가족이 스트레스원에 대처하기 위한 준비를 거의 혹은 전혀 못했을 때 스트레스원은 위기가 된다.
b. B 요인은 가족이 위기 사건 시 소유하고 있는 심리사회적 자원(resources) 혹은 강점이다.
c. C 요인은 사건을 스트레스로 정의하는 것이다. 이는 가족이 사건에 대해 (개인적으로 그리고 집단적으로) 부여하는 사건의 의미(meaning of the event)를 말한다. 또한 그 상황에 대해 가족이 반응해야 하는가에 대한 가족의 지각(인식)이다.
d. X 요인은 가족역동이 붕괴되어 가족을 재구조화하게 하는 스트레스 혹은 위기이다.

Pauline Boss(1987)는 ABCX 모델을 더욱 발전시켜서, 치료사들과 실천가들이 스트레스 상황에 개입하고, 연구자들이 가족이 위기 상황에 대한 지각을 정의하는 방식을 측정하도록 돕기 위한 하나의 방법으로 삼도록 하였다. Boss는 의학, 사회학, 심리학 연구로부터 스트레스 관련 연구를 조합하여 가족스트레스를 "가족체계 내 압력 혹은 긴장—가족의 안정 상태의 혼란"(2002, p. 16)이라고 정의했다. 이렇게 수정한 이유는 상황에 대한 가족의 정의(C 요인)가 가족이 스트레스에서 회복하는 데 가장 중요한 요인이기 때문이었다. 그리고 Hill(1958)이 애초에 주목했듯이, 어떠한 스트레스원 사건 혹은 그것에 대한 해석도 모든 가족에게 동일한 것은 아니다. '상황에 대한 정의'는 또한 상징적 상호작용이론(제4장)에서 처음으로 개발된 개념이기도 하다는 점을 기억할 것이다.

가족스트레스와 적응에 대한 위기 관점은 롤러코스터와 같다(Boss, 1987; Hill, 1958). 롤러코스터는 특정한 기능수준에 있는 가족에서부터 시작한다. 그리고 나서 스트레스가 발생하고 가족은 해체(disorganization) 기간을 경험하는데, 이때 이전의 대처 방식과 가족구성원 간의 상호작용 방식은 더 이상 적절하지 않거나 차단된다. 다른 말로 하면, 가족의 여러 이슈를 일상적으로 다루던 가족의 방식이 더 이상 적용되지 못한다. 그러한 대처 기제는 가족생활의 다른 측면뿐 아니라 새로운 스트레스원의 요구를 충족할 수 없기 때문이다. 다음으로, 스트레스에 대한 가족의 다양한 취약성에 따라 가족은 이러한 해체의 과정을 뒤집어서 재조직 능력을 활성화시키는데, 이를 회복 기간(period of recovery)이라고 한다. 마지막으로, 가족은 서로 간의 상호작용과 스트레스에 대처하는 새로운 방식을 발전시킬 수 있는 능력 혹은 무능력으로 특징되는 재조직(reorganization)의 새로운 수준에 도달한다. 가족의 조직은 세 수준 가운데 한 가지에 도달하는데 대개 이 과정은 다음과 같이 일어난다. 가족은 (a) 스트레스원 사건이 일어나기 전의 기능 수준보다 낮음, (b) 스트레스원 사건이 일어나기 전과 동일한 기능 수준, (c) 스트레스원 사건이 일어나기 전보다 더 높은 수준의 기능이라는 새로운 수준의 조직에 도달할 수 있다(Boss, 1987, p. 697). 가족이 재조직된 수준은 결과적으로 스트레스 대처에 대한 가족의 능력을 증가 또는 감소시키거나 혹은 영향을 미치지 않게 된다. 이것이 어떻게 일어나는지 설명하기 위해 [그림 11-1]에서 Hill의 ABCX 모델을 보여 준다.

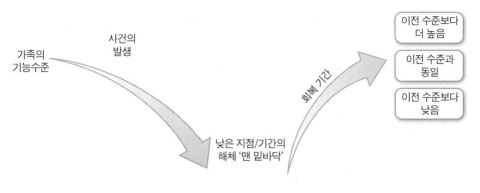

[그림 11-1] Hill의 ABCX 모델

Hill(1949)이 처음에는 남자들이 전쟁에 나가고 가족과 다시 재회하는 것을 하나의 주요 스트레스원 사건으로 설명하기 위해 ABCX 모델을 개발하였다고 하더라도, 이 모델이 적용될 수 있는 맥락은 수없이 많다. 예를 들어, 외상후 스트레스 장애가 있는 이스라엘 퇴역군인 아홉 명의 아내들에 관한 더 최근의 연구에서 Dekel과 동료들(2005)은 가족스트레스이론을 이용하여 만성적인 정서적 질병이 있는 남성과 결혼한 여성들이 자신들이 결혼했던 사람과 더 이상 똑같지 않은 남편과 함께 사는데도 불구하고 어떻게 해서 그들의 결혼생활을 그대로 유지하는지 이해하게 되었다. 이 연구는 그 여성들이 자신과 남편의 고통을 다루기 위해 시도했던 방법을 찾음으로써 가족스트레스이론을 확장하였다. 치료적 변화를 통하여 그들은 결혼생활에서 가장 부정적인 상황에 대한 의미를 긍정적으로 재구성하였다. 그 여성들이 직면했던 주요한 어려움 중 하나는 트라우마에 대한 남편들의 지속적인 증상에 대처해야 했을 때 그들이 자아감을 잃었다는 것이었다. 이 여성들은 남편의 정서적·신체적 요구에 주의를 기울여야 했기에 자신만의 사적인 공간을 상실하였다. 그러한 상실은 남편이 심리적으로 부재한 상황에서 남편이 신체적으로는 존재하고 있음을 다루어야 하는 것을 포함하였다. 이는 가족체계이론(제6장)에서 모호한 상실(Boss, 2006)의 개념으로 설명한 것이다. 더욱이 그 여성들이 별거와 이혼을 생각해 봤을지라도, 남편은 아내가 떠난다면 자살할 것이라고 위협했다고 말하면서 그것은 '불가능한 길'이라고 규정했다. 마지막으로, 이 여성들은 모두 그 상황을 아주 부정적인 용어로 보는 데서 벗어나는 길을 찾았다. 이 여성들은 외상후 스트레스 장애가 결혼생활에 부여한 새로운 요구에도 불구하고, 상황에 대한 긍정적인 면을 의도적으로 발견했고, 남편을 강하고 역량이 있는 사람으로 보는 방법을 찾아냈다.

Double ABCX 모델. ABCX 모델이 계속해서 가치가 있다는 점을 바탕으로 해서 다른 학자들이 몇 가지 중요한 사항을 추가하고 수정하였다. 그 가운데 하나가 Double ABCX 모델이다. 이는 McCubbin과 Patterson(1983)에 의해 가족이 시간이 지남에 따라 다중의 스트레스에 어떻게 대처하는지를 설명하기 위한 방법으로 고안되었다([그림 11-2] 참조). 가족발달이론에 관한 제5장에서 살펴보았듯이, 시간이 지남에 따른 가족 변형의 요소는 스트레스원의 누적(pile-up of stressors)과 가족의 효과적인 재조직 능력을 이해할 수 있게 한다. Double ABCX 모델은 가족생활에서 다중의 스트레스원이 일어날 수 있다는 사실을 다루기 위한 하나의 방식이 되었다(McCubbin et al., 1980). 이러한 점을 추가한 것은 엘리자의 경험을 돌이켜 생각해 보면 아주 잘 맞는다. 그녀의 생활에서 스트레스원은 (a) 아버지의 변호사 비용으로 그녀가 대학 때 저축한 돈을 다 써 버렸다는 점, (b) 아버지가 운전면허증을 상실했고 그래서 직장도 잃었다는 점, (c) 어머니가 생활비를 대기 위해 더 많은 일을 해야 했다는 점, (d) 아버지가 법원 명령의 일부로 지역사회 봉사를 500시간 해야 했다는 점 등으로 어쩔 수 없이 누적되었다. 따라서 Double ABCX 모델은 스트레스에 추가될 수 있고 스트레스를 더 악화시킬 수 있는 다중의 요인을 설명하고자 한다. Lavee, McCubbin과 Patterson이 설명하듯이, 가족스트레스와 적응에 관한 Double ABCX 모델을 다음과 같이 서술하고자 한다.

위기 전 변인을 재정의하고 위기 후 변인을 추가하는데, 이는 (a) 위기를 일으키는 사건 전이나 후에 추가적인 스트레스원과 긴장, 그래서 요구의 누적을 초래하는 것들, (b) 이런 스트레스원의 누적에 반응한 가족과정 결과의 범위, (c) 적응 과정, 가족자원, 응집성과 의미, 대처 전략을 만드는 중재 요인을 서술하기 위한 것이다.

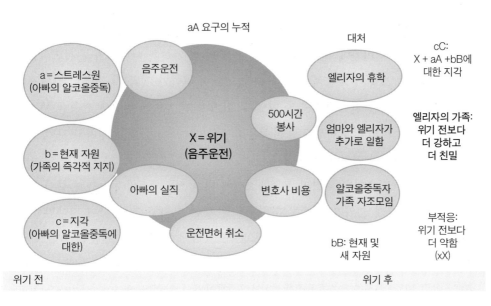

[그림 11-2] 엘리자에게 적용한 Double ABCX 모델

이 모델에서, 이론가들은 또 다른 변인을 추가했는데, 이는 aA, bB, cC, xX 요인이
다. aA 요인은 요구의 누적과 시간이 지남에 따른 그것들의 축적된 영향이다. 엘리
자 가족의 사례에서, 이는 아빠가 운전면허증이 취소되어 교통수단이 불편하였다는
실제적인 요구, 법률 비용 지불과 수입의 상실이라는 재정적인 요구, 중독과 싸우고
있는 가족구성원과 함께 산다는 정서적 요구라고 할 수 있다.

bB 요인은 가족이 현재 가지고 있는 적응 자원으로서, 위기가 일어날 때 확장 혹
은 변화될 수 있다. 접근 가능한 세 가지 형태의 자원이 있는데, 그것은 개인적 자원
으로서 가족체계에 유용한 가족구성원의 자존감과 기술이며, 체계차원의 자원으로
가족단위의 응집성과 의사소통 기술을 포함하며, 사회적 지지로 가족이 위기 상황에
대처하기 위해 도움이 될 수 있는 기관이나 사람이다. 예를 들어, 엘리자와 엄마는
알코올중독자 가족 자조모임(Al-Anon)을 통해 사회적 지지체계에 접근할 수 있었고,
스트레스에 적응하기 위해 그 자원을 이용했다.

cC 요인은 위기를 초래했던 스트레스원에 대한 가족의 지각 혹은 인식을 말한다.
혹은 cC=X+aA+bB에 대한 지각이다. cC 요인이 긍정적일 때, 가족구성원들은 더
잘 대처할 수 있다. 예를 들어, 어떤 가족은 '우리를 죽게 만들지 않은 것은 결국 우리
를 더 강하게 만든다'고 용감하게 맹세한다. 위기를 경험하는 가족이 실제로 이렇게

지각한다면, 그 가족은 위기를 긍정적으로 지각하는 경향이 있을 것이고 따라서 잘 적응할 것이다. 엘리자에 대해 다시 생각해 보면, 이 가족은 아버지가 운전면허증과 직업을 잃었고 그래서 재활치료를 할 수 있었으며 나아가 결국 가족이 더 강해졌다는 축복으로 위기를 인식했을 수도 있었다. 아마 어떤 가족은 비슷한 상황을 문제에 대처하고 가족이 하나의 단위로서 한걸음 더 나가고 또 그 문제를 헤쳐 나가기 위해 더 강해지는 완벽한 기회로 볼 수도 있다.

마지막으로 xX 요인은 초기의 스트레스원에 대한 스트레스원의 누적과 같이 위기 후 요인이다. 그래서 위기 후에는 다루어야 할 것이 더 많은데, 시간이 지나면서 요인들이 누적되기 때문이다. 이것은 원래의 ABCX 모델에 대한 주요 공헌인데, 그 이유는 이것이 Double ABCX 모델의 상호 연관된 측면들을 설명하기 때문이다. 즉, 가족은 위기 전의 방식으로 되돌아갈 수 없다. 엘리자의 가족은 위기에 적응했으나 그들의 현재 삶은 이전과 비교할 때 전혀 다른데, 이는 '이전의 일상으로' 돌아가는 것을 불가능하게 만든다. 위기 후에 가족은 삶에 대해 새로운 의미를 부여해야 하는데, 이는 가족이 다른 환경에 적응하도록 돕는다.

가족이 스트레스 상황에 어떻게 적응하는가는 수많은 요인에 달려 있다는 점에 주목하자. 그 요인은 (a) 위기의 심각성, (b) 스트레스원 누적의 심각성, (c) 개인 및 가족자원과 사회적 지지의 양, (d) 전체 상황에 대한 가족의 응집성 수준을 포함하는데, 말하자면 가족이 위기의 요구를 다루기 위한 능력과 강점을 어떻게 활용하는가를 포함한다(Lavee, McCubbin, & Patterson, 1985; McCubbin & Patterson, 1983).

FAAR 모델. Double ABCX 모델에 한 가지를 중요하게 추가한 것이 가족의 조정과 적응 모델(family adjustment and adaptation response model: FAAR 모델)이다(Patterson & Garwick, 1994). 이 모델은 스트레스 과정의 적응 부분을 더 발전시켜서 가족이 스트레스 상황에 대해 어떤 의미를 부여하는가에 초점을 둔다. 첫 번째 수준인 상황적 의미는 스트레스를 다룸에 있어서 가족구성원들의 욕구와 능력에 대한 그들의 주관적 정의에 관한 것이다. 두 번째 수준인 전반적 의미는 가족이 상황을 초월하는 방식을 말하며, 가족 안에서 그리고 더 큰 지역사회와의 관계에서 그 관계에 대한 더욱 안정적인 인지적 신념을 포함하도록 발전하였다. Boss(1987)가 주목하였듯이, 의미 수준은 이해하고 측정하기가 가장 어렵다. Boss(2002)는 더 나아가 가족스트레스의 맥락

모델에서 경계선 모호의 개념을 발전시켰다. 경계선 모호는 가족구성원들이 누가 가족 안에 있고 누가 그렇지 않은지에 대해 확실하지 않을 때의 심리적으로 불확실한 상태를 말한다. 모호한 상실 이론(Boss, 2006)으로 발전된 이 개념은 가족구성원들의 심리적, 신체적 존재와 부재의 여러 조합에 대해 다루고자 하는 가족을 도울 때 매우 유용하다. 경계선 모호는 상당한 스트레스를 유발할 수 있고, 그것의 관리와 해결은 치유를 위해, 그리고 삶을 진전시키기 위해 필요하다.

McCubbin과 McCubbin(1988)은 또 가족강점의 본질을 강조하였다. 그들은 개인의 회복탄력성이론을 차용하였고 그것을 가족스트레스와 대처이론과 조합하여 탄력적인 가족을 강인하고 적응력 있고 삶의 고난에서 의미를 발견할 수 있는 가족으로 정의하게 되었다. 그래서 그들은 모든 가족이 가족스트레스원을 동일한 방식으로 지각하거나 경험하지 않는다고 하더라도 강하고 탄력적인 가족은 몇 가지 공통적인 특성이 있음을 인정했다.

통합적인 가족 회복탄력성이론을 향하여. Henry, Morris와 Harrist(2015)에 의하면, 가족스트레스와 회복탄력성이론의 두 번째 물결은 가족이 곤경에 어떻게 직면하고, 강점을 어떻게 경험하며, 성장과 변화를 어떻게 계속하는가를 개념화하기 위한 다중의 방식을 받아들임으로써 시작되었다. 가족의 회복탄력성 개념은 개인 회복탄력성이론(최신 자료는 Masten & Monn, 2015 참조), 가족스트레스이론, 가족체계이론(제6장), 가족생태이론(제10장)을 포함하는 몇 가지 개인 및 가족이론에서 성장하였다.

중요한 개념적 발전으로 말미암아 가족의 회복탄력성에 대해 더욱 세련된 시각을 갖게 되었는데, 이것은 Henry, Morris와 Harrist(2015)가 제3의 물결이라고 말한 것이다. Patterson(2002)은 삶의 본질이 가족을 취약한 상태에 놓이게 하는 위험한 모험이지만, 그렇기 때문에 가족은 그러한 위험에 대항하여 스스로 보호할 수 있는 능력을 갖게 되고 더 잘 적응할 수 있다고 더 구체적으로 설명하였다. 또 다른 발전은 가족의 어떤 스트레스원에도 적용될 수 있는 가족보호 요인의 도입인데, 일상생활의 일반적인 소소한 일(예: 어린이집에 자녀를 늦게 데리러 감)에서부터 중요한 위험을 포함하는 상황(예: 음주운전)까지 다양하다. 가족보호 요인은 적절한 주거, 영양, 건강관리, 부모자녀, 부부, 확장된 지지체계 간의 강력한 관계 같은 기본 욕구를 포함한다.

가족구성원들이 서로 의지하고 응집성을 쌓게 되는 가족의례 같은 실천을 통해 삶의 균형을 이루는 것은 가족이 만성적인 문제의 스트레스에 대처하는 데 도움이 된다. 예를 들어, 정신병이 있는 부모에게서 자란 호주 성인 11명의 연구에서 우울증이나 양극성 장애 같은 만성 질병을 가진 부모가 있는 데서 나타나는 스트레스는 자녀들이 성인기로 성장하기까지 심각한 영향을 미쳤다. 그러나 그들은 또한 대처하는 방식을 찾아냈다. Power와 동료들(2016)은 이 상황을 회복탄력성 관점에서 검토하였는데, 이 관점은 가족이 스트레스/디스트레스와 낙관주의/강점 간에 균형을 이룬다는 것이다. 그들은 이 성인 자녀들이 가족의 소용돌이와 불확실성 앞에서 희망이 없음에도 불구하고 그에 대항해 희망의 균형을 이룰 수 있었음을 발견했다.

주요 개념

가족스트레스와 회복탄력성이론 발전의 몇 가지 주요 특징을 설명하였고, 이제 이이론에서 사용되는 몇 가지 주요 개념의 정의에 대해 살펴본다. 이 개념은 스트레스원 사건 같이 이론 개발의 시작 시점부터 사용되었던 개념들과 시간이 지나면서 발전되었고 오늘날까지 그 가능성을 지속적으로 보여 주는 또 다른 개념(예: 회복탄력성)을 포함한다.

스트레스. 이 장의 앞부분에서 보았듯이, Hill(1949, 1958)은 가족스트레스를 위기에 대처하는 과정, 즉 (A) 사건 및 그와 관련된 어려움, (B) 가족의 위기 대처 자원과의 상호작용, (C) 가족이 사건에 대해 부여하는 정의와의 상호작용이 합쳐져서 위기(X)를 일으킬 수 있는 것으로 정의하고 서술하였다. Boss 또한 스트레스를 "가족의 안정적인 상태를 불안하게 하는 것이다. 그것은 새가 집안을 날아다니는 것처럼 가벼운 것일 수도 있고, 대량학살 같은 심각한 것일 수도 있다. 그것은 가족을 동요하게 할 수 있고, 불안을 일으키거나 가족체계에 압력을 행사할 수도 있는 모든 것을 포함한다"(1987, p. 695)고 하였다.

대처. 대처는 위기가 일어날 때 모든 가족이 다 스트레스를 받게 되는 것은 아니라는 점을 말한다. 스트레스 정도를 참을 수 있는 수준으로 견디어 내고 스트레스에 대처하기 위한 능력을 보여 줌으로써 많은 가족은 스트레스가 위기가 되는 것을 피할 수 있다(Boss, 1987). 가족이 대처하는 주요 방식은 친척이나 친구 네트워크에 의존하는 것이다. 전통적으로 가족이 서로 가까운 거리에 살았을 때는 서로 매우 도움이 되었다. 예를 들어, 엘리자의 언니 에스더는 조산을 하여 아기가 더 건강해질 때까지 병원의 신생아실에 있어야 한다. 또 에스더는 집에 두 명의 어린아이가 있으며, 남편은 가족을 부양하기 위해 두 가지 일을 했다. 에스더가 병원에 왔다 갔다 하는 동안에 다른 자녀를 돌보기 위해 친척과 이웃에 의존할 수밖에 없다. 엘리자와 엄마가 교대로 에스더와 그 가족이 현재의 위기에 대처하도록 도왔다. 그들은 현재 경험하고 있는 스트레스 수준을 견딜 수 있으나, 그들이 직면한 많은 어려움에도 불구하고 온 가족이 모두 힘을 합칠 것이 요구되었다.

가족의 회복탄력성. 앞에서 보았듯이, 가족의 회복탄력성의 개념은 가족이 스트레스 상황에 적응하고 잘 견디는 방식을 더 강조한다. Hawley와 DeHaan은 앞에서 설명한 개인 및 가족의 회복탄력성 문헌의 다양한 부류를 조합하여 다음과 같이 통합된 정의를 제시하였다.

> 가족의 회복탄력성은 현재, 그리고 시간이 지나면서 스트레스에 직면하여 거기에 적응하고 발전하면서 가족이 따라가는 경로를 말한다. 탄력적인 가족은 이러한 조건에 고유의 방식으로 긍정적으로 반응한다. 고유의 방식은 맥락, 발달 수준, 위험요인과 보호요인의 상호작용 조합 및 가족이 공유하는 관점에 따라 달라진다(1996, p. 293).

가족의 회복탄력성이 모든 가족에게 똑같지는 않다. 하지만 어떤 가족은 주요 스트레스 사건이 일어난 후에 재조직을 할 수 없는 반면에 또 다른 가족은 직면하고 대처하고 재도약을 하게 되는 공통적인 특징이 있다. 엘리자의 가족을 다시 한번 생각해 보자. 이 가족의 강점 중 하나는 위기 동안 사회적 지지를 찾아낼 수 있는 능력이다. 또 다른 요인은 그들이 서로 가까이 살고 있고 신체적 돌봄과 이동을 위해 서로 의지할 수 있다는 점이다. 그러나 만일 에스더가 다른 도시에 살거나 원가족과 떨어져 살아서 다른 자녀를 돌보는 데 있어 일상적인 도움을 그들에게 의존할 수 없다면 어떻게 되겠는가? 에스더와 가족은 그 상황에 대처하기 위한 자원을 가지고 있을 수도 있다. 예를 들어, 아마도 이미 전화, 스카이프, 페이스북으로 매일 정서적 지지를 제공하고 있을 수도 있다. 또 하나의 자원은 케어링브릿지(Caring Bridge)인데, 이는 수많은 온라인 지지 시스템의 하나로서, 사랑하는 사람의 질병이나 회복에 대한 최신 정보를 올릴 수 있고, 그러면 친구, 가족, 심지어 지인으로부터 위로와 격려의 말을 들을 수 있다. 가족이 물리적으로 가까이 있지 않을 때는 이웃이나 교회 구성원들이 그런 지지를 제공할 수 있다. 그리고 엘리자와 에스더가 가까이 살지 않았어도, 엘리자는 에스더가 사는 지역의 지지집단 구성원들로부터 식사, 아기 돌봄, 기타 다른 종류의 지지를 받는지 여부를 추적하도록 웹사이트를 구성할 수 있다. 이런 모든 방식으로 엘리자와 에스더, 그리고 그들의 광역 지지 네트워크는 정서적 유대감이라는 강점을 보여 주는데, 이는 가족이 하나 혹은 다중의 위기에 직면하여 건강하게 존재할 수 있게 한다.

트라우마. Walsh는 "트라우마라는 말은 라틴어의 상처(wound)에서 비롯되었다. 트라우마 경험으로, 신체, 정신, 영혼, 타인과의 관계가 상처를 입을 수 있다"(2007, p. 207)고 설명했다. 트라우마(trauma)는 극도의 스트레스와 연관되는데, 이는 개인, 가족, 지역사회가 대처하거나 예방하기 위해 준비하기가 어려운 주요 재난이나 또 다른 형태의 재난 사건에서 흔히 비롯된다. 가족에게 영향을 미치는 몇 가지 극도의 트라우마 사건은 (a) 불시의 갑작스럽거나 극적인 죽음, (b) 신체적 질병, 상해 혹은 장애, (c) 유괴, 고문, 구금, 혹은 박해, (d) 관계의 해체, (e) 실직, (f) 이주/전근, (g) 폭력 및 성적 학대, (h) 테러, 전쟁, 집단학살, 난민경험이다(Walsh, 2007).

복합 트라우마(complex trauma)는 비교적 새로운 개념으로, 가족 맥락에서 일어나는 과거와 현재의 트라우마가 상호작용하여 개인을 또다시 괴롭힐 수 있음을 나타낸다. 특히 복합 트라우마는 아동학대와 연관된 대인관계 트라우마의 역할을 포함함으로써 외상후 스트레스 장애(PTSD)의 개념 그 이상을 나타낸다(van der Kolk, 2002). Flemke, Underwood와 Allen(2014)은 복합 트라우마와 여성의 IPV(친밀한 파트너 폭력)와 관련된 최신 연구 동향을 고찰한 후, 여성에 의한 IPV는 한 가지 이상의 아동학대 형태, 특히 신체적 학대, 성적 학대 혹은 다른 가족원에 대한 학대를 관찰했던 과거의 경험과 연관이 있었음을 발견하였다. 복합 트라우마 렌즈는 개인과 가족스트레스가 교차하는 경험을 할 때 반드시 고려해야 하는 중요한 대인관계 요인이 있음을 보여 준다. 이 개념은 여성을 가족맥락과 연결시킴으로써 파트너에 대한 여성의 폭력 행위를 이해하는 데 도움이 되는데, 여성이 IPV를 행할 때, 그들의 초기 아동기 트라우마가 현재의 친밀한 파트너와의 상호작용에 의해 시작될 수도 있음을 암시한다. 트라우마는 단지 한 개인에게만 일어나지 않는다. 이에는 가족맥락이 있으며, 어떤 경우에는 지속되거나 세대에 걸쳐 영향을 미치기도 한다. 복합 트라우마는 개인 수준 및 가족 수준의 스트레스와 회복탄력성이론을 잇는 다리가 되는데, 특히 이해하고 예방하고 개입하기가 너무 어려운 영역(가족 내 아동학대 및 IPV)에서 특히 더 그렇다.

가족스트레스와 회복탄력성이론에 대한 평가

가족스트레스와 회복탄력성이론의 강점

이 책에서 다룬 모든 다른 이론과 마찬가지로, 가족스트레스와 회복탄력성이론도 강점과 약점이 모두 있다. 이 이론은 적용할 데가 아주 많고, 가족의 과거와 현재와 미래에 통찰력을 제공하며, 얼마나 크고 작든지 상관없이 가족이 일상적으로 마주하는 아주 현실적인 문제와 스트레스원들을 다룬다. 이러한 강점을 조금 더 자세히 살펴보자.

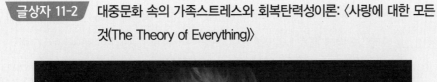

글상자 11-2 ‍‍대중문화 속의 가족스트레스와 회복탄력성이론: 〈사랑에 대한 모든 것(The Theory of Everything)〉

〈사랑에 대한 모든 것〉의 한 장면

아카데미상을 받은 이 영화에서 역경을 통해 서서히 진행되는 가족스트레스, 대처, 회복탄력성의 개념이 극적으로 드러난다. 주인공은 세계적으로 유명한 물리학자 Stephen Hawking과 그의 전처이자 『무한으로의 여행: 스티븐과의 삶(Travelling to infinity: My life with Stephen)』(2007)의 저자인 Jane Hawking으로, 이 책을 각색하여 영화를 만들었다. 영화 시작 부분에서 스티븐의 삶은 전도유망하고 성공한 사람으로 그려진다. 그는 서로 사랑하고 지지하는 가족 사이에서 자랐고, 또 그의 빛나는 커리어가 그려지며, 제인이라는 완벽한 배우자를 만난다. 그러나 그는 운동신경질병이 있는 것으로 밝혀지는데, 이 병은 걷고, 말하고, 삼키고, 신체 대부분의 다른 부분을 움직이는 능력에 영향을 줄 수 있다. 그는 또 2년밖에 더 살지 못한다는 말을 듣는다. 그의 이렇게 힘든 환경에도 불구하고, 제인은 그 곁에 머물기로 결심한다. 그들은 결혼하고 가족을 꾸리기 시작하고, 완벽한 커플처럼 보인다. 자신을 돌보고 아이들을 키우는 데 기여하는 스티븐의 능력이 더 나빠지자, 둘의 관계는 스트레스로 대가를 치른다. 그러나 또다시 스티븐과 제인은 결혼생활과 가족생활에서 재투자할 방법들을 찾는다. 그들이 가족을 제자리에 있게 하는 방법 중 하나는 부인을 잃은 조나단의 도움을 얻는 것으로 그는 가족 내 모든 사람의 친한 친구가 된다. 그러나 조나단과 제인이 친해져서 서로 사랑하게 될 때 그들의 관계는 모두 시험을 받게 된다.

시간이 지나면서 스티븐은 지팡이를 사용하게 되고 그다음에는 휠체어를 사용하며, 결국에는 말할 수 있는 능력을 잃게 된다. 그러나 자신의 개인적인 결심과 가족의 강점을 기반으로 해서, 그는 계속해서 연구하고 저술하고 과학적으로 성공해 간다. 그의 책은 세계적인 베스트셀러가 되는데, 특히 『시간의 역사(A brief History of Time)』[1998(1988)]가 그렇다. 이야기의 말미에 스티븐은 엘리자베스 2세 여왕이 하사한 작위를 받고 작위식에 전 가족이 참석한다. 스티븐과 제인은 이혼한다. 하지만 그들은 서로와 자녀들을 지지함에 있어서 계속 흔들림이 없다. 둘 다 재혼하고 새로운 삶과 행복을 찾는 듯 보인다.

요약하면, 이 영화는 계속해서 어려움에 직면하는 부부와 자녀에 관한 이야기이다. 하지만 매번 그들은 재조직하고 되돌리고 회복할 방법들을 찾는다. 스티븐과 제인은 역경에서 잘 견디었고 이겨 낼 수 있었다. 결국 이 영화는 쇠약해 가는 질병 및 장애와 함께 살아가는 것과 관련된 예상치 못한 상실과 도전을 통해 강점과 회복탄력성을 개인적이자 집단적으로 보여 준 가족에 관한 이야기이다. 이러한 도전은 가족의 역동에 영향을 미치며 자주 큰 고통과 고난, 심지어 배신과 용서를 불러온다. 이 영화가 주는 주요 메시지 중 하나는 사람들은 강하며 지속적인 트라우마에 마주해서도 유대감을 유지할 수 있다는 것이다. 그들은 또 이혼을 경험할 수 있고, 새로운 파트너를 찾을 수 있으며, 가족의 경계와 관계를 재조직할 수 있고 안정성을 재확립할 수 있다. 이렇게 노력을 합친 그들의 가족은 이 모든 스트레스 사건, 위기, 트라우마, 변화의 과정이 일어나는 동안 내내 생존하고 번성할 수 있었다.

가족의 변화와 성장에 대한 긍정적 관점. 가족스트레스이론이 회복탄력성의 개념을 통합함으로써 드디어 상실과 위기에 관한 원래의 초점에 대해 필요한 부분을 수정하게 되었다. 더욱이 사람들이 안녕과 일상의 기능에 대한 도전에 직면하여 성장할 수 있고 번성할 수 있는 경우에 대처는 긍정적이라고 할 수 있다. 가족유대감은 또 스트레스 사건 혹은 가족 전환기를 잘 헤쳐 나가기 위해 필요한 의사소통과 돌봄의 과정에 의해 강화될 수 있다. 긍정적 접근을 취함으로써 가족강점 또한 강조된다(McCubbin et al., 1980).

스트레스의 불가피성을 '정상화함'으로써 초기 가족이론을 확대함. 가족스트레스와 회복탄력성이론은 가족발달이론(제5장)에 근거하는데, 이미 알고 있겠지만 Reubin Hill이 이 이론의 창시자이다. 가족스트레스와 회복탄력성이론은 또 가족체계이론(제6장)에 근거하는데, 이는 경계선, 의사소통, 과정을 강조한다. 이 이론들 각각은 전통적인 가족이론으로 여겨질 수 있으며, 그래서 규범적인 가족과정을 강조하는 기능주의이론(제2장)에 뿌리를 둔다. 그러나 가족스트레스와 회복탄력성이론은 부정적인 면이나 일탈적인 면에서 멈추지 않는다. 이 이론은 스트레스가 어느 가족에서나 정상적이고 자연적으로 일어나는 역동임을 강조하며, 그래서 긍정적인 결과로 이어질 수 있음을 강조한다. 여러 개념 가운데 스트레스와 대처, 위기와 재조직은 우리가 가족의 내적 작동을 살펴볼 때 균형을 유지하기 위해 살펴봐야 할 중요한 개념들이다. 가족은 가족을 성장시키는 것들, 말하자면 문제와 해결을 모두 반드시 다룬다. 가족스트레스와 회복탄력성이론은 그래서 이 책에서 다룬 다른 이론들 위에서 구축되었고 그 이론들을 확장한 이론이다.

심각성에 따른 가족스트레스원의 개념화. 가족스트레스, 대처, 회복탄력성을 심각성의 연속선상에 두는 관점은 스트레스원 사건의 여러 층과 가족스트레스에 대처하기 위한 가족자원의 여러 수준을 이해하기 위해 중요하다. 홍수나 화재 같은 재난으로 집을 잃는 것과 비교할 때, 주차공간을 찾기 어려워서 회의에 늦는 것은 큰 차이가 있다. 더욱이 집이 화재로 허물어지는 것은 어느 가족에게나 재난 사건이겠지만, 다른 가족보다 더 큰 재난이 되는 가족도 있을 수 있다(Jones et al., 2012). 예를 들어, 화재 발생 이후에 대처하는 가족의 다양한 환경을 비교해 보자. 일시적으로 집을 제공하는 친척이나 친구가 있거나 혹은 화재로 손상된 집을 다시 짓는 동안 머물 수 있는 또 다른 집이 있는 가족의 환경은 얼마나 다르겠는가? 어떤 가족이 자원이 부족하여 자동차나 노숙자 보호소에 거주해야 하는 상황이라면 어떻겠는가? 가용한 자원의 맥락에서 가족이 스트레스원에 어떤 의미를 부여하는가는 촉발 사건의 심각성에 영향을 미치고 또한 영향을 받는다.

가족스트레스와 회복탄력성이론의 약점

이상의 강점에도 불구하고 가족스트레스와 회복탄력성이론이 약점이 없는 것은 아니다. 다른 이론들과 마찬가지로, 말하자면 적응력 같은 바로 그 강점이 또 약점으로 보일 수 있다. 이에 대한 각 주장을 살펴본다.

스트레스와 회복탄력성 모두 동시에 초점을 맞추는 것의 어려움. Power와 동료들(Power et al., 2016)이 지적하였듯이, 회복탄력성만 단지 강조하면 사람들이 가족생활의 스트레스와 어려움을 경험하는 방법들을 포착할 수 없다. 이는 가족스트레스 개념이 가족의 회복탄력성 개념과 합해져야 하는 이유 중 하나이다. 가족스트레스이론가들은 회복탄력성이 스트레스에 대처하기 위한 가족의 능력에서 나오는 것이라고 말한다. 회복탄력성은 역경을 통해 서서히 나타난다는 Walsh(2012)의 통찰을 상기해 보자. 그래서 가족을 이해하기 위해 둘 다 필요하다. 가족스트레스이론이 가족의 회복탄력성이론으로 발전함에 따라[Henry, Morris, & Harrist(2015)가 유형화한 물결을 참조하라], 가족이 스트레스와 스트레스원 누적에 어떻게 대처하는가는 바로 가족을 탄력적으로 만드는 것임을 잊지 않아야 한다. 이것이 바로 우리가 왜 가족스트레스와 회복탄력성을 하나의 이론으로 함께 두는가 하는 이유이다. 회복탄력성이론만으로는 스트레스와 회복탄력성이 어떻게 함께 작동하는가에 대한 전체 그림이나 과정을 포착하지 못한다.

규범적인 가족스트레스원과 재난 트라우마는 심각성에 의해서만 차이가 있는가? 한편, 이 이론의 강점에서 주목하였듯이, 가족에게 무엇이 일어나는가의 견지에서 '심각성'의 개념은 스트레스 정도에서의 차이를 맥락에 놓고 보는 것에 도움이 된다. 그러나 스트레스와 그 심각성은 진짜로 똑같은 것이며, 스트레스 사건의 차이는 그 심각성의 연속선에 따라 나쁨에서 더 나쁨으로만 이어지는 것인가? 즉, 다음의 사건들은 얼마나 유사한가? 자동차 사고, 전쟁으로 인한 심각한 상실, 난민이라는 지위, 여러 가족구성원의 죽음. 이렇게 나쁨에서 더 나쁨으로 이어지는 이러한 극단은 스트레스원 간의 양적인 차이에 불과하며, 그래서 실제적으로 비교할 수 없는 것인가? 이러한 질문은 가족이 스트레스와 트라우마에 대처하도록 돕는다는 견지에서 중요하다. ABCX 모델 같은 스트레스 이론은 가족발달이론(제5장)에서 설명한 부모기로의 정상적인 전이를 다룰 때에도 동일한 방식으로 작동하는가? 우선, 가족은 자녀의 출생이 예측된 가족생활주기의 일부라고 기대할 수 있는 한편, 자녀가 어렸을 때 죽는 것을 기대하거나 바라는 사람은 아무도 없다. 사회는 자녀의 출생을 축하, 선물, 희망으로 대하지만, 두 번째 예인 영아의 죽음에 대해서는 흔히 낙인을 찍는다. 하나의 스트레스원이 단순히 연속선상에 속하기보다는 더 큰 문제가 되는 때가 있다는 점을 고려할 필요가 있다. 즉, 출생, 죽음, 재난, 트라우마 각각은 특정한 사회적 기대와 아마 성별화된 기대를 동반한다. 예를 들어, 강간 희생자로서 PTSD로 고통받는 것은 전쟁 참전 군인으로서 고통받는 것과 같지 않다. 그러한 경험에서 젠더에 따른 기대를 벗어나기란 쉽지 않다. 가족스트레스와 회복탄력성이론처럼 융통성이 있는 경우에도 경험과 젠더를 분리하는 것은 어렵다.

개인적 스트레스원은 가족이 원인일 때 해결될 수 있는가? 가족스트레스이론의 기원은 개인에게 일어나는 트라우마 사건에 대한 관점에서 비롯된다. 때로 트라우마 사건이 개인에게 일어날 때처럼, 가족은 이를 부정하거나 혹은 희생양 만들기로 반응할 수 있다(Boss, 2002). '아빠가 알코올중독만 아니었어도 우리 모두 괜찮았을 거야.'와 같은 태도를 취하면서 말이다. 혹은 '아들이 체포되지 않고 감옥에만 가지 않았어도 우리 가족은 그런 스트레스, 수치, 오욕에 대처하지 않아도 되었을 거야.'와 같이 말이다. 그래서 대부분의 가족스트레스는 개인 수준에서 일어나지만 가족은 그것을 가족 수준에서 다루어서 그 어려움에 대처할 준비가 늘 되어 있지는 않다. 개인 수준과 가족 수준이 실제로 합해질 수 있는가? 아니면 우리는 항상 이른바 가족스트레스원을 개인적인 스트레스원인 것처럼 대처하고 있는가?

대안적 이론: 가족발달이론

이 장에서는 가족스트레스와 회복탄력성이론의 주요 개념, 기원, 이론의 현재, 강점과 약점에 대해 살펴보았다. 이미 보았겠지만, 이 이론은 가족에게 부정적 결과뿐 아니라 긍정적 결과를 가져올 수 있는 경험들과 관련된 복잡성을 다룬다. 그 결과, 이 이론적 관점은 가족이 외적 경험에 어떻게 반응하는가를 면밀히 살펴보도록 하여, 가족이 미래에 다른 위기에 직면할 때 또다시 어떻게 반응할 것인지 예측할 수 있게 한다.

이 관점을 보완하는 대안적인 이론은 가족발달이론(제5장)이다. 제5장에서 가족발달이론은 각 가족이 발달 지표를 수반하는 특정 '단계들'을 어떻게 거쳐 가는지를 제시했다는 점을 기억할 것이다. 마찬가지로 가족스트레스와 회복탄력성이론은 가족이 스트레스원에 대처하는 단계를 어떻게 거쳐 가는지 살펴본다. 이 이론적 관점은 가족발달이론을 보강할 뿐이다. 결혼한 커플이 가족구성원이 새로 추가되는 사건에 어떻게 대처하는지 보자. 이는 흔히 스트레스가 되고 생활을 변화시키는 사건이다. 가족발달이론가들은 가족이 같은 단계에 있는 다른 가족들과 비슷한 어려움(예: 수면 부족, 불안)을 경험할 것이라고 제안한다. 그러나 가족스트레스와 회복탄력성이론은 이러한 이해와 함께 부부가 과거에 비슷한 전환기를 어떻게 다루었는지에 대해 더욱 구체적인 가족수준의 이해를 할 수 있게 한다. 그들은 한 명 혹은 그 이상의 자녀가 있는가? 그들은 자녀 한 명에서 두 명으로의 전환기를 순조롭게 거쳐 갔는가? 그러한 지식은 자녀 두 명에서 세 명으로의 변화를 이해하는 데 어떠한 도움이 되는가? 가족발달이론이 전이의 시간동안 '대부분'의 가족이 무엇을 경험할 것인가에 대한 일반적인 이해를 제공하는 한편, 가족스트레스와 회복탄력성이론은 가족 자체에 관하여 더 많은 정보를 제공하는데, 이는 우리가 왜 어떠한 행동을 하는가를 이해하고 설명하고자 할 때 그 가족만의 구체적 맥락에 대해 훨씬 더 많이 알 수 있게 한다.

가족스트레스와 회복탄력성이론의 적용: 연구와 실천의 통합

가족스트레스와 회복탄력성이론을 정의하였고, 역사적 기원과 주요 개념을 서술하였으며, 그 강점과 약점을 지적하였으므로 이제 이 이론이 연구와 현장에 어떻게 사용될 수 있는지 살펴보자. 현재 이론화 작업의 예를 제시하고, 가족스트레스와 회복탄력성이론에 기초한 경험적 연구를 분석하며, 이 이론이 가족치료와 가족정책의 실천에 어떤 정보를 제공하는지 살펴본다.

가족스트레스와 회복탄력성이론의 현재

Meyer(2003)는 소수집단 스트레스 이론을 개발하였는데, 이는 소수집단 개인과 가족에 영향을 미치는 사회적 편견이 구체적으로 있음을 인식시키기 위해서였다. 이러한 틀이 개인주의적 심리학 관점에 뿌리를 두고 있지만, 가족스트레스 연구에도 아주 적용할 만하다. 소수집단 스트레스 이론은 "낙인, 편견, 차별이 정신건강문제를 유발하는 적대적이고 스트레스적인 사회적 환경을 어떻게 만드는지"(Meyer, 2003, p. 674)를 설명한다. 소수집단 구성원이 되는 것은 소외와 문제를 자기수용과 연결시키는 것이다(예: 내면화된 동성애 공포증, 인종차별주의, 성차별주의).

소수집단 스트레스 이론의 여러 버전은 가족학에 강력한 뿌리를 둔다. 예를 들어, Peters와 Massey(1983)는 흑인 가족에 대한 인종차별 이론을 확인하였는데, 이는 편견과 제도화된 인종차별주의의 일상적인 스트레스원에 대처하는 것에 대해 추가적인 스트레스원을 다룬다. 이들은 흑인 가족이 이러한 만성적인 스트레스에 대처하는 방법 중 하나가 그 자녀들이 인종에 대해 이중 의식을 갖도록 사회화하는 것이었음을 밝혔다. 아이들은 소수집단 지위와 관련된 가치와 압력을 이해할 필요가 있었을 뿐 아니라 더 넓은 사회에서 살아가는 것과 연관된 기대에 대해서도 이해할 필요가 있었다. 이 이론은 흑인 가족의 강점과 그들의 삶에 부과된 독특한 스트레스원 모두를 설명하는 데 도움이 된다.

소수집단 스트레스이론은 나아가 나이 많은 레즈비언, 게이, 양성애자, 트랜스젠더, 혹은 퀴어(LGBTQ)들이 경험하는 스트레스를 다루기 위해 적용되었다(Allen & Roberto, 2016). 나이가 많은 LGBTQ 개개인은 무엇보다 인종차별주의, 성차별주의,

계층차별주의와 혼합된 연령차별주의 및 동성애 공포증과 연관된 미시적인 공격의 누적으로 독특한 형태의 소수집단 스트레스를 경험한다. Wright와 동료들(2012)은 소수집단 스트레스이론을 지침으로 삼아서 동성애자 결혼이 성소수자 스트레스와 연령 관련 스트레스의 혼합 효과에 대해 보호요인인지 여부를 검토하였다. 이 연구자들은 게이결혼 남성 집단(연령이 44~75세로 평균 연령이 57세임)을 분석하여 그들의 삶에 대한 소수집단 스트레스와 연령 관련 스트레스의 상호작용을 살펴보았다. 그들은 HIV 음성판정을 받은 게이남성과 HIV 양성판정을 받은 게이남성들 간의 법적 결혼이 게이됨과 노화와 관련된 정신건강문제를 상쇄할 수 있는 보호요인이었음을 발견하였다. 그래서 이 연구에서 소수집단 스트레스이론은 여성주의이론(제8장)의 일부로 다루어졌던 주제인 젠더, 인종, 계층, 성적 지향, 연령, 기타 다른 계층화의 상호교차점을 통합하기 위해 가족 맥락에 적용되었다.

가족스트레스와 회복탄력성이론 적용 연구 현황

Yoon, Newkirk와 Perry-Jenkins(2015)는 가족이 재정 스트레스와 부모역할 스트레스를 받고 있을 때 저녁식사 의례가 부모와 자녀 모두에게 보호요인 역할을 하는지 검토하였다. 가족의례를 가족생활의 예측 가능성에 기여하는 규칙적인 일상으로서 자녀의 안녕에 도움이 되는 것으로 정의한 Fiese(2006)에 근거하여, 저자들은 구체적으로 저녁식사를 함께하는 규칙을 확립하는 것의 중요성을 살펴보았다. 가족스트레스는 특히 부모 모두 집 밖에서 일할 때 생길 가능성이 있고 부모가 노동계층 직업을 가지고 있을 때 그 가능성이 더욱 크다. 공장노동 같은 노동계층 직업은 흔히 낮은 임금, 초과시간 노동 의무, 융통성 없는 근무시간, 스트레스적인 근무 조건, 최소한도의 병가를 포함하며, 그리고 중산층 직업에서 제공되는 유급 가족휴가 같은 것이 없다.

Yesel Yoon과 동료들은 어머니, 아버지, 자녀들로 구성된 93개 가족을 면담했다. 이 가족들은 부모기로의 전이 동안 시작되었던 종단 연구의 일부였는데, 맏자녀가 1학년이 될 때까지의 전환기 내내 이 가족들을 추적하였다. 부모는 노동자계층 직업에서 일했고, 그들이 직면한 어려움은 재정적 스트레스뿐 아니라 가족생활 전이를 관리하는 데 도움이 되는 자원이 제한되었다는 점도 있었다. Yoon, Newkirk와 Perry-Jenkins는 학교 입학으로의 전이가 "발달적으로 얼마나 민감한 기간이며, 이때 아이들은 긍정적 혹은 부정적 전이 경험을 할 수 있는지"(2015, p. 95)에 대해 서술했다. 가족의 일상은 그러한 전이 기간 동안 자주 무너지고, 그것을 유지하기가 점점 더 어려워진다.

이 연구에서 가장 흥미로운 발견 중 한 가지는 젠더와 관련된 영향이었다. 아버지와 딸은 저녁식사 의례에서 가장 큰 이득을 보았다. 저자들은 아마 아버지들이 아들과는 일을 하면서 더 많은 시간을 보내므로, 이를 보상하기 위해 아버지들이 저녁식사 시간을 딸과 관계를 맺는 기회로 삼는다고 설명하였다. 이 연구에서 아버지들과 딸들에게 가족의례가 긍정적인 정서적 상호작용이 일어나는 맥락으로서 특히 의미가 있었음을 발견하였다. 저자들은 또 가족 식사시간이 왜 어머니들에게는 일상의 부모역할 스트레스를 완충하는 데 효과적이지 못한지 설명했다. 어머니들은 주로 식사를 계획하고, 준비하고, 진행하는 부모이며, 그래서 부모역할의 어느 다른 활동과 비교할 때 식사시간이 어머니들에게 그다지 특별할 것이 못 된다는 것이다. 대신 어머니들은 주로 할 수 있을 때 언제 어디서든 자녀들과 긍정적인 상호작용을 할 기회를 찾는다. 그처럼 식사시간 의례는 아버지들보다 어머니들에게 더 스트레스가 될 수 있다. 그럼에도 아버지와 딸 간의 상호작용과 연결감이 높아지는 것은 전체로서의 가족단위에 도움이 될 수 있는 "가족생활에서 보호적이며 안정적인 기제"(Yoon, Newkirk, & Perry-Jenkins, 2015, p. 105)가 될 수 있다.

가족스트레스와 회복탄력성이론의 현장 적용

교육자, 치료사, 실천가, 가족정책 입안자들이 가족스트레스와 회복탄력성이론을 개인, 가족, 지역사회와의 작업에 적용할 수 있는 여러 가지 방법이 있다. 특히 대처자원이나 능력 밖의 재난에 가족이 직면해 있을 때 그러하다.

가족이 극도의 트라우마와 재난에 직면할 때, 가족실천가들은 그러한 어려움에 대처하는 개인, 가족, 지역사회를 지지하기 위해서 "회복탄력성을 위한 다중체계 접근"(Walsh, 2007, p. 219)을 활용해야 한다. 2001년 미국 무역센터 테러 공격, 2005년 허리케인 카트리나, 오늘날 만연한 전쟁으로 인한 난민촌의 이동철거 같은 상황은 적응, 사별, 불가피한 상실을 다루기 위해 포괄적인 접근을 필요로 한다. 가족실천가, 사회복지사, 국제 구호원은 그와 같은 재난이 우리 삶의 기초를 뿌리까지 뒤흔든다는 점을 이해해야 한다. 가족은 집, 생계, 미래에 대한 믿음을 잃는 현실에 직면할 수 있는데, 이 모두는 정신건강에 반드시 영향을 미친다(Walsh, 2003). 가족이 '회복하고 앞으로 나아가기'를 기대하기보다, 그러한 트라우마 상실에 직면한 슬픔이 삶의 지속적인 부분이 될 것이라는 점을 받아들이는 것이 중요하며, 따라서 회복탄력성은 그러한 현실을 "끝냄"(Walsh, 2007, p. 210)을 뜻하는 것이 아님을 기억해야 한다.

Walsh와 McGoldrick(2004)은 주요 트라우마에 직면할 때 치유와 회복탄력성을 촉진하기 위해 개인, 가족, 지역사회가 해야 하는 네 가지 과업을 서술했다. 임상가와 가족실천가는 가족이 이러한 과업을 수행해 나가도록 안내함으로써 치유과정을 도울 수 있다. 첫째, 트라우마 사건과 상실이 현실임을 인정해야 한다. 실천가들은 가족이 현실적 사실, 상황, 모호성을 분명하게 하도록 도울 수 있다. 둘째, 가족이 상실과 생존 경험을 나누도록 돕는 것이 중요하다. 실천가들은 가족이 추도식, 헌정, 통과의례를 확립해 나가도록 도울 수 있다. 이는 영성(종교)을 이용하고, 정서를 표현하고, 공유된 의미를 구성하는 것을 포함한다. 셋째, 가족과 지역사회는 재확립과 재조직이 필요하다. 이는 말 그대로 집, 친족, 생계를 재구축함을 의미한다. 마지막으로, 가족은 관계와 삶의 목적에 재투자하도록 도움을 받아야 한다. 이 시점에서의 주요점은 가족이 삶의 계획을 수정하여 새로운 희망과 꿈을 갖는 것을 포함한다. Walsh가 지적하듯이, 한 가지 과업은 "비극적 상실 그리고 사망한 사랑하는 사람의 정신에서 새로운 목적을 발견하는 것"(2007, p. 210)이다.

결론

가족스트레스와 회복탄력성이론은 가족이 어려운 상황(그것이 이혼이나 죽음으로 인한 가족원의 상실이든 재난이나 재앙으로 인한 가족의 전체 생활방식의 상실이든)을 어떻게 경험하고 또 어떻게 회복할 수 있는지를 이해하는 데 대해 주요한 아이디어를 제공하였다. 이 이론은 스트레스원, 위기, 누적, 회복탄력성이라는 필요한 용어를 제공하였다. 또한 모든 가족이 똑같은 방식으로 스트레스와 재난을 지각하거나 반응하는 것은 아니라는 시각을 갖도록 하였다. 가족의 관점은 과거 트라우마의 역사, 그에 대해 가용한 자원의 본질, 가족이 대처하고 또 변화에 직면하여 재조직하는 것을 돕기 위해 모을 수 있는 지역사회 지원에 따라 차이가 있다.

이제 가족스트레스와 회복탄력성이론이 세계적으로 가족 연구에 어떻게 적용될 수 있는지 살펴보자. 최근 미국가족관계학회(NCFR)는 세계적으로 친밀한 파트너 간의 폭력에 대해 강점기반 접근을 보여 주는 일련의 연구논문들을 제공하였는데, 이는 [글상자 11-3]에 있다. 서론 부분 논문에서 Asay와 동료들(2014)은 이제 여성에 대한 폭력이 얼마나 세계적으로 개인적인 문제만이 아니라 인권의 문제로 여겨지는지 설명했다. 그들은 국제적 시각에서 가정폭력을 다루고 이해하는 데 쓰일 수 있는 다양한 강점에 대해 서술했다. 개인적인 강점은 여성이 자신에게 유용한 선택권을 통해 사고할 수 있는 능력과 도움을 청할 수 있는 능력을 포함한다. 가족강점은 가족구성원들이 폭력을 행사하는 구성원 앞에서 혹은 많은 구성원을 포함하는 다세대에 걸친 폭력 패턴 앞에서 서로를 보호하고 보살피는 방식을 포함한다. 지역사회 강점은 공적 및 사적 기관이 일반인들에게 정보를 제공하고 사회적 변화를 추진하려는 합의된 노력을 포함한다. 문화적 강점은 가정폭력과 친밀한 파트너 폭력이 일어나는 국가적 맥락과 관계가 있다. 세계적인 인식은 폭력이 사적인 일로 간주되고 남성 지배에 의해 정당화되는 문화를 수정하고 변화시키는 것을 돕는다. 마찬가지로 전 세계의 여성 집단은 친밀한 파트너 폭력을 용인하는 나라에 대항해 이에 대한 인식을 드높이고 이런 나라에 대한 법적 제재를 가하는 국제적 플랫폼을 이용해서 그런 문화를 변화시키는 데 도움이 된다.

글상자 11-3   친밀한 파트너 폭력에 대한 국제 비교

친밀한 파트너 폭력(intimate partner violence: IPV)은 사적인 가정 문제만이 아니다. 그것은 오늘날 많은 나라에서 범죄이자 전 세계적으로 인권에 대한 심각한 위협으로 여겨진다. 문화적으로 중요한 차이가 있음에도 불구하고, 동일한 많은 이슈가 세대 간 폭력, 알코올중독과 약물오용, 남성 지배를 포함하여 IPV를 일으킬 수 있다. 점점 더 많은 나라가 이런 외상적 문제를 예방하고 중재하기 위해 문화적으로 민감한 방법을 찾고 있다.

케냐. 케냐는 과도기에 있는 사회이다. 행동을 취하라는 국제적인 요구에 의해 새로운 프로그램, 사회정책, 법안을 마련했다. 그러나 여성이 IPV를 경험하는 정도는 증가하고 있다. Njue(2014)의 보고에 의하면, 15~49세 연령의 케냐 여성 중 45%가 어떤 형태의 신체적 혹은 성적 폭력을 경험한 적이 있다. IPV의 불법에 대해 케냐인들을 교육하고 여성들과 소녀들의 역량을 강화하고 또 그들이 경제적인 독립을 이루어 학대 관계를 떠날 수 있도록 돕기 위한 노력들이 진행 중이다.

멕시코. Esteinou(2014)의 보고에 의하면, 다른 나라들에서와 마찬가지로, IVP는 그것을 경험하는 여성들에게 가장 흔하고 가장 외상이 되는 것이다. 2006년의 조사에 의하면 15년 이상 지속된 결혼관계 혹은 동거 관계에 있는 여성들 가운데 10%의 여성들이 신체적 폭력, 6%가 성적 폭력, 27%가 정서적 폭력, 그리고 20%가 경제적 폭력을 경험했다. 이 조사는 또 '여성의 의사결정 능력의 향상, 자율성의 증가, 성평등 이데올로기'는 신체적 및 성적 폭력에 대한 보호요인이지만, 정서적 및 경제적 폭력의 위험을 증가시켰다(2014, p. 7). 이러한 결과는 멕시코에서 IPV는 다면적, 법적, 가족 강점 접근으로 다루어야 할 필요성을 말해 준다.

터키. 2008년 조사에 의하면, 40%의 터키 여성이 배우자나 파트너에 의해 신체적 폭력을 당한 것으로 보고되었다(Balkanliojlu & Seward, 2014). 이 가운데 12%가 심각한 상해를 보고했다. 더욱이 44%의 여성들은 정서적 폭력을 보고했다. 과거 몇 년 동안 IPV를 줄이기 위해 공적 및 사적 조직이 탄생했다. 이런 조직이 제공한 새로운 서비스에는 폭력 예방, 모니터링, 상담, 가정폭력에 대한 자각을 높이기 위한 국가적 캠페인, IPV 파트너들에 관한 정보를 담은 매뉴얼이 있다.

미국. 여성 폭력에 관한 세계보건기구의 조사에 의하면, 일본의 도시 지역이 15%로 가장 낮은 비율을 보였고, 방글라데시, 에디오피아, 페루 같은 나라들이 60%에서 70%에 이른 것으로 보고되었다. 반대로 미국은 25%의 수치를 보였다. Whiting과 Merchant(2014)에 의하면, 미국에서 IPV의 주된 이유 가운데 하나는 폭력의 발생 빈도와 정도를 부인하거나 최소화하는 피해자, 가해자, 전문 실천가들의 경향이다. 상대적으로 더 부유한 사회라는 이점에도 불구하고, IPV는 여전히 미국에서 심각한 문제이며, 예방과 개입 프로그램을 위해 공적인 지원과 정부 차원의 지원이 필요하다.

추천 멀티미디어

https://www.mfri.purdue.edu/about/mission.aspx

퍼듀 대학교의 군인가족연구소(Military Family Research Institute: MFRI)는 군인으로 복무하는 개인과 그 가족의 삶을 향상시키는 데 목적을 둔 연구와 지원 프로그램을 제공한다. MFRI는 다섯 가지 전략적 목표를 기초로 하는데, 그것은 다음과 같다. (a) 가족을 원조하는 군인 공공기반 시설을 지원하기, (b) 군인가족을 지원하기 위하여 민간인 공동체의 동기와 능력을 강화하기, (c) 군인가족에 대한 중요한 새로운 지식을 생성하기, (d) 군인가족을 지원하는 정책, 프로그램, 실천에 영향을 미치기, (e) 활기찬 학습 조직을 만들고 유지하기

이론 앱 활성화하기: 가족스트레스와 회복탄력성이론이 군인가족을 연구하는 데 어떻게 사용될 수 있는가? 이 책의 다른 이론도 역시 군인가족 연구에 도움이 될 수 있는가?

www.soccerwithoutborders.org

국경 없는 축구회(Soccer without Borders, SWB, 2015)는 2006에 창립되었는데, 취약 청소년에게 긍정적인 변화와 '성장, 포용과 개인적 성공의 장애물을 극복하기 위한 도구'를 제공하기 위한 수단으로 축구를 이용하려는 데 목적을 둔 국제적인 비영리 조직이다. 이 조직은 소외된 모든 사람에게 개방되어 있지만, 최근 새로운 나라로 이주한 난민아동이 주요 참여자이다. SWB의 목적은 '우애와 사회적 자본을 구축하고, 자신감을 얻고, 성공을 경험하고, 새로운 환경에 적응하고 치유하기 위해 접근 가능하고 친숙한 공간'을 제공하는 것이다. SWB는 많은 난민 가족이 직면한 스트레스를 다루고 그들에게 회복탄력성과 성장을 가져오도록 희망하는 대처기술을 구축하기 위한 기회를 제공한다.

이론 앱 활성화하기: 가족스트레스와 회복탄력성이론은 분석 단위로서 가족에 초점을 두는데, SWB 프로그램은 위기에 대처하는 난민가족에 대한 사회적 지원에 어떻게 개입하고 제공하는가?

트랜스페어런트(Transparent, 2014~현재)

이 TV 드라마는 원래 아마존 시리즈물로 2014년 골든글로브 최고 TV 드라마상을 받았다. 이 드라마는 로스앤젤레스 가족이 중심으로 아버지인 모트가 트랜스젠더임을 알게 된다. 주인공의 이야기들이 전개되면서 이 가족이 다중의 스트레스원을 어떻게 다루는지 보게 된다. 아버지의 트레스젠더 정체성이 그 가족의 기저에 있는 대처기술과 어떤 관계가 있는지 볼 수 있다. 또한 이 가족의 가까움 혹은 결속력이 어떻게 스트레스원에 대처하는지를 예측하는 데 어떻게 도움이 되며, 무엇이 회복탄력성 혹은 부적응 결과를 예측하는 데 도움이 되는지 보게 된다.

이론 앱 활성화하기: 회복탄력성 경험은 가족의 스트레스 대처 능력과 어떻게 상호작용하는가? 아동이 더 어리거나 나이가 훨씬 더 많으면 차이가 있을 것인가?

2014년 아마존 스튜디오에서 Jill Soloway 감독

와일드(Wild, 2014)

이 영화는 『와일드: 일생에 한번은 모든 것을 걸고 떠나야 할 길이 있다(Wild: From Lost to Found on the Pacific Crest Trail)』(2012)라는 제목의 Cheryl Strayed의 회고록에 근거해 만들어졌다. 이 영화에서 세릴은 혼란한 삶을 경험한 후에 퍼시픽 크레스트 트레일(Pacific Crest Trail, 미국 서부지역을 남북으로 가로지르는 4,265km의 긴 트레일로 멕시코에서 캐나다의 국경까지 이어짐)이라는 1만 마일 이상의 긴 하이킹을 하게 된다. 세릴이 이 트레일을 하이킹하는 장면은 아동, 십 대, 젊은 성인일 때 어머니와 오빠 그리고 전남편과 관계를 맺으면서 경험했던 세릴의 인생 초반에 대한 회상과 겹

처 제시된다. 세릴의 인생에서 스트레스원은 ABCX 혹은 Double ABCX 모델과 아주 잘 맞는다. 세릴과 형제들이 어렸을 때 엄마는 신체적인 학대 관계를 떠났다. 세릴은 어려서 결혼했고, 결혼생활 내내 남편의 외도를 받아들인다. 세릴의 엄마가 암 진단을 받았을 때, 세릴의 흔들리는 결혼생활은 곧장 무너진다. 잠깐 동안의 헤로인 복용으로 하이킹을 하게 되고, 이러한 사건들 각각은 가족스트레스와 회복탄력성이론으로 연결될 수 있으며, 세릴의 과거 대처 기술 방식으로 그녀의 현재와 미래를 예측할 수 있다. 그녀가 퍼시픽 크레스트 트레일을 하이킹한 것은 그녀가 황폐한 과거 삶의 현실을 진정으로 직면하기 시작했을 때 인생에서 주요 전환점이 되었다. 길고 힘겨운 하이킹은 세릴이 이전의 파괴적인 삶을 넘어서고, 대처기술, 강점, 회복탄력성으로 무장하도록 도왔다.

이론 앱 활성화하기: 이 장에서 서술한 어떤 모델이 세릴이 삶의 스트레스원에 대처하는 방식을 서술하는 데 사용될 수 있는가?

〈와일드〉의 한 장면

추천 참고도서 및 논문

Arditti, J. A. (ed.) 『가족문제: 스트레스, 위험, 회복탄력성(*Family problems: Stress, risk, and resilience*)』(Hoboken, NJ: Wiley, 2014). 이 책은 가족스트레스원에 대한 학제적 연구를 편집한 것으로 많은 가족이 직면하는 복합적인 상황을 다중의 관점에서 살펴본다. 스트레스와 트라우마는 사회정의 관점에 의해 균형을 이루는데, 사회정의 관점에서는 개인과 가족 수준에서 치료와 대인관계 변화뿐 아니라 법적 및 사회개혁이라는 더 큰 이슈를 통합한다. 첫 장에서 Arditti는 가족스트레스, 위험, 회복탄력성이론에 대해 포괄적으로 고찰한다. 나머지 장들은 개인과 가족의 안녕에 도전하는 미시적 및 거시적 스트레스원과 트라우마에 초점을 두는데 역시 회복탄력성과 대처에 의존한다. 저자들은 부모의 투옥, 군인가족, 동성 결혼, 전쟁, 약물오용, 가정폭력, 세대 간 부양, 사회적 불평등 같은 현대의 중요한 여러 이슈를 살펴본다.

Feigelman, W., Jordan, J. R., McIntosh, J. L, & Feigelman, B., 『충격적인 상실: 자살이나 약물로 인한 자녀 죽음에 대한 부모의 대처(*Devastating loses: How parents cope with the death of a child to suicide or drugs*)』(New York: Springer, 2012). 이 책은 사회학자, 심리학자, 자살연구학자, 사회복지사에 의해 각각 쓰여졌는데, 저자들은 대단히 충격적인 자녀들의 죽음을 겪은 후 살아가고 있는 575명의 부모들을 연구했다. 80%의 부모가 자살로 자녀를 잃었지만, 자녀의 충격적인 죽음은 약물과용 사망, 사고사(익사와 자동차 사고), 자연사, 살해당함을 포함하였다. 이 책은 '자살로 인한 자녀의 상실이라는 가장 믿을 수 없는 사별'(p. xiii)로 최악의 상황에 놓인 부모와 실천가들에게 지침을 제공한다. 아들 제시를 자살로 잃은 후 William과 Berverly Feigelman은 생존자 지지 집단에 참여자이자 촉진자로 참여했다. 그들과 동료들은 부모들이 느끼는 그리고 궁극적으로 그들 서로의 관계에 영향을 미쳤던 절망과 다른 강한 감정을 다루었다. 부모들은 심신이 쇠약해지고 압도되는 슬픔과 부부불화를 보고하였을 뿐 아니라 수치심, 죄책감, 우울, 비난, 자녀의 상실에 관한 타인들의 낙인과 무감각에 대한 지속적인 트라우마를 격렬하게 혹은 금기시되는 방식으로 보고했다. 치료적 중재, 직접적인 지지집단과 인터넷 지지집단, 영성, 자살에 대해 대중을 교육하는 것을 대표로 하는 사회적 실천주의, 개인의 외상후 성장에 대한 헌신을 통해, 많은 부모는 상실에 대처할 수 있었고, 앞으로의 삶을 살 수 있었다.

Helms, H. M., Walls, J. K., & Demo, D. H. "일상적 스트레스와 가족스트레스(Everyday hassles and family stress)," in S. J. Price, C. A. Price, & P. C. McKenry (eds.), 『가족과 변화: 스트레스 사건과 전이에 대처하기(Families and change: Coping with stressful events and transitions)』(Thousand Oaks, CA: Sage, 2010). 이 장은 가족스트레스를 일으키는 일상적 스트레스를 살펴보기 위해 Karney와 Bradbury(1995)가 개발한 취약성-스트레스-적응(VSA) 모델을 확장하였다. 주요 생활 위기와 트라우마에

초점을 두는 것에서 벗어나 일상적 스트레스는 흔하지만 예측하지 못하는 일상생활의 성가신 일을 말한다. 이러한 일상적 스트레스는 이혼, 실직, 사랑하는 사람의 죽음 같은 주요 생활사건과 구분된다. 대신 일상적 스트레스는 직장으로의 통근, 자녀들을 차로 데려다주고 데려오는 일, 휴일까지 이어지는 초과 근무, 배우자와의 말다툼을 포함한다. 일상적 스트레스에는 또 바쁜 근무 중에 자녀가 아프니 데려가라는 전화를 어린이집에서 받는 것도 있다. 시간이 지나면서 이렇게 사소하게 보이는 일들이 쌓이고 개인의 안녕과 가족의 응집에 영향을 미치는 긴장과 취약성을 만든다. 가족친화 직장 정책과 실천(예: 직원들이 가족의 요구를 처리하기 위해 자기 시간을 더 잘 조절할 수 있게 함, 직원에게 제공하는 혜택의 증가, 더욱 지지적이고 평등한 직장 문화 조성)은 저자들이 일상적 스트레스의 영향을 줄이기 위해 추천한 몇 가지 주요한 '수정사항' 가운데 하나이다.

Huebner, A. J., Macini, J. A., Wilcox, R. M., Grass, S. R., & Grass, G. A. "Parental deployment and youth in military families: Exploring uncertainty and ambiguous loss," *Family Relations, 56* (2007), 112-122 (doi: 10.1111/j.1741-3729.2007.00445.x). 이 질적 연구에서 저자들은 107명의 소년과 소녀들(12~18세 연령집단)로 이루어진 14개의 초점집단 면접을 실시했다. 이 청소년들은 부모가 군인(육군, 해군, 공군, 해병대, 방위군, 예비군)의 일원이었고 현재 이라크나 아프가니스탄에 파병되었다. 청소년들은 전국 군인가족협회와 주정부 4-H 군인 연락기관을 통해 모집되었다. 연구는 Double ABCX 모델, 그리고 모호한 상실이라는 개념틀 안에서 경계선 모호의 개념을 기초로 했다. Boss(2006)에 의하면, 경계선 모호는 가족 안과 밖에 누가 있는지에 관한 불확실성을 말하며, 부모가 장기간 일 때문에 집에서 떠나 있을 때 특히 문제가 된다. 부모의 전쟁 파병은 자녀의 안녕에 대한 정서적 위험(예: 감정폭발, 우울, 불안)뿐 아니라 파병된 부모가 집에 돌아와 가족과 재결합할 때 겪는 어려움과 연관이 있는 가족위기의 한 형태이다. 그러나 이런 위기는 다른 군인 가족, 일반인과 군인 공동체 협회에서의 지지적인 성인과 실천가들이 있으면 다소 감소한다.

Marks, L. D., Hopkins, K., Chaney, C., Mnroe, P. A., Nesteruk, O., & Sasser, D. D., "Together strong: A qualitative study of happy, enduring African American marriages," *Family Relations, 57* (2008), 172-185 (doi: 10.1111/j.1741-3729.2008.00492.x). 이 연구는 흑인 가족에 대해 결핍 관점을 취하지 않은 연구를 읽

고 싶어 했던 대학생으로부터 영감을 받아 시작되었다. 이 연구는 질적 면접 방법을 이용해 아프리카계 미국인 30쌍(30명의 아내와 30명의 남편)을 면담했고, "행복하고 관계가 지속되는 아프리카계 미국인 결혼생활의 몇 가지 강점을 살펴보기 위한 접근" (p. 173)을 근거로 했다. 연구 결과 이 부부가 마주하는 가족 및 직장생활의 도전(흔히 인종 차별주의에 의해 야기됨)에 어떻게 대처하는지의 특징을 나타내는 몇 가지 주제를 보여 주었다. 이러한 도전에 대처하는 것 외에도 이 부부들은 서로를 엮어 주고 결혼생활에 대해 굉장한 만족감을 찾을 수 있게 하는 탄력적인 전략을 개발하였다. 그들은 문제가 생겼을 때 서로에게 그리고 신앙에 의지했다. 그들은 긴장과 분노가 곪아 터지도록 두기보다 부부갈등이 일어나는 대로 그 갈등을 해결했다. 그들은 하나됨과 팀워크를 믿었고 하느님의 눈에 '똑같다'는 성경의 말씀을 굳게 믿음으로써 이를 실천했다.

생각해 볼 문제

● 토론 질문

1. Hill의 스트레스 이론의 초기 개념화가 시간이 지나면서 어떤 식으로 변해 왔습니까?

2. 가족스트레스와 회복탄력성이론을 갈등이론(제3장)과 비교하고 대조해 보십시오. 이 두 이론은 위기, 변화, 성장을 어떻게 언급합니까?

3. 어린아이들이 회복탄력적이라고 믿는 몇 가지 방법을 서술해 봅시다. 나이 든 어른들은 어떤가요?

4. 이 장에서 제시한 모든 스트레스원과 트라우마를 고려할 때, 심각성에 따라 그 순서를 매길 수 있을까요? 왜 그럴까요? 왜 그렇지 못할까요?

5. 가족원이나 가까운 친구를 죽음으로 잃은 사람들의 애도 과정은 어떠합니까? 다른 나라의 몇 가지 애도 관습을 연구하고 그것이 미국의 그것과 어떠한 유사점과 차이점이 있는지 살펴봅시다.

6. 세계 곳곳의 난민 가족과 아동의 욕구를 생각해 봅시다. 가족실천가들은 난민 가족과 작업하기 위해 어떠한 준비를 해야 합니까? 가족스트레스와 회복탄력성

이론을 적용할 수 있을까요? 아니면 두 개 이상의 이론을 조합하는 것이 더 나을까요?

● **개별 과제**

난민 가족이 새로운 나라에서 동화하고 적응하도록 돕기 위한 최고의 실천을 연구해 봅시다. 당신이 살고 있는 지역 주변에 난민촌이 있습니까? 가장 가까운 난민촌은 어디이며, 지역사회의 어떤 자원이 배치되어 있습니까? 하나 이상의 민족이나 문화집단을 연구하고, 지역사회 자원이 그렇게 독특한 난민들의 욕구에 대처하기 위해 어떻게 적용되어야 하는지 생각해 봅시다.

● **개인 반영 질문**

1. 여러분은 어떤 방식으로 탄력적인 사람입니까? 여러분의 가족은 어떤 방식으로 탄력적입니까?
2. 여러분과 여러분의 가족이 마주쳤던 가장 어려운 도전은 무엇입니까? 이러한 도전이 가져다주었던 변화에 대처하기 위해 여러분은 어떤 자원에 의존하였습니까?
3. 당신이 대학을 다니는 데 있어서 가족배경의 어떤 보호요인이 도움이 되었습니까?
4. 대학에 다니던 시기 이외에 상당 기간 동안 원가족(예: 부모, 형제자매)에서 떨어져 살았던 적이 있습니까(예: 해외교류 프로그램, 장기 입원, 수양가족 경험)? '집에서 떨어져 살 때' 어떤 점이 어려웠습니까? 이러한 경험의 결과로 자신에게서 발견한 강점은 무엇입니까?
5. 어떠한 '일상생활의 잡일'을 여러분은 현재 경험하고 있습니까? 그것은 여러분이 책임감에 대처할 수 있게 하는 능력에 어떠한 영향을 주고 있습니까? 그것이 가져온 긴장을 줄이기 위해 무엇을 합니까?
6. 삶의 스트레스와 도전에 대처하기 위한 역할모델은 누구입니까?

참고문헌

Allen, K. R., & Roberto, K. A. (2016). Family relationships of older LGBT adults. In D. A. Harley, & P. B. Teaster (eds.), *Handbook of LGBT elders: An interdisciplinary approach to principles, practices, and policies* (pp. 43-64). New York: Springer.

Asay, S. M., DeFrain, J., Metzger, M., & Moyer, B. (2014). Intimate partner violence worldwide: A strengths-based approach. *NCFR Report: International Intimate Partner Violence, FF61,* 1-4.

Balkanliojlu, M. A., & Seward, R. R. (2014). Perceptions of domestic violence by Turkish couples in long-lasting marriages: An exploratory study. *NCFR Report: International Intimate Partner Violence, FF61,* 12-14.

Boss, P. (1987). Family stress. In M. B. Sussman, & S. K. Steinmetz (eds.), *Handbook of marriage and the family* (pp. 695-723). New York: Plenum.

Boss, P. (2002). *Family stress management: A contextual approach* (2nd edn). Thousand Oaks, CA: Sage.

Boss, P. (2006). *Loss, trauma, and resilience: Therapeutic work with ambiguous loss.* New York: Norton.

Dallaire, D. H. (2007). Incarcerated mothers and fathers: A comparison of risks for children and families. *Family Relations, 56,* 440-453. doi: 10.1111/j.1741-3729. 2007.00472.x.

Dekel, R., Goldblatt, H., Keidar, M., Solomon, Z., & Polliack, M. (2005). Being a wife of a veteran with posttraumatic stress disorder. *Family Relations, 54,* 24-36. doi: 10.1111/j.0197-6664.2005.00003.x.

Demo, D. H., Aquilino, W. S., & Fine, M. A. (2005). Family composition and family transitions. In V. L. Bengtson, A. C. Acock, K. R. Allen, P. Dilworth-Anderson, & D. M. Klein (eds.), *Sourcebook of family theory and research* (pp. 119-142). Thousand Oaks, CA: Sage.

Edin, K., & Kissane, R. J. (2010). Poverty and the American family: A decade in review. *Journal of Marriage and Family, 72,* 460-479. doi: 10.1111/j.1741-3737.2010.00713.x.

Esteinou, R. (2014). Intimate partner violence in Mexico. *NCFR Report: International Intimate Partner Violence, FF61,* 6-7.

Fiese, B. H. (2006). *Family routines and rituals.* New Haven: Yale University Press.

Flemke, K. R., Underwood, J., & Allen, K. R. (2014). Childhood abuse and women's use of intimate partner violence: Exploring the role of complex trauma. *Partner Abuse: New Directions in Research, Intervention, and Policy, 5*, 98-112. doi: 10.1891/1946-6560.5.1.98.

Hawking, J. (2007). *Travelling to infinity: My life with Stephen.* Richmond, UK: Alma.

Hawking, S. (1998). *A brief history of time* (updated, 10th anniversary edn). New York: Bantam. (Originally published 1988.)

Hawley, D. R., & DeHaan, L. (1996). Toward a definition of family resilience: Integrating life-span and family perspectives. *Family Process, 35*, 283-298. doi: 10.1111/j.1545-5300.1996.00283.x.

Henry, C. S., Morris, A. H., & Harrist, A. W. (2015). Family resilience: Moving into the third wave. *Family Relations, 64*, 22-43. doi: 10.1111/fare.12106.

Hill, R. (1949). *Families under stress: Adjustment to the crises of war separation and reunion.* New York: Harper.

Hill, R. (1958). Generic features of families under stress. *Social Casework, 49*, 139-150.

Jones, R. T., Ollendick, T. H., Mathai, C. M., Allen, K. R., Hadder, J. M., Chapman, S., & Woods, O. (2012). "When I came home ⋯ everything was gone." The impact of residential fires on children. *Fire Technology, 48*, 927-943. doi: 10.1007/s10694-012-0252-2.

Karney, B. R., & Bradbury, T. N. (1995). The longitudinal course of marital quality and stability: A review of theory, method, and research. *Psychological Bulletin, 118*, 3-34. doi: 10.1037/0033-2909.118.1.3.

Lavee, Y., McCubbin, H. I., & Patterson, J. M. (1985). The double ABCX model of family stress and adaptation: An empirical test by analysis of structural equations with latent variables. *Journal of Marriage and the Family, 47*, 811-825. doi: 10.2307/352326.

Masten, A. S., & Monn, A. R. (2015). Child and family resilience: A call for integrated science, practice, and professional training. *Family Relations, 64*, 5-21. doi: 10.1111/fare.12103.

McCubbin, H., & McCubbin, M. (1988). Typologies of resilient families: Emerging roles of social class and ethnicity. *Family Relations, 37*, 247-254. doi: 10.2307/584557.

McCubbin, H. I., & Patterson, J. M. (1983). The family stress process: The Double ABCX model of adjustment and adaptation. *Marriage and Family Review, 6*(1-2), 7-37. doi: 10.1300/j002v06n01_02.

McCubbin, H. I., Joy, C. B., Cauble, A. E., Comeau, J. K., Patterson, J. M., & Needle, R. H. (1980). Family stress and coping: A decade review. *Journal of Marriage and the Family, 42*, 855-871. doi: 10.2307/351829.

Meyer, I. H. (2003). Prejudice, social stress, and mental health in lesbian, gay, and bisexual populations: Conceptual issues and research evidence. *Psychological Bulletin, 129*, 674-697. doi: 10.1037/0033-2909.129.5.674.

Njue, J. R. (2014). Intimate partner violence: The case for Kenya. *NCFR Report: International Intimate Partner Violence, FF61*, 2-4.

Oswald, R. F. (2002). Resilience within the family networks of lesbians and gay men: Intentionality and redefinition. *Journal of Marriage and Family, 64*, 374-383. doi: 10.1111/j.1741-3737.2002.00374.x.

Patterson, J. M. (2002). Integrating family resilience and family stress theory. *Journal of Marriage and Family, 64*, 349-360. doi: 10.1111/j.1741-3737.2002.00349.x.

Patterson, J. M., & Garwick, A. (1994). *Levels of meaning in family stress theory. Family Process, 33*, 287-304. doi: 10.1111/j.1545-5300.1994.00287.x.

Peters, M. F., & Massey, G. (1983). Mundane extreme environmental stress in family stress theories: The case of Black families in White America. *Marriage and Family Review, 6*(1-2), 193-218. doi: 10.1300/J002v06n01_10.

Power, J., Goodyear, M., Maybery, D., Reupert, A., O'Hanlon, B., Cuff, R., & Perlesz, A. (2016). Family resilience in families where a parent has a mental illness. *Journal of Social Work, 16*, 66-82.

Russell, S. T., Toomey, R. B., Ryan, C., & Diaz, R. M. (2014). Being out at school: The implications of school victimization and young adult adjustment. American *Journal of Orthopsychiatry, 84*, 635-643. doi: 10.1037/ort0000037.

Rutter, M. (1987). Psychosocial resilience and protective mechanisms. *American Journal of Orthopsychiatry, 57*, 316-331. doi: 10.1111/j.1939-0025.1987.tb03541.x.

Strayed, C. (2010). *Wild: From lost to found on the Pacific Crest Trail.* New York: Knopf.

SWB (Soccer without Borders) (2015). *Mission and values.* At www.soccerwithoutborders. org/#!mission/c1fd4.

van der Kolk, B. A. (2002). The assessment and treatment of complex PTSD. In R. Yehuda (ed.), *Traumatic stress* (pp. 1-29).Washington, DC: American Psychiatric Press.

Walsh, F. (2003). Family resilience: A framework for clinical practice. *Family Process, 42,* 1-18. doi: 10.1111/j.1545-5300.2003.00001.x.

Walsh, F. (2007). Traumatic loss and major disasters: Strengthening family and community resilience. *Family Process, 46,* 207-227. doi: 10.1111/j.1545-5300.2007. 00205.x.

Walsh, F. (2012). Family resilience: Strengths forged through adversity. In F. Walsh (ed.), *Normal family processes: Growing diversity and complexity* (4th edn, pp. 399-427). New York: Guilford Press.

Walsh, F., & McGoldrick, M. (2004). Loss and the family: A systemic perspective. In F. Walsh, & M. McGoldrick (eds.), *Living beyond loss: Death in the family* (2nd edn, pp. 3-26). New York: Norton.

Whiting, J. B., & Merchant, L. V. (2014). Intimate partner violence in the United States: The role of distortion and desistance. *NCFR Report: International Intimate Partner Violence, FF61,* pp. 9-11.

Wight, R. G., LeBlanc, A. J., de Vries, B., & Detels, R. (2012). Stress and mental health among midlife and older gay-identified men. *American Journal of Public Health, 102,* 503-510. doi: 10.2105/AJPH.2011.300384.

Yoon, Y., Newkirk, K., & Perry-Jenkins, M. (2015). Parenting stress, dinnertime rituals, and child well-being in working-class families. *Family Relations, 64,* 93-107. doi: 10.1111/fare.12107.

제12장
결론

이 책은 가족 연구자이며 실천가인 여러분에게 이론이 문제해결을 위한 어플리케이션이라는 이야기로 시작하였습니다. 지금쯤 개인적인 삶과 학문적인 연구들을 통해 여러분의 이론적 생각이 활발하게 활성화되었어야 합니다. 이론의 목표 중 하나는 근본적으로 여러분 주위의 세상을 보는 방법을 변화시키는 것입니다. 여러분이 사랑하는 사람, 가족구성원, 같은 반 친구와 상호작용할 때, 여러분은 이론을 알아채야 합니다. 여러분이 영화나 유튜브 비디오, 인스타그램, 트위터나 페이스북을 볼 때, 이 책에서 봤던 개념들을 지나치지 말고 알아채야만 합니다. 여러분의 이론적 생각은 이제 불 붙었고 주위의 세상에 대해 이론화하는 것은 지금쯤이면 제2의 본성이 되었어야 합니다.

더 중요한 것은 여러분의 직업적 목표가 공부를 더 하는 것이든, 가족 및 아동과 일하는 것이든, 보건이나 비즈니스 분야에서 일하는 것이든 간에 이론적 통찰이 그 목표를 성취하는 데 필요한 도구를 제공할 것이라는 점입니다. 마지막 장에서 기술할 사례 연구는 여러분에게 이 수업 너머의 삶이 어떨 것이라는 것을 생각해 볼 것을 요구합니다. 예를 들면, 이론들을 더 완벽하게 이해하는 것으로 무엇을 할 수 있을까요? 여러분이 선택한 분야에서 전문가로서 일하게 될 때 배운 것을 교실 밖에서 어떻게 사용하게 될까요? 사례 연구의 대상인 AJ는 지역에 있는 몇몇 작은 학교를 지원하는 학군 내 상담직의 지원서를 검토하는 중입니다. 독자 모두가 이러한 종류의 직업에 관심이 있지 않다는 것은 알지만 사례 연구는 새로이 획득한 이론적 '앱'을 자신들이 목표로 하는 어떤 직업에서든지 이용할 수 있는 방법을 보여 줄 것입니다.

사례 연구

AJ는 지역 학교 교장선생님이고 상담직을 뽑기 위한 지원자들의 이력서, 자기소개서, 추천서를 검토하고 있다. 많은 지원자는 필수사항인 학사 및 석사 학위를 갖고 있어서 비슷한 자격을 갖추고 있다. 어떤 사람들은 그룹홈과 같은 장소에서 인턴십을 마쳤고 또 어떤 사람들은 보건 분야에서 경력이 있다. AJ와 인사위원회는 총 55명 지원자 중에서 2명을 최종 후보자로 추렸다. 인사위원회는 어느 날 오후에 모두 모여 인터뷰 대상자를 위해 준비된 다음의 8개 질문을 갖고 전화인터뷰를 실시했다.

1. 어떻게 이 직업에 관심을 갖게 되었습니까?
2. 당신이 받았던 공식교육 중 이 일을 하게 될 때 도움이 될 가장 중요한 면은 무엇이라고 생각합니까?
3. 당신이 가장 가까이 따르는 상담이론이나 접근은 무엇입니까?
4. 교사, 부모, 행정가, 다른 상담사들과의 관계에서 학교상담사의 역할이 무엇이라고 생각하십니까?
5. 현재 여러분의 직장에서 맞닥뜨렸던 가장 어려웠던 상황은 무엇이었습니까? 어떻게 그것을 해결했습니까?
6. 화가 많이 난 부모를 어떻게 다루시겠습니까?
7. 가장 강한 장점은 무엇입니까?
8. 이 프로그램에 어떤 새로운 것을 가져올 수 있습니까?

첫 번째 후보자인 쇼나는 인간발달 및 가족학에서 학사학위를 갖고 있고 잘 훈련된 학생들을 배출하는 것으로 좋은 평판을 가진 좋은 대학에서 학교 심리학 석사과정을 마쳤다. 또한 유사한 현장 경험을 갖고 있었으며 직장과 관련된 매우 좋은 추천인들도 있었다. 그러나 쇼나는 즉흥적으로 인터뷰 질문에 답했고 답변은 자신의 가족에서 성장했던 경험과 다른 세대의 가족들, 형제, 먼 친척들 간에 갈등을 해결했던 것에서 기반했다. 인사위원회는 그룹홈(가족들과 살 수 없는 아동이나 젊은이들을 위한 사설 거주지)에서 일했던 경험이 답변을 편파적으로 만들었고 쇼나의 답변이 미온적이라고 느꼈다. 쇼나의 답변 대부분은 그룹홈에서 일한 경험에 기반한 내용이 포함되었고 내담자와 상담가 사이에 경계는 매우 중요하다는 관점에 확고히 근거했다. 그녀는 자신이 따르는 이론은 갈등이론이며 이는 현재 직업에서의 전반적인 일이 '불을 끄는 것'으로 사용됨에서 근거한다고 말했다. 심사위원 중 한 명은 인터뷰 도중 쇼나의 갈등이론에 대한 해석이 부정확함을 잘 알고 있었으므로 고개를 저었다. 인터뷰 초반에 이론을 잘못 적용했기 때문에 쇼나의 질문에 대한 나머지 답변도 계속이 실수와 연관되었고, 심사위원회에게 창의적인 생각을 할 수 있고 문제를 여러 다른 각도에서 볼 수 있는 능력을 보여 줄 기회를 놓쳤다. 쇼나는 자신의 답변을 그 분야에서의 문서화된 경향성 또는 연구에 근거하기보다는 일화에 근거하는 실수를 저질렀다. 어려운 상황에 대한 질문의 답변에서 쇼나는 따돌림은 모든 학교에서 문제이고 이 문제를 다루는 가장 좋은 방법은 가해자에 대한 처벌을 강화해서 학교에서 퇴학시키는 것이라고 말했다. 그룹홈에서 따돌림 문제를 다루는 것이 자신의 역할이었고 그룹홈에서 가해자를 영구적으로 제명하는 것이 가장 효율적인 방법임을 빠르게 배웠다고 말했다. 인사위원들은 쇼나가 그룹홈과 초 · 중 · 고등학교의 주요한 차이점을 설명하지 않은 데 대해 놀랐다. 한 심사위원이 이러한 정책을 학교에 어떻게 적용할지 추가로 질문하자 쇼나는 어떠한 장애물이 있더라도 자신이 문제를 해결할 자신이 있다고 재빠르게 답했다.

　두 번째 후보자인 켄드릭도 쇼나와 같은 학위를 갖고 있었지만 인사위원들은 그가 졸업한 학교를 잘 알지 못했다. 똑똑하고, 직업윤리가 투철하며, 대부분의 다른 학생들보다 자료들을 통합해 내는 능력이 뛰어나다는 매우 좋은 추천서를 교수님들로부터 받았다. 전화 인터뷰에서 켄드릭은 인사위원회에게 매우 인상적이었다. 어떻게 자신이 받은 교육이 일에 도움이 될 것이라는 질문에 대해 자신이 배운 수업은 문제를 연구하도록 가르쳐 주었다고 답했다. 여기에는 문제를 분석하기 전 다른 사람들이 무엇을 했었고 하지 않았었는지도 포함된다. 켄드릭은 아동의 가족 욕구를 제공할 때는 팀으로 함께 일하는 것이 가장 중요하다고 느끼며 학교상담사로서 자신의 역할은 학생과 가족들이 학교 체계 내에서 탐색하는 복잡한 퍼즐의 한 조각이라고 생각한다고 답했다. 화난 부모들을 어떻게 대할지를 묻는 질문에 학생의 요구를 우선시하는 계획을 세우기 전에 학생이 성장하고 가능한 한 가장 좋은 방향으로 발전하기 위해서는 '큰 그림'을 이해하는 것이 중요함을 강조하면서 가족생태이론과 가족체계이론 모두를 언급했다. 학교상담사의 가장 중요한 일 중 하나는 경청하는 것이라고 답했다. 경청함으로써 문제의 핵심을 알아낼 수 있고 양쪽 모두에게 상호적으로 이익이 되는 교환에 도달할 수 있기 위해 함께 협력할 수 있다고 답했다. 예를 들어, 대학교 1학년 때 아버지와 나눈 대화 내용을 언급했다. 켄드릭은 함께 일하는 사람의 나쁜 태도에 대해 불평을 했고 항상 그렇게 사람들이 부정적일 수 있다는 것을 믿지 못했다. 아버지는 "켄드릭, 어디에나 나쁜 사람은 있다. 그들은 서로 다른 얼굴을 하고 있고, 다른 이름을 갖고 있다. 너는 평생 동안 그 사람들을 마주칠 것이다. 그저 어떻게 그것에 대처해야 할지를 배울 필요가 있다."고 말하면서 핵심을 찔렀다. 켄드릭은 이 대화가 자신에게 적응과 다른 사람과의 관계에 대해 중요한 교훈을 가르쳐 주었으므로 가장 기억에 남는다고 했다. 어려운 상호작용이 생길 때, 감정이 사그라들 때까지 기다려야 생산적인 의사소통이 일어날 수 있으므로 가장 좋은 방법이라고 느낀다고 답했다.

켄드릭이 상담현장에서 제한된 경험을 갖고 있는 반면, 이 단점을 배려 깊은 답변으로 보완했다. 또한 학교상담가로서의 역할을 '성공의 촉진자(facilitator of success)'로 보았는데, 만나는 학생들이 어떤 수준에 있든지 간에 그들의 목표를 달성하기 위해서 도움을 주어야 한다는 점을 의미했다. 다양한 사회계층 배경 출신 학생, 젠더에 대한 사회적인 기대나 젠더 정체성으로 인해 힘들어하는 학생들을 돕는 것과 학생들이 학교에 있는 기간 전반에 걸쳐 성장하고 변화함으로써 그들이 탄력적일 수 있도록 돕는 것도 이 역할에 포함된다.

이 사례 연구에서 제시된 두 명의 후보자가 취업과 관련된 모든 이야기를 대표하지는 않겠지만 여기에는 여러분이 취업 준비와 관련해서 생각할 때 염두에 두어야 할 몇 가지 중요한 점이 있다. 쇼나는 좋은 명성을 갖고 있는 유명한 대학을 졸업했으므로 문화적 자본을 갖고 있었고 이는 다른 후보자에 비해 우위를 차지하게 했다. 켄드릭 역시 그에게 유리한 사회적 자본을 갖고 있었지만 매우 다른 방식이었다. 그의 교수님들이 학업적 능력에 대해 입이 마르게 칭찬했는데, 이는 그의 지원서를 강하게 지지했고 훌륭한 학교상담사로 느끼도록 했다. 서류상으로 두 후보자 모두 인상적이었고 상이한 능력을 보여 주었다.

면접과 관련하여, 쇼나는 켄드릭의 답변에 미치지 못하는 깊이를 보여 주었다. 또한 쇼나의 경력은 실상 그녀에게 부정적으로 작용했다. 왜냐하면 갈등이론에 대해 잘못 설명했고 어려운 상황에 어떻게 대처할 것이냐는 질문에 답할 때 유연하지 않게 보였다. 우리가 이 책 전체에서 제시했던 비유를 사용하자면 쇼나는 통찰력 있고 사려 깊은 이론적 사고를 갖추고 준비된 답을 제시할 수 있는 자신의 이론 '앱'에 의존할 수 없었다. 학교 따돌림 영역에서 연구자들이 선정한 선행사례들을 언급하지 않았으므로 자신의 그룹홈에서의 경험 이외의 측면을 보지 못했다. 선행사례에 대한 연급은 학교환경에서 팀으로 일할 때 필수적이므로 이는 인사위원들에게 경고신호를 주었다. 즉, 쇼나의 답변은 이미 자신의 방식대로 결정했고 수용적이지 않은 동료인 것처럼 보였다.

반면, 켄드릭은 자신의 이론 '앱'을 제2의 본성인 것처럼 사용하였다. 그의 대답은 사려 깊었으며, 연구 및 실제에 근거하였고, 그 분야에 대한 성숙함과 헌신을 보여 주었다. 학교상담 분야에 대한 자신의 인식론적 성향을 말할 때, 자신의 신념에 확고하지만 동시에 팀 구성원으로 일할 수 있는 유연한 사람임을 보여 주었다. 상담 현장에서의 경험이 없음에도 거시적 수준(젠더화된 문화적 규범과 사회계층 배경)과 미시적 수준(젠더 정체성과 회복탄력성) 모두에 대한 이슈를 논의함으로써 '큰 그림'을 보고 있음을 명확히 했다. 많은 인사위원은 켄드릭이 겸손하면서도 많은 지식과 정보를 알고 있다고 여겼다.

지금쯤 인사위원회가 누구를 고용했는지 명확해졌을 것이다. 두 후보자 모두 장점과 단점 모두를 갖고 있었지만 켄드릭은 '이론적으로 생각'해서 위원들이 매우 중요하다고 느끼는 그 직책에 대한 지적인 성숙 수준을 내보였다. 교장인 AJ도 역시 적응적이고 다양한 관점에서 사안을 볼 수 있으며 견문이 넓은 결정을 할 수 있는 자원을 가진 후보자를 찾았다고 생각했다.

여러분의 이론 '앱'을 활성화시켜 놓고 잘 다듬는 것은 남은 학문적 여정을 마치고 전문적인 직업을 시작하는 데 도움을 줄 것이다. 다음 단락으로 넘어가기 전에 사례 연구에서 제시했던 질문들을 복습해서 여러분이 찾고 있는 직업 경로를 생각해 보자. 예를 들어, 학교상담사의 역할에 대한 질문을 사회복지사, 프로그램 책임자, 치료사, 보건 교사에 관련된 유사한 질문으로 변경해 보자. 또한 '학생'을 '내담자'로 바꾸어 보자. 어떻게 이러한 질문에 답할 것인가? 인사위원들이 특정해서 여러분의 '이론적 접근'을 묻지 않더라도, 어떻게 여러분의 이론적 앱이 예리하게 사용될 수 있을까? 이론적 용어를 사용하기 위해, 생애과정을 거치면서 인생에 더 많은 경험을 더해감에 따라 여러분의 앱이 어떻게 발전할 것인가? 어떤 이론이 여러분의 개인적인 경험을 반영하기 때문에 다른 이론들에 비해 그 이론에 더 무게를 두고 있는가? 어떻게 이것이 시간이 지나면서 변화할 것이라고 생각하는가?

분명히 여러분의 이론적 앱은 인생 과정을 거치면서 어떠한 틀이 여러분의 현상학과 가장 잘 맞는지를 찾아내고 선택하는 것을 도우면서 미시적 수준에서 관여할 수 있다. 그러나 단지 한 이론이 직장에서 마주하는 모든 문제에 적합하지 않기 때문에 전문가로서 다른 이론적 틀을 가까이 두는 것 또한 중요하다. 이 장의 후반부에 여러분이 지역사회에서 가족들이 마주하는 이슈들을 즉시 제시할 수 있는 몇몇 이론적 렌즈들을 활용할 수 있는 방법을 개괄할 것이다. 그러나 이제까지 이 책에서 다루었던 이론들 사이에 모든 차이점과 유사점을 먼저 생각해 보자. 인간발달 및 가족학, 심리학, 사회학 내에서 발생한 시간 순서대로 10개의 이론을 제시해 왔다. 각 장에서 또한 가족역동을 설명하는 데 있어서 각 이론의 독특한 관점을 강조했다. 각 관점의 복잡성을 한꺼번에 염두에 두는 것은 어렵기는 하지만, 신속하게 이론들과 그 이론들의 기본 전제들을 비교, 대조해야 할 때 [그림 12-1]이 간편한 참고서가 될 수 있기를 바란다.

보는 바와 같이 어떤 이론을 엄격하게 미시적 또는 거시적 수준으로 구분하지 않았다. 사실 이 책에서 다루어진 모든 이론은 미시적, 거시적 수준 분석 모두를 포함하는 데 적용 가능하다. 이 책에서 이론을 시간 순서상으로 다룬 반면, 이 이론 지도에서는 각 이론이 개인, 가족, 사회를 개념화하는 방법에 있어서의 유사성과 차이점을 기술하는 방식으로 이론들을 묶었다.

예를 들어, 처음 세 이론을 보자. 기능주의, 가족체계이론, 가족발달이론은 서로 유사한데 이는 경향에 있어 비슷하기 때문이다. 사회 내 가족을 둘러싼 규범, 체계, 제도와 가족행동이 관련이 있음을 검토한다. 기능주의와 가족체계이론가들은 가족을 연구하는 데 있어 비슷한 방법으로 접근할 것이다. 즉, 체계의 어떤 부분이 기능하지 않는지를 분석할 것이다. 이와 유사하게 가족발달이론가들은 가족구성원들이 생애에서 예상 가능한 단계를 거치는 진행과 이러한 발달 규범의 맥락 내에서의 가족 이슈들을 분석할 것이다.

기능주의
거시(가족은 사회적 제도)와 미시(가족 내에서 역할을 수행함)

가족체계
거시(가족체계와 하위체계)와 미시(상호의존하는 개인)가 어떻게 가족들이 평형성을 찾는지를 이해하기 위해 필요함

가족발달적
미시(가족구성원)가 거시(예상가능한 단계)를 거침

갈등
거시(가진 자 대 가지지 못한 자)와 미시(갈등은 불가피하지만 긍정적일 수 있음)

여성주의
거시(상호 교차하는 억압)와 미시(사적인 것이 정치적인 것이다)

생애과정
거시(역사적 타이밍, 코호트 멤버십)와 미시(주체성)

가족생태학적
거시(물리적, 문화적 환경)와 미시(가족과 개인 수준의 특성)

가족스트레스와 회복탄력성
미시(가족 취약성과 회복성)와 거시(외적 스트레스원)

사회교환
거시(그들이 접근 가능한 자원)에 근거한 미시(개인은 이익을 극대화하고 비용을 최소화함으로써 관계에 대한 결정을 내림)

상징적 상호작용주의
미시(상징과 이름과 관련된 의미)는 우리가 거시(사회적으로 단단히 박혀 있는 정체성과 일반화된 타자)를 이해하는 데 도움을 줌

[그림 12-1] 여러분의 이론 앱을 위한 이론 지도

갈등이론가와 여성주의이론가 또한 성향에 있어서 유사한데 이 이론들은 구조적 측면에서 가족연구에 접근하기 때문이다. 예를 들어, 갈등이론가와 여성주의이론가 모두 사회 내 권력의 불평등한 분배를 비판한다. 아마 이 이론가들은 권력에 대한 접근을 누가 갖고 있고, 누가 갖고 있지 않은지를 조사함으로써 가족역동성을 어떻게 설명할 것인지를 질문할 것이다.

생애과정이론과 가족생태이론이 함께 묶였는데 이는 앞 이론들을 묶은 측면 모두를 고려했기 때문이다. 이 현대적 관점들은 이전의 이론들에 근거해서 발전할 기회를 가졌고 이는 시간이 지나면서 복잡한 관계를 분석할 기회를 가져왔으므로 놀랄 일은 아니다. 두 이론 모두 연구자들이 개인적 수준 요인(예: 의사결정에서의 주체성) 뿐만 아니라 개인에게 영향을 미칠 수 있는 역사적 시간, 문화적 규범, 환경적 영향과 같은 광범위한 사회적 영향력까지 고려할 수 있게 했다.

가족스트레스와 회복탄력성이론, 이 두 이론은 가족 연구에서 상대적으로 새로운 이론이며, 향후 결과를 예상하는 데 있어 과거 스트레스원에 대한 반응을 살펴볼 수 있을(생애과정이론과 유사함) 뿐 아니라 그 자체 분석단위로서 가족에 초점을 두고 있다. 가족스트레스와 회복탄력성이론가들은 스트레스원 모두에 대한 반응으로 미시 수준에서의 진행을 파악할 수 있다. LGBT 가족이나, 유색인종 가족, 혼합가족과 같은 다양한 가족 형태를 연구할 수 있게 하기 때문에 이 이론은 주로 분석이 거시적 수준인 다른 이론들과 대조된다. 이 이론은 스트레스가 가족생활의 일상적인 부분이고, 긍정적 변화를 초래할 수 있다고 전제한다. 이는 어떻게 가족이 변화하는가에 따라 달려 있다.

마지막으로, 사회교환이론과 상징적 상호작용주의가 함께 묶여 있는데 각 이론은 거시적 수준의 영향력도 고려하기는 하나 주로 미시적 수준 관점을 제공하기 때문이다. 사회교환이론은 개인이 관계에 들어갈 것인가 말 것인가를 결정할 때 비용과 이익을 어떻게 계산하는지를 분석한다. 거시적 수준의 영향력은 특히 중요한 결정을 하는 경우 개인이 갖고 있는 이용 가능한 대안이 무엇이며 자원이 존재하는가를 고려할 때 의사결정과정에서 활성화된다. 이와 비슷하게 상징적 상호작용주의는 개인 행위자가 개인 수준의 상호작용에서의 의미를 해석하는 데 있어 의심할 여지없이 상징, 명칭, 기존에 존재하는 일반화에 의해 영향을 받는다고 주장했다. 실제로 이러한 관점은 개인 수준의 상호작용에서 끌어낸 더 크고 거시적 수준의 요인인 가족과 관계에 대한 문화에 스며든 편견과 기대에 의존하기도 하고 이러한 요인들과 상호 교차하기도 한다. 따라서 이 이론은 다른 이론들이 간과한 미시적 진행과정에 초점을 맞추는 반면, 이 관점에서 구조 또한 매우 중요하므로 거시적 수준 이론들에게 여전히 '한 가족' 안에 있다.

글상자 12-1 가족의 이론적 분석과 소셜미디어

   소셜미디어 사용은 현대 사회에서 사람들이 의사소통하는 가장 보편적인 방법 중 하나이다. 가족 연구자와 실천가로서 소셜미디어가 가족생활에 더 좋게든 혹은 더 나쁘게든 어떻게 영향을 미치는지에 대해 고려하는 것은 중요하다. 이 책에서 제시했던 이론 몇 개를 활용하여 가족의 소셜미디어 사용을 이론적으로 분석하려 한다. 좀 더 거시적 수준의 이론으로 시작해 보자. 기능주의 관점(제2장)에서, 소셜미디어는 가족들의 중요한 목적에 기여할 수 있다. 소셜미디어를 통해 부모와 자녀들은 의사소통하고 크고 작은 생활 사건을 알릴 수 있으며 이는 특히 가족들이 지역적으로 멀리 떨어져 있을 때 중요하다. 따라서 소셜미디어의 명백한 기능, 즉 사람들을 연결시키는 것은 가족과 연관 있다. 동시에, 몇몇 잠재적 기능도 있을 수 있다. 즉, Facebook은 애정 관계에서 질투심을 증가시키고(Muise, Christofides, & Desmarais, 2009) 10대들 사이에 우울증 비율을 증가시키는 것(Melville, 2010; Selfhout et al., 2009)으로 나타나고 있다. 또한 생애과정이론가들은(제9장) 어떻게 청소년들의 소셜미디어 게시글이 이후 성인기 삶에 영향을 미칠 수 있는지에 관심을 가질 수 있다(Palfrey, Gasser, & Boyd, 2010). 부적절한 게시글, 메시지, 비디오나 사진은 미성숙한 행동을 그만두었을 때라도 이후 삶에 종종 튀어나올 수 있고 평판을 위험에 빠뜨리게 할 수 있다. 부모가 자녀들의 소셜미디어 탐색을 도와주어야 할 때 가족들이 고려해야 하는 중요한 이슈들이다. 갈등 관점에서(제3장), 소셜미디어는 가족의 사회적 자본을 증가(또는 감소)시킬 수 있다. 부모들은 자주 양육에 대한 조언이나 가족들을 위해서 구입할 것들과 관련된 조언을 구하려고 소셜미디어에 글을 게시한다. 이는 크라우드 소싱(crowdsourcing)이라고 하고, 이는 '소셜미디어에 조언을 구하는 것은 많은 의견과 아이디어를 한번에 얻을 수 있는 빠른 방법

을 제공한다'(Wallace, 2015). 이러한 반응들을 수집함으로써 Facebook 사용자들은 말 그대로 자신들의 사회 네트워크를 자본화하고 어떤 접근이 가장 좋을까에 대해 더 많은 정보가 있는 상태에서 결정할 수 있다.

사회적 자본 및 문화적 자본은 소셜미디어에서 강화될 수 있다. 유사한 방법으로, 소셜미디어는 우리에게 더 거시적인 이론들을 활용해서 어떻게 가족이 작동하는지에 대한 통찰력을 제공할 수 있다. 상징적 상호작용이론(제4장), 특히 Goffman(1959)의 '자아표현(presentation of self)' 개념은 Facebook, Instagram, Twitter, Pinterest와 같은 여러 소셜미디어 사이트에 적용 가능하다. Pinterest는 회원들이 '핀(pins)'을 자녀를 위한 용품 만들기 아이디어부터 레시피, 헤어스타일과 옷, 여행 목적지에 대한 아이디어 등을 범주화된 게시판에 저장할 수 있는 웹사이트이다. Pinterest 사용자들이 18 대 1로 여성이 남성보다 많다는 것은 놀랄 일이 아닐 것이다(Ottoni et al., 2013). 이는 사이트에 무엇을 게시하고 저장하는지를 따라감으로써 여성들이 스스로뿐 아니라 다른 여성들을 감시하는 도구를 제공한다.

최근 연구는 어머니들의 Pinterest 사용과 이러한 웹사이트들에서 발생 가능한 일명 "엄마들의 경쟁(mompetition)"에 대해 조사해 오고 있다(Griffin, 2014). 어머니들이 게시판에 저장하기로 선택한 핀들은 자신들이 이상화하고 열망하는 자아 표현으로서 기능할 수 있다. 이는 Hays(1996)의 집중적 모성(intensive mothering) 개념을 연상케 한다. 가족스트레스와 회복탄력성 관점에서(제11장), 소셜미디어 사이트(Facebook, Pinterest, Twitter, 또는 Instagram) 중 어떤 것도 친구와 팔로워들에게 가족 위기나 스트레스원이 발생하고 있음을 말하기 위해 사용될 수 있다. 몇 개만 얘기해 보자면, Twitter나 Facebook에서 사용자들은 고통스럽다거나 지쳤다거나 감성적이라거나 슬프다거나 마음이 아픈 것과 같은 감정을 선택할 수 있다. 이는 친구와 가족구성원들에게 어떤 사람의 삶에서 스트레스적인 시간 또는 위기에 대해 알려 주고, 이는 이러한 위기를 다루기 위한 잠재적 자원들을 끌어낼 뿐 아니라 대처 과정을 시작하는 목적으로 기능할 수 있다.

Double ABCX 모델(McCubbin & Patterson, 1983)은 이러한 개인의 사적인 삶을 공개적으로 이야기하는 것으로 보이는 상황을 이해하는 데 도움이 될 수 있다. 여기에는 어떻게 다른 Facebook 사용자들과 공유하는 결과로 후위기가 발전하는지를 포함된다. 이 책에서 다룬 이론들을 소셜미디어에 적용하는 데에는 수없이 많은 가능성이 있다. 소셜미디어와 관련된 여러분의 경험을 고려해 보고 Facebook, Pinterest, Youtube, Instagram이나 다른 분석할 가치가 있는 매체들에서 하나 또는 그 이상의 이론들이 '활동 중'인지를 목격한 방법을 생각해 보자. 여러분은 가족이론들이 이러한 의사소통 형식에 향후 어떻게 적용될 것이라고 생각하는가? 이론을 매우 복잡한(그리고 새로운!) 소셜미디어를 어떻게 사용할지에 관련된 일련의 사회적 규범과 기대에 적용할 때 소셜미디어의 어떤 다른 측면들이 고려되어야 할 것인가?

이론 활용하기

이제 이 책에서 제시한 모든 이론의 안팎을 배웠으므로 여러분이 하나 또는 두 개의 이론을 다른 이론들에 비해 선호하고 있음을 알게 되었을 것이다. 앞으로는 여러분이나 다른 사람들이 어느 날 일에서 마주할 사안에 대한 해결책에 도달하기 위해 어떻게 여러 관점을 한번에 사용할 수 있는지를 개괄하려 한다. 우리가 제시하는 시나리오는 지역사회 내 협조자들이 지역 내 개인과 가족들의 요구를 아는 것을 돕기 위해서 여러분의 이론적 앱을 보여 주기를 제안한다.

United Way(비영리 지역사회 서비스 조직) 대표자, 행정자치구 보건당국, 지역사회 서비스 위원회, 지역 학교 구역, 지역 내 대학, 지역 내 행동보건조직, 시의 지역 자원 사무국 관리자가 어떻게 하면 저소득층 가정이 갖고 있는 비싸지 않은 아동보육에 대한 요구를 가장 잘 지원하여 동네에 있는 공장에서 12시간 교대근무를 할 수 있게 하는지를 논의하기 위해 모두 모여 회의를 했다. 이 회의의 목적은 지역사회 내 활용 가능한 자원에 대한 정보를 취합하고 필요한 가족들에게 정보를 배포할 계획을 세우는 것이었다.

가족생태이론(제10장)에서 해결책들을 함께 모을 때 고려해야 할 몇 가지 사항들이 있다. 먼저, 아동보육을 필요로 하는 가족의 다양성을 고려하기 위해 거시체계를 분석해야 한다. 이웃자원 사무국 관리자는 대부분의 농장에서 일하는 노동자들과 그 가족들이 사는지, 이용 가능한 대중교통수단이 무엇인지, 12시간 교대근무 전후에 여는 아동보육기관과 학교에 대한 개요를 서술하기 위해 그 도시의 지도를 제시했다. 이를 통해 그 관리자는 중간체계(미시가족체계와 더 큰 사회와의 관계)까지 고려하였다.

지도를 보고 토의를 통해 이 집단은 이 지역 가족과 아동들을 위해 그리기 시작한 '조력 네트워크(network of help)'에 포함되어야 하는 사회적 기관들을 확인했다.

이 지역 내 몇몇 비영리 단체가 도움이 되었던 서비스를 과거에 제공했던 것을 알고 있었지만 이러한 서비스들이 현재도 이용 가능한지 확실하지 않았다. 지역 거주자들을 위해 무료로 프로그램을 제공하는 기관도 방과후에 아이들을 태워 줄 수 있는지를 알아보기 위해 시가 운영하는 지역사회 센터에 연락을 했다. 이러한 이슈들을 둘러싼 대화들은 사회교환이론(제7장)과 유사한 것을 눈치 채기 시작했을 것이다. 즉, 어떤 사람들은 주위 지역 아동들의 요구가 이용 가능한 자원보다 크다면 지역사회 센터가 주정부 재원과 시재원 모두에서의 증액을 받을 수 있을 것이라고 언급했다. 학군 내 공무원은 지역사회 센터의 이러한 상황을 돕기 위해 그 센터가 받을 자원이 많아질 필요가 있다는 서류와 몇 가지 자원을 교환하여 내놓을지를 물어보기 위해 연락하겠다고 했다. 이러한 두 행동은 모두, 두 지역사회 센터가 제공하는 자원 서비스와 이 한 기관이 접촉하는 가족들의 삶을 개선하기 위한 자원들을 한데 모을 수 있기를 바란다.

마지막으로, 회의에 참석한 대학에 있는 연구자는 그 가족들이 정확히 어떤 단계에 있는지를 알기 위해 초점이 되는 지역 내 가족들에 대한 자료를 수집할 것을 제안했다. 예를 들어, 공장 노동자 가족 중 몇 가족은 취학 전 단계에 있을 수 있고 그렇다면 방과후 돌봄은 필요하지 않을 수 있다. 즉, 유아기 교육을 강조하는 아동보육만이 필요할 것이다. 반대로, 꽤 많은 수의 가족이 중년기에 있을 수 있고, 아마도 '샌드위치 세대'일 수도 있다. 샌드위치 세대는 돌봄이 필요한 10대 또는 성인초기 자녀와 그들의 부모를 돌보는 사이에 끼여 있다(Miller, 1981). 이 노동자 집단의 요구를 정확히 알아서 도움이 필요한 가족들을 위해 지역사회 협조자들이 함께 적절한 해결책을 갖고 모일 수 있는 것은 매우 중요하다. 이 토론 중, 여러분은 가족발달이론(제5장)과 생애과정이론(제9장) 모두의 측면을 듣게 된다. 가족의 욕구를 측정하고, 유연하고 실용적인 해결책에 다다르도록 노력하면서 이론과 연구가 모두 똑같이 중요하다는 것을 깨닫고 재빠르게 이 둘 사이를 연결하게 된다.

이 장을 통해서 보는 바와 같이, 우리 저자들은 지속적으로 여러분의 '앱'을 세심하게 조정할 수 있도록 돕기 위해 이 책에서 다룬 이론들을 연결하고 있다. 면접을 할 때, 그리고 직장에서 이론들을 연결하는 일들이 어떤 것인지에 대해 언급했으니 어

러분이 좋아하든 좋아하지 않든 간에 이론은 어디에나 있음을 상기시켜 주기 위해
[글상자 12-2]에서 대중문화의 예로 넘어가 보자.

글상자 12-2 대중문화 속 가족이론: 〈빅 히어로(Big Hero 6)〉

〈빅 히어로〉의 한 장면

빅 히어로는 14세 소년인 히로 하마다와 베이맥스라는 이름을 가진 형 로봇의 이야기인
슈퍼히어로 만화영화이다. 히로가 어렸을 때 부모님은 돌아가셨고 영화에서 형인 타다시
는 비극적인 화재로 죽는다. 히로의 유일하게 남은 가족은 보호자가 되는 카스 숙모이다.

영화 속 몇몇 관계는 이 책에서 제시된 이론적 관점 중 어느 것을 사용하더라도 분석 가
능하다. 주인공인 히로는 청소년기와 관련된 정서적 어려움뿐 아니라 형을 상실한 것에도
힘들어한다. 다른 영화 속 인물인 칼라한 교수 또한 로봇 실험실에서 모의실험 사고로 인
한 딸의 죽음에 대처해야 한다. 두 인물 모두 다른 방식으로 상실에 대처한다. 칼라한은 딸
의 죽음에 복수하고자 분노를 악에게 돌리고 이 영화의 악당이 된다. 히로는 반대로 자신
의 영리함과 로봇에 대한 관심, 죽은 형과 같은 반 친구들의 사회적 네트워크를 활용한다.
이 영화에 적용 가능한 가장 적절한 이론적 틀 중 하나는 가족스트레스와 회복탄력성이론
(제11장)인데 이 이론이 특히 아동이 스트레스적인 사건에서 '다시 회복되는(bounce back)'
방법을 제시하기 때문이다. 기능주의이론(제2장) 또한 어떻게 체계의 한 부분이 기능을 멈
출 때 다른 체계에 영향을 주는지(예: 히로의 부모님이 돌아가셨을 때 카스 숙모가 개입해서 히
로와 형의 보호자가 되어야 했음)를 더 잘 이해하기 위해서 이 영화에 적용 가능하다. 영화에
즉각적으로 적용 가능한 것처럼 보이지 않는 이론일지라도 활용할 수 있다. 예를 들어, 생

애과정이론가들은(제9장) 히로 부모님의 죽음(히로가 세 살이었을 때) 시점과 형의 죽음 시점(청소년기), 이 두 개의 비극으로 인해 히로가 생애과정단계를 또래들에 비교해서 어떻게 다르게 전이하는지를 분석할 것이다. 여성주의이론가들은(제8장) 어떤 인물들이 헤게모니적 남성성(칼라한 교수)과 강조된 여성성(허니 레몬)을 보여 주는 것을 포함해서 이 영화에서 나타난 젠더화된 기대를 살펴볼 수 있다.

갈등이론(제3장), 상징적 상호작용이론(제4장), 가족발달이론(제5장), 가족체계이론(제6장), 사회교환이론(제7장), 가족생태이론(제10장)이 어떻게 적용 가능할지를 생각해 보자. 이론을 영화에 적용할 수 있는 수없이 많은 가능성이 존재한다.

가족이론의 미래

제1장 '이론이란 무엇인가'에서 가족의 내적 기능과 이 기능을 제한하거나 지원하는 더 거시적인 구조들에 대해 모든 가족이론이 설정한 몇 가지 가정을 기술하였다. 이 가정들은 (a) 가족은 시간에 따라 변화한다는 발달적 가정, (b) 가족은 구조와 구성에 있어 다양하다는 다양성 가정, (c) 가족은 체계라는 체계적 가정, (d) 가족은 역동적이라는 과정적 가정이다. 모든 가족이론이 제시하는 변화, 다양성, 체계, 역동성이라는 핵심 아이디어를 다시 살펴보면서, 기술이 미래 가족이론 발달에 할 역할을 무시할 수 없다. 가족 유동성, 의사소통, 스트레스와 회복탄력성, 발달, 관계는 기술에 의해 혁신되어 왔다. 이제 모든 가족이론은 기술이 가족생활에 녹아 들어갈 것이라는 가정을 포함해야 한다. 따라서 여러분이 기술과 사고, 지식, 행동, 학습 방법과 관련되어 있는 방식으로 가족이론과 여러분을 연결시키기를 바란다. 더불어 기술이 빠르게 변화하는 동안, 우리 저자들은 가족이 시간에 따라 적응하고 변화할 수 있음을 증명해 온, 오래 지속된 제도임을 여러분에게 보여 주었고 이제 여러분의 이론적 앱과 함께 이러한 변화를 따라갈 수 있는 능력을 장착했기를 바란다. 또한 가족이론이 그 성격의 변화를 지속하고 미래에 가족이론화를 하는 데 있어 기술혁신이 우리가 찾아냈던 본래의 가정들과 어떻게 상호작용하는지를 관찰하고 설명할 수 있기를 기대한다.

글상자 12-3 휴대전화와 소셜미디어 사용의 국제적 비교

휴대전화, 인터넷, 소셜미디어의 사용을 현재 가족이 의사소통하고 연결되는 수단으로 생각해 보자. 이러한 경향을 세계 여러 장소에 적용하겠는가? Pew Research Center의 2014년 보고서에서 미국인의 91%가 휴대전화를 갖고 있고 많은 개발도상국(터키, 레바논, 칠레 등)이 휴대전화 사용 유형에 있어 미국을 빠르게 따라잡고 있다. 그러나 파키스탄과 멕시코 같은 국가들은 약 50~60%의 국민이 휴대전화를 소유하고 있어 미국에 뒤처진다. 그러나 많은 개발도상국이 일반전화 기술을 건너뛰고 바로 이동통신기술로 가고 있으므로 (Rainie & Poushter, 2014), 모든 것을 감안할 때 대부분의 국가에서 대다수의 국민이 휴대전화를 소유하는 경향은 증가할 것이다.

Pew Research Center의 기술 활용 관련 보고서에서 또 다른 흥미로운 점은 세계의 소셜미디어 사용 경향이다. 미국인은 인터넷에 접근해서 사용할 가능성이 가장 높고(84%), 미국인 중 많은 비율(71%)이 최소 하루에 한 번씩 소셜미디어를 사용한다. 다른 국가에서는 다른 유형이 발견되었는데, 특히 신생국가들에서 그러하다. 신생국가들은 실제로 인터넷을 사용하는 성인의 수는 적지만 인터넷을 사용하는 사람들은 매우 활발히 소셜미디어를 이용한다. 인터넷 사용자의 73%가 소셜 네트워킹 사이트 사용자들인 미국과 비교할 때 터키(79%), 러시아(86%), 이집트(88%)에서는 더 높은 수치를 보인다. 이러한 경향을 설명하기 위해, 2008년 이후 나타난 소셜미디어 플랫폼을 사용하는 데 있어 미국인들 중 일부가 다른 국가의 국민들보다 뒤처지는 이유 중 하나는 이메일과 같은 이전의 소셜 플랫폼을 더 편안하게 느끼기 때문일 것이라고 제안한다. 다시 말해, 새로운 플랫폼과 기회가 생겨남에 따라 개발도상국가들은 전자 커뮤니케이션이라는 옛 형식을 건너뛰는 것일 수 있다.

새로운 기술에 대한 접근과 사용이 가족 유동성에 영향을 미쳤는지를 고려해 보자. 우리는 기능주의이론(제2장)을 이용하여 어떤 가족구성원들은 혼외 관계를 만들기 위해 인터넷을 사용(또는 남용)하여 로맨스, 애정, 사랑과 같은 자신들의 욕구를 아웃소싱할 것이라고 주장할 수 있다. 동시에 기술은 이전과 전혀 다르게 원거리에 있는 가족들 간의 연결을 유지시킬 수 있다. 여러분의 가족과 사랑하는 사람들과의 관계가 어떻게 기술에 의해 혜택을 받았는가? 반대로 어떤 나쁜 점이 있었는가? 가족 내에서 기술 사용의 장단점을 명시하는 데 도움이 되기 위해 개인적 경험을 통해 작업하면서 여러분의 이론적 앱을 조정해 보자.

추천 멀티미디어

이 목록은 가족학 학생들이 졸업 후 목표로 삼을 수 있는 직업들에게 익숙해지도록 하기 위해 제시되었다. 이 목록이 완전하지는 않더라도 여러분이 이제 막 시작하는 가족이론가로서 고려할 수 있는 분야에 대한 개괄을 제공할 수 있을 것이다.

- 학교상담가(School counselors): https://www.schoolcounselor.org/
- 국제 상담(International Association for Counseling): http://www.iac−irtac.org/
- 작업치료 분야(World Federation of Occupational Therapists): http://www.wfot.org/
- 사회복지 관련기관(Social work): https://www.socialworkers.org/nasw/default.asp
- 비영리 단체(Nonprofit work): http://www.idealist.org/
- 지역사회 보건 관련 업무/교육자 등(Community health workers/educators): http://explorehealthcareers.org/en/home
- 입양 관련 업무(Adoption work): http://thenationalcenterforadoption.org

이론 앱 활성화하기: 이 직업들을 여러분의 흥미에 따라 순위를 매겨 보고, 어떻게 교실 안팎의 경험들이 여러분이 각 분야를 준비하는 데 도움이 될지에 대해 생각해 보자. 최소한 하나의 예비 계획을 세워 보자.

해리포터(Harry Potter, 1997~2007)

해리포터는 영국 작가인 J. K. Rowling이 쓴 7개의 소설책을 볼 때 가히 '왕국'이라 할 수 있다. 이 책들은 먼저 영화화된 후 비디오 게임으로 만들어졌으며 2014년에는 유니버설 스튜디오와 워너 브라더스에 의해 놀이공원으로도 만들어졌다. 이야기의 전체에는 어린 소년인 해리가 호그와트 마법학교에서 마법사로 발전하는 내용이 중심에 있다. 해리는 아기 때 나쁜 마법사인 볼트모어가 부모님을 살해했기 때문에 고아가 되었다. 이 시리즈의 모험들은 해리가 볼트모어에 대항하며 몇 개의 테마와 이야기 구조는 이 책에서 제시된 이론으로 분석 가능하다. (a) 가족스트레스와 회복탄력성이론(제11장)은 해리와 보호자인 더즐리스 가족과의 관계에, (b) 상징적 상호작용이론(제4장)은 호그와트의 네 개의 기숙사와 관련된 의미에, (c) 여성주의이론(제8장)은 헤르미온느가 악마에 대항해서 수행하는 역할에, (d) 가족체계이론(제6장)은 위즐리스 가족에 적용 가능하다.

이론 앱 활성화하기: 해리포터 시리즈와 나이가 많은 가족구성원의 생애 동안 제작되었던 다른 인기 있는 소설/영화 시리즈와 문화적, 사회적 기대가 각 시리즈에 어떠한 영향을 미쳤는지에 유의하여 비교해 보자.

〈해리포터〉의 한 장면

오즈의 마법사(The Wizard of Oz, 1939)

이 영화는 거의 80년 전에 만들어지기는 했지만, 모든 시대를 통틀어 가장 잘 알려진 뮤지컬 중 하나로 남아 있다. 또한 가족이론을 적용시키기에 매우 좋은 영화이기도 하다! 주인공인 도로시는 나쁜 이웃인 점술가와의 만남과 캔사스의 가족 농장에 불었던 태풍 이후 극심한 스트레스를 겪었기 때문에 오즈의 땅에 가고 싶은 꿈을 꾼다. 도로시가 서쪽 마녀의 빗자루를 허수아비를 위한 뇌, 깡통을 위한 심장, 사자를 위한 용기, 자신을 위해서는 집으로 돌아가는 것과 맞바꾸는 것을 오즈의 마법사에 제안할 때 사회교환이론(제7장)이 확연히 드러난다. 또한 가족체계이론 관점에서(제6장) 도로시 가족의 하위체계를 분석할 수 있다. 도로시는 자신의 보호자뿐 아니라 농장에서 일하는 사람과 가까운 가족과 같은 관계를 맺고 있었다. 오즈의 마법사 주변 힘은 환상의 세계에서 한 개인(오즈)이 다른 많은 사람(먼치킨들)의 도움으로부터 이득을 취하는 것으로 이루어지므로 갈등이론의 렌즈(제3장)로 분석 가능하다.

이론 앱 활성화하기: 소설과 브로드웨이 뮤지컬로 모두 만들어진 〈오즈의 마법사〉의

'프리퀄'인 〈위키드〉 줄거리를 잘 알 것이다. 엘파바의 이야기를 〈오즈의 마법사〉와 연결해서 어떻게 이론적으로 분석할지를 생각해 보자.

〈오즈의 마법사〉의 한 장면

추천 참고도서 및 논문

Lorde, A. 『시스터 아웃사이더(Sister outsider: Essays and speeches by Audre Lorde)』 (Berkeley, CA: Crossing Press, 2007; originally published 1984). Audre Lorde는 흑인 레즈비언 시인이자, 여성주의 작가이면서 활동가이다. 그녀의 영감을 주는 글 모음집인 이 책에서 Lorde는 자신이 현대 여성주의자 활동의 선두주자로서 기여했던, 상호교차성 관점을 명확히 한다. 특히 '주인의 도구로는 결코 주인의 집을 무너뜨릴 수 없다'라는 글은 인종, 섹슈얼리티, 계층, 연령의 차이를 배제하는 여성주의 사고에 대한 설득력 있는 비판이다. 그녀는 현존하는 사회의 가부장적, 동성애공포적, 인종차별주의적, 연령차별적인 근본을 무너뜨리기 위해 모든 여성이 차이점을 강인함으로 바꾸도록 연대하여 일할 것을 강력히 권장한다. 셀 수 없이 많은 학자와 활동가가 이 작가가 글로 옮긴 이론적 틀에 의해 영감을 받아 변화해 왔다.

Mills, C. W. 『사회학적 상상력(The sociological imagination)』 (Oxford: Oxford University Press, 1959). C. Wright Mills가 쓴 이 책은 사회학의 고전이다. 이 책은 학생들이 어떻게 사고의 과정을 이론적으로 하기 시작하고 다듬어 가는지를 배우는 데 기초를 제공하므로 많은 이론 수업에서 읽힌다는 것은 의심할 여지가 없다. 이 책은 또한 비판의 과정에 대해 가르쳐 준다. 예를 들어, Mills는 그 당시의 거시 이론들(예: Parsons의 구조적 기능주의)이 추상적이고 가치자유적이라는 점을 비판했다. Mills의 통찰은 정해진 틀을 벗어나 생각해서 자신들이 이론화하는 데 있어서 창의적이며, 우리가 이해하고 도움을 주는 사람들에게 중요한 연구를 수행하는 데 있어 담대한 발걸음을 내딛도록 많은 세대의 학자들에게 영감을 주었다.

Newman, B. M., & Newman, P. R., *Theories of human development* (Mahwah, NJ: Lawrence Erlbaum, 2007). 이 책은 심리학자와 인간발달학자가 사용하는 이론들의 종류를 이해하는 데 관심 있는 학생들을 위해 쓰였다. 저자들은 세 개의 주요 관점에서 9개의 이론을 기술한다. 세 개의 주요 관점은 (a) 생물학적 체계(즉, 진화론적, 심리성적, 인지발달적)를 강조하는 관점, (b) 환경적 요인(학습, 사회적 역할, 생애과정)을 강조하는 관점, 그리고 (c) 생물학적 요인과 환경적 요인(즉, 심리사회적, 인지 사회-역사적, 역동적 체계) 사이에 역동적인 상호작용을 강조하는 관점이다. 이 책은 특히 어떻게 가족과 인간발달이론이 유사하고 다른지에 대한 통찰을 얻을 수 있으므로 가족이론에 대한 이 책을 잘 보충해 준다.

Wacker, R. R., & Roberto, K. A., *Community resources for older adults: Programs and services in an era of change*, 4th edn (Thousand Oaks, CA: Sage, 2014). 이 포괄적인 책에서, 노년학자인 R. Robin Wacker와 Karen Roberto는 학생들과 실천가들이 노화되어 가는 베이비부머와 최고령층의 노인들의 욕구를 이해하도록 돕기 위해 이론, 연구, 정책 및 현장을 통합한다. 이 책은 사설기관, 비영리기관, 공공기관과 단체에서 일하는 사회복지사, 노년학자, 가족실천가, 보건의료 제공자, 성인을 위한 서비스 책임자들에게 적용 가능하다. 저자들은 우리가 이 책에 기술한 이론에 기반을 두고 그 이론들을 확장시키는 다양한 이론적 틀에 근거한 많은 실질적인 제안을 제시한다.

생각해 볼 문제

● 토론 질문

1. 이 책에서 가족이론을 사회학, 심리학, 가족학, 역사학, 경제학과 같은 다른 학문에서부터 발생한 것으로 제시하였습니다. 이 학문 분야 중 두 개의 분야를 선택(예: 가족학과 경제학)해서 가족을 연구하는 데 어떻게 접근하는지를 비교해 봅시다. 주요한 차이점과 유사점은 무엇인가요?

2. 다음 연구문제를 생각해 봅시다. 결혼하기로 한 커플이 실제로 결혼을 할지 혹은 하지 않을지를 예측하는 것은 무엇입니까? 어떤 이론적 틀이 이 질문을 답하는 데 가장 적절할지와 왜 그런지에 대해 생각해 봅시다. 반대로, 이 연구문제를 설명하는 데 있어 최선의 것이 아닌 이론적 틀은 어떤 것인가요?

3. 모든 가족이론이 형성하도록 노력하는 네 개의 주요가정(발달, 다양성, 체계, 과정)을 기술했고 다섯 번째로 기술을 덧붙였습니다. 지금쯤 이 책을 모두 읽었을 테니 모든 이론 또는 대부분의 이론을 관통하는 다른 가정을 생각해 볼 수 있겠습니까?

4. 가족학자들이 가족생활과 문제에 개입하는 것을 돕기 위해 이론, 연구, 실제적 적용이 함께 작동할 수 있는 방법을 어떻게 설명할 것입니까?

5. 여러분이 읽었던 이론 중 어떤 이론이 일상생활에 가장 잘 적용되는 것 같은가요? 다시 말해서, 이 이론 중 어떤 이론이 가족생활을 향상시킬 수 있는 정책과 실천으로 가장 잘 전환될 수 있을까요?

6. 여러분이 취업 면접을 하러 갈 때 어떻게 가족과 일을 할 것이라는 질문에 가족이론 중 어떤 이론을 통합시킬 수 있을 것이라 생각합니까? 그 이유는 무엇입니까?

● 개별 과제

이 책에 나온 이론적 틀 중 하나를 시작점으로, 가족을 연구하기 위해 사용할 여러분 자신의 이론적 틀을 구성해 봅시다. 여러분의 이론이 미시적인지, 거시적인지, 아니면 두 가지 모두의 조합인지를 제시하십시오. 최소한 여러분 이론에서 독특한 최소 두 개의 개념을 만들어서 정의하고 어떻게 이러한 개념이 시작했던 이론들과 다른지, 그리고 그 개념들이 이론적 목록에 기여할 새로운 고려사항들이 무엇인지에 대한 예를 들어 봅시다.

● 개인 반영 질문

1. 제1장을 읽을 때 첫 번째 개인 반영 질문에서 사람들이 이혼하는 다섯 가지 이유로 다시 돌아가 봅시다. 어떤 이론들이 여러분의 답변과 일치합니까? 아니면 여러분의 답변이 이 책을 읽은 후에 변했습니까? 이론적 틀과 여러분의 관점을 연결시켜 봅시다.

2. 어떤 하나의 가족이론 또는 여러 개의 가족이론이 여러분이 세상을 보는 많은 부분을 설명할 수 있습니까? 이 책에서 어떤 이론적 틀이 가장 동질적으로 느껴지나요? 아니면 가장 이질적으로 느껴지나요? 그 이유는 무엇인가요?

3. 이 책의 수정을 도와달라고 한다면 어떤 이론을 '버려야' 한다고 제안할 것입니까? 여러분이 더 알고 싶은 다른 이론들이 있습니까?

4. 이 책에서 기술한 모든 사례 연구에 대해 생각하면서 여러분 자신의 삶에 근거해서 사례 연구를 하나 써 보고 최소한 두 개의 이론이 어떻게 여러분이 기술한 환경을 설명하는 데 도움을 줄 수 있는지 제시해 봅시다.

5. 1~10 척도에서 1은 가장 낮고, 10은 가장 높다고 했을 때, 처음 이 책을 펼쳤을 때와 비교해서 지금 이론들을 얼마만큼 이해한다고 평가하겠습니까? 그 이유는 무엇인가요?

6. 여러분이 이 교재에 몇몇 이론적 개념을 적용한 가장 마지막 TV 프로그램이나 영화는 무엇입니까? 어떻게 적용했습니까?

참고문헌

Goffman, E. (1959). *The presentation of self in everyday life*. New York: Doubleday.

Griffin, K. M. (2014). *Pinning motherhood: The construction of mothering identities on Pinterest* (Doctoral dissertation). University of Central Florida, Orlando.

Hays, S. (1996). *The cultural contradictions of motherhood.* New Haven: Yale University Press.

McCubbin, H. I., & Patterson, J. M. (1983). The family stress process: The Double ABCX model of adjustment and adaptation. *Marriage and Family Review, 6*(1-2), 7-37. doi: 10.1300/j002v06n01_02.

Melville, K. (2010, February 3). Facebook use associated with depression. *Sci GoGo.* Retrieved from http://www.scienceagogo.com/news/20100102231001data_trunc_sys.shtml.

Miller, D. (1981). The "sandwich generation": Adult children of the aging. *Social Work, 26,* 419-423. doi: 10.1093/sw/26.5.419.

Muise, A., Christofides, E., & Desmarais, S. (2009). More information than you ever wanted: Does Facebook bring out the green-eyed monster of jealousy? *CyberPsychology and Behavior, 12,* 441-444. doi: 10.1089/cpb.2008.0263

Ottoni, R., Pesce, J. P., Las Casas, D. B., Franciscani, G., Jr, Meira, W., Jr, Kumaraguru, P., & Almeida, V. (2013). *Ladies first: Analyzing gender roles and behaviors in Pinterest.* At http://homepages.dcc.ufmg.br/~jpesce/wpcontent/plugins/papercite/pdf/icwsm13_pinterest.pdf.

Palfrey, J. G., Gasser, U., & Boyd, D. (2010). *Response to FCC notice of inquiry 09-94: Empowering parents and protecting children in an evolving media landscape.* Berkman Center Research Publication, 2010-02; Harvard Public Law Working Paper 10-19.

Rainie, L., & Poushter, J. (2014, February 13). *Emerging nations catching up to U.S. on technology adoption, especially mobile and social media use.* Pew Research Center. At www.pewresearch.org/fact-tank/2014/02/13/emergingnations-catching-up-to-u-s-on-technology-adoptionespecially-mobile-and-social-media-use/.

Selfhout, M. H., Branje, S. J., Delsing, M., ter Bogt, T. F., & Meeus, W. H. (2009). Different types of internet use, depression, and social anxiety: The role of perceived friendship quality. *Journal of Adolescence, 32,* 819-833. doi: 10.1016/j.adolescence.2008.10.011.

Wallace, K. (2015, January 13). *Why Facebook parenting can backfire.* CNN. At http://www.cnn.com/2015/01/13/living/feat-facebook-crowdsourced-parenting/.

개념 정리

ABCX 모델(ABCX 모델) A는 스트레스 사건, B는 가족자원이나 강점, C는 가족의 사건에 대한 인식을 의미함. X는 위기로 이는 가족이 어떻게 문제를 해결해야 할지를 알지 못할 때 발생함

Double ABCX 모델(Double ABCX model) 개인이 어떻게 시간이 지나면서 다수의 스트레스원에 대처하는가에 관련된 모델. 이 모델은 위기전과 위기 후 변인을 포함함

가부장제(patriarchy) 남성이 지배적인 정치 체계

가정(assumptions) 학자들이 가족에 대해 진실이라고 받아들이는 생각들

가정(homeplace) 소수집단의 개인들이 큰 사회에서는 없는 안정감, 애정, 완전한 수용을 경험할 수 있는 자조적인 안전한 장소

가족 발달 과업(family developmental tasks) 개인과 가족단위는 반드시 발달의 다음 단계로 이동하기 위해 성취해야 하는 규범적인(normative) 목표가 있음

가족경력(family career) 개인 구성원과 체계로서의 가족, 더 거시적 사회 안에서의 가족을 포함하는 시간에 따른 가족역동

가족단계(family stages) 결혼, 출산, 부모기, 빈둥지, 조부모기, 배우자 상실기로 구분되는 가족생활주기의 예상 가능한 주기

가족발달(family development) 출생, 사망, 결혼, 이혼과 같은 변화와 관련된 연령 및 단계의 위계적 체계를 경험하는 종단적 과정

가족생태체계(family ecosystem) 인간이 건설한 환경, 사회-문화적 환경, 자연의 물리적-생물학적 환경

가족생활주기(family life cycle) 결혼에서 시작하는, 시간이 지나면서 진행하는 가족 내 규범적인(normative) 단계와 공유된 경험

가족의 조정과 적응 모델[family adjustment and adaptation response (FAAR) model] 가족구

성원의 욕구와 능력에 대한 정의를 포함한 가족이 어떻게 스트레스적인 상황에 의미를 부여하는가와 가족 안에서의 관계 및 더 큰 지역사회와 가족과의 관계에 대해 더 안정적인 인지적 신념을 발전시키기 위해 스트레스적인 상황을 초월하는 방식

가족전이(family transitions) 개인 가족구성원의 생활에서 주요한 변화가 일어날 때 가족체계의 변화

가족체계(family system) 상호 의존적인 개인들의 집합

가치(value) 개인, 가족, 사회의 주요한 이상(ideals)에 대한 신념 체계

갈등 관리(conflict management) 갈등이 언급되었지만 사라지지 않을 때 발생함

갈등 해결(conflict resolution) 해결에 이르렀기 때문에 갈등이 끝나는 경우

감정 노동(emotional labor) 감정 작업을 유급노동시장으로 확대한 개념으로 고객에게 감정을 '파는' 경우

감정 작업(emotion work) 상황에 적합하도록 정서나 감정을 바꾸려 시도하는 경우

개념(concepts) 가정에 근거하여 이론의 틀을 설명하는 데 사용되는 용어와 정의. 이론을 만드는 데 사용되는 구성요소

개인의 이익(self-interest) 상호 독립적인 관계에서의 개인이 가치가 있는 어떤 것을 타인과 교환하려는 동기를 갖도록 하는 원동력

거시적 수준(macro-level) 개인 및 가족생활에 영향을 미치는 사회 내에서의 더 거시적 유형의 분석

거시체계(macrosystem) 가장 큰 층은 거시적 수준에서 존재하는 문화적 이상, 사고방식, 태도를 나타냄

거울 자아(looking-glass self) 개인이 주요한 타자에 의해 인식되는지에 대한 신념에 근거하여 자아의식을 발달시키는 방식

경계선(boundary) 체계의 다양한 부분이 투과적이거나 비투과적인 별개의 경계로 나누어짐

경제적 자본(economic capital) 개인이 통제 또는 소유하고 있는 부, 토지, 돈과 같은 물질적 자본

경제적-실용주의적 틀(economic-utilitarian framework) 권력과 불평등을 다루는 데 있어 더 광범위한 제도를 연구하는 사회학적 교환 모델

계층(classes) 희소한 자원에 대한 경쟁에 있는 사람들의 집단

과정-개인-맥락-시간 모델(process-person-context-time model: PPCT) 생물체계모델에서 발달적 결과와 내포된 체계들 간의 상호작용에 영향을 미치는 네 가지 구성요소

구조적 기능주의(structural functionalism) 기능주의이론이 변형된 이론으로 개인에게 영향을 미치는 공유되는 도덕 코드와 규범을 사회적 체계가 어떻게 생산하는지를 강조함

권력(power) 교환이론에서, 관계에서 한 행위자가 둘 사이에서 다른 행위자로부터의 저항이 있더라도 자신의 의지를 수행할 수 있는 가능성

궤적(trajectory) 배우자, 부모가 되는 것과 같이 각각의 새로운 전이에서 발생하며 역할과 정체성의 연속선상에 의해 표식됨

규범(norms) 사회적 기대

급진적 여성주의(radical feminism) 거대한 사회적 변화를 일으키는 것을 목표로 여성에 대한 억압과 남성의 특권의 원인을 밝혀내려고 하는 여성주의적 접근

기계적 연대(mechanical solidarity) 공통적 특성으로 묶여 있는 사회. 이 사회에서 구성원들은 다방면에 일을 하며 유사한 책임감을 갖고 비슷한 과업을 수행함

기능(function) 체계의 각 부분이 전반적인 수행에 기여하기 위한 목적

긴장이론(strain theory) 사회는 사회 구성원들이 성취하거나 맞추어 살도록 강요받는 일련의 문화적 목표를 갖고 있고, 이는 긴장을 초래한다고 가정하는 이론

내면화(internalization) 개인이 문화 표본을 고수하는 것으로 문화 규범이 우리의 욕구-성향의 일부가 되고 우리의 대화 및 사고 양상이 되는 것

내적 보상(intrinsic rewards) 다른 혜택을 얻기 위한 수단을 제공하기 때문이 아닌, 그 안에 내재된 혹은 그 자체로 우리에게 기쁨을 주는 유무형의 것들

다수의 사회적 맥락(multiple social contexts) 개인은 젠더, 인종, 계층, 연령, 성적 취향 등과 관련하여 다수의 사회적 지위를 갖고 있음

다수의 시간(multiple timeclocks) 생애과정과 상호 연관된 개인 시간, 가족 시간, 역사적 시간

다원적(pluralistic) 상이한 젠더, 인종-민족 집단, 종교, 성적 취향, 사회계층으로 이루어진 이질적 인구

(대문자 F로 시작하는) 가족(The Family) 가족들이 다양함을 인지하기보다는 하나의 '정

상적인' 가족이 있음을 암시하는 용어

대안비교 수준(comparison level for alternatives: CLalt) 개인이 대안적 관계나 혼자인 것으로부터 가능한 보상이 주어졌을 때 기꺼이 받아들일 수 있는 관계적 보상의 가장 낮은 수준을 의미하는 관계안정성에 대한 평가

도구적 역할(instrumental roles) 체계를 위해 리더가 되고, 중요한 결정을 내리며 물질적 요구를 제공함

도덕적 개인주의(moral individualism) 개인에게 무엇이 좋은 것인가를 기반으로 판단하는 관점

동의(consensus) 갈등 해결이나 관리에 도달할 필요가 있는 안정된 상태

레즈비언 여성주의(lesbian feminism) 강제적 양성애 개념을 비판함으로써 성적 취향 이론 및 젠더 이론을 결합함

마르크스주의자(Marxists) Marx의 이론을 사회의 다양한 측면에 대한 자본주의 효과 비평을 위해 사용하는 사회학자들

명시적 기능(manifest functions) 체계가 의도하는 목적

명제(propositions) 이론을 확인 가능토록 하고 이론을 가족연구에 적용할 때 사용하는 가정과 개념 모두에 근거하는 문장

무대 뒤(back stage) 사회행위자들이 공연에서 물러서 있을 때

무대 앞(front stage) 사회적 수행자가 관중을 위해 역할 수행을 맞추는 것

문화적 자본(cultural capital) 비물질적인 형태의 자본으로, 미적 선호, 언어능력, 교육수준, 지식 또는 전문성이 그 예임

문화지체(cultural lag) 사회가 발전하지만 신념이나 가치와 같은 문화적 측면은 변화에 시간이 걸리는 현상

문화 체계(cultural system) 일어날 수 있는 상호작용 형태를 제한하면서 개인의 선택을 이끄는 지배적 체계

미시적 수준(micro-level) 개인에 대한 의미와 경험을 탐색하기 위해 작은 단위에서 더 세밀하게 현상을 분석함

미시체계(microsystem) 당신이 가까이에서 의존하고 정기적으로 접촉하는 직계가족이나 친구

밀착(enmeshment) 가족구성원 간에 응집성이 높을 경우 서로에게 지나치게 의존적이

며 가족체계 외부 사람들에게 폐쇄적인 상태

반영성(reflexivity) 연구와 글쓰기에서 자신에 대한 반영을 확실하고 편안하게 사용하는 것

발생학적 변화(ontogenic change) 가족이나 개인 가족구성원과 같은 유기체가 시간에 따라 변화하고 성숙해 가는 모습

보상(rewards) 관계에서 최대화하려는 잠재적으로 긍정적인 이익

부르주아(bourgeoisie) 생산수단을 소유한 지배계급(예: 토지소유자와 자본가)

분배적 정의(distributive justice) 공평이론에 근거하여 교환관계에 있는 개인이 자신들이 받는 보상이 비용에 비례할 것이라는 기대

불균형적 교환(imbalanced exchange) 제공할 보상이 거의 없고 기댈 만한 대안도 거의 없어 더 권력이 많은 사람에게 의존하게 되는 경우

비교 수준(comparison level: CL) 개인이 느끼기에 가치 있거나 얻을 수 있는 것이 무엇인지에 관련하여 관계의 보상과 비용을 평가하는 것에 의한 관계 만족의 평가

비용(costs) 우리가 피하거나 최소화하기를 추구하는 관계와 관련된 잠재적으로 부정적인 것들

비용-이익 분석(cost-benefit analysis) 관계가 투자할 가치가 있는지 없는지를 결정하기 위해 그 관계에서의 잠재적인 보상이나 이익, 그리고 비용을 계산하는 것

비판적 인식론(critical epistemology) 지식으로 여겨지는 것은 누가 권력을 가지고 있느냐에 의해 결정됨. 따라서 사회의 권력을 가진 구성원들은 자신들의 지식에 대한 정의를 권력을 갖지 못한 사람들에게 강요함

사건의 의미, C 요인(meaning of the event, the C factor) 가족이 반응해야만 하는 사건이나 상황에 대한 인식

사물(object) 생각, 역할, 사회적 규범, 행동 또는 행위

사이버네틱스(cybernetics) 체계를 조정하고 체계의 자기통제를 가능케 하는 형식과 형태를 이해하기 위한 모델

사회 체계(social system) 행위자들이 서로의 생각과 의도를 알아채고 그들의 의도가 공유된 규범과 기대에 의해 규제되는 상호작용의 수준

사회 통합(social integration) 사람들이 그들의 사회적 집단에 엮여 있는 정도

사회적 거소(居所) 모델(social address model) 개인의 환경으로부터의 영향력에만 근거

했으므로 인간 및 가족발달을 이해하는 단순한 방법

사회적 자본(social system) 개인 또는 가족이 자신들의 지위를 유지 또는 향상시키기 위해 사용 가능한 지인들의 네트워크

사회주의 여성주의(socialist feminism) 마르크스주의자의 계층 이론에 근거한 페미니즘 접근의 하나로 자본주의 및 자본주의와 가부장제의 관계가 여성이 갖는 2급 시민위치에 대해 책임이 있다고 봄

사회화(socialization) 개인이 특정한 규범을 구속으로 여기게 되는 것. 이는 인성 체계와 사회 체계의 상호작용 동안 발생함

삼각관계(triangulation) 세 명의 관계가 발생하고 그중 두 명이 제삼자를 배제하는 경우

상대적 상호교차성(relational intersectionality) 상호교차성이 가장 억압되고 하찮게 여겨지는 사람들뿐 아니라 모든 사람에게 어떻게 영향을 주는지를 설명하는 여성주의이론의 한 유형

상실-포만(deprivation-satiation) 한 보상이 최근에 높은 가치를 유지하기에 너무 자주 주어진 이후에는 그 가치를 잃게 됨

상징적 상호작용(symbolic interactionism) 과정을 개인 수준에서 고려하는 미시수준 이론

상징적 자본(symbolic capital) 특권, 명예, 명성이나 카리스마

상호교차성(intersectionality) 인종, 계층, 젠더, 성적 취향, 종교, 연령, 국적과 같은 억압의 여러 체계가 혜택이나 불이익을 만들기 위해 상호 교차하는 방식. 지위의 정치학

생식가족(family of procreation) 배우자들이 결혼하고 자녀를 가졌을 때 시작되는 가족

성공 명제(success proposition) 개인이 자신들의 행동에 보상받을 때 그 행동을 반복함

세대(generation) 코호트와 유사하게 한 집단의 사람들이 사회적 사건을 경험하거나 만들어 냈을 경우이지만 100년 이상 지속됨

소외(alienation) 노동자들이 자신들의 노동의 산물, 동료 노동자, 최대 인간 잠재력으로의 도달로부터 멀어질 때를 의미함

수사(rhetoric) 청중을 설득시킬 것을 목적으로 하는 메시지

스트레스원(stressor), A 요인(the A factor) 내부적이거나 외부적이며 자연스러운 일상생활에서 발생함. 트라우마적일 수도 있고 또는 다수의 상실을 포함할 수도 있음. 위기를 촉진하는 사건

스트레스원의 누적(pile-up of stressors) 스트레스가 시간이 경과하면서 축적되어 가족이 재조직화하는 능력에 영향을 미치는 경우

시체계(chronosystem) 각 층에 미치는 시간의 영향을 나타내는 '보이지 않는' 체계

실용주의(pragmatism) 사물의 의미가 실용적인 유용성에 있음

실증주의 인식론(positivist epistemology) 과학적 방법을 안내하며 체계적 연구절차를 통해 가족에 대해 발견 가능한 객관적이고, 가치에서 자유로운 진실이 있음을 가정하는 관점

실천(praxis) 페미니즘의 실제적이거나 활동가적인 부분을 이끄는 여성주의이론의 한 부분

여성주의 물결(waves of feminism) 지난 20년 동안의 여성주의이론과 활동의 역사를 생각해 보고 특성화하는 방법

역기능(dysfunction) 기능하지 못하는 체계의 일부

역동적 밀도(dynamic density) 주어진 공간에 거주하는 사람뿐 아니라 상호작용하는 사람들의 숫자

역할(role) 지위의 역동적 측면으로 상호작용을 위한 상세한 일련의 의무들을 의미함. 또한 사회구조에 위치한 지위와 연결된 행동적 기대와 의미

연결된 삶(linked lives) 어떤 사건이 다른 구성원에게 일어날 때 개인의 삶이 변화하는 방식

연극론(dramaturgy) 삶은 무대 위 연극처럼 연기됨

외적 보상(extrinsic rewards) 관계의 결과가 관계의 정서적 가치(내적 보상, intrinsic reward)보다 더 중요할 때

외체계(exosystem) 경제, 미디어, 산업, 또는 범죄 정의 체계와 같은 사회제도

욕구성향(need-dispositions) 정서와 개인적 충동 또는 개인의 독특성 표현에 의해 기인하는 행동유형

우머니스트 여성주의(womanist feminism) 유색인종 여성이 발전시킨 페미니즘 이론으로 인종, 젠더, 사회계층은 분리될 수 없다고 주장함

원가족(family of origin) 개인이 태어난 가족

위기(crisis). X 요인. 가족역동의 방해 원인이 되어 가족의 재조직화를 이끄는 사건

위치적 상호교차성(locational intersectionality) 가난한 자, 소수민족 집단의 구성원,

LGBTQ, 노인, 장애인과 같은 불이익을 받는 집단의 사회적 지위의 정체성

유기적 연대(organic solidarity) 차이점에 의해 함께 엮여 있는 사회

유리(disengagement) 가족구성원 간 응집성이 낮을 때. 가족구성원들은 서로 독립적
   으로 기능함

유리 천장(glass ceiling) 여성 및 소수집단의 구성원들에게 백인인, 특권을 가진 남성들
   과 같은 직업적 승진 기회를 주지 않음으로써 낮은 수준의 지위에 머무르게 하는
   보이지 않는 장애물

의미 구성하기(meaning making) 우리 삶에서 사건에 의미를 부여하는 것

의식(consciousness) 개인적, 가족적, 사회적 수준에서 작동하는, 개인이 노력하지 않
   고 얻은 특권과 차별적인 대우를 알아채기 시작하는 때를 의미함

이론(theory) 우리 주위의 세계를 이해하기 위한 틀로서 작용하는 일련의 생각들

이론화(theorize) 이론을 만들거나 개선하는 과정

이성적 선택(rational choice) 상황에 대해 개인은 비용-이익 분석에 근거하여 의사결정
   을 내림으로써 자신들의 사적 이익을 극대화하려는 욕구를 기반으로 행동한다
   는 가정

이중구속(double bind) 개인이 서로 상반되는 명령을 받을 때

인간의 향상(human betterment) 인간이 개인적으로, 집합적으로 달성을 위해 노력하는
   목표

인상 관리(impression management) 사회적 행위자가 다른 사람이 형성하는 인상을 통
   제하거나 안내하려고 시도하는 것

인성 체계(personality system) 사회적 구조에 여전히 놓여 있으면서 개인의 특성을 고
   려함

인식론(epistemology) 세계에 대한 질문에 답하는 경향성 중 하나로 변화(긍정적 피드백
   고리)와 안정성(부정적 피드백 고리) 사이에 균형을 찾음

일반화된 타자(generalized other) 개인이 속해 있는 집단에서 일반적인 조직화된 일련의
   태도

자극 명제(stimulus proposition) 개인이 과거 보상을 제공했던 자극에 반응하는 것

자기분화(differentiation of self) 타인과의 관계와 비교했을 때 개별적이라는 느낌

자본가(capitalists) 노동계층의 노동으로부터 이익을 얻음

자아(self) 사회적 상호작용을 통한 개인의 발현

자원(resources) 개인이 관계에서 교환해야 하는 유형 및 무형의 자본으로 자본은 물
　　적, 인적, 사회적 자본이 될 수 있음

자원(resources), B 요인(the B factor) 가족이 탄력적이도록 돕는 강점. 가족이 스트레스
　　나 위기에 대응하기 위해 끌어들인 자산

자유주의 페미니즘(liberal feminism) 여성들의 남성과의 평등성 추구

잠재적 기능(latent functions) 체계가 의도하지 않았던 결과

재조직(reorganization) 상호 간에 상호작용하고 스트레스를 다루는 새로운 방법을 개
　　발하는 능력 또는 무능력

적응(adaptation) 개인과 가족은 환경에 적응하기 위해 역동적이며 자신들의 신념과
　　행동을 변화할 수 있음

전일성(全一性, holism) 가족역동을 이해하기 위해서는 전체 가족을 살펴봐야 한다는
　　생각

전환점(turning points) 매우 사적이고 어쩌면 외부자에 의해 중요하다고 인식되지 않을
　　수 있는 유형의 전이

정서적 단절(emotional cut-off) 가족구성원이 높은 불안을 대처하기 위한 방법으로 극
　　도의 거리를 두는 경우

정체성(identity) 내재화된 기대와 의미

정체성 현출성(identity salience) 우리 정체성은 중요성의 순서에 따라 위계적으로 나열됨

제도화(institutionalization) 더 거시적인 문화적 체계의 일부분이 사회 내 표준의 부분
　　이 되는 것. 깊이 자리 잡고 있으며 인식 가능하고 오래 지속되는 전통

제로섬 게임(zero-sum game) 가족역동은 가족구성원 중 한 명이 무언가를 얻을 때 다
　　른 구성원들이 상실을 경험하는 것에 기인함

제스처의 대화(conversation of gestures) 인간은 자신 주위의 세상을 이해하기 위해 사회
　　적 상호작용과 해석에 참여함

주관적(subjective) 대상에 대해 갖는 경험과 사회적 상호작용을 그러한 경험들을 통해
　　부여하는 의미

주요인물(index person) 가계도에서 삶이 그려지는 사람

주체성(agency) 개인이 사회적 제도의 한계 안에서 선택을 하고자 하는 욕구와 능력을

의미하는 복잡한 사회적-심리학적 과정

중간체계(mesosystem) 미시체계와 외체계 사이의 연결

중요한 타자(significant other) 당신에게 가장 중요한 사람의 관점이 더 우선적이 됨

지위(position) 가족체계 내 가족구성원들의 위치

질적 생애사 면접 연구(qualitative life history interview studies) 연구자와 참여자 간에 행해
지는, 개인의 시간경과에 따른 경험을 다루는 심도 있는 인터뷰

집합의식(collective conscience) 공동체 구성원들이 믿고 지키는 공통된 도덕관념

초국가적 돌봄노동(transnational carework) 이주 여성들이 더 부유한 국가 내 가족들을
위해 거주 또는 비거주 가사노동자로 일하는 경우

축적된 혜택 또는 불리함(cumulative advantage or disadvantage) 구조적 위치, 이용 가능
한 자원, 기회가 시간이 지남에 따라 축적되는 것

코호트(cohort) 특정한 시기에 사회 사건을 경험하거나 생산하는 사람들의 집단

퀴어 이론(queer theory) 성적 취향을 정신병이나 의학적 이슈보다 사회적 현상으로 개
념을 구성하는 것에 대해 관심을 둠

트라우마(trauma) 극단적인 스트레스와 관련한 것으로, 대처하거나 저지하기 어려운
주요한 재해나 다른 유형의 참사적 사건에서 자주 비롯됨

특권(privilege) 사회 내 권력 차이가 엘리트 집단을 가치 있게 여기도록 하고 이들에게
혜택을 주며 소수집단에게는 불이익을 만들어 냄

포스트모던 여성주의(postmodern feminism) 젠더 체계와 주로 어떤 것이 정상적이고 자
연스러운지로 여겨지고 수용되는지를 밝히고 도전하는 것을 통해 젠더 체계를
유지하는 실제들을 해체하는 여성주의자들의 접근

평형(equilibrium) 변화(정적 피드백 루프)와 안정(부적 피드백 루프) 간의 균형을 맞추
려고 함

표준북미가족(Standard North American Family: SNAF) 백인이면서, 기혼의 이성애자 부
모가 있는 중산계층 미국인의 규범적 모델

표현적 역할(expressive roles) 체계에 대한 사랑, 돌봄, 관심, 지지를 나타냄

프롤레타리아(proletariat) 자신들의 노동을 자본가 계층에 팔아서 대가로 임금을 받는
노동계층

피드백(feedback) 가족체계 내에서 상호 간에 영향을 미치는 체계들의 상호 의존 기능

을 나타냄. 피드백은 부정적이거나 긍정적일 수 있음

하위체계(subsystems) 사회 체계하에 존재하는 더 작은 하위문화 그리고 가족 내 더 큰 범위의 가족과의 관계 속에서 독립적으로 관찰되는 가족 내의 단위들

해석학적 인식론(interpretive epistemology) 가족이 어떻게 자신들의 경험에 의미를 부여하는지를 이해하기 위함을 목표로 삼고 지식은 주관적이라는 관점. 가족이 왜 역동하는지를 설명함

해체 기간(period of disorganization) 가족이 대처하는 방식이나 다른 가족과 상호작용하는 기존 방식이 부적절하거나 방해받게 되어 새로운 스트레스원의 요구를 충족시키지 못함

행동 심리학적 접근(behavioral psychological approach) 두 사람의 이인관계에서 나타나는 학습과 강화의 원리를 이용한 심리학적 교환 모델

허공간(negative spaces) 시야에서 가려진 일상적인 가족생활의 측면

헤게모니적 남성성(hegemonic masculinity) 남성이 어떻게 행동해야 하는지에 대한 사회적으로 의무화된 생각. 이는 강인함, 권력, 부, 정력, 공격성, 감정 없음을 의미함

현실의 사회적 구성(social construction of reality) 사회적 상호작용에서 초래한 무엇이 진짜인지에 대한 믿음으로, 통상적으로 사회의 권력 있는 구성원들이 중요하고 가치 있다고 여겨지는 것들임

호혜성 규범(norms of reciprocity) 교환관계에서 두 당사자 간에 신뢰감을 강화시키는 관계에서의 공평성의 역사

혼합가족(blended family) 이전 혼인에서 낳은 자녀를 포함한 가족

회복 기간(period of recovery) 해체 과정을 뒤로 돌려 재조직화할 수 있는 능력을 활성화시킴

찾아보기

저자 소개

Katherine R. Allen은 버지니아주 블랙스버그에 위치한 Virginia Tech 대학교 인간발달학과 교수로 재직 중이며, 노년학센터(the Center for Gerontology), 보건학부(Faculty of Health Sciences), 여성학 및 젠더학 프로그램(Women's and Gender Studies Program)에도 관여하고 있다. Allen 박사는 미국노년학회 및 가족관계학회 회원이고, 주된 연구 주제는 생애과정 동안의 가족 다양성에 관한 것이다. 가족이론, 연구, 현장 적용과 관련된 내용에 대한 많은 논문과 책을 집필하였다.

Angela C. Henderson은 Northern Colorado 대학교 사회학과 부교수로 재직 중이다. Henderson 박사는 모성, 이론, 교수법, 다양한 역할에 있는 여성의 인식에 대한 20개 이상의 논문을 발표한 저자이자 우수 교수자상을 몇 차례 수상한 바 있다.

역자 소개

정유진(Yu-Jin Jeong)
현 전북대학교 아동학과 교수
미국 Oregon State University 인간발달 · 가족학과 Ph.D

유현경(Hyun-Kyung You)
현 Humboldt State University 아동학과 부교수
미국 Oregon State University 인간발달 · 가족학과 Ph.D

정혜정(Hyejeong Chung)
현 전북대학교 아동학과 교수
미국 Texas Tech University 인간발달 · 가족학과 Ph.D

가족이론: 기본 개념과 적용

Family Theories: Foundations and Applications

2021년 1월 10일 1판 1쇄 인쇄
2021년 1월 20일 1판 1쇄 발행

지은이 • Katherine R. Allen · Angela C. Henderson
옮긴이 • 정유진 · 유현경 · 정혜정
펴낸이 • 김진환
펴낸곳 • (주)**학지사**

      04031 서울특별시 마포구 양화로 15길 20 마인드월드빌딩
대표전화 • 02)330-5114   팩스 • 02)324-2345
등록번호 • 제313-2006-000265호

홈페이지 • http://www.hakjisa.co.kr
페이스북 • https://www.facebook.com/hakjisa

ISBN 978-89-997-2272-1   93180

정가 25,000원

출판 · 교육 · 미디어기업 학지사

간호보건의학출판 **학지사메디컬** www.hakjisamd.co.kr
심리검사연구소 **인싸이트** www.inpsyt.co.kr
학술논문서비스 **뉴논문** www.newnonmun.com
원격교육연수원 **카운피아** www.counpia.com